UTB

D1918738

Eine Arbeitsgemeinschaft der Verlage

Böhlau Verlag · Wien · Köln · Weimar
Verlag Barbara Budrich · Opladen · Farmington Hills
facultas.wuv · Wien
Wilhelm Fink · München
A. Francke Verlag · Tübingen und Basel
Haupt Verlag · Bern · Stuttgart · Wien
Julius Klinkhardt Verlagsbuchhandlung · Bad Heilbrunn
Mohr Siebeck · Tübingen
Nomos Verlagsgesellschaft · Baden-Baden
Orell Füssli Verlag · Zürich
Ernst Reinhardt Verlag · München · Basel
Ferdinand Schöningh · Paderborn · München · Wien · Zürich
Eugen Ulmer Verlag · Stuttgart
UVK Verlagsgesellschaft · Konstanz, mit UVK / Lucius · München
Vandenhoeck & Ruprecht · Göttingen · Oakville
vdf Hochschulverlag AG an der ETH Zürich

Prof. Dr. Wolfgang Melzer ist Inhaber der Professur für Schulpädagogik: Schulforschung und Leiter der Forschungsgruppe Schulevaluation an der Technischen Universität Dresden. Forschungsschwerpunkte: Schulforschung, Sozialisationsforschung, Gewalt- und Gesundheitsforschung.

Prof. Dr. Wilfried Schubarth ist Inhaber der Professur für Erziehungs- und Sozialisationstheorie am Department Erziehungswissenschaft der Universität Potsdam. Forschungsschwerpunkte: Jugendforschung, Schulforschung und Bildungsforschung.

Frank Ehninger, Diplom-Psychologe, ist Leiter einer Stabstelle an der Universität Osnabrück zuständig für die Bereiche Schlüsselkompetenzen, Service Learning und Tutorenqualifizierung.

GEWALTPRÄVENTION UND SCHULENTWICKLUNG

Analysen und Handlungskonzepte

von Wolfgang Melzer,
Wilfried Schubarth und
Frank Ehninger

2., überarbeitete Auflage

VERLAG
JULIUS KLINKHARDT
BAD HEILBRUNN • 2011

Online-Angebote oder elektronische Ausgaben zu diesem Buch
sind erhältlich unter www.utb-shop.de

Dieser Band erscheint zugleich als Sonderausgabe der Sächsischen Landeszentrale für politische Bildung. Diese Ausgabe ist nicht für den Verkauf bestimmt und stellt keine Meinungsäußerung der Sächsischen Landeszentrale für politische Bildung dar. Sie wird für Zwecke der politischen Bildung im Freistaat Sachsen kostenlos abgegeben.

Die Deutsche Bibliothek – CIP-Einheitsaufnahme
Die Deutsche Nationalbibliothek verzeichnet diese Publikation in der Deutschen Nationalbibliografie; detaillierte bibliografische Daten sind im Internet über http://dnb.d-nb.de abrufbar.

Einbandgestaltung: Atelier Reichert, Stuttgart.

Druck und Bindung: Friedrich Pustet, Regensburg.
Printed in Germany 2011
Gedruckt auf chlorfrei gebleichtem alterungsbeständigem Papier.

UTB-Band-Nr.: 3477
ISBN 978-3-8252-3477-5

Inhalt

Vorwort

Der gesamtgesellschaftliche Wandel der letzten Jahrzehnte hat einerseits die individuellen Verwirklichungsmöglichkeiten der Menschen, z.B. hinsichtlich ihrer Qualifikation, ihres Konsums oder ihrer Freizeitgestaltung, erhöht, andererseits sind neue Zwänge entstanden, insbesondere ein starker Bewährungs- und Evaluationsdruck, der mittlerweile alle Bereiche der Produktion und Reproduktion – so auch die Schule – erfasst hat. Angesichts sich abzeichnender demografischer Verschiebungen, die dazu führen werden, dass in der Mitte dieses Jahrtausends nur noch etwa gut die Hälfte der Bevölkerung im Erwerbsalter sein wird und die Gruppe der unter 20-Jährigen mit den Schülern und Auszubildenden bis dahin kontinuierlich schmilzt, kann man die Sorge der Öffentlichkeit und der politisch Verantwortlichen verstehen, dass es den „produktiven Teilen" unserer Gesellschaft an dem erforderlichen Qualifikationsniveau zur Zukunftssicherung mangeln könnte. Die Befunde der internationalen Schulleistungsvergleichsuntersuchungen haben diese Besorgnis genährt und die landläufige Einschätzung nach sich gezogen, die deutschen Schüler seien nicht leistungs- und konkurrenzfähig – vor allem vor dem Hintergrund globaler Anforderungen.

Auch das Sozialverhalten der Kinder und Jugendlichen steht auf dem Prüfstand. Die Ergebnisse internationaler Vergleichs- bzw. nationaler Studien zum Politikverständnis, zur Verantwortungsübernahme sowie zur Aggression und Gewalt stellen den deutschen Schülern kein gutes Zeugnis aus. Dennoch wird dieser Problemlage, die in der Schule tagtäglich in Erscheinung tritt, weniger Aufmerksamkeit geschenkt als der Entwicklung des Leistungsstatus der Schüler. Nur nach dramatischen Gewaltereignissen, wie Schul-Shootings, die von den Medien breit und nicht selten dramatisierend dargestellt werden, kommt es zu einer kurzen Phase der Betroffenheit, danach aber schon bald zu Verdrängungsprozessen in der Öffentlichkeit und bei den Verantwortlichen.

Dies gilt auch für den Umgang der zuständigen Bildungspolitiker mit diesem Thema. Während die Sorge um die Sozialkompetenz der Kinder und Jugendlichen, der Hinweis auf die wichtige Funktion der Familie in diesem Zusammenhang und die Bekräftigung des Erziehungs- und Bildungsauftrages der Schule beliebte Bausteine von „Sonntagsreden" sind, werden vergleichsweise wenige konkrete Maßnahmen getroffen, die zudem mehr auf Restriktion als auf pädagogische Prävention ausgerichtet sind (z.B. Verschärfung des Waffenrechts oder erhöhte Sanktionen). Bei einer Kritik am Sozialverhalten der Heranwachsenden sollte man mit bedenken, dass auch die aktuelle Wertewelt der Erwachsenen hin zu mehr „Ichlichkeit" und

Dominanz tendiert, so dass man zugespitzt sagen könnte, dass die „Jungen“ den „Alten“ deren eigene Welt widerspiegeln.
Ebenso wie der Erziehungs- und Bildungsauftrag der Schule normativ zusammen gehören, zeigen die Studien zur Qualifikationsentwicklung bei näherer Betrachtung, dass sich „Bildungsqualität“ im Wechselverhältnis von Wissensvermittlung, Sozialisation und Personalisation konstituiert. Auf die Schulsituation bezogen bedeutet das: Ein guter Unterricht muss Elemente des Erwerbs intelligenten (d.h. erweiterbaren und flexibel anwendbaren) Wissens, des situierten Lernens (in verschiedenen Handlungssituationen) sowie der Vermittlung von Methodenkenntnissen und Wertorientierungen umfassen. Schulqualität zeigt sich auch an der Kooperation der Beteiligten, am Klima, der Unterstützungsbereitschaft und der Partizipationsmöglichkeit, die Schule ihren Akteuren bietet.

Diese beiden Forschungs- und Diskussionslinien in einen Zusammenhang zu stellen – gemeint ist die Entwicklung der Qualität von Schule und Unterricht mit dem erhofften Ergebnis einer Verbesserung der fachlichen Leistungen der Schüler auf der einen und der Gewaltprävention mit dem Ziel, das Sozialverhalten der Schüler zu optimieren auf der anderen Seite – ist das Hauptanliegen dieses Bandes. Nach jahrelanger wissenschaftlicher Arbeit auf diesem Gebiet ist eine zentrale Erkenntnis, dass sich Fachleistungsstatus (gemessen durch Noten), Sozial- und Selbstkompetenzen wechselseitig bedingen. Unsere Untersuchungen dazu haben ergeben, dass es in jeder Schulklasse idealtypisch fünf Gruppen mit unterschiedlichen Kombinationen dieser Kompetenzen gibt und dass bei bestimmten Gruppen nur auf dem Weg der Kompensation von sozialen oder Selbstkompetenzdefiziten Leistungssteigerungen in fachlicher Hinsicht zu erreichen sind. Dem entsprechend ist eine bereichsspezifische, auf Zielgruppen und einzelne Schüler bezogene Förderung bzw. Prävention zu favorisieren.

Ein Schwerpunkt der Analysen und Darstellungen empirischer Untersuchungsergebnisse zur Gewalt in der Schule in diesem Band sind eigene, seit 1993 kontinuierlich durchgeführte Studien. Dabei handelt es sich ebenso um quantitative (Schulleiter-, Lehrer- und Schülerbefragungen) wie um qualitative Befragungen (biografische Interviews mit Tätern und Opfern, Schulportraits) und – in den letzten Jahren verstärkt – Präventionsprojekte und Präventionsforschung. Der Gesamttenor der Untersuchungen ist, dass im letzten Jahrzehnt zwar ein leichter Rückgang von Gewalthandlungen zu verzeichnen ist, dass das Gewaltniveau mit ca. 20 Prozent problematischer Schüler („Täter“, „Opfer“, „Täter-Opfer“) aber nach wie vor sehr hoch ist, so dass ein enormer Handlungsbedarf zur Gewaltprävention in Schulen besteht. Weiterhin wurde festgestellt, dass die psychischen und verbalen Formen der Schüleraggression gegenüber den physischen Gewalttaten – also die „weicheren“ die „härteren“ Gewaltformen – überwiegen, dass teilweise neue Formen der Gewalt unter Einsatz von Medien praktiziert werden, dass im Durchschnitt die Mehrzahl der Schüler nicht an Gewaltaktionen beteiligt ist und die Jungengewalt ein besonderes Problem darstellt. Die Erforschung der Ursachen für Schülergewalt hat uns neben den bekannten Faktoren, wie Einflüssen eines negativen Familienklimas bzw. restriktiven elterlichen Erziehungsstils, Verstärkungen durch Gleichaltrigengruppen (Peers) oder die Problematik eines exzessiven Medienkonsums, auch auf die Schul- und Unterrichtskultur als Wirkungsfaktor verwiesen.

Grundsätzlich lässt sich mit der multiplen Verursachungsstruktur eine Vorbeugung in allen Bereichen („multimodale Prävention") sowie der Netzwerkgedanke bei der Realisierung von Präventions- und Interventionsmaßnahmen begründen. Manche Sektoren sind jedoch schwer beeinflussbar: so ist die Elterngruppe, deren Erziehungsverhalten einen Risikofaktor darstellt (z.B. durch einen aggressiven oder vernachlässigenden Erziehungsstil), für Beratungs- und Weiterbildungsmaßnahmen schwer zu erreichen. Schwierigkeiten sind ebenfalls bei der Verantwortungsübernahme zu verzeichnen. Eine beliebte Strategie ist es, von anderen Handlungen zu verlangen, zu denen man selbst nicht bereit und in der Lage ist. So verweisen z.B. die Politiker auf die Medien, die Schule auf das Elternhaus, die Medienvertreter auf die Familie etc.

Dem wird von unserer Seite die Forderung nach einer multimodalen Prävention unter Einbeziehung aller für die Erziehung verantwortlichen Personen und Institutionen und unter Beteiligung der Heranwachsenden entgegengesetzt. Dabei lässt sich unserer Meinung nach kaum ein besserer Ort für Gewaltprävention finden als die Schule – nicht nur wegen der besonderen Bedeutung dieser Institution im Lebenslauf der Heranwachsenden, sondern auch weil ein Zusammenhang von Schul- bzw. Unterrichtskultur und aggressivem Verhalten der Schüler nachweisbar ist. Dieser Befund führt zu der Schlussfolgerung, dass ein wichtiger Ansatz für eine gelingende Gewaltprävention in der Verbesserung der Qualität von Schule und Unterricht liegt. Die Schule ist, beispielsweise im Gegensatz zur außerschulischen Jugendarbeit, eine Institution, die ihre Klientel nicht „aufsuchen" muss, sondern tagtäglich durch die Gestaltung von Unterricht und Schulleben sozialisieren kann. Im Gegensatz zu anderen Lebenswelten verfügt die Schule über pädagogisch professionell ausgebildetes Personal. Da Diagnostik und Prävention aber „Stiefkinder" der Lehrerbildung sind, müssten sich im Prinzip alle Lehrer auf diesen Gebieten, und insbesondere auf dem der Gewaltprävention, weiter qualifizieren.

Um diese Fortbildungserfordernisse zu bedienen, wenden wir uns mit diesem Band u. a. an Lehrerinnen und Lehrer als Adressaten. Bewährte Präventionsmodelle, die auf den schulischen Handlungsbedarf zugeschnitten sind, werden vorgestellt, eine Bilanz praxisrelevanter Forschungen wird mit den Ziel vorgenommen, die Pädagogen in den Stand zu versetzen, dass sie pädagogische Herausforderungen in Schule und Unterricht besser bewältigen können. Unsere Erkenntnisse und Erfahrungen wollen wir hiermit weiter geben, so dass sie für schulische Entwicklungsprozesse genutzt werden können. Zugleich werden theoretische Zusammenhänge und aktuelle Gewaltphänomene, wie Amoklauf und Cybermobbing, beleuchtet und präventionsstrategische Fragen der Gewaltprävention und Schulentwicklung thematisiert. Mit dieser konzeptionellen Ausrichtung handelt es sich bei dem Buch auch um eine Einführung in das Thema „Gewaltprävention und Schulentwicklung", um ein Lehrbuch, das für die Ausbildung von Pädagogen, Sozialwissenschaftlern und Lehramtsstudierenden geeignet ist.

Der Band ist nach einer Einleitung, in der die Relevanz und die verschiedenen Facetten der Thematik skizziert werden, in einen Analyse- und einen Handlungsteil mit je zwei Kapiteln gegliedert. Bei den Analysen stehen zunächst der Gewaltbegriff, der theoretische Rahmen der Forschungen sowie die empirischen Erkenntnisse im Vordergrund. Dabei geht es um die Erscheinungsformen und das Ausmaß der Gewalt in der Schule, danach um die Ursachen im außerschulischen Bereich und in der Schule selbst.
Im Handlungsteil werden – nach einigen allgemeinen Empfehlungen zum Umgang mit Gewalt in der Schule und im Unterricht – bewährte Ansätze zur Gewaltprävention dokumentiert. Die Programme, Projekte und Maßnahmen der Gewaltprävention richten sich an Schüler insgesamt oder bestimmte Schülergruppen (jüngere, ältere, auffällige Schüler), an die Lehrer- sowie die Elternschaft. Neu aufgenommen wurde Elternprogramme zur Stärkung der Erziehungskompetenz und Verbesserung des Erziehungsklimas in den Familien. Ein weiterer Schwerpunkt ist die Gestaltung der Schulorganisation, des Schullebens und des Umfeldes von Schule als Strategie der Gewaltprävention und deren Einbindung in den Prozess der Schulentwicklung. Damit schließt sich der Kreis von Sozialverhalten und Schulqualität und der Wechselbezug wird wiederum deutlich.

Es liegen mittlerweile viele Veröffentlichungen zur Gewaltforschung und Gewaltprävention in der Schule vor, manche sind so theoretisch-abstrakt, dass sie für die Praxis nicht verwendbar sind, in anderen werden Ratschläge gegeben, die einem schon der gesunde Menschenverstand nahe legt. Mit unserem Band wollen wir einen dritten Weg einschlagen: Gewalt in der Schule soll – empirisch und theoretisch fundiert – hinsichtlich Ausmaß und Ursachen empirisch analysiert werden; zugleich wird gefragt, was diese wissenschaftlichen Befunde für die Schulpraxis und Schulentwicklung bedeuten. Dazu werden die bewährtesten auf dem Markt befindlichen Präventionskonzepte und -programme vorgestellt, zwischen denen Pädagogen wählen können. Diese Konzepte müssen aber immer auf die besondere Situation einer einzelnen Schule oder einer bestimmten Klasse bezogen und ggf. modifiziert oder mit anderen Verfahren kombiniert werden. Dies setzt wiederum spezifische

Kompetenzen der Pädagogen und kooperative Zusammenhänge in der Schule voraus. Das Durchbrechen der Vereinzelung der Lehrerrolle und die Perspektive von Gewaltprävention als umfassender Schulentwicklung sind unserer Auffassung nach der Schlüssel zum Erfolg.

Das Buch kann als wissenschaftliche Einführung oder zur Information in der praktischen Präventionsarbeit genutzt werden. Beispielsweise können sich Lehrpersonen über vorhandene Programme für eine bestimmte Zielgruppe informieren. Der entsprechende Abschnitt gibt einen Überblick zu jedem einzelnen Programm, enthält Hinweise zu den theoretischen Grundlagen, zu Zielen, Erreichbarkeit und entstehenden Kosten. Für diesen Leserkreis könnten auch die Gelingensbedingungen präventiver Praxisarbeit und die Verknüpfung mit Schulentwicklungsstrategien von Interesse sein, so dass sich eine vorgezogene Lektüre des Praxisteils (Kapitel 4 bis 6) empfiehlt. Zur Vorbereitung auf wissenschaftliche Arbeiten oder Prüfungen ist aus unserer Sicht eine systematische Abarbeitung der Themen in der Reihenfolge der Kapitel die bessere Vorgehensweise. Um die Handhabung für beide Nutzergruppen zu erleichtern, haben wir uns für ein detailliertes Inhaltsverzeichnis entschieden. Außerdem ist jedem Kapitel eine kurze Zielbestimmung vorangestellt, am Schluss befinden sich Fragen zur Klärung und Vertiefung der dargestellten Sachverhalte. Zwischenresümees und Zusammenfassungen sind im Text graphisch hervorgehoben. Mehrere Kapitel des Buches sind mit Karikaturen illustriert, die aus einem Schülerwettbewerb des Studienkreises der „Gesellschaft für angewandte Methodik im Schulunterricht“ (GfM) zur Gewalt in der Schule stammen. Diese Bilder sollen den Text anschaulicher machen und eignen sich teilweise auch als Material für den Unterricht.

Ein Band, der mit diesen Zielen und Ambitionen herausgebracht wird, setzt eine kontinuierliche empirische Beschäftigung mit dem Forschungsgegenstand „Gewalt in der Schule“ über einen längeren Zeitraum voraus. Ermöglicht wurde dies zunächst durch Projekte, die von der Deutschen Forschungsgemeinschaft gefördert wurden. Anschließende Studien wurden im Auftrage der WHO im Rahmen des internationalen Forschungsverbundes „Health Behaviour in School-aged Childern“ durchgeführt – diese Befragungen zur subjektiven Gesundheit von Schülern beinhalten immer auch Items zur sozialen Gesundheit, zum Risikoverhalten und insbesondere zur Schülergewalt. Da diese WHO-Studie im Turnus von vier Jahren durchgeführt wird, die Jahrgangsklassen 6, 8 und 10 einbezogen sind und dieselben Schüler/innen teilweise zu zwei Zeitpunkten befragt werden konnten, sind wir in der Lage, über aktuelle Daten und Formen der Schülergewalt hinaus Persistenzen von Täter-Opfer-Rollen und Entwicklungstrends im Zeitraum von 2002 bis 2010 zu überprüfen. Neben der Aktualisierung empirischer Befunde ist ein zweiter Schwerpunkt der Neuauflage des Bandes die komplette Neustrukturierung und

Überarbeitung des Kapitels 5 zu den schulischen Programmen der Prävention und Intervention. Mit Recherchen hat uns dabei Dana Kreisl unterstützt, bei der wir uns ebenso bedanken wie bei Angelika Will für redaktionelle Arbeiten am gesamten Band.

Bei der Erstauflage hatten wir die Hoffnung geäußert, dass uns die Gratwanderung zwischen Anforderungen der Theorie, Empirie und Schulpraxis gelingen möge. Mit der verbesserten Neuauflage erhoffen wir, uns diesem Ziel weiter genähert zu haben.

Dresden, Potsdam und Osnabrück im Oktober 2011

Wolfgang Melzer, Wilfried Schubarth & Frank Ehninger

1| Gewalt als gesellschaftliches und pädagogisches Problem

Das Kapitel dient der Einführung in die Thematik; Gewalt wird als gesellschaftliches und pädagogisches Problem betrachtet und unter verschiedenen Aspekten beleuchtet, die in alltäglichen Diskussionen eine Rolle spielen. Dabei sollen grundsätzliche Fragen angesprochen und Vorurteile ausgeräumt werden. Neben historischen Aspekten und dem Diskurs über Anlage, Umwelt und Selbst, der durch die Neurowissenschaften neue Impulse erhalten hat, geht es u. a. um den Erziehungs- und Bildungsauftrag der Schule, die Wertorientierungen von Heranwachsenden und die pädagogischen Möglichkeiten ihrer Beeinflussung in der Schule: „Können Werte gelehrt werden?"
Die Autoren können diese Frage vor dem Hintergrund ihrer Studien und Erfahrungen mit einem nur bedingten „Ja" beantworten, nennen dafür die Voraussetzungen und vertreten die Auffassung, dass reformpädagogische Ansätze und Methoden dabei helfen können. Die Sozialisation der Schüler durch Schule steht außer Frage. Denn: Die Schule ist nicht nur ein Ort, an dem die außerhalb erzeugten Aggressionen und Gewalthandlungen auftreten, sondern stellt zum Teil auch selbst einen Prädiktor für abweichendes Schülerverhalten dar.

Gewalt ist mit Zerstörung und Leid verbunden und besitzt zugleich – besonders für Jugendliche – Faszination. Gewalt begegnet uns in Form von kriegerischen Auseinandersetzungen zwischen Völkern, Verbünden und Stämmen und ebenso in unserem Alltag – auch in der Schule. Gewaltvorkommnisse werden massiv kritisiert, aber ohne Gewalt würde das Leben in keinem dieser Zusammenhänge funktionieren. Der Prozess der Vergesellschaftung war und ist immer mit Triebverzicht und Askese, mit Zwang gegen sich selbst und andere verbunden. Die Fähigkeit zur Gewalt ermöglicht den Erhalt der Menschheit, regelt das Miteinander und ist Voraussetzung von Kultur.
Christoph Wulf hat daher zu Recht festgestellt, dass Gewalt eine Bedingung menschlichen Lebens sowie menschlicher Vergesellschaftung, d.h. als solche „unhintergehbar", sei (Wulf 2001, S. 140) und zugleich auf die Schwierigkeiten moralischer Bewertung von Gewalt hingewiesen. Denn Gewalt kann illegitim oder legitim sein. Negativ eingeschätzte Gewalthandlungen können sich später als konstruktives Potential erweisen. „In diesen Fällen erscheint Gewalt als kreative Kraft und schafft positiv bewerteten gesellschaftlichen Wandel" (ebd.). Daher können Gewaltphäno-

mene nur in ihrem jeweiligen kulturellen und historischen Zusammenhang interpretiert werden.
Auf der einen Seite scheint also der Hinweis auf die gesellschaftlichen und sozialen Überformungen bzw. Quellen von Gewalt berechtigt zu sein, dem steht auf der anderen Seite im Extrem die Suche nach dem „Kriminalitäts-Gen“, d.h. den vererbten Ursachen aggressiven Verhaltens, gegenüber.

Anlage, Umwelt und Selbst als Einflussfaktoren

Die alte pädagogische Frage von Anlage und Umwelt stellt sich also auch bei der Erklärung von Gewalt. Dazu möchten wir zwei Antworten anbieten: Erstens treten bei Wirkungsforschungen niemals lineare oder ausschließliche Effekte einer einzigen unabhängigen auf eine abhängige Variable auf, sondern immer „Konfundierungen“, ein Zusammenfließen mehrerer Einflussfaktoren. Zweitens wird in der sozial-ökologisch orientierten Forschung nicht von zwei, sondern von drei Zentren der Verhaltenssteuerung ausgegangen: Anlage, Umwelt und Selbst bestimmen das menschliche Handeln.
Manche Forscher meinen den Einfluss von Anlage und Umwelt genau beziffern zu können. So spricht die Psychologin Judith Harris von einem verhaltensgenetischen Einflussfaktor von 50% (Harris 2000, S. 50). Diese Annahme ist empirisch nicht belegt und nach heutigem Wissensstand in dieser generellen Formulierung auch falsch. Denn Eigenschaften und Persönlichkeitsmerkmale, wie Intelligenz, Motivation, Temperament, soziale Einstellungen und Verhaltensweisen sind in unterschiedlichem Maße vorgeprägt bzw. sozial beeinflussbar.
In Bezug auf unsere Thematik ergibt sich aus genetischen Studien, dass dissoziales Verhalten häufig verbunden ist mit Hyperaktivität, Aufmerksamkeitsmangel und anderen Störungen, die, wenn sie im frühen Kindesalter auftreten, auf Vererbung zurückgeführt werden können (vgl. Hummel 2000). Bei Personen ohne diese „assoziierten Merkmale“ zeigt sich jedoch, dass ein Einfluss ungünstiger Umweltfaktoren nachgewiesen werden kann (vgl. Silberg et al. 1996). Auch aus anderen Gründen wendet man sich in der Forensischen Kinder- und Jugendpsychiatrie gegen die Annahme eines einzelnen „Kriminalitätsgens“:
„(a) Gene haben keinen direkten Einfluss auf komplexes soziales Verhalten. (b) Genetische Einflüsse sind eher in der Weise wirksam, dass die Wahrscheinlichkeit kriminellen Verhaltens gefördert wird, als dass sie kriminelles Verhalten direkt bestimmen. (c) Es ist wahrscheinlich, dass genetische Einflüsse eher die Empfänglichkeit für Faktoren antisozialen Verhaltens betreffen als Kriminalität als solche“ (Hummel 2000, S. 26).

Wie Anlage und Umwelt zusammenwirken, zeigt eine Studie von Bohman, die er im Jahre 1996 bei skandinavischen Adoptivkindern durchgeführt hat. Die untersuchten Kinder waren im Durchschnitt zu 3% in Alltagskriminalität – überwiegend Diebstahldelikte – verwickelt. Waren die Adoptiveltern in derselben Weise kriminell geworden, verdoppelte sich das Risiko für die Adoptivkinder (6%); waren die leiblichen Eltern – nicht aber die Adoptiveltern – kriminell geworden, vervierfachte es sich (12%). Wer diesen Befund voreilig als Beleg für eine Dominanz des genetischen Risikos interpretiert, sollte den wichtigsten Befund der Studie zur Kenntnis nehmen:

In den Fällen, in denen sowohl leibliche als auch Adoptiveltern delinquent waren („Konfundierung"), waren deren Kinder zu 40% in Alltagskriminalität verwickelt; es bestand also ein mehr als 13-faches Kriminalitätsrisiko, wenn Umwelteinflüsse und genetische Faktoren zusammenwirken.

Laura Baker (2002) hat die wichtigsten internationalen verhaltensgenetischen Studien resümiert, und kommt ebenfalls zu der Erkenntnis, dass antisoziales Verhalten und Aggression beim Menschen „eindeutig sowohl auf Anlage als auch auf Umwelt zurückzuführen (sind). (...) Zudem scheinen die Umweltfaktoren selbst den Grad des genetischen Einflusses zu modifizieren" (ebd. S. 751). Weitergehende Annahmen beziehen sich sogar auf Veränderungen der Hirnstrukturen durch Umwelteinflüsse (s.u.).

Alle Untersuchungsergebnisse sprechen gegen monokausale Theorieannahmen im Bereich von „nature und nurture". Im Übrigen wird durch eine Dichotomisierung dieser Begriffe ein dritter Faktor ausgeblendet, der bei Heranwachsenden im Zuge ihrer Entwicklung immer bedeutsamer wird: die Selbstkompetenz (vgl. Melzer/Al-Diban 2000). In diesem Sinne hat der Sozialpsychologe Rainer Dollase *drei* Faktoren angeführt, die „untrennbar und dynamisch miteinander vernetzt (seien)": *Anlage, Umwelt und Selbst.* Er spricht sich gegen eine Gewichtung dieser Faktoren hinsichtlich ihrer relativen Wirksamkeit aus, weil eine „Unentschiedenheit der Kausalattribuierung" bestehe, und bezeichnet das Ganze als ein „Drei-Schlüssel-Problem":

„Bei einem Safe, der nur mit drei Schlüsseln zu öffnen ist, kann man annehmen, dass jeder Schlüssel entscheidend ist, und man könnte theoretisch so tun, als sei nur einer dieser Schlüssel entscheidend, wenn die beiden anderen vorhanden sind" (Dollase 1999, S. 28).

Das Gehirn als soziales Organ

Zur Aufhebung der Dichotomisierung von Anlage und Umwelt hat in den letzten Jahren der enorme Fortschritt der Neurowissenschaften mit ihren Subdisziplinen beigetragen (vgl. u.a. Roth 2001, Hüther 2001; Singer/Lamm 2009). So untersucht die Neurobiologie Vorgänge im Gehirn durch das Zusammenwirken von Neuronen und Gliazellen (unterstützen die Versorgung und Kommunikation der Nervenzellen), die Neuroanatomie beschäftigt sich mit Aufbau und Struktur des

Gehirns, die Neurochemie mit chemischen Prozessen der Hirntätigkeit, während die Neuroethologie sich auf Mechanismen der Verhaltenssteuerung mit Hilfe des Nervensystems spezialisiert. Die Entstehung interdisziplinärer Forschungsgruppen und neuer Forschungsgebiete, wie Soziale Neurowissenschaft, Neuropädagogik oder Neurodidaktik signalisiert, welcher Paradigmenwechsel – bei allen Unterschieden im Detail – in die Neurowissenschaften Einzug gehalten hat und welche pädagogische Relevanz diese Forschung besitzt: Die individuelle Persönlichkeit ist das einmalige Ergebnis eines Zusammenspiels genetischer Anlagen, die sich evolutionär herausgebildet haben, einer spezifischen kontextuellen Ausprägung und Interaktion mit dem sozialen Umfeld sowie der Rückwirkung dieser individuellen Gehirnstrukturen auf das „Fühlen, Denken, Handeln“ (Roth 2001) jeder einzelnen Person. Die Haupterkenntnis ist dabei, dass sich das Gehirn in Abhängigkeit von seiner Nutzung und von den gesammelten Erfahrungen – auch physiologisch – fortlaufend neu strukturiert.

„Zeitlebens sind neuronale Verschaltungsmuster an neue Nutzungsbedingungen anpassbar. Die Herausformung dieser Muster im Verlaufe der Hirnentwicklung wird nicht durch genetische Programme gesteuert, sondern durch individuell, zum Teil bereits pränatal gemachte Erfahrungen. (…) Die ersten und für alle weiteren Reifungsprozesse entscheidenden Aktivierungsmuster werden außerhalb des Gehirns, in verschiedenen Bereichen und Organen der Körpers generiert und zum Gehirn weitergeleitet. Diese (…) Signalmuster bilden die erste und wichtigste strukturierende Kraft für das sich entwickelnde Gehirn“ (Hüther 2009, S. 67f). Genetisch gesteuert sei, so derselbe Autor, „lediglich die Bereitstellung eines Überschusses von zunächst Nervenzellen und später an neuronalen Fortsätzen und synaptischen Verschaltungen in verschieden Bereichen des sich entwickelnden Gehirns, sequentiell von kaudal (hinten, unten, Stammhirn) nach rostral (vorn, oben, Frontalhirn“ (ebd.).

Im Verlaufe einer langen Evolutionsgeschichte hat das Gehirn, dessen Nervenzellen durch die Synapsen mit Tausenden weiterer Zellen verbunden sind, ein Grundprogramm mit einer großen Variationsbreite entwickelt, so dass diese genetisch vorhandenen Ausgangsbedingungen in der Lage sind, sich auf die Bearbeitung heterogener Umwelteinflüsse einzustellen. Der Organismus, und speziell das Nervensystem, besitzt eine Offenheit und Aufnahmebereitschaft für Impulse der Umwelt; über Sozial- und Sinneserfahrungen erhält das individuelle Gehirn eine spezifische physische Überformung, die auch „sichtbar“ gemacht werden kann. Mit bildgebenden Diagnoseverfahren, wie Magnetresonanztomographie (MRT) oder Computertomographie (CT), können detaillierte Innenaufnahmen des Gehirns vorgenommen werden und äußere Reize in ihrer Auswirkung auf bestimmte Hirnareale sichtbar gemacht werden. Mit dem Elektroenzephalogramm (EEG) können Hirnströme gemessen und die Kommunikation der Nervenzellen untereinander beobachtet werden.

Mit diesen Methoden konnten differenzierte Erkenntnisse über das Sozialverhalten und emotionale Befindlichkeiten, wie Aggression und Gewalt, gewonnen werden. Affektiv-emotionale Zustände bilden sich ab und werden beeinflusst durch das *limbische System.* Dieses durchzieht das ganze Gehirn und ist in drei Ebenen unterteilt, die hierarchisch aufgebaut sind (vgl. hierzu und zum Folgenden: Roth 2001, S. 318ff).

Auf der untersten Ebene sind die „Zentren für elementare, d.h. lernunabhängige affektive Zustände", wie Lust, reaktive Aggression bzw. Verteidigung, angesiedelt. Diese Ebene der Grundzüge der Persönlichkeit oder Temperamente, die eine Person z.B. als ruhig und gelassen oder hitzig und erregbar erscheinen lassen, ist nur schwer bewusst zu beeinflussen bzw. von außen zu steuern. *Auf der mittleren Ebene,* die „der – nicht notwendig bewussten – Konditionierung" (ebd., S. 319), findet eine in Grenzen erfahrungsabhängige Verhaltenskontrolle statt. In den entsprechenden Zentren, wie der „basolateralen Amygdala" oder dem „mesolimbische System" u.a., wird eine systematische Bewertung aller Erfahrungen und Handlungen des Körpers vorgenommen; diese werden daraufhin durchgemustert, ob ein bestimmtes Handeln positive oder negative Auswirkungen hat. Das Ergebnis wird im Erfahrungsgedächtnis gespeichert, steht somit für spätere Bewertungen als Kriterium zur Verfügung und führt im Ergebnis zu einer Konditionierung des Verhaltens. *In der obersten Ebene* des limbischen Systems („orbifrontaler Cortex", Teile des „temporalen Cortex") finden Bewertungen von Prozessen und Ereignissen statt, „die auf bewusster, detaillierter, meist multimodaler Wahrnehmung und auf autobiographischen Gedächtnisinhalten beruhen, durch Erziehung stark beeinflusst werden und in der Regel in gesellschaftliche Normen und Moralvorstellungen einmünden" (ebd., S. 320). Die oberste Ebene wird durch die beiden unteren stärker beeinflusst als umgekehrt. Roth (ebd., S. 321) stellt dazu fest, dass es eher so sei, dass die Gefühle den Verstand beherrschten als umgekehrt und hält das auch für gut: die Gefühle seien nichts anderes als „konzentrierte Lebenserfahrung.

Diese Erkenntnisse zur Struktur und Funktion des limbischen Systems helfen uns zu verstehen, warum Personen aggressiv handeln und wo Prävention ansetzen sollte und wie sie wirksam werden kann. So sind notorische „Täter" zu ihren Rollen gelangt, weil sie über einen längeren Zeitraum für ihr normabweichendes Verhalten keine konsequenten negativen Sanktionen erlebt haben, sich in ihren Taten vielmehr durch bestimmte Gruppen oder einen Teil der Schulklasse bewundert und anerkannt sehen, was wiederum zu einer Bestärkung dieses Verhaltens führt. Auf diese Weise entstehen subkulturelle Normen – Unrechtsbewusstsein und Empathie gehen verloren. Zugleich macht das Drei-Ebenen-Modell des limbischen Systems deutlich, dass für eine derartige Problemgruppe Interventionen auf der Bewusstseinsebene – z.B. durch Werteklärung und Diskussion moralischer Dilemmata – eher nicht angezeigt sind. Mit Fokussierung auf die mittlere Ebene könnte die pädagogische Bereitstellung einer kontrastierenden Alltagswelt, die z.B. in der Schule die Grenzen des Handelns aufzeigt und positive Erfahrungen durch andere Formen

der Anerkennung beinhaltet, für diese Zielgruppen eine aussichtsreiche Präventionsmöglichkeit darstellen. Das Modell macht zugleich verständlich, warum kognitiv-behaviorale, d.h. auf Verhaltensmodifikation abgestellte Präventionsprogramme eine hohe Wirksamkeit entfalten (vgl. Resümee zu Kapitel 5).
Eine metatheoretische Diskussion ist darüber entbrannt, wie sich die Ergebnisse der neurobiologischen Forschung zur Steuerung von Verhaltensprozessen zu psychologischen Modellen, z.B. der „Selbst"-Steuerung oder der „Ich-Identität", verhalten. Damit verbindet sich die Frage, ob universalistische Werte „phylogenetisch" legitimierbar sind bzw. ob sich mit Ihnen allgemeingültige moralische Ansprüche verbinden lassen, die gewissermaßen *von außen* an die Individuen zwecks Entscheidung über Annahme oder Ablehnung herangetragen werden können. Die Entscheidung darüber, z.B. über Verhalten in Konflikt- und moralischen Dilemmata-Situationen, ist nach Auffassung bedeutender Hirnforscher keinesfalls „frei". „Worum es letztlich geht, ist die *Autonomie menschlichen Handelns*, nicht Willensfreiheit. Autonomie ist die Fähigkeit unseres ganzen Wesens, d.h. Bewusstsein, Unbewusstes, das ganze Gehirn und den ganzen Körper zusammengenommen, innengeleitet, aus individueller Erfahrung heraus zu handeln. Gerade dies würde durch eine Willensfreiheit, die sich außerhalb des Bewertungssystems und damit gegen Erfahrung stellt, verhindert" (Roth 2001, S. 449). Das „Ich" sei nicht der Steuermann, sondern ein „virtueller Akteur in einer von unserem Gehirn konstruierten Welt, die wir als unsere Erlebniswelt erfahren" (ebd., S. 452).
Die Erziehungswissenschaft bemüht sich, die in rascher Folge publizierten neuen Ergebnisse der Hirnforschung für den pädagogischen Bereich auszuwerten und zu adaptierten – Ulrich Herrmann fasst in seiner „Neurodidaktik" (2009) verschiedene Befunde, die für das „lernende Gehirn" relevant sind, zusammen:

»

- Das Gehirn ist kein Datenspeicher, sondern ein Datengenerator durch die autonome Organisation der Speicherung und Verknüpfung von Informationen und der Konstruktion von deren Bedeutungen.
- Am besten gelernt wird unter leichter Anspannung, leichtem Stress, aber das Arbeitsergebnis muss etwas besser sein als erwartet. Zu hoher Stress bzw. Versagensangst blockiert oder vermindert die erwünschten Gehirnleistungen.
- Neugier wird geweckt z.B. durch den Faktor ‚überraschende Neuigkeit', ‚erklärungsbedürftiger Sachverhalt', ‚unerwartetes Ereignis', damit Aufmerksamkeit sich fokussieren kann.
- Durch Entmutigung entsteht entweder Motivationsverlust oder gar Vermeidungsverhalten, in krassen Fällen als psychische Verletzung auch Leistungsverweigerung.
- Das Gehirn ist ein ‚soziales Organ' und sucht beständig nach Kooperationen: förderliche Beziehungen und freundliche Atmosphäre (…).

- Neuronale Netze müssen durch häufigen Gebrauch (Üben, Wiederholen) stabilisiert werden, so entsteht Gedächtnis. Lernen ist ein sehr langsamer Prozess, wie jeder weiß, der es auf einem Gebiet zu einer gewissen Meisterschaft gebracht hat.
- Gedächtnis als verfügbares Vorwissen ist die beste Voraussetzung für das Lernen des Neuen. Sicheres abrufbares Vorwissen ist die wohl wichtigste Voraussetzung z.B. für Problemlösungen unter Stressbedingungen (Tests).
- Nachhaltige Informationsverarbeitung ist auf Überprüfungs- und Sicherungszeiten angewiesen, d.h. einen zeitlichen Wechsel von Informationsaufnahme (Anspannung) und Informationssicherung (Entspannung, Konsolidierung) im Kontext bisheriger Informationsbestände.
- Jedes Gehirn hat als Organ eine individuelle erfahrungsgeschichtliche Prägung. Jedes Gehirn schreibt daher neuen Informationen (Erfahrungen) zunächst einmal *seine* lebensgeschichtlich individuellen Bedeutungen zu."

(Herrmann 2009, S. 11)

Auch die Hirnforschung selbst kommt zu Konsequenzen für den (schulischen) Lernprozess. So weist Hüther (2009) darauf hin, dass sich zukunftsorientierte Handlungskonzepte und Planungskompetenzen durch herkömmlichen Unterricht kaum erreichen lassen. Die erforderliche Eigendynamik und Selbstorganisiation von Bildungsprozessen werde durch die Zersplitterung des Lernstoffes behindert. „Lernen ist immer ein ganzheitlicher, sinnstiftender, wissenserweiternder und Kompetenzen erfordernder Prozess, der sich im jeweiligen Kind ereignet. Bildung lässt sich nicht von außen erzeugen und nach den Vorstellungen eines Pädagogen gestalten, sondern muss vom betreffenden Kind erworben, muss im Gehirn als eigene Leistung selbständig konstruiert werden. Dazu kann man Kinder nicht erziehen, dazu muss man sie einladen oder besser noch inspirieren" (ebd., S. 67).
Eine Operationalisierung derartiger grundsätzlicher pädagogischer Überlegungen im Hinblick auf die Gestaltung von Lernumwelten und auf pädagogisches Handeln mit Ziel der Entwicklung wertorientierter Kompetenzen, wird von Heinz Schirp (2009) auf drei Ebenen vorgenommen: *Unterricht, Schulleben und das Gemeinwesen.* Aus den vorliegenden neurobiologischen Befunden leitet er drei didaktische Zugänge ab: Es geht um: *„Vor-Leben"* (Lernen an sozialen Modellen), *„Nach-Denken"* (moralisch-reflexive Strategien der Werteklärung und Aufbau emotionaler Strukturen) und „Mitmachen" (Handlungsorientierung im schulischen und außerschulischen Raum). Im Hinblick auf die Entwicklung wertorientierter Kompetenzen sieht der Autor folgende vielfältigen Präventions- und Interventionsmöglichkeiten.

Kontexte / Ansätze	UNTERRICHT	SCHULLEBEN	GEMEINWESEN
1 „Vor-Leben" Soziale Strukturen und Modelle	Freiräume, Grenzen, soziale Vereinbarungen	Beteiligung, Mitgestaltung, Partizipation	Mitarbeit in kommunalen Projekten und Initiativen
2 „Nach-Denken" Wertreflektierende Lerngemeinschaften	Fachbezogene Dilemmata, Praktische Philosophie	„Just Communities", Schulparlamente, Schülerräte	Außerschulische Partner und „critical friends"
3 „Mit-Machen" Handlungsräume und Handlungszugänge	Soziale Unterstützungssysteme, tutorielle Hilfen	Peer Mediation und Streitschlichtung, SV	„Service Learning", soziale Projekte „vor Ort"

(Quelle: Schirp 2009)

Insgesamt zeigt sich, dass die Ergebnisse der Neurowissenschaften durch die Entdeckung des Gehirns als soziales Organ zu einer Aufhebung der Dichotomisierung von Anlage und Umwelt beigetragen. Darüber hinaus sind die Erkenntnisse durchaus mit vorhandenen psychologischen Modellen und pädagogischen Ansätzen der Entwicklung, Förderung und Prävention in Einklang zu bringen. Zugleich tragen sie zu einem tieferen Verständnis menschlich bewussten und unbewussten Handelns und zum Erkennen der Grenzen und Möglichkeiten der Verhaltensteuerung und zur Gestaltung von Lernprozessen bei. Die Umsetzung im Schulalltag wird vermutlich noch einige Zeit benötigen.

Aspekte historischer Entwicklung von Gewalt

Auch wenn uns die Gewalt im Alltag heutzutage häufig unmittelbar berührt und durch die Medien nahe gebracht wird, so sind diese Phänomene im Prinzip keine völlig neuartige Erscheinung. Blickt man in die Geschichte der Menschheit, so findet man sehr viele Beispiele von Gewalt und Grausamkeit: Schon in der Bibel wird über den Brudermord von Kain an Abel berichtet; hier zeigt sich die potentielle Anfälligkeit eines jeden Menschen gegenüber Aggression und Gewalt. Gewalttätige Auseinandersetzungen, Krieg, Raub, Mord und Verbrechen gab es zu allen Zeiten und in allen Gesellschaften. Zahlreich erschienene wissenschaftliche und populäre Bücher oder Filme, z.B. über Eroberungskriege und Schlachten, Seeräuberei, Sklaverei und Folter, haben uns dies anschaulich vor Augen geführt. Auch das laufende und vergangene Jahrhundert ist voll von Grausamkeiten, wenn man an die beiden Weltkriege, an Hitler und Auschwitz, an Stalin und den Archipel Gulag, an den Vietnamkrieg, an das Lateinamerika der siebziger Jahre, an Kambodscha unter Pol Pot oder die Kriege in jüngerer Zeit auf dem Balkan, in Afghanistan, im Irak und in Nordafrika denkt.

Indem der Staat im Laufe der Menschheitsentwicklung immer mehr das Gewaltmonopol übernahm und extreme Gewalt (z.B. Körperverletzung) unter Strafe stellte, wurde ein zivilisierter Umgang der Menschen untereinander angestrebt. Dass dies nur z.T. gelungen ist, zeigt deutlich, wie brüchig offenbar das zivilisatorische Fundament ist. Dennoch ist festzustellen, dass Gewalt kein neuartiges Phänomen, kein spezielles Phänomen unserer Zeit ist, auch wenn sich die Formen – entsprechend den jeweiligen historischen Rahmenbedingungen – verändert haben. Eine Dramatisierung heutiger Gewalt würde die Gewalt früherer Zeiten verharmlosen. Im Unterschied zu damals werden die Gewalthandlungen heute durch die Massenmedien als ständig präsentes Gewaltphänomen viel stärker ins Bewusstsein gerückt. Hinzu kommt, dass durch die öffentliche Thematisierung von Gewalt in den letzten Jahren auch eine Sensibilisierung für Gewaltphänomene eingetreten ist, so dass wir es mit einer veränderten, geschärften Wahrnehmung von Gewalt zu tun haben, die nicht selten als Anstieg von Gewalt interpretiert wird. Eine positive Seite dieser Entwicklung ist, dass Menschen eher bereit sind, gegen Gewalt einzuschreiten und in der Erziehung Grenzen zu setzen. Gewachsen ist auch das Verständnis und die Unterstützung für Opfer.

Aus historischen Quellen ist bekannt, dass Prügeleien und Raufereien schon früher zum Alltag von (meist männlichen) Heranwachsenden gehörten. Körperkraft und körperliches Kräftemessen gilt seit jeher als ein „Merkmal gelebter Männlichkeit“. Schulstreiche, jugendliche Bandenkämpfe, die Zerstörung von Inventar, aber auch prügelnde Lehrer vergangener Zeiten zeugen davon, dass es eine „gewaltfreie Schule“ nie gegeben hat. Bis in die sechziger Jahre hinein durften die Schüler an bundesdeutschen Schulen noch völlig legal gezüchtigt werden. Betrachten wir historische Quellen mit Beschreibungen, Bildern und Karikaturen zur Schule des 18. oder 19. Jh., so erscheint diese im heutigen Licht als eine Gewaltinstitution. Würde man diese Dokumente im aktuellen kulturellen Kontext deuten, wäre es unzweifelhaft, wer die Täter sind, nämlich die Lehrer. Schwache und freche Schüler wurden von ihnen mit Ruten geschlagen, der schlechteste Schüler bekam vom Lehrer die Eselsmütze aufgesetzt und wurde so zum Gespött seiner Mitschüler. Eine besonders harte Strafe war das Knien auf dem Holzscheit. Die Rute und der Stock wurden zum „Standessymbol“ der damaligen Lehrerschaft, aber – dem Zeitgeist entsprechend – wurde von niemandem die Legitimität dieses „pädagogischen“ Handelns bezweifelt.
Wenn man an heutige Auswüchse von Jugend- und Schülergewalt denkt, stellen sich ganz andere Assoziationen ein; man könnte meinen, dass der Rohrstock eine Metamorphose zum Baseballschläger durchgemacht hat, der von Jugendlichen gegen Andersdenkende eingesetzt wird, und dass in der Schule die Rolle des Gewaltakteurs vom Lehrer auf die Schüler übergegangen sei. Dafür gibt es viele alltägliche Hinweise aus der Schulpraxis; aber auch bei den extremen Ereignissen, wie Amokläufen und „Schoolshootings“, haben wir es mit Schülergewalt zu tun, die in diesen

Fällen vorsätzlich gegen Lehrpersonen und (ehemalige) Mitschüler gerichtet war. Zugleich werfen diese moralisch zu verurteilenden Taten über Aspekte der Sozialisation und Motivlage der Täter hinaus allgemeine Fragen nach dem Zustand der Schule sowie möglichen Überforderungen und Defiziten der heutigen Schülergeneration auf.
Die Öffentlichkeit und die Medien haben auf ihre Weise auf die offensichtlichen Problemlagen reagiert: Mit Dramatisierungen und Befürchtungen, nun seien auch in Deutschland „amerikanische Verhältnisse" eingekehrt. Aus den USA wird schon seit Jahren über Vorkommnisse berichtet, bei denen Schüler und Lehrer von Schülern getötet wurden oder Schulen vermint und gesprengt worden sind. Uns erreichen Beschreibungen zur Unterrichtssituation aus den „Schwarzen-Gettos": Vorne der Lehrer, der versucht den Unterricht durchzuführen, hinten der Polizist, der den Lehrer vor Schüleraggressionen schützt und Unterricht somit überhaupt erst ermöglicht und dazwischen die Gruppe der Schüler, zu allem bereit, aber nur nicht zum Lernen und zum friedlichen Miteinander (manche bezeichnen dies als „Sandwich-Pädagogik"). Am stärksten haben sich die Ereignisse von Littleton (Colorado) eingeprägt; dort sind am 20. April 1999 zwei Schüler in ihre Schule, die Columbine High School, mit automatischen Waffen, Schrotflinten, über 900 Schuss Munition und mehreren Bomben eingedrungen und haben zwölf Schüler und eine Lehrkraft getötet sowie weitere 23 Menschen verletzt, um sich danach selbst zu töten. Morten Rhue (2002) hat das Szenario in einem Jugendbuch bearbeitet, dessen Lektüre sich für den Unterricht empfiehlt.[1] In seinem Vorwort sieht der Autor Parallelen zu ähnlichen Vorfällen in den USA und kommt zu der zugespitzten Aussage: „Nirgendwo in den USA können Schüler und Lehrer ohne ein leichtes Gefühl von Bedrohung zur Schule gehen; niemand weiß, ob er wieder lebendig heraus kommt" (ebd., S. 7)[2]. Rhue weist auf ähnliche Tragödien in Japan, Großbritannien und Deutschland hin, und sieht ausdrücklich Parallelen zwischen Columbine und Erfurt.
Gerne wird bei uns in Deutschland – um den Unterschied zu früher zu untermauern – das drastische Bild des besiegten und am Boden liegenden Schülers gebraucht, dessen Eingeständnis der Niederlage zuvor den Aggressionsakt beendete; heute würde jedoch weiter auf den Unterlegenen und Wehrlosen eingeschlagen. Die vorliegenden Forschungsergebnisse zur Gewaltsituation in deutschen Schulen zeichnen jedoch ein anderes Bild mit einer eindeutigen Dominanz von psychischen und verbalen Aggressionen, härtere Gewaltformen kommen sehr selten vor (siehe Kap. 2.4). Bei der Einschätzung eines möglichen Anwachsens von Gewalt in Schulen, ist mangels Längsschnittstudien Zurückhaltung geboten. Allein auf der Grundlage von Lehrerurteilen, auch wenn sie wissenschaftlich erhoben und ausgewertet sind, ist keine objektive Diagnose von Veränderungen möglich.

---

1 Rhue, M.: Ich knall euch ab. Ravensburger Taschenbuch, Band 58172 Ravensburg 2002

2 Einige interessante Hintergrundinformationen zu den Tätern von Littleton liefert Laura Baker (2002, S. 755)

FRÜHER
PAUSENHOF

HEUTE
PAUSENHOF

Die Einschätzungen von Lehrern können durch die angeführte öffentliche Sensibilisierung und Fokussierung der Aufmerksamkeit auf Gewaltphänomene, veränderte Berufsrollenanforderungen oder den Anstieg des Durchschnittsalters der Kollegien und daraus resultierender individueller Belastungen für den einzelnen Lehrer „eingefärbt" sein und zu Übertreibungen führen. Außerdem finden sich neben Zonen relativer Ruhe ausgesprochene soziale Brennpunkte (z.B. in Hauptschulklassen oder prekären Bezirken von Großstädten), so dass sich die Situation im Schulsystem sehr unterschiedlich darstellt.

Unzureichende Maßnahmen der „Prävention"

Von Entwicklungen wie in den USA sind wir auf jeden Fall weit entfernt. Der Grund dafür liegt weniger in den gesellschaftlichen Modernisierungsprozessen oder den Strukturen bzw. Anforderungen des Bildungssystems, die eher Argumente für Angleichungsprozesse liefern könnten, als in der Tatsache, dass bei uns im Gegensatz zu den USA der Medienkonsum stärker reguliert und insbesondere der Zugriff auf Waffen durch den Staat sehr stark geregelt und kontrolliert wird. Die entsprechenden Gesetze sind nach den Ereignissen von Erfurt sogar noch verschärft worden: Das Mindestalter für Waffenbesitz wurde durch das zum 1. April 2003 in Kraft getretene, geänderte Waffengesetz für Sportschützen von 18 auf 21 Jahre und für Jäger von 16 auf 18 Jahre angehoben. Wer jünger als 25 Jahre ist, muss sich die geistige Eignung zum Waffenbesitz bescheinigen lassen – ausgenommen Jagdscheininhaber und Sportschützen über 18 Jahre. Der Umgang mit Wurfsternen, Spring-, Fall-, Faust- und Butterflymessern ist generell verboten.
Trotz dieser „Beruhigungspille" erwartet man für die Institution Schule spezifische Konsequenzen, die den Zielen und Aufgaben dieser Institution entsprechen. Von administrativer Seite zielen die bislang ergriffenen Maßnahmen eher auf äußere Regulation. So wurden „Kopfnoten" und sogenannte „Ranzenkontrollen" eingeführt, sowie eine „Sicherheitspartnerschaft mit der Polizei" ins Leben gerufen. Alle Theorien und Studien zur Moralentwicklung sagen uns jedoch, dass es wichtig wäre, die internalen Steuerungsprozesse der Schülerinnen und Schüler und die Verinnerlichung von Wertmaßstäben zu stärken, um Gewalt zu verhindern. Auf eine Gewalttat aus Furcht vor Strafe zu verzichten stellt danach die unterste Stufe der Moralentwicklung dar. Sobald ein vorhandenes aggressives Potential in weniger kontrollierte Räume tritt, bricht es wieder hervor, wenn es durch das „Selbst" nicht zurückgehalten wird. Also brauchen wir zusätzliche Strategien der Gewaltprävention, die geeignet sind die Ich-Identität und die Lebensbewältigungskompetenzen der Schülerinnen und Schüler entwickeln zu helfen.
Den Katalog mit Vorschlägen der Kultusministerkonferenz vom 24. und 25.05.2002 zur Gewaltprävention an Schulen, kann man wegen seiner Unverbindlichkeit kritisieren, dennoch enthält er eine Reihe bedenkenswerter Punkte, deren konsequente Umsetzung in den Schulen aber noch geleistet werden muss, wie:

- Die Bekräftigung des Erziehungsauftrages der Schule;
- die Notwendigkeit der Konsensbildung zwischen Schulleitungen, Lehrkräften, Eltern und Schülern über gemeinsame Erziehungskonzepte;
- die Einhaltung eines Grundbestands an sozialen Verhaltensregeln;
- die besondere Verantwortung der Schulaufsicht in diesem Prozess;
- die Mitverantwortung und Beteiligung von Schülerinnen und Schülern und der Eltern an der Gestaltung des sozialen Klimas und des Schullebens;
- die Einrichtung regionaler Netzwerke schulischer und außerschulischer Einrichtungen, um Gewalttendenzen vorzubeugen;
- die Durchführung von Sport-, Streitschlichter- und Konfliktbewältigungsprogrammen im Unterricht und in der Lehrerfortbildung;
- die Kooperation von Schule und Jugendhilfe, Zusammenarbeit mit der Polizei;
- die Bereitstellung vielfältiger Beratungsangebote, z.B. durch den Schulpsychologischen Dienst (ebd.).

Außerdem wird durch die Kultusministerkonferenz eine stärkere Medienkontrolle eingefordert, wie sie bereits mit ihrer Erklärung vom 25./26. 06. 1992 beschlossen worden war.

Als weiteres wichtiges politisches Gremium hat sich die Jugendministerkonferenz mit der Situation an Schulen beschäftigt; Ausgangspunkt der Beratungen waren die Ergebnisse der PISA-Studie. Auch von diesem Gremium wird es für erforderlich gehalten, „den Schnittstellen zwischen Jugendhilfe und Schule besondere Aufmerksamkeit zu widmen“ (vgl. Beschlüsse der Jugendministerkonferenz vom 6./7. 06. 2002). Beklagt wird u.a. die Randständigkeit unterer Sozialschichten, gefordert werden „gleiche Bildungschancen“ für alle Kinder, ein Zusammenspiel von sozialem und kognitivem Lernen sowie ein „umfassendes Verständnis von Bildung, das von den Fähigkeiten der Kinder ausgeht, sich neben Wissen vor allem auch Kompetenzen anzueignen. Nur wenn junge Menschen befähigt werden ihre Persönlichkeit umfassend zu entfalten, kann Ihnen berufliche und gesellschaftliche Teilhabe und Eigenständigkeit gelingen“ (ebd.).
Die Vorschläge der Kultusminister- und Jugendministerkonferenz greifen im Kern auf bereits in der Praxis umgesetzte Ideen und Konzepte zurück, ohne kritisch zu hinterfragen, ob diese in Schulen hinreichend verbreitet sind und unter welchen Bedingungen und mit welcher Unterstützung sie Wirkung entfalten können. Es werden keine konkreten Programme verabschiedet, die Vorschläge bleiben seltsam vage, vor allem wenn deren Verwirklichung mit Finanzmitteln verknüpft ist, und haben häufig appellativen Charakter. Ein verbindliches Gesamtprogramm, das die Akteure anspricht, ist nicht zu erkennen. Damit eine substanzielle Verbesserung der Präventionsarbeit vor Ort erreicht werden kann, bedarf es aber des Engagements der direkt Betroffenen und Verantwortlichen – und das sind neben Schülern und Eltern primär die Schulaufsicht, die Schulleitungen und die Lehrer.

In dem Kreis der professionellen Pädagogen und schulpolitisch Verantwortlichen ist allerdings nicht selten eine Abwehrhaltung spürbar, die sich in der Überzeugung artikuliert, für Schülergewalt seien primär außerschulische Faktoren ursächlich, die dort – z.B. in den Familien oder im Medienbereich – bekämpft werden müssten. Der Schule jetzt auch noch die Aufgabe der Gewaltprävention zu überantworten, hätte zur Folge, dass sie ihren eigentlichen Aufgaben nicht mehr gerecht werden könne. Dies ist als Ausdruck z.B. der Belastung und Überlastung von Lehrern eine verständliche Reaktion, stimmt aber weder mit der Genese der Gewaltproblematik noch mit dem Auftrag von Schule, wie er etwa im Grundgesetz, in den Länderverfassungen oder in den Schulgesetzen der Bundesländer fixiert ist, überein.

Erziehungs- und Bildungsauftrag der Schule

Schule ist in Deutschland jetzt schon im dritten Jahrhundert eine Veranstaltung des Staates, muss also dem Allgemeinwohl dienen und hat insbesondere dafür Sorge zu tragen, dass ein umfassender Bildungs- und Erziehungsauftrag verwirklicht wird (vgl. Art. 7 Abs. 1 Grundgesetz der Bundesrepublik Deutschland). Auf Grund der Kulturhoheit der Länder sind dezidierte Bildungs- und Erziehungsziele aber nicht im Grundgesetz, sondern in den Länderverfassungen und Schulgesetzen der 16 Bundesländer verankert. Die Länderverfassungen fordern „neben der Vermittlung von Wissen, Kenntnissen und Fähigkeiten (...) vor allem die Erziehung zu sittlicher und politischer Verantwortlichkeit, zu eigenem Denken und zur Bereitschaft zu sozialem Handeln“ (Staupe 2001, S. 45). In den Schulgesetzen der Bundesländer werden diese Zielbestimmungen von Schule weiter konkretisiert. So ist beispielsweise im Schulgesetz für den Freistaat Sachsen ein umfassender Erziehungs- und Bildungsauftrag der Schule festgelegt:

„(1) Der Erziehungs- und Bildungsauftrag der Schule wird bestimmt durch das Recht eines jeden jungen Menschen auf eine seinen Fähigkeiten und Neigungen entsprechende Erziehung und Bildung ohne Rücksicht auf Herkunft oder wirtschaftliche Lage.
(2) Die schulische Bildung soll zur Entfaltung der Persönlichkeit der Schüler in der Gemeinschaft beitragen. Diesen Auftrag erfüllt die Schule, indem sie Kenntnisse, Fähigkeiten und Werthaltungen vermittelt, um so die Erziehungs- und Bildungsziele zu erreichen und Freude am Lernen zu wecken“ (Schulgesetz für den Freistaat Sachsen § 1).

Die traditionell bestehende und in den PISA-Studien immer wieder festgestellte soziale Benachteiligung von Kindern aus unteren Sozialschichten (vgl. Deutsches PISA-Konsortium 2001, S. 320ff), eine allgemeine Tendenz dem Leistungsaspekt absoluten Vorrang einzuräumen, wodurch es nicht nur zu einer Vernachlässigung des Erziehungsauftrages kommt, sondern auch der klassische Bildungsbegriff ausgehöhlt wird, oder die Diskreditierung von Lernmotivation und Schulfreude als

„Kuschelpädagogik" sind Beispiele dafür, dass wir in einer gesellschaftlichen Epoche leben, in der Maßstäbe von Ökonomie und Effizienz oberste Priorität genießen und als Qualitätsmaßstabe an alle Bereiche des öffentlichen und des Berufslebens, so auch an das schulische Lernen, angelegt werden. Dass diese Entwicklung von weiten Teilen der Elternschaft im Bewusstsein nachvollzogen wird (vgl. IFS-Umfrage 2003, S. 26), verschärft die Problematik noch, so dass sich die Schüler häufig einer Verdoppelung des Leistungsdrucks von Schule *und* Elternhaus ausgesetzt sehen, dem manche nicht gewachsen sind und den sie anderweitig kompensieren müssen.

Die Aufgabe der Schule ist jedoch umfassender, sie soll neben der Qualifikation und der Allokation im Hinblick auf den Hochschul- und Berufssektor auch Funktionen im Bereich von Bildung, Erziehung und Sozialisation wahrnehmen. Die Schule baut als sekundäre Sozialisationsinstanz auf den familialen Erfahrungen und den dort grundgelegten Kompetenzen der Heranwachsenden auf und ist zugleich eine Institution, die stark durch gesellschaftliche Funktionszuschreibungen und Aufgabenstellungen geprägt ist (vgl. Melzer/Sandfuchs 2001).

Allgemein anerkannt werden drei Hauptfunktionsbereiche unterschieden: die Qualifikationsfunktion, die Selektions- und Allokationsfunktion sowie die Legitimationsfunktion (vgl. Fend 1980). Auf der ersten Ebene geht es um die Vermittlung von Wissen und allgemeinen Qualifikationen – dieser Funktionsstrang ist auf die Verwertbarkeit der erworbenen Fachkompetenzen im Berufssystem gerichtet –, auf der zweiten Ebene um Bewertungen, Prüfungen, die Vergabe von Berechtigungen und in Verbindung damit um die gesellschaftliche Statuspositionierung und Einbindung in die Sozialstruktur. Auf der dritten Ebene, der der Vermittlung von Normen und Werten, ist die hier zu untersuchende Fragestellung von Gewalt, aggressivem und dissozialen Verhalten in der Schule primär angesiedelt.

Schule ist nach einer derart umfassenden Definition erst dann erfolgreich, wenn es ihr gelingt, die Schüler bei der Entwicklung und Vermittlung von Leistungskompetenzen (hohes Fachleistungsniveau, gute Zensuren und Abschlüsse), von Sozialkompetenzen (altruistisches, prosoziales Verhalten) und von Selbstkompetenzen (Selbstwirksamkeitsüberzeugungen, Ich-Identität) zu unterstützen und zu einem hohen Kompetenzniveau in allen drei Bereichen zu führen (vgl. Melzer/Al-Diban 2001). Auch Weinert (2001) geht von einer komplexen Kompetenzentwicklung der Schüler aus, auf die sich die Schule durch guten Fachunterricht, situiertes Lernen (variables, lebensnahes Üben, Projekt- und Gruppenunterricht), Vermittlung von Schlüsselqualifikationen („Das Lernen lernen") sowie Unterricht, der einen handlungsbedingten Lerntransfer ermöglicht, einstellen müsse. Unter handlungsbedingtem Lerntransfer werden die Aufgaben der Allgemeinbildung, Persönlichkeitsbildung, Wertorientierung und moralischen Erziehung verstanden.

„Heute kennt man von allem den Preis, von nichts den Wert."
(Oscar Wilde)

Wertvorstellungen und Orientierungen von Kindern und Jugendlichen

Der Psychoanalytiker Horst-Eberhard Richter und seine Gruppe haben Anfang der 90er Jahre ihren sog. „Gießen-Test", ein Instrumentarium zur Ermittlung von Persönlichkeitseigenschaften, wie sozialer Resonanz, Dominanz oder Selbstkontrolle, neu standardisieren müssen, weil die Durchschnittswerte in der Bevölkerung sich gegenüber früheren Jahren deutlich verschoben hatten. Die Autoren diagnostizieren für die beginnenden 90er Jahre:
„Die Bundesdeutschen sind im Mittel dominanter, unterkontrollierter, hypomanischer (das heißt weniger selbstreflexiv, d. Verf.) und durchlässiger, aber auch positiv resonanter und sozial potenter geworden" (Beckmann/Brähler/Richter 1990, S. 7).
Zu ähnlichen Befunden kommt Gerhard Schmidtchen (1997) in seiner vergleichenden Jugendstudie für Ost- und Westdeutschland. Danach besteht zugleich eine erhebliche Aggressionsbereitschaft unter den Heranwachsenden, die in Ostdeutschland zum Zeitpunkt der Untersuchung vergleichsweise stärker ausfällt, wie eine Übereinstimmung in den ethischen Grundsätzen auf hohem Niveau. Es ist eine Mehrheit der Jugendlichen – jeweils 54% in Ost- und Westdeutschland –, die altruistisch und gemeinschaftsorientiert eingestellt ist (vgl. Schmidtchen 1997, S. 58ff). Offenbar gilt beides: Wir können eine Zunahme an „Ichlichkeit", Ellbogenmentalität und Aggressionsbereitschaft ebenso registrieren wie ein Anwachsen kommunikativer Fähigkeiten und prosozialer Kompetenzen. Auch scheint es nach den Ergebnissen einer eigenen, Anfang der 90er Jahre durchgeführten Jugendstudie so zu sein, dass instrumentelle, das heißt auf den eigenen Nutzen zielende Einstellungen, und Altruismus bzw. Postmaterialismus keine Gegensätze mehr darstellen (vgl. Melzer 1992, S. 80ff). Die Botschaft der Jugendforschung, dass es *die* Jugend nicht gibt, sondern verschiedene Gruppen von Jugendlichen, muss auch für die Gewaltdebatte festgehalten werden.
Die Wertorientierungen der Jugend sind regelmäßig Gegenstand der sog. Shell Jugendstudien, die sich einen Ruf als Barometer der Befindlichkeiten der deutschen Jugend erworben haben. Ein Hauptergebnis der 14. Shell Jugendstudie (2002) ist der Widerspruch von hoher Leistungsmotivation und dem Auseinanderfallen von erfolgreichen bzw. weniger erfolgreichen Jugendlichen. Wie in anderen Studien zur Werteentwicklung kommt auch diese Untersuchung zu dem Ergebnis, dass die „alten" und „neuen" Werte, materialistische und postmaterialistische Orientierungen für Jugendliche heute vereinbar sind (vgl. Jugend 2002, S. 139ff).
Prototypisch dafür ist die Gruppe der „selbstbewussten Macherinnen und Macher" (ca. ein Viertel der Befragten), die Selbstverwirklichung mit Selbstdisziplin vereinbaren können, um über Fleiß und Disziplin zu materiellem Reichtum und zu Lebengenuss zu gelangen. Eine ebenso große und ebenfalls erfolgreiche Gruppe ist die der „pragmatischen Idealisten", bei denen humanistisch geprägte Motive für soziales Engagement mitschwingen. Demgegenüber stehen zwei weitere Gruppen

von Modernisierungsverlierern, die keinen Erfolg in Schule und Ausbildung für sich verbuchen können, aber dennoch weit gehende Ansprüche an Lebensstandard und Macht hegen (ebenfalls jeweils ein Viertel der Probanden). Während die einen sich mit der Nichterfüllung dieser Erwartung abfinden können („zögerliche Unauffällige"), kompensieren die anderen ihre Versagensängste mit unkontrollierter Aggression, Gewalt und Fremdenfeindlichkeit. Gewaltmotiv ist für diese Gruppe der „robusten Materialisten" das unerfüllte Streben nach gesellschaftlicher, materieller oder ideeller Anerkennung.

Man könnte im Anschluss an diese Typologie die Hypothese formulieren, dass mangende Anerkennung und unzureichende Unterstützung mit zu den Versagenserlebnissen und den in Folge auftretenden dissozialen Verhaltensweisen der Heranwachsenden beigetragen haben, für die sie jetzt einen „Sündenbock" suchen. Es gibt Studien, die zeigen, dass Modelle der Unterstützung bzw. fehlender Unterstützung für die Erklärung abweichenden Verhaltens von großer Bedeutung sind. Ein mehrfach bestätigter Befund ist, dass die Unterstützung in Familien und Schulen vollkommen konträr verläuft, die Institution Schule sehr wenig Unterstützung bei gleichzeitig hohen Anforderungen bietet, während sich die Heranwachsenden in ca. 80% der Fälle der Unterstützung der Eltern (mit und ohne Anforderungen) gewiss sein können. Eine Kombination von hoher Erwartung und geringer Stützleistung ist in den Elternhäusern ein nur marginal vorkommender Erziehungsstil (ca. 5%), während diese als „paradox" bezeichnete Anforderungsstruktur (vgl. Schmidtchen 1997, S. 114) für die Schule typisch ist und von 40% der Befragten beklagt wird (vgl. IM-Studie 2001). Die aus den Belastungen resultierenden fehlgeleiteten Bewältigungen können nach innen (z.B. in Form von psychosomatischen Beschwerden), ausweichend (z.B. durch Drogenkonsum) oder nach außen durch Aggressionen ausgelebt und verarbeitet werden (vgl. Hurrelmann 2003, Bilz/Hähne/Melzer 2003).

Schon die 13. Shell-Jugendstudie aus dem Jahr 2000 war zur Werteproblematik zu einigen interessanten, z.T. die bisherigen Ausführungen bestätigenden Kernaussagen gekommen:

- Die heutigen Jugendlichen haben eine optimistischere Zukunftssicht als in den Vorjahren.
- Es besteht ein hohes Einvernehmen zwischen den Generationen, insbesondere ein hoher Übereinstimmungsgrad von Kindern und Eltern.
- Es wird neben einem „erdrutschartigen Vertrauensverlust" bezogen auf die Politik eine „Inflation am Wertehimmel" festgestellt.

Unter diesem Begriff verstehen die Autoren, dass ein Wertegefüge mit festen Koordinaten, wie sie traditionell anerkannt waren (z.B. Gegensätze von materiell-postmateriell oder gemeinnützig-eigennützig oder mehr Ordnung bedeute weniger Freiheit) in den Köpfen der Jugendlichen häufig nicht mehr fest verankert ist.

„Es scheint als seien ‚Werte' zu (lebens-)situationsabhängigen Konzepten mutiert und hätten als situationsübergreifende Entscheidungshilfen und Verhaltensprädiktoren ausgedient" (Jugend 2000 Bd. 1, S. 97).

Wenn dies zutrifft, bedeutet das für das Gewaltverhalten von Schülern, dass wir nicht nur eine Polarisierung in der Weise zu diagnostizieren haben, dass auf der einen Seite Aggressionen, Gewalt, Selbstbezogenheit und Ellbogenmentalität bestehen und im Anwachsen begriffen sind und auf der anderen Seite Altruismus, Gemeinschaftsorientierung und Solidarität nach wie vor bestehen, sondern dass die Jugendlichen in verschiedenen Rollen und Situationen sowohl zu dem einen als auch zu dem anderen Handlungsmuster greifen können.

Für das Zutreffen dieser Willkür-Hypothese spricht, dass in allen Fällen extremer schulischer Gewalt das persönliche, z.B. familiale oder nachbarschaftliche Umfeld des Täters von der Tat völlig überrascht war und die vorgängige Unauffälligkeit des betreffenden Schülers als das eigentlich Auffällige erschien. Für manche Heranwachsende ist es offenbar möglich, einerseits in der Familie die Rolle des angepassten Kindes, liebenswerten Mädchens oder braven Sohnes zu spielen und in einem Anerkennungssystem zweiter Ordnung als Täter zu agieren, um seinen Selbstwert zu stabilisieren. Die neue Qualität besteht offenbar darin, dass dies früher generell als „schizothymer" Zustand galt, der nach Auflösung verlangte oder zumindest ein schlechtes Gewissen verursachte, während er heute zum Teil als normal angesehen wird und offenbar ohne Skrupel gelebt werden kann.

Für die Gewaltthematik bedeutet dies, dass sich Jugendliche, die bei der Lösung ihrer Entwicklungsaufgaben unter psychischem Druck stehen und sich dabei alleingelassen fühlen, in einem Bereich völlig normal und unauffällig verhalten (z.B. der Familie) und in einem anderen Bereich (z.B. der Schule) ausbrechen können. Die Strategie, das durch Stress entstandene Aggressionspotenzial „nach außen" auszuleben, ist eine, vor allem von männlichen Schülern gewählte Möglichkeit. Andere Schüler verarbeiten die Belastungen – wie bereits dargelegt – „nach innen" oder neigen zu ausweichenden Verhaltensweisen, für die z.B. Drogenkonsum typisch ist.

Diese möglichen unterschiedlichen Verarbeitungsmechanismen machen es der Schule nicht leicht, das Handeln von Schülern richtig einzuschätzen. Die Struktur der Schule, die jedem Fachlehrer Hunderte von Schülern beschert, die er als Einzelpersönlichkeiten kaum wahrnehmen und anerkennen kann, ist sicherlich eine wesentliche Ursache dafür, dass Lehrer ihre Aufmerksamkeit auf diejenigen Schüler konzentrieren, die als Leistungsträger zum Lernfortschritt der Klasse und zum Erreichen eines bestimmten vom Lehrer definierten Lernziels einer Stunde beitragen sowie diejenigen, die diese Planungen stören. Lehrer bemerken sehr wohl die Täter von Gewalthandlungen, in der Regel aber nicht die Leidtragenden dieser Taten während die Schüler, wie wir durch soziometrische Tests und Interviews auf Klassenebene ermittelt haben, das Täter-Opfer-Gefüge sehr genau kennen.

Es geht aber nicht nur um die richtige Diagnose, sondern um die Frage der prinzipiellen Beeinflussbarkeit der Wertorientierungen und Verhaltensweisen der Schüler in der Schule: „Can Values be Taught?" (Sullivan 1980) – können Werte in der Schule überhaupt „gelehrt" werden.

Werteerziehung, Wertevermittlung, Wertebildung?

Wie die unterschiedliche Begrifflichkeit andeutet, gibt es zum Thema „Werte" kontinuierlich und kontrovers geführte Diskurse, die nicht selten von ideologischen Mustern geprägt sind und mehr Fragen aufwerfen als beantworten. Klar zu sein scheint in der aktuellen theoretischen Diskussion – und auch der pädagogischen Erfahrung entsprechend –, dass sich Erwachsenenwerte nicht bruchlos auf die Jüngerern übertragen lassen – ansonsten wäre es nicht zu den vielen Generationenkonflikten gekommen.
In der internationalen Diskussion hat sich von philosophisch-erziehungswissenschaftlicher Seite Edmund V. Sullivan mit den Notwendigkeiten und Möglichkeiten der Schule bei der Vermittlung von Werten auseinandergesetzt. Seine Studie "Can Values Be Taught?" geht im Wesentlichen zwei Fragestellungen nach, zum einen wird festgestellt, dass sich trotz einer beachtlichen Fülle an theoretischer Forschung in der Wertediskussion immer noch beträchtliche Defizite in anwendungsnahen Erkenntnissen zeigen, so etwa für die praktische Umsetzung der Wertevermittlung an Schulen. Zum anderen, folgert Sullivan, stellt sich die Frage, ob die Werteerziehung durch die Institution Schule gesellschaftlich überhaupt geleistet werden kann und darüber hinaus erwünscht ist. Das hat, so die Ausgangsthese seines Beitrags, wesentlich mit gesellschaftlichem Wandel und der damit einhergehenden althergebrachten Auffassung der Werteerziehung durch die Institutionen Kirche und Familie zu tun. Die vorherrschenden theoretischen Modelle in der Werteerziehung sind seines Erachtens entweder noch stark am traditionellen Verständnis von Schule und Disziplinvermittlung orientiert oder sie werden aus anderen Bereichen der Pädagogik importiert, was für die spezifischen Fragen von Werteerziehung in der Institution Schule nicht unbedingt immer angemessen ist.
Es konnte nachgewiesen werden, dass Modelle des Wertetransfers unter bestimmten Bedingungen erfolgreich sein können. Sullivan plädiert daher für eine unbedingte Wertevermittlung in Schulen unter der Maßgabe, dass diese in Schulen als der Weg „der kulturellen Entwicklung zur individuellen Freiheit" im Sinne von kultureller Entwicklung als „moralisches Handeln, das zur Umwandlung von sozialen Strukturen bei bestimmten Abhängigkeitsverhältnissen von Beziehungsgefügen beiträgt", gesehen wird.

Von soziologischer Seite haben sich die Kommunitaristen zentral mit der Thematik beschäftigt. Einer Ihrer Protagonisten ist der Amerikaner Amitai Etzioni, der sein Programm als Moralphilosophie, politische Theorie und sozialpolitisches Reformprogramm gleichermaßen versteht; er ist der festen Überzeugung, dass nur über die Stärkung der Verantwortung eine humane Gesellschaft existieren kann und postuliert nachdrücklich, in der Erziehung Werte zu vermitteln (vgl. u.a. Etzioni 1977, 2001). Dabei nimmt – auch aus der Perspektive dieses Soziologen – die Schule eine zentrale Rolle ein.

„Es gibt keine Möglichkeit zu vermeiden, dass die Schule einen starken Einfluss auf den Charakter der Jugendlichen ausübt. Nachdruck sollte man hier auf die Schulung des Verhaltens legen. Wir müssen wirklich die gesamte schulische Erfahrung, die wir bisher Kindern zukommen ließen, so umgestalten, dass dort Anerkennung für die Leistung und nicht für den sozialen Status ausgesprochen wird" (Etzioni 2001, S. 25).

Das ist leichter gesagt als getan, zumal der Leistungsstatus eng mit der sozialen Herkunft verflochten ist. Zu Recht wird aber auf zwei zentrale Elemente hingewiesen: Erstens sind verhaltensrelevante Werte curricular, d.h. als konkretes Unterrichtsthema, schwer vermittelbar; der Unterricht müsste sich mehr auf Erfahrungslernen stützen. Zweitens kommt es in der Schule auf die Anerkennung an, die ein Schüler für seine Leistungen erhalten kann. Bleibt ihm diese Quelle vorenthalten, muss er andere Verhaltensweisen praktizieren, um Anerkennung zu gewinnen.

Damit ist ein weiteres Konzept – das der „Anerkennung" – aufgerufen, das seit einiger Zeit hoch im Kurs steht und sich dem Ziel verschrieben hat, neue gesellschaftliche Perspektiven zu entwickeln sowie konkreter: abweichende Verhaltensweisen in der Schule zu erklären und zu vermeiden. Einer der Repräsentanten dieses Ansatzes ist Axel Honneth, der unsere Gesellschaft als eine „gespaltene" charakterisiert und drei Anerkennungssphären: Intim-, Rechts- und Sozialbeziehung unterscheidet (vgl. Honneth 2000). Ganz frühe Überlegungen, die in diese Richtung zielen und stärker die Pädagogik bzw. die Schule betreffen, stammen in Deutschland von Jürgen Zinnecker, der uns auf die Doppelbödigkeit der Institution Schule mit ihrem „heimlichen Lehrplan" (1975) und dem „Unterleben der Schüler auf einer Hinterbühne" (vgl. Reinert/Zinnecker 1978) hingewiesen hat. Danach läuft das Schulleben nicht nur nach offiziellem Lehrplan und allgemein akzeptierten Regeln ab, sondern findet auch auf einer „Hinterbühne" statt, auf der die Schüler ihr „Unterleben" relativ offen ausleben können. Das Unterleben artikuliert sich aber nicht nur in sozial weniger kontrollierten Räumen der Schule, z. B. als manifeste Gewalt, sondern auch im Unterricht, und zwar in subtilerer Form:

„Die Lehreranwesenheit zwingt die Schüler dazu die Äußerungsformen des Unterlebens zu verschlüsseln und, wenn möglich, als unterrichtskonforme Handlungen zu tarnen. Da sie sich in einem Raum mit Wächterautorität befinden, müssen die Schüler Sicht- und Hörbarrieren improvisieren, die den gut überschaubaren und kontrollierbaren Ort in eine unübersichtliche Landschaft (...) verwandeln. Als Ansatzpunkte hierfür eignen sich die große Zahl der mithandelnden Mitschüler sowie Einrichtungsgegenstände und Arbeitsmittel (...). Das Unterleben der Schüler entfaltet sich dem gemäß hinter dem Rücken der Vorderleute (...) und dann, wenn der Lehrer der Klasse den Rücken zuwendet (ebd., S. 95).

Der Begriff des „Hidden Curriculum“, der sich für diese Prozesse eingebürgert hat, geht mit auf Philip W. Jackson[3] zurück und bezeichnet derartige Ausweichstrategien und die Folgen dieser Form der Anpassung für Schüler. Ihr abweichendes und zu verschleierndes Verhalten, die „Schülerlist“, sei aus dem Versuch geboren, „mit Zwängen der Institution Schule fertig zu werden. Wird sie ausgiebig und variantenreich geübt, lässt sie den berufsmäßigen Schulschwindler erkennen. Das sind die Schüler, die die Kunst beherrschen, Lehrer einzutaxieren und sie dann zufrieden zu stellen – mit genau der Schläue und heuchlerischen Ehrenhaftigkeit, die den nichtseriösen Gebrauchtwagenhändler auszuzeichnen pflegen“ (Jackson 1999, S. 136).
Hier steht die These im Raum, dass die Schule durch ihre Doppelbödigkeit die Moral der Schüler verdirbt. Zwar hält Jackson eine gewisse Anpassung sowohl der Lehrer als auch der Schüler in der Schule für zwingend notwendig, sieht aber einen prinzipiellen Widerspruch zwischen offiziellem und heimlichem Lehrplan, der einen „Grundkurs in den sozialen Regeln, Regelungen und Routinen (beinhaltet). Diesen Grundkurs haben sich Schüler wie Lehrer anzueignen, wenn sie, ohne großen Schaden zu nehmen, ihren Weg durch die Institution, die da Schule heißt, machen wollen“ (ebd.).
In der Schule zu leben heißt, so Jackson weiter, eigene Wünsche dem Lehrerwillen und Klassenganzen unterzuordnen. Der Schüler lernt, in von anderen aufgestellte Regeln einzuwilligen, Versagungen des Alltags hinzunehmen und fremd gesetzte Verfahrensweisen nach dem Motto zu akzeptieren: „So ist nun mal das Leben.“ Die intellektuelle Entwicklung werde durch die Art von Anpassung allerdings nicht stimuliert.
„Neugierde beispielsweise, diese ganz elementare intellektuelle Tugend, verlangt nach der Lust am Probieren, Spielen und Entdecken, und ist gerade das Gegenteil von der passiven Einstellung, die wir vorhin beschrieben haben. Wer schöpferisch sein will, muss Autoritäten herausfordern und den Wert des Tradierten anzweifeln können. Er muss darauf bestehen, dass man ihm alles erklärt, was ihm unklar ist. Sicher gehört dazu auch Disziplin. Aber das ist eine Disziplin, die im Dienst der intellektuellen Sache steht, nicht im Dienst fremdbestimmter Wünsche und Befehle. Kurz, Intelligenz erfordert die Sublimierung von Aggressionen, nicht die Unterwerfung unter Zwangssituationen“ (ebd., S. 138f).

Neben einer „Schulutopie“, die in diesen Arbeiten vom Ende der 1960er Jahre deutlich wird, lassen sich die Ausführungen auch als Vorarbeiten zu einer Theorie der Anerkennung lesen. Denn Jackson betont das „Belohnungssystem“ des offiziellen bzw. heimlichen Lehrplans. Zwar teilt er die Rolle desjenigen, der die Belohnungen

3 Der Aufsatz von Jackson “Einübung in eine bürokratische Gesellschaft: Zur Funktion der sozialen Verkehrsformen im Klassenzimmer” stammt aus dem Jahre 1968 und ist in deutscher Sprache in dem Band von Zinnecker “Der heimliche Lehrplan” (1975, S. 19-34) erschienen. Im Text wird er nach dem Quellenband von Baumgart/Lange (1999) zitiert.

verteilt, primär dem Lehrer zu, sieht aber auch schon die Bedeutung der Gleichaltrigen im Anerkennungsprozess, wenn sie „Streber" brandmarken und als „Verräter" einstufen. Die negative Bewertung der Hinterbühne für Leistungen, die auf der Vorderbühne erbracht werden, ist schon gedacht, nicht aber die immanenten Widersprüche, die sich jeweils auf beiden Ebenen zeigen. Denn Normabweichungen auf der Hinterbühne können sowohl Anerkennung als auch Missbilligung bei den Mitschülern hervorrufen und sehr gute Leistungen von einigen Bewunderung, von anderen Ausgrenzung nach sich ziehen. Die Bewertung hängt nicht von der einen oder anderen Kompetenz ab, die der einzelne Schüler unter Beweis stellt, sondern wie er mit seinem gesamten Kompetenzprofil und seinem Habitus von der Mehrheit der Klasse bzw. einzelnen Gruppen innerhalb der Klasse akzeptiert wird. Das Referenzsystem innerhalb einer Schulklasse ist immer mehrschichtig (vgl. Analyse zur Täter-Opfer-Typologie in Kap. 3.2).
Ob dem Schüler Anerkennung von Seiten des Lehrers zuteil wird, ist nicht nur eine Frage der Leistungen und Verhaltensweisen des Schülers und „guten Willens" des Lehrers, sondern hat auch mit den Strukturen der Lernarbeit in der Schule, dem Klassen- und Schulklima und den Arbeitsbelastungen der Lehrer zu tun. Dabei mag es von akademischem Interesse sein, ob die skizzierten Widersprüche prinzipiell unaufhebbar sind. Für die Bewältigung der Alltagsanforderungen stellt sich aber sowohl für Schüler als auch für Lehrer die „Überlebensfrage", wie sie mit diesen widersprüchlichen Anforderungen zurecht kommen (vgl. Combe/Helsper 1994).

Die vorgestellten Positionen haben eines gemeinsam; sie betonen die Bedeutung der Rahmenbedingungen, Strukturen und Rollenzuweisungen in der Schule im Hinblick auf die Ausprägung bestimmter Verhaltensweisen und Wertorientierungen. Unter Maßgabe dieser Aspekte der Sozialisation und auch weil sich derartige Prozesse nicht einfach willentlich von Pädagogen steuern lassen, sollte man den Begriff der Werteerziehung vermeiden und besser von Wertevermittlung, Wertesozialisation oder Wertebildung sprechen.

Bietet die Reformpädagogik für die Wertebildung aktuelle Lösungen?

Welche Bedeutung im Wertebildungsprozess der Schule als „Anerkennungssystem" zukommt, haben uns seit mehr als 120 Jahren vielfältige reformpädagogische Ansätze und deren Verwirklichung – häufig außerhalb der staatlichen Regelschule – modellhaft gezeigt. Die reformpädagogisch orientierten Schulen der Gegenwart werden von ca. einem Viertel bis einem Drittel der Eltern akzeptiert. Diese hohe Akzeptanz wird auch nicht durch die bekannt gewordenen sexuellen Übergriffe einzelner Pädagogen in einzelnen reformpädagogischen Internaten grundsätzlich in Frage gestellt. Denn die Menschen sind sehr wohl in der Lage zwischen dem Wert einer pädagogischen Konzeption einschließlich ihrer gelungenen Umsetzung in der Praxis auf der einen Seite und Auswüchsen, die – leider – auch in anderen Bereichen (z.B. kirchliche Internate, Krankenhäuser) vorkommen auf der anderen Seite zu unterscheiden. Viele Eltern schicken ihre Kinder auf solche Schulen, die den Bedarf nicht befriedigen können, bzw. suchen nach staatlichen Schulen, die mit reformpädagogischen Methoden arbeiten. Auf der anderen Seite gibt es eine noch etwas größere Gruppe von erklärten Gegnern solcher Ansätze. Der zentrale Punkt der Kontroverse ist dabei die Frage, wie in den Schulen mit Leistungserbringung und sozialer Verantwortung umgegangen werden soll. Haben die reformpädagogischen Schulen der Gegenwart mit ihrer besonderen Akzentuierung der Wertedimension seit Jahrzehnten eine Richtung eingeschlagen, die für das staatliche Schulsystem vorbildlich sein könnte? Der Leser mag sich dazu an Hand der Position von Hartmut von Hentig, die im Folgenden skizziert wird, selbst ein Bild machen.

Das Gesamtwerk v. Hentigs ist explizit und implizit von der Wertethematik durchdrungen. Das von ihm postulierte „Erfahrungslernen" ist unteilbar und ohne sozialisatorische Aspekte gar nicht denkbar. Hentig hat die „Werteerziehung" als eine richtige Sache in falschen Händen bezeichnet, widerspricht aber aufs Heftigste denjenigen, die einen allgemeinen „Wertezerfall" der Jugend diagnostizieren (vgl. Hentig 1993, S. 133ff). Dass man Gleichgültigkeit und Schamlosigkeit feststellen könne, heiße nicht, dass irgend jemand sie für einen Wert halte. Auch aus der Tatsache, dass Gewalt heute Schule mache, könne niemand ableiten, Gewalt sei zu einem neuen Wert erklärt worden (ebd., S. 134). Hentig unterscheidet folgerichtig allgemeine Werte, „Güter und Grundwerte" von „Tugenden" als Mittel oder Verhaltensweisen. Diese konkreten Tugenden sieht er weniger „durch individuelle Schwächen und Fehler" als durch „kollektive Bedingungen unserer Existenz" bedroht. Demgegenüber sind die Grundwerte seiner Meinung nach weiter in Geltung, diese waren aber immer schon gefährdet und/oder schwer zu erreichen.

Hartmut von Hentig nennt folgende Grundwerte, von denen es, wie er darlegt, immer auch Ableitungen gibt: „Freiheit, Gerechtigkeit, Friede, Unversehrtheit des Lebens, Wohlversorgtheit, Wahrheit, Würde der Person, aber auch Sicherheit, Mobilität, Identität, pursuit of happiness" (ebd., S. 135)[4].

Durch die veränderten Lebensbedingungen wandelten sich nicht zwingend die Grundwerte, wohl aber beständig die Tugenden, und zwar: „bewusst und habituell, disponibel und stetig". So ergeben sich statt der traditionellen „ganz neue Listen von Verben und Verbalnomina für geschätztes Verhalten: urteilen und denken, prüfen und zuhören, beobachten und improvisieren, geduldig sein und genau sein, Verlässlichkeit und Verantwortung, die Fähigkeit zur Kooperation und zu selbständigem Handeln, zum Austragen von Konflikten und zum Aushalten von Unentschiedenheit, zu Mut und Überzeugung – und zu deren begründeter Preisgabe ..." (ebd., S. 135f).

---

4 Vgl. ausführlich Hartmut v. Hentig: Werte in der Erziehung. In: Neue Sammlung H3/1988

Demgegenüber kritisiert v. Hentig, dass in den verbindlichen Lehrplänen der Staatsschulen das Beherrschen eines bestimmten Stoffes, bestimmter Lernziele absolute Priorität genießt, und wörtlich: „Die Schule bringt den jungen Menschen eindimensionale, lineare, direkte Verhaltensweisen bei, nicht zuletzt, weil sie verwaltbar und messbar sind. Diejenigen, die das Leben fordert – von Aufmerksamkeit bis Nachdenklichkeit, von Entschlusskraft bis Hilfsbereitschaft, von Selbstachtung bis Selbstkritik – kann sie weder wecken noch bestärken, weil sie weder zu ihrem offenen noch zu ihrem verdeckten Lehrplan gehören, zu dem, den man im Schulleben als brauchbar erfährt. Die These vom Werte*wandel* hellt gleichsam nach hinten aus: Indem die Schule auf den falschen Normen *beharrt*, begünstigt sie die beklagte, von ihr selbst am schmerzlichsten erlittene Demoralisierung" (ebd., S. 136).
Die Attraktivität reformpädagogischer Schulen, die wegen ihrer besonderen pädagogischen Anstrengungen bei der Förderung der Persönlichkeitsentwicklung, des Sozialverhaltens und der Kompensation von Lernschwächen traditionell sehr geschätzt werden, haben sich lt. aktueller Studien auch im Leistungsvergleich bewährt. So haben die Schülerinnen und Schüler der Bielefelder Laborschule, die von Hartmut von Hentig vor ca. 35 Jahren auf dem Campus der Universität Bielefeld gegründet wurde, bei einer Evaluation des Max-Planck-Instituts für Bildungsforschung Berlin im Jahre 2002 neben exzellenten Befunden zur Sozialkompetenz auch überdurchschnittliche Leistungen in den drei Testdimensionen der PISA-Studie (Lesekompetenz, mathematische und naturwissenschaftliche Grundbildung) erzielt. Zwar sind die guten Werte im Vergleich zu nordrhein-westfälichen Schulen z. T. mit auf die etwas höhere Sozialschichtniveau der Laborschüler zurückzuführen, auf der anderen Seite befinden sich in den Klassen der Laborschule neben potenziellen Gymnasiasten und Realschülern auch potenzielle Hauptschüler und z.T. sogar Förder-/Sonderschüler, so dass insgesamt eine enorme Integrations- und Förderleistung gewürdigt werden muss. Es scheint außerdem so zu sein, dass die Ergebnisse der internationalen Leseuntersuchung in Grundschulen (IGLU) mit ihren guten Ergebnissen für deutsche Schüler u.a. darauf zurückzuführen sind, dass man sich in deutschen Grundschulen stärker als in Sekundarschulen an reformpädagogischen Vorstellungen orientiert hat.

Diese empirischen Untersuchungsergebnisse ermutigen dazu, Bildung weiterhin als eine Einheit von Fachlichkeit, Persönlichkeit und Sozialem zu begreifen.
Reformpädagogische Vorschläge beziehen die Schüler, die im Mittelpunkt aller Überlegungen stehen, und die Lehrpersonen ein. Ebenso, wie in diesen Konzeptionen mit der Schülerrolle selbstbestimmtes und verantwortungsbewusstes Verhalten verknüpft ist, wird moralisches Verhalten auch vom Lehrer verlangt.
Hartmut von Hentig hat vorgeschlagen, dass alle Pädagogen bei ihrer Einstellung – wie die Mediziner den Hippokratischen Eid – einen „Sokratischen Eid", freiwillig, ablegen sollten:

„Der Sokratische Eid

Als Lehrer und Erzieher verpflichte ich mich,
- die Eigenart eines jeden Kindes zu achten und gegen jedermann zu verteidigen;
- für seine körperliche und seelische Unversehrtheit einzustehen;
- auf seine Regungen zu achten, ihm zuzuhören, es ernst zu nehmen;
- zu allem, was ich seiner Person antue, seine Zustimmung zu suchen, wie ich es bei einem Erwachsenen täte;
- das Gesetz seiner Entwicklung, soweit es erkennbar ist, zum Guten auszulegen und dem Kind zu ermöglichen, dieses Gesetz anzunehmen;
- seine Anlagen herauszufordern und zu fördern;
- es zu schützen, wo es schwach ist, ihm bei der Überwindung von Angst und Schuld, Bosheit und Lüge, Zweifel und Misstrauen, Wehleidigkeit und Selbstsucht beizustehen, wo es das braucht;
- seinen Willen nicht zu brechen – auch nicht, wo er unsinnig erscheint; ihm vielmehr dabei zu helfen, seinen Willen in die Herrschaft seiner Vernunft zu nehmen, es also den mündigen Verstandesgebrauch und die Kunst der Verständigung wie des Verstehens zu lehren;
- es bereit zu machen, Verantwortung in der Gemeinschaft und für diese zu übernehmen;
- es die Welt erfahren zu lassen, wie sie ist, ohne es der Welt zu unterwerfen, wie sie ist;
- es erfahren zu lassen, was und wie das gemeinte gute Leben ist;
- ihm eine Vision von der besseren Welt zu geben und die Zuversicht, dass sie erreichbar ist;
- es Wahrhaftigkeit zu lehren, nicht die Wahrheit, denn die ist bei Gott allein.

Dann verpflichte ich mich auch,
- so gut ich kann selber vorzuleben, wie man aus den Schwierigkeiten, den Anfechtungen und Chancen unserer Welt und mit den eigenen immer begrenzten Gaben, mit der eigenen immer gegebenen Schuld zurechtkommt;
- nach meinen Kräften dafür zu sorgen, dass die kommende Generation eine Welt vorfindet, in der es sich zu leben lohnt und in der die ererbten Lasten und Schwierigkeiten nicht deren Ideen und Möglichkeiten erdrücken;
- meine Überzeugungen und Taten öffentlich zu begründen, mich der Kritik – insbesondere der Betroffenen und Sachkundigen – auszusetzen, meine Urteile gewissenhaft zu prüfen;
- mich dann jedoch allen Personen und Verhältnissen zu widersetzen – dem Druck der öffentlichen Meinung, dem Verbandsinteresse, der Dienstvorschrift –, wenn diese meine hier bekundeten Vorsätze behindern.

Ich bestätige diese Verpflichtung durch die Bereitschaft, mich jederzeit an den in ihr enthaltenen Maßstäben messen zu lassen“ (v. Hentig 1993, S. 258f).

Das in dieser „Formel“ zum Ausdruck kommende reformpädagogische Berufsrollenverständnis ist aus unserer Sicht ein – nach wie vor – aktueller Beitrag zur Wertebildung in der Schule.

Schule als Ort von Gewalt und Gewaltprävention

Wenngleich nach öffentlicher und veröffentlichter Meinung die Schule als zentraler Ort für gewalttätige Auseinandersetzungen gesehen wird, ist die Erfahrung von Jugendlichen eine andere. In einer regelmäßig durchgeführten Repräsentativbefragung sächsischer Jugendlicher (vgl. IM-Studie 2001) geben 51% der Befragten im Alter von 15 bis 27 Jahren an, innerhalb der letzten 12 Monate Opfer alltäglicher Gewalt gewesen zu sein. Die Befragung ergab weiterhin, dass sich diese Gewalt am häufigsten *außerhalb der Schule* zugetragen habe. Die Jugendlichen und Postadoleszenten waren etwa doppelt so häufig auf Straßen und Plätzen mit Gewalt konfrontiert. Nur etwa halb so viele der Befragten erlebten in der Schule, in der Bildungseinrichtung, im Betrieb oder auf dem Schulhof gewalttätige Auseinandersetzungen. Für viele Schüler haben sich aber auch öffentliche Verkehrsmittel zu Orten der Gewalt entwickelt. Erstaunlich selten dagegen wird von Gewalt in Diskotheken oder Gaststätten berichtet.
Gewalt, die sich außerhalb der Schulen abspielt, wird von Schülern oft als bedrohlicher empfunden, weil

- hier die Aggression von Gruppen ausgeht, sich aber gegen Einzelne richten kann,
- Hemmschwellen bei den „Tätern“ häufig durch Alkohol oder andere Aufputschmittel in starkem Maße gesenkt sind,
- nicht selten Waffen eingesetzt werden,
- Aggressionen spontan und oft nicht vorhersehbar erfolgen,
- Hilfe von Dritten oft nicht zu erwarten ist.

Gewaltpräventive Maßnahmen, die in Schulen durchgeführt werden sollen, müssen auch solche Erfahrungen, d.h. die gesamte Lebenswelt der Schüler, mit in den Blick nehmen und zudem auf Grundsätze und Methoden zurückgreifen, die den Schülern in ihren außerschulischen Zusammenhängen zugestanden werden. Dabei ist es schwer, die Freiheit und Gleichheit, die sie auf dem Markt und als Medienkonsumenten genießen, in Einklang mit der Schülerrolle zu bringen.
Wenn Gewalt im gesellschaftlichen Raum entsteht, wenn Familie, Medien- und Freizeitverhalten als wesentliche Entstehungsfaktoren für aggressives Schülerverhalten zu identifizieren sind, könnte man sich auf die Position zurückziehen, dass die Schülergewalt heute von außen in die Schule hineingetragen wird und nicht mehr – wie früher – vor dem Schulgelände halt macht. Personen, die zu dieser Auffassung neigen, übersehen jedoch, dass es seit Jahrzehnten empirische Befunde gibt, die auf unterschiedliche Sozialisationsleistungen der Einzelschulen mit Konsequenzen für das Sozialverhalten der Schüler hinweisen – Schule also selbst an diesem Geschehen beteiligt ist.

SCHULE
ZACK
BUMM
ZACK
WUMM

So ist die Lehrerprofessionalität als wichtiger Schlüssel zu einer in diesem Sinne erfolgreichen Pädagogik bzw. als ein mit verursachender Faktor von sozialen Problemen entdeckt worden. Hier spielt die Frage der Qualitätsentwicklung von Schule, bei der u.a. auch den Schulleitungen eine zentrale Bedeutung zukommt (vgl. Fend 1998, S. 103), mit hinein. Es konnte an anderer Stelle belegt werden (vgl. Melzer/Stenke 1996), dass in Schulen mit hoher Lehrerprofessionalität, gutem Schulklima, einer entwickelten Partizipationskultur und positiven sozialökologischen Bedingungen Leistungsdruck, Schulangst und problematische Verhaltensweisen unter den Schülern weniger verbreitet sind und sich statt dessen Schulfreude und Lernmotivation besser entwickeln können; diese Eigenschaften haben wiederum einen positiven Einfluss auf den Leistungsstatus und damit auf die Noten der Schüler. Aus Daten derselben Studie und späteren Untersuchungen über soziale Probleme in Schulen, die im Folgenden dargestellt werden, wissen wir, dass in Schulen mit hoher pädagogischer Qualität auch Schülergewalt seltener vorkommt (vgl. Forschungsgruppe Schulevaluation 1998).

Die zentrale Konsequenz, die wir aus diesen Ergebnissen ziehen und der wir mit der Konzeption dieses Bandes folgen, ist eine Vorbeugung mit Hilfe einer Doppelstrategie: Es ist richtig und wichtig, geeignete Präventionsprogramme einzusetzen, um die sozialen Verhaltensweisen zu verbessern und die Lebensbewältigungskompetenzen zu steigern; es ist ebenso richtig, gegen Gewalt in Schulen mit Hilfe von Unterrichtseinheiten und Projektwochen vorgehen zu wollen. Eine genau so wichtige Strategie ist die Verbesserung der Qualität von Schule und Unterricht im Sinne des Lebensweltansatzes und die Herstellung einer Kommunikationskultur, die den Anforderungen einer demokratischen Gesellschaft gerecht wird. Entsprechende Wertorientierungen entwickeln sich implizit im Zusammenleben in der Schule als „Polis“ und lassen sich von Erwachsenen nicht didaktisch induziert herbeiführen oder gar erzwingen.

Tipp zum Weiterlesen

Wer sich im Anschluss an diese Überlegungen weiter mit pädagogisch-praktischen Fragen der Wertevermittlung und Gewaltprävention beschäftigen und einen Überblick über die vorhandenen Konzepte und Programme gewinnen will, sei auf die Kapitel 4 und 5 verwiesen. Der Strategie der Schulentwicklung als Präventionsansatz ist das Kapitel 6 gewidmet. Leserinnen und Leser, die eher an theoretischen Erklärungsansätzen und an Ergebnissen empirischer Untersuchungen interessiert sind, laden wir zur Lektüre der folgenden beiden Kapitel zum Forschungsstand ein; aber auch hier finden Sie durchaus Hinweise, die für den Schulalltag nützlich sein können.

2| Forschung zur Gewalt in der Schule

Die Vieldeutigkeit des Gewaltbegriffs verlangt eine Klärung. Es erfolgt eine Bestimmung seiner Bedeutung in der Alltagssprache und in der Wissenschaft. Begriffe sind Teile von Theorien, die einen Sachverhalt modellhaft aufklären sollen. Daher werden einige der bekanntesten Gewalt- und Aggressionstheorien in verständlicher Weise vorgestellt und ihre Bedeutung für die Praxis dabei herausgestrichen.
Nach dieser theoretischen erfolgt eine empirische Annäherung: Dabei wird u. a. deutlich, dass verschiedene Gruppen von Schülern und die Lehrer bzw. Erwachsene sich von unterschiedlichen Auffassungen von Gewalt leiten lassen und damit ein grundsätzliches Kommunikationsproblem besteht, wenn einige ihr Verhalten für „normal“ halten und andere dieses als „abweichend“ oder „aggressiv“ einstufen.
Das Kapitel endet mit einer kurzen Bilanzierung von Forschungsergebnissen und gibt eine empirische Antwort auf die Frage, ob Gewalt in der Schule zugenommen hat.

2.1 Der Gewaltbegriff in Alltagssprache und Wissenschaft

Eine Klärung des Gewaltbegriffs als Bestandteil der Theoriebildung zur schulbezogenen Gewaltforschung ist als wissenschaftliche Aufgabe formuliert worden, die bislang nicht hinreichend gelöst ist. In seiner methodenkritischen Analyse vorliegender Arbeiten auf diesem Gebiet stellt Krumm (1997) eine „unbefriedigende Reflexion zentraler Konzepte“ (S. 66) fest und fragt: „Warum fassen die meisten Autoren das, was sie untersuchen wollen, unter ‚Gewalt‘ zusammen? Wenn so Heterogenes wie ‚Lächerlichmachen‘ und ‚Schwere Körperverletzung‘, ‚Beschimpfung‘ und ‚Erpressen‘ unter einem Begriff zusammengefasst werden soll, ist dann der ‚erschreckende‘ Begriff ‚Gewalt‘ geeigneter als das harmlosere ‚abweichende‘, ‚unerwünschte‘, ‚auffällige‘ Handeln? Ist der Gewaltbegriff gerechtfertigt, wenn man beachtet, dass das, was in der Öffentlichkeit unter Gewalt verstanden wird – nämlich schwere Schädigung durch Normverletzung – glücklicherweise selten vorkommt, ‚verbale Gewalt‘ aber vielfach häufiger?“ (S. 67f).

Auf der anderen Seite scheint es – wenn man am Gewaltbegriff festhält – nach Erfahrungen mit abweichenden und antisozialen Verhaltensweisen von Schülern im Schulalltag sinnvoll zu sein, diesen Terminus nicht zu eng zu fassen und den Aspekt des körperlichen Zwangs und der zielgerichteten physischen Schädigung um das vandalistische Verhalten zu erweitern und zusätzlich die Formen der „verbalen Attacke und psychischen Schädigung" mit einzubeziehen (vgl. auch Tillmann u.a. 1999, S. 18ff).

Der Begriff der Gewalt ist schillernd und vieldeutig; weder im Recht noch in der Wissenschaft gibt es einen umfassenden Konsens über den Begriff Gewalt (vgl. Neidhardt 1986; Honig 1992; Trotta 1997). Für eine erste Systematisierung kann zwischen personeller und struktureller Gewalt unterschieden werden. Das Konzept der strukturellen Gewalt hat Johan Galtung (1975) eingeführt. Jegliche durch gesellschaftliche Strukturen bewirkte Behinderungen, die eigene Potentialität voll auszuschöpfen, wird danach als Gewalt bezeichnet. Dieses Konzept hat vor allem im Umfeld von sozialen Bewegungen eine breite Rezeption erfahren, jedoch auch erhebliche Einwände ausgelöst (vgl. Neidhardt 1986; Schwind u.a. 1990). Unverkennbar hat diese Diskussion dazu beigetragen, die sozialen und kulturellen Verursachungsfaktoren von Gewalt stärker in den Blick zu nehmen. Im Unterschied dazu ist der Begriff der personellen Gewalt auf individuelle Akteure bezogen. Darunter werden Handlungen (und Unterlassungen) verstanden, die auf andere Personen gerichtet sind; hier geht es immer um Täter und um Opfer. In einer engen Fassung wird Gewalt auf solche Handlungen beschränkt, die eine physische Schädigung auf Seiten des Opfers zur Konsequenz haben. Vielfach wird darauf hingewiesen, dass der Begriff der personellen Gewalt mit einer psychischen Komponente erweitert werden sollte. So können verbale Attacken gegen eine Person eine Wirkung haben, die in der Perspektive des Opfers durchaus mit physischer Gewalt vergleichbar ist. Folgt man dem, dann kann als (personelle) Gewalt jede ausgeführte oder angedrohte Handlung (einschließlich Duldung oder Unterlassung) bezeichnet werden, die mit der Absicht oder der perzipierten Absicht ausgeführt wird, eine andere Person psychisch oder physisch zu schädigen. In dieser Definition wird bewusst zwischen einer Täter- und Opferperspektive differenziert. Dies ist erforderlich, da Täter und Opfer nicht immer darin übereinstimmen, ob eine Handlung Gewalt war oder nicht. Für diese Bestimmung von Gewalt ist es ausreichend, wenn das Opfer eine auf Schädigung ausgerichtete Absicht beim Täter wahrnimmt.

In der Schulgewaltforschung spielen in der internationalen Diskussion zusätzlich die Begriffe „Bullying" und „Mobbing" als spezifische Aspekte personeller Gewalt eine gewichtige Rolle (vgl. u.a. Olweus 1995). Wichtig wäre es auch für dieses Forschungsfeld, weitere Formen von Gewalt, wie z.B. Vandalismus oder Gruppenschlägereien, stärker zu erfassen. In den Sozialwissenschaften und der Kriminologie ist der Begriff der „Viktimisierung" als Bezeichnung für den Prozess des Opferwerdens geläufig. In beiden Fachdisziplinen sind ebenso wie in der Sozialpädagogik die

Termini „Devianz“ und „Delinquenz“ gebräuchlich. Beide Typen von Verhaltensweisen werden durch Normabweichung charakterisiert, wobei sich delinquentes Verhalten auf Übertretung gesetzlicher Regelungen bezieht und mit juristischer Strafverfolgung verbunden ist.

Der Gewaltbegriff im Alltag

Gewalt hat in der Alltagssprache heutzutage einen durchgängig negativen Bedeutungsgehalt und wird als Bezeichnung für soziale Handlungsweisen und Phänomene verwendet, die als gesellschaftlich inopportun gelten. Historisch betrachtet besaß „Gewalt“ aber durchaus auch positive Bedeutungszuschreibungen (vgl. u. a. Gottschalch 1997, S. 14ff). Zudem haben Gewaltmedien und -handlungen, insbesondere für Heranwachsende, eine enorme Attraktivität. So gehört in einigen jugendlichen Subkulturen gewaltförmiges Verhalten als Initiationsritus und Medium der Gruppenkohäsion unter den Peers zu den akzeptierten und idealisierten Verkehrsformen. Dass in der Bevölkerung kein homogenes Begriffsverständnis von Gewalt vorliegt, stellte bereits die Gewaltkommission der Bundesregierung fest (vgl. Schwind/Baumann u.a. 1990). In ihrer Expertise beziehen sich die Gutachter auf eine international vergleichende Untersuchung, in der zur Begriffsklärung ein empirisches Verfahren verwendet wurde (vgl. Osgood/Suci/Tannenbaum 1957), nach dem Gewalt von den Befragten als „nötig/unnötig“, „stark/schwach“, „schlecht/gut“, „hässlich/schön“, „aufregend/langweilig“, „links/rechts“, „unwirksam/wirksam“ und „gefährlich/ungefährlich“ bewertet werden sollte. Ein Hauptergebnis dieser Studie war, dass der „allgemein-gesellschaftliche Begriff von Gewalt in den untersuchten westlichen Demokratien (...) umfassend negativ etikettiert (ist) (...). Bezüglich des Paars ‚stark – schwach' ergeben sich eindeutige Unterschiede zwischen den romanisch-südeuropäischen Ländern sowie Luxemburg einerseits und den anderen Ländern (einschließlich der Bundesrepublik) andererseits insofern, als in der erstgenannten Ländergruppe Gewalt signifikant mehr als ‚stark' erlebt wird. Es fällt schwer, hier nicht an kulturspezifische Besonderheiten (Machismo) zu denken. Bemerkenswert ist das Ergebnis, dass in der Bundesrepublik mehr als in (jedem) anderen EG-Land Gewalt als aufregend gilt; gleiches trifft übrigens auch für die Einschätzung der Wirksamkeit zu. (...) Gewalt entspricht in seiner situativen Einbettung offenbar in weiten Bereichen geltenden Aufmerksamkeitsregeln und Handlungslogiken unserer Gesellschaft; dabei besitzt in der Bundesrepublik offenbar die Vorstellung, Gewalt sei wirksam und man könne mit ihr einiges erreichen, ein überdurchschnittlich großes Gewicht“ (Schwind/Baumann u.a. 1990, S. 44).
Im Verfassungsrecht und im politischen Raum hat „Gewalt“ eine positive Grundbedeutung (s. z.B. Art. 1 Grundgesetz; danach besitzt die „staatliche Gewalt“ eine Schutzfunktion im Hinblick auf die „Menschenwürde“), der Verfassungsgrundsatz der Gewaltenteilung gilt als Garant der Demokratie. Aber schon beim Terminus

DIREKTOR
LEHRER
SCHÜLER
KLEINER SCHÜLER
GANZ KLEINER SCHÜLER
DEN LETZTEN BEISSEN DIE HUNDE

„Gewaltverhältnis", der das Rechtsverhältnis des Einzelnen zum Staat bezeichnet, lässt sich ein Bedeutungswandel ablesen: angesichts der Tatsache, dass staatliche Einrichtungen, wie Verwaltung, Schule, Kinder- und Jugendhilfe u.a., heute immer häufiger als Dienstleistung für den Bürger begriffen werden, wirkt dieser Begriff ziemlich anachronistisch. In Bezug auf das Rechtsverhältnis von Eltern und Kindern ist eine ähnliche Entwicklung feststellbar: so wurde bereits Ende der 70er Jahre der Begriff der „elterlichen Gewalt" durch den der „elterlichen Sorge" ersetzt und bei der Novellierung des Kindschaftsrechtes von 1997 ein Verbot der Misshandlung von Kindern durch Erziehungsberechtigte explizit in den Gesetzestext aufgenommen. Danach sind entwürdigende Erziehungsmaßnahmen, insbesondere körperliche und seelische Misshandlungen ausdrücklich für unzulässig erklärt. Weitergehende Forderungen, die in den parlamentarischen Beratungen des Gesetzes erhoben worden sind, kommentiert die seinerzeit zuständige Jugendministerin wie folgt: „Den Begriff der sog. gewaltfreien Erziehung, den die Opposition ins Gesetz hineinschreiben will, können wir vernünftigerweise nicht einführen. Denn nach gängigem Gewaltverständnis ist eine gewaltfreie Erziehung schlichtweg nicht möglich. Nach allgemeinem Rechtsverständnis wende ich bereits Gewalt an, wenn ich z.B. ein Kind durch Festhalten daran hindere, auf die Straße zu laufen, damit es nicht überfahren wird. Eine gewaltfreie Erziehung ist daher eine Illusion und könnte dazu führen, dass Eltern, die nichts anderes tun, als ihrer elterlichen Verantwortung für ihre Kinder nachzukommen, kriminalisiert würden" (Nolte 1997).

Gewalt in Familien

In ihrem Abschlussbericht hat die Gewaltkommission der Bundesregierung die Gewalt in Familien „als die bei weitem verbreitetste Form von Gewalt, die ein Mensch im Verlaufe seines Lebens erfährt", bezeichnet. Sie ist zugleich „die am wenigsten kontrollierte und sowohl in ihrer Häufigkeit als in ihrer Schwere am stärksten unterschätzte Form der Gewalt" (Schwind/Baumann u.a. 1990, Bd. 1, S. 75).
Gewalt in Familien (im Englischen: family violence oder family abuse) ist historisch keineswegs ein neues Phänomen. Neu ist nur, dass inzwischen ein breites Problembewusstsein entstanden ist. Handlungen, die bis in die jüngste Vergangenheit als „Rechte" oder gar als „Pflichten" oder zumindest als Gestaltungsspielraum der Eltern bzw. der Ehemänner aufgefasst wurden, haben einen massiven Legitimationseinbruch zu verzeichnen.
Durch eine „Neubewertung einer bis dato als selbstverständlich oder zumindest partiell legitim angesehenen Wirklichkeit" (Honig 1992, S. 22) ist die Gewalt in Familien zu einem inzwischen breit thematisierten sozialen Problem aufgestiegen. Gewalt in Familien wird in der Gegenwart vor allem als Gewalt gegen (Ehe-)Frauen und als Gewalt gegen Kinder thematisiert.

Die Entdeckung familialer Gewalt ist vor allem das Verdienst der Frauenbewegung und der Kinderschutzinitiativen. Die Familienforschung dagegen hat auch dann noch lange gebraucht, bis sie die „dark side of families" (Finkelhor et al. 1983) als Forschungsthema aufgegriffen hat. Sowohl in Fachzeitschriften, Einführungsbüchern und Handbüchern wurde Gewalt jahrzehntelang als Thema vollständig ausgeblendet. Noch deutlich länger als für die amerikanische Familienforschung trifft dies für die deutschsprachige zu, in der offensichtlich ein harmonistisches Familienbild bis weit in die 80er Jahre einer Thematisierung entgegenstand. Im Weiteren wird es in diesem Zusammenhang nur um Gewalt gegen Kinder gehen. Allerdings ist darauf hinzuweisen, dass diese beiden Hauptformen von familialer Gewalt – wie noch gezeigt wird – nicht unabhängig voneinander existieren. Was heute als Gewalt gegen Kinder oder als Kindesmisshandlungen aufgefasst wird, wurde über Jahrhunderte durch die Überzeugung gerechtfertigt, dass körperliche Strafen notwendig sind, um aus den Kindern böse Geister zu vertreiben, ihnen Disziplin beizubringen und aufrechtzuerhalten oder um bestimmte Erziehungsideale zu vermitteln. Lloyd de Mause (1980, S. 12) hat mit Blick auf diese familiale Praxis die Geschichte der Kindheit als Alptraum bezeichnet, „aus dem wir gerade erst erwachen. Je weiter wir in der Geschichte zurückgehen, desto unzureichender wird die Pflege der Kinder, die Fürsorge für sie, desto größer wird die Wahrscheinlichkeit, das Kinder getötet, ausgesetzt, gequält und sexuell missbraucht wurden". Erst nach und nach sind lange Zeit praktizierte Formen der „schwarzen Pädagogik" verschwunden und haben stärker kindorientierten Erziehungsformen Platz gemacht. Als Beginn der wissenschaftlichen Analyse der Gewalt gegen Kinder können die Arbeiten zum „battered child syndrome" der Gruppe um Charles H. Kempe aus den 60er Jahren gelten. In der Anfangszeit dominierten medizinische und juristische Arbeiten bei der Erforschung von Gewalt gegen Kinder; die Sozialwissenschaften haben erst in den 70er Jahren allmählich dieses Thema aufgegriffen.

Gewalt gegen Kinder

Im Allgemeinen werden vier Formen von Gewalt gegen Kinder unterschieden (vgl. z.B. Amelang/Krüger 1995; Engfer 1993, 1997; Gelles/Cornell 1990): Körperliche Misshandlung, psychische Misshandlung, sexueller Missbrauch und Vernachlässigung.

- Als körperliche Misshandlung gelten Schläge oder andere gewaltsame Handlungen (z.B. Stöße, Schütteln, Verbrennungen usw.), die beim Kind zu Verletzungen führen können. Manchmal wird noch auf die Unangemessenheit der Handlung hingewiesen (vgl. z.B. Amelang/Krüger 1995). Verbreitet ist auch die Unterscheidung zwischen körperlicher Züchtigung und körperlicher Misshandlung (vgl. z.B. Wetzels 1997). Unter körperlicher Züchtigung („physical punishment") wird das Zufügen eines körperlichen Schmerzes zum Zwecke der erzieherischen Einflussnahme oder Verhaltenskontrolle verstanden; die körperliche Misshandlung

(„maltreatment") wird dagegen auf das nicht legitimierte Erzeugen körperlicher Schmerzen bezogen. Diese Unterscheidungen lassen den Versuch erkennen, eine eingeschränkte Gewaltanwendung noch zu einem zulässigen Erziehungsrepertoire zu rechnen. In der Leitidee der gewaltfreien Erziehung wird diese Differenzierung jedoch verworfen und alle Formen der intendierten körperlichen Schmerzzufügung als Gewalt aufgefasst. Bei all diesen Handlungen ist immer die besondere Empfindlichkeit des kindlichen Organismus in Rechnung zu stellen.

– Als psychische Misshandlung werden Verhaltensweisen zusammengefasst, die Kinder ängstigen, Gefühle des Abgelehntseins oder der eigenen Wertlosigkeit vermitteln und sie dadurch in ihrer psychischen und körperlichen Entwicklung beeinträchtigen. Die psychische Misshandlung ist die am schwersten fassbare Form von Gewalt; schwierig ist hier die Grenzziehung zwischen verbreiteten und weitgehend tolerierten Erziehungspraktiken (wie z.B. Bestrafen mit Hausarrest, Liebesentzug) und den psychisch schädigenden Formen.
– Unter sexuellem Missbrauch wird die Instrumentalisierung von Kindern und Jugendlichen für die Befriedigung sexueller Bedürfnisse von Erwachsenen verstanden. Unterschieden werden kann dabei zwischen Hands-on- (z.B. Vergewaltigung) und Hands-off-Handlungen (Anleitung zur Prostitution, obszöne Anreden usw.), je nachdem, ob diese Praktiken körperlichen Kontakt zwischen Täter und Opfer einschließen oder nicht.
– Die Vernachlässigung ist eine Gewaltform, der Kinder in besonderer Weise ausgeliefert sind; sie ergibt sich aus der entwicklungsbedingten Abhängigkeit der Kinder von erwachsenen Bezugspersonen. Eine Vernachlässigung („neglect") liegt vor, wenn die Kinder nicht ausreichend ernährt, gepflegt, gefördert, gesundheitlich versorgt, beaufsichtigt oder vor Gefahren geschützt werden. Bei der Vernachlässigung kann zwischen physischer und psychischer unterschieden werden, je nachdem, ob diese Formen der Vernachlässigung unmittelbar körperliche Auswirkungen haben oder nicht.

Eine ausführliche Darstellung der Befunde zum Ausmaß der Gewalt gegen Kinder und den Ursachen der Familiengewalt würde diesen Rahmen sprengen (eine ausführliche Darstellung findet sich bei Melzer/Lenz/Bilz 2010).

Motive für Gewalt

Zur Definition von Gewalt gehört auch die Frage nach den Motiven und Zielen der Gewaltausübung, die sich in verschiedenen Gewaltformen äußern können. Wenn Menschen gewalttätig handeln, können ganz unterschiedliche Motive vorliegen. In der Regel werden Gewalthandlungen aber nicht durch ein Einzelmotiv ausgelöst. Vielmehr ist von einer Kombination mehrerer Motive auszugehen, deren Rekonstruktion gerade für die Planung von Präventionsmaßnahmen hilfreich sein kann. In der folgenden Übersicht werden einzelne Motive vorgestellt.

Tab. 2.1: Motive für Gewalt

Motive	**Ziele**	**Beispiele**
Gewalt als Mittel oder Instrument	Erreichen eigener Vorteile; Durchsetzung politischer Ziele	Diebstahl, Raubüberfall; Rebellion gegen die Staatsmacht
Gewalt als Gegengewalt	Selbstschutz, Verteidigung, Abschreckung	Auseinandersetzungen zwischen Jugendgruppen
Gewalt als Erfahrung von Macht, Handlungsfähigkeit und Selbstwert	Überwindung von Ohnmachtserfahrungen durch Erreichen von Anerkennung innerhalb der Gewaltstruktur	Quälen von Jüngeren
Gewalt als Wiederherstellung sozialer Ursache-Wirkungs-Relation	Erfahrung der Eindeutigkeit der Wirkung eigenen Handelns	Schlag mit Verletzungsfolgen
Gewalt als unmittelbare sinnliche Erfahrung	Rückgewinnung der Authentizität eigenen Lebens setzt der medialen eine reale Wirklichkeit entgegen	Faustschlag, Steinwurf
Gewalt als Organisationsprinzip und Kommunikationsmedium	Schutz, Geborgenheit; Solidarität, soziale Organisation von Interessen; Ausdruck von Bedürfnissen	gewalthaltiger Umgangston in Jugendgangs
Gewalt als spontane Provokation gegen die Welt der Erwachsenen	Aufsprengen der gesellschaftlichen Doppelmoral	Rechts- und Linksextremismus
Gewalt als kulturelle Gewalt, der die ideologische Vorstellung von der Ungleichheit der Menschen zugrunde liegt	Finden von einfachen, ausgrenzenden Erklärungsmustern	Fremdenhass, Rassismus, Sexismus

Diese Motive können individuellem und kollektivem Handeln zugrunde liegen. Das Handeln des Einzeltäters (Mikrogewalt) wird immer einem individuellen Motiv folgen, während die einzelnen subjektiven Motivlagen kollektive Gewalt (Makrogewalt) nicht hinreichend erklären können.

„Die Art der zum Einsatz kommenden Gewalt eines Einzelnen ist eher intentional und, da sie im Grunde immer auf den gesellschaftlichen Nahbereich beschränkt ist, in den überwiegenden Fällen unpolitisch. Kollektive wie institutionelle Gewalt wird dagegen eher funktional ausgeübt und hat in den meisten Fällen eine starke politische Komponente“ (Imbusch 2002, S.43). In der Schule haben wir es in den weit überwiegenden Fällen mit Mikrogewalt zu tun, nur in Ausnahmefällen ist der Hintergrund politisch. Auch wenn sich dort Gruppen von Schülern aggressiv gegen andere wenden, liegt dem in der Regel kein politisches Motiv zugrunde. Auch bei anderen Punkten der idealtypischen Unterscheidung von Imbusch befindet sich die Schule offenbar in einer Sondersituation. Der individuelle Täter benötige in der Regel keine Öffentlichkeit; dies mag für kriminelle Handlungen im außerschulischen Raum zutreffen, in der Schule ist genau dies – nämlich die Anerkennung der Mitschüler zu gewinnen und „coram publico“ zu handeln – ein Leitmotiv und übliches Szenario.

Wissenschaftlicher Gewaltbegriff

Um den wissenschaftlichen Gewaltbegriff gibt es seit den Anfängen der Forschung in allen beteiligten Fachgebieten heftige Kontroversen. So wird beispielsweise eine Reduzierung des Gewaltbegriffs auf körperliche Gewalt kritisiert (vgl. u.a. Theunert 1987, Jaschke 1991, Esser 1992), wie er etwa dem Gewaltgutachten der Bundesregierung (vgl. Schwind/Baumann u.a. 1990, S. 38) unterstellt wird. Der Grund für diese Kritik besteht darin, dass Gewalt in der Schule und auch im gesellschaftlichen und beruflichen Alltag vorrangig durch andere Handlungsformen bestimmt wird, insbesondere durch psychische und verbale Aggressionen in Schulen und Jugendszenen. Außerdem halten einige Forscher am Begriff der strukturellen Gewalt fest, andere kritisieren ihn. Eine weitere, in der Regel separat geführte Diskussion ist die über Gewalt in Macht- und Herrschaftsbeziehungen – also in der „Großen Politik“ mit einem ambivalenten Gewaltbegriff.

Eine Übersicht über die verschiedenen Verwendungsmöglichkeiten des Gewaltbegriffs, wie man sie im wissenschaftlichen und politischen Raum findet, gibt die folgende Abbildung 2.1 (S. 53).

Gewalt als Anwendung von physischem und psychischem Zwang kann unterschiedliche Formen annehmen, die moralisch positiv oder negativ bewertet werden können. Die Bewertungen sind kontextabhängig und z. T. durchaus strittig. Der Extremfall sind „Dilemma-Situationen“, in denen die Aufrechterhaltung eines Wertes einen Verstoß gegen einen anderen Wert bedeutet (z.B. die Tötung eines Diktators, um Menschenrechte zu sichern, oder der Diebstahl eines für den Täter nicht bezahlbaren Medikaments, um das Leben eines Kindes zu retten)[1].

Die etymologische Bedeutung von Gewalt als Anwendung von Zwang findet sich bereits im althochdeutschen Begriff „(gi)walt“, das soviel wie „Verfügungsfähigkeit“ bedeutet (vgl. Imbusch 2002, S. 29). Im Gegensatz zu anderen Sprachen diskriminiert der Gewaltbegriff aber nicht zwischen positiv und negativ normierten Phänomenen und Handlungsweisen, er kann sowohl die rohe, gegen Sitte und Recht verstoßende Einwirkung auf Personen (lat.: violentia) als auch das Durchsetzungsvermögen in Macht- und Herrschaftsbeziehungen (lat.: potestas) bedeuten. In anderen Sprachen, z.B. im Englischen (violence vs. power) oder im Französischen

1 Vgl. zum Dilemma-Begriff die Diskussion um den Ansatz von Kohlberg zur „Moralischen Sozialisation“ (u.a. Oser/Althof 1992).

(violence vs. pouvoir) wird der Unterscheidung des Lateinischen gefolgt, nicht aber in der deutschen Sprache, so dass wir es mit einem mehrsinnigen Begriff mit unterschiedlichen Bedeutungsgehalten zu tun haben. Im Schema ist das durch die Bewertungssymbole (+/–) und die drei Bedeutungslinien „Gewalt in Macht- und Herrschaftsbeziehungen", „Strukturelle Gewalt" und „Personale Gewalt" ausgedrückt.

Bei der „Gewalt in Macht- und Herrschaftsbeziehungen" sehen wir die ambivalente Bedeutung von einerseits positiv zu bewertender staatlich-legitimierter Machtausübung, die Gewaltenteilung als Garant der Demokratie und der Sicherung von Grundrechten und Partizipation. Gewalt bezeichnet andererseits aber auch die Auswüchse, wie staatlichen Machtmissbrauch, Einschränkung der Bürgerrechte im Inneren und Kriege bzw. Kriegsverbrechen im Äußeren. Dieses Makrosystem bestimmt die politische Kultur einer Gesellschaft und damit indirekt auch die Staatsschule, die sich solchen Einflüssen nicht entziehen kann (Beispiele: Schule im Nationalsozialismus, Schule in der DDR).

Eine nähere Relevanz für die Institution Schule besitzt der Begriff „strukturelle Gewalt", wenn man daran denkt, dass eine Schulpflicht besteht, der sich der einzelne Schüler nicht entziehen kann, andernfalls würden die Eltern Geldbußen zahlen müssen, das Jugendamt träte auf den Plan oder die Betroffenen wären als „Schulverweigerer" stigmatisiert und hätten damit eine positive Lebensentwicklung verwirkt. Obwohl die Errungenschaft der allgemeinen Schulpflicht zu würdigen ist, hat die Staatsschule bis heute nicht dazu beigetragen, Chancengleichheit herzustellen – die Ergebnisse der PISA-Studie waren diesbezüglich katastrophal für Deutschland (vgl. u.a. Baumert/Stanat/Watermann 2006).

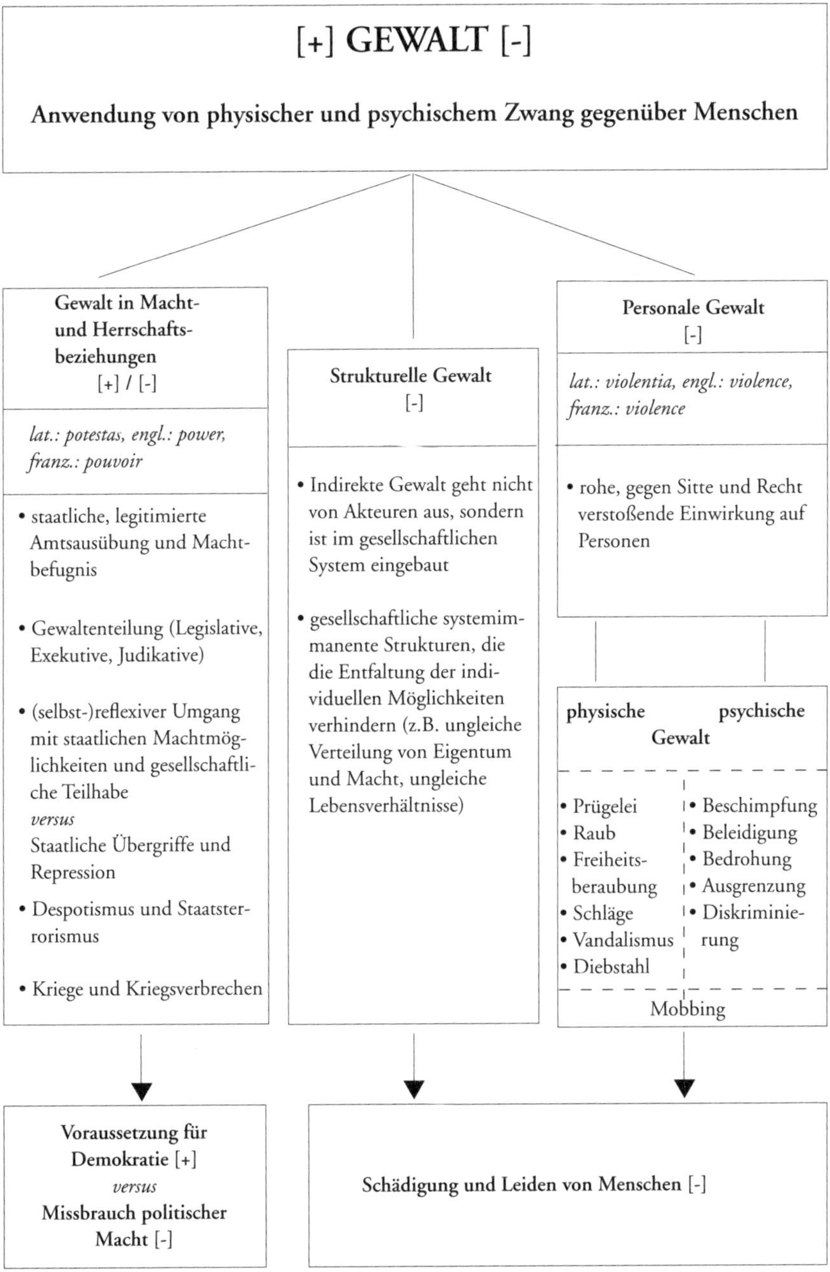

Abb. 2.1: Dimensionen des Gewaltbegriffs

Auch für die Lehrer bedeutet die Einbindung in die staatliche Schuladministration eine Einengung ihrer Handlungsmöglichkeiten und einen permanenten Zwang zur Einhaltung von Vorschriften, Lehrplänen u.a.; Kontrolle bestimmt den Lehreralltag mehr als Kooperation. Das ist u. E. mit ein Grund dafür, dass bis zu einem Drittel der Lehrer am „Burn-out-Syndrom"[2] leiden und trotz eingeschränkter Arbeitsfähigkeit ihrem Beruf in der Regel weiter nachgehen – mit negativen Auswirkungen für sie selbst und die Schüler. Ungerechte und aggressive Verhaltensweisen von Lehrern, die in der aktuellen Forschung empirisch festgestellt wurden (vgl. u.a. Krumm/Weiß 2000), können als Ausdruck von Überforderung auch vor dem Hintergrund struktureller Gewalt betrachtet werden – insofern ist dieser Begriff nicht nur radikal-kritisch, sondern auch verstehend und entlastend gemeint, wenngleich die schulischen Strukturen als „Störquelle" negativ normiert sind.

Das Schema zum Gewaltbegriff zeigt als dritte Interpretationslinie die „personale Gewalt" mit den verschiedenen negativen Formen physischer und psychischer Gewalt. Es wurde bereits darauf hingewiesen, dass die härteren Formen physischer Gewalt in Schulen relativ selten vorkommen. Bei diesen Formen kann man davon ausgehen, dass sich alle Akteure darüber einig sind, dass diese Verhaltensweisen dissozial und zu ächten sind – die Schüler stimmen dem vielleicht etwas weniger zu als die Lehrer oder die Eltern. Eine Sonderstellung nimmt das Mobbing ein, da es sowohl psychische als auch physische Formen der Schädigung beinhalten kann. Ein – qua definitione – zusätzliches Merkmal ist das Machtverhältnis von Tätern und Opfern, also eine hierarchische Beziehungsstruktur. Gewalt zwischen gleich starken Personen und Gruppen oder Vandalismus werden nicht als Mobbing bezeichnet. Bei den weicheren, psychischen Formen haben wir dagegen ein starkes Kommunikations- und Bewertungsproblem, weil bei Konflikten, in denen von den Lehrern zu Recht interveniert wird, den Schülern die Einsicht fehlt; denn sie betrachten ihr an sich problematisches Verhalten als „normal" (s. Kap. 2. 4). Gewalt in der Schule ist also auch ein Kommunikationsproblem, das unter bestimmten Bedingungen durch Kommunikation gelöst werden kann.

Es gibt gute Argumente, den Gewaltbegriff in das Zentrum der Überlegungen zu stellen, u.a. da er die gesellschaftlichen Implikationenen und Prädiktoren der Thematik besser ausdrückt als andere Termini. Dennoch ist es wichtig, den Erklärungswert anderer theoretischer Zugänge zu kennen. Nach „State of the Art" der Sozialisationsforschung ist der anschließend konsequente Schritt, diese partiellen Erklärungsversuche in ein integriertes Mehrebenenmodell zu überführen, in dem die gesellschaftlichen Kontexte, die Ebene der Institution und Kommunikation sowie die individelle Ebene berücksichtigt sind.

---

2 Vgl. zum „Burn–Out–Syndrom" die Arbeiten von Schaarschmidt (Schaarschmidt/Fischer 2001, Arold/Schaarschmidt 2002) sowie von Rothland 2007

2.2 Theoretisches über Gewalt – in seiner Bedeutung für die Praxis

In diesem Abschnitt werden ausgewählte Erklärungsansätze für Aggression und Gewalt vorgestellt und entsprechende Konsequenzen für die Gewaltprävention gezogen. Damit sollen das notwendige theoretische Hintergrundwissen bereitgestellt und das pädagogische Handlungsrepertoire zielgerichtet erweitert werden.
Wissenschaft und Forschung haben zahlreiche theoretische Erklärungsmodelle für Aggression und Gewalt entwickelt. Grundsätzlich kann dabei zwischen psychologischen, soziologischen und integrativen Erklärungsansätzen unterschieden werden. Während die psychologischen Erklärungsansätze die psychischen Dispositionen und die inneren Vorgänge einer Person, ihre Bedürfnisse und Gefühle betonen, stehen bei den soziologischen Theorien die sozialen Bedingungen und Rollen der Akteure, z.B. in der Familie, in der Schule oder in der Freizeit, im Mittelpunkt.
Mit der Darstellung eines eigenen integrativen Modells der Entstehung von Gewalt haben wir das unsere Untersuchungsergebnisse resümierende Kapitel (3.1 Das Gesamtmodell der Entstehung von Gewalt) eingeleitet. Daher beschränken wir uns hier auf eine Auswahl psychologischer und soziologischer Theorien. Diese Auswahl wurde unter dem Gesichtspunkt vorgenommen, ob diese Ansätze für die Praxis des Unterrichts und der Gewaltprävention Handlungshinweise geben können. Eine komplette Übersicht findet sich in dem Band von Schubarth (2010).
Psychologie und Soziologie haben unterschiedliche Begriffssysteme: So ist der Leitbegriff in der psychologischen Tradition der Begriff der Aggression, wobei sich eine eigenständige wissenschaftliche Teildisziplin, die *Aggressionsforschung*, etabliert hat. In der soziologischen Tradition fungiert dagegen der Begriff des *abweichenden Verhaltens* als Leitbegriff, daneben findet auch der Gewaltbegriff zunehmend Verwendung. Die Erziehungswissenschaft mit der Sozialisationsforschung als interdisziplinäre Wissenschaft stützt sich sowohl auf psychologische als auch auf soziologische Forschungstraditionen.
In der Aggressionsforschung gibt es eine Reihe von Theorien zur Erklärung von Aggressionen beim Menschen. Die Modelle beziehen sehr unterschiedliche Faktoren ein, die von biologischen Merkmalen über psychische und familiale Faktoren bis hin zu gesellschaftlichen Bedingungen reichen. Die verschiedenen Erklärungsfaktoren schließen sich dabei nicht unbedingt aus, ergänzen sich vielmehr. Traditionelle Auffassungen über die Entstehung von Aggressionen gehen davon aus, dass Aggressionen auf aggressiven „Energien" oder „Impulsen" bzw. aggressiven Gefühlen oder Bedürfnissen beruhen. Das heißt: Jemand ist gewalttätig, weil er Aggressionen in sich hat. Woher diese stammen, wird dabei unterschiedlich erklärt. Sie können spontan im menschlichen Organismus entstehen (Triebtheorie) bzw. reaktiv durch Frustration (Frustrationstheorie) oder sie können erlernt werden. Mit diesen drei Theoriemodellen beginnt die Darstellung.

Triebtheorien

Die Grundannahme der Triebtheorien lautet folgendermaßen (vgl. Nolting 1993): Im Organismus gibt es eine angeborene Quelle, die fortwährend aggressive Impulse produziert. Diese Impulse müssen sich im Verhalten ausdrücken können, sonst führen sie zu seelischen Störungen. Die bekanntesten Vertreter dieser Theorie sind Sigmund Freud (orthodoxe Psychoanalyse) und Konrad Lorenz (vergleichende Verhaltensforschung). Während der Trieb bei Freud letztlich auf Selbstvernichtung gerichtet ist („Todestrieb") und nur durch den „Sexualtrieb" nach außen gelenkt wird, ist er bei Lorenz ein spezifischer, gegen die Artgenossen gerichteter Kampftrieb. Für die Verhaltensforschung (Ethologie) ist Aggressivität eine angeborene, biologisch verankerte Verhaltensdisposition, die eine wichtige Funktion sowohl für die Arterhaltung als auch innerhalb der eigenen Art hat. So wurde in Tierversuchen z.B. nachgewiesen, dass durch bestimmte Reize instinktive aggressive Verhaltensweisen hervorgerufen werden. Bleiben diese Reize längere Zeit aus, kommt es zu einem „Aggressionsstau" und zu spontanem aggressiven Verhalten.

Bei aggressiven Verhaltensweisen gegenüber anderen Arten, z.B. beim Kampf um Nahrung, beim Beutemachen u. ä., sei die arterhaltende Funktion des Aggressionstriebes offenkundig. Doch auch innerhalb der eigenen Art habe Aggression bestimmte Funktionen: So würden sich Artgenossen durch Aggression abstoßen, wodurch sich jeder seinen Lebensraum suchen müsste. Zudem diene Aggression – nach dem Darwinschen Selektionsprinzip – auch der Auswahl der stärksten Vertreter für die Fortpflanzung sowie der Herstellung der Rangordnung in der Gemeinschaft. Nach Lorenz stand am Anfang der menschlichen Kultur das Ritual. Dieses hatte die Aufgabe, menschliche Aggression im Zaume zu halten bzw. in andere Bahnen zu lenken. Die Menschheit müsse deshalb ständig darauf bedacht sein, neue Hemmungsmechanismen zu schaffen (z.B. Anbieten von Ritualisierungen, Sport, Sublimierungen, kulturell wertvoller Konkurrenzkampf, etwa im Beruf usw.).

Wenngleich die Triebtheorien – als Alltagstheorien – nach wie vor sehr populär sind, finden diese Theorien in der wissenschaftlichen Psychologie kaum noch Resonanz. Empirische Untersuchungen am Menschen geben praktisch keine Belege für die Annahme eines Selbstaufladungsvorganges. Vielmehr würden die großen individuellen Unterschiede zwischen den Menschen der Annahme eines spontanen Aggressionsbedürfnisses als allgemeines Menschheitserbe widersprechen. Außerdem hätte sich gezeigt, dass die aus dem „Dampfkesselmodell" abgeleiteten Vorschläge für ein „Kanalisieren" oder „Abreagieren" über bestimmte „Ventile" keineswegs zur Aggressionsverminderung führen. Die Tatsache der Aggressionsreduktion auch ohne vorgegebene „Ventile" würde ebenfalls einer „Triebentladung" widersprechen. Zudem würden Triebtheorien die Vielfalt möglicher Ursachen für Aggression ignorieren.

Resümierend ist festzustellen, dass sich bei der Debatte um die Triebtheorien in jüngster Zeit zunehmend differenziertere Bewertungen zeigen. Diese betonen, dass zumindest einige Elemente dieser Theorien gerade für die kindliche und jugendliche Aggressivität eine gewisse Erklärungskraft besitzen. Dies gilt auch für die entsprechenden Gegenstrategien, die aus den Triebtheorien folgen. Insbesondere schulbezogene Argumentationen verweisen auf den Nutzen dieser Theorien für pädagogisches Handeln. Emotionale Spannungszustände, Aktivitäts- und Bewegungsbedürfnisse, Abenteuerdrang und Risikobereitschaft als Bestandteile der kindlichen und jugendlichen Natur verlangen nach Befriedigung, was in der pädagogischen Arbeit, z.B. in Form von gemeinsamem Sport und Spiel in entsprechenden Spiel- und Erlebnisräumen, berücksichtigt werden muss. Jugendliches Tobe- und Probierverhalten gerade unter Jungen erscheint so in einem anderen Licht. Damit die Grenze des Spielerischen nicht überschritten wird, bedarf es zugleich jedoch bestimmter Spielregeln, Gewohnheiten und Rituale. Die Triebtheorien erweisen sich somit in gewisser Hinsicht als durchaus anregend für die Entwicklung von Präventions- und Interventionsmöglichkeiten.

Frustrationstheorie

Die Frustrationstheorie geht von folgender Annahme aus: Aggressives Verhalten beruht auf aggressiven Impulsen, die durch Frustrationen entstehen. Ursprünglich wurde darunter die Störung einer zielgerichteten Tätigkeit verstanden, später wurde der Begriff auf alle aversiven, unangenehmen Ereignisse (Angriffe, Belästigungen, Entbehrungen) ausgedehnt. Anders als bei der Triebtheorie entsteht das Aggressionsbedürfnis also nicht von selbst, sondern reaktiv. Wenn es allerdings einmal entstanden ist, so muss es dann in irgendeiner Form zum Ausdruck kommen. Die Annahme, dass Aggression immer eine Folge von Frustration sei und Frustration immer zu einer Form von Aggression führe, wurde aufgrund fehlender Belege schon bald modifiziert. Frustration erzeuge, so hieß es dann, Anreize für verschiedene Verhaltensweisen – einer dieser Reize führe stets zur Aggression. Frustration erhöhe also die Wahrscheinlichkeit von Aggression.
Als konsensfähig gilt heute, dass ein frustrierendes Erlebnis außer Aggression auch konstruktive Reaktionen oder aber Ausweichen, Resignation, Selbstbetäubung (z.B. durch Alkohol) oder andere Reaktionen nach sich ziehen kann und dass eine aggressive Reaktion nur unter bestimmten Bedingungen wahrscheinlich ist, z.B. wenn das Ereignis als „ärgerlich" bewertet wird, wenn die Person dies als Verhaltensgewohnheit gelernt hat oder wenn sie keine Aggressionshemmung empfindet. Frustrationen führen also nicht immer und nicht automatisch zu Aggressionen. Umgekehrt ist nicht jede Aggression auf Frustration zurückzuführen (z.B. bei Kriegshandlungen, Raubmord, Erpressung).

Aggressionen von Kindern und Jugendlichen können als eine zielgerichtete Antwort auf eine vermeintliche Provokation, der eine subjektiv wahrgenommene Kränkung, Beleidigung, Demütigung oder irgendein Ärger vorausgegangen ist, aufgefasst werden. Was dann aber meist folgt, ist eine reine Affekthandlung, die oftmals in keinem Verhältnis zum Anlass steht. Zu empfehlen ist deshalb in solchen Fällen die Einübung eines überlegteren, „reflexiven" und weniger spontanen Verhaltensstils, z.B. mittels Trainingsprogrammen. Auch autogenes Training oder andere Entspannungsverfahren, die in Schule und Familie erlernt werden könnten, sind gute Möglichkeiten, aufbrausendes und unbeherrschtes Reagieren zu beeinflussen. Die Frustrations-Aggressions-Theorie eignet sich auch zur Erklärung der sogenannten „verschobenen" Aggression, d.h. der Umleitung der Aggression vom eigentlichen Frustrator hin zu einem anderen (in der Regel schwächeren) Aggressionsobjekt. Dies geschieht vor allem dann, wenn die Aggression gegenüber dem Frustrator, z.B. einem dominanten Lehrer, negative Sanktionen erwarten lässt. Solche Ketten verschobener Aggressionen gibt es im Schulalltag recht häufig:
„Klaus fühlt sich durch den starken, dominanten Mathelehrer lächerlich gemacht und herabgesetzt. In der soeben einsetzenden Pause wird er aber nicht gegenüber dem Lehrer aggressiv, sondern schubst seinen schwächeren Klassenkameraden Peter und nennt ihn „Blödmann". Wütend verlässt Peter den Klassenraum und begegnet dem viel kleineren Heinz auf dem Weg zur Toilette. Er rammt Heinz die Faust in den Magen. Heinz weint und tritt nach der Katze des Hausmeisters, die ihm zufällig über den Weg läuft (...)" (Horstmann/Müller 1995, S. 62).
Aus der Frustrationstheorie können vor allem zwei pädagogische Handlungsmöglichkeiten abgeleitet werden: Zum einen sollten Lehrer die individuelle Frustrationsschwelle der Schüler beachten. Gerade bei niedriger Schwelle sind Aussagen oder Anweisungen rational zu begründen, so dass starke gefühlsmäßige Beeinträchtigungen der Schüler verhindert werden (z.B. darf eine Leistungseinschätzung die Schüler nicht herabsetzen). Zum anderen können Schüler durch Verbalisierung von Konflikten und Begründung von Bewertungen den adäquaten Umgang mit frustrierenden Situationen üben. Auch die Reduzierung von Frustrationen im persönlichen Bereich z.B. durch einfühlsameren Umgang mit anderen Menschen oder auf gesellschaftlicher Ebene durch gerechtere Lebensbedingungen ist ein wichtiger Ansatzpunkt zur Aggressionsminderung. Da Frustrationen aber im gewissen Grade unvermeidlich sind, ist es zugleich wichtig, mit ihnen anders umzugehen, sie z.B. gelassener zu bewerten, konstruktive Lösungen zu suchen oder Ärgergefühle mitzuteilen statt auszuagieren (vgl. Nolting 1997).

Der Frustrationstheorie kommt bei der Erklärung von Aggression und Gewalt (z.B. an Schulen) ein hoher Stellenwert zu. Schule ist für Kinder und Jugendliche eine der Hauptquellen für Frustrationen. Diese Frustrationen müssen „zivilisiert" und „kultiviert" werden, was zumindest einem Teil der Schülerschaft ohne fremde Hilfe sehr schwer fällt. Für pädagogisches Handeln bietet die Frustrationstheorie – ungeachtet ihrer Schwächen – wichtige Anregungen bzw. Begründungen. Ihre Botschaft lautet: Schulische Misserfolge, persönliche Herabsetzungen und Demütigungen sollten möglichst vermieden und statt dessen Erfolge und Anerkennung gefördert werden. Da dies nicht immer bzw. nicht in ausreichendem Maße möglich ist, bleibt nur die Konsequenz, den bewussten und kontrollierten Umgang mit Frustrationen zu erlernen.

Lerntheorien

Die Lerntheorien gehen davon aus, dass es zur Erklärung aggressiven Verhaltens nicht (wie von den Trieb- und Frustrationstheorien angenommen) eines spezifischen Faktors bedarf, sondern dass Aggressionen, wie andere soziale Verhaltensweisen, auf Lernvorgängen beruhen. Unter Lernen werden dabei Veränderungen personaler Dispositionen (Wissen, Einstellungen, Fertigkeiten usw.) aufgrund von Erfahrungen subsumiert. Für das Thema „Aggression“ sind vor allem folgende Typen des Lernens von Relevanz: *Lernen am Modell, Lernen am Erfolg bzw. Misserfolg* und *kognitives Lernen* (vgl. Nolting 1997). Diese drei Lerntheorien sollen in ihren Grundzügen kurz dargestellt werden:
Lernen am Modell: Man lernt, indem man andere beobachtet. Das geschieht durch Speicherprozesse im Gehirn oder durch Nachahmung. So haben Bandura u.a. in einem Experiment Kindern ein aggressives Modell in Form eines aggressiven Erwachsenen gezeigt. Nahm man den Kindern anschließend das Spielzeug weg, zeigten diese Kinder mehr Aggressionen als Kinder einer Gruppe, denen vorher kein aggressives Modell demonstriert wurde. Die Frage, wer wen wann nachahmt, ist eingehend untersucht worden: Die Nachahmung hängt sowohl vom Modell, vom Beobachter, von deren Beziehung untereinander als auch von der Situation ab. Die Wahrscheinlichkeit, dass Verhalten nachgeahmt wird, steigt dann an, wenn das Modell erfolgreich ist, wenn es Macht ausstrahlt, wenn die Handlung als moralisch gerechtfertigt dargestellt wird, wenn die Beziehung zwischen Beobachter und Modell positiv ist und wenn die Beobachter vorher frustriert worden waren (vgl. Frustrationstheorie). Das Modellverhalten kann sofort nachgeahmt werden, es kann aber auch im Gedächtnis gespeichert und später realisiert werden. Die wichtigsten Vorbilder sind in der Regel die eigenen Eltern oder Personen aus dem Freundes- und Bekanntenkreis. Daneben haben in den letzten Jahren auch Modelle, die über die öffentlichen Medien vermittelt werden, stark an Einfluss gewonnen.
Lernen am Erfolg bzw. Misserfolg: Hier lernt die Person aus den Konsequenzen ihres Handelns. Während beim Lernen am Modell neuartige Verhaltensweisen kennen gelernt werden, „lehren“ hier die bisherigen Erfolgs- bzw. Misserfolgserfahrungen die neuen Verhaltensmodelle in „erfolgversprechenden“ Situationen anzuwenden. So konnte in verschiedenen Experimenten nachgewiesen werden, dass Aggressionen

bei Kindern zunehmen, wenn diese für ihre Aggression gelobt werden. Gelegentliche Erfolge wirken dabei sogar verstärkender als ständige Bekräftigung. Es gilt das Prinzip der intermittierenden Verstärkung, wonach Rückfälle und Misserfolge sich nicht als gravierend erweisen, wenn das Verhalten wenigstens ab und zu erfolgreich ist. Dies hat Konsequenzen für die Einschätzung der Wirkung von Kontroll- und Strafmaßnahmen. Dass aggressives Verhalten gelernt und beibehalten wird, erklärt die Theorie mit den positiven Folgen für den Aggressor. Dabei sind Durchsetzung und Gewinn, Beachtung und Anerkennung, Stimulierung, positive Selbstbewertung, Spannungsreduktion sowie Abwehr und Selbstschutz wichtige Aggressionserfolge, die die Wahrscheinlichkeit eines wiederholten aggressiven Verhaltens erhöhen. Bleibt aggressives Verhalten dagegen erfolglos oder hat es negative Konsequenzen, so sinkt die Wahrscheinlichkeit einer Wiederholung. Grundlage für Aggressionen können also auch nicht-aggressive Bedürfnisse sein, wenn aggressive Verhaltensweisen sich zu deren Befriedigung als effektiv erweisen. Die primären Ziele (z.B. Durchsetzung eigener Interessen) bilden den eigentlichen Anreiz zur Aggression, welche selbst ohne Emotionen vonstatten gehen kann (z.B. Raub).
Kognitives Lernen: Damit ist Lernen im Sinne von Wissensbildung gemeint. Gelernt werden aggressionsrelevante Begriffe, Denkweisen, Handlungsmuster und Methoden, z.B. Begriffe wie „Freund“, „Feind“, „Notwehr“, Ehre“ oder Methoden der Überlistung, des Waffengebrauchs oder solche Denkmuster wie „Strafe muss sein“, „Auf einen groben Klotz gehört ein grober Keil“ usw. Diese Kenntnisse und Überzeugungen beeinflussen sowohl die Wahrnehmung und Interpretation von Dingen als auch die entsprechenden Handlungsmuster. So beeinflussen Unterstellungen bzw. Zuschreibungsprozesse die Entstehung von Ärger und Aggression ganz entscheidend. Zur Selbstrechtfertigung wenden Angreifer Techniken der Rationalisierung an, um ihr Gewissen zu beruhigen. Aggressionen werden vor allem dann leicht ausagiert, wenn die Personenwürde des Opfers herabgesetzt wird. Die Erwartung von Vergeltung verringert hingegen das aggressive Verhalten.
Für das Thema „Aggression und Gewalt unter Schülern“ sind die Aussagen und Befunde der Lerntheorien von großer Relevanz. So gibt es in der Schule ein vielfältiges Modellangebot für aggressives Verhalten. Solche Modelle bietet sowohl das Schüler- als auch das Lehrerverhalten. Schüler sind für andere Schüler die besten Lernmodelle. Wenn z.B. Schüler erleben, dass Störenfriede von den Lehrern oder von anderen Schülern mehr beachtet werden, dann könnte das für sie ein anstrebenswertes Modell sein. Schon in unteren Klassen rufen z.B. manche Kinder sexuell gefärbte Schimpfwörter in die Klasse. Je öfter sie dies erfolgreich tun (z.B. die Lacher auf ihrer Seite haben), desto mehr festigt sich ihr Verhalten und wird zur Gewohnheit. Gleiches gilt für aggressive und gewalttätige Handlungen, zu denen Kinder und Jugendliche durch das Schweigen der Erwachsenen regelrecht ermuntert werden. Die Angst und Furcht, die von Aggression und Gewalt ausgehen, geben den Gewaltausübenden ein Gefühl der Stärke und signalisieren ihnen, dass sie so

weitermachen können, ohne dass jemand einschreitet (vgl. Bründel/Hurrelmann 1994). Am „Modell Lehrer“ wird auch gelernt, wenn dieser z.B. einen undisziplinierten Schüler verbal verletzt, ungerecht behandelt und damit ein Modell vorlebt, dass sich Aggression lohnt oder dort sogar normal ist, wo es Schwächere trifft, denn gegenüber einem Vorgesetzten würde sich der Lehrer wahrscheinlich nicht so verhalten. Pädagogisch relevant ist auch die Tatsache, dass Lob mehr bewirkt als Strafe und dass Strafe manchmal sogar eine „negative Bekräftigung“ darstellen kann, wenn z.B. durch sie Beachtung und Anerkennung gewonnen wird. Strafen und Sanktionen müssen deshalb maßvoll, gut dosiert, wohlüberlegt und zeitlich genau bedacht sein. Außerdem sollten Strafen nicht isoliert, sondern im Zusammenhang mit anderen Maßnahmen (z.B. Wiedergutmachungsleistungen, Erläuterungen, positives Modellverhalten) eingesetzt werden. Dazu ein Beispiel:
„In einer Schule ist eine Fensterscheibe eingeschlagen worden. Der Lehrer hat herausgefunden, wer es gewesen ist, und beschließt, sich nachmittags mit diesen Schülern zu treffen, um die Scheibe unter fachmännischer Anleitung gemeinsam zu reparieren. Er sichert ihnen zu, dass er keine weiteren Maßnahmen ergreifen wird“ (Bründel/Hurrelmann 1994, S. 264).

Zusammenfassung und Folgerungen

Die bedeutsame Botschaft der Lerntheorien lautet, dass aggressives Verhalten nicht nur ein individuelles, sondern auch ein sozial und gesellschaftlich bedingtes Problem ist. Aus den Lerntheorien ergeben sich zahlreiche Konsequenzen für die Verminderung aggressiven Verhaltens. Hohe Aggressivität kann bei Kindern und Jugendlichen u.a. durch Kontrolle bzw. Veränderung der Modelle und durch die sogenannte differentielle Verstärkung reduziert werden. Differentielle Verstärkung bedeutet, dass aggressives Verhalten möglichst unbeachtet bleiben sollte, während man sich bei erwünschtem Verhalten dem Kind zuwendet.
Durch Modelle kognitiven Lernens können gerade junge Menschen alternative, nicht-aggressive, prosoziale Denk- und Verhaltensweisen erlernen. Dies lässt sich durch Erziehung, Training und Therapie systematisch fördern, indem z.B. vorgemacht und erläutert wird, wie man mit Konflikten gewaltfrei umgeht. Erlernt werden können auch das Mitteilen eigener Gefühle und Wünsche, das Führen konstruktiver Konfliktgespräche, kooperatives Verhalten, Problemlösungstechniken, gewaltlose Widerstandsformen usw. Daneben geht es auch darum, andere Deutungs- und Bewertungsmuster zu erlernen, Misserfolge oder Provokationen nicht „über zu bewerten“, den Wert von Besitz, Macht usw. nicht zu verabsolutieren, aggressive Vorbilder kritisch zu sehen, die Wahrnehmung von Zielpersonen als einseitig „schuldig“ zu überprüfen u. ä. Zu berücksichtigen ist weiterhin, dass das „Ausleben“ von Aggressionen selbst aggressionsfördernd sein kann. Bei starken Ärger-Effekten ist es besser, diese – statt zu „entladen“ – zu verändern, vor allem durch kognitive Neubewertung oder angenehme Tätigkeiten (z.B. Sport, Kultur), oder sie in alternativen Verhaltensformen auszudrücken. Lerntheorien eignen sich

daher gut als Grundlage für die Entwicklung schulischer und außerschulischer Konzepte mit dem Ziel, prosoziale Verhaltensweisen zu fördern.

Stellvertretend für die soziologischen Erklärungsansätze, die die Ursachen für Gewalt weniger in den individuellen, sondern eher in den gesellschaftlichen, insbesondere sozial(strukturell)en Bedingungen suchen, werden im Folgenden die Anomietheorien und die Etikettierungstheorien sowie ein schulbezogener sozialökologischer Ansatz dargestellt. Andere, in den Sozialwissenschaften weit verbreitete Theorien, wie die Individualisierungstheorie und die Subkulturtheorie, seien zumindest erwähnt (vgl. dazu Schubarth 2010).

Anomietheorie

Anomie ist vom griechischen Wort Nomos (Gesetz oder Regel) abgeleitet und bedeutet im soziologischen Verständnis Normlosigkeit. Der Anomiebegriff wurde um die Jahrhundertwende vom Soziologen Emile Durkheim eingeführt. Anomie ist ein Zustand der sozialen Desintegration, der durch die Verhinderung bzw. den Abbau sozial befriedigender solidarischer Kontakte infolge der wachsenden Arbeitsteilung zwischen den arbeitenden Menschen einer Gesellschaft entsteht (vgl. Kerscher 1985). Die Anerkennung sozialer Regeln und Zwänge, die Achtung der moralischen Autorität der Gesellschaft sind – nach Durkheim – für die Kanalisierung menschlicher Bedürfnisse notwendig. Diese Sicherheit der Normgeltung geht aber bei instabilen Verhältnissen verloren, so dass der Zustand der Anomie eintritt. Anomie äußert sich also im Fehlen von gemeinsamen Verbindlichkeiten und normativen Regulierungen, was letztlich zu abweichendem Verhalten führen kann. Dieses entsteht einerseits durch eine starke Individualisierung der Gesellschaftsmitglieder und andererseits durch die Diskrepanzen zwischen dem Anspruchsniveau der Menschen und den nur begrenzt zur Verfügung stehenden Gütern (vgl. Lamnek 1983).
Die Anomietheorie Durkheims wurde von Robert Merton (1968) weiter entwickelt. Mertons Ansatzpunkt ist die Unterscheidung von „kultureller" und „gesellschaftlicher" Struktur. Unter kultureller Struktur werden dabei die kulturell definierten Ziele und die legitimen Mittel zur Erreichung dieser Ziele verstanden, unter gesellschaftlicher Struktur die reale Chancenstruktur, z.B. die schichtbedingte beschränkte Verwirklichungschance. Entsprechend der Ideologie der Chancengleichheit ist Reichtum als kulturell definiertes Ziel für alle Gesellschaftsmitglieder prinzipiell erreichbar. Aber die tatsächliche Sozialstruktur beschränkt für die unterprivilegierten Schichten den Zugang zu den legitimen Mitteln, um diese Ziele zu erreichen. Aus diesem anomischen Zustand der Gesellschaft resultiert ein Druck zu deviantem Verhalten auf die unterprivilegierten Schichten. Dieser ist umso größer, je mehr die gesellschaftlich definierten Ziele und die individuell vorhandenen Mittel auseinan-

der klaffen. Gesellschaftlich anomische Zustände sind nach Merton entscheidend für die Erklärung devianten Verhaltens, wobei das Anpassungsverhalten an gleiche anomische Zustände unterschiedlich ausfallen kann:

- *Konformität* heißt, dass sowohl die Ziele als auch die Mittel bejaht werden. Hierbei handelt es sich nicht um deviantes Verhalten.
- *Ritualismus* heißt, dass die Ziele vernachlässigt, die Mittel hingegen nicht nur bejaht, sondern sogar überbetont werden (z.B. übertriebener Arbeitseifer oder Geiz). Dies gilt ebenfalls nicht als deviantes Verhalten.
- *Eskapismus* bedeutet Rückzug, Flucht, Apathie. Hier werden sowohl die Ziele als auch die Mittel abgelehnt. Man zieht sich weitgehend aus der Gesellschaft zurück, „steigt aus".
- *Rebellion* meint, dass sowohl die Ziele als auch die Mittel abgelehnt werden und durch neue, alternative Ziele und Mittel ersetzt werden.
- *Innovation* heißt, dass zwar die Ziele bejaht werden, dass jedoch neue, innovative Mittel angewandt werden. Hier wird die Ziel-Mittel-Diskrepanz durch Rückgriff auf illegitime Verhaltensweisen wie Diebstahl, Raub, Betrug, Erpressung u. ä. gelöst.

Die Anomietheorie als ein übergreifender, makrotheoretischer Ansatz hat große Erklärungskraft für die Entstehung abweichenden Verhaltens (z.B. Gewalt) unter Kindern und Jugendlichen. Nach der Anomietheorie kommt es bei ihnen dann zu Aggression und Gewalt, wenn sie keine anderen, alternativen Chancen sehen, die in der Gesellschaft vorherrschenden Ziele (Wohlstand, Erfolg, Anerkennung), die ja auch ihre Ziele sind, zu erreichen. Kinder und Jugendliche sind meist sehr sensibel dafür, welche persönlichen und beruflichen Chancen sie haben. Die Anomietheorie weist darauf hin, dass das Aggressionspotential insbesondere bei den Jugendlichen ansteigen kann, die sich schon früh als Verlierer empfinden (z .B. wenn aufgrund eines fehlenden oder schlechten Schulabschlusses kaum Chancen für den Einstieg ins Erwerbsleben bestehen). Wenn Jugendliche eine solche anomische Situation erleben, d.h., wenn sie tagtäglich erfahren, wie wichtig Erfolg, Geld und Prestige in dieser Gesellschaft sind, und sie sich gleichzeitig von dem Erreichen dieser Ziele gesellschaftlich ausgeschlossen fühlen, werden Aggression und Gewalt wahrscheinlich. Auf die „strukturelle Gewalt" einer Gesellschaft (Galtung 1975), die ihnen kaum Entwicklungschancen bietet, reagieren Kinder und Jugendliche ihrerseits gewalttätig, um auf diesem Wege Erfolg und Anerkennung zu erreichen. Das gilt sowohl für den schulischen wie den außerschulischen Bereich. So ist z.B. bei einer auf Status und Prestige ausgerichteten Freizeit- und Freundeskultur (Stichwort: „Markenklamotten") derjenige, der nicht mithalten kann, für die Anwendung illegitimer Mittel anfällig.

Die Anomietheorie versucht, soziale Phänomene, wie abweichendes Verhalten, vor allem durch soziale Faktoren zu erklären. Ihre Erklärungskraft liegt darin, dass sie auf der Basis sozialstruktureller Bedingungen abweichendes Verhalten als individuelle Reaktion auf diese Bedingungen begreift. Abweichendes Verhalten entsteht demnach durch Anpassung der Gesellschaftsmitglieder an die widersprüchlichen kulturellen und sozialen Verhältnisse der Gesellschaft. Die Anomietheorie veranschaulicht, wie eng soziale, kulturelle und wirtschaftliche Gegebenheiten einerseits und die Aggression von Kindern und Jugendlichen andererseits zusammenhängen. Die Ursachen für Gewalt unter Schülern bzw. an Schulen sind demnach weniger beim Schüler selbst, sondern eher in seinen Lebensumständen, einschließlich der schulischen Bedingungen, zu suchen. Die Institution Schule ist selbst an der Produktion verschiedener anomischer Konstellationen (soziale Desintegration, restriktive Konformitätszwänge, Ziel-Mittel-Diskrepanzen) beteiligt, die zu Gewalt führen können. Gewalt ist in diesem Sinne eine Kompensationsreaktion auf anomische Zustände auch in der Schule. Der Verweis auf das Bestehen von sozialen Ungerechtigkeiten und auf daraus resultierende Frustrationen, Benachteiligungsgefühle und Kränkungen macht die Anomietheorie anschlussfähig an die Frustrations-Aggressionstheorie und an psychoanalytische Theorien.
Die Botschaft der Anomietheorie für die Gewaltprävention geht in zwei Richtungen: Zum einen sollten anomische Situationen vermindert werden, d.h. soziale Ungleichheiten durch eine gerechtere Gestaltung der Chancenstruktur abgebaut werden. Zum anderen sollte im Einzelfall durch erzieherisches Begleiten, Hilfen bzw. Fördermaßnahmen das konkrete Konfliktpotential verringert werden. Für die Schule heißt das u.a., gleiche Bildungschancen für alle zu gewährleisten, Schule als eine „gerechte Gemeinschaft“ zu organisieren und ein solches Sozialklima zu schaffen, bei dem alle mitbestimmen (können) und Leistungsversagen und -ängste minimiert werden. Aus der Anomietheorie lässt sich darüber hinaus auch die Notwendigkeit klarer, transparenter Normen und Regeln des Zusammenlebens ableiten, an die sich alle Mitglieder einer Gruppe oder Gemeinschaft (z.B. einer Klasse oder einer Schule) halten sollten.

Etikettierungstheorien

In vielen soziologischen Theorien gilt es als unproblematisch, das Merkmal „abweichend“, „delinquent“ oder „kriminell“ zu verwenden. Dies wird jedoch vom Etikettierungsansatz (labeling approach) hinterfragt. Obwohl es aufgrund der vielen unterschiedlichen Einzelansätze innerhalb des labeling approach schwierig ist, eine Gesamtbeschreibung vorzunehmen, können folgende grundlegende Gemeinsamkeiten dieses Ansatzes festgehalten werden:

- Der labeling approach beschäftigt sich mit der sozial determinierten Normsetzung; jene, die Macht haben, können ihre interessengeleiteten Normen durchsetzen (Normsetzung).

- Die Normsetzung allein konstituiert allerdings noch nicht abweichendes Verhalten. Erst durch die Anwendung von Normen wird Verhalten zu konformem oder zu abweichendem Verhalten. Die Klassifikation als abweichendes Verhalten kommt durch gesellschaftliche Definitions- und Zuschreibungsprozesse zustande. Diese werden selektiv vorgenommen, da die Normsetzung wie auch die Normanwendung durch das sozialstrukturelle Machtgefälle determiniert sind.
- Durch die selektive Normanwendung werden Zuschreibungsprozesse initiiert, die den Verhaltensspielraum der „gelabelten" Individuen reduzieren. In Ermangelung ausreichend konformer Verhaltensmöglichkeiten wird der Ausweg in den als abweichend definierten Verhaltensweisen gesucht; das „Labeln" führt also zu sekundär abweichendem Verhalten. Dadurch bilden sich abweichende Selbstdefinitionen heraus (vgl. Lamnek 1983, S. 218).

Zentral für den labeling approach ist die Unterscheidung zwischen primärer und sekundärer Devianz, wobei die sekundäre Devianz von größerer Bedeutung ist. Während sich die primäre Devianz auf die verschiedenen Ursachen für abweichendes Verhalten bezieht, beruht die sekundäre Devianz allein auf der Reaktion und Rollenzuschreibung seitens der sozialen Umwelt. Diese Reaktionen und die Etikettierung, die auf primäre Devianz folgen, führen zu einem eingeengten Handlungsspielraum, zu einer Einschränkung des „Symbol- und Aktionsfeldes", was Konsequenzen für die soziale Rolle und das Selbstkonzept der betreffenden Person hat: Auf primäre Devianz folgen Strafen, weitere Abweichungen, härtere Strafen usw., bis sich abweichendes Verhalten stabilisiert und die abweichende Rolle akzeptiert wird. Große Bedeutung kommt dabei den „Kontrollagenturen" zu. Ihr Wirken führt dazu, dass sie Devianz nicht nur nicht vermindern, sondern diese erst schaffen, indem sie in der Gemeinschaft ein Stereotyp von Devianz, also eine Vorstellung von dem, was Abweichung ist und wie man sich einem Abweichler gegenüber zu verhalten hat, erzeugen.

Der labeling approach hat für die Erklärung von Aggression und Gewalt unter Kindern und Jugendlichen eine hervorragende Bedeutung, weil er zum einen die Prozesshaftigkeit der Gewaltgenese abbildet und zum anderen, weil er Gewalt nicht nur durch primäre Ursachen, sondern auf sekundärer Ebene über Interaktionshandelnde und interaktionelle Reaktionsformen erklärt (vgl. Holtappels 1997). Zudem ist mit dem interaktionistischen Ansatz ein Identitätskonzept verknüpft, das sich auf solche Rollenqualifikationen und kommunikative Kompetenzen stützt, wie Frustrations-, Ambiguitäts- und Rollendistanz. Da die interaktiven Grundqualifikationen meist unterschiedlich ausgeprägt sind, kommt es zu misslingenden Aushandlungen, Interaktionskonflikten und somit u. U. auch zu Gewalt. Ein zweiter Erklärungsstrang des labeling approach betrifft die interaktionelle Dynamik im Prozess der Etikettierung. Wer in der Schule negativ auffällt, ist von „Devianzzuweisungen" bedroht. Diese Typisierungen sind mit Statuszuschreibungen verbunden, die sich mit der Zeit verfestigen und zu Stigmatisierungen führen können. Am Ende des

Prozesses verhält sich der etikettierte Schüler so abweichend, wie es seine Umwelt erwartet. Das Fremdbild über den Abweichenden wird zum Selbstbild.
Die Schulforschung hat gezeigt, dass solche Etikettierungsprozesse immer wieder zwischen Lehrern und Schüler ablaufen, diese den Lehrpersonen aber meist verborgen bleiben. Etikettierungsprozesse können zur Konstituierung abweichender Schulkarrieren beitragen. So haben soziale Etikette und Vorurteile (z.B. „das aggressive Kind") starke Wirkungen und können ein Kind gegen seine Absicht in die Rolle eines Aggressors drängen. Umgekehrt können aber auch „abgestempelte Kinder" aus ihrem „sozialen Käfig" herausgeführt werden, indem z.B. die Mitschüler angehalten werden, nicht über vermeintlich negative, sondern über positive Verhaltensweisen des betreffenden Kindes zu berichten. Dadurch wird auch dem betreffenden Kind Gelegenheit gegeben, ein anderes Verhalten zu zeigen (vgl. Bründel/Hurrelmann 1994, S. 269f).

Zusammenfassung und Folgerungen

Abweichendes Verhalten – und damit auch Gewalt – wird aus interaktionistischer Sicht als ein Interaktionsprozess zwischen Individuum und Gesellschaft, als ein Prozess gegenseitiger Bedingtheit des Verhaltens von auffällig gewordenen Individuen und Instanzen sozialer Kontrolle aufgefasst. Der labeling approach hat zu einem Wechsel der Betrachtungsweise geführt: von den persönlichen oder gesellschaftlichen Merkmalen des Individuums hin zu den Prozessen, die dazu führen, dass jemand als Außenseiter angesehen wird, und zu den Reaktionen auf dieses Urteil. Dieser Perspektivenwechsel stellt eine deutliche Erweiterung des Betrachtungshorizonts im Hinblick auf die Erklärung von Aggression und Gewalt dar. Gewalt erscheint dann auch als Ergebnis schulischer Etikettierungsprozesse und misslungener Identitätsbildung, woran nicht zuletzt Lehrer, Erzieher, Sozialpädagogen u.a. beteiligt sind.
Maßnahmen zu Reduzierung von Gewalt bzw. abweichenden Verhaltens zielen dann nicht nur auf die Persönlichkeit des Täters, sondern auch auf die Instanzen sozialer Kontrolle. So sollte die Schule ihre eigene Rolle im Verfestigungsprozess abweichenden Verhaltens erkennen, reflektieren und abbauen. Zugleich sollten Techniken der Entstigmatisierung entwickelt werden. Lehrer und Erzieher müssen sich die meist unbewusst ablaufenden Stigmatisierungsprozesse bewusst machen und Gegenstrategien entwickeln. Dazu gehört u.a., abwertende Zuschreibungen den Schülern gegenüber zu vermeiden (z.B. „gewaltbereit", „asozial") und außerinstitutionelle Sanktionen bzw. informelle Kontrollen zu bevorzugen. Der Hinweis darauf, dass mit solchen Bewertungen und Urteilen höchst sorgsam und reflektiert umgegangen werden muss und dass auch die zugrunde liegenden Normen stets zu hinterfragen sind, ist das Verdienst des labeling approach.

Sozialökologischer Ansatz

Beim sozialökologischen Ansatz wird das Umfeld der Handelnden – und in unserem Zusammenhang besonders akzentuiert die Schule – als gewaltfördernder Faktor betrachtet. Sozialökologische Theorieansätze sehen den Menschen als Gestalter seiner Entwicklung und als erkennendes und sich selbst reflektierendes Wesen (Bronfenbrenner 1976). So ist der Mensch Produkt und Gestalter seiner Umwelt zugleich. Die ökologische Perspektive betont insbesondere die Wechselbeziehungen zwischen dem Individuum und den Umweltsystemen. Durch Handeln, das sich in Interaktionen vollzieht, gelangt das Individuum zu Erkenntnissen und erwirbt Kompetenzen. Sozialökologische Ansätze knüpfen somit an interaktionistische Theorien an.

Die Grundannahme ist, dass Gewalt das Ergebnis der subjektiven Verarbeitung von Wechselbeziehungen zwischen innerschulischen Umweltbedingungen und individuellen Personenmerkmalen ist (vgl. Holtappels 1997, Melzer 1998). Die Einflussfaktoren der schulischen Lern- und Sozialumwelt werden dabei mit der subjektiven Verarbeitung in Beziehung gesetzt und unter interaktionistischer Perspektive betrachtet. Dem symbolischen Interaktionismus zufolge handeln Menschen (hier: Schüler) den Dingen gegenüber (hier: Schule) auf der Grundlage der Bedeutungen, die diese Dinge für sie besitzen. Die wahrgenommenen Strukturen und Erfahrungen innerhalb der Schule erscheinen somit als situative und interaktionelle Determinanten der Persönlichkeitsentwicklung. So können z. B. Sinndefizite, ein mangelndes Vertrauensverhältnis zwischen Lehrer und Schüler, ein schlechtes Schul- oder Klassenklima, Defizite im Lehrerhandeln, schulökologische Bedingungen u. ä. ein bestimmtes Schulinvolvement und die Identifikation mit Schule und ihren Normen und Werten beeinträchtigen und Aggression, Gewalt, Schuldistanz, Apathie oder andere Ersatzhandlungen befördern.

Im Rahmen der Entwicklung eines *Schulqualitätsindex* haben Melzer/Stenke (1996) folgende Merkmale ermittelt, die die Qualität einer Schule und damit auch die Persönlichkeitsentwicklung der Schüler maßgeblich beeinflussen können: Schul- und Klassenatmosphäre, Schulfreude, Gewaltvorkommen, räumliche Gestaltung, außerunterrichtliches Angebot, Lehrer-Schüler-Beziehung, Förder- und Integrationskompetenz der Lehrer, Partizipationsmöglichkeiten, Leistungsstatus, Schulangst, Unterstützung durch die Eltern. Diese aus Schülersicht wahrgenommenen Merkmale können durch Merkmale aus der Lehrerperspektive (z. B. Schulleitungsqualität, Lehrer-Lehrer-Kooperation und Zufriedenheit mit den Arbeitsbedingungen) ergänzt werden (vgl. Melzer/Stenke 1996, S. 307ff, vgl. auch Forschungsgruppe Schulevaluation 1998 und Tillmann u.a. 1999). Bezogen auf die Ausprägung abweichenden Verhaltens hat Holtappels vor allem folgende schulspezifischen Risikofaktoren herausgearbeitet: ein mangelnder Lebensweltbezug von Lerninhalten, ein als problematisch empfundener Unterrichtsverlauf, ein niedriges pädagogisch-soziales Lehrerengagement sowie geringe Mitbestimmungsmöglichkeiten der Schüler. Diese Befunde wurden – mit dem Fokus auf schulische Aggression und Gewalt – durch neuere empirische Studien bestätigt bzw. modifiziert (vgl. auch die empirischen Befunde im dritten Kapitel):

- „Unter einem einschränkend-disziplinierenden Erziehungsverhalten und praktizierten Formen sozialer Etikettierung der Missetäter neigen Jugendliche besonders stark zu physischer Gewalt wie psychischen Aggressionsformen. Das, was manche Schulen mit autoritär-strafenden Maßnahmen abzustellen hoffen, kann möglicherweise ins Gegenteil umschlagen und zur Verschärfung beitragen.
- Weniger physische und psychische Gewalt zeigt sich vor allem in einem Schulklima, das durch ein förderndes Lehrerengagement und gute Sozialbeziehungen mit hoher Integrationskraft und von Gruppenzusammenhalt unter den Schülern geprägt ist.
- Eine Lernkultur, die durch lebensweltbezogenes und schülerorientiertes Lernen gekennzeichnet ist sowie Leistungsüberforderung vermeidet und prinzipielle Lernerfolgschancen gewährt, scheint geeignet, gewalttätiges Verhalten zu mindern, vor allem was psychische Aggressionsformen anbetrifft“ (Holtappels/Meier 1997, S. 58f).

Zusammenfassung und Folgerungen

Der schulbezogene sozialökologische Ansatz rückt die innerschulischen Umweltbedingungen, vor allem die Schul- und Lernkultur, die aufgrund individueller Personenmerkmale unterschiedlich verarbeitet werden, in den Mittelpunkt. Dabei interessiert auch der Zusammenhang zwischen der Qualität der sozialökologischen schulischen Umwelt und aggressiven bzw. gewaltförmigen Verhaltensweisen. Die erkenntnisleitende Annahme ist, dass eine problembegünstigende schulische Umwelt mit zur Entstehung von Aggression und Gewalt beiträgt. Insbesondere sind Belastungskonzentrationen und Kumulationseffekte in Rechnung zu stellen (z.B. schlechtes Sozialklima, mangelndes Lehrerengagement und unzureichende didaktische Kompetenzen, rigide Sanktionen, Etikettierungsprozesse).

Dass Schule durch eine spezifische Lern- und Erziehungsumwelt das Gewaltniveau beeinflussen kann, gilt mittlerweile als eine empirisch gut bestätigte Erkenntnis. Umgekehrt heißt das aber auch, dass Schule selbst durch eine entsprechende Gestaltung der Schul- und Lernkultur die Gewaltentwicklung in Schulen mehr oder weniger beeinflussen kann. Hier liegen vielfältige pädagogische Handlungsmöglichkeiten begründet, z.B. die Entwicklung des Klassen- und Schulklimas, die Gestaltung eines interessanten Schullebens, die Erweiterung der demokratischen Mitbestimmung durch die Schüler, die Förderung vertrauensvoller Lehrer-Schüler-Beziehungen, die Entwicklung sozialer Kompetenzen bei Schülern und Lehrern, die Vermeidung von Etikettierungen, die Verbesserung des Unterrichts und der Lernkultur, der Ausbau von Förderangeboten usw. Der Zusammenhang von Schulqualität, Schulentwicklung und Gewaltprävention wird hier besonders evident. Zugleich rücken auch Fragen der Entwicklung der Lehrerprofessionalität ins Blickfeld.

Resümee

In diesem Abschnitt wurden ausgewählte Theorien zur Erklärung von Aggression und Gewalt mit dem Ziel vorgestellt, daraus Konsequenzen für den Umgang mit Aggression und Gewalt für die Schule abzuleiten. Die Darstellung grundlegender Theorien und Erklärungsansätze macht deutlich, dass es nicht die *eine* Erklärung oder *die* Theorie gibt, sondern eine Reihe von Theorien bzw. Erklärungsansätzen für Aggression und Gewalt, die sich gegenseitig ergänzen bzw. die miteinander konkurrieren. Erst die Vielfalt der Perspektiven wird dem komplexen Phänomen „Gewalt" gerecht. Gewaltphänomene können auf unterschiedliche Weise erklärt werden. *Jede* Theorie – als ein in sich widerspruchsfreies Aussagesystem – hat ihren *spezifischen Erklärungswert* und liefert in diesem Sinne auch wichtige Hinweise für die Gewaltprävention. Zwischen den Theorien gibt es nicht nur Unterschiede, sondern auch *viele Gemeinsamkeiten.* So spielen z.B. Lernprozesse bei verschiedenen Theorien eine Rolle: nicht nur in den Lerntheorien, sondern auch bei sozialisations-, individualisierungstheoretischen oder psychoanalytischen Ansätzen. Gleiches gilt für das Wirken anomischer Strukturen, was sowohl bei der Anomietheorie als auch beim individualisierungstheoretischen und sozialökologischen Ansatz von Bedeutung ist. Insgesamt geht die Entwicklung von eher einfachen Erklärungsansätzen (z.B. nur ein Ursachenfaktor wie der Trieb) hin zu *immer komplexeren Modellen,* in denen verschiedene, auch aus unterschiedlichen Theoriezusammenhängen stammende Elemente integriert werden.

Aus den verschiedenen Theorien und Erklärungsansätzen ergeben sich auch spezifische *Schwerpunkte für die Prävention und Intervention.* Neben den spezifischen Ansatzpunkten lassen sich – aufgrund übereinstimmender bzw. analoger Erklärungsmuster – auch eine Reihe gemeinsamer, übergreifender Handlungsansätze feststellen, die durch die Theorien mehrfach gestützt sind. Dabei geht es nicht um Rezepte, sondern um die Ableitung *allgemeiner Präventionsleitlinien.* Die immer differenzierter und komplexer werdenden Erklärungsmodelle von Aggression und Gewalt lassen auch auf einen Bedeutungszuwachs von zunehmend komplexeren Präventionsmodellen schließen. Nicht eine einzelne, kurzfristige Präventionsmaßnahme hat Aussicht auf Erfolg – erforderlich sind vielmehr *längerfristige, umfassende Präventionskonzepte bzw. -programme* (vgl. Kapitel 4 und 5). Ein solches umfassendes Präventionskonzept muss unterschiedliche Handlungsansätze – auch aus verschiedenen Forschungstraditionen – integrieren und deren unterschiedliche Ansatzpunkte und Reichweiten berücksichtigen.

So sind *psychologische Präventionsansätze* vor allem auf das Individuum und dessen Verhaltensmodifikation gerichtet, denn Aggression wird aus psychologischer Sicht vor allem durch innere, psychische Vorgänge einer Person bzw. durch Lernprozesse erklärt. Ihr theoretischer Leitbegriff ist dabei nicht „Gewalt", sondern „Aggression". Folglich steht hier der Umgang mit Aggressionen, ihre Steuerung und Kultivierung im Vordergrund. Aus *soziologischer Sicht* entsteht Gewalt zwar auch in der Person, wird aber durch gesellschaftliche Bedingungen (z.B. Familie, Schule, Peer-Gruppe, soziale Strukturen) hervorgebracht. Zudem betonen soziologische Ansätze, dass eine Handlung erst durch die Existenz und Anwendung von Normen und Regeln zu „Gewalt" wird. Deshalb zielen *soziologische Präventionsansätze* immer auch auf gesellschaftliche Veränderungen, auf die Verbesserung der Lebensumstände, auf die Offenlegung von Interaktionsstrukturen sowie auf den Abbau von (Definitions-) Macht und Ungleichheiten. *Integrative Ansätze* versuchen, beide Sichtweisen miteinander zu verknüpfen.

In der abschließenden Tabelle, in die auch einige Ansätze aufgenommen wurden, die zuvor nicht (ausführlich) dargestellt worden sind, sind die wichtigsten Ergebnisse – einschließlich der Konsequenzen für die Gewaltprävention – zusammengefasst.

Tab. 2.2: Erklärungsansätze für Gewalt und Konsequenzen für die Gewaltprävention

Theorie	Kurzcharakteristik	Konsequenzen für die Gewaltprävention
Triebtheorien	Aggression wird auf spontane Impulse im menschlichen Organismus zurückgeführt	aggressive Impulse kanalisieren, Ausleben emotionaler Spannungszustände ermöglichen, Raum für Aktivitätsbedürfnisse geben
Frustrationstheorien	Aggression entsteht reaktiv durch Frustration	Verbalisierung von Ärgergefühlen, Veränderung der Interpretationsweisen, Entwicklung von Frustrationstoleranz und Affektkontrolle, Entspannungsübungen
Lerntheorien	Aggression beruht auf Lernvorgängen	Kritik an aggressiven Modellen in Elternhaus, Schule, Medien usw., erwünschtes Verhalten bekräftigen, unerwünschtes ignorieren bzw. pädagogisch darauf reagieren, Erlernen alternativer, prosozialer Verhaltensweisen
Psychoanalytische Theorien	Aggression als Ausdruck komplizierter Störungen der gesamten Persönlichkeit (z.B. Traumatisierungen in der Kindheit)	Erkennen der verborgenen Ängste, evtl. Einzelfallhilfe leisten, Vertrauen und Gefühl der Geborgenheit schaffen, Anerkennung fördern, Selbstwertverletzungen vermeiden
Anomietheorie	Abweichendes Verhalten (z.B. Gewalt) entsteht durch „Anpassung" an die widersprüchlichen kulturellen Ziele einerseits und die sozialstrukturellen Verhältnisse andererseits	Verbesserung der Lebensumstände, Abbau sozialer Ungleichheiten, gerechte und transparente Chancenstrukturen, Fördermaßnahmen und Hilfen besonders für Benachteiligte

Subkulturtheorie	Abweichendes Verhalten als „Anpassung“ an widersprüchliche Anforderungen der Gesamtkultur einerseits und der Subkultur andererseits	Herauslösen aus antisozialen Gruppen, alternative Integrationsangebote
Etikettierungstheorien	Abweichendes Verhalten entsteht durch gesellschaftliche Definitions und Zuschreibungsprozesse	Vermeidung von Etikettierungen, Verstärkung der positiven Seiten
Individualisierungstheorie	Gewalt als Folge gesellschaftlicher Modernisierungsprozesse und damit verbundenen Erfahrungen von Desintegration und Verunsicherung	Schattenseiten von Individualisierung politisch abfedern, Beratung und Hilfe bei Problemen, Mitsprache- und Partizipationsmöglichkeiten fördern, solidarische Erfahrungen und soziale Integration ermöglichen.
Geschlechtsspezifischer Ansatz	Gewalt als Form männlicher Lebensbewältigung und als „gelebte Männlichkeit“	Abbau patriarchalischer Strukturen, Kritik vorherrschender „Männerbilder“, mehr jungenspezifische pädagogische Arbeit durch männliche Lehrer
Sozialisationstheoretischer Ansatz	Gewalt als Form „produktiver“ Realitätsverarbeitung und Ausdruck der Nichtübereinstimmung individueller Handlungskompetenzen und gesellschaftlicher Anforderungen	Verbesserung der Lebensbedingungen, Entwicklung sozialer Handlungskompetenzen,Schule als sozialemotionalen Erfahrungsraum gestalten
Schulbezogener sozial-ökologischer Ansatz	Gewalt als Produkt der subjektiven Verarbeitung von Wechselbeziehungen zwischen schulischen Bedingungen und individuellen Persönlichkeitsmerkmalen	Gestaltung einer gerechten Chancenstruktur, Entwicklung von Schulqualität, von Schul- und Lernkultur, Schulentwicklung als permanenter Prozess

2.3 Empirische Annäherungen

In diesem Abschnitt wollen wir uns dem Thema Gewalt erstmals empirisch annähern. Zunächst werden Ergebnisse aus Gruppendiskussionen und kleineren Erhebungen zum Begriffsverständnis von Schülerinnen und Schülern vorgestellt. Die Ergebnisse zeigen die Notwendigkeit, in jedem Gespräch über auftretende Konflikte und bei Beginn von Maßnahmen der Gewaltprävention oder -intervention die leitenden Werte bzw. die Definitionen von Gewalt bei den Konfliktparteien bzw. Adressaten zu klären. Es schließt sich eine Analyse zu den Zusammenhängen verschiedener Formen von Gewalt und abweichendem Verhalten an. Auch aus diesen Befunden sind Hinweise für die Schulpraxis zu entnehmen: Unterrichtsstörungen und leichtere Formen der Gewalt verdienen eine genaue Beobachtung, da sie den Einstieg in ein gravierenderes Problemverhalten bedeuten können.

Zum Gewaltverständnis von Schülern und Lehrern

Das Begriffsverständnis von Gewalt bei Schülern und Lehrern wurde im Rahmen unserer Fallanalysen mit Hilfe von Gruppendiskussionen und kleinen quantitativen Erhebungen untersucht. Zur Frage, was sie unter Gewalt verstehen, erfahren wir von Mittelschülern einer 9. Klasse:

„Gewalt ist für mich, wenn ich zu jemandem hingehe, dem eine reinziehe, jemandem echt weh tue. Wenn ich jemanden erpresse (...) oder so was. Oder wenn ich jemanden anmache, kleine Kinder anmache. So was, das ist für mich Gewalt."
„(...) das fängt schon beim Schlagen an, schon wenn du einem eine donnerst oder so, das ist für mich schon Gewalt – bis hin zum Verletzen."
Das hierin zum Ausdruck kommende Verständnis von Gewalt als physische Aggression ist bei den Kindern und Jugendlichen vorherrschend. Von einer Minderheit werden aber auch psychische und subtilere Formen als Gewalt definiert:
„Aber es gibt ja auch noch andere Gewalt, wenn man unter Druck gesetzt wird oder so, wenn sie dich erpressen, das ist psychische Gewalt oder wie man das nennen mag." „Na, zum Beispiel, wenn ein Lehrer einen total unter Druck setzt, das ist – finde ich – auch Gewalt, oder z.B. in der Toilette einsperren, das kann man sehen wie man will, wenn's irgendwie Spaß macht, ist o.k., aber wenn es dann wirklich mit Geldausrauben ist und so Schutzgeld verlangen, das ist für mich totale Gewalt."
Nach Gruppendiskussionen mit Schülern und Lehrern, aus denen sich ein unterschiedliches Gewaltverständnis verschiedener Gruppen und Subgruppen andeutete, wurde die empirische Begriffsanalyse systematischer betrieben und einer Gruppe von etwa 300 Probanden beispielhafte Handlungs- und Gewaltsituationen zur Bewertung mit der Frage vorgelegt, ob sie die jeweilige Situation als Gewaltausübung bezeichnen würden oder nicht. Der Fragebogen umfasste insgesamt 23 solcher Si-

tuationen, in denen Vandalismus (3 Items), Beschädigungen von Sachen anderer (2), Hänseln (2), sexuelle Belästigung (2), Fremdenfeindlichkeit (1), körperliche Angriffe (2), Erpressung (2), Gruppenprügelei (1), psychische Aggression gegen Lehrer (2), Zerstörung von Lehrereigentum (1), Beleidigung durch Lehrer (2), Lehreraggression (1), Lehrerwillkür (1), handgreifliche Aggression durch Lehrer (1) thematisiert waren. Es zeigen sich folgende Ergebnisse (vgl. Tab. 2.3): Kinder und Jugendliche haben – verglichen mit Erwachsenen – ein viel engeres Gewaltverständnis, das sich häufig nur in Formen physischer Gewalt erschöpft. Allerdings wird der Gewaltbegriff von den verschiedenen Subgruppen der Heranwachsenden nicht einheitlich verwendet. Weitestgehende Übereinstimmung besteht bei ihnen zwar darüber, dass es sich bei allen manifesten gewaltförmigen Handlungen, wie körperlichen Angriffen, Erpressungen und Vandalismus, um Gewalt handelt. Sehr unterschiedlich beurteilen sie dagegen Formen psychischer und verbaler Gewalt. Beschimpfungen und Verspotten Gleichaltriger, aber beispielsweise auch psychische Aggressionen von Lehrern gegen Schüler werden von den Heranwachsenden nicht generell als Gewalthandlungen, sondern zum Teil als normale Umgangsformen oder allenfalls als Vorstufe zu einer Gewalthandlung angesehen. Unsere Untersuchungen zeigen weiter, dass Jungen Gewalt – qua definitione – eher tolerieren als Mädchen. Die deutlichsten geschlechtsspezifischen Unterschiede zeigen sich in den Bereichen der psychischen und verbalen Gewalt sowie der sexuellen Belästigung. Hänseleien von Gleichaltrigen, verbale Aggressionen gegen Fremde oder Beleidigungen von Lehrern werden von Jungen eher selten, von Mädchen dagegen recht häufig als Gewalthandlung betrachtet. Unterschiedliche Auffassungen über den Gewaltbegriff zeigen auch Schüler verschiedener Schulformen. Der Gewaltbegriff von Mittelschülern ist eher eng und tendenziell auf Formen physischer Gewalt beschränkt, der von Gymnasiasten ist weiter gefasst und schließt auch psychische Aggressionen ein.

Die Tabelle 2.3 (S. 75) zeigt die beschriebenen Tendenzen am Beispiel von sechs ausgewählten Items. Die erste Situationsbeschreibung steht für härtere Aggressionen, und es zeigt sich der bereits angeführte hohe Übereinstimmungsgrad zwischen den Gruppen, der auch bei ähnlichen Items zum Ausdruck kam. Aber bereits der Tatbestand der „Freiheitsberaubung“ (Einsperren in der Toilette) wird von mehr als einem Drittel der Schüler als Bagatelle-Delikt aufgefasst. Die Ergebnisse zu der dritten Situationsskizze (sexuelle Belästigung) überraschen deswegen, weil auch unter Schülern derartiges Verhalten sehr stark abgelehnt wird. Unseres Erachtens ist dies darauf zurückzuführen, dass sich in diesem Bereich die Normen in den letzten Jahrzehnten verschoben haben und Abweichungen sensibler registriert werden, wenngleich – wie die Diskussion um sexualisierte Gewalt zeigt – nach wie vor Aufklärungsbedarf besteht. Erschreckend ist dagegen, welch hoher Prozentsatz von Schülern ausländerfeindliche Orientierungen verinnerlicht hat (Item 4) und dass sie sich offenbar auch daran gewöhnt haben, mit pejorativem Verhalten der Lehrer zu leben (Item 5),

Gewalt in der Schule?
...ehm... ok!
Themawechsel.

Tab. 2.3: Gewaltbegriff von Schülern und Lehrern (Angaben in Prozent der Zustimmung)

Gewaltsituationen	Schüler	Lehrer	Jungen	Mädchen	Mittelschüler	Gymnasiasten
1. Auf dem Weg nach Hause verstellen Matthias und Christoph ihrem Mitschüler Peter den Weg, holen ein Messer raus und sagen: „Los rück deine Jacke raus!"	93,4	100	90,4	98,4	91,4	98,3
2. Steffen und Robert sperren Bernd in der Toilette ein und verbarrikadieren die Tür, so dass er nicht pünktlich zur Stunde kommt.	61,1	95,8	47,2	75,6	49,3	76,3
3. Dirk und Kai bedrängen Katja auf dem Schulweg und versuchen, ihr den Pullover hochzuziehen.	81,3	93,8	72,0	93,7	75,4	91,3
4. Seit einigen Wochen besucht ein vietnamesischer Junge die Klasse. Jeden Morgen, wenn er die Klasse betritt, rufen die anderen: „Fidschi!".	59,5	81,3	49,6	71,8	49,6	73,7
5. Eine Lehrerin meint zu Marko, der die Klassenarbeit verhauen hat: „Du bist die größte Oberpflaume, die mir jemals untergekommen ist".	37,0	64,6	39,2	36,3	30,7	46,8
6. Wenn Christian nach der Pause in das Klassenzimmer zurückkommt, liegt der Inhalt seiner Tasche oft verstreut am Boden.	47,1	83,3	42,7	57,6	40,2	60,7

Frage: *„Handelt es sich bei den folgenden Situationen und Beispielen um Gewalt?"* (ja/nein)

letzteres gilt für Jungen und Mädchen gleichermaßen. Die bei weicheren Formen von Gewalthandeln festgestellten Unterschiede in der Antwortstruktur zeigen sich am deutlichsten bei der letzten Situationsskizze (Item 6). Wenn ein Junge in der Weise – wie hier dargestellt – von einigen Klassenkameraden behandelt wird und die gesamte Klasse dies duldet und nichts dagegen unternimmt, kann von einem krassen Fall von Mobbing gesprochen und von einer extremen Außenseitersituation sowie von einem Opfer-Status und hohem Leidensdruck des betreffenden Schülers ausgegangen werden. Dennoch bewertet die Mehrheit der Schüler dies nicht als Gewalt im deutlichen Gegensatz zu den Lehrern. Betrachtet man die Subgruppen der Schülerschaft, so zeigt sich, dass die festgestellte Antworttendenz auf das Konto der Jungen und Mittelschüler geht, während sie für die Mädchen und die Gymnasiasten umgekehrt ausfällt.

Um mit Schülern den Gewaltbegriff zu klären oder in eine Debatte um moralisches Verhalten einzusteigen, können Sie ihnen die Gewaltsituation (s. Tab. 2.3) als Fragebogen mit der Bitte um Beantwortung vorlegen und die Ergebnisse vor dem Hintergrund der gelieferten Interpretationen ausdeuten. Eine weitere Möglichkeit ist die Beschäftigung mit „Gewaltkoordinaten" lt. folgender Beschreibung und dem anschließenden Arbeitsblatt.

Arbeitsauftrag:
Zu Beginn erhält jedes Gruppenmitglied zwei leere Zettel, auf den ersten schreibt es in wenigen Sätzen seine Definition für Gewalt. Dieser Zettel wird anschließend zur Seite gelegt. Auf dem zweiten Zettel erbittet man ein (selbst erlebtes) Gewalterlebnis aufzuschreiben. Auch dieser Zettel findet erst später Verwendung. Am besten auf dem Fußboden werden jetzt die beiden Koordinatenpunkte: „Gewalt" und „Keine Gewalt" im Abstand von zwei Metern gegenüber gelegt. Die Gruppe hat sich inzwischen aus den vorgegebenen Kärtchen zwischen vier bis sechs ausgewählt. Aufgabe an die Gruppe ist es nun, nacheinander die gezogenen Kärtchen sowie die aufgeschriebenen Sätze zwischen den Polen einzuordnen. Wenn sich zeigt, dass der Gewaltbegriff eine differenziertere Zuordnung braucht, wird die eindimensionale Ebene: „Gewalt" mit den Begriffen „Physische Gewalt", „Gegen Menschen", „Gegen Gegenstände", „Gegen Tiere", „Gegen Natur", „Psychische Gewalt" und „Strukturelle Gewalt" erweitert.
Während die vorgegebenen Karten gelegt werden, wird es bei mancher Zuordnung unterschiedliche Meinungen innerhalb der Gruppe geben. Deshalb soll eine nächste Runde folgen, in der jeder aus der Gruppe noch einmal die gelegten Kärtchen betrachtet und quer legt, was nicht seinen Vorstellungen entspricht. Haben alle wieder im Stuhlkreis Platz genommen, soll der Leiter einige der quer gelegten Karten aufgreifen, fragen, wer und warum er sie umgedreht hat und darüber eine Diskussion in der Gruppe anregen. Man kann versuchen, mehrheitliche Meinungen für eine Veränderung der Karten zu erzielen. An dieser Stelle können kulturelle ebenso wie soziale Unterschiede im Verständnis von Gewalt sichtbar werden.

Zusammenhang verschiedener Facetten von Gewalt

Nach Erfahrungen mit abweichenden und antisozialen Verhaltensweisen von Schülern im Schulalltag scheint es sinnvoll zu sein, den Gewaltbegriff nicht zu eng zu fassen und den Aspekt des körperlichen Zwangs und der zielgerichteten physischen Schädigung um das vandalistische Verhalten zu erweitern und zusätzlich die Formen der „verbalen Attacke und psychischen Schädigung" mit einzubeziehen (vgl. auch Tillmann u.a. 1999, S. 18ff). Schüler handeln auch immer als Jugendliche, so dass problematische Verarbeitungsformen und Abweichungen von gesellschaftlichen Rollenanforderungen mit in den Blick zu nehmen sind. Wenn Schüler bei-

Arbeitsblatt Gewaltkoordinaten

Gewalt
Keine Gewalt

von Personen gegen Personen
von Personen gegen Gegenstände
von Personen gegen die Natur
von Strukturen gegen Personen

Physische Gewalt
Psychische Gewalt
Strukturelle Gewalt

Ein Fahrradfahrer, der durch die Fußgängerzone braust

Ein Lehrer, der wegen Unaufmerksamkeit schlechte Fachnoten verteilt

Eine Frau, die sich mit Tabletten das Leben nimmt

Graf v. Stauffenberg, der sein Leben einsetzt, um Hitler zu ermorden

Ein Junge, der sich für den Dienst bei der Bundeswehr entscheidet

Ein Obdachloser, der ein Haus besetzt

Eine Frau, die als Prostituierte ihr Geld verdient

Ein Politiker, der davon redet, dass Ausländer keinen Platz mehr im Lande haben

Ein Polizist schlägt mit seinem Gummiknüppel auf einen Demonstranten ein

Ein Kind weint, weil ihm der Ball weggenommen wurde

Ein Landstreicher klaut sich im Supermarkt ein Brot

Ein Autofahrer braust mit 250 km/h über die Autobahn

Ein Nachbar versteckt einen Totalverweigerer vor den Feldjägern

Ein Deutscher hilft Juden beim Untertauchen in der NS-Zeit

Ein Tierfreund schlägt die Fensterscheibe eines Pelzladens ein

Ein Atomkraftgegner blockiert die Zufahrtsstraße des Castor-Transportes

Ein Atomkraftgegner zerstört vor dem Castor-Transport Gleisanlagen der Bundesbahn

Ein Metzger verarbeitet ein Kälbchen zu Fleisch und Wurst

Ein Mann verdient sich als Profiboxer sein Geld

Ein Vater gibt seinem Kind wegen schlechten Benehmens einen Klaps

Ein Vater gibt der 14-jährigen Tochter, die zu spät nach Hause kommt, drei Tage Stubenarrest

Ein 14-jähriger Junge, der in der Hofpause raucht

Ein Vater, der nie zu Hause ist und immer vorgibt arbeiten zu müssen

Ein Mädchen, das einem Jungen einen Knutschfleck macht

Ein Arbeitsloser, der „schwarz" arbeitet

Ein Chirurg, der eine Gallenoperation vornimmt und dazu den Bauch aufschneidet

Ein Schüler, der den anderen nicht abschreiben lässt

Eine Mutter, die ihr Kind vor einem LKW wegzieht und ihm dabei weh tut

Ein Mädchen, das der Lehrerin petzt

Ein Zahnarzt, der einen Nerv zieht

Ein Betriebsleiter, der Mitarbeiter aus wirtschaftlichen Gründen entlässt

Ein Chef, der seine Sekretärin sexuell anmacht

Eine Frau, die zuschaut, wenn junge Männer einen Ausländer belästigen

Ein Mann, der seiner Familie säuische Witze erzählt

Zwei Männer, die sich lieben und das nach außen zeigen

Eine Frau, die im Arbeitsamt die Besucher unhöflich behandelt

Eine Frau, die gegen den Willen des Mannes mit ihm eine sexuelle Beziehung einfordert

Ein NATO-Soldat, der als Pilot Bomben über Serbien abwirft

Ein Schüler, der 20 EUR aus der Klassenkasse stiehlt

Ein Polizist, der Strafen ausspricht, weil offenes Feuer ohne Genehmigung gemacht wurde

(Quelle: Christenlehre/Religionsunterricht, S.48)

spielsweise zum Drogenkonsum neigen oder zu einer rechtsextremistischen Szene zu rechnen sind, hat das immer auch Auswirkungen auf die Schule. Wir haben daher verschiedene schulische und außerschulische Faktoren auf mögliche Zusammenhänge untersucht und ein Syndrom von gewaltförmigen und gewaltaffinen Verhaltensweisen bzw. Einstellungen herausgefunden (vgl. Tab. 2.4).[3]
In unseren Studien haben wir einen deutlichen und statistisch abgesicherten Zusammenhang unterschiedlicher Facetten devianten und delinquenten Verhaltens im schulischen und außerschulischen Raum nachweisen können. Diesen Synergismus charakterisieren wir als Syndrom gewaltförmiger und gewaltaffiner Verhaltensweisen bzw. Einstellungen. Die Tabelle weist ausschließlich sehr signifikante (**) statistische Zusammenhänge und bei den meisten der Faktorvariablen einen hohen bis sehr hohen Zusammenhangswert auf. Der höchste Zusammenhang besteht zwischen „Täter-Selbstreport[4] (weich)" und „Schuldevianz", d.h. dass diejenigen, die den Unterricht schwänzen oder stören (Schuldevianz), in sehr hohem Maße auch leichtere Taten (z.B. psychische und verbale Aggressionen gegen Mitschüler) verüben. Der Zusammenhang dieser zuletzt genannten „weicheren" mit den „härteren" Gewaltformen ist ebenfalls sehr hoch. Die Daten zeigen weiterhin, dass Alkohol- und Drogenkonsum sowie Delinquenz, d.h. kriminelles Verhalten im außerschulischen Raum, und sogar Rechtsextremismus in das Syndrom mit hineinspielen. Dass „Täter" Gewalt sehr stark und „Opfer" weniger stark legitimieren, lässt sich von der unterschiedlichen Logik der Rollenverteilung her erklären. Wie aber kommt die hohe Korrelation zwischen Opfer- und Täterstatus zustande? Die Erklärung ist folgende: die Mehrzahl der „Täter" ist auch „Opfer" und umgekehrt, so dass ein Teil der Rollenträger eine wechselseitige Perspektive einnehmen kann bzw. muss.

Insgesamt zeigt sich ein Geflecht von „weicheren" und „härteren" Gewaltformen, von Vorformen der Gewalt, Gefährdungen und gelegentlichen Taten bis hin zur manifesten Gewalt und zum Status als notorischer Täter. Kriminelle Karrieren beginnen in der Regel mit Vernachlässigung und Verwahrlosung im Elternhaus, sind häufig begleitet von restriktiven Sozialisationsbedingungen und Gewalterfahrungen in Familie, Schule und Gleichaltrigengruppen und zeigen bestimmte Vorformen, bei denen die Grenze zur Delinquenz noch nicht überschritten ist. Diese biographische Entwicklung lässt sich – unter Einbeziehung personaler, struktureller und situativer Bedingungen – als ein Prozess der

3 Grundlage dieser Analysen ist unsere Repräsentativbefragung von über 3.000 Schülern (vgl. Forschungsgruppe Schulevaluation 1998)

4 „Report" meint die Methode des Selbstberichts durch Schüler mittels Fragebogen.

Tab. 2.4: Gewalt als Syndrom (Korrelationen von Faktorvariablen)

	Täter-Selbstrep. (weich)	**Täter-Selbstrep.** (hart)	**Schul-devianz**	**Alkohol/ Zigarette/ Drogen**	**Delin-quenz**	**Rechts-extremis-mus**	**Opfer-Selbstrep.** (pers.)	**Gewalt-billigung**
Täter-Selbstreport (weich)[1]	-	,77**	,80**	,54**	,55**	,39**	,23**	,58**
Täter-Selbstreport (hart)[2]	,77**	-	,73**	,53**	,64**	,36**	,33**	,55**
Schuldevianz[3]	,80**	,73**	-	,61**	,55**	,31**	,20**	,49**
Drogen[4]	,54**	,53**	,61**	-	,52**	,24**	,15**	,44**
Delinquenz[5]	,55**	,64**	,55**	,52**	-	,27**	,13**	,49**
Rechtsextremismus[6]	,39**	,36**	,31**	,24**	,27**	-	,05*	,54**
Opfer-Selbstreport (pers.)[7]	,23**	,33**	,20**	,15**	,13**	,05*	-	,15**
Gewaltbilligung[8]	,58**	,55**	,49**	,44**	,49**	,54**	,15**	-

Legende: 1: Selbstberichtete weichere Aggression, wie "Mitschüler beschimpft"; 2. Selbstberichtete härtere Aggressionen, z.B. Prügelei; 3. Unterrichtsstörungen oder Schule schwänzen; 4. Alkohol, Zigaretten, illegale Drogen; 5. "Einen Automaten aufgebrochen", "Geld gestohlen", "Sachen zerstört" u.a.; 6. "Ich bin bereit, Fremde schlechter zu behandeln, damit sie wissen, wo ihre Grenzen sind" u.a.; 7. z.B.: "Von anderen geschlagen worden"; 8. z.B.: "Gewalt ist völlig normal"

„Gewaltemergenz"[5] begreifen, an dessen Ende durch Kumulations- und Synergieeffekte zwar eine zielgerichtete schwere Schädigung durch Normverletzung steht, der aber schon bei weniger gravierenden Verhaltensweisen seinen Anfang nimmt. Auch der international renommierte skandinavische Gewaltforscher Dan Olweus sieht diese biographische Entwicklungsdynamik in seinen Untersuchungen bestätigt: „Gewalttätigkeit kann (...) als eine Komponente des allgemeineren sozialfeindlichen und regelverletzenden („verhaltensgestörten") Verhaltensmusters angesehen werden. Aus dieser Sicht kann man leicht vorhersagen, dass Jugendliche, die aggressiv sind und anderen gegenüber Gewalt anwenden, ein deutlich höheres Risiko laufen, später in weitere Problembereiche, wie Kriminalität und Alkoholmissbrauch, zu geraten" (Olweus 1997, S. 289).
Wendet man ein derartiges Verständnis von Gewalt auf pädagogische Alltagssituationen an, käme es darauf an, schon Vorformen manifester Gewalt als solche zu erkennen und sich damit auseinander zu setzen, um die Entstehung einer möglichen „Gewaltspirale" zu antizipieren, geeignete pädagogische Maßnahmen dagegen zu ergreifen und früher Grenzen zu ziehen. „Gewaltemergenz" und „Gewaltprävention" bedingen sich also gegenseitig und können somit als Leitbegriffe für Analyse und pädagogische Maßnahmen gleichermaßen festgehalten werden.

Zwischenresümee

Ist es angesichts der dargestellten unterschiedlichen Definitionen und Interpretationen des Gewaltbegriffs und der vorgebrachten Einwände von wissenschaftlicher Seite zur Phänomenologie von „Gewalt" – die Vorkommnisse dazu in der Schule seien sehr facettenreich und es dominierten „weichere" Formen, die man auch anders bezeichnen könnte – überhaupt noch sinnvoll, am Gewaltbegriff als einem zentralen analytischen Terminus festzuhalten? Wir meinen: Ja! Denn der Gewaltbegriff eignet sich besser als andere Termini, weil er eine Analyse auf der personalen, interaktionellen, institutionellen und makrosozialen Ebene am ehesten gewährleistet und damit für das Programm einer Integration dieser Analyseebenen steht. Zum anderen wird er bevorzugt, weil er die gesellschaftlichen Implikationen der Thematik – „Gewalt entsteht im Zentrum der Gesellschaft" (vgl. Richter/Sünker 1997) – besser als andere Begriffe ausdrückt. Ein weiteres Argument für die Verwendung eines solch umfassenden Begriffs ergibt sich aus dem komplexen Entstehungszusammenhang von Gewalt. In biographischer Perspektive können frühe Vernachlässigungen und Restriktionen im Kontext des Elternhauses, über weichere Gewaltformen, die in Schulen und im Freizeitbereich zum Tragen kommen, bis hin zu harten Gewaltformen und kriminellen Karrieren führen. Daher heißt es für Lehrer, die Entwicklungen ihrer Schüler genau zu beobachten und den Ursachen für auffälliges Handeln oder Leistungseinbrüche nachzugehen. In diesem Zusammenhang

5 Dieser aus der Systemtheorie stammende Begriff bezeichnet den Prozess der in Erscheinung tretenden Gewalt und bedeutet, dass Gewalt in einem Wirkungszusammenhang entsteht, wobei sich die einzelnen Faktoren wechselseitig beeinflussen. So ist die in einer Schulklasse auftretende Gewalt mehr als die Summe der Aggressionsbereitschaft der einzelnen Schülerinnen und Schüler.

ist aber mit Nachdruck vor Etikettierungsprozessen und Vorurteilsbildungen zu warnen, damit den betreffenden Schülern nicht durch Zuschreibungen ein Einstellungswandel und positive Veränderungen der Verhaltensweisen erschwert werden.

2.4 Zum Forschungsstand der empirischen Gewaltforschung

Gewalt in der Schule ist ein internationales Phänomen, das mittlerweile wissenschaftlich interdisziplinär gut untersucht ist und auch in gesellschaftlichen Debatten sowie als Medienereignis starke Beachtung findet. Im Unterschied zum Untersuchungsfeld der Gewalt in der Familie (vgl. Melzer/Lenz/Bilz 2010) haben jedoch nicht US-amerikanische Studien den internationalen Forschungsstand zur Gewalt in der Schule bestimmt (vgl. zum internationalen Forschungsstand den aktuellen Beitrag von Klewin/Tillmann/Weingart 2002), sondern vor allem die jahrzehntelangen Arbeiten des Skandinaviers Dan Olweus (vgl. zusammenfassend und in deutscher Übersetzung Olweus 1995, 1999). Von dort gehen auch starke Einflüsse auf den deutschsprachigen Forschungsbereich aus, wenngleich dem Mobbing-Konzept z. T. auch mit Kritik begegnet wird.
Im deutschsprachigen Raum lassen sich Anfänge der Gewaltforschung bis in die 70er Jahre zurück verfolgen. Eine Hochkonjunktur ist in den 90er Jahren feststellbar. Seither heißt die Devise: Von der Analyse zur Prävention!

Gewalt in der Schule als Thema internationaler Forschung

Gewalt in der Schule ist ein internationales Phänomen, das – nimmt man entsprechende Forschungsergebnisse und auch die Tatsache, dass es überhaupt öffentliche und wissenschaftliche Diskurse über Jugendgewalt gibt – vor allem in den USA (vgl. u.a. Klewin/Tillmann/Weingart 2002) stark verbreitet ist und zu vielen Diskussionen geführt hat. Dies gilt mit Abstand auch für andere modernisierte westliche Länder, wie z.B. die skandinavischen, wo eine jahrzehntelange Forschungstradition besteht; ebenso liegen für Japan, Frankreich oder Deutschland Forschungsbefunde vor (vgl. u.a. Elliott/Hamburg/Williams 1998, Foljanty-Jost/Rössner 1997, Krämer 1995, Olweus 1995, Holtappels/Heitmeyer/Melzer/Tillmann 1999), die mit entsprechenden gesellschaftlichen Debatten korrespondieren. Systematische internationale Vergleichsuntersuchungen, wie TIMSS, PISA oder IGLU für den Leistungsvergleich von Schülern, gibt es aber für den Bereich des Sozialverhaltens nicht – auch ein Ausdruck von Prioritäten in der Bildungspolitik.
Die Forschungen zum Thema Gewalt wurden aber auch nicht primär durch die Wissenschaftler, die sich innerhalb der Grenzen ihrer Fachsystematik bewegen, oder durch die schulischen Praktiker, obwohl diese im Alltag tagtäglich mit entsprechen-

den Problemen konfrontiert sind, angestoßen. Das Thema wurde im Grunde durch die öffentliche Meinung und insbesondere durch die Medien auf die Tagesordnung gesetzt. Häufig gaben spektakuläre Einzelereignisse den Startschuss für entsprechende Medienkampagnen. Gewaltvorkommnisse wurden als ein Medienereignis inszeniert, dadurch hatte man nicht nur abstoßende Wirkungen und Ängste hervorgerufen, sondern auch Neugierde geweckt und Nachahmungstaten ausgelöst. Weiterhin hat diese Entwicklung zu der öffentlichen Einsicht geführt, dass etwas gegen Gewalt getan werden müsse. In Folge haben sich Schulbehörden mit ersten Datenerhebungen und Wissenschaftler mit anspruchsvolleren empirischen Untersuchungen der Fragestellung verstärkt angenommen.
Zur Situation in den USA haben Delbert S. Elliott u.a. in ihrem Buch „Violence in American Schools" (1998) für die Dekade zuvor eine „Epidemic of youth crime", einen dramatischen Anstieg von Gewalt festgestellt, der von Schülern – Kindern und Jugendlichen – ausgehe. Gewalt in der Schule wird von den Autoren im Wesentlichen damit erklärt, dass die Welle der Straßengewalt, zum Teil auch der Gewalterfahrungen in den Elternhäusern in die Schulen hinüber geschwappt sei; diese „Infiltrationshypothese" ist u. E. nur ein Teil der Wahrheit und – zumindest für Deutschland – in dieser Ausschließlichkeit nicht zutreffend; auch in den USA gibt es dazu ergänzende Befunde (s. u.). Die Autoren resümieren den US-amerikanischen Forschungsstand in vier Punkten:

- Der Zugang und die Bereitschaft Waffen zu tragen, sei bei amerikanischen Jugendlichen sehr groß und zudem enorm gestiegen.
- Waffenseinsatz erfolge heutzutage eher willkürlich, zufällig, ohne größere Anlässe und Provokationen.
- Gewalt trete in den 90er Jahren auch an bis zuvor noch sicheren Orten verstärkt auf, z.B. Kaufhäuser, Post, S-Bahnen, Mc Donalds, Turnhallen und Schulen.
- Die Folge sei ein hohes Niveau an Angst bei Kindern und Jugendlichen.

Während das Phänomen der Gewaltwillkür auch in Deutschland bald ein Thema sein könnte, bestehen hinsichtlich der Möglichkeiten des Waffeneinsatzes bei gewalttätigen Handlungen doch sehr deutliche kulturelle und nationale Unterschiede (s. auch Kap. 1).

In einer Sekundäranalyse von Mercy und Rosenberg (1998) wird festgestellt, dass Waffengewalt überwiegend von männlichen Jugendlichen verübt wird und mit zunehmendem Alter steigt. Ein Viertel der männlichen Jugendlichen aus zwei großstädtischen Highschools gab an, ein Gewehr zum „Schutz oder Kampf" zu besitzen und zum Teil auch regelmäßig mit sich zu führen. Der Anteil der Mädchen, die Waffen – hauptsächlich zum Schutz – tragen (11%), scheint zu steigen. Auch diese Autoren betonen die negativen psychischen Folgen von Gewalt. Insbesondere das Miterleben von Gewaltakten führe zu Traumata, Entwicklungsstörungen und einem insgesamt schlechten Ausbildungsklima.

In den vergangenen zehn Jahren wurden in diesen und weiteren Untersuchungen durch amerikanische Forscher eine Reihe von Risikofaktoren herausgearbeitet, die sich in folgenden Punkten zusammenfassen lassen (vgl. Klewin/Tillmann/Weingart 2002):

- Aus dem Bereich der Persönlichkeitsmerkmale werden eine antisoziale Orientierung, Impulsivität, die eigene Geschichte des aggressiven Verhaltens sowie mangelnde Empathie und niedrige Frustrationstoleranz hervorgehoben.
- Im familialen Sozialisationsfeld gelten familiäre Armut, eine geringe emotionale Bindung an die Eltern, familiäre Gewalterfahrung sowie ein hoher Medienkonsum als Risikofaktoren.
- Aus dem Schulbereich werden schulischer Misserfolg, eine geringe Bindung an die Schule sowie ein negatives Schulklima genannt.
- Daneben hat die amerikanische Ursachenforschung gewaltfördernde Faktoren aus dem sozialen Umfeld der Schüler feststellen können, zu denen die regionale Armut, die Präsenz von Banden bzw. Gangs in der Nachbarschaft, die Verbrechensrate in der Gemeinde und die Verfügbarkeit von Drogen und Waffen zählen.

Für alle vier Risikobereiche gilt, dass eine entsprechend gegenteilige Ausprägung als potenzieller Schutzfaktor geltend gemacht werden kann. Während sich die ersten drei Risikobereiche in der deutschen Ursachenforschung in ähnlicher Form wiederfinden (s.u.), stellt der vierte – wenigstens hinsichtlich des Niveaus der Delinquenzbelastung im sozialen Umfeld – ein amerikanisches Spezifikum dar.
Die Verhältnisse in den europäischen Nachbarländern scheinen den in Deutschland herrschenden sehr ähnlich zu sein, obwohl, wie eingangs betont, systematisch und breit angelegte Vergleichsstudien bezüglich des Sozialverhaltens der Schüler nicht vorliegen. So unterscheidet sich die Gewaltproblematik in französischen und deutschen Schulen nach einem Städte-Vergleich in der Interregion Saarland-Lothringen-Luxemburg nicht sehr stark voneinander (vgl. Krämer 1995). Während in Metz Diebstahl, Unterrichtsstörungen und physische Gewalt die häufigsten Formen abweichenden Verhaltens in der Schule – gemessen durch Schülerbeobachtung – sind, waren es in Saarbrücken physische Gewalt, Unterrichtsstörungen und Beleidigungen von Lehrern. Schulen würden in Frankreich jedoch viel restriktiver von außen kontrolliert. Dieses Kontrollverständnis finde – so der Herausgeber des Bandes, in dem diese Ergebnisse dargestellt sind – „aktuell in einer Kooperation zwischen Polizei, Justiz und Verteidigungsministerium seinen Ausdruck, wenn 5.000 Rekruten in den Schulen Wachfunktion übernehmen, um so zur Gewaltprävention beizutragen“ (vgl. Lamnek 1995, S. 20). Die Notwendigkeit solcher Maßnahmen erhebt sich für die französische Administration aber eher im Süden als im Norden des Landes und in den „Suburbs“ der großen Städte eher als in der Provinz.
In Deutschland würden Pläne eines Militär- bzw. Polizeieinsatzes und der Körper- und Taschenkontrollen in Schulen, wie er in Frankreich und auch in den USA üblich ist, wahrscheinlich zu großen Proteststürmen führen. Bei uns versucht man

eher über Maßnahmen von Lehrkräften zu einer Lösung des Problems zu gelangen, wobei den Strategien einer äußeren bzw. inneren Kontrolle in den Jahren nach der Wende in Ost- und Westdeutschland allerdings unterschiedliche Prioritäten eingeräumt wurden. Auch wurde in Deutschland die Forschung stark intensiviert. Im Gegensatz dazu hat sich in Frankreich keine Forschungstradition zur Gewalt in der Schule etabliert. Es dominiert die staatlich kontrollierte Erfassung und Interpretation von schulischer Gewalt bei gleichzeitig partieller Akzeptanz kollektiver Erklärungsmuster, also: Gewalt als Widerstand bzw. Ausdruck sozialer und kultureller Ungleichheiten (vgl. Krämer 1995, S. 186). Dies spiegele sich auch in entsprechenden sozialstrukturell ausgerichteten Theorieansätzen, während in Deutschland das Individualisierungstheorem überwiege (ebd.).

Als weiteres Produkt der internationalen Forschung liegen Sekundäranalysen zur Situation in Japan vor. Ein Vergleich zwischen Ländern mit christlich-abendländischer Kultur und asiatischen Kulturen ist wegen des gänzlich verschiedenen Autoritäts-, Generationen- und Gewaltverständnisses äußerst problematisch. Foljanty-Jost (1997) berichtet, dass es in Japan – im Gegensatz zu uns – eine sehr niedrige Kriminalitätsrate gibt, Gewaltdelikte sogar im Abnehmen und auch „Gewalt in der Schule", die vor ein paar Jahren noch als gravierendes Problem erschien, im Rückgang begriffen sei – zumindest nach den offiziellen Statistiken. Gleichzeitig weist die Autorin auf die kulturellen Besonderheiten der japanischen Schule hin, in der die Kinder den gesamten Tag verleben und – insbesondere in der Sekundarstufe I – körperliche Züchtigungen der Schüler durch Lehrer, obwohl sie offiziell verboten sind, im Alltag immer noch vorkommen. Das Dunkelfeld schulischer Gewalt lasse sich in Japan an einer relativen Häufung von Schülersuiziden in den letzten Jahren ablesen, „die aufgrund der Begleitumstände als Folge von sozialer Ausgrenzung und psychischer und physischer Schikane identifizierbar sind" (ebd., S. 18). Diese spektakulären Ereignisse hätten dazu geführt, den Gewaltbegriff um eine psychische Komponente zu erweitern und dem Problem öffentliche und wissenschaftliche Aufmerksamkeit zu widmen. Nach einer Umfrage des japanischen Kultusministeriums von 1994 haben 17% der Schüler nach eigenen Angaben andere schikaniert; 12% bezeichnen sich als Opfer; mehr als 50% der Täter gaben an, Opfererfahrung zu haben (ebd.). Die Autorin weist darauf hin, dass in Japan insbesondere die Schule als möglicher Prädiktor der Gewalt auf dem Prüfstand stehe, und benennt die extreme Leistungsorientierung des Bildungssystems bei gleichzeitig geringer Betreuungsintensität durch die Lehrer als Problem – eine völlig andere Perspektive als sie die PISA-Studie auf die japanische Schulsituation eröffnet.

Eine wichtige Quelle, um Zeittrends der Gewaltentwicklung von Heranwachsenden im internationalen Vergleich zu ermitteln, ist die im Auftrag der WHO durchgeführte Gesundheitsstudie „Health Behaviour in School-aged Children" (HBSC)[6].

6 Nähere Angaben siehe unter www.hbsc-germany.de

Ausgehend von einem Konzept umfassender Gesundheit, das die soziale Gesundheit und das Sozialverhalten einschließt, werden im Turnus von vier Jahren Sekundarschüler aus heute ca. 40 Ländern u.a. auch zur Gewalt in der Schule befragt. In den Veröffentlichungen der Mitglieder des HBSC-Konsortiums wird neben dem Gewalt- und Mobbingbegriff der international gebräuchliche Terminus „Bullying“ verwendet, wobei nach „gelegentlichem“ und „chronischem“[7], „Täter-Bullying“ und „Opfer-Bullying“ unterschieden wird.

Die „HBSC Bullying Writing Group“ hat unter der Federführung einiger Autoren im Jahre 2009 eine Trendanalyse für das Bullying in Europa und Nordamerika im Zeitraum von 1994 bis 2006 vorgenommen (Molcho/Craig/Due/Pickett/Harel-Fisch/Overpeck 2009). Danach ergeben sich folgende Tendenzen:

Länderübergreifend lässt sich in dem Untersuchungszeitraum von 12 Jahren eine konsistente Verringerung von Bullying der Opfer und Täter in einer Gruppe von west- und osteuropäischen Ländern feststellen. Dies gilt insbesondere für Skandinavien und auch für Deutschland. Dagegen wird ein Anstieg von Bullying, keine oder eine geringe Veränderung in fast allen teilnehmenden englischsprachigen Ländern der Studie sichtbar mit Ausnahme der USA, für die sich eine Verbesserung ergeben hat.

Die positive Entwicklung bei deutschen Heranwachsenden lässt sich am Beispiel des *gelegentlichen Täter-Bullyings* illustrieren: Bei den Jungen ist die Zugehörigkeit zu dieser Gruppe von 82,9% (1994) auf 45,9% (2006) gesunken – dies entspricht einer absoluten Differenz von 37%. Bei den Mädchen ist die Differenz mit 38% noch etwas größer, die Gruppe der gelegentlichen Täterinnen aber mit 28,8% wesentlich kleiner.

Dieser Trend zur Verbesserung der Situation bei deutschen Jugendlichen gilt im Prinzip für alle Formen des gelegentlichen und chronischen Bullyings in Täter- und Opferperspektive.

Neben Deutschland weisen alle skandinavischen Länder einen markant sinkenden Trend auf. Für Dänemark, Finnland, Schweden und Norwegen ergeben die Analysen ein deutliches Absinken der Prozentwerte für Bullying der Täter und Opfer, in Dänemark sinkt der chronische Täterstatus der Jungen im Untersuchungszeitraum von 1994 bis 2006 sogar um 75 Prozent.

Hingegen werden für die englischsprachigen Länder, wie Kanada, England, Schottland und Wales, keine Verbesserungen des Bullying bei Opfern wie Tätern sichtbar. In England und Kanada ist ein Anstieg des Bullying zu beobachten, während in Schottland, Wales und Irland ein geringer Anstieg oder keine Veränderung im Täter- und Opferverhalten registrierbar ist.

Die Autoren der Sekundäranalyse der HBSC-Studien ziehen aus den Daten nur behutsame Schlussfolgerungen in Richtung Prävention. Sie sehen in dem Befund des

7 „gelegentlich“=einmal und öfter vs. niemals; „chronisch“=mehr als zweimal vs. zweimal oder weniger.

Rückgangs in bestimmten Ländern ein ermutigendes Beispiel für andere Länder. Aus unserer Sicht sind es der öffentliche und reflexive Umgang mit der Gewaltproblematik und die längere Tradition der Präventionsbemühungen, die – angestoßen durch die Studien von Olweus – zu diesem Ergebnis in Skandinavien und mit einer gewissen Verspätung auch in Deutschland beigetragen haben.

Schulbezogene Gewaltforschung in Deutschland

In Westdeutschland lässt sich die schulische Gewaltforschung bis in die 60er Jahre zurückverfolgen, als sie einen ersten Schwerpunkt verzeichnete; Anfang der 90er Jahre erlebte sie eine neue gesamtdeutsche Hochkonjunktur.
Von den wissenschaftlichen Arbeiten der 70er und 80er Jahre, die heute weitgehend in Vergessenheit geraten sind, besitzen einige auch im Hinblick auf den derzeitigen Erkenntnisstand eine nachhaltige Bedeutung. Hierzu gehört die Analyse von Grauer/Zinnecker (1978), in der auf den engen Zusammenhang von Schulgewalt und Schülergewalt verwiesen wird. Beide Formen der Gewaltanwendung in der Schule könne man nicht voneinander trennen. Schülergewalt sei als ein integraler Bestandteil bzw. als Reaktion auf die Institutionalisierung von Schule anzusehen. Dies wird keineswegs auf die Situation der 70er Jahre beschränkt, vielmehr sei vor dem Hintergrund der von den Autoren aufgezeigten historischen Tradition der „Schule als Zwangsanstalt" davon auszugehen, dass es „eine Kontinuität von Schülergewalt gibt" (ebd., S. 243). Auf den Zusammenhang von schulischer bzw. gesellschaftlicher Gewalt und Schülergewalt verweist auch Gronemeyer (1978): Es gäbe einen heimlichen Lehrplan der Gewalteinübung, nach dem die Schüler lernen, dass Gewalt zwar etwas sei, das man strikt verurteilen müsse, das aber zugleich als bewährtes Mittel der Interessendurchsetzung anerkannt werde. In diesem Zusammenhang setzt sich die Autorin mit problematischen Wirkungen des Konkurrenzprinzips auseinander. Konkurrenz als Strukturprinzip des Miteinanderumgehens ließe nur Sieger und Besiegte zu, wobei der Sieger, um kein schlechtes Gewissen zu haben, dem Besiegten die Niederlage zuschiebt und der Besiegte dem Sieger den Erfolg neidet. Ähnliche Argumentationsmuster finden sich auch in anderen Arbeiten dieser Zeit (vgl. z.B. Jopt 1976).
Beginnend mit der interaktionistisch ausgerichteten Studie von Brusten/Hurrelmann (1973), bei der 13- bis 16-jährige Schülerinnen und Schüler danach befragt wurden, welche „Delikte" (unterschiedliche Formen abweichenden Verhaltens, vom Rauchen in der Öffentlichkeit über Schlägereien bis zum Kfz-Diebstahl) sie selbst wie häufig begangen haben, vollzieht sich eine Akzentverschiebung in der wissenschaftlichen Debatte um Gewalt an Schulen. Inhaltlich wird ein Perspektivwechsel von der Schulgewalt hin zu der von Schülern ausgehenden Gewalt vollzogen. Methodisch setzt mit dieser Untersuchung zudem eine solidere empirische Fundierung der Problemlage des abweichenden Verhaltens an Schulen ein. Das Resümee dieser

frühen Studie knüpft bei verhältnismäßig niedrigen Gewaltquoten im Bereich härterer Aggressionsphänomene – 5% der Jugendlichen berichteten über selbst verübte Schlägereien, 2% haben andere mit Waffen bedroht und 11% fremdes Eigentum zerstört (ebd., S. 125) – an institutionskritische schulpädagogische Positionen an: Gewalt durch *Schüler* sei eher ein randständiges Problem und Gewalt an Schulen vor allem als strukturelle Gewalt anzusehen, durch die „abweichende" Schülerinnen und Schüler gefährdet und kriminalisiert werden könnten. Daneben differenzieren die Autoren den bis dato auf den schulischen Bereich beschränkten Ursachenkomplex aus, indem sie auf den engen Zusammenhang zwischen (körperlichen) Aggressionen und Cliqueneinfluss verweisen.

Eine weitere Ausdifferenzierung des Ursachenspektrums wird auch in einer der wenigen Gewaltstudien der 80er Jahre (Holtappels 1987, 1995) vorgenommen: Der Autor unterscheidet schulstrukturelle Bedingungen und soziale Kontroll- und Etikettierungsprozesse als bedingende Faktoren für gewaltförmiges Schülerhandeln (Holtappels 1995, S. 116). Die Studie, die sich die Perspektive der Schüler zu eigen macht, kommt vor diesem Hintergrund zu dem Ergebnis, dass Normverstöße als „normal" einzustufen seien und zum Verhaltensrepertoire von Schülern gehörten, um „Schule zu überleben". Sie seien eingebettet in pubertäre, jugendspezifische Reaktionen, z.B. auf schulische Langeweile. Dabei besteht offensichtlich ein gleitender Übergang hin zu Normverstößen, die auch gewalthaltige Anteile haben.

Auch wenn die Erziehungs- und Sozialwissenschaften von einer kontinuierlichen Auseinandersetzung mit dem Thema „Gewalt an Schulen" in den 60er bis 80er Jahren weit entfernt waren, lässt sich resümierend folgende Grundtendenz feststellen (vgl. Schubarth 1993, S. 29):

- Von Schülern ausgehende Gewalt wird zunächst ausschließlich im Kontext der Institution Schule als Reaktion auf strukturelle Gewalt interpretiert; eine Fokussierung auf den Schulvandalismus, wie sie beispielsweise in der Studie von Klockhaus und Habermann-Morbey (1984) vorgenommen wird, ist dafür symptomatisch. Ansatzweise ergibt sich eine doppelte Ausweitung des Ursachenspektrums, indem einerseits Schule als Gewalt-Prädiktor nicht allein unter dem Aspekt der institutionellen Rahmenbedingungen, sondern auch hinsichtlich der in ihr ablaufenden Interaktionsprozesse betrachtet wird, und andererseits außerschulische Bedingungsfaktoren einbezogen werden.
- Anfang der 90er Jahre stellt sich eine neue Phase der Gewaltentwicklung ein, steigt gleichzeitig die Sensibilität in der Registrierung von Gewalt in allen Bereichen der Gesellschaft (z.B. rechtsextremistische Ausschreitungen, sexuelle Gewalt in der Familie, Mobbing am Arbeitsplatz), es beginnt aber auch die Dramatisierung und Inszenierung von Gewalt als Medienereignis (vgl. Schubarth 1995). Gleichzeitig setzt ein Boom der empirischen Forschung auf diesem Gebiet ein, der nur vor dem Hintergrund des seit Beginn der 90er Jahre intensiven öffentlichen Interesses an Aufklärung über die tatsächliche Gewaltsituation an deutschen

Schulen und des diesbezüglich artikulierten Reformbedarfs im Schulbereich verständlich wird.

Die Anfang der 90er Jahre häufig im Auftrag von Schulverwaltungsbehörden durchgeführten Studien (z.B. Staatliches Schulamt für die Stadt Frankfurt/M. 1991, Freie u. Hansestadt Hamburg 1992, Schul- und Kulturreferat der Stadt Nürnberg 1992) führen in ihrer Beschränkung auf die deskriptive Erfassung der Gewaltverbreitung den öffentlichen Erwartungsdruck exemplarisch vor. Gleichwohl wurde mit diesen und anderen – teils lokal oder regional beschränkten Fallstudien (z.B. Dettenborn/ Lautsch 1993, Schwind u.a. 1995, Funk 1995), teils auf ein gesamtes Bundesland ausgeweiteten Repräsentativstudien (Fuchs u.a. 1996, Forschungsgruppe Schulevaluation 1998, Tillmann u.a. 1999) – über das Ausmaß und die Erscheinungsformen von Gewalterscheinungen an Schulen ein erster Forschungsschwerpunkt gesetzt, dem die Klärung der Fragen nach gewaltfördernden Einflussfaktoren und der Täter-Opfer-Typologie folgten. Alle drei Bereiche wurden in der Dekade der 90er in einem Umfang erforscht, der in einer Bilanz der „Forschung über Gewalt an Schulen" (vgl. Holtappels/Heitmeyer/Melzer/Tillmann 1999) zu dem Resümee führt, dass man in der Zwischenzeit recht gut über Formen und Häufigkeiten von Gewalterscheinungen an bundesdeutschen Schulen und über Schulform-, Alters- und Geschlechtsunterschiede informiert sei und auch die Beziehungen zwischen „Täter-Sein" und „Opfer-Sein" differenziert beschrieben werden können (Tillmann 1999, S. 15ff).

Gleichzeitig werden Forschungsdefizite bezüglich der inner- und außerschulischen Einflussfaktoren, insbesondere des Einflusses der Familie einschließlich ihrer sozialen Situation und der Schul-/Lernkultur, sowie hinsichtlich der Wirksamkeit unterschiedlicher Präventions- und Interventionskonzepte angemahnt.

Seither sind einige Studien erschienen, die diese Defizite größtenteils ausgleichen (vgl. u.a. Forschungsgruppe Schulevaluation 1998, Tillmann/Holler-Nowitzki/ Holtappels/Meier/Popp 1999, Schubarth 2000, Popp 2002); außerdem liegen einige Herausgeberbände vor, die einen guten Überblick über differenzierte Forschungsbefunde geben (vgl. u.a. Fuchs/Lamnek/Luedtke 1996, Schäfer/Frey 1999).

Die wichtigsten internationalen Untersuchungen, die zugleich als Präventionsforschung zu charakterisieren sind, stammen aus der Arbeitsgruppe des Skandinaviers Dan Olweus; einige seiner Arbeiten liegen auch in deutscher Übersetzung vor (vgl. Olweus 1995, 1997). Von den etwas älteren empirischen Untersuchungen, die seit Anfang der 90er Jahre in Deutschland durchgeführt wurden, verdienen die Arbeiten zweier Nürnberger und einer Bochumer Forschungsgruppe (vgl. u.a. Funk 1995, Schwind 1995, Schwind/Roitsch/Ahlborn/Gielen 1995, Lösel/Averbeck/Bliesener 1997) eine besondere Würdigung.

Der Ertrag dieser Forschungsbemühungen spiegelt sich nicht allein in einem quantitativ breit abgesicherten Datenfundament wider, sondern ebenso in der weit gehenden Übereinstimmung der Untersuchungsergebnisse (vgl. Schubarth 2000, Klewin u.a. 2001). So wird zur Frage der Gewaltverbreitung in allen Studien eine

Entwarnung im Bereich harter Gewaltformen gegeben: Nimmt man beispielsweise den in der Presse besonders hervorgehobenen Besitz von Waffen, so ergibt sich – im Unterschied zu entsprechenden amerikanischen Studien (s.o.) – z.B. für eine hessische Studie ein Anteil von ca. 4% der Schüler, die beobachtet haben, dass häufiger Waffen in die Schule mitgebracht werden; in der sächsischen Vergleichsstudie trifft dies auf 1,4% zu (vgl. Forschungsgruppe Schulevaluation 1998, S. 56). Ähnliches gilt für das noch massivere Bedrohen mit Waffen, das von 3,9% der Jungen und 0,9% der Mädchen in einer Nürnberger Studie zugegeben wird (Funk 1995, S. 43). Demgegenüber wurde eine besorgniserregende Normalisierung bei psychischen und verbalen Aggressionsformen registriert, die sich beispielsweise – so die Ergebnisse einer nordrhein-westfälischen Regionalstudie – in einer Quote von 39,4% älterer Schüler widerspiegelt, die verbale Aggressionen gegen Lehrer häufig wahrgenommen haben (Schwind u.a. 1995, S. 155).

Diese allgemeinen Befunde lassen sich wie folgt differenzieren: Gut gesichert erscheinen die Geschlechterunterschiede hinsichtlich des Involvements in Gewalthandlungen zu sein. Jungen sind demnach hinsichtlich aller Gewaltformen und sowohl als Täter als auch als Opfer häufiger in gewalthaltige Situationen verwickelt. Die *Geschlechterunterschiede* nehmen dabei mit der Härte der Gewalt zu, sind also etwa bei verbalen Aggressionsformen deutlich geringer als hinsichtlich körperlicher Auseinandersetzungen (vgl. u.a. Funk 1995, S. 43, Forschungsgruppe Schulevaluation 1998, S. 58, Tillmann u.a. 1999, S. 100, 105). Allerdings ist dieses scheinbar valide Ergebnis einer methodischen Kritik ausgesetzt, der zufolge die in der Regel als Querschnittanalysen konzipierten Erhebungsinstrumente ungeeignet seien, „das subtile Zusammenspiel von Jungen und Mädchen im Verlauf aggressiver Handlungen auf(zu)spüren“ (Popp 1999, S. 222). Vielmehr müsse sich eine geschlechtsspezifische Gewaltforschung ausführlicher der Rolle der Mädchen in den als komplexen Interaktionsprozessen verstandenen Gewaltsituationen widmen, die u. U. darin bestehen könne, dass Mädchen durch Bestätigung, Aufwertung oder Anerkennung an aggressiven Auseinandersetzungen der Jungen zumindest indirekt beteiligt sind (ebd., S. 220). In der Zwischenzeit hat Ulrike Popp dazu eine detaillierte Monographie vorgelegt (vgl. Popp 2002).

Neben dem Geschlecht sind es vor allem die *Schulformen*, die eine klare Differenzierung des Gewaltaufkommens erlauben. Durchgängig hat sich hier für die Gymnasien die niedrigste und für Förder- bzw. Sonderschulen die höchste Gewaltbelastung ergeben (vgl. z.B. Meier u.a. 1995, S. 176, Kolbe 1996, Fuchs u.a. 1996). Als grobe Tendenz lässt sich dabei festhalten, dass für Förderschulen eher körperliche, für Gymnasien eher verbale und psychische, für Mittelschulen alle drei Gewaltformen kennzeichnend sind (Schubarth 2000, S. 88). Jedoch ist auch die Erklärungskraft der Schulform mit einiger Berechtigung in jüngster Zeit in Zweifel gezogen worden, da in der Schulform letztlich die Individualmerkmale der Schüler (vgl. Funk/Passenberger 1997, S. 260) bzw. milieuspezifische Merkmale der Schülerpopulationen (vgl. Heitmeyer/Ulbrich-Herrmann 1997, S. 48f) mit ihrem jeweiligen Einfluss auf Gewalthandeln gebündelt werden und sich ein direkter Einfluss des Schultyps kaum nachweisen lässt. Lediglich indirekt, indem nämlich in bestimmten Schulformen bzw. Schulklassen „beispielsweise auf Grund des Einzugsgebiets der Schule oder innerschulischer Segregierungen (...) Kinder aus bestimmten Sozialschichten dominant vertreten sind", lassen sich problem- und eben auch gewaltfördernde Dimensionen auf die Schulform zurückführen (Melzer 2000b, S. 12).

Nur spärliche empirische Informationen liegen dagegen über die Grundschule als eine Schulform vor, bei der – hinsichtlich des Sozialstatus – von einer eher heterogenen Schülerpopulation auszugehen ist. Bezüglich der Wahrnehmung verbaler Gewaltformen ermittelten Hanewinkel u.a. (1995) für Schleswig-Holstein eine Vorkommenshäufigkeit an Grundschulen, die in der Regel deutlich hinter der anderer Schulformen zurückbleibt; im Vergleich mit der Hauptschule treten verbale Aggressionsformen, wie Spotten oder Auslachen, an Grundschulen nur halb so oft auf. Gleichwohl bestätigt sich mit einem Anteil von beispielsweise 36% Grundschülern, die das Benutzen von gemeinen Ausdrücken oft oder sehr oft registrierten, der oben beschriebene Trend einer weiten Verbreitung weicher Aggressionsformen auch für Grundschulen (ebd., S. 33). Ein erstaunlich breites, über verbale Gehässigkeiten auch hinausgehendes Spektrum aggressiver Verhaltensmuster wurde auch in einer Beobachtungsstudie unter Viertklässlern festgestellt (vgl. Krappmann 1995): Die Beobachtungsprotokolle enthalten „geringfügige Missachtungen" ebenso wie „hämische Bloßstellungen" und „ernste Handgreiflichkeiten" (ebd., S. 51f). Beide Ergebnisse verweisen darauf, dass Gewalt an Grundschulen zwar auf insgesamt geringerem Niveau, jedoch in teilweise analogen Erscheinungsformen stattfindet.

Noch stärker als die Grundschulen sind die Berufsschulen ein Stiefkind empirischer Gewaltforschung. Insbesondere die möglicherweise unterschiedlichen Verhaltensweisen der Heranwachsenden an den verschiedenen Lernorten der beruflichen Bildung – im Betrieb, in der Berufsschule und in den überbetrieblichen Ausbildungsstätten – sind ein interessantes und bislang unentdecktes Forschungsgebiet.

Aber nicht nur die Schulform ist eine Differenzierungsgröße; es lassen sich auch große Unterschiede in der Gewaltbelastung zwischen den *Einzelschulen* ein und derselben Schulform feststellen (siehe Kap. 3.2). Daher sind die Präventionsbemühungen auf die spezifischen Bedingungen jeder Schule abzustimmen; dasselbe gilt für die Schulentwicklung.

Wenig kontrovers ist die Bewertung der allerdings nicht bis ins letzte Detail übereinstimmenden Ergebnisse zur *Altersabhängigkeit* der Gewaltbereitschaft. Im Großen und Ganzen ist hier Tillmanns Charakterisierung der 13- bis 15-Jährigen, also der Schüler des mittleren Sekundarschulalters, mit einer „Gewaltspitze" in den 8. Jahrgangsklassen (vgl. Tillmann u.a. 1999, S. 16) zuzustimmen. Die beispielsweise in unserer sächsischen Untersuchung von 1996 ausgemachten unterschiedlichen Tendenzen bei verschiedenen Gewaltformen – klassischer Verlauf z.B. bei verbalen

Aggressionen (Anstieg vom 6. zum 8. Jahrgang, danach Abfall der Auftretenshäufigkeit), bei Vandalismus und Aggressionen gegen Lehrer dagegen ein permanenter Anstieg vom 6. zum 10. Jahrgang (Forschungsgruppe Schulevaluation 1998, S. 60f) – geben entwicklungspsychologisch aufschlussreiche Nuancen wieder, bestätigen aber zugleich die Grundtendenz, dass die Probleme in der Phase der Pubertät verstärkt auftreten.
Der oben skizzierte Perspektivenwechsel von der Schulgewalt hin zur Schülergewalt hat für die 90er Jahre neue Erkenntnisse über das Rollengefüge der an Gewalt beteiligten Schüler erbracht. Zwei Perspektiven standen dabei im Vordergrund: einerseits Bemühungen, die Größe des Täterkreises zu ermitteln und andererseits die Wechselbeziehung zwischen Tätern und Opfern zu erforschen. In zwei identischen Stichproben, die im Abstand von zwei Jahren untersucht wurden, haben Rostampour und Melzer (1999) ein Rollenspektrum ausgemacht, das neben den klassischen Gruppen der „Täter" (8%), der „Opfer" (7%) und der „Unbeteiligten" (56%) zwei weitere Typen – die sogenannten „Episoden-Täter" (26%) und die „Täter-Opfer" (3%) – umfasst (siehe ausführlich Kapitel 3.2). Die Existenz der beiden letzten Statuspositionen verweist insgesamt auf ein eher dynamisches Rollengefüge, das ein Changieren zwischen divergierenden Positionen durchaus möglich erscheinen lässt. So nehmen die Episoden-Täter eine Stellung zwischen den an Gewalthandlungen Unbeteiligten und den Tätern ein, während die Existenz von Täter-Opfern darauf schließen lässt, dass sich diese beiden scheinbar gegensätzlichen Rollen keineswegs ausschließen, vielmehr ein permanenter Rollenwechsel möglich ist (vgl. Rostampour/Melzer 1999, Forschungsgruppe Schulevaluation 1998, S. 115ff, Rostampour 2000). Ähnliche Ergebnisse hinsichtlich der Gruppengrößen und -struktur finden sich in einer Untersuchung unter bayerischen Schülern (Lösel u.a. 1999, S. 145f), bei der die Autoren darüber hinaus eine Gruppe der sogenannten „Sozial Kompetenten" bzw. „Deeskalierenden" ermittelt haben. Auch zu der Typologie von Olweus (1998) zeigen sich Parallelen; der Autor unterscheidet zusätzlich die Kategorie der provozierenden Täter. Eine offene Frage ist die der Resistenz der Täter- und Opferrollen, dazu werden in Kapitel 3.2 eigene Untersuchungsergebnisse vorgestellt.

Forschung über Amokläufe an Schulen

Amokläufe erfahren in der Medienöffentlichkeit große Aufmerksamkeit. Während Amokdrohungen inzwischen nicht mehr ganz so selten vorkommen, sind Amokläufe als eine besonders extreme Gewaltform nach wie vor sehr seltene Einzelfälle. Bei Amokläufen im Zusammenhang mit Schulen ist der Begriff *„school shootings"* angemessener, da es sich nicht um spontane, wahllose, sondern meist um zielgerichtete Angriffe mit Tötungsabsicht auf Lehrkräfte und/oder Mitschülerinnen und Mitschüler handelt, bei denen Waffen (Schuss-, Klingenwaffen, Bomben usw.) zum Einsatz kommen und bei denen die Schule bewusst als Tatort gewählt wird (vgl. Scheithauer/Bondü 2008). Bis in die neunziger Jahre hinein waren Amokläufe vor allem ein US-amerikanisches Phänomen (vgl. Langman 2009). Mittlerweile sind Amokläufe an Schulen zu einem internationalen Phänomen geworden. Als „Mutter" aller Schulamokläufe gilt der Amoklauf an der Columbine-Highschool in Littleton (Bundesstaat Colorado), als am 20. April 1999 zwei Oberschüler an ihrer Schule 13 Lehrer und Schüler erschossen und weitere 21 verwundeten. Er war der erste Schulamoklauf im digitalen Zeitalter. In Deutschland sind vor allem die Amokläufe von Erfurt (2002), Emsdetten (2006) und Winnenden (2009) im öffentlichen Gedächtnis haften geblieben. Seit 1999, als ein 15-jähriger Schüler eines Gymnasiums in Meißen seine Geschichtslehrerin erstach, ereignete sich beinahe jedes Jahr solch ein Fall extrem schwerer Gewalt (vgl. Tab. 2.5). Darüber hinaus gab es zahlreiche Amokdrohungen, insbesondere im Gefolge von Amokläufen. Als eine Ursache dieser weltweiten Entwicklung kann die Globalisierung und Digitalisierung, insbesondere die mediale, nachahmende Wirkung von Gewalttaten angenommen werden.

Tab. 2.5: Schulamokläufe in Deutschland

Datum / Ort **Schulform**	**Ereignis**
09.11.1999, Meißen Gymnasium	Ein 15-jähriger Schüler ersticht vor den Augen seiner Klasse die Geschichtslehrerin.
29.11.1999, Metten Hauptschule	Drei Schüler werden wegen eines möglichen school shootings festgenommen.
16.03.2000; Brannenburg Realschule (Internat)	Ein 16-Jähriger fügt dem Internatsleiter eine schwere Schussverletzung zu, bevor er versucht, sich selbst zu erschießen.
21.02.2001, Freising Wirtschaftsschule	Ein 21-Jähriger erschießt den Direktor seiner ehemaligen Schule, verletzt einen weiteren Lehrer schwer und erschießt sich selbst.
6.04.2002, Erfurt Gymnasium	Ein 19-Jähriger erschießt an seiner Schule die Schulsekretärin, zwölf Lehrer, zwei Schüler, einen Polizeibeamten und schließlich sich selbst.
02.07.2003, Coburg Realschule	Ein 16-Jähriger schießt auf seine Klassenlehrerin, ohne sie zu treffen, verwundet eine weitere Lehrerin und erschießt sich selbst.
20.11.2006, Emsdetten Realschule	Ein 18-Jähriger ehemaliger Schüler schießt um sich und verletzt dabei über 30 Personen, bevor er sich selbst erschießt.
16.11.2007, Köln Gymnasium	Ein 17- und ein 18-Jähriger hatten möglicherweise ein school shooting geplant. Einer begeht nach der polizeilichen Befragung Selbstmord.
11.03.2009, Winnenden Realschule	Ein 17-Jähriger erschießt neun Schüler und drei Lehrer seiner Schule, dann flüchtet er und tötet drei weitere Personen, bevor er sich selbst erschießt.

(Quelle: Scheithauer/Bondü 2008, S. 32ff)

Forschungsbefunde zu Schulamokläufen bzw. school shootings lassen auf ein komplexes Ursachengefüge schließen. Wenngleich sich bisher kein einheitliches Täterprofil feststellen ließ (mit Ausnahme, dass die Täter fast immer männlichen Geschlechts waren), wurde eine Reihe von Risikofaktoren ermittelt: In nahezu allen Fällen hatten die Täter ihre Taten angekündigt und gezielte Tatvorbereitungen getroffen. Sie konsumierten gewalthaltige Medien (Videos, Musik), zeigten starkes Interesse an Gewalt und Waffen und hatten Zugang zu Schusswaffen. Fast alle Täter galten als „unauffällig", wohnten im Elternhaus und entstammten der Mittelschicht. Ein Teil der Täter hatte ein konkretes mediales Vorbild. Insgesamt betrachtet war ihre Tat ein verlängerter Suizid. Es ist eine Reaktion auf Enttäuschung über das bisherige Leben oder aus Frust und Rachegedanken, z. T. auch um Aufmerksamkeit oder Berühmtheit zu erlangen. Darüber hinaus hatten die Täter in den allermeisten Fällen soziale Zurückweisungen durch Gleichaltrige erlebt und kaum Unterstützung von Freunden, Eltern oder Lehrkräften bei Konflikten erfahren, z.B. auch bei schulischen Konflikten, was auf eine nicht unproblematische Rolle der Schule schließen lässt (vgl. Hoffmann/Wondrak 2007, Scheithauer/Bondü 2008, Eisenberg 2010).
Schulamokläufe geschehen in der Regel nicht spontan, sondern sind das Ergebnis eines längeren Entwicklungsprozesses. Ähnlich wie beim Suizid können dabei *drei Entwicklungsstadien* unterschieden werden (vgl. Bründel 2009, S. 88f):

1. **Phase: Erwägung**
   Isolation
   Despression
   Suizidgedanken

↓

2. **Phase: Ambivalenz**
   Hilferufe
   Suizidankündigung

↓

3. **Phase: Entschluss**
   Suizidvorbereitung
   Suizidhandlung

In der ersten Phase entwickelt der Amokläufer starke depressive Gefühle und Gedanken. Er ist mit seinem Leben sehr unzufrieden, wobei er die Aggressionen vor allem gegen andere (Schule, Lehrer, Schüler) richtet, z. T aber auch gegen sich selbst. In der zweiten Phase sendet er Hilferufe bzw. Warnsignale aus, dass etwas passieren

werde, dass es so nicht weiter gehen kann u.ä. In der dritten Phase schließlich konkretisieren sich seine Hassgefühle und -gedanken, indem er den Amoklauf konkret plant, vorbereitet und vollzieht. Dieser endet fast immer im Suizid.
Bei der Suche nach Hintergründen für Schulamokläufe sind – darüber hinaus – auch gesellschaftliche Rahmenbedingungen in Rechnung zu stellen, die die Identitätsentwicklung von Kindern und Jugendlichen, insbesondere die Sinnfindung im Leben erschweren. Im Zuge marktradikaler Ökonomisierungsprozesse haben sich Sinnverluste und Entfremdungserscheinungen weiter verschärft, die insbesondere bei Kindern und Jugendlichen zu psychosozialen Bewältigungsproblemen führen können. Leistungsdruck, Konkurrenzerleben, Selbstwertbedrohungen, Anerkennungsverweigerung usw. stellen für die jugendliche Identitätsentwicklung enorme Herausforderungen bzw. Belastungen dar. Die Schule spielt dabei eine ambivalente Rolle, indem sie einerseits solche Individualisierungsprozesse mit generiert, andererseits aber auch zur Identitätsförderung und Kompetenzentwicklung beitragen soll. Deshalb sind Schulen gut beraten, regelmäßig zusammen mit der Schüler- und Elternschaft über ihre Schul- und Lernkultur kritisch zu reflektieren und an dem Schul- und Klassenklima gezielt zu arbeiten.

Hat Gewalt in der Schule zugenommen?

Eine Bilanz des Forschungsstandes kann der Frage der Zunahme, Abnahme oder Konstanz von Gewalt in der Schule nicht ausweichen. Die landläufige Auffassung dazu ist sicherlich die Annahme eines deutlichen Zuwachses der Gewalt. Da aber bislang in Deutschland keine Longitudinalstudien zur schulischen Gewalt vorliegen, sind wissenschaftlich exakte Aussagen nur eingeschränkt und mit Hilfskonstruktionen möglich. In Bezug auf Ostdeutschland ist aus eigenen Untersuchungen die subjektive Einschätzung von Lehrern festzuhalten, dass das Problem seit der Wende deutlich gravierender geworden sei. Über zwei Drittel der von uns im Jahr 1996 befragten sächsischen Lehrer – darunter 78,2% der Mittelschul- und 86,8% der Förderschullehrer an Schulen für Lernbehinderte und Erziehungshilfe – äußerten diese Auffassung, während die Mehrzahl der Gymnasiallehrer feststellte, dass in ihrem Bereich das Problem gleich geblieben sei bzw. sich die Situation sogar gebessert habe.
In unseren Schulleitungsuntersuchungen sowie in einer Reihe sekundäranalytisch ausgewerteter Schulleiter- und Lehrerbefragungen ist als mehrheitliche Tendenz für den Zeitpunkt Mitte der 1990er Jahre die einer Zunahme von gewaltförmigen Verhaltensweisen an den Schulen festzustellen (vgl. Schubarth 1996, S. 41ff). Bei dieser Diagnose könnte sich jedoch die angewachsene öffentliche Sensibilisierung für dieses Thema auf die Urteilsbildung ausgewirkt und zu einer Überzeichnung beigetragen haben.

Auch die z.T. auf soziometrischen Methoden fußenden Untersuchungen von Rainer Dollase (2000) geben kein klares Bild der Entwicklung von Gewalt. In Grundschulen stellt er zwischen 1974 und 1997 einen Trend zu mehr positiven Wahlen, aber auch zu mehr Ablehnungen und Ausgrenzungen fest. Die Vergleichszahlen im Kasten (siehe Tabelle 2.6) zeigen, dass es bei den gewaltaffinen Verhaltensweisen im Vergleichszeitraum einen nicht zu vernachlässigenden Anstieg gegeben hat. In jedem Fall ist zu bedenken, dass Körperkontakte und Hänseleien bei jüngeren Kindern häufiger vorkommen und nicht denselben Bedeutungsgehalt haben, wie etwa ein identisches Verhalten unter Jugendlichen.
In Hauptschulen gibt es den entgegengesetzten Trend, den der Autor als „Entstrukturierung soziometrischer Beziehungen in Hauptschulklassen" (ebd., S. 187) bezeichnet. Die Ergebnisse legen die Annahme nahe, dass sich die Gewaltentwicklung schulartspezifisch vollzogen hat.

Tab. 2.6: Vergleichszahlen aus einer Grundschuluntersuchung von Zweitklässlern (1974/1997, Angaben in Prozent).

Items	1974	1997
Lachen dich andere Kinder oft aus?	15	25
Ärgern dich die anderen Kinder in der Klasse viel?	17	31
Fangen die anderen Kinder oft Streit mit dir an?	25	43
Wirst du oft wütend, wenn etwas nicht klappt?	30	48
Ist es schon einmal vorgekommen, dass du ein Kind aus deiner Klasse geschubst, gestoßen oder geschlagen hast?	50	54

(Quelle: Dollase 2000, S. 186)

Mansel und Hurrelmann (1998) stellen für den Zeitraum zwischen 1988 und 1996 für Nordrhein-Westfalen einen erheblichen Anstieg an aggressiven und delinquenten Handlungen in der Schülerschaft fest, wobei nicht genau zu ermitteln ist, ob diese Taten innerhalb oder außerhalb der Schule verübt werden; für die sächsische Vergleichsstichprobe und den Vergleichszeitraum von 1990 bis 1996 ist das Bild dagegen uneinheitlich: bei vier von sechs Items gibt es keinen Anstieg, wohl aber bei „Jemandem eine Sache wegnehmen" und „Irgendwo einbrechen" einen leichten und bei „Urkundenfälschung" einen starken Anstieg.
Die von unserer eigenen Forschungsgruppe im Jahre 1996 und 1998 in Sachsen durchgeführten Schülerbefragungen ergaben für diesen späteren Zeitpunkt und den relativ geringen Abstand von zwei Jahren zwischen den Erhebungen keine bedeutsamen Veränderungen (vgl. Ackermann u.a. 2001, Rostampour 2000, S. 20); eine ganz leichte Zunahme ließ sich lediglich bei den beiden Formen der Aggression gegen die Lehrer und der Waffengewalt feststellen.

Zu den methodisch gut abgesicherten Aussagen in Bezug auf einen möglichen Anstieg schulischer Gewalt kommt die Arbeitsgruppe von Klaus-Jürgen Tillmann. Durch eine nachträgliche Anpassung einer Teilstichprobe ihrer Hessischen Studie aus dem Jahre 1995 an die Stichprobe der Delinquenzstudie von Brusten/Hurrelmann (1972), sind die Bielefelder Forscher in der Lage, einen Zeitvergleich zwischen zwei sozialstruktruell ähnlichen städtischen Regionen mit Daten für einen Zeitraum von 23 Jahren durchzuführen (vgl. Tillmann u.a. 1999, S. 141ff). Durch diese methodische „Hilfskonstruktion" ließen sich insgesamt leichte, in Hauptschulen deutliche Zuwachsraten bei delinquenten Handlungen ermitteln: So hatten zum ersten Messzeitpunkt nur 10% der Hauptschüler „bei einer Schlägerei mitgemacht und dabei jemanden zusammengeschlagen und arg zugerichtet", Mitte der 90er Jahre war es fast ein Viertel. Die „Beschädigung fremden Eigentums" wuchs bei dieser Gruppe im selben Zeitraum von 11,0% auf 17,5% und „Einbruch" von 1,0% auf 13,2%, bei Gymnasien von 0% auf 1,2%.

Der Autor relativiert diese Zuwachsraten, indem er darauf hinweist, dass dieser Trend auch mit der Entwicklung der „Hauptschule als Restschule" zu tun haben könne. Denn im Vergleichzeitraum sei der Anteil der Hauptschüler an dem entsprechenden Altersjahrgängen von etwa der Hälfte auf ein Fünftel zurück gegangen.

Die Trendanalysen im Rahmen der HBSC-Studien konnten für eine internationale Ländergruppe, zu der auch Deutschland gehört, die Vermutung eines Anstiegs an Gewalt *nicht* bestätigen (s.o.). Dieser zentrale Befund wird durch eine Zeitreihenuntersuchung der Lamnek-Gruppe unterstützt (vgl. Fuchs/Lamnek/Luedtke/Baur 2005). Die Forscher hatten in den Jahren 1994, 1999 und 2004 mit weitgehend identischen Instrumentarien und vergleichbaren Stichproben Schülerbefragungen im Freistaat Bayern durchgeführt und dabei die Entwicklung von der Gewalt in der Schule im Zeitraum von zehn Jahren untersucht: Analysiert wurden vier Bereiche: Verbale Gewalt, Gewalt gegen Personen, Gewalt gegen Sachen und Psychische Gewalt. Die Autoren stellen zusammenfassend fest: „Bezüglich der Entwicklung der Gewalthäufigkeiten im Zeitverlauf erbringt die Analyse allgemein einen Rückgang der Häufigkeit derartiger Vorkommnisse. Bei allen vier Gewaltformen ist das Gewaltniveau sichtbar und statistisch signifikant unter dem Gewaltniveau der vorangegangenen Messzeitpunkte angesiedelt" (ebd, S. 82). Als Ursachen dafür vermuten die Autoren, dass zunehmend in Schulen eingesetzte Präventions- und Interventionsprogramme greifen und sich sozialstrukturelle Hintergrundvariablen, vor allem eine zunehmende Bildungsexpansion, positiv auf das Sozialverhalten der Schülerinnen und Schüler auswirken. Zugleich stellen sie sozialstrukturell bedingte Unterschiede, die sich in den verschiedenen Schularten abbilden, fest. Die Veränderungen in den Schularten stellen sich im Untersuchungszeitraum wie folgt dar: Während die verbale Gewalt an Gymnasien und Hauptschulen, vom jeweiligen Niveau ausgehend, angestiegen ist, ergeben sich bei den übrigen Gewaltformen in allen Schularten durchweg Verbesserungen und in einigen wenigen Fällen eine Beibehaltung der früheren Werte. Der stärkste Rückgang wird

HM... TJA... GANZ NETT HERR KOLLEGE, ABER SEHEN SIE 'MAL HIER, ZWEI GLATTE DURCHSCHÜSSE VON DER LETZTEN KLASSENARBEIT DER 9a!
...UND DAS HIER, DAS WAR DIE 4b VON KOLLEGE MEIER...
JP '95

für Berufsschulen ermittelt, danach folgen die Haupt- und Realschulen und die Gymnasien, für die eine deutlich bessere Ausgangsposition mit bedacht werden muss. Am Gymnasium treten alle Gewaltformen zu allen Untersuchungszeitpunkten seltener auf, die Gewalthäufigkeit steigt mit sinkendem Bildungsaspirationsniveau. „Insgesamt lässt sich feststellen, dass mit wenigen Ausnahmen das Gewaltniveau auf breiter Front und in allen Schularten zurückgegangen ist" (ebd., S. 85). Nach Abwägen aller wissenschaftlichen Befunde, auch unter Einbeziehung von Erfahrungsberichten und der subjektiven Einschätzungen Betroffener, gelangen wir zu der Auffassung, dass sich die Gewaltproblematik an deutschen Schulen in den 1980er und 1990er Jahren insgesamt spürbar, in sozialen Brennpunkten und unteren Schulformen deutlich verstärkt hat. Dieses Gewaltausmaß scheint in der folgenden Dekade auf diesem Niveau relativ konstant geblieben zu sein. Die Ergebnisse der vorgestellten Befragungsergebnisse von Schülern und auch die veröffentlichten Zahlen der Unfallkasse zu den faktischen Gewaltvorkommnissen (vgl. Bundesverband der Unfallkassen 2005) legen die Einschätzung nahe, dass mit dem neuen Jahrtausend die Gewaltprävalenzen leicht rückläufig sind und somit eine „Tendenz zur Besserung" eingetreten ist. Für eine Dramatisierung, wie von den Medien und der Öffentlichkeit teilweise suggeriert, besteht vor dem Hintergrund der vorliegenden wissenschaftlich-empirischen Studien keine Veranlassung, wohl aber dazu, die Gewaltproblematik weiterhin genau zu beobachten und ihr im Schulalltag professionell und präventiv entgegenzutreten – wie es wohl das Erfolgsrezept der letzten Jahre gewesen ist.

Falls Sie diesen Band als Lehrbuch lesen, versuchen Sie bitte die folgenden Anregungsaufgaben zu beantworten:

1. Schreiben Sie Ihre persönliche Definition von Gewalt auf und vergleichen Sie diese mit dem Strukturschema zum Gewaltbegriff (Abb. 2.1)!
2. Was ist unter „struktureller Gewalt", „personaler Gewalt" und „Mobbing" zu verstehen? Fallen Ihnen dazu Beispiele aus Ihrem Erfahrungsbereich ein?
3. Beschreiben und vergleichen Sie die grundlegenden Theoriemodelle zur Erklärung von Aggression und Gewalt! Welche Folgerungen sind daraus für die Gewaltprävention abzuleiten? Fallen Ihnen Konfliktsituationen ein, für deren (Er-)Klärung eines der Modelle besonders hilfreich wäre?
4. Wie ist der empirische Forschungsstand zum Thema „Gewalt in der Schule"? Wie beurteilen Sie vor diesem Hintergrund die Dramatisierung bzw. Verdrängung des Themas Aggression und Gewalt im öffentlichen Raum (z. B. durch die Medien; Konjunkturen der Beschäftigung mit dem Thema in der Politik)?

3| Ergebnisse eigener Studien und ihre Bedeutung für die Gewaltprävention

Das Kapitel enthält eine Bilanz langjähriger Forschung zur Gewalt in der Schule. Die Untersuchungsergebnisse werden dargestellt und die Bedeutung der Befunde für die Gewaltprävention herausgearbeitet. Dabei geht es neben Formen abweichenden Verhaltens, wie Unterrichtsstörungen, Mogeln und Schwänzen, auch um Formen härterer Gewalt, die in der Schule aber seltener vorkommen. Von besonderer Bedeutung für die Diagnostik der Lehrer in der Schulklasse ist die vorgestellte Täter-Opfer-Typologie. Die Studien haben ergeben, dass die Rollen von Tätern und Opfern nicht klar abgrenzbar sind und sich im Verlaufe der Entwicklung der Schüler wieder verändern können. Daher verbieten sich Etikettierungen: die Aussage „Einmal Täter – immer Täter" lässt sich wissenschaftlich nicht begründen. Der Abschnitt zu Ausmaß und Erscheinungsformen schulischer Gewalt wird mit einer Darstellung der Entwicklung im Zeitraum von 2002 bis 2010 abgeschlossen.
Weiterhin werden, einem Modell zur Entstehung von Gewalt folgend, Ergebnisse zu den Einflussfaktoren Familie, Medien, Gleichaltrigengruppe und Schule präsentiert; daraus ergeben sich Hinweise für die Prävention.
Schließlich wird empirisch belegt, dass fachliche Leistungen, soziale Kompetenzen und die Persönlichkeit des Schülers eine Einheit sind und sich wechselseitig bedingen. Daraus folgt, dass schulische Maßnahmen, die der Verbesserung des Sozialverhaltens und der Steigerung der Lebenskompetenzen der Schüler dienen, bei bestimmten Schülergruppen auch zu einer Steigerung der fachlichen Leistungen führen.

3.1 Das Gesamtmodell zur Erklärung von Gewalt

In Kapitel 2.2 hatten wir verschiedene theoretische Sichtweisen der Gewaltproblematik aus psychologischer bzw. sozialwissenschaftlicher Tradition vorgestellt und gesehen, dass diese Ansätze jeweils einen Ausschnitt aus der Gesamtproblematik beleuchten und entsprechende Antworten, d.h. spezifische Maßnahmen der Prävention und Intervention, nach sich ziehen. In der neueren Sozialisationsforschung ist man im Anschluss an den sozialökologischen Ansatz von Uri Bronfenbrenner (vgl.

2.2) noch einen Schritt weiter gegangen und hat diese auf verschiedenen Ebenen gelagerten Theorien unterschiedlicher Reichweite in ein Gesamt-Modell integriert. Solche Ansätze bezeichnet man als „Drei-Ebenen-Modelle" (vgl. Geulen/Hurrelmann 1980), weil sie erstens auf das Individuum bezogen sind (Mikro-Ebene), zweitens die Institution und die Interaktion betreffen (Meso-Ebene) sowie drittens die gesamtgesellschaftlichen Verhältnisse mit reflektieren (Makro-Ebene).
Bei der Ermittlung der Ursachen von Gewalt folgen wir dem Konzept derartiger integrativer Mehr-Ebenen-Modelle. Neben den bio-physischen und personalen Voraussetzungen stehen die Sozialisation und Entwicklung im Fokus der Analysen. Reflektiert und empirisch geprüft wird vor allem die primäre Sozialisation in Bezug auf die Emotionalität und Funktionalität der Familie, die sekundäre Sozialisation mit dem Einfluss schulischer Prägungen, Erfahrungen und Interaktionen sowie die insbesondere in der Jugendphase relevante Peer-Sozialisation mit ihren vergleichsweise höheren Freiheitsgraden und damit auch einem höheren Gefährdungspotenzial für die „Ökologie menschlicher Entwicklung" (Bronfenbrenner 1989). Dementsprechend sind im Hinblick auf die Erklärung des Gewaltverhaltens mögliche Ursachen im Bereich der Familie, insbesondere des familialen Erziehungsstils und des Familienklimas, der strukturellen Bedingungen der Schule sowie der Lern-, Erziehungs- und Kommunikationskultur in dieser Institution und schließlich der Verkehrsformen der Peers einschließlich des Medien- und Freizeitverhaltens der Jugendlichen zu erwarten.
Aus diesen Ausführungen ergeben sich die Konturen eines Gesamtmodells mit den drei großen Einflusssphären Familie – Schule – Peers. Auch das „Selbst" kann als ein zentraler Einflussfaktor bezeichnet werden, weil z.B. über das Junge- bzw. Mädchen-Sein oder über ein entwickelteres bzw. weniger entwickeltes Selbstvertrauen bestimmte individuelle Voraussetzungen mitgebracht werden, die Gewaltverhalten begünstigen bzw. einen Schutzfaktor darstellen. Das Individuum bringt diese Merkmale aber nicht zwingend von Natur aus mit und ist genetischen Prädispositionen auch nicht zwangsläufig ausgeliefert (vgl. Kap. 1). Als „produktiv realitätsverarbeitendes Subjekt" besitzt es bestimmte Handlungs- und Entscheidungsspielräume, kann sein Verhalten in die eine oder andere Richtung steuern. Bei ähnlich kritischen familiären, schulischen und personalen Rahmenbedingungen wird ein Schüler zum Täter, ein anderer nicht. Es kann das Gewissen sein, also die Internalisierung von Werten und Verhaltensmaßstäben als „gut" bzw. „schlecht", die einen Schüler von einer Tat abhält, aber auch die Furcht vor Strafe. Daher haben wir unser Modell um eine erste Ebene der Steuerung durch Selbstregulation erweitert. Dass der Entscheidungsfreiheit nicht nur in der Umwelt Grenzen gesetzt sind, haben wir bereits im Abschnitt über die Hirntätigkeit erfahren (siehe Kapitel 1). Das zuletzt genannte Beispiel der Furcht vor Strafe weist auf eine zweite Steuerungsebene, die der äußeren Regulation, hin. In einer Gesellschaft oder Gemeinschaft, in der man Regelübertretungen und Formen der Aggression hinnimmt, bei Gewalthandlungen wegschaut

und nicht die Courage aufbringt zu intervenieren, wird man immer mehr Probleme mit abweichendem Verhalten haben, als in einem Kontext, in dem diese Phänomene thematisiert und nicht geduldet werden. Auf die besondere Problematik der äußeren Überregulierung mit der Konsequenz der Verschiebung in weniger kontrollierte Räume hatten wir bereits hingewiesen. Damit ist die Makroebene der Gesellschaft angesprochen, die in theoretischen Modellen nicht vernachlässigt werden darf, empirisch aber schwerer überprüfbar ist als Theorien geringerer Reichweite.

Wir haben unser Gesamtmodell zur Erklärung von Gewalt in einem Schema zusammengefasst (vgl. Abb. 3.1). Im Zentrum des Modells steht die in Erscheinung tretende Gewalt, die z.B. von Schülern ausgeübt und von anderen beobachtet werden kann, soziologisch „*Gewaltemergenz*" genannt. Dieser Terminus aus der Systemtheorie und der Makrosoziologie bezeichnet die Komplexität von Gewalt mit ihren verschiedenen Formen und umfasst die Wechselbeziehungen zwischen ihnen, die Situationen und Ebenen, in bzw. auf denen sie in Erscheinung tritt, die personalen, sozialisatorischen und sozialökologischen Bedingungsfaktoren sowie die äußeren Steuerungs- und (intrapersonalen) Selbstregulationsmechanismen. „Emergenz" bedeutet „das Hervortreten neuer Eigenschaften (emergent properties) beim Übergang von einer niederen zu einer höheren Ebene eines Systems, die nicht auf Eigenschaften der Elemente auf der niedrigeren Ebene rückführbar sind. So sollen bestimmte Eigenschaften von Gruppen oder Organisationen (z.B. Kohäsion oder Effektivität) nicht durch die Eigenschaften der beteiligten Mitglieder, sondern nur durch andere Gruppen- oder Organisationseigenschaften oder Strukturen erklärt werden können" (Schütze 1978, S. 185). Daher ist es bei der Analyse von Gewalt nicht nur im Hinblick auf die Phänomenologie, sondern auch auf die Erklärung dieser Handlungsformen von Interesse festzustellen, auf welcher Ebene sich Gewalt artikuliert und welche neue Qualität sie z.B. bei Gewaltsituationen im Klassenverband oder auf Schulebene, etwa im Vergleich zu individuellen Schülervoraussetzungen, auszeichnet. So ist z.B. die in einer Klasse auftretende Gewalt immer mehr als die Summe der von den Schülern mitgebrachten Aggressionen und negativen Einstellungen; diese Voraussetzungen interagieren miteinander in einem Raum, der durch mehr oder weniger förderliche Bedingungen für Gewaltverhalten charakterisiert ist.

Dies alles bezeichnet der Begriff *Gewaltemergenz*.

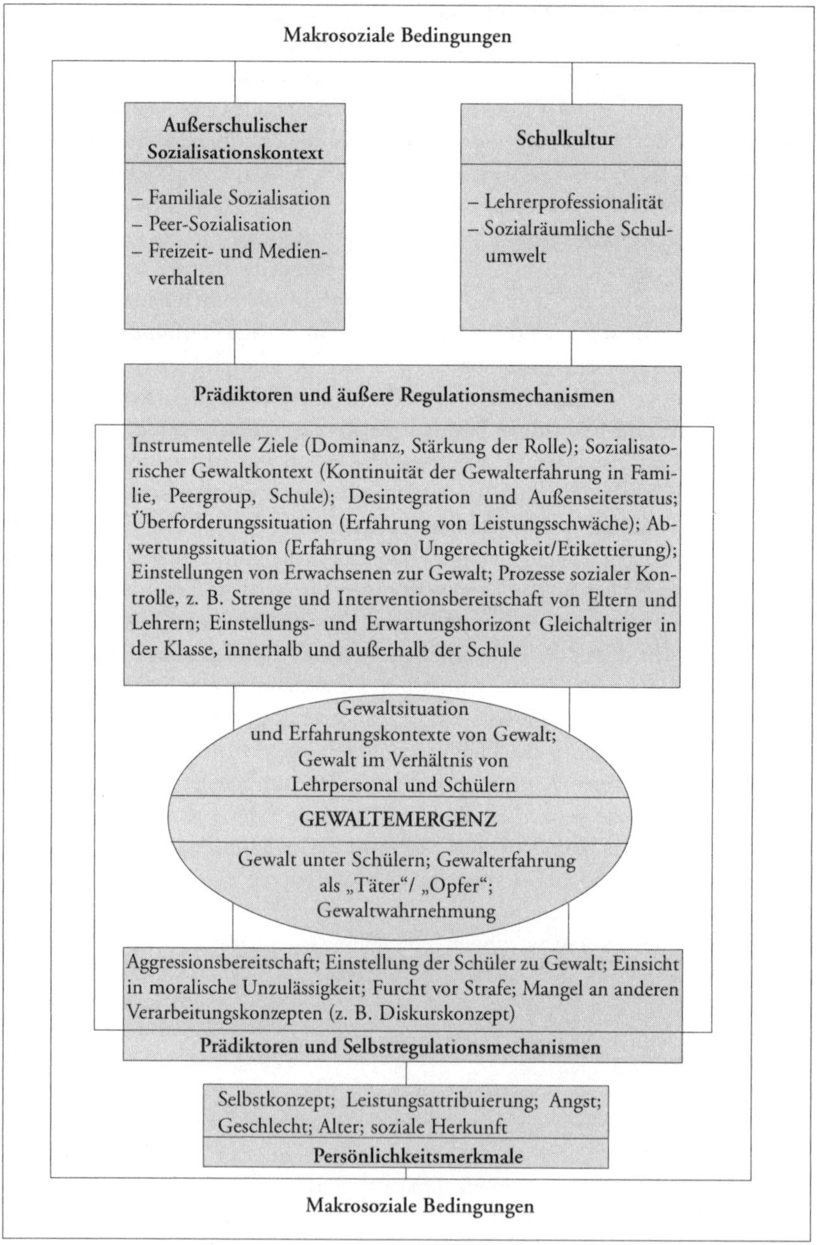

Abb. 3.1: Sozialökologie schulischer Gewalt (Gesamtmodell)

Gewaltemergenz fungiert in unserem Modell und bei den anschließenden empirischen Überprüfungen als abhängige, zu erklärende Variable. Unabhängige Variablen sind der *außerschulische Sozialisationskontext* mit den bereits angesprochenen Prädiktoren (Familien-, Peers-, Medien- und Freizeiteinflüsse), die „*Schulkultur*" mit Parametern der Schul- und Unterrichtsqualität, der Lehrerprofessionalität, der sozial-räumlichen Schulumwelt u.a. (vgl. Melzer/Stenke 1996), und schließlich bestimmte *Persönlichkeitsmerkmale*, die schon in vielen Untersuchungen bestätigt worden sind.

Wie bereits erläutert, werden zwischen den abhängigen und den unabhängigen Variablen zwei vermittelnde Ebenen angenommen, in denen sich Interaktions- und Steuerungsprozesse vollziehen und die als „*Prädiktoren und äußere Regulationsmechanismen*" bzw. als „*Prädiktoren und Selbstregulationsmechanismen*" bezeichnet werden. All diese Prozesse vollziehen sich im Kontext makrosozialer Bedingungen, individuell-gesellschaftlicher und schulisch-institutioneller Veränderungen bzw. Beharrlichkeiten. Eine Gesellschaft wird dann Probleme mit Gewalt im allgemeinen und Gewalt in der Schule haben, wenn die makrosozialen Bedingungen und Lebensverhältnisse sich in einem radikalen Umbruch befinden, die gesellschaftliche Stratifikation sich verändert und Verdrängungsprozesse stattfinden oder befürchtet und Legitimationen in Frage gestellt werden, wenn die „Reaktanz" der Individuen stärker ist als ihre Furcht vor Sanktionen und sich das Gefühl, „nichts zu verlieren zu haben" und durch Gewaltanwendung nur gewinnen zu können, ausbreitet, wenn die Sozialisationsagenturen Defizite produzieren und die Bürger dies auch registrieren, wenn die gesellschaftliche Außensteuerung nicht funktioniert und die Selbststeuerung der Individuen ebenfalls versagt.

3.2 Ausmaß und Erscheinungsformen von Gewalt in der Schule

Das vorgestellte Modell haben wir in einer Reihe von Studien – darunter vier große Repräsentativbefragungen von Schülern – seit 1993 in Ost- und Westdeutschland systematisch überprüft. Die Ergebnisse dieser Studien gehen in das folgende Forschungsresümee ein – daher sollen die „Quellen" zu Beginn genau benannt werden:

– Die *Schulleiterbefragung* 1993/94 zur Gewalt in der Schule: Beteiligt waren die Bundesländer Baden-Württemberg, Hessen, Thüringen und Sachsen (vgl. Schubarth 1996, Meier/Melzer/Schubarth/Tillmann 1995); es zeigte sich, dass die Gewaltproblematik im schulischen Alltag in den beiden westlichen Bundesländern trotz jahrzehntelanger unterschiedlicher Bildungspolitik sehr ähnlich und überraschenderweise höher ausfiel als in den beiden ostdeutschen Bundesländern

– und dies trotz der bestehenden Transformationsprobleme nach der Wende. Die größten Unterschiede bestanden zwischen Sachsen und Hessen; daher wurden anschließende Studien zum Ost-West-Vergleich in diesen beiden Bundesländern angesiedelt.

- Die *94er Schülerbefragung* (1994/95) im Rahmen eines BLK-Modellversuches zur Schulentwicklung der sächsischen Mittelschule (vgl. Melzer/Stenke 1996, Melzer 1999): Es wurden über 4.000 Schüler der 6. und 9. Jahrgangsstufen der Mittelschulen und Gymnasien (Repräsentativstichprobe für Sachsen) zu Fragen der Schulqualität und Lernkultur befragt. Dabei wurden Parameter zur Gewaltproblematik in Schulen breit mit erhoben.
- Die *96er Schülerbefragung* (1996/97) zur Gewalt in der Schule im Rahmen des DFG-Sonderforschungsbereiches „Prävention und Intervention im Kindes- und Jugendalter": Repräsentativstichprobe von je ca. 3.000 Schülerinnen und Schülern der 6., 8. und 9./10. Jahrgangsstufen in Sachsen und Hessen. Befragt wurden Schüler/innen aller Schulformen des allgemeinbildenden Schulsystems sowie Förder-/Sonderschüler (vgl. für den hessischen Untersuchungsteil: Tillmann u.a. 1999; für den Ost-West-Vergleich und den sächsischen Untersuchungsteil: Forschungsgruppe Schulevaluation 1998). Parallel dazu wurde auch eine Lehrerbefragung durchgeführt, die wegen ihres geringen Rücklaufs von unter 50% nicht systematisch ausgewertet wurde; Ergebnisse dieser Lehrerbefragung werden gelegentlich zur Illustration und Kontrastierung mit hinzugezogen.
- Die *98er Schülerbefragung* im Rahmen eines DFG-Projektes zur Gewalt in der Schule: Replikationsstudie des sächsischen Untersuchungsteils der 96er Studie in denselben Schulen und Klassen mit identischem Untersuchungsdesign und etwa derselben Stichprobengröße. Dadurch wurden neben einem Vergleich der Vorkommenshäufigkeiten, Ursachen und Typologien (z.B. Täter-Opfer) schulischer Gewalt (1996, 1998) auch biographische Veränderungen messbar – denn für eine Gruppe von ca. 700 Schülerinnen und Schülern konnten die individuellen Angaben zu zwei Messzeitpunkten identifiziert werden.
- Die *WHO-Studien*: Dabei handelt es sich um einen internationalen Survey zum Gesundheits- und Krankenstatus von Kindern und Jugendlichen (HBSC – Health Behaviour of School-aged Children), der heute in 40 Ländern der Welt durchgeführt wurde. Befragt werden Schüler/innen der 5., 7. und 9. Jahrgangsstufen des allgemeinbildenden Schulsystems. In der Studie wurden Fragen zu Mobbing (Täter, Opfer), Schlägereien und Unfällen miterhoben. Die letzten drei Untersuchungsquellen wurden in den Jahren 2002, 2006 und 2010 durchgeführt. Die Gesamtergebnisse werden in den sog. „Jugendgesundheitssurveys" veröffentlicht (vgl. Richter/Hurrelmann/Klocke/Melzer/Ravens-Sieberer 2008; Hurrelmann/Klocke/Melzer/Ravens-Sieberer 2003). Daten von 2010 zur Gewalt in der Schule werden in diesem Band bereits verwertet (siehe „Aktuelle Entwicklungstrends" in diesem Kapitel).

Aus der Vielzahl der Befunde unserer empirischen Untersuchungen lassen sich die folgenden Erkenntnisse hervorheben.

- Auch wenn Gewalt letztlich gesellschaftliche Ursachen hat, ist sie auch ein Kommunikations- und Interaktionsproblem, das schon mit der Definition des Gewaltbegriffes beginnt. Während Schüler eher dazu neigen, Gewalt enger zu definieren und auf physische Gewalt und Vandalismus einzugrenzen, tendieren Lehrer zu einem erweiterten Gewaltbegriff, der auch psychische Formen dissozialen Verhaltens einbezieht. Zu einer verengten Sichtweise und in Verbindung damit zu einer Verharmlosung von Gewalt, indem man sie als „normal und natürlich" bezeichnet, neigen insbesondere männliche Schüler und Schüler aus sogenannten „unteren" Schulformen (z.B. Hauptschulbildungsgang). Immer dann, wenn ein Schüler mit dieser Eintstellung eine Tat begeht, haben wir ein Kommunikationsproblem, weil der Täter sein Verhalten nicht als Tat begreift, wohl aber der Lehrer, der ihn sanktioniert.
- In den ab 1996 durchgeführten Schüler- und Lehrerbefragungen und in den HBSC-Studien bestätigen sich die Befunde früherer Schulleiterbefragungen: „Härtere" Formen schulischer Gewalt (z.B. Anwendung von Waffen, Erpressung, schwere Prügelei) kommen sehr selten vor; die häufigsten Formen sind: psychische und verbale Aggressionen, Spaßkampf, alltägliche Aggressionen gegen Lehrer. Diese Struktur ist in Ost- und Westdeutschland gleich. In den Befragungen der ersten Jahre nach der Wende fallen die Werte für aggressives Schülerverhalten (im Gegensatz zum Rechtsextremismus) in Ostdeutschland aber etwas niedriger aus. Es gibt in der 96er Studie nur eine einzige Gewaltform, die in Sachsen stärker entwickelt ist als in Hessen: Die Aggression der Schüler gegen ihre eigenen Lehrer. Dieser Befund verweist auf Belastungen im Lehrer-Schüler-Verhältnis und besondere Probleme im Bereich der Lern- bzw. Schulkultur an ostdeutschen Schulen. Eine Wiederholungsbefragung in Sachsen (98er Studie) hat ergeben, dass die beobachtete Gewalt in diesem Zeitraum bei zwei Gewaltformen gestiegen ist: dem Mitführen von Waffen – auf dem beschriebenen niedrigen Niveau – sowie der Schüleraggression gegen ihre Lehrer. Dieser Befund lässt sich als weitere Zuspitzung der Problematik der Schulkultur in ostdeutschen Schulen interpretieren.
- Zwischen den verschiedenen Formen und Vorformen von Gewalt sowie den gewaltbezogenen Einstellungen und Rechtfertigungen gewaltförmigen Verhaltens besteht ein deutlicher empirischer Zusammenhang. Wer Unterricht stört oder Schule schwänzt – wir nennen diesen Faktor „Schuldevianz" – verübt mit einer hohen Wahrscheinlichkeit auch psychische und verbale Aggressionen gegen Mitschüler. Wer diese „weicheren" Gewaltformen praktiziert, neigt auch zu physischer Gewalt. Wer „abweichend" orientiert ist und sich dementsprechend verhält, rechtfertigt dieses Handeln und neigt umso eher zur Gewaltbilligung, je mehr er in Gewalthandlungen involviert ist. Insgesamt kann man von einem „Syndrom gewaltförmigen und gewaltaffinen Verhaltens" sprechen.

- Es besteht ein differenziertes Gefüge von Tätern und Opfern. Die Mehrzahl der „Täter" ist auch „Opfer" und umgekehrt. Neben diesen beiden Gruppen, die sich dennoch empirisch abgrenzen lassen, haben wir eine große Gruppe der gelegentlichen Täter („Episodentäter") sowie die der „Täter-Opfer" herausgefunden. Diese zuletzt genannte Gruppe ist vor allem durch die besondere Härte der Taten und das niedrige Selbstkonzept der Akteure gekennzeichnet, während die „Täter" durch die Anerkennung, die sie von bestimmten Mitschülern für ihre Taten erhalten, ihr Selbstvertrauen verbessert haben – dieser „Mechanismus" ist ein wesentliches Motiv für die Tat. Die Mehrzahl der Schüler ist keiner Täter-Opfer-Gruppe zuzuordnen, ist also an Gewalt unbeteiligt. Dies gilt aber nur für den Durchschnitt und z.B. für die Situation an Hauptschulen nicht. Aus dem Vergleich zweier Schülerpopulationen von 1996 und 1998 wissen wir, dass schon im Zeitraum von nur zwei Jahren eine erhebliche Fluktuation zwischen den genannten Gruppen besteht und eine Tendenz zum „Aging-out" festzustellen ist. Das gilt auch für die beiden Tätergruppen. Die höchste Konstanz besitzt die Gruppe der Unbeteiligten mit etwa 75%. Eine Stigmatisierung der Schüler, die in der Schule „etwas angestellt haben", durch Lehrer, die sie als „Täter" etikettieren, ist also pädagogisch fragwürdig, weil die Betroffenen damit um ihre gute Chance gebracht werden, ihr problematisches Rollenverhalten zu verändern.
- Was die Belastungen der Schulen durch Gewalt anbelangt, zeigen sich einerseits die auch in vielen anderen Studien bestätigten Unterschiede der Schulformen, andererseits gibt es aber innerhalb einer Schulform große Streuungen und Unterschiede, die sich sowohl auf die soziale Rekrutierung der Schülerschaft und Einflüsse des Elternhauses als auch auf die Schulkultur zurückführen lassen. Dass die Art und Weise, in der Lehrer ihre Beziehung zu ihren Schülern aufbauen und pflegen, Einfluss auf das Sozialverhalten der Kinder hat und gewaltmindernd wirken kann, lässt sich leicht vorstellen. Darüber hinaus konnten wir ermitteln, dass auch Faktoren der Gestaltung der schulischen Umwelt (z.B. Schulleben, Arbeitsgemeinschaften), die Partizipationsmöglichkeiten von Schülern in Schule und Unterricht, das Sozialgefüge der Klasse (z.B. Klassenkohäsion) und die Schülerbefindlichkeiten (Angst, Belastung, Schulfreude) mit der Gewaltbelastung einer bestimmten Schule oder Klasse zusammenhängen. Daher erscheint es uns ratsam, Gewaltprävention und Schulentwicklung auf der Ebene der Einzelschule zu beginnen und von dort – je nach Voraussetzungen, Bedarf und Möglichkeiten – nach innen und/oder außen auszubauen.

Bei der folgenden ausführlichen Darstellung der Befunde aus mehreren großen Untersuchungen stellt sich die Frage nach der Auswahl aus Hunderten von erhobenen Gewalt-Parametern. Unsere exemplarische Beschreibung der Gewaltsituation gliedert sich nach folgenden Überlegungen. Für Lehrer sind die alltäglichen Formen und Vorformen von Gewalt ein drängendes Problem. Daher beginnen wir mit den Ergebnissen zu *Unterrichtsstörungen, Mogeln und Schuleschwänzen.* In diesem

Zusammenhang dürfen wir daran erinnern, dass wir einen Zusammenhang solcher Vorformen mit weicheren und härteren Formen der Gewalt ermittelt hatten (vgl. Kap. 2. 3), die sich zu einer abweichenden Karriere verdichten können; daher kommt es u.E. darauf an, frühe Aspekte abweichenden Verhaltens zu diagnostizieren und ihnen in geeigneter Weise zu begegnen.
Daran anschließend wird ein Überblick über die in der Schule auftretenden *Gewaltformen und ihre Häufigkeit* gegeben. In einem dritten Unterpunkt beschäftigen wir uns mit den *Rollen von Tätern und Opfern* und gehen den Fragen nach, welche Merkmale die verschiedenen Typen haben – dies ist für die Diagnostik wichtig – und wie konstant die Rollen im biographischen Verlauf sind. In einem vierten Abschnitt werden *ausgewählte Gewaltsituationen*, in die Schüler involviert sind, dargestellt und die Reaktionen der Schüler (z.B. Angst, Ärger, Reiz) und die Interventionsbereitschaft von Schülern und Lehrern analysiert – hier geht es also um Fragen der inneren und äußeren Regulation.
Der Abschnitt über Ausmaß und Erscheinungsformen für Gewalt in der Schule wird abgerundet durch einen Blick auf die aktuelle Situation (2010) und die Entwicklungstrends der vergangenen zehn Jahre.

Unterrichtsstörungen, Mogeln und Schuleschwänzen

Mit Unterrichtsstörungen und Täuschungsversuchen von Schülern haben Lehrer tagtäglich zu tun; obwohl verboten, gilt beides eher als ein „Kavaliersdelikt“. Etwas vorsichtiger ist man schon in der Einschätzung des „Schulabsentismus“ geworden, seit in kriminologischen Studien deutlich geworden ist, dass schwänzende Schüler die Vormittagszeit außerhalb der Schule nicht nur dazu nutzen, irgendwelchen Freizeit- und Konsuminteressen nachzugehen, sondern dabei auch teilweise mit dem Gesetz in Konflikt geraten. Seither hat man die Umsetzung der Meldepflicht der Eltern bei Krankheit der Schüler verbessert, so dass Eltern und Lehrer über den Aufenthaltsort der Kinder während der Schulzeit informiert sind.
Die drei unterschiedlichen Phänomene der absichtlichen und erheblichen Störung des Unterrichts (zwei Items), des erheblichen Mogelns bei Klassenarbeiten (ein Item) und des Schuleschwänzens (ein Item) gehören offenbar zusammen, denn sie bilden im statistischen Sinn einen Faktor; hinzu kommt noch das Item „Die Sachen anderer verstecken“. Die Ergebnisse differieren in der 96er Studie zwischen Sachsen und Hessen und der 98er Studie nur leicht; in der folgenden Tabelle sind die Daten von 1998 dargestellt.

Tab. 3.1: Häufigkeit devianten Verhaltens *„Wie oft hast du selbst an deiner Schule oder auf dem Schulweg in den letzten12 Monaten Folgendes gemacht?“* (Daten der 98er Studie, Häufigkeitsangaben in Prozent)

Item	Ladung	nie (1)	gelegentlich (2, 3)	häufiger (4, 5, 6)
1. Unterricht absichtlich gestört	.88	49,6	35,2	15,2
2. Unterricht erheblich gestört	.86	47,3	38,0	14,7
3. bei Klassenarbeiten erheblich gemogelt	.76	45,4	37,8	16,8
4. Sachen anderer versteckt	.75	58,7	32,1	9,2
5. Schule geschwänzt	.70	76,3	18,1	5,6

Cronbachs - a = .83; KMO = .81; Varianzaufklärung: 59,4%; Antwortkategorien: 1 = viel; 2 = selten; 3 = alle paar Monate; 4 = mehrmals im Monat; 5 = mehrmals wöchentlich; 6 = fast täglich

Den in der Tabelle dargestellten Faktor bezeichnen wir als *Schuldevianz*; er beinhaltet Formen leichterer Normabweichung. Wie die Ergebnisse zeigen, sind es bei den Unterrichtsstörungen etwa ein Drittel der Schüler, die gelegentlich den Unterricht stören, etwa 15% stören den Unterricht häufiger. Das Mogeln bei Klassenarbeiten ist noch etwas verbreiteter. Was den Schulabsentismus anbelangt, kann man bei 5 bis 6% der Schüler von häufigem, bei knapp 20% von gelegentlichem Schuleschwänzen ausgehen.
In allen unseren Untersuchungen ergeben sich dieselben Antwortunterschiede bei Jungen und Mädchen, bei Schülern unterschiedlichen Alters und Zugehörigkeit zu verschiedenen Schulformen.

- Jungen stören den Unterricht, mogeln und schwänzen häufiger als Mädchen.
- Das schuldeviante Verhalten steigert sich von der 6. zur 8. Klasse und bleibt dann konstant hoch.
- An Gymnasien treten weniger abweichende Verhaltensweisen auf als in Real-, Haupt- oder Förderschulbildungsgängen.

Gewaltformen im schulischen Alltag

Die Gewaltformen wurden in unseren Studien mit unterschiedlichen Methoden erfasst, z.B. durch Angaben zur beobachteten Art und Häufigkeit in den Schülerbefragungen; ergänzend dazu durch Angaben von Schulleitern und Lehrern. Je nach Perspektive variieren die Daten etwas. Bei den Schülerangaben kann es durch Übertreibungseffekte der Probanden mit aggressivem Potential zu Verzerrungen

kommen, die aber durch andere Schülergruppen, die dem Gewaltgeschehen ferner sind und zu Untertreibungen neigen bzw. Gewaltvorgänge weniger registrieren, ausgeglichen werden, so dass man davon ausgehen kann, dass Schüler einen guten Überblick darüber haben, was in der Schule an Gewalthandlungen vorkommt.
Unsere Untersuchungsergebnisse zeigen, dass nur eine Minderheit der Schulen mit Gewaltproblemen in größerem Maße konfrontiert ist. Unsere Schulleiterbefragung in Sachsen (1993/94) ergab z.B., dass an 6% aller Schulen das Schulleben durch Aggression und Gewalt beeinträchtigt ist. Dabei traten jedoch große Unterschiede zwischen den Schulformen, aber auch zwischen den Schulen innerhalb einer Schulform auf. Am stärksten belastet waren erwartungsgemäß Förderschulen, am wenigsten die Gymnasien, während sich die Mittelschulen dazwischen einordneten.
Andere Untersuchungen unserer Forschungsgruppe (z.B. auch die 96er Schüler- und Lehrerbefragung) ergaben, dass Schüler und Lehrer in der Wahrnehmung schulischer Gewaltphänomene weitgehend übereinstimmen. Es dominieren psychische, vor allem verbale Aggressionen, gefolgt von körperlichen Angriffen bzw. Vandalismus, während z.B. sexuelle Belästigungen, Erpressungen und der Einsatz von Waffen am Ende rangieren. Psychische, vor allem verbale Aggressionen gegen Mitschüler, gehören aus Schüler- wie Lehrersicht zum Schulalltag: So beobachten 56% der Schüler und 63% der Lehrer recht häufig Beschimpfungen und gemeine Ausdrücke. Von relativ häufigen, d.h. mindestens mehrmals wöchentlichen, ernsthaften Prügeleien zwischen Jungen berichten 11% der Schüler und 19% der Lehrer; recht häufige Beschädigung von Einrichtungsgegenständen nehmen 8% der Schüler und 12% der Lehrer wahr. Lehrer beobachten also im Vergleich zu den Schülern etwas mehr psychische und physische Gewalt sowie Gewalt gegen Sachen. Dagegen sehen Schüler (7%) im Unterschied zu den Lehrern (2%) mehr sexuelle Belästigungen an den Schulen.

Tab. 3.2: Rangfolge der Gewaltphänomene aus Sicht von Schülern, Lehrern und Schulleitern

Gewaltform	Schüler (96er Studie Sachsen)	Lehrer (96er Studie Sachsen)	Schulleiter (1993/94)
Verbale Aggressionen	1	1	1
Verbale Aggressionen gegen Lehrer	2	4	-*
Körperliche Angriffe/Prügelei	3	2	3
Vandalismus	4	3	2
Sexuelle Belästigung	5	6	6
Erpressung	6	5	4
Angriff mit Waffe (Messer o.ä.)	7	7	5

* nicht erhoben

Aufschlussreich sind die Ergebnisse auch hinsichtlich konflikt- und aggressionshaltiger Lehrer-Schüler-Interaktionen. Fast jeder vierte Schüler beobachtet relativ oft Beschimpfungen oder Beleidigungen von Lehrpersonen. Umgekehrt sind auch die Aggressionen der Lehrer gegenüber den Schülern nicht unbeträchtlich: So sagt jeder dritte Schüler, dass es Lehrer gibt, „die einen vor der ganzen Klasse blamieren". 9% der Befragten geben sogar an, dass Lehrer auch „schon mal handgreiflich werden". Insbesondere die letzten Ergebnisse zeigen, dass eine Verbesserung der Interaktion zwischen Schülern und Lehrern an einem Teil der Schulen notwendig ist.

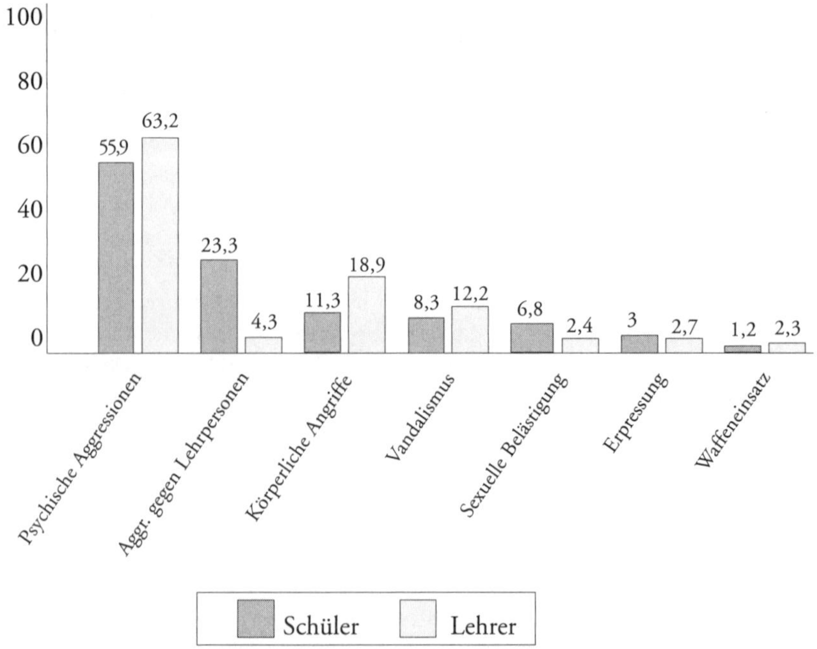

Die angegebenen Prozentwerte beziehen sich auf die zusammengefassten Kategorien „fast täglich" und „mehrmals wöchentlich" einer sechsstufigen Skala (... „mehrmals im Monat", „alle paar Monate", „seltener", „nie").

Abb. 3.2: Vorkommenshäufigkeit der Gewaltphänomene aus Sicht von Schülern, Lehrern und Schulleitern (in Prozent)

Die Gewaltformen wurden in der 96er Studie auch im Ost-West-Vergleich durch erfragte Schülerbeobachtung erhoben. Wie bereits dargelegt, stehen die beiden Bundesländer Sachsen und Hessen mit einer gewissen Berechtigung stellvertretend für Ost- und Westdeutschland (vgl. Meier/Melzer/Schubarth 1995). In beiden

Stichproben besteht eine identische Rangfolge der Gewaltformen, bei der die psychischen und verbalen Aggressionen sowie der sog. Spaßkampf die mit Abstand häufigsten Formen sind, gefolgt von Aggressionen gegen Lehrer, Prügeleien, Vandalismus und sexueller Belästigung. *Die extremen Formen, wie Erpressung oder Angriff mit einer Waffe, kommen nur sehr selten vor.* Als einzige Gewaltform sind die Aggressionen gegen Lehrer im Ost-West-Vergleich in Sachsen stärker als in Hessen ausgeprägt. Bei allen anderen Gewaltfacetten besteht eine höhere Ausprägung auf Seiten der hessischen Schüler.

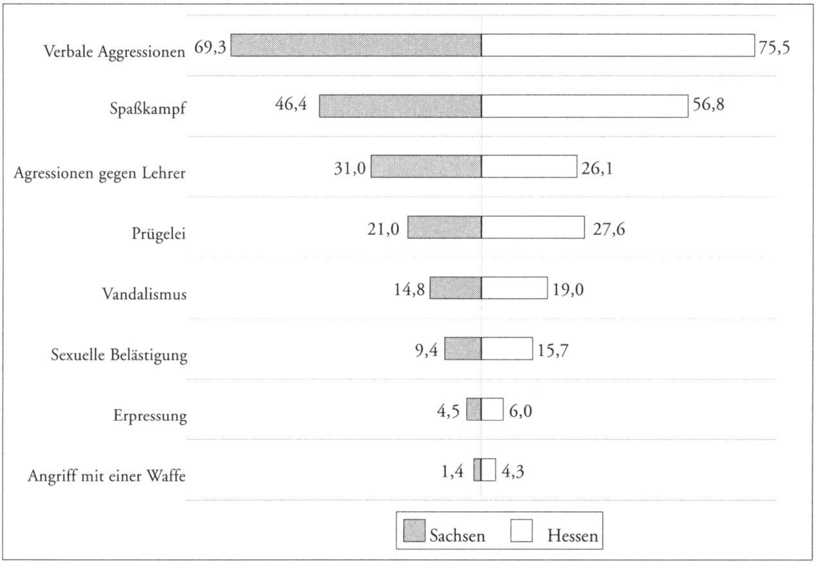

Abb. 3.3: Wahrgenommene schulische Gewaltformen in Sachsen und Hessen (Prozentanteil der Schüler, der mindestens mehrmals im Monat die angeführte Gewaltform beobachtet hat)[11]

Legende:

Verbale u. psych. Aggressionen:	Beschimpfen/gemeine Ausdrücke.
Spaßkampf:	Spaßkampf zwischen zwei Jungen.
Aggressionen gegen Lehrer:	Schüler/innen beschimpfen oder beleidigen Lehrpersonen in deren Gegenwart.
Prügelei:	Ernsthafte Prügelei zwischen zwei Jungen.
Vandalismus:	Unterrichtsmaterial wurde absichtlich beschädigt.
Sexuelle Belästigung:	Ein oder mehrere Jungen bedrängen ein Mädchen u. fassen es gegen ihren Willen an (z.B. an den Busen).
Erpressung:	Jemand fordert Geld und droht mit Strafe (z.B. Prügel), wenn nicht gezahlt wird.
Angriff mit Waffe:	Jemand wird von einem (einer) anderen mit einer Waffe (Schlagring, Messer usw.) angegriffen.

Gegenüber früheren Untersuchungen unseres Forschungsteams, die allerdings mit anderen Methoden durchgeführt worden sind (Schulleiterbefragungen), scheint es so zu sein, dass sich die Ost-West-Differenzen bis zum Untersuchungszeitpunkt verringert haben – mit der Prognose einer weiteren Anpassung. Für diese Angleichungshypothese spricht unter anderem, dass Unterschiede in den sechsten im Vergleich zu höheren Klassen kaum noch bestehen und die allgemeinen Beurteilungsmaßstäbe der Jugendkultur mittlerweile nahezu identisch sind. Die „Vereinigung im Gewaltniveau" verläuft im Osten und im Westen aber auf verschiedenen Entwicklungspfaden: eine erheblich höhere Aggressionsbereitschaft im Osten (vgl. dazu auch Deutsches PISA-Konsortium 2003, S. 165ff) bildet in Verbindung mit einem im Durchschnitt deutlich negativeren Selbstkonzept ein erhebliches Gefährdungspotential, das bei ähnlichen familialen und außerschulischen Bedingungen in Ost und West im Wesentlichen durch eine höhere Rigidität der ostdeutschen Schulkultur z. Zt. noch „herunterreguliert" werden kann, im außerschulischen Raum, der einer geringeren Sozialkontrolle unterliegt, dagegen um so stärker Platz greift[1].
Die Geschlechterdifferenzen bestätigen sich auch bei dieser Skala der Gewaltbeobachtung, Jungen registrieren bei fast allen Gewaltformen mehr Gewalt als Mädchen, die Unterschiede zwischen den Geschlechtern fallen in Ostdeutschland stärker als in Westdeutschland aus. Das bezieht sich auch auf „Sexuelle Belästigung". Die Ausnahme sind „Aggressionen gegen Lehrer", die von Mädchen vergleichsweise stärker berichtet werden. Wenn man begründet annehmen kann, dass die größere Involviertheit der Jungen in Gewalttaten der Grund für ihre generell stärkere Gewaltbeobachtung ist, könnte man in Bezug auf die Lehreraggressionen interpretieren, dass sich – zumal es sich vornehmlich um weichere Formen handelt – die Mädchen in diesem Bereich besonders hervortun. Eine andere Lesart dieses Befundes wäre, dass Mädchen die Schwierigkeiten und Belastungen der Lehrerrolle besser nachempfinden können und derartige Übergriffe daher sensibler registrieren.
Die vermuteten Schulformunterschiede sind bei der Gewaltbeobachtung insgesamt feststellbar, es zeigt sich die Tendenz einer stärkeren Vorkommenshäufigkeit in den Förder-, Haupt- und Realschulbildungsgängen und einer entsprechend geringeren Ausprägung in Gymnasien. Diese Aussage bezieht sich jedoch stärker auf die härteren Gewaltformen (z.B. ernsthafte Prügeleien, Erpressung), während vulgäre Beschimpfungen, leichte körperliche Auseinandersetzungen und auch Vandalismus in Gymnasien fast genau so häufig vorkommen wie in anderen Schulformen.
Die Klassenstufen und somit das Entwicklungsalter spielen bei den Gewaltformen eine wichtige Rolle. Zwar gilt die Faustregel von den Gewaltspitzen in achten Jahrgangsklassen, in denen die Schülerinnen und Schüler 14 bis 15 Jahre alt sind und sich bedingt durch die Pubertät in einer entwicklungsoffenen Situation befinden. Ulrich Oevermann (2003) schreibt dazu, dass er sich kaum etwas Krisenhafteres

1 Neuere Repräsentationsdaten zum Bundesländervergleich liegen leider nicht vor.

vorstellen könne als die „humane Ontogenese bis zu diesem Lebensabschnitt" und fährt fort: „Sie ist geradezu der Prototyp für die systematische Erzeugung des Neuen, wie sie sich auf ein gattungsspezifisches Reifungsprogramm nicht zurückführen lässt, sondern wesentlich in einer äußerst komplizierten zukunftsoffenen Konstruktionsleistung, genannt Bildungsprozess, besteht, der zugleich ein Prozess der Individuierung ist" (ebd., S. 75).

Es ist aus diesem Grunde unangebracht, eine vollkommene Standardisierung dieser Entwicklung bezüglich des aggressiven Verhaltens in den Angaben der befragten Schüler aufspüren zu wollen. Dennoch lassen sich einige Tendenzen feststellen. Für einige Gewaltformen trifft es zu, dass sie sich stärker bei Schülern in den achten Jahrgangsklassen artikulieren, dies gilt für die verbalen Aggressionen, die sexuelle Belästigung und Angriffe mit der Waffe. Daneben gibt es bei Aggressionen gegen Lehrer eine über diesen Zeitpunkt hinausgehende ansteigende Tendenz und bei anderen Gewaltformen, z.B. bei Prügeleien eine eher fallende Tendenz (vgl. im Detail Forschungsgruppe Schulevaluation 1998, S. 59ff).

Mit Hilfe von Regressionsanalysen haben wir versucht, die drei moderierenden Variablen (Schulform, Geschlecht und Jahrgangstufe) zu gewichten und haben dabei feststellen können, dass über alle Gewaltformen hinweg der Schulformzugehörigkeit das größte Gewicht zukommt, gefolgt von der Geschlechtszugehörigkeit und danach der Jahrgangsstufe. Die Pubertät spielt eine wichtige Rolle, noch gravierender sind aber die Unterschiede zwischen Mädchen und Jungen sowie die mit der schulischen Selektion verbundenen Probleme, die sich auf das Gewaltvorkommen am stärksten auswirken.

Täter, Opfer und Unbeteiligte

Unsere Forschungsgruppe hat in einem ihrer Schwerpunkte differenzierte Täter-Opfer-Analysen durchgeführt. Im Verlauf der bisherigen Darstellungen hatten wir auf dieses im Hinblick auf die Diagnostik wichtige Thema mehrfach Bezug genommen. Unsere empirischen Analysen haben dazu ergeben, dass sich die Gruppen von Tätern und Opfern, einschließlich der Subgruppen, nicht klar voneinander abgrenzen lassen. Neben einer deutlich identifizierbaren Gruppe von Wiederholungstätern gibt es solche Schüler, die in eine Tat „hineingeschlittert" sind, z.B. als sie einen Streit schlichten wollten oder aus Spaß gekämpft haben. Neben eindeutigen Opfern, die häufig gequält und ausgegrenzt werden, gibt es „provozierende" Opfer, deren Leid wenigstens zum Teil von ihnen selbst mit verursacht wurde (vgl. Olweus 1995, S. 26ff).

Ein weiteres Ergebnis unserer Untersuchungen ist, dass es mehr Täter als Opfer gibt (vgl. Melzer/Rostampour, 1996). Dies spricht dafür, dass es häufig mehrere Täter sind, die eine gegen ein Opfer oder eine kleinere Gruppe gerichtete Tat verüben (s. aber Tab. 3.3). Da wir von einem relativ weiten Gewaltbegriff ausgehen, fallen auch die Täter- und Opfer-Gruppen dementsprechend relativ groß aus. In unserer frühesten Schülerbefragung (94er Studie), bei der wir im Kontext von Schulqualität auch Gewaltaspekte mit erhoben hatten, waren von den ca. 4000 befragten Schülerinnen und Schülern der 6. und 9. Jahrgänge nur 1300 „nie" als Täter oder Opfer in Erscheinung getreten; 2300 waren in verschiedene Formen abweichenden Verhaltens involviert. Von denjenigen, die nach unseren Kategorien zu den Opfern zählen („oft"/„ab und zu"), sind lediglich 36,4% „nie" Täter gewesen, d.h. fast zwei Drittel aller Opfer sind auch als Täter hervorgetreten. Umgekehrt waren von denjenigen, die „oft"/„ab und zu" Täter sind, 45,7% „nie" Opfer, also auch eine Mehrheit der Täter ist schon in verschiedener Intensität Opfer gewesen.

In dieser Studie konnten eine Reihe von Faktoren, die für den Täter- und den Opferstatus gleichermaßen kennzeichnend sind, ermittelt werden: Täter und Opfer sind eher Jungen als Mädchen, kommen an Gymnasien signifikant weniger häufig vor, auch an Schulen, in denen – unabhängig von der Schulform – das Gewaltvorkommen insgesamt niedriger ist. Es sind in solchen Schulen mehr Täter und Opfer zu verzeichnen, in denen nach Auffassung der Schüler ein „aggressives Lehrerverhalten" besteht. Das Handeln der Lehrer ist also mit entscheidend bei Problemen, vor allem aber bei der professionellen Lösung dieser Probleme (z.B. Kommunikationsverhalten). Außerdem zeigt sich, wie elterliche Erziehungseinflüsse in Schule hineinwirken: Kinder, die in einem positiven Familienklima aufgewachsen sind und einen hohen Grad an Übereinstimmung in Bezug auf den Leistungsbereich und die Bildungserwartung der Eltern aufweisen, sind weniger – als „Täter" und als „Opfer" – in Gewalttaten involviert.

Bei der Charakterisierung der *Tätergruppe* kann davon ausgegangen werden, dass sich hier im Durchschnitt etwas schlechtere Schüler versammeln, sie bleiben etwas häufiger sitzen bzw. ihre Versetzung ist eher gefährdet. Vor allem sehen sie aber den Sinn des Lernens nicht ein und können kaum Schulfreude empfinden. Das Verhältnis zu den Lehrern wird als gestört betrachtet. Sie fühlen sich oft schon „abgeschrieben". Die Schule kümmere sich zu wenig um sie, der Unterrichtsstoff werde nicht genügend erklärt, auf Fragen der Schüler zu wenig eingegangen. Die Täter fühlen sich in den Räumen der Schule nicht wohl, außerdem äußern sie – etwas überraschend –, dass man sie in der Schule zu wenig zu Ordnung, Pünktlichkeit und Sauberkeit, also zur Einhaltung traditioneller Lerntugenden, angehalten habe. Vielleicht fehlt es den Tätern an Deutlichkeit der Regeln, gewiss aber an positiven Erfahrungen im Umgang miteinander. Im Unterschied zu den Opfern rechtfertigen die Täter aber die von ihnen ausgeübten schulischen Formen von Gewalt und abweichendem Verhalten als „notwendig" und legitimieren sie als „natürliches Verhalten".

Im Gegensatz zu den Tätern, die sich als Gruppenmenschen definieren, ist das typische *Opfer* isoliert, hat das Gefühl, von anderen nicht akzeptiert zu werden, keine Freunde zu haben. Opfer fühlen sich in der Klasse nicht wohl, empfinden dort keinen Zusammenhalt, nur Konkurrenz und Egoismus. Diese sozialen und klimatischen Beeinträchtigungen bestehen bereits in der Familie und setzen sich auf Schulebene fort: Opfer fühlen sich in der Schule unwohl, haben keinen Spaß beim Lernen. Das Opfer ist ein Angsttyp; es besitzt – im Gegensatz zum Täter – ein geringes Selbstwertgefühl, ist mit sich unzufrieden, hält sich für wenig erfolgreich und sieht bei sich kaum erwähnenswerte positive Eigenschaften. Opfer haben auch außerhalb der Schule weniger Freunde und sind seltener in soziale Gruppen und Cliquen eingebunden.

Genau dies ist wiederum ein Merkmal der Täter. Am Rande der „sozial-ökologischen Ausschnitte" entstehen nicht nur Freundschaftsbeziehungen, Gruppen und Cliquen, die über den schulischen Kontext hinausweisen, sondern auch Gruppen mit einer aggressiven Außenorientierung bis hin zu Schüler- und Jugendbanden. Die statistisch stärksten Effekte für das Zustandekommen des Täterstatus lassen sich für den Prozess der sozialen Etikettierung als Täter (r = .50***) nachweisen. Da dieser Aspekt auch bei der Charakterisierung der Opfer eine überdurchschnittliche Rolle spielt (r = .33***), spricht dies dafür, dass derartige Prozesse der schulischen Interaktion eine erhebliche Relevanz im Hinblick auf die Gewaltemergenz besitzen.

Zugespitzt könnte man sagen: ein Stück weit werden Täter und etwas weniger stark auch Opfer durch den Erwartungshorizont ihres Umfeldes (Mitschüler wie Lehrer) in ihre jeweiligen Rollen gedrängt.

Damit lässt sich auch der Befund unserer neueren Schülerbefragungen erklären, dass sich Täter-Opfer-Rollen im Verlaufe der Schulzeit verfestigen. Daran sind eben auch die Lehrer mit Etikettierungs- und zum Teil ebenfalls aggressivem Verhalten nicht unbeteiligt. Während sie die „Störenfriede" und auch „Leistungsträger" in den Klassen sehr genau kennen, wissen sie aber über „Außenseiter" und „Opfer" unter den Schülern weniger Bescheid.

In unserer 96er Studie haben wir mit Hilfe von Clusteranalysen eine noch differenziertere Täter-Opfer-Typologie entwickelt. Zwar lassen sich mit diesem Verfahren die Gruppen der Täter und Opfer „idealtypisch" abgrenzen, es bestätigt sich aber der Befund der früheren Untersuchung, dass die Mehrzahl der Täter auch Opfererfahrung besitzt und umgekehrt. Es kristallisiert sich sogar eine spezielle Täter-Opfer-Gruppe heraus, die besonders problematisch ist. Insgesamt haben wir fünf Typen von Schülern ermitteln können: *Opfer* (7%), *Täter-Opfer* (3,4%), *Täter* (8%), *Episodentäter* (25,8%) und *Unbeteiligte* (55,8%).

Die fünf Gruppen lassen sich wie folgt charakterisieren: In der Gruppe der *Unbeteiligten* ist das Altruismus- und Präventionspotential einer Klasse lokalisiert. Lehrer können sich bei ihren Präventions- und Interventionsbemühungen auf die große Mehrheit der Schülerinnen und eine relevante Gruppe von Schülern stützen. *Episodentäter* sind mit etwa einem Viertel der sächsischen Schüler die zweitgrößte Gruppe. Von Mitgliedern dieser Gruppe werden überwiegend weichere Gewaltformen und diese auch nur relativ selten verübt. Bei den Episodentätern bestehen daher gute Aussichten auf Präventionserfolge. Zugleich kann die Zugehörigkeit zu dieser Gruppe für einen kleinen Teil der Schülerschaft den Einstieg in gravierendere Problemlagen bedeuten.

Zur Gruppe der *Opfer*, die die Hauptleidtragenden schulischer Gewalt sind, gehören diejenigen, die von anderen systematisch gequält und drangsaliert werden. Die Opferrolle ist am nachhaltigsten durch die Familie geprägt und wird von den Lehrern am wenigsten entdeckt. Daher ist der Präventionserfolg hier am geringsten zu veranschlagen; es sind spezifische Strategien der Opferprävention erforderlich.

Die Gruppe der Täter unterscheidet sich von der Täter-Opfer-Gruppe vor allem in folgender Hinsicht: Die *Täter* begehen in der Regel die etwas weniger gravierenden Taten, ihnen gelingt es, durch die gemeinschaftlich verübte Tat „Peerkapital" (du Bois-Reymond) – die Anerkennung anderer – zu gewinnen und so ihr Selbstbewusstsein zu steigern.

Demgegenüber stellen die *Täter-Opfer* den „harten Kern" der Täter dar; sie bevorzugen die härteren Gewaltformen, müssen aber im gleichen Maßstab einstecken wie sie austeilen. Durch die Erfahrung beider Rollen sind sie in ihrem Selbstbewusstsein eingeschränkt; für die Täter-Opfer ist ein negatives Selbstkonzept das entscheidende Merkmal, das bei ihnen zu einer erhöhten Aggressionsbereitschaft und damit wieder zu neuen Taten führt.

In der folgenden Tabelle sind die ermittelten fünf unterschiedlichen Typen ausdifferenziert nach Geschlecht, Jahrgang und Schulform dargestellt.

Tab. 3.3: Verteilung von Geschlecht, Jahrgang und Schulform in den fünf Clustern des Gewaltstatus (in Prozent)

Status	Ges.	Geschlecht		Jahrgang			Schulform		
		Junge	Mädchen	Kl. 6	Kl. 8	Kl. 9/10	Gymn.	Mittelschule	Förderschule
Opfer	7,0	8,3	5,7	9,9	6,8	4,4	6,6	6,8	11,5
Täter-Opfer	3,4	4,6	2,2	4,1	4,5	1,4	1,7	3,7	11,5
Täter	8,0	13,7	2,6	4,8	10,8	7,9	5,2	10,1	7,7
Episoden-Täter	25,8	31,9	20,2	17,3	28,7	31,0	24,4	27,2	22,5
Unbeteiligte	55,8	41,4	69,4	63,9	49,1	55,3	62,1	52,1	46,7

Prozentangaben sind Spaltenprozente; in allen Fällen: $p < .001$

Es zeigt sich durchgängig, dass Jungen sich erheblich mehr als Mädchen an Gewalthandlungen beteiligen. Während fast 70% aller Mädchen zur Gruppe der „Unbeteiligten" gehören, befinden sich nur gut 40% der Jungen in dieser Gruppe. In allen beteiligten Gruppen sind die Jungen stärker als die Mädchen vertreten, insbesondere bei den „Tätern", „Täter-Opfern" und „Episoden-Tätern". Bei den „Opfern" sind die Geschlechterunterschiede aber etwas geringer. Aus den Daten ist ebenfalls ersichtlich, dass die „Tätergruppe" am stärksten im 8. Jahrgang vertreten ist und am geringsten im 6. Jahrgang. Ihr Anteil im 9. bzw. 10. Jahrgang unterscheidet sich kaum vom Gesamtdurchschnitt. In den höheren Jahrgängen kommen die „Episoden-Täter" am relativ stärksten vor, gefolgt von den Schülern des 8. Jahrgangs; Sechstklässler sind auch hier unterrepräsentiert. Der Anteil der „Opfer" nimmt mit zunehmender Klassenstufe fast linear ab. Im Jahrgang 6 befinden sich mehr als doppelt so viele „Opfer" wie in den Jahrgängen 9 und 10. Der Anteil der „Unbeteiligten" ist in der Klassenstufe 6 am größten und in der Klassenstufe 8 am kleinsten. Das zeigt, dass sich innerhalb der untersuchten Altersspanne der Übergang von der 6. zur 8. Klasse für viele Schüler hinsichtlich der Verwicklung in schulische Gewalt kritisch gestaltet. Es gibt in unteren Klassen mehr Opfer als Täter, in höheren Klassen ist die Relation umgekehrt. Ein weiteres erwartetes Ergebnis ist, dass die Gymnasien am wenigsten und die Mittelschulen (Haupt- und Realschulbildungsgang) sowie die Förderschulen am stärksten von Gewalt betroffen sind. Die Gymnasien sind mit ca. 62% unbeteiligter Schüler am wenigsten und die Förderschulen mit nur etwa 47% unbeteiligter Schüler am meisten belastet. Der relativ hohe Anteil der „Opfer" und der „Täter-Opfer" in den Förderschulen im Vergleich zu den anderen Schulformen ist bemerkenswert, obwohl der Anteil der „Täter" und „Episoden-Täter" in dieser Schulform insgesamt fast genauso groß ist wie in den Gymnasien und kleiner als in den Mittelschulen.

Die herausgefundene Täter-Opfer-Typologie bestätigte sich in drei großen Repräsentativbefragungen von Schülern: in der 96er Untersuchung – sowohl in Sachsen als auch in Hessen – und in der 98er Untersuchung in Sachsen. Die Ergebnisse differieren bei den Opfern zwischen 6,6% und 10%, bei den Täter-Opfern zwischen 3,2% und 3,7%, bei den Tätern zwischen 6,3% und 8%, bei den Episodentätern zwischen 20,9% und 25,8% und bei den Unbeteiligten zwischen 55,9% und 59,7%. Wichtiger als die ähnliche Größenordnung der Typen scheint uns zu sein, dass sich diese Grundstruktur immer bestätigt hat, so dass wir davon ausgehen, dass diese fünf Gruppen mit den dargestellten geschlechts-, schulform- und altersspezifischen Unterschieden im Prinzip in allen Schulen und in jeder Schulklasse vorkommen.

Dafür spricht auch, dass wir in der WHO-Studie von 2003 mit den in diesen Gesundheitssurvey einbezogenen Mobbing-Items (Täter und Opfer) wiederum zu ähnlichen Ergebnissen kommen. Bei der internationalen Befragung waren über 160.000 Sekundarschüler, in der deutschen ca. 5.600 Probanden in die Untersuchung einbezogen. Es zeigen sich dieselben Typen in ähnlicher Größenordnung für Täter-Opfer, Täter und Opfer. Bei der Gruppe der Episodentäter und der Unbeteiligten kommt es zu Verschiebungen zugunsten der Unbeteiligten; dies kann methodische Gründe haben, da nur zwei Items einbezogen waren.

Tab. 3.4: Internationale Täter-Opfer-Konstellation (Angaben in Prozent, Köpergröße in cm)

	Geschlecht			Altersstufe			Körpergröße
	Gesamt	Männlich	Weiblich	11,6 Jahre	13,6 Jahre	15,6 Jahre	(13,6 Jahre)
Täter-Opfer	2,9	64,1	35,9	34,1	34,5	31,4	62,4
Täter	6,1	68,0	32,0	20,4	37,9	41,7	163,7
Opfer	7,5	48,9	51,1	41,3	37,1	21,6	161,5
Episodentäter	11,2	56,2	43,8	35,9	37,2	26,8	162,2
Unbeteiligte	72,3	44,9	55,1	34,2	33,3	32,4	162,3
Gesamt	100,0	48,6	51,4	34,2	34,5	31,3	162,3

(Quelle: HBSC International 2002, N = 163.222)

Tab. 3.5: Deutsche Täter-Opfer-Konstellation (Angaben in Prozent)

		Geschlecht		Klassenstufe			Schulform	
	Gesamt	Männlich	Weiblich	5	7	9	Gymnasium	Andere Schulform
Täter-Opfer	3,1	70,1	29,9	31,6	35,1	33,3	30,5	69,5
Täter	11,1	63,2	36,8	14,9	40,5	44,6	33,1	66,9
Opfer	8,0	50,7	49,3	41,7	34,8	23,5	31,4	68,6
Episodentäter	12,6	56,2	43,8	38,5	32,2	29,3	35,5	64,5
Unbeteiligte	65,2	44,4	55,6	39,9	30,0	30,1	34,4	65,6
Gesamt	100,0	49,3	50,7	37,1	31,9	31,0	33,9	66,1

(Quelle: HBSC Deutschland 2002, N = 5.650)

Es bestätigte sich in allen unseren Studien, dass Unbeteiligte und gelegentliche Täter in der Mehrheit sind, es bestätigten sich die Wechselbezüge von Täter- und Opfer-Sein, es bestätigte sich die Jungen-Dominanz bei Gewalthandlungen im Vergleich zu Mädchen, es bestätigte sich das niedrigere Alter der Opfer im Vergleich zu den im Durchschnitt älteren Tätern und auch die geringere Problemlage in „höheren" Schulformen. Ein neuer Aspekt kommt hinzu: Täter haben den größten Körperwuchs (gemessen im Durchschnittsalter von 13,6 Jahren) und spielen diesen Vorteil der Körperlichkeit offenbar in Konfliktfällen aus (s. Tab. 3.4).
In weiteren Analysen konnte festgestellt werden, dass die fünf Gruppen sich hinsichtlich ihrer sozialen Kompetenz, ihrer Selbstwirksamkeit und ihrer schulischen Kompetenz unterscheiden. Wiederum sind die Täter-Opfer neben den Opfern die problematischste Gruppe. Die positiven Werte der Unbeteiligten überraschen nicht, die der Täter erklären sich durch die Anerkennung, die ihnen die Tat gebracht hat – daher hatten wir das Verhalten der Täter (mit den nicht extremen Taten) als „systemlogisch" bezeichnet.

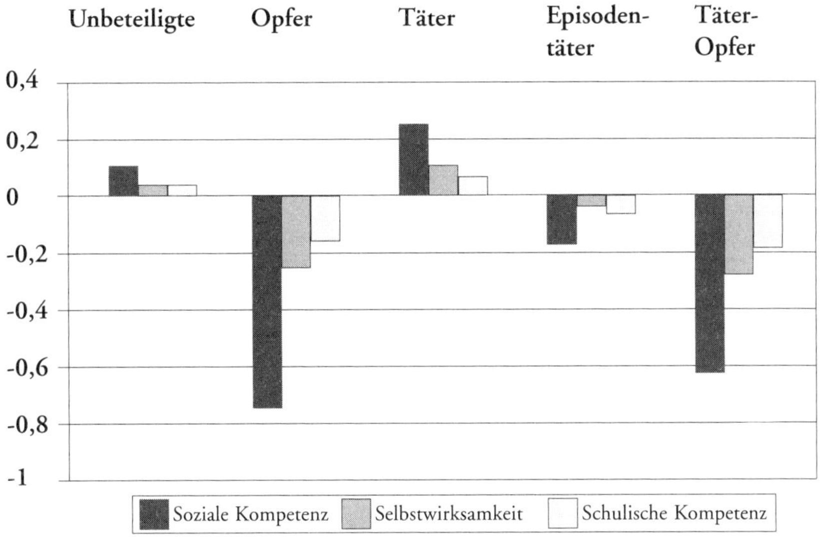

Abb. 3.4: Kompetenzen der identifizierten Schülergruppen (HBSC Deutschland, N = 5.650)

Die Nulllinie repräsentiert den Durchschnitt aller befragten Schüler

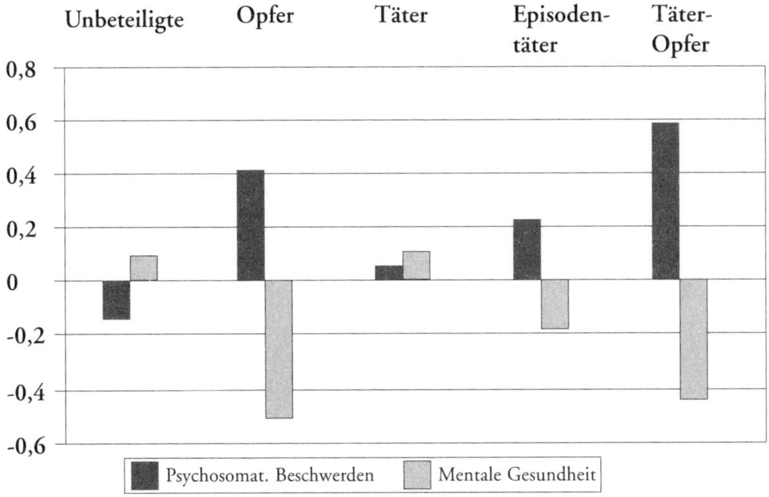

Abb. 3.5: Psychisches Wohlbefinden der identifizierten Schülergruppen (HBSC Deutschland, N= 5.650)

In einem nächsten Schritt untersuchten wir die psychosozialen Beschwerden (-) und die mentale Gesundheit (+) der Mitglieder der fünf Gruppen. Es überrascht nicht, dass Täter-Opfer und Opfer die größten gesundheitlichen Probleme haben und die Unbeteiligten die wenigsten. Die Täter haben leicht überdurchschnittliche psychosomatische Beschwerden, sind aber bei bester mentaler Gesundheit, d.h. haben eine positive Grundstimmung, sind gefestigt, fühlen sich wohl in ihrer Haut und sind stolz auf sich.

Das Bild vom zerrissenen, unglücklichen, verzweifelten oder finster-brutalen Täter ist also absolut falsch – das ist die Quintessenz unserer Täter-Opfer-Analysen. Ein weiteres Ergebnis ist, dass die Lehrer die unterschiedlichen Gewaltaktiven in der notwendigen Differenziertheit in der Regel nicht erkennen: ihnen sind die Leistungsträger und Störenfriede bekannt, nicht aber die Opfer oder die „leisen" Problemschüler (vgl. auch Kap. 3.4). In soziometrischen Untersuchungen, die wir durchgeführt haben, können die Schüler im Gegensatz zu ihren Lehrern die gesamte Typologie der Klasse sehr wohl erkennen und jeden einzelnen Schüler darin einordnen. Die Schüler wären also eine Informationsquelle, um vor allem extreme Gewalttaten in der Schule zu verhindern – dagegen spricht aber ein falscher Ehrenkodex, wie die Ereignisse in Meißen, Erfurt, Emsdetten oder Winnenden gezeigt haben.

Eine weitere Frage, die wir grundlegend untersucht haben, ist die nach der Konstanz der Gruppen bzw. Rollen. In der BKA-Studie (vgl. Lösel/Bliesener 2003) wurde dazu festgestellt, dass die Stabilität aggressiven Verhaltens lt. Forschungsstand dann besonders groß ist, wenn abweichende Verhaltensweisen früh auftreten (ebd., S. 115). Die beiden zitierten Autoren haben in ihrer eigenen Studie relativ hohe Retest-Korrelationen, insbesondere bei den physischen Aggressionen (r_{tt} = .72) und der Delinquenz (Aggressionsdelikte) (r_{tt} = .77) im Zeitraum von ca. 20 Monaten festgestellt. Allerdings wurden nicht alle Schüler zum zweiten Messzeitpunkt befragt, sodass die hohen Stabilitätswerte durch methodische Verzerrungen mit begründet sein können – worauf die Autoren selbst einschränkend hinweisen (ebd., S. 116). Interessant ist, dass die Täter-Faktoren stabiler sind als die Opfer-Faktoren (ebd.).

Eine gewisse Stabilität des Verhaltens der befragten Schülerinnen und Schüler bestätigt sich auch in unseren Studien (Vergleich 96er und 98er Daten für Probanden, die zu beiden Messzeitpunkten befragt wurden). Wie die Tabelle 3.6 zeigt, sind hier ebenfalls die Täter-Faktoren stabiler als die Opfer-Faktoren, wenn auch auf niedrigerem Niveau als in der zuvor zitierten Studie. Interessanter scheinen uns aber noch die weiteren differenzierenden Befunde zu sein: Das Verhalten der männlichen Schüler zeigt bei den Täter-Faktoren eine deutlich höhere Konstanz; beim Opfer-Faktor ist das Verhalten der Schülerinnen im Untersuchungszeitraum konstanter. Noch gravierender sind die Unterschiede der Altersgruppen: die Stabilität aller Täter-Faktoren von Jg. 6 nach Jg. 8 ist erheblich niedriger als von 8 nach

10. In jüngeren Altersgruppen scheint sich das Täter-Verhalten also noch weniger verfestigt zu haben; es stabilisiert sich mit zunehmendem Alter, während sich die Opferrollen in der untersuchten Altersspanne leicht aufzuweichen scheinen, bei den jüngeren Schülern im Retest zumindest stabiler sind.

Tab. 3.6: Retestkorrelationen der Täter-/Opfer-Selbstreport-Faktoren (1996-1998)

Faktoren	gesamt	männlich	weiblich	jüngere	ältere
Härtere Aggressionen	.32	.25	.23	.27	.46
Weichere Aggressionen	.46	.47	.33	.45	.53
Schuldevianz	.42	.44	.32	.37	.49
Delinquenz	.37	.38	.14 (ns)	— *	.37
Opfer (pers.bez.Angr.)	.30	.26	.33	.34	.19

alle nicht bezeichneten Korrelationen sind statistisch signifikant (p < .001); * nicht erhoben

Insgesamt kann davon ausgegangen werden, dass das aggressive Verhalten, insbesondere für bestimmte Problemgruppen, in der Zeitspanne eine gewisse Stabilität zeigt. Die gilt jedoch weniger für den Opfer-Status. Dazu hatten Lösel/Bliesener (2003) bereits festgestellt, dass der Opfer-Status im außerschulischen Raum weniger ausgeprägt ist, dass die Opfer hier den Tätern besser ausweichen können. Insgesamt sprechen die Untersuchungsergebnisse für eine gewisse Persistenz aggressiven Verhaltens und werfen die Frage auf, wie konstant die festgestellten Rollen als Täter, Täter-Opfer, Opfer, Episodentäter und Unbeteiligte (vgl. Tab. 3.3) sind. Wir konnten mit Hilfe unserer Längsschnittdaten untersuchen, ob und in welcher Größenordnung Schüler, die im Jahre 1996 einer dieser fünf Gruppen zugehört hatten, auch zwei Jahre später noch derselben Gruppe angehörten bzw. in welche andere Gruppe sie in der Zwischenzeit gewechselt waren.
In den Studien von 1996 und 1998 haben wir eine Gruppe von knapp 700 Probanden, die zu beiden Messzeitpunkten befragt wurden, hinsichtlich der Konstanz der Zugehörigkeit zu den Gruppen von Tätern und Opfern auswerten können (vgl. Rostampour 2000, S. 26).

Tab. 3.7: Rollenwechsel in der schulischen Gewalt innerhalb von zwei Jahren („Panel"-Daten, Angaben in Prozent)

		2. Erhebung					
		Opfer	Täter-Opfer	Täter	Episoden-Täter	Unbeteiligte	Insgesamt
1. Erhebung	Opfer	10,4	2,1	6,3	29,2	52,1	6,9
	Täter-Opfer	22,2	5,6	11,1	44,4	16,7	2,6
	Täter	4,1	----	26,5	49,0	20,4	7,1
	Episoden-Täter	3,9	2,8	7,9	41,6	43,8	25,6
	Unbeteiligte	2,2	1,5	4,0	18,2	74,1	57,8

Von den ehemals 48 Opfern bleiben lediglich 10,4% (5 Probanden) in dieser Gruppe, die meisten wechseln zu den Unbeteiligten, die zweit meisten zu den Episodentätern. Die übrigen Gruppen der Gewaltaktiven sind auch nicht sehr konstant. Bei den Tätern bleibt nur ein gutes Viertel in dieser Gruppe; auch hier gibt es einen „Aging-out-Effekt", d.h. eine Tendenz zur Besserung. Etwa die Hälfte der Täter begeht nur noch gelegentliche Taten, weitere ca. 20% wechseln zu den Unbeteiligten. Die Gruppe der Episodentäter hat eine relativ hohe Konstanz, über 40% gehören auch nach zwei Jahren noch zu der Gruppe, weniger als 15% wechseln zu problematischen Gruppen, fast 44% zu den Unbeteiligten. Die Unbeteiligten sind die stabilste Gruppe; fast drei Viertel behalten ihren Status.

Auch wenn ein Teil der Täter und Opfer in ihren spezifischen Rollen bzw. in den Problemzonen verbleiben, belegen die Daten eindeutig, dass die Beteiligung an Gewalt in der Schule im Regelfall ein vorübergehendes Problem ist und sich nur bei einer sehr kleinen Minderheit zu einer Täter-Karriere verdichtet. Das ist zugleich ein Beleg dafür, dass Etikettierungen und Stigmatisierungen – sei es von den Mitschülern, sei es von den Lehrern – vollkommen unangebracht sind. Die Vorstellung „Einmal Täter, immer Täter" ist empirisch nicht belegbar und kann als Vorurteil sogar dazu beitragen, dass sich die Rolle verfestigt und dem betreffenden Schüler die Chance zum Rollenwechsel verbaut wird.

Gewalt in konkreten Handlungssituationen

Dieser Untersuchungsteil war Gegenstand der 96er Studien in Sachsen und Hessen sowie der 98er Studie in Sachsen. Im Schülerfragebogen wurden vier unterschiedliche Handlungssituationen dargestellt und im Fragebogen zum Zwecke der Anschaulichkeit für die Schüler mit Bildmaterial versehen. Die Probanden wurden zu diesen Gewaltsituationen nach Beobachtung bzw. Selbstreport (Häufigkeit), nach ihrer Bewertung und den Reaktionen befragt. Bei den folgenden Auswertungen liegen die Daten der 98er Schülerbefragung zugrunde, die beiden übrigen Studien kommen zu ähnlichen Ergebnissen.

Die vier Handlungssituationen beinhalten physische Gewalt gegen einen Mitschüler, Erpressung, schwere Prügelei und sexuelle Belästigung. Ziel der Befragung war es, die verschiedenen Perspektiven der Beobachtung im Klassenraum, der Beobachtung in der Schule (d.h. vor und nach dem Unterricht, auf dem Schulhof etc.) und des Selbstreports („Habe ich selbst getan“) miteinander vergleichen zu können. In einem zweiten Schritt wurden die Einstellungen und Reaktionsformen der Schüler (z.B. Angst, Reiz zur Nachahmung, Ärger, Verhalten normal) zu diesen Situationen ermittelt. Schließlich haben wir in einem dritten Schritt die von den Schülern beobachteten bzw. angegebenen Interventionen der Lehrer analysiert. Die folgende Tabelle zeigt zunächst die Häufigkeiten der Beobachtung in Unterricht und Schule sowie des Selbstreports. Die Schülerinnen und Schüler konnten auf einer 5-stufigen Skala (von 1 = nie bis 5 = sehr oft) ankreuzen. Um die Unterschiede sichtbar zu machen, wurden in der Tabelle die Extrem-Kategorien (Werte für 1 = nie vs. 4 = oft/5 = sehr oft) gegenüber gestellt.

Tab 3.8: Gewalt in konkreten Handlungssituationen in den letzten 12 Monaten (Angaben in Prozent, 98er Studie)

Handlungssituation	**Beobachtung in der Klasse**		**Beobachtung in der Schule**		**selbst getan**	
	nie	oft/sehr oft	nie	oft/sehr oft	nie	oft/ sehr oft
1 Ein Junge/ein Mädchen tritt jemanden in böser Absicht.	26,3	15,9	18,8	17,4	60,3	5,6
2 Ein Junge/ein Mädchen fordert Geld von jemandem und droht ihm/ihr Strafe an, wenn er/sie nicht bezahlt.	86,0	1,5	76,3	2,5	90,3	2,2
3 Zwei prügeln sich so stark, dass es Verletzungen (z.B. blutige Nasen, blaue Augen) gibt.	60,7	4,2	39,3	6,4	81,3	3,5
4 Ein Junge bedrängt ein Mädchen und fasst es gegen seinen Willen an den Busen oder zwischen die Beine.	75,0	4,8	69,6	5,1	43,0	3,1

1 = nie; 2 = selten; 3 = manchmal; 4 = oft; 5 = sehr oft

Die Situation 1, also die absichtliche physische Schädigung eines Mitschülers, ist im Vergleich der vier Situationen die häufigste, am seltensten kommt es zu Erpressungen, dazwischen liegen blutige Prügeleien und sexuelle Übergriffe. In allen Fällen sind die Vorkommenshäufigkeiten in weniger kontrollierten Räumen höher als in der Klasse. Besonders deutlich ist der Kontrast bei der Situation 3, Prügelei. Nimmt man den Selbstreport als Maßstab, so sind es zwischen 2% und 6% der Schüler, die in den vergangenen 12 Monaten sehr oft bzw. oft in solche Gewaltsituationen als Verursacher einbezogen waren. Wenn man beim Selbstreport alle Kategorien der Beteiligung (von selten bis sehr oft) zusammenfasst, so sind es 38,5%, die andere getreten haben, fast 8%, die andere erpresst haben, ca. 17%, die andere schwer verprügelt haben und über 8% der Jungen, die Mädchen in der beschriebenen Weise belästigt haben.

Alle diese Vorkommnisse treten in den Förderschulen und im Hauptschulbildungsgang häufiger auf, es sind immer deutlich mehr Jungen Ausübende von Gewalt. Schwerpunkte der Gewalt liegen bei der physischen Gewalt in 8. bzw. 9. Jahrgängen, bei Erpressung und Schlägerei nimmt die Vorkommenshäufigkeit sukzessive ab, während sie bei der sexuellen Belästigung in den höheren Klassen leicht ansteigt. Diese Antwortstrukturen sind in unseren und anderen Studien vielfach bestätigt und sollen uns hier nicht weiter beschäftigen. Vielmehr interessieren uns die Einstellungen und Reaktionsformen der Schüler zu und auf Gewaltsituationen. Um in der Vielzahl der Einzelbefunde eine Systematik zu erkennen, betrachten wir die am häufigsten vorkommende Gewaltsituation (Situation 1) genauer. Wie reagieren Schüler, wenn sie beobachten, dass ein Mitschüler einen anderen in böser Absicht tritt?

Abbildung 3.6 zeigt die Verteilungen für die fünf erfragten Reaktionsformen. Die gezielte physische Schädigung eines Mitschülers durch Treten wird von mehr als 47% der Befragten für normal gehalten, man denkt sich nichts dabei. Bereits bei der Bewertung des Mobbing (regelmäßiges Verstreuen des Tascheninhaltes eines Schülers in der Pause, vgl. Kap. 2.3) war deutlich geworden, dass Normverstöße, die von Pädagogen beklagt werden, von einem überwiegendem Teil der Schüler für normal gehalten werden.

Beim absichtlichen Treten sind es nur ca. 17% der Befragten, die ein solches Verhalten als anormal einstufen. Dieser Wert entspricht in etwa der Größenordnung der Ablehnung in dem Sinne, dass sich der Befragte wünscht, dass Schüler sich nicht so verhalten (18,4%). Allerdings finden fast 45% der Befragten diese Gewaltsituation ärgerlich – aus welchen Motiven auch immer. Dass es bei manchen ein Bedauern sein könnte, nicht „mitgemischt" zu haben, zeigen die Antworten zum Reiz solcher Gewaltsituationen. Fast drei Viertel der Befragten geben an, dass die beschriebene Gewaltsituation sie reizt und sie sich wünschten, das Gleiche zu machen, für nur knapp 9% besitzt Gewalt dieser Art keinen Reiz. Jungen lehnen die Gewaltsituation weniger ab als Mädchen und halten sie dagegen eher für normal. Der Ärger über

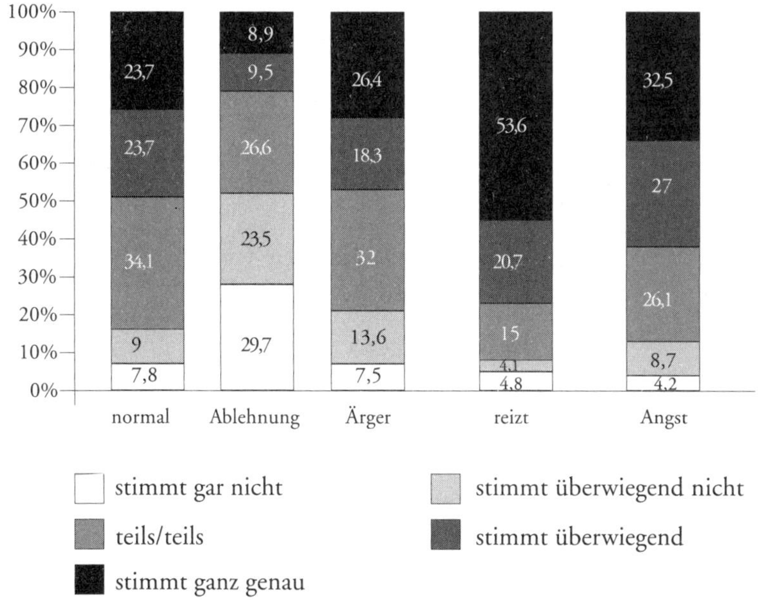

Abb. 3.6: Reaktionen der Schüler auf Gewalt – Handlungssituation 1: *„Ein Junge/ein Mädchen tritt jemanden in böser Absicht.“* (Angaben in Prozent)

Legende zu den Reaktionsformen der Schülerinnen und Schüler:

normal: Sehe das als ganz normal an; denke mir nichts dabei.
Ablehnung: Wünsche mir, dass Schüler sich nicht so verhalten.
Ärger: Ich ärgere mich.
reizt: Es reizt mich, ich würde am liebsten das Gleiche machen.
Angst: Ich empfinde Angst.

Gewalt ist bei den Mädchen stärker ausgeprägt, ebenso wie die Angst vor Gewalt, die von fast 60% der Befragten angegeben wird. Die Unterschiede zwischen den Geschlechtern sind bei den Reaktionsformen der Angst (Mädchen dominieren) und des Reizes zur Nachahmung (Jungen dominieren) am größten.

Wenn die internale Steuerung beim Schüler, z.B. durch moralische Ablehnung von Gewalt, nicht funktioniert, stellt sich die Frage der äußeren Steuerung, der Intervention durch Lehrer. Auch Schüler sehen sich in der Rolle, bei Konflikten zu intervenieren. Bei der Handlungssituation 1 (Treten) sagen fast 45% der Befragten, dass sie sich in diesen Fällen einmischen und versuchen würden, das Verhalten zu beenden. Dazu wurde bereits angemerkt, dass die Interventionsbereitschaft von Schülern durchaus in Gewalt umschlagen kann, das „Mitmischenwollen“ bereits von Beginn an ein Motiv für die Intervention sein kann. Von Lehrern kann man dagegen erwarten, dass sie aus pädagogischen Motiven intervenieren und nicht wegschauen.

Tab. 3.9: Interventionsbereitschaft der Lehrer lt. Schülerbericht (Angaben in Prozent)

	Wenn Lehrer solches Verhalten beobachten, greifen sie ein und versuchen dieses Verhalten zu beenden.	
	nie	**oft/sehr oft**
Situation 1 Ein Junge/ein Mädchen tritt jemanden in böser Absicht.	5,8	64,1
Situation 2 Ein Junge/ein Mädchen fordert Geld von jemandem und droht ihm/ihr Strafe an, wenn er/sie nicht bezahlt.	17,9	49,9
Situation 3 Zwei prügeln sich so stark, dass es Verletzungen (z.B. blutige Nasen, blaue Augen) gibt.	11,1	62,6
Situation 4 Ein Junge bedrängt ein Mädchen und fasst es gegen seinen Willen an den Busen oder zwischen die Beine.	16,3	53,6

Gegenüber gestellt sind die Kategorien (1) = nie vs. (4)+(5) = oft/sehr oft

Die Daten zeigen, dass eine prinzipielle Interventionsbereitschaft von Seiten der Lehrer in ca. 80 bis 95% der Fälle (Differenz zur Kategorie „nie“) gegeben ist, des öfteren aber lückenhaft und unsystematisch erfolgt – so sehen es wenigstens die Schüler. Nach ihren Angaben ist die Bereitschaft, in eine Gewaltsituation einzugreifen und sie zu beenden, bei der physischen Gewaltausübung (Treten, Prügeln) am größten, bei Situationen der Erpressung und der sexuellen Belästigung geringer. Mit dieser Einschätzung kann auch zu tun haben, dass sich die beiden zuletzt genannten Gewaltsituationen der Lehrerwahrnehmung häufiger entziehen und Schüler nur meinen, die Lehrer hätten das beobachtet und reagierten nicht darauf.

Eine Intervention in Gewaltsituationen ist für Schüler und Lehrer aus strukturellen Gründen nicht einfach und kann sogar problematisch sein. In der sozialpsychologischen und kriminologischen Forschung wurde ein sog. „non helping bystander-Effekt" festgestellt (vgl. zusammenfassend Schwind u.a. 1998). Damit wird das Phänomen bezeichnet, dass Menschen unter bestimmten Umständen ihre Hilfe für andere Personen verweigern. Wenn Gewalthandlungen auftreten, geht es im ersten Schritt darum, diese als Konflikt- und Notsituation richtig einzuschätzen; ein bagatellisierender Gewaltbegriff, wie er für viele Schüler zutrifft, stellt schon eine erste Barriere für eine mögliche Hilfeleistung oder Intervention dar. Neben der Wahrnehmungs- gibt es eine Bewertungsebene, auf der sich die Frage der Verantwortlichkeit stellt, und schließlich die Entscheidungsebene: Will ich helfen, kann ich helfen?

Auf allen Ebenen spielen situative und personale Einflussfaktoren eine Rolle. In Experimenten wurde vielfach eine Verantwortungsdiffusion in Gruppen („Pluralistische Ignoranz") festgestellt. Wenn mehrere Schüler eine Gewaltsituation beobachten, fühlt sich jeder in der Gruppe weniger verantwortlich, als wenn er als Einzelner vor die Frage des Eingreifens bzw. der Schlichtung gestellt wäre. In die Entscheidungen werden weiterhin Kosten-Nutzen-Erwägungen eingebracht, welche Vor- und Nachteile ein Eingreifen bringen könnte – das gilt gleichermaßen für Schüler und Lehrer. Physische (Körpergröße, Kraft) und psychische Aspekte (z.B. Angst) sind weitere Faktoren, die eine Intervention verhindern können. Viele dieser Prozesse laufen unbewusst, z. T. in Sekundenschnelle ab, sodass Prognosen für ein mögliches Verhalten nahezu unmöglich sind. Einige dieser Aspekte gelten auch für die Lehrpersonen – es gibt aber einen entscheidenden Unterschied: Die Verantwortlichkeit des Lehrers ergibt sich aus seiner Funktion und seinem Berufsethos, sodass es für ihn nicht darum gehen kann, ob, sondern in welcher Weise er z. B. eine beobachtete Gewaltsituation beenden und die Akteure zur Verantwortung ziehen kann.

Die Lehrer scheinen ihre pädagogische Aufgabe, soziale Konfliktsituationen der Schüler zu klären oder zu beenden, häufiger wahrzunehmen als ihnen nachgesagt wird. Dennoch sind es – nach Auskunft der Schüler – zwischen der Hälfte und etwa einem Dritteln der Lehrer, die nur gelegentlich oder gar nicht intervenieren, wenn sie Gewaltsituationen beobachten. Das Zulassen von Regelüberschreitungen bzw. das Wegschauen der pädagogisch Verantwortlichen ist falsch verstandene Toleranz und trägt zur Verfestigung von Gewalthandeln im schulischen Alltag bei – darin sind sich alle Experten einig. Daher sollte z.B. die Pausenaufsicht ernst genommen und zu Intervention bzw. Kommunikation mit den Schülern genutzt werden. Internale und externale Steuerung des Schülerverhaltens bedingen sich wechselseitig.

Aktuelle Entwicklungstrends

Vorkommenshäufigkeiten, Formen und Veränderungen im Bereich Gewalt in der Schule werden im Folgenden an Hand der HBSC-Studien dargestellt. Die aktuellsten Daten stammen aus der Erhebung von 2010, die Trends beziehen sich auf den Zeitraum von zehn Jahren und die drei Erhebungszeitpunkte in den Jahren 2002, 2006 und 2010. Eingesetzt wurden die Olweus-Skalen zum Thema Mobbing. Die Schülerinnen und Schüler wurden zunächst danach gefragt, wie oft sie „in den letzten Monaten von Mitschülern schikaniert worden sind" (Opfer-Perspektive) bzw. ihre „Mitschüler schikaniert haben" (Täter-Perspektive). Dazu wurde ihnen die folgende Erläuterung vorgelegt: „Damit du die nächsten Fragen beantworten kannst, lies dir bitte den folgenden Text genau durch! Hier sind ein paar Fragen zum Thema „Schikanieren". Wir sagen, dass jemand schikaniert wird, wenn ein Schüler/eine Schülerin oder eine Gruppe von Schülern einem anderen Schüler gegenüber unfreundliche oder gemeine Dinge sagt oder tut. Es ist auch „schikaniert werden", wenn ein Schüler wiederholt mit Dingen geärgert wird, die ihm oder ihr nicht gefallen, oder jemand absichtlich ausgeschlossen wird. Kein „Schikanieren" ist es jedoch, wenn zwei gleich starke Schüler/innen miteinander streiten oder kämpfen. Ebenso ist es kein „Schikanieren", wenn ein Schüler auf eine freundliche und spielerische Weise geärgert wird." Befragt wurden die Schülerinnen und Schüler auch zu den Methoden, mit denen sie gemobbt worden sind bzw. ihre Mitschüler gemobbt haben. Dabei sind psychische, verbale und physische Formen, Gewalt aus religiösen oder rassistischen Motiven und Formen des Cyber-Mobbings berücksichtigt.
Zunächst wird das Ausmaß der Täter- und Opfer-Erfahrungen im Jahre 2010 mit den in fünf Kategorien differenzierten Häufigkeiten dargestellt und mit den Ergebnissen von 2002 und 2006 verglichen (siehe Tabelle 3.10).
Nach der Auswertung Befragungswelle 2010 ergibt sich, dass ca. 30% der Befragten mehr oder weniger häufig Opfer-Erfahrungen im erfragten Zeitraum „der letzten Monate" sammeln mussten, und etwa ein Drittel von ihnen als Täter aktiv waren. Wöchentlich werden ca. 6% der Schüler/innen schikaniert, als Täter treten in dieser Häufigkeitskategorie ebenfalls 6% in Erscheinung. Die beiden Gruppen mit wöchentlicher Mobbing-Erfahrung sind seit 2002 (Opfer: 2002: 9,2% - 2006: 8,9% – 2010: 6,1%; Täter: 2002: 11,1% - 2006: 7,1% -2010: 6,0%) sukzessive kleiner geworden. Die Täter-Erfahrungen sind – alle Häufigkeiten zusammen genommen – deutlich zurückgegangen (45,5% - 37,4% - 36,4%), dasselbe gilt für die Opfererfahrungen (36,7% – 34,3% – 29,9%). Die Gruppe der Täter ist insgesamt betrachtet zu allen Zeitpunkten größer als die der Opfer (Täter drangsalieren häufiger mehrere Opfer). Der Tendenz der Abnahme von Täter- und Opfermobbing entspricht die Zunahme derjenigen, die „nie" entsprechende Erfahrungen gemacht haben. Während die Stichprobe im Jahre 2002 ca. 63% ohne Opfererfahrung auswies, sind es im Jahre 2010 etwa 70%. Auch der Täterstatus hat sich verbessert – lt.

Tab. 3.10: Täter- und Opfererfahrungen im Zeitvergleich

Opfer-Erfahrungen	2002 (n=5.582)	2006 (n=7.184)	2010 (n=4.922)
Nie	63,4	65,7*	70,0*
1-2 mal	23,5	20,4*	19,8
2-3 mal	4,0	5,0*	4,1*
ungefähr einmal pro Woche	3,9	4,0	2,8*
mehrmals pro Woche	5,3	4,9	3,3*
Täter-Erfahrungen	**2002 (n=5.590)**	**2006 (n=7.199)**	**2010 (n=4930)**
Nie	54,6	62,6*	63,6
1-2 mal	28,5	25,9*	26,3
2-3 mal	5,9	4,4*	4,1
ungefähr einmal pro Woche	4,7	3,5*	3,1*
mehrmals pro Woche	6,4	3,6*	2,9*

+ Zeitvergleich, Angaben in %, * = signifikante Unterschiede bezüglich der jeweils vorherigen Erhebung, $p < 0.05$

Quelle: HBSC Deutschland 2002 (N = 5650), 2006 (N = 7274) und 2010 (N = 5050)

Selbstreport sind im Jahre 2010 etwa 64% in keiner Weise an Gewaltausübung beteiligt, im Jahre 2002 waren es noch ca. 55%.

Um Gruppenstrukturen sichtbar zu machen, wurde eine Kreuztabellierung der Täter- und Opfervariable vorgenommen („nie" bzw. „1-2 mal" vs. die übrigen Kategorien). Auf diese Weise können diejenigen, die nur Täter und nur Opfer sind, von einer gemischten Gruppe (sowohl Täter als auch Opfer) und den Unbeteiligten (weder Täter- noch Opfer-Erfahrung) unterschieden werden (siehe Abbildung 3.7).

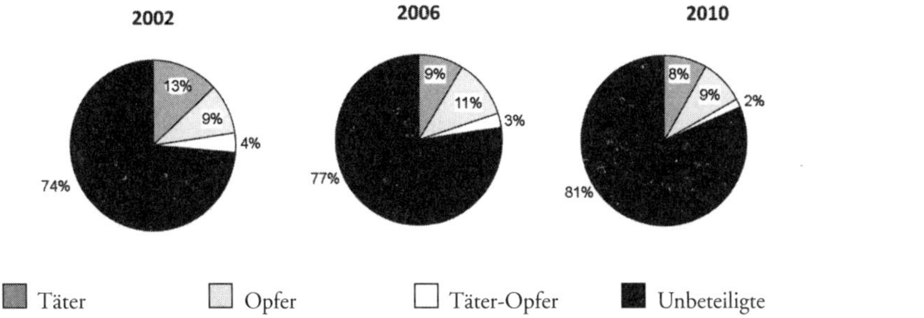

Quelle: HBSC Deutschland 2002 (N = 5650), 2006 (N = 7274) und 2010 (N = 5050)

Abb. 3.7: Täter-Opfer-Typologie im Zeitvergleich (%)

Auch nach dieser Analyse wächst der Anteil derjenigen, die zwischen 2002 und 2010 weder als Täter noch als Opfer Erfahrungen gesammelt haben (74% - 77% - 81%). Dementsprechend sinkt der Anteil der Täter, während die Gruppe der Opfer relativ konstant geblieben ist und im Jahre 2010, wie im Jahre 2002, bei 9% liegt. Die besonders problematische Gruppe der Täter-Opfer verringert sich dagegen, ähnlich dem Trend der Tätergruppe und dem der Opfergruppe, und geht von 4% auf 2% zurück.

In einem nächsten Schritt wird ein Überblick über die Formen und Methoden, in denen Mobbing sich unter Schülern vollzieht, gegeben. Die Ergebnisse werden insgesamt sowie getrennt für die Opfer- und Täterperspektive vorgestellt. Die folgenden Tabellen enthalten die Angaben für Vorkommnisse, die sich mindestens zwei- bis dreimal im Monat ereignen. Bei den Analysen wurde der thüringische Datensatz zu Grunde gelegt, da diese Items in der 2010er Studie nur in diesem Bundesland Bestandteil des Fragebogens waren.

Tab. 3.11: Mobbing-Methoden in der Opferperspektive (nach Geschlecht, in % für 2-mal im Monat und öfter*)

	Gesamt	*W*	*M*	*Sign. (p)*
1. Ich wurde hässlich beschimpft, man hat sich über mich lustig gemacht und ich wurde in gemeiner Weise gehänselt.	8,9	8,2	9,6	ns
2. Andere Schüler haben mich absichtlich nicht mitmachen lassen, mich aus ihrem Freundeskreis ausgeschlossen, mich absichtlich nicht beachtet.	5,9	5,6	6,1	ns
3. Ich wurde geschlagen, getreten, herum geschubst oder bedroht.	5,2	3,9	6,5	<.001
4. Andere Schüler haben über mich Lügen und Gerüchte verbreitet und haben versucht, mich bei den anderen unbeliebt zu machen.	8,9	8,0	9,8	< .05
5. Andere Schüler haben mich mit sexuellen Witzen oder Kommentaren belästigt, oder sich mit vulgären Gesten über mich lustig gemacht.	5,8	4,3	7,3	<.001
6. Ich wurde wegen meiner Hautfarbe oder Nationalität hässlich beschimpft.	3,7	3,0	4,3	< .05
7. Ich wurde wegen meiner Religion hässlich beschimpft.	3,1	2,4	3,9	< .01
8. Ich wurde über den Computer oder mit E-Mailnachrichten oder Bildern schikaniert.	2,9	2,4	3,5	< .05
9. Ich wurde über das Handy schikaniert.	3,1	2,5	3,8	< .05

Quelle: HBSC Thüringen 2010 (N = 4788)

*Antwortskala: Ich wurde in den letzten Monaten: nicht schikaniert – ein- oder zweimal – zwei- bis dreimal im Monat – ungefähr einmal pro Woche – mehrmals pro Woche

Inhaltlich können drei thematische Bereiche unterschieden werden: (1) Neben den herkömmlichen Formen psychischer, verbaler und physischer Gewalt, die im statistischen Sinne einen eigenen Faktor bilden, (2) die Opfererfahrung aus Gründen der Zugehörigkeit zu einer anderen Nation oder Religion und (3) die Schikane unter Einsatz von Medien (Computer, Handy) – auch „Cybermobbing" genannt.

Während in der Opferperspektive bei einer früheren Untersuchung in Sachsen (Melzer/Bilz/Dümmler 2008, S. 127f) ein geschlechtsspezifischer Unterschied lediglich bei Item 3, in dem es um Schlagen, Treten und Bedrohung geht (Jungen werden häufiger Opfer dieser Methoden), auftrat und die sonstigen Methoden von den Opfern, unabhängig von ihrem Geschlecht, erlebt wurden, zeigen sich bei den 2010er Daten aus Thüringen außer einem zusätzlichen sehr signifikanter Unterschied (Item 5: Sexuelle Belästigung) weitere (leicht signifikante) Unterschiede (Items 4, 6, 7, 8 und 9). In allen Fällen signifikanter Unterschiede gibt es eine Jungendominanz. Demgegenüber sind von Beschimpfungen, Hänseln und sozialer Ausgrenzung (Items 1 und 2) Jungen und Mädchen gleichermaßen betroffen.

Tab. 3.12: Mobbing-Methoden in der Täterperspektive (nach Geschlecht, in % für 2-mal im Monat und öfter*)

	Gesamt	*W*	*M*	*Sign. (p)*
1. Ich habe einen anderen Schüler oder eine andere Schülerin hässlich beschimpft, mich über ihn/sie lustig gemacht und ihn/sie in gemeiner Weise gehänselt.	7,5	5,7	9,4	<.001
2. Ich habe ihn/sie absichtlich nicht mitmachen lassen, ihn/sie aus unserem Freundeskreis ausgeschlossen, ihn/sie absichtlich nicht beachtet.	5,5	4,2	6,8	<.001
3. Ich habe ihn/sie geschlagen, getreten, herum geschubst oder bedroht.	4,8	2,7	7,0	<.001
4. Ich habe über ihn/sie Lügen und Gerüchte verbreitet und habe versucht, ihn/sie bei den anderen unbeliebt zu machen.	4,0	2,6	5,4	<.001
5. Ich habe ihn/sie mit sexuellen Witzen oder Kommentaren belästigt, oder mich mit vulgären Gesten über ihn/sie lustig gemacht.	5,1	2,9	7,4	<.001
6. Ich habe ihn/sie wegen seiner/ihrer Hautfarbe oder Nationalität beschimpft.	3,6	2,0	5,1	<.001
7. Ich habe ihn/sie wegen seiner/ihrer Religion hässlich beschimpft.	3,2	1,8	4,6	<.001
8. Ich habe ihn/sie über den Computer oder mit E-Mailnachrichten oder Bildern schikaniert.	3,4	2,3	4,5	<.001
9. Ich habe ihn/sie über das Handy schikaniert.	3,0	2,0	4,0	<.001

* Antwortskala: Ich habe in den letzten Monaten niemanden schikaniert – ein- oder zweimal – zwei- bis dreimal im Monat – ungefähr einmal pro Woche – mehrmals pro Woche

Quelle: HBSC Thüringen 2010 (N = 4788)

Im Gegensatz zur Opferperspektive, in der die geschlechtsspezifischen Unterschiede nicht so eindeutig waren, sind alle von Tätern praktizierten Mobbing-Formen nach Geschlechtern unterschiedlich ausgeprägt (siehe Tabelle 3.12). Es sind immer die Jungen, die diese Methoden (wesentlich) stärker einsetzen.
Zu den Formen von Gewalt und Mobbing lässt sich abschließend feststellen, dass alle bekannten Methoden praktiziert und erfahren werden, darunter das Cybermobbing zwar in relevanter Größenordnung vorkommt, dass aber die Vorkommenshäufigkeiten der herkömmlichen Formen von Gewalt und Mobbing deutlich höher ausfallen. Das Fazit der Trendanalysen ist, dass hinsichtlich der Gewaltentwicklung im Zeitraum von 2002 bis 2010 eine positive Veränderung zu verzeichnen ist, wie sie schon für den Zeitraum von 1994 bis 2004 von einer anderen Forschungsgruppe festgestellt wurde (siehe 2.4). Unsere neueren Daten sprechen – methodische Probleme der Vergleichbarkeit in Rechnung gestellt – für die vorsichtige Annahme, dass die bereits festgestellte „Tendenz zur Besserung" sich über das Jahr 2004 hinaus fortgesetzt hat und für das gesamte Jahrzehnt gilt. Umkehreffekte dieses Trends sind in keiner Weise erkennbar.

3.3 Ursachen und Risikofaktoren für Gewalt in der Schule

In diesem Abschnitt geht es um die sozialisatorischen Einflüsse bei der Entstehung von aggressivem Verhalten, das sich in der Schule zeigt. In den meisten Studien werden außer makrogesellschaftlichen Einflüssen, die empirisch schwer zu operationaliseren und zu messen sind, vor allem drei Komplexe der äußeren Ursachen und Risikofaktoren ermittelt und immer wieder bestätigt. Das gilt auch für unsere Studien, die den Einfluss der Familie, des Medienkonsums und der Gleichaltrigengruppen (Peers) bestätigt haben. Hinzu kommen in neuerer Zeit einige schulpädagogisch orientierte Untersuchungen, in denen gezeigt werden konnte, dass Schule nicht nur ein Ort ist, auf den die im Kontext der Gesellschaft – und insbesondere in den genannten drei Einflusssphären entstandene Gewalt – „hinüberschwappt", sondern dass die Art und Weise des Unterrichts und die Gestaltung des Schulklimas das Auftreten von Gewalt beeinflussen kann – im positiven wie im negativen Sinn. Die Schule als Einflussfaktor ist einer der Schwerpunkte unserer empirischen Untersuchungen. Im Folgenden werden ausgewählte Untersuchungsergebnisse zu den vier Ursachenkomplexen vorgestellt. Sie sollen den diagnostischen Blick für Schülerprobleme stärken, die außerhalb und innerhalb der Schule liegen und sich durch fehlgeleitete Verarbeitung z.B. in Form von psychosomatischen Problemen, Drogenkonsum oder aggressiven Verhaltensweisen „entladen" können.

Der Einfluss der Familie

Der Zusammenhang der Familiensituation mit dem Sozialverhalten der Kinder ist vielfach untersucht worden, die Forschungslage scheint eindeutig zu sein. Dass eine problematische Familiensozialisation einen Risikofaktor für abweichendes Verhalten und eine gelingende primäre Sozialisation einen protektiven Faktor darstellt, wird in vielen Studien nicht nur behauptet, sondern auch empirisch zweifelsfrei belegt.

In Bezug auf makrosoziales und politisches Verhalten waren in zwei klassischen Studien Zusammenhänge zur Familie hergestellt und z.T. auch nachgewiesen worden: Es sind dies die 1950 in den USA erschienene Studie von Adorno/Frenkel-Brunswik/Levinson/Sanford (1950) und eine qualitative Untersuchung von Mantell (1972). In der Tradition der Autoritarismusforschung, in der die erstgenannte Untersuchung steht, wird die Familie als eine latente politische Sozialisationsinstanz begriffen (vgl. auch Hopf/Hopf 1997, S. 23ff). Adorno wie auch Reich, Fromm oder Horkheimer erklären die faschistische Folgebereitschaft eines Großteils der Bevölkerung in Deutschland nach 1933 mit den in der Familienerziehung aufgebauten und verfestigten Charakterstrukturen, dem System der autoritären Persönlichkeit. Dieser Typus erweise sich im Verhältnis zu den Mächtigen als gehorsam und unterwürfig, verhalte sich aber gegenüber dem Schwächeren dominant und aggressiv. Auch Mantell demonstriert in seiner Vergleichsstudie von Kriegsfreiwilligen und Kriegsdienstverweigerern, dass die Familienatmosphäre, die Art der Kommunikation der Eltern untereinander und mit den Kindern, von nachhaltiger Bedeutung für politisches Verhalten ist und unter Umständen sogar dazu beiträgt, dass jemand für sein Land freiwillig in den Krieg zieht bzw. den Dienst mit der Waffe verweigert. Bei den Soldaten, den „Green Berets“, wurde in etwa zwei Drittel der Fälle eine Dominanz der Väter, zu einem Viertel eine Dominanz der Mütter und nur zu etwa 8% ein gleicher Einfluss beider Elternteile ermittelt. In allen Konstellationen von Dominanz (z. B. des Vaters gegenüber der Mutter, der Eltern gegenüber den Kindern) basierte diese auf „Strenge, Strafen und Furcht“. In Bezug auf das Erziehungsverhalten der Eltern der Kriegsfreiwilligen wurde festgestellt: „So gut wie alle Eltern waren strenge Erzieher, drohten ihren Kindern mit körperlichen Strafen, teilten diese aus, verlangten unerschütterlichen Gehorsam und erreichten ihre Kontrolle über die Kinder hauptsächlich durch Einflößung von Furcht“ (Mantell 1972, S. 46).

Pfeiffer/Wetzels (1997) haben in einer Analyse der „Polizeilichen Kriminalstatistik“ bei der Gruppe der 8- bis 14jährigen im Zeitraum von 1984 bis 1996 einen Anstieg der Tatverdächtigen im Bereich der Gewaltkriminalität um das 2,7-fache festgestellt und kommen bei der Suche nach Ursachen an Hand einer repräsentativen Opferbefragung sowie einer umfassenden Sekundäranalyse anderer Studien zu dem Ergebnis, „dass Kindheitserfahrungen mit Gewalt ein relevanter Risikofaktor für

Gewalt und Kriminalität sind. (...) So hat sich beispielsweise die Verfügbarkeit einer vertrauensvollen, emotionale Wärme vermittelnden Bezugsperson als ein wichtiger protektiver Faktor erwiesen" (ebd., S. 363). Die Autoren führen u. a. lerntheoretische Argumente für diesen Zusammenhang an und sehen einen starken Einfluss familialer Aspekte im Zusammenwirken mit anderen Faktoren.

„Demnach tragen innerfamiliäre Sozialisationserfahrungen, insbesondere die direkt gegen Kinder gerichtete Gewalt, aber auch die Beobachtung gewaltförmiger Konfliktaustragung seitens bedeutsamer primärer Bezugspersonen, über soziale Lernprozesse zur Entwicklung einer Risikogruppe bei, in der sich ein zunächst noch latentes Potential der Gewalt- und Delinquenzbereitschaft herausbildet. Im Falle des Eintritts zusätzlicher Risiken, wie sie z.B. mit der ökonomischen Belastung von Familien und der prekären Arbeitsmarktsituation für Jugendliche – insbesondere für diejenigen mit fehlendem oder niedrigem Schulabschluss – gegeben sind, besteht die Gefahr des Umschlagens eines solchen latenten Potentials in manifeste Delinquenz und Gewalt" (ebd., S. 363).

In Bezug auf das Sozialverhalten der Kinder in der Schule und eine mögliche Beeinflussung durch die Familie liegen folgende Befunde vor, die allerdings nicht in allen Fällen so eindeutig sind. In einer Befragung der Schwind-Gruppe zur Gewalt in der Schule aus der Perspektive unterschiedlicher Gruppen werden von jeweils etwa 90% der Lehrer die Familienverhältnisse mit für das gewalttätige Verhalten verantwortlich gemacht. Beklagt werden „ungünstige familiale Verhältnisse" (92,9%), „emotionale Kälte in der Eltern-Kind-Beziehung" (91,0%); außerdem wird in der „Berufstätigkeit beider Eltern" (89,1%) ein Risikofaktor gesehen (vgl. Schwind/Roitsch/Gielen 1997, S. 95). Mit Krumm (1997) ist allerdings darauf hinzuweisen, dass diese Fremdattribuierungen von Lehrern auch die Funktion der Entlastung haben und von eigenen Defiziten im Verhalten gegenüber Schülern ablenken. In der Nürnberger Gewalt-Studie wurden verschiedene Parameter primärer Sozialisation geprüft (vgl. Funk/Passenberger 1997, S. 248f); der Einfluss der perzipierten Erziehungsstile wird von den Autoren aber eher als gering bewertet. Allerdings kommen auch sie zu dem Ergebnis, dass sich der Einfluss subjektiv als positiv erlebter Sozialbeziehungen in der Familie gewaltmindernd niederschlägt, und zwar bei Formen verbaler Aggression und vandalistischen Verhaltens (ebd., S. 258). Deutlicher dagegen werden von Olweus als relevante Prädiktoren des Familienkontextes betont: die emotionale Beziehung zur ersten Bezugsperson während der frühen Kindheit, das billigende Verhalten der Erziehungsberechtigten bei Aggressionen der Kinder gegenüber Geschwistern, anderen Kindern oder Erwachsenen und die „Anwendung von machtbetonten Erziehungsmethoden, wie z.B. körperliche Züchtigung und heftigen Gemütsausbrüchen. Kinder, deren Eltern häufiger Gebrauch dieser Methoden machen, werden wahrscheinlich aggressiver als der Durchschnitt der Kinder. 'Gewalt erzeugt Gewalt'" (Olweus 1997, S. 290).

Auch in unseren eigenen Studien haben sich Aspekte der familialen Sozialisation als erklärungsrelevant für schulisches Gewaltverhalten erwiesen. Bei ersten Untersuchungen zur Täter-Opfer-Typologie (vgl. Melzer/Rostampour 1996) werden in der Analyse als Konstituenzien sowohl für den Täter- als auch für den Opferstatus das Familienklima und bestehende Leistungskonflikte zwischen Kindern und Eltern deutlich. Familiale Sozialisationserfahrungen sind zwar nicht die wichtigste, stellen aber im Kontext eines umfassenderen Modells eine wichtige Erklärungsvariable für gewaltförmiges und gewaltaffines Verhalten dar.

In der Untersuchung von 1996 konnte im Ost-West-Vergleich zwar ebenfalls ein Einfluss der Familie festgestellt werden. *Nicht* bestätigt hat sich aber die vielfach geäußerte Annahme, dass im Bereich der Familienstruktur sowie der materiellen und sozialen Lage der Familie ein Risikopotential für abweichendes Verhalten der Kinder liegt (vgl. Forschungsgruppe Schulevaluation 1998, S. 150ff). In Bezug auf die Familienformen sind die Ergebnisse in Sachsen und Hessen nahezu identisch. Jeweils etwas weniger als 80% der Kinder leben mit beiden Elternteilen zusammen, ca. 20% in anderen Konstellationen (z.B. Stief-Familien, Ein-Elternteil-Familien). Bei dieser zweiten Gruppe und ihren Subgruppen sind keine signifikant höhere Aggressionsbereitschaft oder dissoziale Verhaltensweisen im Vergleich zur Mehrheitsgruppe feststellbar. Bei einzelnen Gewaltformen schneiden die Kinder, die mit beiden Elternteilen zusammen leben, sogar schlechter ab (vgl. ebd., S. 155).

Des weiteren haben wir die materielle Situation und die Arbeitslosigkeit in den Familien untersucht – beide Aspekte sind in Sachsen deutlich negativer ausgeprägt als in Hessen. In der ostdeutschen Stichprobe wurde zusätzlich nach der finanziellen Situation der Familien gefragt. Etwa 11% der Probanden sagen, dass es ihren Familien finanziell „schlechter" (2% davon „viel schlechter") geht als dem Durchschnitt, 12% geht es nach eigenen Angaben „viel besser" und 20% „etwas besser". Für keine dieser Gruppen schlägt sich die finanzielle Situation in höherer Gewaltbereitschaft oder einem stärkeren devianten bzw. delinquenten Verhalten nieder, obwohl solche Hypothesen in der Literatur häufig formuliert werden. Weder wird – nach unseren Daten – eine geringe finanzielle Ausstattung z.B. durch Eigentumsdelikte überdurchschnittlich häufig zu kompensieren versucht, noch gibt es Anhaltspunkte für „Verwöhnungseffekte" als Ursache devianten oder delinquenten Verhaltens. Arbeitet man in der Datenanalyse mit herkömmlichen Schichtmodellen, so bedeutet die Zugehörigkeit zu einer niedrigen Sozialschicht (Schulabschluss, beruflicher Status der Eltern) auf der Grundlage von Individualdaten ebenfalls keine erhöhte Wahrscheinlichkeit eines negativen Sozialverhaltens. Bei Aggregation der Daten auf der Ebene der Schulklasse ist dies aber sehr wohl der Fall. Das kann auch für die Unvollständigkeit und die materielle Situation der Familie nachgewiesen werden. Kinder aus unteren Sozialschichten und solche, die nicht in vollständigen Familien aufwachsen, besitzen in der Regel ein geringeres Bildungsaspirationsniveau und befinden sich seltener auf einer höheren Schule. In der besuchten Schulform, z. B.

im Hauptschulbildungsgang, treffen sie – häufiger als dies im Gymnasium der Fall wäre – mit Schülern zusammen, die sozial auffällig sind, so dass dieses Schulmilieu letztlich auch ihr Verhalten beeinflusst.

Diesen Prozess der Selektion und Interaktion, der zu einem bestimmten Sozialklima in den einzelnen Klassen führt und gegenüber der Summe der Aggressionsbereitschaft der individuellen Schüler eine neue Qualität darstellt, hatten wir als „Gewaltemergenz" bezeichnet (vgl. Kap. 3.1). Nach diesem komplexen Modell kann es zu Kumulationseffekten kommen, bei denen die Familienstrukturen, die materielle Situation der Familie und die Schichtzugehörigkeit mit eine Rolle spielen. Eine latent bestehende Gefährdung wird aber erst durch die schulischen Selektionsprozesse virulent. Indirekte Effekte der Familienstruktur sind auch in anderen Untersuchungen bestätigt worden (vgl. u.a. Merkens/Steiner/Wenzke 1998, S. 41ff; Stecher 2000).

Anders als bei den Familienstrukturen und der sozialen Lage der Familie haben sich Variablen, die das Familienklima, den Erwartungshorizont und die Erziehungsstile der Eltern betreffen, in den 96er und 98er Studien bestätigt. Die Ergebnisse lassen sich wie folgt zusammenfassen, die dabei genannten Zahlen sind der 96er Studie entnommen:

- Ein erster Faktor, der für das aggressive Verhalten der Schüler bedeutsam ist, ist das „Familienklima". Das Einvernehmen mit den Eltern ist im Allgemeinen sehr gut. Es sind über 80% der Befragten, die sich zu Hause bei ihren Eltern wohlfühlen, ca. drei Viertel sehen sich durch die Eltern gut unterstützt. Genau 70% bestätigen den in der soziologischen Literatur häufig benannten Wandel vom „Befehls- zum Verhandlungshaushalt" und äußern sich dahingehend, dass die Eltern bei Verfehlungen der Kinder eher mit ihnen reden als sie zu strafen. Über die Hälfte würde die eigenen Kinder so erziehen, wie sie selbst von ihren Eltern erzogen worden sind, nur etwa 10% würden es „ganz anders" machen. Die positiven Aspekte des Familienklimas konzentrieren sich aber stärker auf die Mütter als auf die Väter: Keine Unterstützung bei Problemen erhalten die Heranwachsenden beispielsweise von 6% der Mütter und von 17% der Väter. Aus der Differenz dieser insgesamt positiven Befunde zur Gesamtheit der Schülerschaft ergibt sich das Problempotential. Denn über Korrelationsberechnungen haben wir herausgefunden, dass mit abnehmender Qualität des Familienklimas das Risiko für aggressives Verhalten bei den Kindern ansteigt (r = -.23 im Jahre 1996/r = -.30 im Jahre 1998).
- Ein zweiter Faktor, der in diesem Zusammenhang wichtig ist, ist der Erziehungsstil der Eltern. Es gibt landläufig die Annahme, dass durch strenges Verhalten der Eltern Aggressionen bei den Kindern vermieden werden können. Das Gegenteil ist der Fall: Es gibt eindeutige Zusammenhänge zwischen einem „Restriktiven Erziehungsstil der Eltern" und dem Gewaltverhalten der Kinder (r = .20/.37). Wenn Eltern sehr streng sind, Verhalten stark vorschreiben, hohe Erwartungen haben

und den Kindern das Gefühl geben, dass ihnen weniger als den Mitschülern erlaubt ist, kann vor allem dann von einem Risikofaktor ausgegangen werden, wenn es gleichzeitig an der notwendigen Unterstützung durch die Eltern fehlt.

– Neben diesen beiden Faktoren wurde bereits in der 96er Studie ein dritter Faktor ermittelt: ein aggressiver Erziehungsstil („Bei uns zu Hause schreien und schimpfen die Eltern oft", „... gibt es so manches Mal Prügel"). Dieser Erziehungsstil kommt – im Gegensatz zu einem verbreiteten Ost-West-Klischee – in Hessen stärker als in Sachsen vor und ist nicht allein auf das kulturell anders geprägte Erziehungsverhalten der Ausländer in der westdeutschen Stichprobe zurückzuführen. Dieser Befund könnte durch eine hoch ambitionierte und positiv emotional geladene Erziehung mit bedingt sein, die in Stresssituationen leicht in das andere Extrem umschlagen kann. Unabhängig davon, ob und inwieweit diese Interpretationen zutreffen, stellt das aggressive Verhalten der Eltern einen dritten Einflussfaktor – in einer ähnlichen Größenordnung wie die beiden übrigen – für das Sozialverhalten der Kinder dar (vgl. Forschungsgruppe Schulevaluation 1998, S. 159).

Das bedeutet, dass Kinder, die sich zu Hause wohlfühlen, die der Unterstützung durch die Eltern gewiss sind, die in einem „Verhandlungshaushalt" leben und ihre Kinder ebenso erziehen würden, wie ihre Eltern sie erzogen haben, im Durchschnitt ein positiveres Sozialverhalten zeigen und letztlich auch einen besseren Schulerfolg für sich verbuchen können. Umgekehrt tragen eine größere Strenge und eine Einengung des individuellen Handlungsspielraumes der Kinder in Verbindung mit einem hohen Erwartungsdruck in Bezug auf die Schulleistung dazu bei, dass sich der Erfolg gerade nicht einstellt und das Sozialverhalten zu wünschen übrig lässt. Insgesamt zeigte sich, dass von denjenigen, die weder als „Täter" noch als „Opfer" an schulischer Gewalt beteiligt waren, mehr als drei Viertel in einem wie oben beschriebenen positiven Familienkontext aufgewachsen sind (vgl. Forschungsgruppe Schulevaluation 1998, S. 163).[13] Es wäre jedoch falsch anzunehmen, Familienvariablen würden sich direkt auf das Sozialverhalten auswirken. Unsere Studien zeigen, dass durch den Familienkontext insbesondere personale Faktoren wie „Selbstkonzept" und „Aggressionsbereitschaft" beeinflusst werden und diese wiederum das soziale Verhalten – auch in außerfamilialen Kommunikationssituationen – steuern.

Bislang sind bivariate Zusammenhänge mit einer gewissen Plausibilität als „Kausalitäten" interpretiert worden – dies ist statistisch aber nicht korrekt. Denn ein bivariater Zusammenhang von restriktivem Erziehungsstil und Gewaltverhalten der Kinder könnte im Prinzip in beide Richtungen interpretiert werden: führt ein stark einschränkendes Erziehungsverhalten der Eltern zum Problemverhalten des Schülers oder veranlasst ein problematisches Verhalten der Kinder und Jugendlichen ihre Eltern, darauf mit Restriktionen zu reagieren? In Studien mit nur einem Messzeitpunkt – und das ist der Regelfall – gibt es keine Möglichkeit, diese Frage empirisch zu beantworten, wohl aber durch die Konstruktion unserer Folgebefra-

gung mit einer Gruppe von Schülern, die an den beiden Untersuchungen von 1996 und 1998 teilgenommen haben. Die empirische Sozialisationsforschung verfügt bei Längsschnittstudien mit mindestens zwei Messzeitpunkten über Verfahren, diesbezüglich zu gesicherteren Aussagen zu kommen. Die Bestimmung der Kausalrichtung lässt sich in diesen Fällen durch sog. „Cross-Lagged-Panel-Designs" (vgl. u.a. Bortz/Döring 1995) berechnen.
Es soll noch einmal daran erinnert werden, dass wir in unseren beiden DFG-Projekten zu zwei Messzeitpunkten (1996, 1998) jeweils mehr als 3000 Schüler in Sachsen repräsentativ befragt hatten. Die Untersuchung erfolgte in 6., 8. und Abschlussjahrgängen der Sekundarstufe I, also je nach Schulform in den 9. oder 10. Jahrgängen. Die Befragungen wurden in denselben Schulen durchgeführt, so dass eine Teilmenge von etwa 700 Probanden zu identifizieren war, die an beiden Untersuchungen teilgenommen hatten. In Betracht kamen alle ehemaligen Sechstklässler (Mittelschüler, Förderschüler, Gymnasiasten), die sich zum zweiten Messzeitpunkt im achten Jahrgang befanden, und von den ehemaligen Achtklässlern nur die Realschüler und Gymnasiasten, weil die Förderschüler und Hauptschüler bereits entlassen waren. Für diese beiden Gruppen, die sich zugleich aus unterschiedlichen Altersgruppen rekrutieren, konnten für die drei Familienfaktoren und den Täterstatus, für den ein Index gebildet wurde, getrennte „Cross-Lagged-Korrelationen" berechnet werden (vgl. Tab. 3.13).

Tab. 3.13: Simultane und längerfristige Zusammenhänge zwischen Familienvariablen und Täter-Index (Cross-Lagged-Korrelationen)

		Täter-Status			
		von Kl. 6 zur Kl. 8		**von Kl. 8 zur Kl. 10**	
		t1	t2	t1	t2
Positives Erziehungsklima	t1	-.19**	**-.16****	-.23**	**-.06**
	t2	**-.10**	-.20**	**-.20****	-.26**
Restriktiver Erziehungsstil	t1	.19**	**.12***	.27**	**.12***
	t2	**.14****	.22**	**.14****	.19**
Aggressivität der Eltern	t1	.13*	**.19****	.15**	**.06**
	t2	**.16****	.26**	**.07**	.12*

Die Tabelle zeigt, wie stark die Zusammenhänge des Familienkontextes mit dem Selbstreport dissozialer Verhaltensweisen (Täter-Status) zu den beiden Messzeitpunkten t1 und t2 ausfallen. Dabei wird nach den beiden Altersgruppen mit ihren spezifischen Zusammensetzungen (s.o.) differenziert. Der Wert im Feld t1/t1 (oben links) bezeichnet die Korrelation zum ersten Messzeitpunkt, t2/t2 (unten rechts) zum zweiten Messzeitpunkt. Die bereits dargestellten bivariaten Zusammenhänge zwischen positivem Familienklima und einem niedrigeren Gewaltrisiko der Kinder aus diesen Familien sowie zwischen einem restriktiven Erziehungsstil und einem höheren Gewaltrisiko können also an Hand dieser Zahlen für beide Studien mit nur kleineren Modifizierungen belegt werden. Die Ergebnisse zu den beiden Messzeitpunkten sind für den Faktor „Positives Erziehungsklima" am konsistentesten; beim „Restriktiven Erziehungsstil" gibt es geringfügige Abweichungen, die sich in der Gesamtschau der beiden Altersgruppen wieder ausgleichen.

Im Gegensatz dazu ist in Bezug auf die „Aggressivität der Eltern" in der ersten Gruppe von 1996 bis 1998 eine Verdoppelung des Effektes von r = .13* auf r = .26** zu registrieren, während die Zusammenhänge bei der zweiten Gruppe, den älteren Schülern im Realschulbildungsgang und in Gymnasien, geringfügig sinkt. Man kann diesen Befund dahingehend interpretieren, dass der soziale Problemdruck in den Familien insgesamt zugenommen hat und auch die Perspektiven von Haupt- und z.T. Förderschülern, die der zweiten Gruppe (von 8 nach 10) nicht zugehören, sich z.B. angesichts von Lehrstellenknappheit zugespitzt haben, so dass man in dieser Gesamtsituation ein aggressives Verhalten der Eltern besonders registriert und dadurch stärker in seinem eigenen Verhalten geprägt wird. Ein zweites Phänomen ist, dass sich ältere Jugendliche (14- bis 17-Jährige) und/oder Realschüler/Gymnasiasten dem Einfluss eines aggressiven Elternhauses entziehen, d.h. sich weder dadurch beeinflussen lassen, noch durch ihr Verhalten eine Aggressivität der Eltern herausfordern oder gar provozieren. Dafür sprechen ebenfalls die Werte in der anderen Diagonale.

Die beiden Felder oben rechts und unten links (Fettdruck) enthalten die Werte für die kausalen Zusammenhänge der beiden jeweiligen Variablen. Das jeweils obere rechte Feld (t1/t2) zeigt die Korrelation der entsprechenden Familienvariable (gemessen zum Zeitpunkt t1) mit dem Sozialverhalten der Kinder (gemessen zum Zeitpunkt t2). Diese Korrelation ist als Einfluss der Familie auf das Sozialverhalten zu interpretieren, weil hier die Familienvariable zeitlich zuvor auftritt. Anders verhält es sich mit dem unteren linken Feld (t2/t1). Dargestellt ist hier die Korrelation der betreffenden Familienvariable – diesmal aber gemessen zum Zeitpunkt t2 – mit dem Sozialverhalten der Kinder (diesmal gemessen zum Zeitpunkt t1). Da in diesem Fall ein zeitlich umgekehrtes Verhältnis der beiden Variablen vorliegt, kann diese Korrelation als Reaktion der Eltern auf das problematische Verhalten ihrer Kinder, also als eine Kausalität in umgekehrter Richtung, interpretiert werden.

In der jüngeren Altersgruppe, die von den Schulformen her betrachtet repräsentativ ist, ist das aggressive Elternverhalten als Ursache des Fehlverhaltens etwas stärker als der umgekehrte Effekt. Was die Kausalitäten bei den ersten beiden Familienfaktoren anbelangt, lässt sich beim restriktiven Erziehungsstil feststellen, dass Effekte in beide Richtungen bestehen mit einer minimalen Tendenz, das Elternverhalten etwas mehr als Reaktion auf das Verhalten der Kinder zu interpretieren. Das mag daran liegen, dass dieser Faktor nicht nur Aspekte eines strengen Erziehungsstils umfasst, sondern auch hohe Erwartungen an den Schulerfolg beinhaltet. Stellt sich dieser nicht – wie gewünscht – ein, reagieren Eltern mit Sanktionen und Strenge. Beim ersten Faktor („Positives Erziehungsklima") lässt sich zu beiden Messzeitpunkten ein ähnlich starker Zusammenhang feststellen, der für die Schüler der Gruppe 2 auf einem höheren Niveau liegt. Die Kausalitäten weisen aber in entgegengesetzte Richtungen. Während in der repräsentativen Gruppe mit den jüngeren Jugendlichen (12- bis 14-Jährige) das Sozialverhalten der Schüler durch das Familienklima geprägt wird, ist es in der Gruppe der Älteren (14- bis 17-Jährige) und der Realschüler/Gymnasiasten umgekehrt: Wenn sich diese Jugendlichen außerhalb der Familie nicht auffällig verhalten und das schulische Verhalten insgesamt stimmt, trägt dies zu einer positiven Reaktion der Eltern bei, wie auch negative Verhaltenweisen der Heranwachsenden draußen die Beziehungen im Elternhaus nachhaltig beeinträchtigen können.

Innerhalb der Familie und bezüglich des Familienklimas verhält es sich also so, dass bei der jüngeren Altersgruppe die Kausalrichtung zutrifft, dass das Klima in der Familie das Sozialverhalten der Kinder innerhalb und außerhalb der Familie prägt. In der Gruppe der Älteren gibt es die entgegengesetzte Tendenz: das negative Sozialverhalten außerhalb trägt zu einer Beeinträchtigung des Familienlebens bei. Zum zweiten Aspekt der familialen Sozialisation: Zwischen dem Erziehungsstil der Eltern und dem Sozialverhalten der Kinder gibt es fast gleichwertige Wechselbeziehungen – also die Überstrenge bringt ebenso kindliche Aggression hervor wie das abweichende Verhalten der Kinder in der Schule oder im Freizeitbereich ein rigideres Verhalten der Eltern herausfordert. Beim dritten Aspekt der Familiensituation, der Aggressivität elterlichen Handelns (Schreien, Schlagen), verhält es sich so, dass bei den älteren Heranwachsenden keine Kausalrichtung mehr festzustellen ist. Das heißt, dass das aggressive Milieu des Elternhauses und der Peer-Gruppe, der der Jugendliche angehört, sich so weit gegeneinander verselbständigt haben, dass beide Gruppen ein weitgehend separates Eigenleben führen, sich kaum mehr aufeinander beziehen und sich somit weder positiv noch negativ beeinflussen – sich einander gleichgültig sind.

Zusammenfassend lässt sich feststellen, dass die Familie einen nachweisbaren Einflussfaktor für aggressives Schülerverhalten darstellt, dass aber die zwischen Familiensituation und Gewalthandeln bestehenden Zusammenhänge komplizierter sind. Denn ein bestimmtes Verhalten der Eltern, das auf den ersten Blick als absichtsvoll und schädigend erscheint, kann vielleicht Ausdruck der Überforderung und eine hilflose Reaktion der Eltern sein. Diesem Personenkreis könnte durch eine verbesserte Elternarbeit geholfen werden. Die vorliegenden Untersuchungen geben jedoch, was die generelle Frage der Elternarbeit als Präventionsstrategie betrifft, keinerlei Anlass zu Illusionen. Denn es ist anzunehmen, dass in der Regel die „schulnahen" Eltern auch Kinder haben, die in der Schule weniger Gewaltprobleme ausagieren, während umgekehrt die Eltern, deren Erziehungsverhalten zu den aggressiven Verhaltensweisen der Schüler beigetragen hat, für Prävention schwer erreichbar sind. In hartnäckigen Fällen müssen weitere Berater und die Jugendhilfe einbezogen werden. Generell ist Elternarbeit ein wichtiger Schlüssel zum Erfolg, auch wenn man als Lehrer die Einstellungen der Eltern grundsätzlich nicht wird ändern können. Das beabsichtigen Lehrer in der Regel auch gar nicht, sie könnten es neben ihren sonstigen Aufgaben auch kaum leisten. Dennoch bleibt festzustellen, dass ein gutes Einvernehmen mit den Eltern eine wichtige Stütze darstellen kann, dem „stressigen" Schulalltag Stand zu halten. Außerdem erleichtert es den Umgang mit Schülern. Kenntnisse des Herkunftsmilieus lassen beim Lehrer einen „gerechteren" Blick auf den Schüler entstehen, zeigen an, wann Ermutigung am Platze ist und wann von den Erziehungspartnern gemeinsam Grenzen gesetzt werden müssen. Wenn er aber dem einzelnen Schüler gerecht werden soll, muss der Lehrer unter anderen Bedingungen arbeiten können, vor allem muss die Anzahl der Klassen, die er unterrichtet, verringert werden und die Austauschmöglichkeiten der Pädagogen untereinander müssen verbessert werden. Dazu sind in diesem Buch mehrfach Team-Bildung von Lehrern und Arbeit dieser Teams in mehreren Parallelklassen u.a. schulorganisatorische und konzeptionelle Veränderungen vorgeschlagen worden. Eine weitere Möglichkeit ist der Einsatz von Elternbildungsprogrammen (s. Kapitel 5.5).

Einflüsse der Medien und Gleichaltrigengruppen

Die Interaktion in Gleichaltrigengruppen entwickelt sich etwa vom 10. Lebensjahr an (vgl. Mansel/Hurrelmann 1991, S. 16) und ist im Freizeitsektor am stärksten entwickelt (Friebel 1985, S. 104). Bereits in der mittleren Kindheitsphase differenzieren die Heranwachsenden zunehmend nach der Qualität der Beziehungen und heben Freundschaften, die auf besondere Intensität und ein wechselseitiges Vertrauens- und Unterstützungsverhältnis gründen, von bloßen Bekanntschaften ab (Krappmann 1991, S. 365). Mit Beginn der Jugendphase (etwa ab dem 15. Lebensjahr) gewinnen die „Cliquen" an Bedeutung, eine informelle jugendliche Gesellungsform, die in erster Linie auf gemeinsame Freizeitaktivitäten unterschiedlichster Art gerichtet ist. Diese verschiedenen Formen von Peer-Sozialisation stellen für die Jugendlichen ein flexibles, gestaltbares Beziehungsgefüge dar, das ihnen gleichzeitig Rückhalt und ein Gefühl der Solidarität geben kann. Baacke (1983) weist mit Bezug auf Eisenstadt auf die besondere Funktion der Peer-Groups im Lebenslauf der Jugendlichen hin (vgl. auch Eisenstadt 1966, 1990, Oerter 1987, S. 318ff), auf ihre Systemähnlichkeiten mit der familialen Lebenswelt auf der einen und den Funktionsähnlichkeiten universalistischer Industriegesellschaften auf der anderen Seite.
Es hat wissenschaftliche Debatten darüber gegeben, ob die Peers sich „in Konkurrenz" zur Familie (Mitterauer 1986) etablieren und ob sie unter sozialisatorischen Gesichtspunkten wirklich so positiv oder negativ zu bewerten sind. Richtig ist, dass Gleichaltrigengruppen in dem Maße an Bedeutung gewinnen, wie sich die Loslö-

sung der Heranwachsenden vom Elternhaus vollzieht. In einer früheren Untersuchung konnte aber nachgewiesen werden, dass eine *Komplementarität* von Elternhaus und Peers als Erfahrungsräume und als Teile des Unterstützungsnetzwerkes von Jugendlichen besteht (Melzer 1992, S. 55ff). Die emotionale Reproduktion in der Familie, die ausbildungs- und berufsbezogenen Stützleistungen, Bestärkungen und Ratschläge von Eltern sind nicht durch unverbindliche Hinweise oder einen Austausch mit Gleichaltrigen zu ersetzen. Die filiationistische Liebe scheint einstweilen noch verlässlicher, ermöglicht erst die sukzessive Ablösung vom Elternhaus und hilft, emotionale Rückschläge bei der Bewältigung von Entwicklungsaufgaben zu verarbeiten.
Die Anerkennung im Kontext der Peers ist wichtig für die jugendliche Identitätsentwicklung; was aber, wenn Gleichaltrige sie aus ökonomischen, sozialen oder ethnischen Gründen verweigern? Es gibt durchaus negative Bestimmungselemente der Peer-Konstituierung. Urie Bronfenbrenner (1976, S. 166) weist darauf hin, dass im Zusammenhang mit Jugenddelinquenz eine höhere Anfälligkeit bei denjenigen Jugendlichen zu verzeichnen ist, deren Eltern häufiger abwesend sind und sich weniger liebevoll bzw. weniger fest in Disziplinfragen ihren Kindern gegenüber verhalten. Insgesamt kann man also von einer Ambivalenz der Peers als Sozialisationsumwelt ausgehen.
In Bezug auf Gewalthandeln von Schülern innerhalb und außerhalb der Schule ist die Einbindung in Peergroups in dreierlei Hinsicht von Bedeutung:

- Erstens haben die Täter-Opfer-Analysen ergeben, dass Isolation und fehlende soziale Einbindung in den Klassenverband und die Gleichaltrigengruppen charakteristische Merkmale für den Opferstatus sind.
- Zweitens können die Taten von Einzelnen oder Gruppen im schulischen und außerschulischen Raum verübt werden, wobei die Gewaltorientierung der Gleichaltrigen ein Verstärkungsfaktor sein kann.
- Drittens stellt u. U. auch die Binnenstruktur einer Gruppe (z.B. eine von Intoleranz geprägte Interaktion) im Sinne der Autoritarismus-Hypothese einen Risikofaktor für Gewalthandeln dar.

Diese Annahmen haben wir in der 96er Studie geprüft und festgestellt, dass der Organisationsgrad in Gruppen als solcher *nicht* als Risiko für Gewalthandeln zu begreifen ist, wohl aber zur Erklärung des Opferstatus hilfreich sein kann, während als Prädiktoren schulischen Gewalthandelns die Gewaltorientierung von Freunden oder Peers, mit denen man auch im außerschulischen Bereich in Kontakt ist, ebenso deutliche Effekte zeigt wie das intolerante Binnenklima von Peer-Groups, sofern man ihnen angehört.
Was die *Zugehörigkeit zu Gleichaltrigengruppen* anbelangt, hat die Analyse der Daten ergeben, dass etwa die Hälfte der Jugendlichen zu einer „festen Gruppe“ von Gleichaltrigen gehört, für ein weiteres Drittel ist eine „lockere Gruppenzugehörig-

keit" charakteristisch. Etwa zwei Drittel der Peergroups sind geschlechtsheterogen besetzt, je ca. 15% sind reine Jungen- bzw. Mädchengruppen. Bei dieser Verteilung müssen Variationen durch Entwicklungsgesichtspunkte berücksichtigt werden.
Die meisten Gleichaltrigengruppen bestehen gänzlich bzw. mehrheitlich aus den Schülern derselben Schule. Falls alle oder viele Mitglieder der Freundesgruppe Mitschüler sind, ist die Freundschaft enger als in den Fällen, in denen nur ein Teil der Mitglieder aus derselben Schule kommt und ein anderer Teil nicht (vgl. Forschungsgruppe Schulevaluation 1998, S. 179).
Die festen Gruppen haben im Durchschnitt eine aggressivere Außenorientierung als die mit geringerem Zusammenhalt. Hinsichtlich der internen Toleranz unterscheiden sich die beiden Gruppen aber nur geringfügig. Die Befragten fühlen sich in den festen Gruppen wohler als in den lockeren. Die Langeweile in der Freizeit ist bei Mitgliedern fester Gruppen geringer als bei den anderen. Sie ist aber in den aggressiven Gruppen größer. Es wurde weiterhin festgestellt, dass die Gruppen, deren Mitglieder aus derselben Schule stammen, weniger aggressiv sind als die anderen und dass die Schüler aus Familien mit positivem Erziehungsklima eher zu den festen Gruppen gehören als die Schüler aus problematischen Familien. Sie schätzen ihre Kumpels auch weniger aggressiv und intolerant ein und fühlen sich in ihrer Gruppe wohler. Die Korrelationen zwischen den Gruppenvariablen und Medienvariablen zeigen ebenfalls, dass die Schüler, die in den aggressiven Gruppen sind, mehr als die anderen Video und Fernsehen (insbesondere Gewalt- und Sexfilme) konsumieren.
Wir haben überprüft, ob und inwieweit die *Zugehörigkeit zu aggressiven Gruppen* (Faktor mit drei Items, Beispiel: „Wenn wir Probleme mit anderen Gruppen haben, lösen wir die nicht mit Diskutieren") und der Gruppendruck, d.h. ein *intolerantes Binnenklima* (Beispiel: „Wer motzt oder kritisiert, wird in unserer Gruppe nicht geduldet") *dem individuellen Gewaltverhalten Vorschub leistet und deutliche Zusammenhänge festgestellt.* Unter dem Gesichtspunkt der Zugehörigkeit zu aggressiven und intoleranten Gruppen wurden die Schüler (mit Hilfe einer Clusteranalyse) in zwei Gruppen eingeteilt, eine Problemgruppe, für die diese Merkmale mehr (ca. ein Drittel) bzw. eine Normalgruppe, für die sie weniger zutreffen (ca. zwei Drittel). Anschließend wurde untersucht, ob die Gruppenzugehörigkeit Einfluss auf den Täter-Opfer-Status hat (vgl. Tab. 3.14).

Tab. 3.14: Zusammenhang zwischen Zugehörigkeit zu Gewaltcliquen und Täter-Opfer-Status (Kreuztabelle, Angaben in Prozent)

Gruppenprofile	Opfer	Täter	Täter-Opfer	Episodentäter	Unbeteiligte	Total
Zugehörigkeit zu Gewalt-Cliquen	31,4	71,6	73,2	42,2	22,0	34,0
Normalgruppe	68,6	28,4	26,8	57,8	78,0	66,0

Die Analyse macht deutlich, dass Kinder und Jugendliche, die zu Cliquen mit aggressiver Außenorientierung und intolerantem Binnenklima gehören, auch in ihrem individuellen Verhalten in der Schule aggressiver sind. Während nur ca. ein Drittel der Schüler zu einer Gewalt-Clique gehört, sind Täter und Täter-Opfer zu über 70% in einer derartigen Gruppe zu finden.

Zusammenfassend lässt sich sagen, dass die Ergebnisse auf einen hohen Stellenwert der Peer-Sozialisation in Bezug auf das Gewaltverhalten hindeuten. Nicht die Gruppenzugehörigkeit an sich ist gewaltfördernd, sondern die Zugehörigkeit zu aggressiven und intoleranten Gruppen. Als Gegenstück zur Isolation senkt die Gruppenzugehörigkeit die Wahrscheinlichkeit der Viktimisierung bei den personenbezogenen Angriffen. Der starke Zusammenhang zwischen der individuellen und der Gruppenaggression ist jedoch nicht als eine eindeutige Kausalbeziehung zu betrachten. Es ist plausibel, dass das eigene Verhalten und die individuellen Einstellungen von denen der Freunde beeinflusst wird. Ebenso plausibel ist es aber, dass sich die gewalttätigen Jugendlichen eher den gleichgesinnten Gruppen anschließen. Somit ist die Aggressivität der Gruppe weniger als eine primäre Ursache und mehr als ein Verstärkungsfaktor zu betrachten. Genauere Aussagen über Effekte können wir auf Grund von Kausalanalysen vornehmen (s.u.).
Neben den Peers und der Familie wird von den (elektronischen) Medien angenommen, dass sie Sozialisationseffekte nach sich ziehen und zur Entstehung von Gewalthandeln der Konsumenten beitragen. Meister und Sander (1998) kommen bei der Rezension von elf aktuellen Veröffentlichungen im Bereich „Kindheit und Jugend in der Mediengesellschaft" zu folgendem Ergebnis: „Die Massenmedien, die neuen multimedialen und vernetzten Medien sowie die medial angereicherten Freizeit- und Konsumräume gelten heute neben Elternhaus, Schule und den Gleichaltrigengruppen als weitere wichtige Sozialisationsinstanzen, die wesentlich das Leben in den Phasen Kindheit und Jugend bestimmen" (ebd., S. 6). Danach nimmt der Einfluss von Eltern und Lehrern in vielen Alltagssituationen ab, weil die Kinder ihre Deutungs- und Handlungsmuster vermehrt u.a. durch den Medienkonsum entwickeln. Schorb, Mohn und Theunert (1991) stellen fest, dass die neuen Informations- und Kommunikationstechniken zu einer Stärkung der Rolle der Medien im Sozialisationsprozess führen. „Die Medien sind Arbeits-, Informations-, Kommunikations- und Unterhaltungsmittel in einem. (...) Sie sind Bestandteil *aller* Lebensbereiche, organisieren ihre Vernetzung, ihr Ineinandergreifen und z. T. ihr Ineinandergehen" (ebd., S. 507f). In diesem Zusammenhang ist zu fragen, ob und inwieweit Gewaltdarstellungen in den Medien einen Einfluss auf die Einstellungen der Kinder und Jugendlichen zur Gewalt und ihre Konfliktlösungsstrategien haben.
In der Medienwirkungsforschung wird diese Frage differenziert beantwortet, d. h. es wird nicht von einem simplen Ursache-Wirkungs-Zusammenhang ausgegangen.

Dazu gibt es unterschiedliche Theorien, die hier aber nicht einzeln empirisch geprüft werden können. Lukesch (2002, S. 650) unterscheidet u.a. fünf Modelle von Vorannahmen zur Medienwirkung:

1. Katharsisthese:	„Reinigungseffekte“ durch Beobachtung medialer Gewalt
2. Inhibitionsthese:	„Abschreckungseffekte“ durch Zunahme von Angst vor Aggressionen
3. Stimulationsthese:	„Steigerungseffekte“ der Gewaltbereitschaft und beim Gewalthandeln
4. Habitualisierungsthese:	„Gewöhnungs- und Abstumpfungseffekte“
5. Imitationsthese:	„Imitationseffekte“, d.h. Nachahmung von Taten, „Identifikationseffekte“ mit dem Täter

Die These von der Wirkungslosigkeit der Mediengewalt gilt als widerlegt (vgl. ebd., auch Vollbrecht 2001, S. 173). In mehreren unserer Studien haben wir die Häufigkeit von Mediennutzung untersucht und bivariate Zusammenhänge zum Gewalthandeln und zum Täter-Opfer-Status untersucht.
Die folgenden Daten zur Mediennutzung stammen aus unserer WHO-Studie (2002). Danach sehen sächsische Schülerinnen und Schüler in der Woche 2 Std. und 25 Minuten fern, am Wochenende 3 Std. und 15 Minuten. Hinzu kommt die PC-Nutzung von 1 Std. und 5 Minuten in der Woche und 1 Std. und 35 Minuten am Wochenende. Die Ergebnisse variieren stark nach Geschlecht und Schulform. So sitzen Jungen am Wochenende über zwei Stunden am Computer, Mädchen aber nur eine Stunde; der TV-Konsum am Wochenende beträgt bei Jungen 3 Std. und 30 Minuten, bei Mädchen eine halbe Stunde weniger. Gymnasiasten sehen an diesen Tagen 2 Std. und 45 Minuten fern, Hauptschüler aber fast vier Stunden. Dies alles sind Durchschnittswerte, die sich für Problemgruppen weiter erhöhen. In der 96er Studie hatten wir nur nach dem TV-Konsum gefragt und Durchschnittswerte von 3 Stunden in der Woche und 4 Stunden am Wochenende ermittelt. Der Rückgang der Werte im Jahre 1998 läßt sich mit Steigerungsraten bei der PC-Nutzung erklären. Nimmt man beides zusammen, hat sich der Medienkonsum im Untersuchungszeitraum etwas gesteigert. Bei einem begrenzten Zeitrahmen scheint der Fernsehkonsum etwas ab- und der PC-Konsum etwas zuzunehmen. Die Frage ist, wofür der PC genutzt wird; für Literaturrecherchen, Mediengestaltung der Schulaufgaben vs. Gewaltspiele. Weitere interessante Befunde schlaglichtartig:

- Verbote und Einschränkungen des Medienkonsums wirken sich mindernd auf die Nutzungszeiten aus. Über ein Drittel der Kinder ignoriert oder umgeht aber diese Verbote (vgl. Forschungsgruppe Schulevaluation 1998, S. 167).
- Die Nutzungsdauer erhöht sich, wenn Kinder und Jugendliche über eigene technische Geräte in ihrem Zimmer verfügen (ebd., S. 169).

– Das Familienklima und der elterliche Erziehungsstil wirken sich auf den Medienkonsum der Kinder aus. In Familien mit positivem Familienklima reduziert sich die gesamte Sehdauer und auch der Konsum von Gewalt- und Sexfilmen. Letzterer steigert sich, wenn die Eltern sich den Kindern gegenüber sehr restriktiv oder aggressiv verhalten (ebd.).
– In oberen Sozialschichten wird problembewusster mit Medien umgegangen; dies spiegelt sich auch im Medienverhalten der Kinder wider (ebd.).

Um Zusammenhänge zwischen Medienkonsum und aggressivem Verhalten zu prüfen, wurde die Sehdauer und der Konsum problematischer Genres (Horror- und Gewaltfilme, Actionfilme, Porno- und Sexfilme) zu einem Index zusammengefasst und zwei Gruppen mit problematischer Nutzung (über 20%) bzw. normaler Nutzung (ca. 78%) gebildet. Sodann wurden die Verteilungen auf die Gruppen der Täter-Opfer-Typologie überprüft (s. Tab. 3.15).

Tab. 3.15: Zusammenhang zwischen Konsum von Gewaltfilmen und Täter-Opfer-Statistik (Kreuztabelle, Angaben in Prozent)

Konsum von Gewalt	**Opfer**	**Täter-Opfer**	**Täter**	**Episodentäter**	**Unbeteiligte**	**Total**
Mit wenig Gewalt	78,6	41,7	43,9	71,5	85,5	76,6
Mit viel Gewalt	21,4	**58,3**	**56,1**	28,5	14,5	23,4

Die dargestellten Daten zeigen insgesamt einen deutlichen Zusammenhang zwischen Mediennutzung und Gewaltverhalten. Ein problematischer Medienkonsum trifft überproportional häufig für die beiden Gruppen der Täter und Täter-Opfer zu. Eine einheitliche Kausalrichtung ist aus diesem Befund aber nicht ableitbar. Die beiden folgenden Interpretationen sind plausibel:

1. Ein problematischer Medienkonsum trägt zu einer Erhöhung des Aggressionspotentials bei, evtl. dadurch, dass die Hemmschwelle für die eigene Gewaltanwendung gesenkt wird. Je häufiger der Konsum solcher Filme, desto prädestinierter sind die Kinder und Jugendlichen für die Gewaltbefürwortung und -anwendung.
2. Kinder und Jugendliche, die aus anderen Gründen aggressiver und gewalttätiger sind, haben eine stärkere Neigung zum Konsum von Gewaltfilmen. Je aggressiver, desto mehr Gewaltfilme werden konsumiert.

Eine andere These kann jedoch als widerlegt gelten: Es trifft *nicht* zu, dass die Kinder durch den Konsum von Gewaltfilmen ihre Aggressionen abreagieren und dadurch Katharsiseffekte eintreten würden.

Die dargestellten und durch Korrelationen nachweisbaren Wechselbezüge sind nicht nur in unseren (vgl. Forschungsgruppe Schulevaluation 1998, S. 169ff), sondern auch in vielen anderen Studien bestätigt (vgl. die BKA-Studie: Lösel/Bliesener 2003, S. 76f).

Um die *Kausalrichtung von Cliquenerfahrungen und Medienwirkungen auf Gewalt* überprüfen zu können, wurden mit den Untersuchungsdaten, die zu zwei Messzeitpunkten Auskunft geben, Kausalanalysen durchgeführt. Bezüglich der Medieneinflüsse sind Kausalitäten, die deutlich über den Werten der Familienvariablen liegen, in beide Richtungen feststellbar (ohne Tabelle), also: Einerseits wählen Kinder und Jugendliche, deren Sozialverhalten – aus welchen Gründen auch immer – problematisch ist, bestimmte Genres für ihren Konsum aus, andererseits prägt dieser, z.B. das regelmäßige Sehen von Gewaltfilmen im Fernsehen, das Verhalten und trägt so zum Täter-Status bei. Diese zweite Tendenz kommt bei den älteren Schülern stärker zum Tragen, sodass insgesamt von einer nachhaltigen Medienwirkung auszugehen ist, die sich in der Biographie der Jugendlichen zunehmend zu einem Problem verdichten kann. Auch Zusammenhänge von Peerzugehörigkeit und Gewalthandeln sind nachweisbar. Im Gegensatz zur allgemeinen Mitgliedschaft in Gleichaltrigengruppen, durch die das individuelle Verhalten und die Entwicklung zur Selbständigkeit positiv beeinflusst werden kann, ist die Zugehörigkeit zu aggressiven Cliquen problematisch. Wir haben die Annahme von Wechselbezügen zwischen individuellem und kollektivem aggressiven Handeln in den Kausalanalysen bestätigt gefunden (s. Tab. 3.16).

Tab. 3.16: Simultane und längerfristige Zusammenhänge zwischen Peer-Variablen und Täter-Index

		Täter-Index			
		von Kl. 6 zur Kl. 8		von Kl. 8 zur Kl. 10	
		t_1	t_2	t_1	t_2
Aggressiver	t_1	.42**	**.26****	.55**	.37**
Freundeskreis	t_2	**.30****	.54**	**.42****	.52**

Die Tabelle zeigt eine übereinstimmende Grundstruktur für die beiden untersuchten Altersgruppen. In den beiden Vier-Felder-Tabellen drücken die Werte in der Diagonale von links oben nach rechts unten die einfache Korrelation zu den beiden Messzeitpunkten (t_1, t_2) aus; die Werte liegen zwischen .42 und .55 und sind statistisch hoch signifikant.

Die Werte der Cross-lagged-Korrelationen in der anderen Diagonale, die die Richtung der Beeinflussung angeben, liegen sehr nahe beieinander. Daher ist die Auffassung, der negative Umgang färbe auf das Individuum ab, nicht falsch; es gibt aber in beiden Altersgruppen eine leicht stärkere Tendenz in die entgegengesetzte Richtung, d.h. der Gesellung des Einzeltäters zu aggressiven Gruppen, an die er Anschluss sucht. Hier gibt es Gruppennormen und –hierarchien, man wird zu Mutproben verleitet, stachelt die Gemeinschaft das individuelle aggressive Verhalten an,

kann die Interaktion in einer gewalttätigen Gruppe u. U. zu einem Aggressionsakt führen, den das Individuum allein nie begangen hätte. Aber der Anschluss an diese Gruppe geht häufig vom Einzelnen aus, auch die Rollen, die er in diesen Gruppen einnimmt, werden zunächst durch die Zugehörigkeit zu bestimmten Gruppen der Täter-Opfer-Typologie bestimmt, um dann in diesen neuen Systemen aufgelöst oder verstärkt zu werden. So können z.B. „provozierende Opfer" durch Gruppendruck oder um Anerkennung der anderen Mitglieder der Clique zu gewinnen, durch Mutproben und Gewaltakte ihren Status verändern und damit prinzipiell zum Täter oder Täter-Opfer werden. Während der Zugang zu aggressiven Gruppen noch relativ frei ist, gilt es als sehr schwierig, diese Gruppen wieder zu verlassen. In der rechtsextremistischen Szene wurden daher Aussteigerprojekte eingerichtet, die denjenigen, die sich von diesen Gruppen abkehren wollen, Unterstützung geben.
Unsere WHO-Studie (2002) zeigt, dass im Zusammenhang der Peers auch Drogen eine erhebliche Rolle spielen. Abweichendes Verhalten jeder Form ist ein Ausdruck fehlgeleiteten Bewältigungshandelns, das in der Regel durch individuelle Überforderung und mangelnde Unterstützung entsteht; es kann „nach innen" (z.B. psychische und mentale Probleme) und „nach außen" (z.B. aggressives Verhalten) oder „ausweichend" (z.B. durch Drogenkonsum) gerichtet werden.

Die Schule als Einflussfaktor

Die Schulkultur ist eine wichtige Variable zur Erklärung abweichenden Verhaltens und zugleich ein Aspekt der Prävention. Schule müsste daher – außer den konkreten Möglichkeiten des Einsatzes spezifischer Präventionsprogramme – ihr „Innenleben" so gestalten, dass Beratung und Unterstützung der Schule den Vorrang vor Selektion haben, ein zu hoher Leistungsdruck vermieden und der Unterricht individualisiert ist.
In empirischen Untersuchungen zur Schülergewalt lassen sich viele Zusammenhänge zwischen gewaltförmigen Verhaltensweisen von Schülern und Schulkulturvariablen finden. Deutlich schwieriger ist es, aus solchen Korrelationen einen Verursachungszusammenhang zu interpretieren. Es stellt sich häufig die Frage, ob Gewalt in die Schule hineingetragen wird und Lehrerverhalten, Klassenklima etc. negativ beeinflusst, oder ob die Schule durch ihre eigene Struktur und die in ihr ausgeübten Handlungen und Maßnahmen gewaltförmiges Verhalten bei Schülerinnen und Schülern mitverursacht oder verstärkt.
Nach den vorliegenden Studien sind es weniger die Rahmenbedingungen und materiellen Faktoren von Schule und Unterricht, die aggressives Schülerverhalten mit verursachen. In den Schlussfolgerungen aus ihren Befunden stellen dazu Lösel/Bliesener (2003) fest:
„Unsere Ergebnisse legen nahe, dass die Klassen- und Schulgröße für die Aggression von Jugendlichen kaum bedeutsam ist. Die pauschale Forderung kleinerer Klassen trägt deshalb kaum zur Aggressionsverhütung bei" (S. 167).

Wie in dieser sind auch in unseren Untersuchungen Faktoren, die die Schulkultur betreffen, entscheidender, aber die Rahmenbedingungen können – wie die Burnout-Studien zeigen – auf dem Weg der Überlastung der Lehrer und der Beeinträchtigung ihrer Gesundheit und professionellen Handlungsfähigkeit auf die Schulkultur zurückwirken (vgl. Arold/Schaarschmidt 2002, Schaarschmidt/Fischer 2001, Rothland 2007).

In der 96er Studie sind wir von einem Schulkulturmodell ausgegangen, in dem die Lehrerprofessionalität und das Lehrerhandeln eine zentrale Rolle spielen, z.B. ihre didaktische Kompetenz oder ihr Umgang mit den Schülern. Dazu wurde ein ganzes Set von Variablen berücksichtigt, mit Hilfe dessen die Klassensituation, das Schulumfeld und die Schülerbefindlichkeit charakterisiert werden können (vgl. Forschungsgruppe Schulevaluation 1998, S. 197ff). Im Ergebnis zeigte sich, insbesondere wenn man die Befunde für die Klassensituation (als aggregierte Daten) und nicht für die einzelnen Schüler (Individualdaten) betrachtet, dass vielfältige und in ihrer Stärke beträchtliche Korrelationen zwischen Elementen der Schulkultur und der Schülergewalt bestehen. In den Klassen, in denen weniger Gewalt vorkommt, ist die Lehrerprofessionalität hoch, das Klassengefüge intakt, es bestehen überdurchschnittliche Beteiligungsmöglichkeiten für die Schüler, die Schülerbefindlichkeit ist positiv, d.h. die Schüler haben wenig Leistungsangst und gehen gern zur Schule (ebd., S. 211ff). Außerdem wird das mittelbar und unmittelbar auf Gewalt bezogene Verhalten der Lehrer als Einflussfaktor deutlich: Sowohl abwertendes als auch etikettierendes Lehrerhandeln, z.B. Blamieren eines Schülers vor der Klasse oder pauschale Verdächtigungen auffälliger Schüler, wirken verstärkend auf Gewalt.

Darüber hinaus konnten wir ermitteln, dass die schulischen Einflussfaktoren stärker auf weichere Gewaltformen wirken, wobei diese generelle Aussage durch den Täter-Opfer-Status modifiziert wird (s. Tab. 3.17).

Tab. 3.17: Einfluss ausgewählter Aspekte der Schulkultur auf die Täter- und Opferbelastung einer Klasse (Korrelationen, auf Klassenebene aggregierte Daten)

Schulkultur	**Täter**	**Opfer**
Didaktische Kompetenz	-.48**	-.05
Gerechtigkeit	-.41**	-.04
Förderkompetenz	-.37**	.02
Diskursorientierung	-.46**	-.02
Schülerorientierung	-.37**	-.01
Partizipation im Unterricht	-.30**	.06
Partizipation in der Schule	-.27**	.06
Außerunterrichtliche Angebote	-.27**	-.04
Lehrerintervention	-.29**	-.07

** $p < .01$

Die Tabelle zeigt ausgewählte Schulkulturfaktoren, die sehr deutlich mit dem Täterstatus zusammenhängen, d.h. dass diese Merkmale der Qualität von Schule zumindest anteilig aggressive Handlungen von Schülern begünstigen, aber keine Auswirkungen auf die Ausprägung der Opferrolle haben.[14]

Die Konsequenz dieser Befunde für die Gewaltprävention lautet, dass eine Doppelstrategie erfolgen muss, die einerseits auf eine Optimierung der Schul- und Unterrichtskultur, eine Verbesserung des Klassenklimas und, in Verbindung damit, der Schülerbefindlichkeiten gerichtet sein muss.

Dieser erste Aspekt wird durch Ergebnisse der WHO-Studie (2002) deutlich gestärkt: Eine dem Schüler zugewandte Unterrichtskultur in Verbindung mit einem guten Unterstützungssystem führt über vermehrte Schulfreude und Motivation bzw. ein gestärktes Selbstkonzept zu weniger psychosomatischen Beschwerden und zu einer Verminderung abweichender Verhaltensweisen.

Die Tatsache, dass Schulkulturvariablen den Opferstatus weniger oder gar nicht beeinflussen, hat zur Konsequenz, dass neben der Entwicklung der Schul- und Unterrichtsqualität spezifische gewalt- und opferbezogene Maßnahmen der Prävention erforderlich sind. Damit ist die Zuwendung zum Opfer, dessen Schutz durch Intervention ebenso gemeint wie der Einsatz von Präventionsprogrammen in der Schule, die z.B. eine Stärkung der Lebensbewältigungskompetenzen zum Ziel haben (vgl. Kap. 5).

Bislang wurden Korrelationen zur Interpretation herangezogen, die in beide Richtungen interpretiert werden können. Wenn also ein empirisch festgestellter Zusammenhang zwischen abwertendem Lehrerverhalten und Schüleraggressionen besteht, kann das bedeuten, dass die Beschämung durch den Lehrer Schüleraggressionen hervorruft oder aber dass das Statuieren eines Exempels an einem Schüler vor versammelter Klasse eine Reaktion des Lehrers auf ein provozierendes Schülerverhalten ist. In der Regel handelt es sich um Interaktionen und Wechselwirkungen. Kausalanalysen geben aber Hinweise auf die Richtung des Zusammenhangs. Daher haben wir mit dieser Methode – wie schon bei den anderen Einflussfaktoren – entsprechende Auswertungen durchgeführt, für die aber Daten von mindestens zwei Messzeitpunkten erforderlich sind. Anhand von Befragungen in den Jahren 1996 und 1998 konnte eine Gruppe von ca. 700 Schülern der Klassenstufen 6 bis 10 ermittelt werden, die an beiden Erhebungen teilgenommen hatte. Aus den Fragebögen dieser Gruppe wurden sog. „Cross-Lagged-Korrelationen" zwischen selbstberichteten Gewalthandlungen (unterteilt in härtere und weichere Aggressionen sowie Schuldevianz) und verschiedenen schulischen Einflussfaktoren berechnet. Dieses Verfahren erlaubt Rückschlüsse auf die Richtung, mit der Faktoren zusammenhängen, zu ziehen.

Tab. 3.18: Simultane und längerfristige Zusammenhänge zwischen schul- und schülerbezogenen Variablen vs. härtere Aggressionen, weichere Aggressionen und Schuldevianz (Cross-Lagged-Korrelationen)

		Härtere Aggressionen		**Weichere Aggressionen**		**Schuldevianz**	
		1.Welle	2.Welle	1.Welle	2.Welle	1.Welle	2.Welle
Didaktische Kompetenz	1. Welle	-.21***	-.07	-.28***	-.14***	-.32***	-.15***
(Unterrichtsqualität)	2. Welle	-.12**	-.26***	-.17***	-.33***	-.19***	-.36***
Etikettierendes	1. Welle	.38***	.25***	.46***	.29***	.40***	.26***
Lehrerhandeln	2. Welle	.28***	.45***	.31***	.47***	.31***	.52***
Aggressives	1. Welle	.30***	.22***	.34***	.24***	.31***	.26***
Lehrerhandeln	2. Welle	.19***	.35***	.21***	.37***	.21***	.38***
Desintegration	1. Welle	.25***	.10**	.26***	.11**	.22***	.07
in der Klasse	2. Welle	.21***	.31***	.22***	.34***	.15***	.26***
Schulfreude	1. Welle	-.21***	-.14***	-.26***	-.21***	-.27***	-.21***
	2. Welle	-.09*	-.29***	-.11**	-.33***	-.09*	-.31***

Die Tabelle weist für jeden Faktor und die beiden Untersuchungswellen vier Korrelationskoeffizienten aus. Die beiden Koeffizienten auf der Hauptdiagonalen (oben links und unten rechts, dünn gedruckt) zeigen die Korrelationen zwischen den jeweiligen Schul- und Schülermerkmal und den selbstberichteten Gewalthandlungen auf der Basis der jeweiligen Querschnittsanalyse (einmal zum ersten Erhebungszeitpunkt und einmal zum zweiten Erhebungszeitpunkt). Beispielsweise korrelieren aggressives Lehrerhandeln und härtere Aggression von Schülern mit einem Koeffizienten von r = .30 in der ersten Erhebung und r = .35 in der zweiten Erhebung. Der Zusammenhang zwischen beiden Faktoren wird also zu beiden Zeitpunkten bestätigt, fällt aber in der Befragung 1998 etwas höher aus als 1996.
Zur Überprüfung der Kausalitäten ist die andere Diagonale mit ihren beiden Korrelationskoeffizienten wichtig (Fettdruck). Diese Koeffizienten sind keine simultanen, sondern zeitversetzte (eben cross-lagged) Korrelationen zwischen den beiden Merkmalen, so dass sie für kausale Interpretationen verwendet werden können. Beispiel: Das aggressive Lehrerhandeln, wie es von Schülern zum Zeitpunkt 1996 eingeschätzt wurde, korreliert mit der von Schülern selbst berichteten Ausübung härterer Aggression zum Zeitpunkt 1998 mit einem Koeffizienten von r = .22. Die härteren Aggressionen durch Schüler 1996 korreliert mit dem aggressiven Lehrerhandeln 1998 nicht ganz so hoch (r = .19), aber immer noch hoch und signifikant. Diese Zahlen lassen sich so interpretieren, dass es einen gesicherten Zusammenhang zwischen aggressivem Lehrerverhalten und durch Schüler verübte Gewalt gibt, und man kann auch folgern, dass aggressives Lehrerverhalten keineswegs nur eine Reaktion auf Schülergewalt darstellt, sondern durchaus auch eine mitverursachende Rolle spielt.

Aus der Tabelle 3.18 lassen sich für fast alle Aspekte des Lehrerhandelns, der Klassensituation und der Schülerbefindlichkeit Kausalbeziehungen mit allen drei Gewalt- bzw. Devianzformen feststellen. Die Richtung der stärkeren Beeinflussung zeigt sich in der Tendenz gleichgewichtig. Es zeigt sich jedoch, dass weiche Aggressionsformen und deviantes Verhalten etwas stärker durch schulische Faktoren bedingt sind als die härteren Gewalttaten. Am interessantesten sind die Daten zur Schulfreude, die deutlicher als die meisten anderen Schulkulturvariablen gewaltmindernd wirkt. Aus anderen Kausalanalysen wissen wir, dass die Schulfreude der Schüler zu besseren Leistungen (gemessen durch Noten) führt, so dass sich hiermit Unterrichtskonzepte, die den Schüler als Akteur in den Mittelpunkt stellen, empirisch begründen lassen.
Insgesamt lässt sich festhalten, dass Gewalt nicht einfach von außen in die Schule hinein schwappt, sondern dass die Schule durch ihre innere Ausgestaltung mit zur Entstehung solcher Handlungsformen beiträgt. Aus diesem Befund lässt sich ableiten, dass durch die Entwicklung und Verbesserung verschiedener Aspekte der Schulkultur ein sinnvoller Beitrag zur Gewaltprävention geleistet werden kann.

Ursachen und Risiken in der Gesamtbewertung

Mit dem Hintergrund des Wissens um wechselseitige Zusammenhänge zwischen Gewaltursachen und Gewalthandeln der Schüler, einschließlich der Nuancierungen für die einzelnen Bereiche aus den Kausalanalysen, soll eine abschließende Gewichtung der Gewaltursachen vorgenommen werden. Da alle Interaktionen sich im Schulkontext vollziehen und dort insbesonders auf den Klassenverband fokussiert sind, wurden die Daten wiederum auf Klassenebene zusammengefasst und dementsprechend in der Analyse nicht die Einzelschüler, sondern die untersuchten Schulklassen in ihren Unterschieden miteinander verglichen. In Bezug auf die Ursachen von Gewalt in der Schule lassen sich die Ergebnisse wie folgt zusammenfassen (vgl. Tab. 3.19).

Tab. 3.19: Außerschulische und schulische Prädiktoren des Gewalthandelns im Vergleich (auf Klassenebene aggregierte Daten; Korrelationen)

Sozialisationseinflüsse	**Täter-Niveau**	**Niveau der Schuldevianz**	**Delinquenzniveau**
*Niveau des Erziehungsmilieus (-)**	*.71***	*.56***	*.64***
Familie (-)	.42**	.38**	.33**
Medien (-)	.66**	.61**	.53**
Peers (-)	.50**	.29**	.66**
*Sozialstrukturelles Niveau (+)**	*-.38***	*-.25***	*-.32***
*Niveau der Schulkultur (+)**	*-.54***	*-.51***	*-.41***
Lehrerprofessionalität (+)	-.61**	-.66**	-.39**
Sozial-räumliche Schulumwelt (+)	-.45**	-.37**	-.34**
Schülerbefindlichkeiten (+)	-.40**	-.40**	-.33**

* Oberfaktoren

Die Tabelle enthält bivariate Zusammenhänge zwischen drei Formen abweichenden Verhaltens und verschiedenen Sozialisationseinflüssen. Als Täter-Niveau wird die Vorkommenshäufigkeit und -intensität von Gewalttaten innerhalb einer Schulklasse bezeichnet; Schuldevianz sind z.B. Unterrichtsstörungen und Schulabsentismus, die einen gemeinsamen Faktor bilden; unter Delinquenz werden justiziable Taten (wie Vandalismus, Einbruch, Diebstahl) gefasst, die auch im außerschulischen Raum stattfinden können. Bei den Sozialisationseinflüssen sind verschiedene Einzelfaktoren zu den jeweiligen Bereichen (z.B. Positives Familienklima, Restriktiver Erziehungsstil) zu einem Index (z.B. Familie) zusammengefasst worden. Danach sind mit demselben Verfahren die außerschulischen und schulischen Faktoren zusammengefasst worden, hinzu kommt noch die soziale Herkunft („Sozialstrukturelles Niveau").

Vergleicht man die Stärke der Zusammenhangsmaße mit denen der Analysen der Individualdaten (auch bei den Kausalanalysen), so ist auffällig, dass die auf Klassenebene zusammengefassten Daten deutlich höhere Zusammenhänge zwischen den Ursachenfeldern und dem Auftreten von Gewalt „produzieren". Dies ist ein sehr wichtiges Ergebnis, das uns sagt, dass erst durch die schulische Selektion problematischere Schulformen, Bildungsgänge und Klassensituationen geschaffen werden, in denen die Risikofaktioren kulminieren und deutlich sichtbar werden – das gilt insbesondere für die soziale Herkunft (s.u.).

Durch den Vergleich der Korrelationen untereinander (s. Tab. 3.18) wird nachvollziehbar, dass die Prädiktoren in den Feldern des Erziehungsmilieus (Familie, Medien, Peers) stärker mit dem Niveau der Gewalt in der Schule, der Schuldevianz und der außerschulischen Delinquenz zusammenhängen als die schulspezifischen und – nochmals abgestuft – die sozialstrukturellen Einflüsse. Innerhalb des Erziehungsmilieus kommt dem biographisch aktuellen Hintergrund der Peer-Sozialisation und vor allem des Medienkonsums eine etwas höhere Bedeutung zu als den familialen Einflüssen. Dieser Befund bedeutet jedoch nicht, dass die intrafamiliale Kommunikation, das Familienklima und das Erziehungsverhalten der Eltern für die Gewalt in der Schule nur eine marginale Bedeutung hätten. Dies trifft vor allem deswegen nicht zu, weil neben den direkten, singulären Zusammenhängen eine *Komplementarität der Sozialisationsinstanzen und Sozialisationseffekte* besteht und innerhalb des Erziehungsmilieus Synergismen zu verzeichnen sind: Denn die „intakte" Familie wird immer auch den sozialen Umgang der Kinder, der z. T. im Elternhaus stattfindet bzw. durch die Heranwachsenden von dort aus organisiert wird, begleiten und auch das Medien- und Freizeitverhalten mitreflektieren sowie auf beide Bereiche Einfluss zu nehmen versuchen.

Ein weiterer interessanter Befund ist der, dass sich – im Unterschied zu den Analysen, die auf der Basis von Individualdaten vorgenommen worden sind – mit Klassenaggregat-Daten auch die soziale Herkunft der Schüler als ein relevanter Erklärungsfaktor für Gewalt in der Schule erweist. Das bedeutet, dass in Klassen, in

denen beispielsweise auf Grund des Einzugsgebietes der Schule, der Zuweisung zu Schularten oder innerschulischer Segregierungen („äußere Differenzierung“) Kinder aus bestimmten Sozialschichten dominant vertreten sind, auch die Gewalt entsprechend höher bzw. niedriger ist. Die bloße Schichtzugehörigkeit als Individualmerkmal lässt keine Prognosen für Gewaltverhalten zu; Effekte treten erst in Verbindung von Sozialstruktur und entsprechenden Sozialisationserfahrungen mit schulischen Selektions- und Differenzierungsprozessen auf.
Bei den verschiedenen Aspekten der Schulkultur ist die Lehrerprofessionalität der mit Abstand wichtigste Faktor, der damit im Hinblick auf die Prävention und Intervention am besten geeignet ist, der Schuldevianz und dem Täterstatus – also den innerschulischen Delikten – zu begegnen. An der Person des Lehrers macht sich also implizit oder explizit der Erfolg von Gewaltprävention und -intervention fest.
Im Vergleich der Gewaltformen ist zu registrieren, dass bei der Delinquenz, die im außerschulischen Raum stattfindet, in erster Linie strukturelle, verstärkende und regulierende Einflüsse von Gleichaltrigen und Freunden wirksam werden. Medienverhalten und -konsum ist bei der Entstehung aller Formen des Gewaltsyndroms wichtig. Die Schuldevianz als Sektor alltäglicher Schülerstrategien und Schulverweigerungen wird im Vergleich mit den beiden anderen, gravierenderen Formen von Gewalt etwas weniger durch vorgängige Sozialisation beeinflusst, wohl auch, weil jeder Schüler „mal so etwas macht“ wie Unterricht stören oder Schule schwänzen.
Die Unterrichtstörungen und der Schulabsentismus, die einen Faktor bilden und nicht selten ineinander übergehen, sind ein gutes Beispiel dafür, dass auch schon leichtere abweichende Verhaltensweisen der Ausgangspunkt für das Scheitern der Schulkarriere sein können (wer den Unterricht permanent stört und dann den Unterricht vielleicht auch öfter schwänzt, fällt in seiner Leistungsentwicklung zurück), sodass es sinnvoll erscheint, das Sozialverhalten im Kontext der gesamten Kompetenzentwicklung der Schüler zu untersuchen.

3.4 Zusammenwirken des Sozialverhaltens mit anderen Kompetenzbereichen

Es spricht vieles dafür, das Sozialverhalten der Schüler in der Schule nicht als eine isolierte Dimension zu betrachten, sondern den Zusammenhang verschiedener Kompetenzbereiche in ihrer wechselseitigen Beeinflussung zu berücksichtigen (vgl. u.a. Edelstein 1995). Die Untersuchung dieser Synergismen war ein weiterer Schwerpunkt unserer Arbeiten. Wir haben den Zusammenhang der drei zentralen Dimensionen der Kompetenzentwicklung – also der Fachleistungs-, Sozial- und Selbstkompetenzen – anhand von drei großen Stichproben mit jeweils über 3.000 Schülerinnen und Schülern untersucht und kommen zu Ergebnissen, die zum Abschluss kurz dargestellt werden sollen.

Bei dieser Analyse sind die Daten der Befragung der 96er Studie zu Grunde gelegt. Der Leistungsstatus wurde durch Noten in den drei Hauptfächern („Notenscore") gemessen. Als positive Sozialkompetenz wurde gewertet, wenn Schüler nicht in die diversen Formen dissozialen Verhaltens (z.B. Schuldevianz, Delinquenz, „weichere" und „härtere" Gewaltformen) involviert waren. Außerdem wurden das Selbstvertrauen und die Selbstwirksamkeitsüberzeugungen durch entsprechende Skalen erfasst. Mit Hilfe einer Clusteranalyse konnten verschiedene Gruppen mit unterschiedlichen Kompetenzkonfigurationen unter dem Gesichtspunkt von Erfolg und Misserfolg in der Schule herausgearbeitet werden (vgl. Abb. 3.8). Die drei untersuchten Dimensionen sind jeweils aus mehreren Einzel- bzw. Faktorvariablen zusammengesetzt und bilden gemeinsam den Oberfaktor „Bildungserfolg".

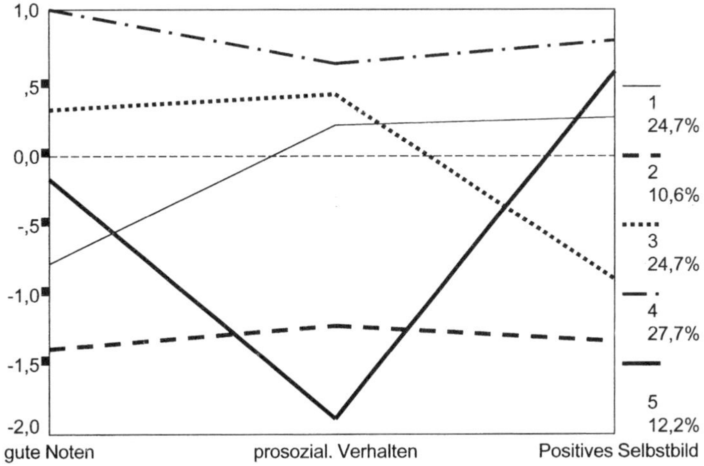

Die Nulllinie repräsentiert den Durchschnitt aller befragten Schüler

Abb. 3.8: Bildungserfolg verschiedener Schülergruppen (Clusteranalyse)

Bei einer 5-Cluster-Lösung mit Faktorenwerten lassen sich die Gruppen wie folgt charakterisieren:

Gruppe 1 gehört etwa ein Viertel der Schülerschaft an und hat einen relativ niedrigen Leistungsstatus. Die ihr angehörenden Schüler können aber im Sozialverhalten und in Bezug auf das Selbstkonzept überdurchschnittlich positive Werte erzielen. *Gruppe 2* ist mit etwa 10% der Schüler die kleinste aller Gruppen; ihre Mitglieder haben schulischen Misserfolg auf der ganzen Linie. *Gruppe 3* gehört – wie Gruppe 1 – etwa ein Viertel der Schülerschaft an; ihre Mitglieder haben trotz guter Noten und eines ausgeprägten prosozialen Verhaltens nur ein gering entwickeltes Selbstvertrauen; Mädchen in Gymnasien sind in dieser Gruppe überrepräsentiert. *Gruppe 4* ist mit etwa 28% die größte aller Gruppen und versammelt Schüler, die auf der ganzen Linie erfolgreich sind – sie stellt also den Gegenpol zur Gruppe 2 dar. *Gruppe 5* ist die Gruppe mit den extremsten Ausschlägen in den einzelnen Erfolgsdimensionen; ihr gehören Schüler mit durchschnittlichen Noten, einem sehr negativen Sozialverhalten, einem hohen Gewaltpotential und einem gleichzeitig starken Selbstbewusstsein an – sie ist mit ca. 12% der Schüler die zweitkleinste Gruppe. Gleichzeitig ist eine Ausdifferenzierung dieser Typologie nach Schulformen, Bildungsgängen und Geschlecht feststellbar. So ist die problematische Gruppe 5 im Gymnasium mit 9,4%, im Hauptschulbildungsgang aber mit fast 26% vertreten; zu ihr gehören 4,3% der Mädchen gegenüber 21% der Jungen.

Die Ergebnisse zeigen, dass nur ein mehrdimensionales Modell den Bildungserfolg umfassend beschreiben kann. Aus der Struktur der fünf Gruppen lässt sich ableiten, dass Fachleistungsstatus, Sozial- und Selbstkompetenzen in unterschiedlichen Ausprägungskombinationen auftreten können und eine dementsprechende spezifische Unterstützung der jeweiligen Schüler durch die Lehrer und die Institution Schule erforderlich erscheint. Ebenso wird deutlich, dass die primäre schulische Förderstrategie, die auf Kompensation fachlicher Defizite zielt, nur für ein gutes Viertel der Schüler ein probates Mittel darstellt. Auf der anderen Seite kommt eine Verbesserung der Lehrerprofessionalität, der Lern- und Schulkultur auch dem Sozialverhalten zugute (vgl. ausführlich Melzer/Al-Diban 2001).

Betrachtet man die drei Kompetenzbereiche in der Gesamtschau, so ergeben sich etwas stärkere Zusammenhänge zwischen Sozialkompetenz und Leistungsstatus sowie zwischen Selbstkompetenz und Leistungsstatus im Vergleich zu den Korrelationen zwischen Sozial- und Selbstkompetenz. Alle drei Faktoren bilden – wie bereits erwähnt – den Oberfaktor „Bildungserfolg", bei dem der Notendurchschnitt die höchste, das prosoziale Verhalten eine sehr hohe und das allgemeine Selbstbild eine etwas niedrigere Ladung aufweist. Wären unterrichts- und fachbezogene Selbstwirksamkeitsüberzeugungen gemessen worden, wäre der Zusammenhang zum Leistungsstatus noch deutlicher geworden.

In bivariaten Analysen (Korrelationen) haben wir die Einflussfaktoren dieser mehrschichtigen Kompetenzkonfigurationen untersucht und festgestellt, dass die familialen, schulischen und sonstigen Kontextbedingungen im Prinzip als Bedingungsfaktoren für alle drei Dimensionen gelten und auf die dort ablaufenden Prozesse einwirken – allerdings mit unterschiedlichen Akzentuierungen: Negative Sozialisationserfahrungen in der Familie weisen einen relativ stärkeren Zusammenhang zum Selbstkonzept und z. T. zum Sozialverhalten auf. Letzteres wird ganz stark durch Medienverhalten und Peer-Erfahrungen geprägt. Das gilt auch abgeschwächt für die Fachleistungen, die durch schlechten Umgang und problematischen Medienkonsum beeinträchtigt werden können.

Überraschend für uns war, dass Aspekte der Lernkultur, der Unterrichtsgestaltung und der didaktischen Kompetenz der Lehrer primär mit dem Sozialverhalten der Schüler zusammenhingen, sekundär mit dem Selbstkonzept und erst tertiär mit den Fachleistungen, wobei es auf der Linie aller bekannten Befunde liegt, von wechselseitigen Beeinflussungen der drei Faktoren auszugehen. Aus anderen Analysen, die wir durchgeführt haben, wissen wir, dass Schulkulturvariablen, wie Lehrer-Schüler-Beziehung, Lehrerengagement, Lebensweltbezug des Lernens, partizipative Unterrichts- und Schulgestaltung – also alles Variablen, die einen im weitesten Sinne offenen und schülerorientierten Unterricht repräsentieren, ganz stark mit Schulfreude und Interesse am Unterricht korrelieren. Im Zusammenwirken von Leistungsstatus, Sozial- und Selbstkompetenzen hätten diese motivationalen Variablen also moderierenden Charakter, wobei die vermittelnden Prozesse für die fünf festgestellten Schülergruppen vermutlich unterschiedlich verlaufen. Eine identische Grundstruktur mit fünf Schülergruppen und vergleichbaren Konfigurationen ergab sich bei Clusteranalysen mit den HBSC-Datensatz 2002. Da in dieser Studie keine Schulnoten erhoben wurden, wurde die Leistungsdimension durch das schulische Fähigkeitsselbstkonzept der Schüler/innen abgebildet. Auch bei dieser Analyse fanden wir fünf Schülergruppen mit den Merkmalen: „Soziale Defizite", „Selbstwertdefizite", „Fachdefizite" sowie Erfolg bzw. Misserfolg mit charakteristischen Verknüpfungen der drei Dimensionen (Leistungs-, Sozial-, Selbstkompetenz) für den jeweiligen Typus (vgl. Dümmler/Melzer 2009).

Die pädagogische Begründung für eine Verbesserung der Unterrichtsqualität mit dem Ziel einer umfassenden Kompetenzentwicklung im Allgemeinen und der Entwicklung der Sozialkompetenzen im Besonderen, liegt auf der Hand. Mit direkter Instruktion, gleichem Lerntempo und einheitlicher Leistungsanforderung wird ein Teil der Schüler ständig über-, ein anderer Teil unterfordert. Diejenigen, die nicht mehr mitkommen, verlieren das Interesse am Unterricht, die Lernfreude und damit auf Dauer die Motivation zum Weiterlernen und dann ihr Selbstvertrauen. Mangelndes Selbstwertgefühl wiederum führt bei bestimmten Schülern, denen die Anerkennung der Eltern und Lehrer vorenthalten bleibt, dazu, sich mit abweichenden Verhaltensweisen hervorzutun, um so die Anerkennung der Mitschüler zu gewinnen und dadurch ihre Selbstkonzeptdefizite abzubauen.

Solchen Schülern mangelt es an konstruktiven Handlungsalternativen; vielleicht würde es ihnen durch schülerorientierten Unterricht, Maßnahmen der Binnendifferenzierung oder Projektlernen wieder gelingen Anschluss zu finden, insbesondere wenn sie das Lerntempo selbst bestimmen, den Gegenstand selbst strukturieren und Aufgaben finden könnten, die ihren Interessen entsprechen – und vor allem wenn man für eine bereichs- und problemspezifische Förderung Sorge tragen würde.

Außer den unterrichtsbezogenen Variablen (z.B. Didaktische Kompetenz der Lehrer) und den Schülerbefindlichkeiten (z.B. Schulfreude, geringer Leistungsdruck, geringe Schulangst) besitzen auch die institutionsbezogenen Variablen der Schule einen Einfluss auf Gewalt: In dem Maße wie die Qualität der Einzelschule positiv entwickelt ist, z.B. durch eine offene Kommunikationsstruktur zwischen allen beteiligten Gruppen, eine gute Schulraumqualität, die es erlaubt, sich in der Schule wohl zu fühlen, durch interessante Lern- und Freizeitangebote über den Kernbereich des Unterrichts hinaus und Partizipationsmöglichkeiten für die Schüler, in dem Maße verzeichnet sie auch weniger Gewaltprobleme. Insofern kann Schulentwicklung als Entwicklung der gesamten Schulkultur, d.h. als Organisationsentwicklung, Personalentwicklung und Unterrichtsentwicklung, als ein probates Mittel der Gewaltprävention gelten.

Derartige, die Schule und das schulische Umfeld einbeziehenden Programme der Gewaltprävention werden – nicht nur in den skandinavischen Ländern – seit Jahren mir Erfolg praktiziert; sie schließen immer schulische, unterrichtsbezogene und außerschulische sowie schulpädagogische, psychologische und sozialpädagogische Maßnahmen ein. Das Gesamtkonzept muss auf die jeweils vorhandenen Bedingungen der betreffenden Einzelschule und ihres Umfeldes sowie die spezifische Schülerschaft zugeschnitten sein und in einer „konzertierten Aktion" aller Beteiligten, im Sinne eines Netzwerkes kompetenter Personen und unterstützender Institutionen, in Angriff genommen werden – nur dann ist ihm Erfolg beschieden. Die Schule allein ist mit dieser Aufgabe überfordert.

Falls Sie diesen Band als Lehrbuch lesen, beschäftigen Sie sich bitte mit folgenden Anregungsaufgaben und Fragen:

1. Welche Erscheinungsformen von Gewalt in der Schule lassen sich empirisch belegen, in welcher Weise zeigen sie sich im schulischen Alltag?
2. Wie hat sich die Gewaltbelastung der Schulen in den letzten Jahren entwikkelt, hat die Gewalt zugenommen?
3. In diesem Kapitel wurde eine differenzierte Täter-Opfer-Typologie entwikkelt. Wie lassen sich „Täter-Opfer" charakterisieren, wie unterscheidet sich diese Gruppe von den „Tätern", an welchen Merkmalen erkennt man den „Opferstatus"?
4. Welche Ursachen für aggressives Schülerverhalten lassen sich vor dem Hintergrund der vorgestellten empirischen Befunde benennen? Welche Bedeutung kommt dabei der Schule zu?
5. In Schulen, die einen restriktiven Umgang mit ihren Schülern pflegen, tritt z.T. weniger Schülergewalt auf. Wie beurteilen Sie Maßnahmen von Schulen, vor allem durch „äußere Regulation" Gewaltprävention zu betreiben?
6. Lässt sich durch eine Veränderung der Schulkultur das Gewaltproblem in Schulen in seiner Gesamtheit bewältigen?

4| Möglichkeiten der Gewaltprävention und -intervention im Schulalltag

Schule als Ort und zugleich mitverursachende Struktur lässt es doppelt angezeigt erscheinen, in diesem Bereich mit der Prävention anzusetzen. Nachdem der Grundlagenteil und die Darstellung des Forschungsstandes abgeschlossen sind, folgt nun das erste von drei praxis- und handlungsorientierten Kapiteln. Zu Beginn werden die Ziele, Strategien und Ebenen geklärt, die für die Gewaltprävention und -intervention leitend sind. Danach folgen erste Tipps und pädagogische Impulse für Lehrpersonen zur Vermeidung von bzw. zum klärenden Umgang mit Gewalt. Diese folgen keiner Systematik, sondern werden deswegen behandelt, weil die dahinter stehenden Probleme zum Schulalltag gehören und uns als Problem- und Handlungsfelder immer wieder in der Lehrerausbildung sowie in der Lehrerfort- und -weiterbildung begegnet sind.

Als „Prävention" wird das vorbeugende Eingreifen bezeichnet, während „Intervention" auf die Bearbeitung bereits vorhandener manifester Störungen gerichtet ist. Die Begriffe werden in der Psychologie, den Erziehungs- und den Sozialwissenschaften aber in unterschiedlicher Weise, ausgehend von diesem Grundkonsens, verwendet.

Im Anschluss an eine Definition von Caplan (1964) hatte sich im deutschsprachigen Raum lange eine Differenzierung in primäre, sekundäre und tertiäre Prävention gehalten. In diesem Modell werden unter tertiärer Prävention Maßnahmen der Besserung, Therapie und Resozialisierung verstanden, die dem Zweck dienen, künftige Normverstöße zu vermeiden.

„Die kritische Auseinandersetzung mit dieser Definition einer tertiären Prävention hat allerdings dazu beigetragen, dass in diesem Zusammenhang nicht von präventiven Maßnahmen ausgegangen wird, sondern in den Fällen, in denen auf bereits vorhandene Problemlagen bzw. auf normabweichendes Verhalten reagiert wird, der Gebrauch des Interventionsbegriffes nahegelegt wird. In Abgrenzung hierzu richten sich sekundäre Präventionsmaßnahmen an solche Personengruppen, deren normabweichendes Verhalten noch nicht manifestiert ist" (Böllert 2001, S. 1394). Primärprävention ist noch davor angesiedelt und bezeichnet pädagogisches Handeln und Beratung zur Vermeidung von Normabweichung. Mit den Begriffen der primären, sekundären und tertiären Prävention bzw. Intervention als Bezeichnung für den tertiären Bereich korrespondieren die Termini „universelle“, „selektive“ und “ indizierte Prävention“, die insbesondere in der Psychologie und vermehrt in der Kriminologie Verwendung finden. Dieser Vorschlag einer neuen Klassifikation wurde bereits im Jahre 1994 durch das das „US Institute of Medicine“ unterbereitet, hat sich aber endgültig nicht durchgesetzt. Vor allem für die Präventionspraxis scheinen die feinen Unterschiede beider Konzeptionen nicht relevant zu sein. Die „Universelle Prävention“ ist – wie die Primärprävention – unspezifisch, sie richtet sich nicht an spezielle Problemgruppen und hat allgemeinen Präventivcharakter. Die „Selektive Prävention“ ist – wie der Sekundärprävention – auf Gruppen ausgerichtet, die speziellen Risiken ausgesetzt sind, d.h. psycho-soziale Risiken: gestörte Familienverhältnisse, Stress, Missbrauch; demographische Risiken: Geschlecht, Ethnizität, Arbeitslosigkeit, Armut; Umweltrisiken: soziale Brennpunkte, Kriminalität. Auch besteht eine hohe Übereinstimmung zwischen „Indizierter Prävention“ und tertiärer Prävention/Intervention, die sich an Personen mit bestimmten Risikomerkmalen richten.

Ein aus diesen Überlegungen resultierendes Gesamtmodell der Gewaltprävention und -intervention ist in Tabelle 4.1 dargestellt.

In dem Schema sind neben den allgemeinen Zielen der Prävention und Intervention die Zielgruppen bzw. Orte der Maßnahmen benannt. Zwar sind in allen Fällen die drei Sozialisationsinstanzen Familie, Schule und Peers zu berücksichtigen; bei der Primärprävention ist jedoch die Zusammenarbeit von Schule und Elternhaus besonders wichtig. Wenn man an manifeste Verhaltensprobleme von Schülern denkt (d.h. Cliquengewalt, Alkoholkonsum, aber auch Schwänzen von Unterricht), die eine direkte Bearbeitung erfordern, sind neben den schulischen Verhaltensweisen auch die Erfahrungen und mögliche Verstärkungseffekte im Kontext der Gleichaltrigengruppen mit zu berücksichtigen. Auf der Ebene der Intervention ist für Lehrer zu bedenken, dass sich hier die Frage einer professionellen Unterstützung stellt, die Kooperationen und speziell ausgebildete Kompetenzen erfordert. Innerhalb der Schule sind Vertrauens- und Beratungslehrer und möglicherweise andere bestehende Einrichtungen oder Konzepte der Beratung und Intervention (d.h. Peer Mediation) hinzuzuziehen, bevor der Schulpsychologische Dienst, Therapeuten und Ärzte, die Jugendhilfe oder die Polizei beteiligt werden. Eine interne pädagogische Lösung ist zu bevorzugen, da die Überweisung an Spezialinstitutionen mit ungewünschten Nebeneffekten, d.h. einer Stigmatisierung als „Täter“, verbunden sein kann, die positive Entwicklungen u. U. konterkarieren.

Manchmal werden juristische Gründe genannt, um Polizei oder Jugendhilfe sehr schnell ins Spiel zu bringen. Wenn wir dabei Zurückhaltung anmahnen, bezieht sich das nicht auf präventive Maßnahmen, die in Form von Schulsozialarbeit und Informations- bzw. Trainingsarbeit der Polizei in Schulen sehr sinnvoll sein kann,

Tab. 4.1: Allgemeines Modell der Gewaltprävention und -intervention

	Ziele	Zielgruppen und Orte		
		Familie	Schule	Gleichaltrigengruppe
Primärprävention (universell)	**Allgemeiner Präventivcharakter** • Förderung und Stabilisierung des Selbstwertgefühls bzw. des Vertrauens auf andere Personen • Anerkennung körperlicher Integrität des Kindes • Verstärkung von prosozialen Einstellungen sowie Kommunikations- und Interaktionskompetenzen	• Gewaltlosigkeit als Erziehungsstil und Erziehungsziel • Praxis gewaltfreier Austragung von Konflikten in Familie, Schule und Gesellschaft (Vorbildverhalten), Kooperation der Sozialisationsinstanzen • Familienbildung • Vernetzung von Familien • Kinderschutz	• Verbesserung von Schulklima, Lernkultur • Unterrichtseinheiten und Lebensbewältigungs-Programme • Förderung des sozialen Lernens	• Interkulturelle Kinder- und Jugendarbeit • Einbeziehung von Kinder- und Jugendgruppen in Entscheidungsprozesse (z. B. Wohnumwelt) • Kinder- und Jugendparlamente
Sekundärprävention (selektiv)	**Latente Risikogruppen** • Immunisierung potenzieller Opfer und Täter durch Bereitstellung einer spezifischen Infrastruktur oder durch Trainingsmaßnahmen	• Prophylaktische Maßnahmen der Unterstützung und Beratung von Familien in Settings mit erhöhten Risikokonstellationen • Einsatz von Familienhelfern, aufsuchende Elternarbeit	• Umgang mit Unterrichtsstörungen • spezifische Ansätze, z.B. zur Jungenarbeit • Hilfestellung beim Nachholen von Schul- und Berufsabschlüssen	• Kinderwohngruppen • Kinderschutzzentren
Intervention (indiziert)	**Gruppen mit Risikomerkmalen** • Maßnahmen der Besserung und Resozialisierung bei manifesten Problemen • Therapeutische Verfahren zur Bewältigung von Problemsituationen	• Interventionen der Erziehungs- und Familienhilfe • Hilfen für Drogen- und Alkoholabhängige	• Arbeit mit Schulverweigerern und Schulversagern • Pädagogische Trainings für „Täter" und „Opfer"	• Täter- und/oder Opfer-Selbsthilfegruppen

sondern auf Hinzuziehung in konkreten Fällen, d.h. der Schädigung anderer. Viele meinen auch, dass bei Sach- und Personenschäden die Versicherungen der verursachenden Partei zuständig seien und den Schaden nur dann ausgleichen würden, wenn es zuvor zu einer Anzeige gegen den Verursacher gekommen ist. Dies gilt nur in ganz extremen Fällen, in denen eine vorsätzliche Handlung vorliegt. Denn nach einer Entscheidung des Bundesgerichtshofes (BGH) gehören Übermut, Raufereien u.ä. bis zu einem gewissen Grad zum Schulalltag.

Folgender Fall stand zur Verhandlung:
„Als ein Lehrer kurz das Klassenzimmer verließ, nahm ein 15-Jähriger eine Säge vom Lehrertisch, mit der er wie mit einem Tennisschläger Kugeln aus Aluminiumfolie verschoss. Dabei löste sich das Sägeblatt vom Griff und traf einen Mitschüler im Gesicht. Dieser ist seitdem auf dem rechten Auge blind, seine Erwerbsfähigkeit um 30% gemindert."
Die gesetzliche Unfallversicherung zahlt an den betroffenen Schüler eine Rente, Schmerzensgeld direkt vom Schädiger wurde ihm nicht zuerkannt *(Az.: VI ZR 34/02 – v. 11.02.2003).*
Begründung: Schmerzensgeld gibt es nur bei Vorsatz, da Übermut und Raufereien zum Schulalltag gehören.

Dass die Schulen unabhängig von dem Grad ihrer Gewaltbelastung zunächst nach internen Lösungen suchen, haben wir in eigenen Untersuchungen festgestellt. In der von der Forschungsgruppe Schulevaluation 1993/94 durchgeführten Schulleiterbefragung (s. Kapitel 3) wurden die beteiligten Schulleiter unter anderem zu Umfang und Art der gegenwärtig verfolgten Interventions- und Präventionsstrategien befragt. Im Ergebnis der Auswertung zeigte sich, dass der größte Teil der Schulen gewaltförmigem Verhalten keineswegs so hilflos gegenübersteht, wie es in der Öffentlichkeit teilweise dargestellt wird. Ohne Unterschiede hinsichtlich der Schulform oder des Bundeslandes werden die meisten Lehrer und Schulleitungen in irgendeiner Weise aktiv, wenn es zu Gewalthandlungen in der Schule kommt. Besonders häufig sind Schulen dabei bestrebt, gewalthaltige Konflikte innerhalb der eigenen Institution zu lösen. Im Vordergrund stehen dabei pädagogisch-kommunikative Lösungsvarianten wie Aussprachen. Sanktionsmaßnahmen, d.h. schriftliche Verweise, werden weitaus weniger angewendet. Auch für die insgesamt viel seltener praktizierte Einbeziehung schulexterner Einrichtungen gilt eine Bevorzugung von Institutionen mit pädagogischer Arbeitsweise (d.h. Beratungsstellen) gegenüber administrativen Institutionen (vgl. Tab. 4.2).
Auffällige Unterschiede zeigen sich bezüglich der Hinwendung der Schulen zu Tätern oder Opfern von Gewalthandlungen. Während d.h. in Hessen in ca. 80%

der Schulen nach Gewalthandlungen mit den Tätern Gespräche geführt werden, finden in nur 50% der Schulen Gespräche mit Opfern statt. Hier zeigt sich ein eher verkürztes Präventionsverständnis, das sich z. T. nur auf die Abstrafung Schuldiger reduziert und die Opfer nicht in gleichem Maße als Adressaten sieht.

Tab. 4.2: Reaktionen der Schulen auf abweichendes Verhalten nach Bundesländern (in Prozent)

	Sachsen		Hessen		Thüringen		Baden-Württemberg	
	Rang	%	Rang	%	Rang	%	Rang	%
Aussprache mit Lehrern	1	75,9	1	83,2	1	84,7	1	77,1
schriftlicher Verweis	2	41,6	2	48,7	2	42,7	2	32,2
Einschalten der Jugendhilfe	3	21,4	3	30,6	3	22,8	4	23,9
Überweisung an eine Beratungsstelle	4	14,5	4	25,1	4	19,8	3	25,6
Einschalten der Polizei	5	7,1	6	5,3	5	9,3	5	10,2
Versetzung in eine Parallelklasse	6	3,4	5	9,7	6	5,0	6	3,9
Überweisung in Schule gleicher Schulform	7	2,8	7	3,2	7	4,0	8	0,9
Überweisung in Schule niedrigerer Schulform	8	0,2	8	0,7	8	2,1	7	3,8

In der Präventions- und Interventionsarbeit werden – zumindest in den ersten Jahren nach der Wende – in den Schulen der alten und neuen Bundesländer ganz unterschiedliche Akzente gesetzt. Während man in Sachsen in der außerunterrichtlichen Arbeit besonders auf ein vielfältiges Angebot von Arbeits- und Sportgemeinschaften setzt, liegt der Schwerpunkt in Baden-Württemberg auf einer allgemeinen Verbesserung des Schulklimas, beispielsweise durch Ganztagsbetreuung oder Gestaltung der Räumlichkeiten. Zum Zeitpunkt der Befragung wurden die Themen Gewalt und Prävention in den Lehrerkollegien der westlichen häufiger als in denen der östlichen Bundesländer diskutiert. Dagegen hat die Elternarbeit in den neuen Bundesländern einen deutlich höheren Stellenwert. Keine Ost-West-Unterschiede

gibt es dagegen im Bereich der Disziplinierungsmaßnahmen. Ein nicht unerheblicher Anteil der Schulleiter sah zum Untersuchungszeitpunkt in Androhung von Bestrafungen ein besonders wirksames Mittel, um Gewalt vorzubeugen.
Fragen der Prävention und Intervention stellen sich für die Schulen und Lehrer in sehr verschiedener Weise. Denn die Schüler sind – wie die Ergebnisse der Gewaltforschung gezeigt haben (vgl. Kap. 3) – in unterschiedlichem Maße mit Problemen von Aggression und Gewalt konfrontiert. Jede einzelne Schule muss deshalb – in der Verantwortung der Schulleitung und unter Einbeziehung aller Beteiligten und Unterstützer eine spezifische Lösung für ihre Problemlage finden (s. Kapitel 6).
Für alle Schulen wird *primäre Prävention* empfohlen. Diese steht im Kontext allgemeiner Qualitätsentwicklung der Einzelschule. Für Schulen mit einer gewissen Problemlage (d.h. einer erkundbaren Risikokonstellation) sind Maßnahmen der *sekundären Prävention* sinnvoll, d.h. solche kontext- und individuumsbezogenen Maßnahmen, wie Verhaltenstraining mit Schülern und Lehrern, Erarbeitung von Verhaltensregeln, gezielte Jungenarbeit, Schulsozialarbeit. Für die Minderheit von stark gewaltbelasteten Schulen sind *interventive Maßnahmen* angezeigt, d.h. korrektiv-personale Interventionen, die auf Verhaltensmodifikationen bei Jugendlichen setzen (Gruppen- oder auch Individualmaßnahmen).
Die von uns ausgewählten und vorgestellten Ansätze und Programme (vgl. Kap. 5), die den Lehrern zur Verfügung stehen, sind häufig so konzipiert, dass sie sich diesen drei Ebenen nicht exakt zuordnen lassen, sondern d.h. im Rahmen der Prävention *oder* der Intervention eingesetzt werden können und verschiedene Ebenen umfassen (d.h. das schulumfassende Programm von Olweus, s. u.). Auch im Lehreralltag wechseln die Handlungsebenen von Situation zu Situation bzw. treten als Mischformen auf. Daher schlagen wir bei unseren Empfehlungen für den Umgang mit Aggression und Gewalt vor, zusätzlich zwischen verschiedenen Bereichen und Ebenen zu unterscheiden, auf denen die konkreten Maßnahmen angesiedelt werden können.

4.1 Allgemeine Empfehlungen für den Umgang mit Gewalt und Aggression

Im Folgenden werden verschiedene Handlungsempfehlungen gegeben, die sich gut in die Schulpraxis umsetzen lassen, weil sie die pädagogische Alltagsarbeit unmittelbar betreffen. Die Realisierung dieser Empfehlungen hilft, die soziale Schulqualität zu verbessern und der Gewalt vorzubeugen. Die immer wieder geführte Diskussion über die Frage importierter oder selbstproduzierter Gewalt in der Schule lässt sich vor dem Hintergrund vorliegender empirischer Untersuchungen mit „sowohl-als-auch" beantworten. So sind außerschulische Einflüsse für das Auftreten von Gewalt in der Schule von großer Bedeutung. Insbesondere das Familien- und Erziehungsklima, die Einbindung in die Gleichaltrigengruppe und das Medienkonsumverhalten spielen eine erhebliche Rolle. Doch lassen sich – wie wir gezeigt haben – auch innerschulische Einflüsse ausmachen, die gewaltförmiges Verhalten verstärken oder sogar hervorbringen. In der Perspektive schulischer Gewaltprävention müssen daher zunächst solche Dimensionen in den Mittelpunkt rücken, die auch durch die schulischen Akteure mitgestaltet werden können.

Bereiche der Prävention und Intervention

Holtappels und Tillmann (1999) nennen fünf Bereiche, in denen die Schule sinnvoll Aktivitäten zur Gewaltprävention und -intervention durchführen kann.
Da ist zunächst der Bereich der schulischen Lernkultur. Die Forschungen haben gezeigt, dass sich ein schülerorientierter Unterricht, ein erkennbarer Lebensweltbezug der Inhalte, ein förderndes Lehrerengagement und geringer Leistungsdruck gewaltmindernd in der Schule auswirken. Die Erhöhung der Lernmotivation und der positiven Anerkennung auch für leistungsschwächere Schüler, sowie die Fokussierung auf praktisches Handeln und soziale Erfahrung können im Bereich der Unterrichts- und Projektarbeit einen bedeutsamen Beitrag zur Reduzierung des Risikos von Gewalt leisten.
Ein zweiter wichtiger Faktor ist die Gestaltung des Sozialklimas. Dabei geht es zum einen um die Schüler-Schüler-Beziehungen, d.h. die Vermeidung sozialer Desintegrationserfahrungen und die Stärkung von Gruppenzusammenhalt und sozialen Bindungen. Zum anderen sollte das Lehrer-Schüler-Verhältnis von Wertschätzung und Akzeptanz geprägt sein, da restriktives und autoritär-disziplinierendes Verhalten ein gewaltförderndes Sozialklima begünstigt.
Ein dritter Punkt sind Prozesse der Etikettierung und Stigmatisierung, die häufig zu einer Eskalation von deviantem Verhalten beitragen und sich langfristig zu einer Täterbiographie verdichten können. Wenn also einzelne Schüler frühzeitig von Mitschülern und Lehrpersonen als „Störenfriede“ und „Übeltäter“ etikettiert werden, führt dies, ergänzt durch falsche Kontrollreaktionen, zu einer Verfestigung abweichenden Verhaltens. Die *Unterbrechung solcher Negativkarrieren* ist eine Aufgabe für Lehrer, die ein hohes Maß an Fallverstehen, Diagnose- und Interventionskompetenz voraussetzt. Fort- und Weiterbildung in angemessenen Formen des Konfliktmanagements sind hierfür von zentraler Bedeutung.
Ein vierter Aspekt betrifft die Etablierung von Regeln und das Setzen von Grenzen. Schüler haben die klare Erwartung, dass Lehrer bei gewalthaltigen Situationen einschreiten. Dies ist, wie Untersuchungen belegen, durchaus nicht immer der Fall. Inkonsequentes und unklares Verhalten hat in solchen Momenten eine quasi legitimatorische Wirkung und erhöht das Risiko weiterer Gewalttaten erheblich. Es ist notwendig, dass innerhalb des Kollegiums eine klare Absprache besteht, in welchen Situationen interveniert wird. Zugleich sollte die Vorgehensweise bei einem solchen

Einschreiten möglichst so gestaltet sein, dass der Konflikt nicht nur unterdrückt wird, sondern produktiv bearbeitet werden kann. Bewährt hat sich auch die Festlegung von verbindlichen Verhaltensformen und -regeln, die für alle Schülerinnen und Schüler gleichermaßen gelten. Wichtig ist dabei, dass dieser Verhaltenskodex in einem gemeinsamen Arbeitsprozess entwickelt wird, damit er der Schülerschaft nicht als fremdes, von außen gesetztes System von Verboten erscheint, sondern die eigenen Wünsche und Vorstellungen repräsentiert. Regelsetzungen sind damit eine Aufgabe aller am schulischen Lernprozess Beteiligten, die nur kommunikativ erfolgen können.

Ein fünfter Bereich ist die Kooperation mit außerschulischen Partnern. Dies sind – wenn man sie nicht sogar als innerschulische Partner sehen will – in erster Linie die Eltern als Erziehungsberechtigte und Kompetenzträger, von denen Schule auch fachlich profitieren könnte. Allerdings stammen heutzutage viele Schüler aus stark problembelasteten Familien, so dass die für die familiale Erziehung Verantwortlichen ihre Aufgabe z. T. nicht qualifiziert wahrnehmen (können). In Fällen mit schwierigen familialen und sozialen Hintergründen ist auch die Schule als kompensatorische Instanz überfordert und auf eine Zusammenarbeit mit Trägern der Jugendhilfe u. ä. angewiesen, um die Lage und Perspektive der Betroffenen nachhaltig zu verbessern. Schule und Jugendhilfe müssen angesichts deutlicher Marginalisierung und Exklusion bestimmter Gruppen der Gesellschaft intensiver als bisher gemeinsame Arbeitsbündnisse entwickeln. Darüber hinaus wirkt sich eine breite Öffnung der Schule zu Vereinen, Unternehmen, sozialen Einrichtungen, dem Gemeinwesen etc. allgemein sehr förderlich auf die Entwicklung einer guten und damit präventiven Schulkultur aus.

Dazu sind Maßnahmen auf den verschiedenen Ebenen erforderlich: der Ebene der Schule, der Klassenebene, der persönlichen Ebene und der Ebene der Kommune.

Ebenen der Prävention und Intervention

Die Gestaltung des Lebensraumes und des Arbeitsplatzes Schule kann in besonderem Maße mithelfen, Modelle des gewaltfreien Miteinander-Umgehens zu ermöglichen und zu unterstützen. Schüler müssen erfahren können,

- wie der gemeinsame Lern- und Arbeitsprozess für alle sozialverträglich organisiert und gestaltet werden kann;
- wie entstehende Konflikte so ausgetragen und geregelt werden können, dass die Würde jedes einzelnen respektiert wird;
- dass, aus welchen Gründen und auf welche Weise Regeln entwickelt werden, die sich für alle als tragfähig erweisen und soziale Orientierungen ermöglichen;
- wie soziales Verhalten mit dazu beiträgt, Lern- und Arbeitszufriedenheit zu entwickeln und zu einem besseren Umgang miteinander führt.

Das beabsichtigte Ziel der Entwicklung sozialer Orientierungsmuster, die als Modelle des Miteinander-Umgehens fungieren können, kann durch Maßnahmen auf folgenden Ebenen erreicht werden.

Individuelle Schülerebene: Ein erster Ansatz dieser Ebene ist es, die Qualität der Lehrer-Schüler-Beziehung zu verbessern. Dazu tragen ein ausgeprägtes Interesse und Engagement der Lehrkräfte (d.h. Sensibilität für sich anbahnende Konflikte, Ansprechbarkeit bei Schwierigkeiten und Problemen der Schüler), Wertschätzung und Emphatie bzw. ein angemessener Kommunikationsstil dem Schüler gegenüber bei. Entscheidend für die Entwicklung einer vorteilhaften Lehrer-Schüler-Beziehung sind weiterhin ein ständiges Bemühen um einen partnerschaftlichen Interaktionsstil (auch Annahme schwieriger Schüler) sowie die Vorbildwirkung der Lehrer auf menschlicher Ebene (d.h. Eingestehen eigener Fehler und Konfliktlösung untereinander).
Ein zweites wesentliches Kriterium ist das Ermöglichen von sozialem Lernen. Damit sind offene Formen der Lernarbeit (Gruppenunterricht, kooperatives Lernen, Projektunterricht) gemeint. Ziel ist ein akzeptabler Umgang der Schüler mit „Frustrationen", eigenen Gefühlen und den Gefühlen anderer, mit Meinungsverschiedenheiten und Konflikten (gewaltfreie Auseinandersetzung und Lösungsfindung, Interessenausgleich, Konsensbildung, Sozialkompetenz bzw. soziale Handlungskompetenz, Entwicklung prosozialer, kooperativer Einstellungen und Handlungsweisen).
Von außerordentlicher Bedeutung ist die Schaffung eines gemeinsamen Werte- und Normensystems. Dazu gehört das Bemühen um einen elementaren Grundkonsens hinsichtlich sozialer Werthaltungen und verbindlicher Verhaltensnormen, die Thematisierung der Gewaltproblematik im Unterricht, Richtlinien für den Umgang mit Übertretungen (im Sinne von Einsichtsentwicklung, Schadensbegrenzung, Täter-Opfer-Ausgleich) sowie eindeutige Regeln im Leistungs- und Leistungsbeurteilungsbereich (Notengebung darf nicht willkürlich erscheinen, Bewertungskriterien müssen offengelegt und den Schülern erklärt werden, objektiv faire und berechenbare Beurteilungen sind notwendig).
Die Vermittlung eines positiven Fähigkeits- bzw. allgemeinen Selbstkonzeptes ist ein weiterer wichtiger Ansatzpunkt dieser Ebene. Er wird realisierbar durch die Betonung der individuellen Lernfortschritte eines Schülers, die Verbesserung des Leistungsvermögens durch Förderung der fachspezifischen und allgemeinen Leistungsfähigkeit in verschiedenen Unterrichtsfächern, handlungsorientierte Unterrichtsformen und entdeckendes, erfahrungsorientiertes Lernen. Erfolge müssen für alle Schüler möglich sein; die Entwicklung der persönlichen Form von Tüchtigkeit des Schülers sollte gefördert und somit ein positives Selbstkonzept, Selbstachtung und Selbstvertrauen aufgebaut werden. Daneben sind für die Unterrichtsgestaltung ein hoher Grad an Flexibilität, ein schülerorientierter Unterricht, die Abstimmung

der Lernanforderungen auf die Eingangsvoraussetzungen sowie eine klare Strukturierung und Gestaltung von Unterrichtsabläufen zu empfehlen.

Klassenebene: Hier sollte die Stärkung von Kooperationsstrukturen, Verantwortungsbewusstsein und Selbstvertrauen im Vordergrund stehen. Damit verbunden sind eine enge Zusammenarbeit zwischen Eltern, Schülern, Lehrern (gemeinsames Durchsetzen von Ordnungsmaßnahmen und Regelbefolgungen, Diskussion alltäglicher Spannungen und Konflikte), erlebnisorientierte Initiativen (Schullandheimaufenthalte, Klassenfahrten, Wandertage), Morgenkreis (gemeinsames Aufarbeiten von Erlebnissen, d.h. Wochenenderlebnisse), soziale Helfersysteme (Kleingruppen, die ganz spezifische Aufgaben übernehmen, d.h. anderen etwas erklären, vorbereiten, erstellen) sowie sachliche Helfersysteme und Mitbestimmung (Klassenrat, Verteilung und Organisation von Aufgaben für einzelne Schüler und Schülergruppen, „soziale Dienste" in der Klasse, Verwaltung von Materialien, Büchern, Sammlungen; Pflege von Pflanzen und Tieren). Auch projektorientierte Arbeitsformen (selbständige Planung und Durchführung, Kontakte zu außerschulischen Personen und Institutionen, Vor- und Ausstellung der Ergebnisse auch bei außerschulischen Partnern), Kooperationsarbeiten (gemeinsame Planung und Durchführung von Aktivitäten, von Festen, Spielen, Ausstellungen, Aufführungen; Ausgestaltung von Räumen, Fluren, Arbeitsbereichen, Schulgarten, Schulhof) oder Rollen- und Simulationsspiele (Verdeutlichung von unsozialen Verhaltensweisen in Rollenspielen, Rollenwechsel, Entwicklung einer „Streitkultur") sind weitere Möglichkeiten. Daneben ist es für Schüler wichtig, feste Bezugspersonen zu haben (Bildung von Lehrerteams). Kleine Schülergruppen und regelmäßige Klassenkonferenzen (Absprachen zwischen Kollegium und Schülern) sind ebenfalls Faktoren, die Gewaltbereitschaft eindämmen können.

Schulebene: Schule soll Lebensraum sein und soziale Identität ermöglichen. Um dies zu erreichen, sind soziale Kommunikation und klassenübergreifende Zusammenarbeit im Bereich von Unterricht und Schule sowie die Ausweitung des Ganztagsangebotes (AG's, offene Angebote, Hort, Hausaufgabenhilfe, Zugänglichmachen des Schulhofes als Spielgelände/Treffpunkt auch außerhalb der Unterrichtszeit) und des Schullebens (schulische Angebote für persönlichen Einsatz, Engagement, Verantwortung, Patenschaften, Identifikation mit der eigenen Schule) unerlässlich.
Die Erarbeitung einer Haus- bzw. Schulordnung mit wenigen, aber klaren Regeln, Schaffung von Freiräumen (d.h. Garten, Spielecke, Leseecke), freundliche Gestaltung von Schulgebäude und Schulhof sowie Mitbestimmung und Beteiligung der Schüler an der sozialen und kulturellen Gestaltung des Schullebens sind weitere wesentliche Punkte. Kontinuierliche pädagogische Konferenzen, Offenheit der Kollegen untereinander, konkrete Teamabsprachen der Lehrer über Reaktionen im Umgang mit Gewalt und Fortbildung/Gesprächstraining stellen grundlegende Vo-

raussetzungen für Gewaltprävention und -intervention dar. Optimal ist ein Beratungsangebot durch speziell geschultes Personal, das Schülern für Einzelgespräche zur Verfügung steht, in denen schulische und persönliche Probleme besprochen und gemeinsam Handlungsperspektiven erarbeitet werden. Schulsozialarbeit und damit pädagogische Betreuung von aggressiven und gewalttätigen Schülern, kann deren Reintegration in den Klassenverband fördern. Dabei ist auch der familiäre Sektor, d.h. Zusammenarbeit mit den Eltern, mitzubedenken.

Gemeinde bzw. Nachbarschaft: Von großer Bedeutung ist die Nutzung von Bildungs- und Lernressourcen des schulischen Umfeldes, um die lebensweltlichen Erfahrungen der Schüler mit der unterrichtsfachlichen Arbeit zu verbinden. Zur Aufarbeitung des Komplexes „Gewalt" könnte d.h. eine Kooperation mit Partnern aufgebaut werden, welche sowohl als Betroffene als auch als „Erziehende" bei der Entwicklung und Realisierung von Handlungskonzepten mitarbeiten. Solche Partner können sein: Jugendeinrichtungen und -verbände, kommunale Institutionen, freie Träger und Initiativen, Firmen und Betriebe. Für persönlichen Einsatz, Engagement und Verantwortungsübernahme („Service learning") sollten auch außerschulische Angebote (d.h. Sportvereine, künstlerische Gruppen, Umweltgruppen usw.) zur Verfügung stehen.

4.2 Tipps zur Gewaltprävention und -intervention

Im Folgenden werden in unsystematischer Weise, aber praktischer Absicht, Fragen aufgeworfen, die uns in den letzten Jahren in Ausbildungs- und Fortbildungsveranstaltungen von Studierenden und Lehrpersonen immer wieder gestellt worden sind. Mit Beantwortung dieser Fragen geben wir Tipps für die Bewältigung von Alltagssituationen, die eher für die angehenden oder wenig erfahrenen Lehrer hilfreich sein können. Es finden sich in dem Abschnitt aber auch einige unkonventionelle Hinweise darauf, wie mit der Gewaltproblematik im vorwiegend fachlich strukturierten Tagesablauf der Schulen didaktisch umgegangen werden kann.

STÄDT. SCHULE
Projektwoche Keine Gewalt
Pauker raus
„… cool kreative Projektwoche, nich wahr, Herr Altmann?“
Alexander H. 11/95

Regeln aufstellen, Reviere bilden, Rituale einhalten

Dieser erste allgemeine Tipp ist an die Pädagogik Hartmut von Hentigs angelehnt, der in verschiedenen seiner Werke Lernziele, Lernbedingungen, „Minima Paedagogica" formuliert hat – so in „Die Schule neu denken" (v. Hentig 1993). Neben der Kompetenzvermittlung ist die Erfahrung des Lebens in der Gemeinschaft ein zentrales Element der Pädagogik Hartmut von Hentigs.
„Die Schule als Erfahrungsraum ist zugleich auch ein Ort, an dem der Einzelne die Notwendigkeit, die Vorteile und den Preis des Lebens in der Gemeinschaft erfährt. Die Schule ist eine *polis*. Man lernt am Modell dieser Gemeinschaft die Grundbedingungen des friedlichen, gerechten, geregelten und verantwortlichen Zusammenlebens und alle Schwierigkeiten, die dies bereitet. Gemeinschaft fordert Ordnungen, Selbstdisziplin, Einigung auf die Zwecke und die Grenzen des Zusammenseins" (ebd., S. 222f).
Können in diesem Bereich positive Erfahrungen von Heranwachsenden im schulischen Alltag gesammelt werden, ist das auch u. E. die beste Vorbeugung gegen Politikverdrossenheit, kann Bildung in einem umfassenden Sinn gewährleistet werden. Häufig hört man den Einwand, den Schülern fehle die Voraussetzung für partizipatives, verantwortliches Handeln. Wie können sie diese aber entwickeln, wenn ihnen nicht die Möglichkeit gegeben wird, entsprechende Verhaltensweisen und Kompetenzen zu erlernen? Hentig schlägt dazu ganz einfach vor: „Kooperation muss geübt werden." (ebd. S. 223) und als praktischer Pädagoge weiß er einen weiteren Rat: die „drei R" der Schule als Lebens- und Erfahrungsraum. „Reviere bilden, sich Regeln machen, bestimmte Rituale einhalten. Reviere: Man kann nicht Verantwortung für beliebig vieles tragen. Zum Lernen der Verantwortung gehört die Begrenzung der Verantwortung. Es werden geeignete Reviere gebildet. Regeln: Die Schüler müssen sich Regeln geben, Regeln, die sie befolgen, weil sie selber sie gemacht haben. (...) Man darf ihnen die Regeln nicht vorgeben. Rituale: Damit man das Leben nicht in jedem Augenblick neu moralisch schultern muss, gibt es Rituale (...); diese beruhen auf Vereinbarung" (ebd., S. 224).
Im Prinzip erfordern andere Reviere auch andere Regeln und Rituale. Daher wird es neben einem allgemeinen Verhaltenskodex immer auch spezifische Regeln und Rituale für verschiedene Aufenthaltsorte in der Schule geben: So gibt das freie Spiel im Sportunterricht auf der einen Seite mehr Freiheit, d.h. zum Austoben, zum Abbau von Aggressionen, zugleich aber sind Regeln der Fairness einzuhalten; und wenn beim Sport nicht bestimmte Rituale eingeübt sind, die Mannschaften festzulegen, wird die Unterrichtsstunde halb vorbei sein, bis das Spiel beginnt. Beispiele für unterschiedliche Verhaltensnotwendigkeiten sind der Umgang mit Chemikalien im Chemieunterricht oder Sicherheitsvorkehrungen bei physikalischen Experimenten oder im Sport. Im Prinzip erfordert jede Unterrichtsform spezifische soziale Verhaltensweisen von Schülern und – nicht zu vergessen – von Lehrern.

Der Lehrer Marc A. Gollon hat sich „Gedanken zur präventiven Funktion handlungsorientierter Unterrichtsmethoden“ (2003) gemacht und sieht Möglichkeiten in drei Bereichen:

„Maßnahmen
a. zur Verbesserung des Unterrichtsklimas (positive Bestärkung, Schüler ernst nehmen, Aufmerksamkeit widmen, Zuhören, Blickkontakt suchen, Interesse an den Schülern zeigen etc.)
b. sowie Maßnahmen, die die Organisation des Unterrichts betreffen. Damit ist vor allem gemeint, dass Schülerinnen und Schülern in offenen Unterrichtsformen die Möglichkeit gegeben werden sollte, selbst aktiv zu sein,
c. den Unterricht mitzugestalten, handelnd tätig zu werden. Dieser Gedanke folgt der Idee, dass Partizipation Ohnmachterfahrungen entgegenwirkt und damit Gewaltpotentiale mindert oder verhindert“ (ebd., S. 226).

Dem Lehrer fällt dabei die Rolle zu, kommunikative Situationen in der Schule und im Unterricht zu arrangieren und dafür zu sorgen, dass sie nach gewissen Regeln ablaufen. Gollon berichtet, dass er die Erfahrung gemacht habe, dass Schüler sich diese Regeln durchaus selbst geben können und schlägt dazu eine Methode („Schneeballmethode“) vor, die sich offenbar bewährt hat.
„Bei der Schneeballmethode erarbeiten die Jugendlichen zunächst in Einzelarbeit je nach Aufgabenstellung eine geforderte Anzahl von Punkten/Thesen/Vorschlägen usw. Danach werden die gesammelten Punkte in Kleingruppen (zwei bis vier Jugendliche) durchdiskutiert und eine Liste der wichtigsten Punkte erstellt (Anzahl wird von der Lehrkraft festgelegt). Anschließend werden aus mehreren Kleingruppen einige größere Gruppen gebildet, die sich wiederum in einem diskursiven Prozess auf eine bestimmte Anzahl von wichtigen Punkten einigen. Die Ergebnisse werden danach vor dem Plenum besprochen und eine endgültige Liste kann erstellt werden. Diese Technik ist zeitaufwändig, erlaubt es den Jugendlichen jedoch, sich am Entscheidungsfindungsprozess zu beteiligen und sie fühlen sich in aller Regel im Gruppenergebnis repräsentiert (Beteiligung = Akzeptanz)“ (Gollon 2003, S. 227).
Die Schüler seiner 10. Klasse hätten auf diese Weise einen Verhaltenskodex entwickelt und ausformuliert, der von ihnen selbst und von den Lehrern unterzeichnet wurde (s. Kasten). Der Kodex wurde im Klassenzimmer ausgehängt, die Eltern erhielten ihn in Kopie.

Kodex der Klasse 10a

Wir, die Schülerinnen und Schüler sowie die LehrerInnen der Klasse 10a
- respektieren die Würde des Menschen, weil auch unsere eigene Würde gewahrt werden soll,

- begegnen uns mit Respekt und Höflichkeit, weil wir selbst so behandelt werden wollen,
- achten auf Pünktlichkeit, weil wir selbst nicht warten wollen,
- akzeptieren die Einzigartigkeit jedes Menschen und tolerieren die individuellen Eigenschaften des Einzelnen, weil wir selbst so gesehen werden wollen, wie wir sind,
- verpflichten uns zur Leistung in den einzelnen Fächern nach besten Möglichkeiten, weil wir die Mittlere Reife so gut wie möglich abschließen wollen,
- übernehmen Verantwortung für uns und andere, weil wir wollen, dass andere sich auch für uns verantwortlich fühlen,
- denken, bevor wir handeln, weil wir wissen, dass unbedachtes Handeln uns selbst und anderen schaden kann,
- tragen Konflikte mit „offenem Visier" aus, weil wir auch von anderen erwarten, dass sie keine „Intrigen" gegen uns schmieden, sondern mit uns selbst reden, verpflichten uns zu friedlichen und gewaltfreien Lösungen in Konfliktfällen.

Wir halten dies für eine empfehlenswerte Vorgehensweise, die in ähnlicher Form in Modellschulen, mit denen wir bei der Gewaltprävention zusammen gearbeitet haben, vielfach erprobt ist. Als Erfahrung kann festgehalten werden, dass solche Ordnungen für die Klasse oder die gesamte Schule dann besonders wirkungsvoll sind, wenn zuvor intensive Diskussionen zu einer Festlegung der Regeln geführt und Lehrer daran mitgewirkt und sie mit unterzeichnet haben. Bereits die Reformpädagogik hat solche Verfahren der Werteklärung postuliert und entsprechende Institutionen geschaffen, die für die Einhaltung der Regeln sorgen sollen bis hin zu einer Art Schülergerichtsbarkeit (d.h. bei Makarenko oder auch Bernfeld). Zeitgemäßer erscheint uns die Mediation (vgl. 4.3) als ein Kommunikationsverfahren des Umgangs mit Regelverstößen.

Gewaltpräventive Elemente des Projektlernens

Die Projektmethode ist nicht – wie vielfach angenommen – eine Erfindung linker oder schulreformerischer Lehrer, sondern gehört – wie Karl Frey, einer der besten Kenner des Projektlernens, es formuliert – „zu den alten Damen der Unterrichtsmethoden" (Frey 1999, S. 159). Auch andere Autoren weisen auf den sehr frühen Ursprung dieses didaktischen Ansatzes am Ende des 16. Jahrhunderts, auf erste Erfahrungen in der Ausbildung von Architekten an italienischen und französischen Polytechnischen Hochschulen hin (vgl. Apel/Knoll 2001). Die Projektmethode verbreitete sich zunächst im beruflichen Ausbildungssektor, wurde um die Jahrhundertwende in den USA neu belebt, kehrte über die internationale Bewegung der Reformpädagogik nach Europa zurück und ist heute, auch in Deutschland, aktueller denn je (ebd., S. 20).

Besonders an reformpädagogischen Schulen gibt es eine lange Erfahrungstradition. Projektarbeit wird in diesem Kontext mit nachweisbaren Erfolgen praktiziert und ist in spezifische Organisationsformen des Unterrichts eingebunden, d.h. in den Epochenunterricht an Waldorfschulen, den Kernunterricht an Montessorischulen, den Gruppenunterricht an Jenaplanschulen, den Gesamtunterricht bei Berthold Otto oder ist grundlegendes und übergreifendes Lernprinzip bei einer gleichzeitigen Auflösung der herkömmlichen Fächerstruktur, d.h. an der Bielefelder Laborschule. Dem gegenüber stellen an traditionellen Schulen, in der Regel Staatsschulen, Projekte eher die Ausnahme der Unterrichtskultur dar, wenngleich die an vielen Schulen im Jahresturnus durchgeführten Projektwochen ein guter Anfang sind.
Nimmt man als Ausgangspunkt eine Definition von John Dewey (1859-1952), der die Hintergrundkonzeption für das moderne Projektlernen geliefert hat, so ist unter einem Projekt Folgendes zu verstehen: Das Projekt „stellt ein pädagogisches Experiment dar, nämlich den geplanten Versuch, durch pädagogisches Handeln von Lehrern und Schülern Mensch und Welt höher zu entwickeln" (zit. n. Hänsel 1995, S. 29). Durch Projektlernen soll also von der Grundintention her – was vielen unbekannt ist – die moralische Entwicklung des Schülers beeinflusst werden.
Projekte sind, wie Experimente, planvolle und gut strukturierte Vorhaben mit klaren Zielsetzungen. Sie werden von Schülern und Lehrern gemeinsam umgesetzt, setzen also ein verändertes Schülerverhalten (aktiv, strukturierend, gestaltend) und eine veränderte Lehrerrolle (Koordinator, Berater, Experte, Mediator) voraus. In Projekten ist die Wissensvermittlung „situiert", also mit Kontexten und Erfahrungen verknüpft; erst dadurch verfestigen sich Wissensbestände und Orientierungen, werden verfügbar und anwendbar. Dazu ist es wichtig, die Motivation des Schülers anzuregen, seine Interessen einzubeziehen, sein Handeln in den Mittelpunkt pädagogischer Bemühungen zu stellen, um so nicht nur zu anwendbarem Wissen zu gelangen, sondern auch Verweigerungshaltungen, Störungen und andere Formen abweichenden Verhaltens bei Schülern zu minimieren – also gewaltpräventiv zu wirken.
Denn nach den Vorstellungen der Philosophie des „Pragmatismus", dem Dewey verpflichtet ist, steht das Handeln im Mittelpunkt des Erkenntnisprozesses. Kennen basiert auf Erfahrung, aber nicht auf der passiven, sondern auf der aktiven Seite der Erfahrung. Die gesammelten Erfahrungen müssen rekonstruiert werden, neue auf alten Definitionen aufbauen, so dass Wissensnetzwerke entstehen. Weinert, ein Exponent der empirischen Unterrichtsforschung in Deutschland, spricht in diesem Zusammenhang von „intelligentem Wissen", das genau diesen Ansprüchen genügt und durch „situierte Strategien der Wissensnutzung" ergänzt werden müsse (vgl. Weinert 2001).
Die Rekonstruktion von Erfahrungen entsteht – so Dewey – durch planmäßige und sorgfältige Herstellung von Beziehungen zwischen Handlungen und ihren Folgen (vgl. Voß/Ziegenspeck 1999). Dabei schlägt er folgende Schritte vor:

– das Erblicken eines Problems
– die Beobachtung der gegebenen Tatsachen
– die Formierung und Ausarbeitung eines nahe liegenden Schlusses
– die handelnde Erprobung.

Mit diesem Stufenmodell des Denkens korrespondiert die von Dewey vorgeschlagenen Lernstrategie des Problemlösens, die „Methode der bildenden Erfahrung“:

„1. Der Schüler muss eine wirkliche und für den Erwerb von Erfahrung geeignete Sachlage vor sich haben. Es muss eine zusammenhängende Tätigkeit vorhanden sein, an der der Schüler um seiner selbst willen interessiert ist.
2. In dieser Sachlage muss dem Schüler ein echtes Problem erwachsen, welches ihn zum Denken anregt.
3. Er muss das nötige Wissen besitzen und die notwendigen Beobachtungen anstellen, um das Problem zu behandeln.
4. Er muss mögliche Lösungen für das Problem entwickeln.
5. Er muss die Möglichkeit haben, seine Gedanken durch praktische Anwendung auf die Probe zu stellen, um so ein abschließendes Urteil über ihren Sinn und Wert fällen zu können“ (Voß/Ziegenspeck 1999, S. 17).

Projektlernen trägt in dem Maße zu Lernfortschritten und Verhaltensänderungen bei, wie es durch das Unterrichtsarrangement gelingt, die Initiative, die Motivation und das Aktivitätsniveau der Schüler zu steigern. Erfolg versprechend ist das Konzept dann, wenn die Unterstützung durch die Lehrer dabei immer gewährleistet ist, Projekte sich vielfältiger Methoden bedienen und das Lernen in einem positiven Klassenklima geschieht. Individuelle Erfahrung und gewaltpräventive Wirkung sind aber nur dann zu erzeugen, wenn die allgemeine Lernstrategie der Gruppe mit der „persönlichen Methode“ des einzelnen Schülers in Übereinstimmung gebracht werden kann. Das heißt, dass geplante Vorhaben, d.h. zum Thema Gewalt, unmittelbare Bezüge zum Erfahrungsbereich und zur Problemsituation der Schüler aufweisen müssen; die Auseinandersetzung mit dem Lerngegenstand muss „geistige Offenheit“ fördern, Anstöße und Anregungen nach sich ziehen, der Aneignungsprozess darf nicht durch Vorschriften und Regeln gegängelt werden. Eine individuelle Aneignung funktioniert nach diesem Konzept nur, wenn Schüler ihre eigenen Interessen und Bedürfnisse einbringen und auch Konsequenzen für das eigene Handeln ziehen können.

Positive „Nebenwirkungen“ können Projekterfahrungen, insbesondere solche mit Sozialbezug, auf die Lehrer-Schüler-Beziehung und das Schulklima haben. Hier schließt sich einmal mehr der Kreis von Gewaltprävention und Schulentwicklung. Das Projektlernen ist eines der wichtigsten Instrumente politischer Sozialisation in der Schule. Die Auswirkungen der Subjekt- und Handlungsorientierung des Unterrichts und des sozialen Lernens können im Hinblick auf die Partizipation und die

Demokratisierung der Gesellschaft und damit auf die Lösung aktuell bestehender politischer Legitimationsprobleme gar nicht hoch genug eingeschätzt werden.
Für die praktische Planung von Projekten findet sich ein idealtypisches Ablaufmodell mit Projektschritten und „Fixpunkten" sowie „Metainteraktionen" – als Phasen der Reflexion des Arbeitsstandes – in verschiedenen Veröffentlichungen von Karl Frey (vgl. u.a. 1998, Kurzfassung 1999). Um es zum Abschluss noch einmal ganz deutlich zu formulieren: Die gewaltpräventive Wirkung von Projektlernen liegt einerseits in der Methode an sich, andererseits ist eine Vielzahl von Projekten zum Thema Gewalt vorstellbar. Auch die „Werteklärung" oder die gemeinsame Erarbeitung einer Haus-/Schulordnung können Projektvorhaben sein.

Schülermitwirkung in Schule und Unterricht

Die Schülerbeteiligung in Schule und Unterricht ist seit Jahrzehnten in den Schulgesetzen der Bundesländer festgeschrieben. Schülern werden in diesen Gesetzen und Verordnungen nicht nur Mitsprache- und Entscheidungsrechte in Gremien zugebilligt, sondern auch häufig die Möglichkeit eingeräumt, den Unterricht durch eigene Ideen mitzubestimmen. Doch Untersuchungen haben gezeigt, dass allein das formale Recht auf schulische Mitbestimmung nicht ausreicht, um eine Partizipationskultur in der Schule zu verwirklichen. In der Civic Education-Studie (vgl. Oesterreich 2002) wurde die schulische Partizipationskultur im internationalen Kontext betrachtet.
In der folgenden Übersicht (vgl. Tabelle 4.3) ist erkennbar, dass deutsche Jugendliche (im Alter von 14 Jahren) deutlich weniger bereit sind, sich in der Schule zu engagieren. Im Gesamtvergleich aller teilnehmenden Länder nimmt Deutschland sogar den letzten Platz ein. Dies könnte einerseits an der mangelnden Bereitschaft der Schüler zum Engagement, an einer nicht hinreichenden Offenheit der Schule für die Belange der Schüler oder an beiden Faktoren zusammen liegen.

Wählt mich zum
SCHÜLERSPRECHER
... und die
Schule wird
sicherer!

Tab. 4.3: Demokratische Beteiligung in der Schule im internationalen Vergleich (in %)

	Wenn Schülervertreter/innen gewählt werden, die Vorschläge zur Lösung von Schulproblemen machen, wird es an der Schule besser.	Wenn jemand aus meiner Klasse sich ungerecht behandelt fühlt, bin ich bereit mit ihm/ihr zusammen mit dem Lehrer oder der Lehrerin darüber zu sprechen.	Wenn Probleme an unserer Schule diskutiert werden, habe ich meistens dazu etwas zu sagen.
Deutschland	**64**	**75**	**48**
USA	83	82	72
Dänemark	91	87	64
Italien	84	88	75
Griechenland	88	87	85
Portugal	91	96	75
Zypern	92	92	80
Internationaler Durchschnitt	**84**	**84**	**67**

(Quelle: Oesterreich 2002, S. 75)

Aus diesem Ergebnis lässt sich in jedem Fall als Aufgabe für Lehrer und Eltern ableiten, Schüler zum „Mitmachen" anzuregen und sie dabei zu unterstützen. Dabei ist es wichtig darauf zu achten, dass die Übernahme von Verantwortung langsam und schrittweise erfolgt, so dass die Schüler die Möglichkeit bekommen, Partizipation zu erlernen. Darüber hinaus sollten partizipative Elemente in der Schule nicht nur punktuell, sondern kontinuierlich und in möglichst vielen schulischen Feldern eingesetzt werden.

Als zentraler Bereich für Schülerpartizipation kann der Fachunterricht angesehen werden (vgl. Meyer/Schmidt 2000). Gerade hier gibt es oft ein großes Manko an demokratischen Elementen, weil viele Lehrer aus Gründen der Effektivität oder gesteuert durch ihre Berufsrolleninterpretation einen stark lehrerzentrierten Unterricht bevorzugen und andererseits auch viele Schüler „beteiligungsmüde" sind. Gerade deshalb ist es umso wichtiger im Unterricht Methoden einzusetzen, die partizipative Elemente beinhalten, wie d.h. den Projektunterricht oder die Gruppenarbeit. Auch reformpädagogische Ansätze (s. o.) bieten gute Möglichkeiten für die Schülerpartizipation.

Dass schulische Partizipation kein Selbstzweck ist, sondern positive Auswirkungen auf Schul- und Unterrichtskultur hat, zeigen u.a. Studien von Krüger (2002). In eigenen Untersuchungen (vgl. Melzer 2001) konnten wir einen Zusammenhang von Schülerpartizipation und Gewalt nachweisen: Mit steigender Partizipationskultur wurde das Ausmaß an Gewalt in Schulen geringer.

In Ergänzung dazu haben Krüger, Reinhardt u.a. (2002) festgestellt, dass an Schulen mit einer hohen Belastung durch Schüler mit gewaltaffinen und ausländerfeindlichen Einstellungen der schulischen Partizipation eine geringere Rolle beigemessen wurde; hier herrschte ein vergleichsweise stark ausgeprägtes autoritäres, distanziertes und lehrerzentriertes Verhalten der Pädagogen vor. Im Umkehrschluss kann von einer gewaltpräventiven Wirkung einer partizipativen Schulkultur ausgegangen werden.

Intervention bei Mobbing

Eine besondere Form psychischer Gewalt, über die in letzter Zeit zunehmend diskutiert wird, ist das Mobbing (siehe Kapitel 2.1). Mobbing ist an vielen Schulen verbreitet, nicht nur zwischen Schülern, sondern auch zwischen Schülern und Lehrern und unter Lehrern. Da Mobbing für die Betroffenen sehr schlimme Folgen haben kann, ist eine zügige Intervention nötig. Anzeichen für Mobbing unter Schülern sind u.a. folgende (vgl. Schneider 2001, Dambach 2002):

- wenn hinter dem Rücken eines Mitschülers ständig getuschelt, gegrinst oder überheblich getan wird,
- wenn Gerüchte über ihn in die Welt gesetzt werden,
- wenn man sich über eine Schwäche ständig lustig macht (d.h. wenn jemand stottert, eine Brille trägt, etwas dicker, dünner oder kleiner ist, wenn jemand aus bestimmten Verhältnissen kommt oder nicht die richtigen „Labels“ trägt),
- wenn derjenige im Unterricht ständig unterbrochen wird und überheblich gegrinst wird, sobald er den Mund aufmacht oder nur solche Aufgaben bekommt, die sonst keiner will,
- wenn ihm Informationen und Hilfe verweigert werden,
- wenn er von den anderen wie Luft behandelt oder gezielt lächerlich gemacht wird,
- wenn er auch außerhalb der Schule „geschnitten“ wird und kaum Freunde hat.

Wenn in einer Klasse oder Schule festgestellt wird, dass jemand gemobbt wird, sollte unverzüglich eingeschritten und Hilfe organisiert werden. Starkes Mobbing kann für die Betroffenen gravierende Folgen, d.h. für die psychische Entwicklung haben und im Extremfall sogar zum Selbstmord führen. Der Gemobbte selbst hat meist von sich aus wenig Chancen, etwas zu verändern. Deshalb sollte ihm zuallererst Schutz und Unterstützung zuteil werden. Dazu ist es wichtig, dass er Vertrauen entwickeln kann. Mobbing-Opfer sollten davon überzeugt werden, dass sie mit Schweigen die Täter nur unterstützen, denn Mobber leben davon, dass der Gemobbte keinen Widerstand leistet. Es sollte versucht werden, das Mobbing aufzudecken und die Mobber zur Rede zu stellen. Das ist nicht einfach, weil es zur Natur des Mobbings gehört, dass es schwer nachzuweisen ist. Erschwerend kommt hinzu, dass sich die Opfer vor der Vergeltung durch die Täter fürchten. Dennoch muss den Tätern Einhalt geboten werden, damit sich die Situation nicht weiter verschlimmert, bzw. um Folgetaten auszuschließen. Auf keinen Fall soll das Opfer allein gelassen werden, d.h. können ältere Mitschüler eine Zeit lang das Mobbing-Opfer auf dem Schulweg begleiten. Was mit den Tätern geschieht, in welcher Weise Mobbing öffentlich gemacht wird und welche konkreten pädagogischen Maßnahmen getroffen werden – das sollte im Klassenverband bzw. im Lehrerkollegium ausführlich besprochen werden. Bei der Auseinandersetzung um Mobbing ist es auch hilfreich, wenn andere Schüler angehalten werden, sich in die Situation des Mobbing-Opfers hineinzuversetzen, damit sie die Wirkungen von Mobbing nachfühlen können. Ein so entwickeltes Einfühlungsvermögen und ein insgesamt gutes schulisches Sozialklima stellen einen wirksamen Schutz vor Mobbing dar.

Reaktionsmöglichkeiten in konkreten Gewaltsituationen

Anhand empirischer Untersuchungen konnte gezeigt werden, dass die Bereitschaft der Lehrerinnen und Lehrer, bei Gewalthandeln zu intervenieren, verbesserungsbedürftig ist (vgl. Kapitel 3.2, Tabelle 3.8). Es kommt aber nicht nur darauf an, dass interveniert wird, sondern in welcher Weise an Gewaltsituationen eingegriffen werden kann. Dazu empfehlen wir, nach einem Vorschlag von Walker (1995) vorzugehen:

1. In die Auseinandersetzung eingreifen, die Gewalt unterbrechen (verbale Aufforderung, Dazwischengehen)

⇩

2. Sich einen Überblick von der Lage verschaffen (Beteiligte und Zeugen feststellen)

⇩

3. Opferhilfe leisten (Erste Hilfe, seelischer Beistand)

⇩

4. Signale an die Täter geben (Täterschaft feststellen, Konsequenzen verdeutlichen)

⇩

5. Unterstützung holen (von Schülern oder Lehrkräften)

⇩

6. Zuschauende wegschicken (Stören durch andere vermeiden)

⇩

7. Konfliktparteien beruhigen (räumliche Trennung, Gefühle äußern lassen, nach Vorfall erkundigen)

⇩

8. Konflikt aufarbeiten (Konfliktverlauf klären, Lösungen erarbeiten)

⇩

9. Konsequenzen ziehen (auf Vereinbarungen hinarbeiten, Strafen abwägen, Mediation, Täter - Opfer - Ausgleich, Lernprozesse für Täter initiieren)

Ein besonderes Problem bei Schülerinterventionen ist, dass beste Interventionsabsichten misslingen können und sich der Schlichter plötzlich in der Rolle des Gewaltakteurs wieder findet. Ausgebildeten Schlichtern (s. Peer-Mediation in Kap. 5) unterlaufen solche Fehler weniger, auch Erwachsene haben in der Regel mehr Distanz und besitzen bei den Streitenden mehr Autorität.

Abbau von Schüler-Aggressionen

Um unerwünschtes aggressives und antisoziales Verhalten abzubauen bzw. es in kontrollierbare Bahnen umzulenken, schlagen Psychologen Techniken der sogenannten *klassischen oder kognitiven Verhaltensänderung* vor, die auf Erkenntnissen der Lernpsychologie aufbauen. Während sich die von außen gesteuerten Techniken der klassischen Verhaltensmodifikation besonders bei aggressiven Konflikten zwischen jüngeren Kindern anbieten, eignen sich für ältere Kinder und Jugendliche eher die auf dem Prinzip partnerschaftlich unterstützter Selbststeuerung basierenden Techniken kognitiver Verhaltensänderungen. Bei beiden Methoden ist wesentlich, dass wichtige Mitmenschen (Eltern, Mitschüler) für den Prozess des Umlernens als Helfer gewonnen werden können. Auch wenn sich Schule oder Eltern überfordert fühlen und ein Therapeut die Anleitung des Prozesses zur Verhaltensänderung übernimmt, ist eine enge Zusammenarbeit zwischen allen Beteiligten von Vorteil für den Erfolg. Das angestrebte neue Verhalten müssen die Kinder nicht allein kennen, sondern sie müssen auch in der Lage sein, es auszuführen und Zeit für eine Trainingsphase zugestanden bekommen.
Bei den *klassischen* Verhaltensänderungen wird das Umlernen durch erlebbare Konsequenzen in Gang gesetzt. Dazu dienen die Methoden des Ignorierens, der positiven und negativen Sanktionen. Bei diesen – auf Mechanismen des operanten Konditionierens aufbauenden – Formen der Verhaltensmodifikation ist das Kind jedoch weniger aktiv am Prozess des Umlernens beteiligt als d.h. bei kognitiven Techniken.
Das *Ignorieren* kann bei leichteren aggressiven Verhaltensformen, bei denen kein einzelnes Opfer zu Schaden kommt (d.h. Stören des Unterrichts), angewendet werden. Auf solches Verhalten einzugehen würde bedeuten, es durch Bestätigung zu verstärken und damit aufrechtzuerhalten. Ein Ignorieren solcher Störungsversuche kann dagegen eine erfolgreichere Methode sein, solche Verhaltensweisen abzustellen (Löschung). Absolute Konsequenz beim Ignorieren des unangemessenen Verhaltens ist nötig, um es zu löschen. Wird es nur manchmal ignoriert oder sogar von den Mitschülern anerkannt (soziale Verstärkung), wird die unangemessene Verhaltensweise eher verfestigt. Da solche Verhaltensweisen häufig dazu dienen, ein bestimmtes Ziel durchzusetzen, ist es aber dennoch nötig zu erkennen, welche Absicht sich dahinter verbirgt, sie anzusprechen und eine annehmbare Verhaltensweise zur Erreichung des Ziels vorzuschlagen.

Alle Konsequenzen, die von einem Kind/einem Lernendem als angenehm empfunden werden und zur Wiederholung einer bestimmten Verhaltensweise führen, werden in der Lernpsychologie *als positive Verstärker (Belohnungen)* bezeichnet. Auch im Bereich des sozialen Lernens lassen sich solche Verstärker verwenden. Es können soziale Verstärker (Lob, Zuwendung), materielle Verstärker (Pluspunkte, Stempel o. ä.) und Aktivitätsverstärker (Vorturnen erlauben, Einteilung der Mannschaft im Sport o. ä.) eingesetzt werden. Materielle Verstärker sollten aber eher die Ausnahme bilden und nur dann eingesetzt werden, wenn soziale Verstärker versagt haben. Das Ziel beim Einsatz von Verstärkern ist die Abschaffung einer unerwünschten Verhaltensweise, ohne dass es dazu andauernd eines Verstärkers bedarf. Man muss sich deshalb vorher darüber klar werden, wie lange ein Verstärker eingesetzt werden soll. In der ersten Phase des Verstärkereinsatzes müssen die betroffenen Kinder erfahren, welches Verhalten von ihnen erwartet wird. Die Abstände, in denen Verstärker ausgeteilt werden, sollten anfangs kurz sein, und es sollte regelmäßig eine Auswertung erfolgen. Später müssen die Intervalle allmählich größer werden, bis sie am Ende eines Verstärkerprogramms gar nicht mehr benötigt werden.

Bestrafungen bewirken eine kurzfristige Unterdrückung des unerwünschten Verhaltens. Strafen sind leicht und bequem anzuwenden und gehören zum traditionellen Verhaltensrepertoire von Eltern und Lehrern. Aber Strafen haben auch eine Reihe unerwünschter Begleiterscheinungen, die oft nicht mit der nötigen Deutlichkeit gesehen werden:

– Durch Strafe ist man kein gutes Vorbild.
– Strafen treffen nicht selten die falschen Schüler.
– Wer bestraft wird, straft andere weiter.
– Bestrafung kann zu erneuter Aggression führen.
– Strafe kann Angst und Unsicherheit erzeugen.
– Bestrafung kann zu Flucht und Vermeidung führen.
– Mit Strafen lernt man kein neues Verhalten.

Dennoch können Strafen mitunter als unvermeidbar erscheinen. Insbesondere wenn eine schnelle Reaktion auf aggressives Verhalten notwendig ist (d.h. bei der Gefahr, dass eine Gewaltsituation eskaliert), können Strafen (oder deren Androhung) manchmal eine befristete Lösung darstellen. Sie sollten aber auch dann in einem logischen Zusammenhang zur Tat stehen und dem Kind oder dem Jugendlichen erklärt werden. Besonders bei jüngeren Kindern muss auch auf einen engen zeitlichen Zusammenhang zwischen Tat und Strafe geachtet werden.

Die Techniken der *kognitiven Verhaltensänderung* bauen auf der eigenen Aktivität der älteren Kinder und Jugendlichen auf. Sie sollen sich *selbst beobachten*, ihr Verhalten *selbst bewerten (Selbstbekräftigung, Selbstkritik)* und durch *differenzierte Bewertung von Verhaltensweisen und Situationen Konsequenzen abschätzen lernen und alternative Lösungen erarbeiten.* Die Kompetenzen zur *Selbststeuerung* müssen in einer Trainingsphase erworben und erprobt sowie durch ständige Gespräche mit Erwachsenen und auch Gleichaltrigen reflektiert und ausgebaut werden *(Soziales*

Kompetenztraining). Anfangs können dabei von Lehrern oder Erziehern Selbstbeobachtungsaufgaben gestellt und mit den Kindern und Jugendlichen ausgewertet werden.
Empfehlenswert erscheint eine kombinierte Vorgehensweise, die Erkenntnisse der Lernpsychologie nutzt, jedoch mit Hilfe kognitiver Techniken gleichzeitig auf die eigene Aktivität der Schüler setzt.

Entkrampfung aggressiver Situationen

Die folgenden Ratschläge sollen als Angebot denkbarer Reaktionsmöglichkeiten aufgefasst werden. Ihre Reihenfolge ist nicht als Wertung zu verstehen und auch nicht als Programm abzuarbeiten.

- Die Klasse nach dem Ereignis befragen, ohne die Schuldfrage klären zu wollen (Konfliktursachen erforschen, die Klasse nach Auswegen und Lösungsmöglichkeiten suchen lassen).
- Den Konflikt der Klasse zur Diskussion stellen, Meinungen anhören, gelten lassen.
- Direkte Appelle an die Schüler richten, klar umschriebene Verhaltensanforderungen formulieren.
- Einschränkungen und Schutz können manchmal die einzig wirksame Maßnahme sein („Antiseptischer Hinauswurf“ ist angemessen zum Schutz der Unbeteiligten und Personenwechsel gibt dem aggressiven Schüler die Chance, sich zu beruhigen).
- Auf (möglichst gemeinsam) vereinbarte Normen und Regeln verweisen.
- Hilfestellung zur Überwindung von Hindernissen anbieten. Frustrierende Hindernisse können von aggressiven Ausbrüchen begleitet sein. Der Lehrer sollte die „Hilferufe“ der Kinder richtig deuten und sich als Partner erweisen.
- Affektive Zuwendung geben. Sofortige emotionale Zuwendung hilft dem Kind, die Kontrolle über sein Verhalten aufrecht zu erhalten. Die Form der Zuwendung ist sehr stark personen- und altersabhängig (d.h. Arm um die Schulter legen, Hand drücken, festhalten, zulächeln, Tränen wegwischen).
- Durch Signale eingreifen. Optische, akustische, gestische oder mimische Zeichen genügen häufig, besonders im Vorfeld aggressiver Verhaltensweisen.
- Verständnis zeigen und um Verständnis bitten. Der Lehrer gibt klar zu erkennen, dass er versteht, dass der Schüler im Moment nicht anders handeln konnte, bittet aber gleichzeitig um Verständnis für die Bedürfnisse der anderen und für Fairness im Umgang miteinander.
- Gefühle akzeptieren und verbalisieren. Der Schüler sollte Gefühle zeigen dürfen. Auch der Lehrer sollte seine Betroffenheit, seine Enttäuschung und Verärgerung ehrlich verbalisieren.

(Quelle: Werner Gratzer: Mit Aggressionen umgehen. Braunschweig 1993)

Prävention im frühen Kindesalter

Je früher die Prävention beginnt, desto wirksamer ist sie. Das gilt auch für die Gewaltprävention. Deshalb sollten gewaltpräventive Ansätze schon im frühen Kindesalter einsetzen. Kindergarten und Grundschule sind dafür geeignete Orte, weil sie als sozial-emotionale Erfahrungsräume auf einen sozialen Umgang miteinander angewiesen sind und sie soziales Lernen als vordringliches Bildungs- und Erziehungsziel verfolgen. Wie im Bereich der Sekundarschule erweisen sich Präventionsansätze in Kitas und Grundschule besonders dann erfolgreich, wenn sie mehrere Ebenen einbeziehen, d.h. die Förderung sozialer Kompetenzen der Kinder und die Elternarbeit bzw. das Elterntraining (vgl. Bannenberg/ Rössner 2006, Cierpka 2005).

Grundsätzlich können die bisher aufgeführten Präventionsansätze auch an Kindergärten bzw. Grundschulen angewandt werden. Einige institutionelle Merkmale erfordern jedoch eine spezifische Umsetzung der allgemeingültigen Handlungsansätze. Diese Merkmale sind vor allem durch das Alter der Kinder und die damit verbundene geringere Sprachkompetenz und Konzentrationsfähigkeit sowie die noch geringer ausgebildete soziale Kompetenz bedingt. Dagegen zeigen Kindergartenkinder und Grundschüler einen starken Bewegungsdrang und einen ausgeprägten Spieltrieb sowie einen Drang zum Erkunden, Ausprobieren und Handeln. Kindergartenkinder und Grundschulkinder gehen auch eine stärkere Bindung mit der Erzieher- bzw. der Lehrerperson ein, die für sie neben den Erziehungsberechtigten im Elternhaus die wichtigste erwachsene Bezugsperson ist. Um eine gute Erzieher-Kind- bzw. Lehrer-Schüler-Beziehung zu entwickeln, soziales Lernen zu ermöglichen und ein gemeinsames Werte- und Normensystem zu erarbeiten, sollten sich die Pädagogen um einen demokratischen, sozial-integrativen Erziehungsstil bemühen. Ein derartiger Erziehungsstil beruht auf gegenseitiger Achtung, Toleranz, Mitbestimmung und Kooperation.

Für die Realisierung eines demokratischen und sozial-integrativen Erziehungsstils ist vor allem *kommunikative Kompetenz* erforderlich. Sie muss bei der Erzieher- bzw. Lehrperson vorhanden sein und schrittweise auch bei den Kindern ausgebildet werden. Unter kommunikativer Kompetenz versteht man im Bereich der verbalen Kommunikation das Beachten der vier Aspekte einer Botschaft, denn jede Aussage enthält nicht nur Informationen über den Sachinhalt, sondern auch über die Beziehung zwischen den Kommunikationspartnern, den Appell an den Empfänger und eine Selbstoffenbarung des Senders. Durch ein Eingehen auf diese vier Aspekte einer Botschaft können Missverständnisse vermieden werden. Ich-Botschaften („Ich bin traurig, wenn du mich beschimpfst."), die die Selbstoffenbarung betonen und „Türöffner" („Das finde ich interessant", „Mich interessiert, was du davon hältst."), die eine positive Einstellung zum jeweiligen „Gegenüber" deutlich machen, fördern die Kommunikation. Besonders im Kindergarten und der Grundschule sollte auf die Entwicklung kommunikativer Kompetenzen Wert gelegt werden. Im Bereich der nonverbalen Kommunikation bedeutet kommunikative Kompetenz das bewusste Senden und Verstehen von Signalen der Körpersprache, also Gestik und Mimik. So kann Aufmerksamkeit und Interesse durch Blick- und Körperkontakt, Zulächeln, Sich-Zuwenden demonstriert werden.

Um Prinzipien einer demokratischen Interaktion wie Mitbestimmung, Kooperation, Toleranz und Verantwortlichkeit zu erarbeiten und zu leben, bieten sich *regelmäßige Gruppengespräche* an. In der Grundschule kann dies d.h. im *täglichen Morgenkreis* erfolgen, in einer wöchentlichen Klassensitzung und im Wochenabschlusskreis. Hier findet ein Austausch von Freizeiterlebnissen, die Verteilung von Diensten und Ämtern (Tafeldienst, Blumengießen, Spielexperten, Ordnungshüter, Patenschaften usw.), der sozialen und sachlichen Helfersysteme, das Festlegen von Werten und Normen statt. Auch Konfliktsituationen können aufgegriffen und mit Hilfe von Metakommunikation zu ihrer Lösung beigetragen werden. Möglich sind auch spontane Krisensitzungen von Lehrern und Schülern. Schließlich sollten die Kinder in die Planung und Organisation von gemeinsamen Aktivitäten und in das Lerngeschehen einbezogen werden. Eine gemeinsame Aktivität kann ein Ausflug auf den nächsten Spielplatz, gemeinsames Kochen oder aber eine abwechslungsreiche Gestaltung des Gruppenraumes zur Verbesserung der Gruppenatmosphäre sein. Dazu kann das Zimmer geschmückt, mit Arbeits- und Spielmaterialien ausgestattet und nach verschiedenen Funktionen (Ausstellungsecke, Spiel-, Kuschel-, Leseecke, Krisentisch, Meckerecke usw.) unterteilt werden.

Auch das Lernen sollte in Grundschule sollte so gestaltet sein, dass er die Interessen und Bedürfnisse der Kinder berücksichtigt. Dazu gehören vor allem folgende Maßnahmen:

- Rhythmisierung des Unterrichts mit Phasen der An- und Entspannung, Arbeits- und Spielphasen, Ruhe- und Bewegungsphasen; Entspannungs- bzw. Ruhephasen können durch „Stille-Übungen" herbeigeführt und intensiviert werden. Mögliche Stille-Übungen sind Phantasiereisen, bei denen die Kinder mit geschlossenen Augen Geschichten lauschen. Durch die geforderte Vorstellung von sinnlichen Empfindungen und ein Weiterführen der Geschichte wird die Phantasie der Kinder unter anderem zur gewaltfreien Konfliktlösung angeregt. Eine weitere Stille-Übung ist das meditative Malen, bei dem das Kind seine Emotionen zum Ausdruck bringen und zu sich selbst finden kann.
- Vergrößerung des Bewegungsanteiles in Unterricht und Schule
- Einplanen von Spielphasen mit konkurrenzlosen Spielen. Das Spielen in der Grundschule hat eine doppelte Funktion: Erstens können die Kinder im Spiel

Spannungen abbauen und Kraft für neue Arbeitsphasen schöpfen, d.h. im Bewegungsspiel. Zweitens ermöglichen Spiele über Motivation Lernerfolge. Nicht nur fachliches Wissen, sondern auch angemessenes soziales Verhalten kann im Spiel erworben werden. Kennenlern-, Beziehungs-, Simulations- und Rollenspiele geben den Kindern die Möglichkeit, Handlungsstrategien zu erproben und zu festigen.
- Variation der Unterrichtsmethoden. Außer dem traditionellen Frontalunterricht sollten Formen der Freien Arbeit, in denen Kinder selbständiges Lernen lernen, d.h. Stationenarbeit, Planarbeit, Werkstattarbeit, Projektunterricht, eingesetzt werden.
- Wechsel der Darbietungsformen (Lehrer-, Schülervortrag, Diskussionen) und Sozialformen (Einzel-, Partner-, Gruppenarbeit);
- Ganzheitliches Lernen, beispielsweise eine fächerübergreifende und handlungsorientierte Erarbeitung eines Themas. Dadurch kann das Kind kognitiv und emotional angesprochen, alle Sinne können einbezogen werden.
- Problem- und Handlungsorientierung, die dem Kind ermöglicht, sich mit einem relevanten Thema praktisch auseinanderzusetzen;
- innere Differenzierung; Durch differenzierende Aufgabenstellungen, die den individuellen Eigenschaften und Fähigkeiten der Kinder Rechnung trägt, werden allen Kindern Erfolgserlebnisse ermöglicht.

Neben den genannten Merkmalen von Ansätzen, die eher gewaltpräventiv wirken, gibt es auch Maßnahmen, die die Einstellung der Kinder zur Gewalt bzw. das konkrete Verhalten direkt beeinflussen können. Dazu gehört die Thematisierung von Gewalt in der Friedenserziehung und Werteerziehung anhand von Filmen, Problemgeschichten oder dem Besprechen unmittelbarer Anlässe. Daran kann sich eine gemeinsame Suche nach Handlungsalternativen und Problemlösungen anschließen, die in Simulations- und Rollenspielen erprobt und gefestigt werden. Zu diesen Handlungsalternativen gehören d.h. Strategien zum Abbau bzw. zur Kanalisierung der eigenen Aggressionen (Punching-Ball Boxen, Anti-Stress-Ball, Tätigkeit in musisch-kreativen Bereichen).
In diesem Zusammenhang sind Projekte zur *„Bewegten Grundschule"* zu erwähnen, wie sie in mehreren Bundesländern durchgeführt werden. Bereits im Rahmen der Lehramtsausbildung haben künftige Grundschullehrer die Möglichkeit, sich ein bestimmtes didaktisches Repertoire anzueignen, um später in ihrer Schulpraxis auf die Bewegungsbedürfnisse der Kinder besser eingehen zu können. Die „Bewegte Grundschule" zielt auf eine ganzheitliche, fächerübergreifende Bewegungserziehung sowie auf ein Lernen mit allen Sinnen (einschließlich des Bewegungssinns) ab. Bewegung ist für eine optimale Entwicklung elementar und notwendig, denn Langeweile, mangelnde körperliche Aktivität, wie verordnetes, stundenlanges

Stillsitzen, können aggressive Verhaltensweisen fördern. Über den Schulsport hinaus, d.h. während des Unterrichts, in den Pausen sowie im gesamten Schulleben, werden den Kindern Bewegungszeiten und -möglichkeiten eingeräumt. So können Unterrichtsinhalte in Verbindung mit Bewegung vermittelt werden: d.h. spielen die Kinder paarweise Einkaufen im Supermarkt und üben dabei Addieren und Subtrahieren. Des Weiteren bieten Auflockerungs- und Entspannungsphasen (Bewegungsgeschichten, Stille-Übungen, kindgemäße Meditationsformen) Gelegenheit zur Erholung und einen Ausgleich zu vorangegangener anstrengender geistiger Arbeit, wobei gleichzeitig die Aufnahmefähigkeit für die nachfolgenden Unterrichtssequenzen erhöht wird. In der Pause müssen Kinder Gelegenheit haben zu spielen, zu toben oder kreativ zu werden. Gestaltete Pausenhöfe, etwa durch gekennzeichnete Spielfelder oder Hüpfspiele, Klettergeräte, bereitgestellte Spiel- und Sportgeräte oder das Initiieren bekannter kleiner Spiele, können zu einer Ausgeglichenheit der Kinder beitragen. Eine Möglichkeit für das Klassenzimmer bietet das Einrichten einer Pausenspielkiste, beispielsweise mit Jo-Jos, Kartenspielen, Papprollen, Zeitungen, Wollfäden, Bändern, Rätsel- und Scherzfragen. Zur Bereicherung des Schullebens (d.h. bei Schulfeiern, Spiel- und Sportfesten) eignen sich besonders konkurrenzfreie Bewegungsspiele, da die Kinder im gemeinsamen Tun Kooperations- und Kommunikationsfähigkeit sowie verbale Konfliktbewältigung üben. Darüber hinaus soll die „Bewegte Grundschule" zu Familien- und Vereinssport oder zur Nutzung individueller Bewegungsräume in der Freizeit anregen.

Geschlechtsspezifische Förderung

Da Gewalt überwiegend ein Jungenphänomen ist, muss eine präventive pädagogische Arbeit vor allem bei der Arbeit mit Jungen ansetzen. Ziel ist es, die vorherrschenden Männerrollen und männlichen Identitätsbezüge in Frage zu stellen und längerfristig zu verändern. Geschlechtsreflektierende Jungenarbeit bedeutet, Jungen alternative Vorstellungen von Männlichkeit zu vermitteln, sie Erfahrungen mit anderen Körperkonzepten sammeln zu lassen und die Entwicklung von Beziehungsfähigkeit zu fördern. Eine ständige Aufgabe ist es dabei, die (schulischen) Interaktionen zwischen Jungen und Mädchen zu reflektieren, geschlechtsspezifische Ausdrucksformen von Aggression und Gewalt zu berücksichtigen und ggf. gezielt Jugendarbeit in geschlechtshomogenen Gruppen zu organisieren (vgl. d.h. Möller 1997, Matzner/Tischner 2008). Da auch Mädchen – wenngleich in weit geringerem Maße und auf z. T. andere Art und Weise – mit Gewalt zu tun haben, kann mitunter neben einer spezifischen Jungenarbeit auch eine entsprechende Mädchenarbeit sinnvoll sein, die allerdings nicht traditionelle Weiblichkeitsvorstellungen reaktivieren, sondern vielmehr eine Auseinandersetzung mit Geschlechtsstereotypen in den Mittelpunkt stellen sollte (vgl. d.h. Popp 2002).

Geschlechtsreflektierende bzw. geschlechtsbewusste Pädagogik heißt, sich mit den in der Gesellschaft vorherrschenden Geschlechterrollen und Leitbildern kritisch auseinander zu setzen, die Interaktionen zwischen Jungen und Mädchen unter diesem Blickwinkel kritisch zu reflektieren und ggf. gezielte Jungen- bzw. Mädchenarbeit zu betreiben. Dabei geht es nicht nur um Weitergabe von Wissen und die Einsicht in die patriarchalischen gesellschaftliche Strukturen, vielmehr stellt sich die Aufgabe, Gelegenheiten einer solchen Kommunikation zwischen männlichen und weibliche Jugendlichen über wechselseitige Erwartungen bezüglich erotisch-sexueller Beziehungen zu ermöglichen, in denen eine explizite Thematisierung jenseits von ‚männlichem Imponiergehabe' und ‚weiblicher Attraktivitätsdemonstration' möglich ist, um zu einem realistischen Verständnis wechselseitiger Erwartungen zu gelangen (vgl. Scherr 1997).

In zunehmendem Maße wird vor allem in erziehungswissenschaftlichen Fachdiskussionen eine *reflexive Koedukation* eingefordert. Das bedeutet, alle pädagogischen Handlungen danach zu befragen, ob sie die bestehenden Geschlechterverhältnisse eher stabilisieren oder ob sie eine kritische Auseinandersetzung und damit ihre Veränderung fördern (vgl. auch die Gender mainstreaming-Debatte). Dies erfordert auch von den Lehrenden eine intensive Auseinandersetzung mit eigenen Rollenvorstellungen und Verhaltensweisen. Schulische Arbeit, die sowohl Mädchen wie Jungen optimal fördern will, muss dabei die unterschiedlichen Erfahrungen, Verhaltensweisen und Vorlieben von Mädchen und Jungen erkennen und respektieren, ohne sie auf konkrete Jungen- oder Mädchenrollen festzulegen. Da Aufklärung allein nicht ausreicht, sollten Gegenerfahrungen ermöglicht werden, um geschlechtsstereotype Festlegungen abzubauen (vgl. Faulstich-Wieland/Horstkemper 1998).

Im Rahmen der kritisch-koedukativen Erziehung wurde eine Reihe von Konzepten erarbeitet, die auf eine Stärkung von Mädchen *und* Jungen gleichermaßen abzielen. Maßnahmen der Stärkung von Mädchen *und* Jungen, einschließlich des zeitweise geschlechtsgetrennten Unterrichts, gehen mit Recht davon aus, dass so geförderte junge Menschen weder an traditionellen Geschlechtsrollen festhalten müssen, noch Gewalt gegen andere (meist Schwächere) ausüben wollen. Derartige Ansätze (d.h. Senatsverwaltung für Schule, Jugend und Sport Berlin 1998, Schröder 2008) können somit für die gewaltpräventive pädagogische Arbeit zielführend sein.

Krisenintervention bei Amoklauf

Ein Amoklauf ist eine Notfallsituation, die – wie jede Krisensituation – gekennzeichnet ist durch eine geringe Wahrscheinlichkeit des Auftretens, durch ein hohes Maß an Unvorhersehbarkeit, durch eine Bedrohung für Leben und Wohlbefinden und die Notwendigkeit eines schnellen Eingreifens (vgl. Gugel 2010, S. 657). Ein

Notfall bzw. eine Krisensituation kann jede Schule treffen. Um Panik und Lähmung möglichst zu vermeiden, ist professionelles Krisenmanagement nötig, was entsprechende Vorkehrungen voraussetzt.

Da sich Schulamokläufe wohl nicht gänzlich verhindern lassen, kommt es darauf an, durch *Krisenprävention und -intervention* deren Wahrscheinlichkeit zu verringern und für den Notfall gewappnet zu sein. Schulamokläufe bzw. school shootings entstehen nicht aus dem Nichts, sondern sind das Ende eines meist längeren Entwicklungsprozesses, der von Auffälligkeiten flankiert wird. Solche Tathinweise werden *„Leaking"* genannt (engl.: leckschlagen, durchsickern). Direktes Leaking wären z. B. Tatankündigungen in schriftlicher Form (Aufsätzen, Briefen, SMS, Chats usw.), mündlich (Telefon u .ä.), in Zeichnungen oder in Fotos und Filmen. Indirektes Leaking sind solche auffälligen Verhaltensweisen wie intensive Beschäftigung mit Waffen, Krieg, früheren school shootings, gewalthaltigen Medien oder auch mit Suizid (vgl. Scheithauer/ Bondü 2008, S. 67ff). Lehrkräfte sollten Leaking-Dokumente und Veränderungen im Verhalten von Schülern stets ernst nehmen, voreilige Stigmatisierungen jedoch vermeiden. Tatandeutungen, Tatfantasien oder ein bestimmtes Verhalten, d.h. Gewaltrechtfertigung, Zugang zu Waffen u. ä. sind dabei wichtige Anhaltspunkte für eine notwendige Bedrohungsanalyse und die Einschätzung der Gefahrensituation, die gemeinsam mit Polizeiexperten vorzunehmen sind. Die Bedrohungsanalysen konzentrieren sich vor allem auf folgende Fragen (vgl. Bründel 2009, S. 98): Wie ernsthaft und organisiert erscheint die Ankündigung? Gibt es eine Fixierung auf bestimmte Personen? Wird eine subjektive Notwendigkeit zum gewalttätigen Handeln deutlich? Gibt es eine zeitliche Planung für die Tat? In Abhängigkeit von den jeweiligen Antworten, ergibt sich das weitere Vorgehen. Je spezifischer und realistischer die Drohung erscheint, desto ernster ist sie zu nehmen. Gibt es plausible Hinweise, d.h. Ort, Zeit, Waffe, Motivation, Opfer u.a., ist Gefahr im Verzug, so dass schnelles Handeln erforderlich ist.

Um auf eine Krisensituation professionell reagieren zu können, sind insbesondere folgende Punkte zu beachten (vgl. Gugel 2010, S. 657):

Notfallpläne: Diese legen für jede Schule einzelne Schritte fest, wer in Notfällen für was zuständig ist, wie die Verantwortlichen zu erreichen sind, wer welche Unterstützung geben kann, wer die Schüler, Eltern, Öffentlichkeit informiert usw. Dafür braucht es ein Notfall- oder Krisenteam.

Notfallordner: Diese sind ein wichtiges Hilfsmittel, weil sie alle wesentlichen Informationen in Form von Checklisten enthalten. Deshalb muss er sich an einem zentralen, leicht zugänglichen Ort befinden.

Koordination der Abläufe: In Krisensituationen ist der Personenschutz und die Mobilisierung von professionellen Einsatzkräften wie Polizei, Rettungsdienste, Feuerwehr entscheidend.

Drohungen und Bedrohungsanalysen: Drohungen sind ernst zu nehmen und müssen geprüft werden (siehe oben). Zur Einschätzung von Drohanrufen, Drohschreiben oder Drohungen im Internet müssen Fachleute der Polizei hinzugezogen werden.

Pressearbeit: Aufgrund des enormen Medieninteresses, die das Ereignis für ihre Zwecke häufig auszuschlachten versuchen, ist ein sensibler und kontrollierter Medienumgang anzustreben, was jedoch nicht leicht umzusetzen ist.

Verhalten in Gewaltsituationen: Wie die eigenen Reaktionen in einer Krisensituation sein werden, ist schwer planbar. Dennoch soll auf einige Punkte hingewiesen werden: Der erste Schritt ist die Alarmierung der Polizei über den Notruf 110. Noch vor Eintreffen der Polizei warnt die Schulleitung über Lautsprecher die Schulgemeinschaft. Sobald die Polizei vor Ort ist, übernimmt sie die Regie bis zur Beendigung der Gewalttat. Generell gilt: Opferschutz hat Vorrang vor der Verfolgung des Täters, Schutz und Deckung suchen, Türen verschließen, Fluchtwege für die Täter offen lassen (vgl. Bründel 2009, S. 90f).

Wenn das Krisenereignis vorbei ist, muss für Lehrer und Schüler umgehend psychische Hilfe geleistet werden. Wichtig ist, die Schülerinnen und Schüler nicht alleine zu lassen und sie gemeinschaftlich zu betreuen und zu begleiten. Zu den natürlichen Krisenreaktionen wie Angst, Erregung, Hilflosigkeit, Scham und Unsicherheit können – mitunter auch erst nach längerer Zeit – posttraumatische Belastungsstörungen kommen, d.h. Wiedererleben der Krisenereignisse, Albträume, panische Ängste, Reizbarkeit, Müdigkeit, Schlaf- und Appetitlosigkeit, Gefühlsleere, Apathie u.a., weshalb psychologische Hilfe notwendig ist. Nach einem Amoklauf setzt die Trauerarbeit ein, die Ausdruck der jeweiligen Schulkultur ist und gemeinsam von Lehrern, Schülern und Eltern geleistet wird. Rituale und symbolische Handlungen können dabei hilfreich sein (vgl. Bründel 2009, S. 92ff).

Mittlerweile gibt es in vielen Bundesländern Sicherheitskonzepte für Schulen, schulinterne Krisenteams, ausgebildete Ansprechpartner sowie Notfallpläne für Schulen, in denen praktische Leitlinien für den Umgang mit Amoktaten enthalten sind (d.h. Sofortreaktion, Einleiten von Schutzmaßnahmen, Informationsweitergabe, Nachsorge). Generell ist der Aufbau eines „Frühwarnsystems" zur Früherkennung von Amoktaten zu empfehlen. Dieses sollte eingebettet sein in eine „Kultur des Hinschauens und Hinhörens". Darüber hinaus werden in der Öffentlichkeit im Gefolge extremer Gewalttaten auch immer wieder solche Gegenmaßnahmen diskutiert, wie d.h. ein Verbot des Waffenzugangs, die Begrenzung des Einflusses von gewaltverherrlichenden Medien sowie die besondere Verantwortungswahrnehmung seitens der Medien, die durch ihre reißerischen Berichte nicht unmaßgeblich zu Nachahmungstaten beitragen und die notwendige Sensibilität gegenüber den Trauernden mitunter vermissen lassen.

In diesem Sinne wäre eine eingeschränkte Berichterstattung über solche extremen Krisenereignisse mehr als wünschenswert.

Medienerziehung

Wenn man die Veränderungen der Sozialisationsumwelten seit Ende des zweiten Weltkrieges betrachtet, stößt man zunächst auf die Familien, die sich vom „Befehls- zum Verhandlungshaushalt" gewandelt haben. Man kann parallel dazu einen Bedeutungszuwachs der Gleichaltrigengruppe registrieren und darüber hinaus feststellen, dass die Institution Schule insgesamt offener und schülerorientierter geworden ist. Aber vor allem ist die Medienwelt als Sozialisationsfaktor hervorzuheben, die sich in dramatischer Weise verändert hat (vgl. Kap. 3.3). Jugendliche nutzen täglich im Durchschnitt 3 – 4 Std. Medien, Problemgruppen noch länger, am Wochenende steigert sich der Konsum. Auch das Angebot an Horror- und Gewaltmedien hat stark zugenommen. Hier stellt sich neben der Verbesserung der Medienkontrolle und des Jugendschutzes auch die Frage nach einer Medienerziehung in Schulen. Wie selbstverständlich werden Kinder mit technischen Grundlagen der Mediennutzung – d.h. im Fach Informatik, das auf dem Vormarsch ist – im Unterricht vertraut gemacht. Genau so dringlich wäre, über die Wirkungsweisen der Medien und die aus der Nutzung resultierenden sozialen Probleme (d.h. Mediensucht, Bewegungsmangel und Übergewichtigkeit, nervöse Störungen, aggressives Verhalten) aufzuklären. Schüler sollten die Vorzüge und Risiken von Onlinenetzwerken abschätzen lernen und sich der Beständigkeit des Netzgedächtnisses bewusst sein. Sie sollten dafür sensibilisiert werden, dass das Cybermobbing als eine mediatisierte Form von Gewalt nicht weniger gravierende Folgen haben kann als die Ausübung direkter physischer oder psychischer Gewalt.

Ziel ist dabei das Erreichen von *Medienkompetenz*, die weit mehr als nur Anwenderwissen umfasst. Eine Befragung von Hochschullehrern im Bereich der Medienpädagogik hat ergeben, dass es den heutigen Lehramtsstudenten vor allem an der Fähigkeit zur Medienkritik mangelt (vgl. Hugger/Vollbrecht 2001, S. 37). Es lassen sich vier Hauptdimensionen von Medienkompetenz unterscheiden: Medienkritik, Medienkunde, Mediennutzung, Mediengestaltung (vgl. Baacke 1999). *Medienkritik* bedeutet u.a. Medien und Medienentwicklung zu reflektieren und nicht einfach hinzunehmen. *Medienkunde* befasst sich einerseits mit Grundfragen und Wissensbeständen, d.h. nach Programmgenres oder der Arbeit von Journalisten, andererseits wird auf dieser Ebene die Fähigkeit entwickelt, Medien bedienen zu können. Auch die *Mediennutzung* hat zwei Seiten: die rezeptive Anwendung und das interaktive Handeln. Bei der *Mediengestaltung* kommen innovative und kreative Tätigkeiten zur Geltung.

In der handlungsorientierten Medienpädagogik, wie sie an Schulen praktiziert werden sollte, bietet sich vor allem die *Projektarbeit als Methode* (s. o.) an, um die vier Aspekte der Medienkompetenz als Lernziel verwirklichen zu können. Es sind viele Materialien und Programme auf dem Markt, d.h. die im „Interventionsprogramm an Hauptschulen" vorgeschlagenen Module von Hubert Kleber (s. Kap. 5.5). Die

Bundeszentrale für politische Bildung bietet – über das Internet unter dem Suchbegriff „Medien" abrufbar (www.bpb.de) – viele Materialien zur Medienpädagogik an, darunter ein Handbuch Medienkompetenz. Es wurde eine neue Koordinierungsstelle Medienpädagogik eingerichtet, deren Ziel es ist, „Multiplikatoren und interessierten Mediennutzern attraktive und handlungsorientierte Werkzeuge in die Hand zu geben, die ihnen helfen sollen, selbst zu analysieren, zu problematisieren, Einfluss zu nehmen und konstruktiv und kompetent aktiv zu werden" (ebd.). Zu erhalten sind unter der genannten Internetadresse auch mediengestützte Programme der Gewaltprävention und ein Medienkatalog mit vielen Hinweisen auf Filme, Videos und andere Medien zum Thema Gewalt.

Gewaltpräventive Elemente der Erlebnispädagogik

Erlebnispädagogik beansprucht einen ganzheitlichen Ansatz, d.h. Fertigkeiten und Kenntnisse sollen praktisch erfahrbar gemacht werden. Soziale Lernprozesse entstehen durch Tätigkeit, unmittelbare Erfahrung sowie durch Reflexion. Erlebnispädagogik berücksichtigt sowohl kognitive als auch affektive Komponenten. Sie ist primär auf natursportlich orientierte Unternehmungen, sogenannte „out door"-Aktivitäten („out door"-Pädagogik) ausgerichtet. Jedoch gewinnen auch die „in door"-Aktivitäten („in door"-Pädagogik) im künstlerischen, musischen, kulturellen und technischen Bereich zunehmend an Bedeutung.
Erlebnispädagogik kann einen wichtigen Beitrag zur Gewaltprävention leisten. Bekanntlich verlangen Jugendliche, insbesondere Jungen und junge Männer, nach starken Reizen, Abenteuern und körperlicher Betätigung. Aus diesem Grunde sind erlebnispädagogische Formen, wie Abenteuer- und Risikoaktionen, Wildwasserfahrten, Klettern, Wandern oder Segeln, für junge Menschen besonders empfehlenswert. Dabei sollen die Jugendlichen auch an der Organisation der jeweiligen Aktion (Route, Verpflegung usw.) beteiligt werden. Die Konfrontation mit Mut und Gefahr und das Testen der persönlichen Grenzen fördern das Selbstwertgefühl. Ein realistisches Körpergefühl wird vermittelt. Die Jugendlichen lernen, Belastungs- und Konfliktsituationen auszuhalten und zu bewältigen. Die Kommunikationsfähigkeit und Solidarität werden durch gemeinsames Handeln, Planen und „Leiden" erhöht. Die Bedeutung von gegenseitiger Verantwortung, Rücksichtnahme und Zuverlässigkeit wird erkannt (d.h. beim Sichern während des Kletterns).
Eine etwas umstrittene Methode der Erlebnispädagogik zur Gewaltprävention ist der Kampfsport (Karate, TaeKwonDo, KungFu u.a.). Er fördert das Selbstbewusstsein der Jugendlichen durch Stärke und Kampftechnik. Körpergefühl und Körperbeherrschung werden erfahren, Aggressionen können als positive Energie ausgelebt werden. Andererseits wird aber befürchtet, dass Kampfsport dazu beitrage, dass Jugendliche zu „Schlägern" werden. Deshalb sollte durch kritische Reflexion deutlich gemacht werden, dass der Kampfsport nicht zum Angreifen, sondern nur

der sportlichen Übung und der Selbstverteidigung dient. Beim Training darf der Partner nicht verletzt werden. Kampfsport kann Rücksichtnahme, Verantwortung und Respekt fördern. Letzteres kommt u.a. im Verneigen vor Beginn der Übung zum Ausdruck. Der Lehrer bzw. Trainer sollte auch die geistigen Prinzipien des Kampfsportes, deren ursprüngliches Ziel die Verwirklichung eines harmonischen, humanen und kreativen Menschen ist, vermitteln.

Erlebnispädagogische Elemente sind auch in anderen Bereichen nutzbar. Im ökologischen Bereich besteht d.h. die Möglichkeit, mit den Jugendlichen Biotope zu bauen. Dabei sind die pädagogischen Ziele: eine sinnvolle Tätigkeit der Jugendlichen, die Entwicklung von Geduld und Sorgfalt, die Erhöhung des Selbstvertrauens durch Erfolg und der Kooperations- und Kommunikationsfähigkeit durch das gemeinsame Handeln. Im sozialen Bereich kann beispielsweise ein kulturelles Programm eingeübt und in sozialen Einrichtungen (Krankenhaus, Altersheim) aufgeführt werden. Dabei wird zugleich die Anteilnahme am Mitmenschen gefördert. Im kulturellen, musischen, künstlerischen und technischen Bereich sind Foto- oder Theatergruppen, Zeichenzirkel oder plastisches Arbeiten denkbar. Neben den oben genannten Zielen besteht hier für die Jugendlichen die Möglichkeit, Konflikte abzubilden, zu verarbeiten und zu reflektieren. Häufig erhalten sie dabei auch neue Ideen für die Freizeitgestaltung. Durch das schöpferische Arbeiten wird besonders das Selbstwertgefühl gefördert.

Erlebnispädagogik hat allerdings auch Grenzen: Die Aktionen sind meist „Inselerlebnisse", d.h. sie sind isoliert, z. T. arrangiert, zeitlich begrenzt und oft kurzfristig angelegt. Daraus ergibt sich die Frage, wie das Erlernte im Alltag, der doch ganz anders aussieht als diese Abenteuertouren, umgesetzt wird. Außerdem muss bei jeder Unternehmung das erzieherische Ziel berücksichtigt werden. Die Aktion darf nicht nur konsumiert, sondern soll auch reflektiert werden, sowohl durch gedankliche Verarbeitung als auch im gemeinsamen Gedankenaustausch in der Gruppe. Gerade diese Phase der Aufarbeitung mit Jugendlichen stellt sich oft schwierig dar. In einer Gruppe kann es zudem problematisch sein, jeden einzelnen in die Aktion einzubeziehen. Die Kenntnisse und Fertigkeiten für die jeweilige Unternehmung müssen bei allen vorhanden sein, damit niemand ausgeschlossen wird.

Wer selbst Formen der Erlebnispädagogik durchführen will, kann Adressen von Vereinen, die Erlebnispädagogik anbieten, beim Jugendamt erfragen.

Gewaltprävention durch Wertebildung

Wertebildung und Gewaltprävention hängen eng zusammen: Eine wertebewusste Erziehung hat gewaltpräventive Wirkungen wie auch umgekehrt eine gute Präventionsarbeit wertebildend wirkt. Mit systematischer Werteerziehung kann Schule zudem ihrem gesellschaftlichem Erziehungsauftrag am besten gerecht werden. Schulische Werteerziehung hat das Ziel, moralische Werturteilsfähigkeit und die

Aneignung moralischer Werthaltungen zu fördern und junge Menschen zu einer mündigen sowie gemeinschaftsfähigen Persönlichkeit zu befähigen. Der Bedarf an schulischer Werteerziehung ist in den letzten Jahren angewachsen, insbesondere durch die Wertepluralität und Wertekonkurrenz in einer offenen (Medien-) Gesellschaft, die nachlassende Bindungskraft traditioneller Institutionen sowie die wachsende sozio-kulturelle Heterogenität der Schülerschaft. Die Fachöffentlichkeit hat auf den Bedarf an schulischer Werteerziehung reagiert und zahlreiche *Modelle und Formen der Werteerziehung bzw. Wertebildung entwickelt* (vgl. Stein 2008, Schubarth 2010). Dabei wird zwischen indirekten und direkten Formen unterschieden. Während indirekte Formen davon ausgehen, dass die Schule als Institution, vor allem als sozial-kommunikativer Erfahrungsraum, wertebildend wirkt, wollen direkte Formen durch gezielte Maßnahmen die Wertebildung fördern. Indirekte Wertebildung lässt sich der „Verhältnisprävention", direkte Wertebildung der „Verhaltensprävention" zurechnen. Die möglichen Formen der Wertevermittlung bzw. Wertebildung sind in der folgenden Übersicht dargestellt.

Indirekte Wertebildung	**Direkte Wertebildung**
Schulebene Schulethos, -leitbild und -programm Schule als „Wertegemeinschaft" Demokratisch-partizipative Schulkultur Schulklima der Wertschätzung und klaren Verhaltenserwartungen (Regeln) Lehrer-Schüler-Verhältnis aktives Schulleben **Unterrichtsebene** Klassenklima der gegenseitigen Wertschätzung und klaren Regeln Lehr-Lernkultur, werteorientierter, erziehender Unterricht Schülermitbestimmung, Klassenrat **Persönliche Ebene** Vorbildwirkung der Lehrkräfte (Ethos) Anerkennungs- und Achtsamkeitskultur **Ebene des Schulumfeldes** werteorientierte Kooperation mit Eltern und anderen Schulpartnern	- Wertevermittlungsmodell: Einweisung in objektive, nicht hinterfragbare Werte - Modell des öffentlichen Werteklimas in Schule und Gesellschaft - Wertelernen am besonderen Vorbild - Wertanalysemodell: mehrperspektivische Diskussion von Wertkonflikten - Modell zur Sensibilisierung für Überlebensverantwortung und Nachhaltigkeit - Wertklärungsmodell: Angebote, um eigene Werte zu erkennen und umzusetzen - Wertfühlungsmodell: Förderung von Sympathie und Empathie - Wertdiskursmodell: realistischer Diskurs in der Gruppe, d.h. Konstanzer Methode der Dilemma-Diskussion - Wertentwicklungsmodell: Angebote zum Erlernen moralischer Autonomie - Wertelernen durch soziale Tätigkeiten, d.h. Compassion-Konzept, Service learning - Programme zur Gewaltprävention, d.h. Mediation, Sozialtrainings, Buddy-Projekte

Zu den *Formen indirekter Wertebildung* sind zu zählen: das Schulethos, das Schul- und Klassenklima, die Vorbildwirkung der Lehrkräfte, insbesondere deren Authentizität und Glaubwürdigkeit, die Lehr-Lernkultur, eine wertschätzende Schülerorientierung, ein werteorientierender Unterricht, Möglichkeiten des Erlebens von Partizipation und Demokratie, eine echte Schülermitbestimmung, ein aktives, gemeinschaftförderndes Schulleben u.a. Die Wirksamkeit indirekter Wertebildung, vor allem einer demokratisch-partizipative Schulkultur, ist sowohl durch die allgemeine empirische Schul(qualitäts)forschung, als auch durch die schulbezogene Gewaltforschung, belegt. Werteerziehung gehört zu den zentralen Qualitätsdimensionen von Schule und Unterricht und ist Grundlage jeglicher Schulentwicklung. Vielversprechende Ansätze sind in jüngster Zeit im Rahmen der Demokratiepädagogik entwickelt worden (vgl. d.h. Edelstein/Frank/Sliwka 2009). Ein praktisches Beispiel der indirekten Wertebildung ist die „Gerechte-Schule-Gemeinschaft", die als solidarische und lebendige Demokratie (Schule als „Polis") verfasst ist – ein Beispiel, das allerdings in Deutschland bisher noch wenig Resonanz gefunden hat.

Neben den indirekten Formen gibt es eine Reihe von *direkten Formen der Werteerziehung bzw. Wertebildung*, die Schulen nutzen können, wenn sie gezielt Wertebildung betreiben wollen. Diese Modelle sind nicht nur auf bestimmte Fächer wie Ethik, Sozialkunde, Religion, politische Bildung u.a. beschränkt, sondern als übergreifende Schul- bzw. Unterrichtsprinzipien zu verstehen. So ist Schulen zu empfehlen, dass sie d.h. nach dem materialen Werteansatz – auf der Basis eines öffentlichen Wertklimas an der Schule und orientiert am Grundgesetz – grundlegende, allgemeinverbindliche Werte diskutieren, benennen und einfordern (Wertvermittlungsmodell). Insbesondere im Fachunterricht (Geschichte, Literatur usw.) kann auch Wertelernen am außergewöhnlichen Vorbild praktiziert werden. Dabei können auch Wertekonflikte (Wertanalysemodell) sowie die Bedeutung von übergreifenden Werten wie Frieden, Gerechtigkeit und Nachhaltigkeit thematisiert werden (Sensibilisierung für Überlebensverantwortung). Darüber hinaus geht es um die Herausbildung eines eigenen Wertesystems (Wertklärungsmodell) und einer eigenen empathischen Werthaltung (Wertfühlungsmodell). Zur Wertebildung beitragen kann auch das Wertdiskurs- und das Wertentwicklungsmodell, das kognitive, motivationale und emotionale Prozesse einschließt, sowie das Wertelernen durch soziale Tätigkeiten. Wertebildend wirken auch Programme der Gewaltprävention, die insbesondere die Entwicklung von sozialen und personalen Kompetenzen fördern.

Eine besonders wirksame Form der Wertebildung ist die *Förderung der Entwicklung der moralischen Urteils- und Handlungsfähigkeit* von Kindern und Jugendlichen. Solche Ansätze verfolgen drei Ziele: erstens die Gewährung gegenseitiger Anerkennung, zweitens die Sicherung sozialer Gerechtigkeit und drittens die Ermöglichung sozialer Verantwortung (vgl. Raschert 1999). Die Grundlage der moralischen Entwicklung jedes Einzelnen ist die Anerkennung durch andere, auch wenn der Einzelne Schwächen und Verhaltensprobleme zeigt. In der Schule braucht es deshalb eine Vielzahl von Bewertungskriterien für *unterschiedliche Leistungen.* Ein zu enger Leistungsbegriff, der Lernen auf das in Ziffern ausgedrückte Lernergebnis reduziert, ist eher kontraproduktiv. Neben der Gewährung gegenseitiger Anerkennung ist ein weiteres Ziel die Verinnerlichung von Prinzipien der sozialen Gerechtigkeit im Prozess der moralischen Entwicklung. Hierzu hat der amerikanische Moralphilosoph Lawrence Kohlberg mit seinem Modell der Diskussion von Dilemmata-Diskussionen (Werteklärung) auch unterrichtpraktische Ansätze geliefert, die Grundqualifikationen, wie Empathiefähigkeit, Rollendistanz, Ambiguitätstoleranz und kommunikative Kompetenz, befördern. Kohlberg hat aber nicht nur Konzepte entworfen, er hat mit seiner Organisationsform von *Schule als „Gerechter Gemeinschaft"* („Just community schools") auch Praxismodelle geliefert, die in vielen Ländern mit Erfolg eingeführt wurden. Dabei wurde zugleich demonstriert, wie moralische Urteils- und Handlungsfähigkeit durch frühzeitige Erziehung zur Übernahme sozialer Verantwortung entwickelt werden kann.

Schule steht heute zunehmend vor der Aufgabe, Schüler zur Übernahme sozialer Verantwortung im Rahmen einer Zivilgesellschaft zu erziehen. Diese Aufgabe ist nicht weniger bedeutsam als der Erwerb fachlicher Kompetenzen, wobei beide Seiten in einem engen Zusammenhang stehen. Fritz Oser spricht von Moralität und Erfolg als zwei Chamäleons und fordert auch von den Lehrern ein Berufsethos ein (vgl. Oser 1998). Zu einer „gerechten Gemeinschaft" können auch Partizipationsmöglichkeiten der Schüler, funktionierende Streitschlichtermodelle und die Öffnung von Schule und Unterricht (Schule als zivilgesellschaftlicher Akteur in der Vernetzung mit außerschulischen Akteuren) beitragen, so dass Zonen der Zivilgesellschaft an Schulen entstehen. Immer geht es dabei um die Entwicklung eines Bewusstseins für Verantwortung gegenüber anderen und um soziales wie politisches Engagement im kommunalen Kontext. Schülerbeteiligung und innerschulischen Demokratie stehen für eine hohe soziale Schulqualität, die mit weniger Gewalt und Rechtsextremismus einhergeht. Demokratie im Alltag fördert auch die Zivilcourage, den „sozialen Mut" von jungen Menschen. Gelungene Ansätze zeigen, dass dies nicht nur Vision, sondern ein Stück weit bereits Realität ist (vgl. Raschert 1998, Edelstein/Frank/Sliwka 2009).

Evaluationsstudien weisen darauf hin, dass kognitiv orientierte Wertemodelle zwar zu Wissenszuwachs, jedoch nicht zu Haltungs- bzw. Verhaltensänderungen führen. Die größten Erfolgsaussichten haben – ähnlich wie bei der Gewaltprävention – mehrdimensionale Ansätze, die auch erfahrungs- bzw. tätigkeitsorientierte Dimensionen einschließen (vgl. Stein 2008, S. 163ff). Die Evaluationsforschung bestätigt damit die Annahme, dass Wertebildung vor allem über die Verknüpfung des Erwerbs von Werturteilsfähigkeit mit der Reflexion und Einübung praktischer Tätigkeiten erfolgt. Diese Annahme liegt letztlich auch dem didaktischen Ansatz

von Vorleben, Nachdenken (Reflexion) und Mitmachen zugrunde. Viel Potenzial bietet in dieser Hinsicht die Förderung von sozialem Engagement, d.h. in Form des „Service learnings“ (s. Kapitel 5.6) oder des „Compassion-Konzepts“, das sich die Entwicklung von Mitgefühl und Selbstachtsamkeit zum Ziel gesetzt hat.
Gesellschaftliches Engagement fördert nachweislich die Wertebildung bei Jugendlichen und ist demzufolge auch als ein wichtiger Beitrag zur Gewaltprävention anzusehen. Die Wirksamkeit von Wertebildung hängt dabei auch vom gesellschaftlichen Umfeld, insbesondere vom sozialen Nahraum und der Herkunftsfamilie ab.

Zusammenarbeit von Schule und Elternhaus

Aufgrund der großen Bedeutung der Familie für die Entwicklung der Kinder ist auch bei der Gewaltprävention bzw. -intervention die enge Kooperation mit den Eltern unverzichtbar. Mitunter ist die Zusammenarbeit zwischen Lehrern, Erziehern und Eltern jedoch durch Desinteresse, Berührungsängste oder gegenseitige Schuldzuweisungen belastet. Gerade zu Eltern mit auffälligen Kindern gestaltet sich der Kontakt mitunter als sehr schwierig. Dennoch sollte versucht werden, im Interesse der Kinder partnerschaftliche Beziehungen aufzubauen. Ziel sollte eine vertrauensvolle Zusammenarbeit sein, die auf regelmäßiger Kontaktaufnahme und gegenseitigem Informationsaustausch beruht und auf die gemeinsame Gestaltung des Schullebens durch Lehrer, Eltern und Schüler gerichtet ist.
Mögliche Angebote seitens der Lehrer sind vor allem Elternbriefe, Elternsprechstunden, Beratungsgespräche (einschließlich schulpsychologischer Beratung) und Elternseminare. Diese Formen der Kontaktaufnahme und Zusammenarbeit bieten gute Gelegenheiten sowohl zur Informationsvermittlung und fachlichen Hilfe als auch zum Erfahrungsaustausch. Dabei können Lehrer den Eltern über die Entwicklung der Sozialbeziehungen (d.h. den Umgangsformen und -regeln) in der Klasse berichten und zugleich verdeutlichen, dass auch jede Familie feste Regeln zum Tagesablauf, zu Hausaufgaben, gemeinsamen Aktivitäten und Ritualen benötigt, um Kinder zur Verantwortlichkeit und Selbständigkeit zu erziehen. Kinder brauchen zur Orientierung für ihr Handeln – sowohl in der Schule als auch im Elternhaus – Verlässlichkeiten und Sicherheiten vor allem durch klare Regeln und Strukturen sowie durch sinnvolle, eindeutige Grenzen. Weiterhin sollten die Lehrer an die Eltern appellieren, sich um die Interessen und Aktivitäten ihrer Kinder in der Freizeit zu kümmern. Wenn die Eltern nicht wissen, was ihre Kinder unternehmen, haben sie auch keinen Einfluss darauf, wenn sich die Kinder Regelverletzungen und Normverstöße angewöhnen. Die Verantwortung der Eltern hierfür sollte eingefordert werden.
Darüber hinaus sollten die Eltern ermuntert werden, ihre Fähigkeiten und Potenziale für die Gestaltung des Unterrichts (d.h. Mitarbeit bei Projekten) und des außerunterrichtlichen Lebens (d.h. bei der Einrichtung von Schulclubs, Sportanlagen)

Du, der Junge hat schon wieder nichts gegessen! Hat er Probleme in der Schule?
Das kann ich mir nicht vorstellen! Er ist ja schließlich Klassenbester!
So, du Strebersack, jetzt bist du fällig!

bewusst einzusetzen. Auch bei Aktivitäten der Schule wie Schulwande-rungen, Schulfeste, Landheimfahrten oder bei der Gestaltung berufsorientieren-der Veranstaltungen können sich Eltern engagieren. Von einer Zusammenarbeit zwischen Schule und Elternhaus profitieren beide Seiten, vor allem aber die Kinder und Jugendlichen.

Die rechtlichen Voraussetzungen dafür sind gegeben: Es besteht eine im Grundgesetz festgelegte Notwendigkeit zwischen dem „natürlichen Elternrecht" (Artikel 666) und der „staatlichen Schulhoheit" (Artikel 766) zu vermitteln. Durch die Verfassungsrechtsprechung wurde festgelegt, dass beide Seiten ihr Handeln am „Kindeswohl" auszurichten haben. Dazu ist eine Konsensbildung von Elternhaus und Schule notwendig, die gerade bei Erziehungsfragen durch wechselseitige Verstärkungseffekte positive Auswirkungen zeigen kann.

5| Schulische Programme der Prävention und Intervention

Bei der Auseinandersetzung mit Gewalt in der Schule und ihrer pädagogischen Bearbeitung bietet sich die Verwendung speziell für diesen Zweck entwickelter Präventions- und Interventionsprogramme an. Als Programme werden in diesem Zusammenhang umfassende Handlungsansätze bezeichnet, bei denen die Ziele, Strategien und Adressaten benannt sind, standardisierte Abläufe festgelegt und didaktische Materialien zur Verfügung gestellt werden. Mit Programmen dieser Art ist immer auch der Anspruch verbunden, dass ihre Wirksamkeit durch Evaluation gesichert ist bzw. in anderer Weise nachgewiesen werden kann.

Im Angebot befindet sich eine verwirrende Vielzahl von Präventions- und Interventionsprogrammen. Wissenschaftler, Journalisten, Verlage, Vereine und Stiftungen treten als Anbieter auf, nicht selten sind damit wirtschaftliche Interessen verknüpft. Die jeweilige Interessenlage und die bei der Nutzung auftretenden Verpflichtungen oder Kosten, z.B. durch Erwerb der Materialien oder Schulungen für die Akteure, sollten bei der Auswahl mit bedacht werden. Letztlich entscheidend muss aber sein, ob das zur Verfügung stehende Programm für die spezifische Situation an der jeweiligen Schule geeignet ist. Denn unabhängig von dessen Qualität eignet sich nicht jedes Programm für jede Schule. Die Pädagogen haben „die Qual der Wahl". Dieses Kapitel hat zum Ziel, etwas mehr Klarheit in diese Unübersichtlichkeit zu bringen und Entscheidungshilfen bei der Auswahl der zu nutzenden Materialien zu geben.

Bei einer Systematisierung kann nach Programmen für alle Schüler und solchen, die auf bestimmte Altersstufen zugeschnitten sind oder die sich an auffällige Schüler richten, unterschieden werden. Neben Lehrer- und Elternprogrammen gibt es institutionsbezogene Programme, die auf mehreren Ebenen der Schule angesiedelt sind und das gesamte Schulsetting einbeziehen. Nach diesen Kategorien sind die im Folgenden dargestellten Ansätze geordnet. Neben den im Fokus der Gewaltprävention und -intervention liegenden Programmen gibt es noch eine Reihe allgemeiner Förder- oder Gesundheitsprogramme, die hier nicht alle Erwähnung finden, aber durchaus – z.B. im Rahmen eines Konzeptes zur Gesundheitsförderung in der Schule – ihre Wirkung auch im sozialen oder persönlichkeitsbezogenen Bereich entfalten können.

Für die praktische Präventionsarbeit an Schulen kommt es darauf an, dass zu Beginn der geplanten Maßnahmen die spezifischen Probleme der Schüler, einer Klasse oder einer Schule mit ihrem besonderen Umfeld genau analysiert werden, um dann das für eine Zielgruppe oder eine bestimmte Problemlage geeignete und erfolgverspre-

chende Programm herauszufinden. Am Beginn jeder Maßnahme steht die Analyse der Ist-Situation. In der gemeinsamen Diskussion und Bewertung der erhobenen Befunde werden Handlungsnotwendigkeiten und erforderliche Schwerpunktsetzungen der Prävention und Intervention deutlich – erst danach kann begründet über den Einsatz eines geeigneten Programms entschieden werden.
Im Hinblick auf diesen Entwicklungsprozess soll die anschließende Dokumentation Hilfestellung geben. Nur solche Programme, Konzepte und Ansätze wurden aufgenommen, die eine gewisse Kontinuität besitzen und sich in der Praxis bewährt haben – sei es, dass sie wissenschaftlich evaluiert sind, sei es, dass positive Erfahrungsberichte vorliegen. Ein weiteres Auswahlkriterium war die perspektivische Leistungsfähigkeit in Bezug auf eine Verbesserung von Schulkultur und Schulklima, unabhängig davon, ob die Programme auf individueller oder institutioneller Ebene oder im sozial-ökologischen Umfeld der Schule ansetzen. In der folgenden Übersicht, mit der kein Anspruch auf Vollständigkeit erhoben wird, sind zunächst alle von uns ausgewählten Programme aufgelistet; aus der Einordnung in die oben genannte Systematik ergeben sich bereits erste Hinweise auf Zielgruppen und Anwendungsbereiche.

Übersicht: Bewährte Programme der Gewaltprävention und -intervention

5.1 Programme für alle Schüler
- Peer – Mediation
- Sozialtraining in der Schule
- Konflikttraining nach Gordon
- Programme für interkulturelles Lernen

5.2 Programme für jüngere Schüler
- Programm „Faustlos“
- Programm „Eigenständig werden“
- Programm „Prävention im Team“
- „Papilio“-Programm
- „Fit und stark fürs Leben“
- Mentorenprogramm „Balu und Du“

5.3 Programme für ältere Schüler
- Lions-Quest-Programm „Erwachsen werden“
- Programm „Soziales Lernen“
- „Buddy“-Programm
- Programm „ProACT+E“

5.4 Programme für auffällige Schüler
- Programm „Fit for Life“
- Coolness-Training
- Trainingsprogramm für aggressive Kinder
- Arizona Projekt – Trainingsraum-Methode
- Interventionsprogramm an Hauptschulen

5.5 Lehrer- und Elternprogramme
- Konstanzer Trainingsmodell
- Schulinterne Lehrerfortbildung
- „Starke Eltern – starke Kinder“ (Elternkurse des Kinderschutzbundes)
- „Triple P“– Positive Parenting Program
- „STEP“ – Trainingsprogramm für Eltern und pädagogisches Fachpersonal
- „EFFEKT“ – Projekt zur Entwicklungsförderung in Familien

5.6 Programme im Schulsetting
- Olweus-Programm
- „MindMatters“
- „Initiative Fairplayer“
- Schulsozialarbeit
- Service Learning
- Netzwerkarbeit

5.1 Programme für alle Schüler

Peer-Mediation

Eine typische Situation aus dem Schulalltag: Ein Junge beschimpft einen anderen mit obszönen Sprüchen. Der Beschimpfte seinerseits ist beleidigt und reagiert mit dem selben vulgären Vokabular. Die Situation eskaliert und geht rasch in Rangelei und Rauferei über. Andere Schüler der Klasse sehen zu oder ergreifen für den einen oder anderen Partei. Dies geht so lange bis der Lehrer eingreift und den Streit mittels eines Machtwortes beendet. Doch ist der Streit dann wirklich beendet? Ist der als „Schuldige“ identifizierte Schüler auch wirklich der alleinige Urheber des Streits? Und was haben die betroffenen Schüler und die Zuschauer aus diesem Konflikt und dessen Lösung gelernt?
Die geschilderte Situation ist kein Einzelfall. Noch immer herrscht bei Konflikten ein Teufelskreis aus Angriff und Rache, von Sieger und Besiegten vor; noch immer werden Konflikte meist auf traditionelle Art und Weise, d.h. mittels Macht von „oben“ gelöst. Hier setzt das Konzept der *Peer-Mediation* an. Unter Peer-Mediation

werden Modelle der Konfliktvermittlung durch Schüler verstanden (z.B. Streitschlichter-Modelle oder Konfliktlotsen-Modelle). Nicht der Konflikt ist dabei das Problem, sondern die Art und Weise, wie mit Konflikten umgegangen wird. Damit Konflikte nicht eskalieren und in Gewalt münden, sollten sie kommunikativ bearbeitet werden. Ungelöste Konflikte können auf Dauer gefährlich werden. Konflikte stellen aber auch Lernchancen dar, über das eigene Verhalten zu reflektieren und das Interaktionsverhalten zu verbessern.
Mediation als ein Verfahren der Konfliktregelung will die Verantwortung für die Beilegung des Konflikts bei den Konfliktpartnern belassen, denn selbst gefundene Regelungen werden besser akzeptiert als fremdverordnete. Mediation ist somit ein alternatives außergerichtliches, prozesshaftes und strukturiertes Verfahren zur eigenverantwortlichen Regelung von Konflikten zwischen mindestens zwei Personen mit Hilfe einer dritten Person, des Mediators. Der Begriff „Mediation" bedeutet „Vermittlung". In Mediation ist das Wort „Medium" (Mitte) enthalten. Der Mediator ist „inmitten" der Konfliktpartner. Er hat die Aufgabe, den Konfliktregelungsprozess zu strukturieren und zu moderieren. Den Konfliktpartnern obliegt es, über einen offenen und fairen Interessenausgleich zu einer für alle Konfliktpartner zufriedenstellenden Regelung zu kommen. *Voraussetzungen und Regeln* für den Einstieg in die Mediation sind: Freiwilligkeit aller Teilnehmer, Selbstbestimmung der Beteiligten, Vermittlung durch einen Mediator, dessen Neutralität bzw. Allparteilichkeit, die Einbeziehung aller Konfliktparteien, Vertraulichkeit, Erarbeitung einer fairen und eigenverantwortlichen Vereinbarung zur Konfliktregelung, konstruktive Kooperation und Kommunikation, Gewaltfreiheit, Strukturiertheit und Prozesshaftigkeit. Der Mediator ist verantwortlich für die Gestaltung und Betreuung des Verfahrens, die Konfliktpartner für das Ergebnis.

Der Mediationsprozess vollzieht sich in fünf Phasen:

1. Einleitungsphase: Nach der Kontaktaufnahme mit den Konfliktschlichtern werden in der *ersten Phase* die Ziele benannt und die Gesprächsregeln geklärt (z.B. Ausreden lassen, keine Beleidigung, aufmerksam Zuhören). Der Mediator moderiert das Gespräch und achtet auf die Einhaltung der Regeln.
2. In der *zweiten Phase* erfolgt die Darstellung des Konflikts aus Sicht der Betroffenen um ein Verständnis von gemeinsamen und unterschiedlichen Sichtweisen des Problems herzustellen.
3. In der *dritten Phase*, der Konflikterhellung, wird der Gefühlshintergrund angesprochen (Ausdrücken der Gefühle, katharsisches Erleben).
4. Die *vierte* Phase ist die Phase der Lösungssuche (Benennung eigener Ziele und Wünsche, gemeinsame Suche nach Lösungswegen).
5. Der Mediationsprozess wird in der Regel mit der *fünften* Phase, dem Abschluss einer Vereinbarung und ggf. deren Evaluierung beendet.

Zur *Ausbildung von Peer-Mediatoren* liegen zahlreiche Programme vor, nach denen Schulen gemeinsam mit Kooperationspartnern arbeiten können. Das vorgeschlagene Stundenvolumen schwankt dabei zwischen 20 und 100 Stunden. Die Programme basieren auf gemeinsamen Grundbausteinen, wie Wahrnehmungsübungen, Kommunikationsübungen, Rollenspiel, aktives Zuhören, Konfliktanalysen, Wahrnehmen von Gefühlen und Ich-Botschaften, Körpersprache, Phasen des Mediationsprozesses u.a., wobei dem praktischen Training, vor allem dem Rollenspiel, zentrale Bedeutung zukommt.
Die Wirkung der schulischen Mediationsmodelle hängt davon ab, wie es gelingt, das *Mediationskonzept als Teil des gesamten Schulentwicklungsprozesses* zu verankern. Das Interesse einiger weniger Mitstreiter reicht meist nicht aus, um das Mediationsmodell langfristig zu etablieren, vielmehr bedarf es der generellen Unterstützung sowohl seitens der Schülerschaft als auch seitens der Lehrer- und Elternschaft. Die Verankerung der Mediation in der gesamten Bildungs- und Erziehungsarbeit der Schule, z.B. im Schulprogramm, ist somit eine entscheidende Voraussetzung für das Gelingen der Mediation an Schulen.
Im Folgenden soll idealtypisch die Einführung und Etablierung des Mediationsmodells an der Schule aufgezeigt werden: Wie bei jeder Veränderung an Schulen kommt auch bei der Umsetzung der Mediation an Schulen der Schulleitung eine besondere Verantwortung zu. Schulleitungen können Mediation vielseitig unterstützen, z.B. bei der Information und Werbung, bei der Klärung der Finanzierung des Projekts, bei der Bereitstellung eines Raumes, bei der Entlastung der Betreuer, bei der Unterrichtsbefreiung für die Konfliktschlichter, bei der Anerkennung ihrer Arbeit. Die Einführung des Mediationsmodells braucht Zeit und Geduld. Wie bisherige Erfahrungen zeigen, muss von einem Zeitraum von mindestens ein bis zwei Jahren ausgegangen werden.

1. Der Einstieg, die *erste* Phase, kann z.B. mit einer *Ganztageskonferenz* vollzogen werden (z.B. Schulinterne Lehrerfortbildung, Pädagogischer Tag). An diesem „Schnupper-Tag“ wird das Modell vorgestellt und geprüft, ob das Anliegen in den Arbeitsprozess oder das Schulprogramm der Schule passt und ob die Grundideen bei der Lehrerschaft genügend Unterstützung finden. In dieser Informationsphase ist die Einbeziehung aller Beteiligten, also Schulleitung, Lehrer, Schüler, Eltern und kommunales Umfeld wichtig. Es ist auch zu klären, welche Konflikte künftig durch herkömmliche Bearbeitung und welche durch Schüler bearbeitet werden sollen.
2. Nach der Informationsphase folgt als *zweite* Phase, die *Gewinnung von Unterstützung*. Die Entscheidung zur Einführung von Mediation sollte mehrheitlich getragen werden (mitunter wird eine Zwei-Drittel-Mehrheit gefordert). Eine Steuergruppe (z.B. Schulleitung, interessierte Kolleginnen und Kollegen, Beratungslehrer, Schulsozialarbeiter) erarbeitet ein Konzept und versucht über per-

sönliche Gespräche die Unterstützung der Kollegen zu gewinnen. Zugleich kann z.B. mittels Fragebogen eine Bestandsaufnahme über die Konflikte und die Gewaltsituation an der Schule durchgeführt werden.
3. In der *dritten* Phase wird die *Fortbildung* der interessierten Lehrkräfte organisiert, z.B. durch Lehrerfortbildungsinstitute, schulpsychologische Dienste oder freie Träger. Die betreffenden Kollegen können dann als Lehrer-Coaches arbeiten, die die Streitschlichter begleiten. Je mehr Lehrer hierbei einbezogen sind, desto größer sind die Chancen für eine erfolgreiche Etablierung des Modells.
4. Neben der Vorbereitung der Lehrerschaft gilt es in einer weiteren, der *vierten* Phase, die *Schülerschaft* auf die Mediation vorzubereiten. So kann z.B. an Projekttagen oder im Unterricht für eine konstruktive Konfliktbearbeitung sensibilisiert werden. Solche Sensibilisierungs- oder Eingangsprogramme werden insbesondere für die 5. und 6. Klassen, also für den Übergang von der Kindheits- zur Jugendphase, empfohlen.
5. In der *fünften* Phase, dem Kern des Modells, werden die interessierten bzw. ausgewählten Schüler zu Streitschlichtern ausgebildet. Die *Mediatoren-Ausbildung* kann auf unterschiedliche Weise erfolgen: Lehrkräfte werden ausgebildet und diese bilden dann die Schüler aus oder externe Experten bilden interessierte Lehrkräfte und Schüler parallel aus. Dann übernehmen die Lehrer die weitere Ausbildung bzw. Betreuung oder externe Experten bilden nur Schüler aus und die Lehrer wirken unterstützend. Als weitere Möglichkeit bietet sich an, dass einzelne Lehrer oder Schulsozialarbeiter sich autodidaktisch die erforderlichen Kenntnisse aneignen und dann Schüler ausbilden.
6. Die *sechste* Phase beinhaltet die ständige *Begleitung bzw. Supervision* der Schülerschlichter. Hier geht es nicht um Aufsicht oder Kontrolle, sondern um Beratung und Hilfe zur Weiterentwicklung der Mediationskompetenzen. Wiederholung und Weiterbildung gehören genauso hierher wie die Beratung von Fallbeispielen.
7. In der *siebenten* Phase beginnt die eigentliche *Mediationsarbeit*. Wichtig ist die Bereitstellung eines geeigneten Raumes, die Aufstellung eines Dienstplanes, eine intensive Bekanntmachung und Werbung. Der offizielle Start kann z.B. mit einem Schulfest verbunden sein, auf dem der Mediationsraum eingeweiht wird, Mediatoren vorgestellt werden und ein Zertifikat erhalten. In der Start- und Erprobungsphase ist ein regelmäßiger Erfahrungsaustausch erforderlich.
8. Von Zeit zu Zeit empfiehlt sich, Bilanz zu ziehen und eine Art Evaluation (z.B. mittels Fragebogenaktion) durchzuführen. Die abschließende achte Phase wäre somit die *Evaluationsphase*.

Seit den 1990er Jahren fanden Mediationsmodelle an Schulen bundesweit wachsende Resonanz. Sie sind zwar kein Allheilmittel gegen Gewalt, sie können jedoch – wie Evaluationsstudien zeigen – soziale Lernprozesse an Schulen in Gang setzen und das

Schulklima verbessern. Zwischen Strafen und Wegschauen ist die Konfliktregelung durch Peer Mediatoren eine sinnvolle pädagogische Alternative. Mediationsmodelle stellen zudem eine gute Möglichkeit dar, die soziale Qualität von Schule zu stärken und solche Schlüsselkompetenzen, wie Empathiefähigkeit, Teamfähigkeit, kommunikative Kompetenz usw. gezielt zu fördern. Das Peer-Mediation ist auf Grund seiner Praktikabilität und seinen präventiven wie interventiven Wirkungsmöglichkeiten allen Schulen zu empfehlen. Evaluationsstudien zeigen aber auch, dass das Niveau von Peer-Mediation sehr unterschiedlich ist und dass eine gute Mediationsarbeit in der Schulpraxis an verschiedene Bedingungen geknüpft ist. Dazu gehört die Einhaltung bestimmter Standards, wie z.B. eine solide Ausbildung der Schlichter, ihre kontinuierliche Betreuung und Unterstützung, die Integration von Mediationselementen in die Unterrichtsarbeit, die Gewährleistung der materiellen und organisatorischen Rahmenbedingungen. Die Mediationsmodelle sind insbesondere dann effektiv und nachhaltig, wenn sie mit dem Schulentwicklungsprozess der jeweiligen Schule, z.B. mit dem Schulprogramm oder dem Leitbild, eng verwoben sind (vgl. Behn u.a. 2006, Schubarth 2010).

Literaturhinweise

- Behn, Sabine u.a.: Mediation an Schulen. Eine bundesdeutsche Evaluation. VS-Verlag, Wiesbaden 2006
- Faller, Kurt/Kerntke, Wilfried/Wackmann, Maria: Konflikte selber lösen. Mediation für Schule und Jugendarbeit. Verlag an der Ruhr. Mühlheim 2009
- Jefferys-Duden, Karin: Das Streitschlichter-Programm. Mediatorenausbildung für Schülerinnen und Schüler der Klassen 3 bis 6. Beltz. Weinheim, Basel 1999
- Jefferys-Duden, Karin: Konfliktlösung und Streitschlichtung. Beltz. Das Sekundarstufen-Programm. Weinheim, Basel 2000
- Kaeding, Peer u.a. (Hrsg.): Mediation an Schulen verankern. Beltz Verlag. Weinheim, Basel 2005
- Simsa, Christiane/Schubarth, Wilfried (Hrsg.): Konfliktmanagement an Schulen – Möglichkeiten und Grenzen der Schulmediation. Deutsches Institut für Internationale Pädagogische Forschung. Frankfurt a. M. 2001
- Wildfeuer, Wolfgang: Kommunikation – Moderation – Mediation. Juventa. Weinheim, München 2006
- Rademacher, Helmolt (Hrsg.): Konstruktive Konfliktbearbeitung und Mediation. Wochenschau Verlag. Schwalbach 2007

Sozialtraining in der Schule

Das Trainingsprogramm „Sozialtraining in der Schule" (vgl. Petermann u.a. 1999) ist ein präventives Programm, das der Entwicklung sozial kompetenten Verhaltens vor allem für Schüler der dritten bis sechsten Klasse dienen soll. *Ziele des Sozialtrai-*

nings sind im Einzelnen: differenzierte soziale Wahrnehmung, Erkennen und Ausdrücken von Gefühlen (um Körpersignale sicher zu interpretieren), angemessene Selbstbehauptung (um eigene Interessen und Bedürfnisse angemessen durchzusetzen), Kooperation als Alternative zu aggressivem, sozial isoliertem, ängstlichem Verhalten, Einfühlungsvermögen im Sinne einer Neubewertung der Folgen des eigenen Handelns aus Sicht des Gegenübers.
Es wird empfohlen, auf mehreren Ebenen gleichzeitig Präventionsmaßnahmen zu ergreifen: auf Schulebene (Projektwochen, Fortbildungen, Arbeitsgruppen zur Verbesserung des Schulklimas), auf Klassenebene (Klassengespräche und die Durchführung des Sozialtrainings), auf individueller Ebene (Einzelgespräche mit Schülern und Eltern).
Das gesamte Programm umfasst einen Zeitraum von zehn Wochen mit einer jeweils 90minütigen Trainingssitzung pro Woche. Die einzelnen Phasen der Sitzungen bestehen aus:

1. Einleitungsphase: Spielvorschlag zum „warming up", z.B. Kennenlern- und Interaktionsspiele wie: Jeder nennt seine Lieblingsspeise/Lieblingsgetränk oder ein Schüler schließt die Augen und wird von einem anderen durch den Klassenraum geführt.
2. Vereinbarung von zwei Regeln, die während der Sitzung einzuhalten sind, z.B. „Ausreden lassen", „keine Beschimpfungen".
3. Entspannungsphase: Vorbereitung auf das soziale Lernen, z.B. durch Fantasiereisen
4. Arbeitsphase: Rollen- und Interaktionsspiele zur Erarbeitung des Leitthemas der Stunde mit alternativen Materialien und Rollenspielen (z.B. beim Thema „Körpersprache") verschiedene Gesten und Mimiken entschlüsseln lernen und selbst verschiedene Rollen einüben und darüber reflektieren.
5. Abschlussphase: Rückmeldung unter Einsatz von Signalkarten.
6. Ausklang: kurzes Spiel, z.B. Schüler laufen durch den Raum und sollen auf Kommando unterschiedliche Gefühle ausdrücken oder unterschiedliche Szenen darstellen.

Evaluationen zeigen, dass das Sozialtraining eine erhöhte Aggressionsbereitschaft der Schüler reduziert, wobei die Mädchen vom Training mehr profitieren als die Jungen. Ebenso konnten Schüler mit erhöhter Angst durch die Teilnahme am Sozialtraining diese Ängste (z.B. Prüfungsangst, manifeste Angst und Schulunlust) signifikant reduzieren. Das Programm ist insbesondere für Klassenlehrer gut geeignet und kann – entsprechend der jeweiligen Klassensituation – gezielt eingesetzt werden. Die Wirkung für das Schulklima (und für die Schule insgesamt) vergrößert sich, wenn sich möglichst viele (Klassen)Lehrer daran beteiligen.

- Petermann, Franz u.a.: Sozialtraining in der Schule. Beltz Psychologie Verlagsunion. Weinheim 1999
- Petermann, Franz/Jugert, Gert/Verbeek, Dorothe/Tänzer, Uwe: Verhaltenstraining mit Kindern. In: Holtappels, Heinz Günter. u.a. (Hrsg.): Forschung über Gewalt an Schulen. Erscheinungsformen und Ursachen, Konzepte und Prävention. Juventa. Weinheim, München 1999/2009
- Schubarth, Wilfried/Speck, Karsten/Lynen von Berg (Hrsg.): Wertebildung in Jugendarbeit, Schule und Kommune. VS Verlag. Wiesbaden 2010

Konflikttraining nach Gordon

Ein Konflikt entsteht nach Thomas Gordon vor allem dann, wenn Bedürfnisse und Werte nicht übereinstimmen. Eine auch an Schulen verbreitete Methode der Konfliktlösung ist das Prinzip „Sieg oder Niederlage“. Gewinnt der Lehrer, setzt er seine Lösung mit Macht durch. Gewinnt der Schüler, kann der Lehrer an Autorität verlieren. Als Ausweg aus dieser Situation schlägt Gordon eine Konfliktlösung ohne Niederlage vor. *Ziel* ist die Entwicklung von Fähigkeiten zur gewaltfreien Konfliktlösung. Es wird davon ausgegangen, dass Konflikte im Alltagsleben normal sind – darum sollten diese gewaltfrei ausgetragen werden und nicht in einen Machtkampf münden (z.B. zwischen Lehrern und Schülern oder Eltern und Kindern). Es sollten Kompromisse gefunden werden, die von den beteiligten Seiten angenommen werden können. Eine solche Methode der Konfliktbewältigung ist die *„niederlagenlose“ Methode.* Sie stellt eine Form der Konfliktlösung dar, die zu Kompromissen führt und bei der beide Seiten ihr Gesicht wahren können. Die Zielgruppe für das Gordon-Training ist nicht begrenzt: Es ist sowohl bei *Schülern und Lehrern als auch bei Eltern* einsetzbar.

Die „niederlagenlose“ Methode nach Gordon

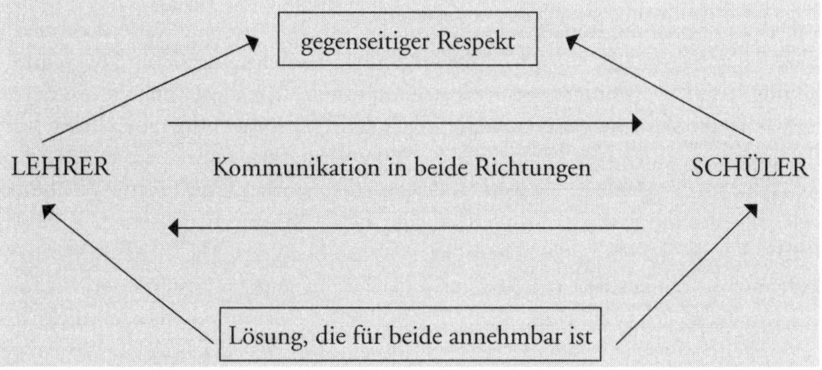

Bei der Anwendung seiner Methode empfiehlt Gordon (1992) sechs Schritte:
1. den Konflikt identifizieren und definieren
2. mögliche Alternativlösungen entwickeln
3. die Alternativlösungen kritisch bewerten
4. sich für die beste annehmbare Lösung entscheiden
5. Wege zur Ausführung der Lösung ausarbeiten
6. spätere Überprüfung der Lösung

Eine zentrale Rolle spielen dabei die *„ICH-"* und *„DU-Botschaften"*. Statt z.B. das Kind anzugreifen, ihm Schuld für etwas zu geben, sollten in der ICH-Form die eigenen Empfindungen und Gefühle ausgedrückt werden. Für Erwachsene ist es oftmals leichter, die Empfindungen hinter einer DU-Botschaft zu verbergen, die dem Kind die Schuld zuschiebt, anstatt über sich selbst Auskunft zu geben. Es bedarf also eines gewissen Mutes, um ICH-Botschaften zu senden. Der Sender der ICH-Botschaft läuft Gefahr, dass er sich offenbart, was möglicherweise als Zeichen von Schwäche gewertet werden könnte. Die Vorzüge von ICH-Botschaften sind offenkundig: Sie wirken weniger bedrohlich für das Kind bzw. den Jugendlichen. Der Angesprochene wird nicht „in die Ecke gedrängt", gerät nicht sofort unter Rechtfertigungszwang, muss sich nicht wehren und „zurückschlagen". ICH-Botschaften führen zu mehr Ehrlichkeit und Offenheit und fördern Vertrauen. Sie erhöhen auch die Bereitschaft, die Botschaft des anderen anzunehmen und sich zu ändern:

DU-Botschaften		**ICH-Botschaften**
DU sollst nicht immer...	*besser wäre*	ICH bin verärgert, weil...
DU darfst nicht...		MIR gefällt nicht, dass...

Wichtig ist, dass die Kommunikation durch eine „Sprache der Annahme" gekennzeichnet ist. Eine solche Sprache verdeutlicht, dass man den anderen so annimmt, wie er ist. Annahme und Akzeptanz können auf verschiedene Weise übermittelt werden: wortlos (z.B. Gesten, Körperhaltung, Gesichtsausdruck), Nichteinmischung, passives Zuhören oder verbal übermittelte Annahme. Lehrer, die Schülern aktiv zuhören, verweisen z.B. auf folgende *Erfahrungen*: Aktives Zuhören hilft Schülern, mit intensiven, negativen Gefühlen fertig zu werden. Sie lernen, dass sie keine Angst vor ihren eigenen Gefühlen zu haben brauchen. Aktives Zuhören regt an, über die Sache nachzudenken und sich auszusprechen. Aktives Zuhören verbessert die Beziehung zwischen Lehrern und Schülern. Die Gordon-Methode hilft, sich in die Position des Anderen zu versetzen und Ausschnitte der Welt aus einer anderen Perspektive zu sehen. Sie will keine Rezepte geben, auch nicht die persönlichen Probleme der Betroffenen lösen – sie will Angebote für die Arbeit an den eigenen Einstellungen (z.B. gegenüber den Schülern) und an den eigenen Fähigkeiten machen. Entsprechende Weiterbildungskurse für Lehrer sind geeignet, die Lehrerprofessionalität, vor allem im sozialen Kompetenzbereich, zu erhöhen.

Literaturhinweise

- Gordon, Thomas: Lehrer-Schüler-Konferenz. Heyne. München 1992
- Becker, Georg, E.: Lehrer lösen Konflikte. Beltz. Weinheim, Basel 2006
- Rosenberg, Marshall, B.: Gewaltfreie Kommunikation. Aufrichtig und einfühlsam miteinander sprechen. Junfermann. Paderborn 2007
- Schulz von Thun, Friedemann: Miteinander reden 1. Störungen und Klärungen. Rowohlt. Reinbek 1981
- Schulz von Thun, Friedemann: Miteinander reden 2. Stile, Werte und Persönlichkeitsentwicklung. Rowohlt. Reinbek 1989

Programme für interkulturelles Lernen

Ebenso wie die Frage der „Multikulturalität“ und der möglichen Wege des interkulturellen Miteinanders gesellschaftliche Reizthemen darstellen und die Bevölkerung in verschiedene Lager spalten, werden auch in der Wissenschaft unterschiedliche theoretische Denkansätze interkultureller Erziehung vor dem Hintergrund der Migration und Integration kontrovers diskutiert. Im Gegensatz zur Gesamtgesellschaft finden stigmatisierende Konzepte, wie das der „Ausländerpädagogik“, heute keine Verwendung mehr, stattdessen wird von interkultureller Pädagogik, Bildung und Erziehung gesprochen. Gegenwärtig gehören das universalistische und der kulturrelativistische Erklärungsmodell neben dem Diversity-Ansatz zu den am häufigsten vertretenen Richtungen. Bei ersterem geht man davon aus, dass in der Pädagogik universelle bzw. überkulturelle Bildungsziele benötigt werden, um ein Handeln in heterogenen Gruppen zu ermöglichen. Allerdings scheitern universelle Normen häufig daran, dass sie eben nicht allen Personen als sinnvoll und gerecht erscheinen. Universalistisches Denken steht im Konflikt mit den Überzeugungen des Kulturrelativismus. Der Kulturrelativismus erkennt die kulturelle Pluralität an, begreift die Kulturen als verschieden, aber dennoch gleichwertig. Damit unterscheidet sich die kulturrelativistische Position von allen anderen Ansätzen, die primär eine Einheitlichkeit zwischen den Kulturen oder Anpassung an eine „Leitkultur“ herstellen wollen, wie der segregierende oder der assimilatorische Ansatz. Besonders tragfähig für die Pädagogik scheint uns das breiter angelegte Konzept der „Diversity“ zu sein. Darin geht es nicht nur um ethnische oder religiöse Zugehörigkeit, sondern auch um soziale Herkunft und Lage, geschlechtsspezifische Differenzen, sexuelle Orientierung oder Befähigung bzw. Behinderung – also Themen, die man mehr oder minder in allen Schulklassen vorfindet. Diversitiy-Strategien richten auf den Erhalt der vorfindlichen Vielfalt und ihre Gestaltung, um ein förderliches Miteinander

zu gewährleisten und Diskriminierung entgegenzuwirken. Grundsätzlich sehen wir interkulturelle Pädagogik bzw. interkulturelle Bildung und Erziehung in einer „Pädagogik der Vielfalt“ (Prengel 2006) gut aufgehoben.
Die interkulturelle Pädagogik richtet sich an Angehörige aller Kulturen, nicht nur an Minoritätenkulturen. Es gilt, die eigene Geschichte, Normen, Symbole, Werte sowie Stärken und Schwächen für Kinder und Jugendliche bewusst zu machen und zu reflektieren. Interkulturelle Pädagogik bedeutet nach Prengel (2006) mit dem Verständnis der eigenen Kultur die Fähigkeit zur Wahrnehmung anderer Kulturen zu schärfen. Zugleich sollen sich die Adressaten der Bildungsmaßnahmen im Ergebnis in wechselseitigem Respekt für die jeweils anderen Kulturen begegnen. Mit der interkulturellen Pädagogik verbindet sich das allgemeine Ziel, in einer multikulturellen Gesellschaft junge Menschen aus verschiedenen Kulturen – also Angehörige der deutschen Mehrheitskultur, Arbeitsmigranten aus Mittelmeer- und anderen Ländern, osteuropäische Aussiedler u.a. zusammenzuführen und sie in Erinnerung an die Geschichte, insbesondere den Holocaust, zu einem friedfertigen, gleichberechtigten Zusammenleben zu befähigen. Vorurteile und Fremdenfeindlichkeit sollen vor allem durch Kontakte und gegenseitiges Kennen lernen (z.B. Schüleraustausch, Stadtteilinitiativen, Kulturveranstaltungen) reduziert werden. Durch einen solchen Austausch sollen Verständnis und Toleranz für andere Länder und Kulturen geweckt und (selbst-)reflexive Lernprozesse gefördert werden. Neben der „Pädagogik als Begegnung“ mit dem Ziel gegenseitiger kultureller Bereicherung besteht ein weiteres Konzept interkultureller Erziehung und Bildung, die „Konfliktpädagogik“, mit der sich Ziele, wie Bekämpfung von Ausländerfeindlichkeit, Diskriminierung und Rassismus sowie Beseitigung von Vorurteilen und Ethnozentrismus, verbinden (Nieke 2008, S. 34ff).

Dies sind hehre Vorstellungen, die gesellschaftlich und auch wissenschaftlich kontrovers diskutiert werden, sich in der Praxis nur teilweise und wenn, dann nur unter bestimmten Bedingungen, erreichen lassen. Es sind strukturelle Gründe und die Machtmechanismen der Gesellschaft, wie unterschiedliche Rechte verschiedener Migrantengruppen und Deutscher oder die Bildungs-, Berufs- und Sozialschichtallokation (Gogolin/Krüger-Potratz 2006), die eine Gleichberechtigung als schwer erreichbar oder gar utopisch erscheinen lassen. Dennoch dient die interkulturelle Pädagogik auf Grund ihres visionären Charakters als eine wichtige Leitlinie pädagogischen Handelns im Sinne der Menschenrechte. Sie hat es sich zur Aufgabe gemacht, Konzepte für Institutionen zu entwickeln, um Bildungs- und Lebenschancen randständiger Zielgruppen in einer pluralen Gesellschaft zu verbessern. Eine weitere Herausforderung der interkulturellen Pädagogik ist die Förderung der Handlungsfähigkeit der Kinder und Jugendlichen, die aus einer (zugewanderten) Minoritätskultur stammen.

Im Prozess der Anpassung kommt es häufig zu Konflikten zwischen der Zielkultur und der Herkunftskultur. Meist sind Normen in den beiden Lebenswelten widersprüchlich und der ständige Wechsel zwischen den Kulturen ist für die Kinder und Jugendlichen enorm belastend. Im Rahmen der interkulturellen Erziehung sollten sie darin unterstützt werden, eine Balance zwischen den beiden Kulturen herstellen zu können. Eine wesentliche Frage in der Debatte um interkulturelle Pädagogik ist somit, wie das Bildungswesen mit der Verschiedenheit der Kulturen und ihrer Wertvorstellungen umgehen kann.

Interkulturelle Pädagogik richtet sich an *alle* Schüler/innen, unabhängig davon, ob es ethnische Minoritäten an der Schule gibt oder nicht. Nach dem Modell von Nieke (2008) lassen sich zehn Ziele formulieren, welche die Arbeit der interkulturellen Pädagogik strukturieren können:

„1. Erkennen des eigenen, unvermeidlichen Ethnozentrismus
2. Umgehen mit der Befremdung
3. Grundlegen von Toleranz
4. Akzeptieren von Ethnizität; Rücksichtnehmen auf die Sprache der Minoritäten
5. Thematisieren von Rassismus
6. Das Gemeinsame betonen, gegen die Gefahr des Ethnizismus
7. Ermuntern zur Solidarität; Berücksichtigen der asymmetrischen Situation zwischen Mehrheit und Minoritäten
8. Einüben in Formen vernünftiger Konfliktbewältigung – Umgehen mit Kulturkonflikt und Kulturrelativismus
9. Aufmerksam werden auf Möglichkeiten gegenseitiger kultureller Bereicherung
10. Thematisieren der Wir-Identität: Aufheben der Wir-Grenzen in globaler Verantwortung oder Affirmation universaler Humanität“ (Nieke 2008, S. 75f).

Die allgemeinen Ziele interkultureller Bildung sowie ihre didaktische Konkretisierung nach dem o.g. 10-Punkte-Programm lassen sich pädagogisch auf verschiedenen Wegen umsetzen:
(1) auf curricularem Wege, d.h. als Lerngegenstand bestimmter Fächer, wie Geschichte, Sozialkunde, Deutsch etc.
(2) im Rahmen von Projekten, die sich insbesondere wegen des fächerübergreifenden Zuschnitts und der Praxisrelevanz des Themas anbieten, und
(3) durch den Einsatz von interkulturell ausgerichteten Präventionsprogrammen.

1. Curricularer Ansatz

Nach den Empfehlungen der Kultusministerkonferenz vom 25.10.1996 zum Thema „Interkulturelle Bildung und Erziehung in der Schule“ ist es im Hinblick auf die Entwicklung interkultureller Kompetenzen erforderlich, Kenntnisse und Einsichten über die identitätsbildenden Traditionslinien und Grundmuster der eigenen wie fremder Kulturen“ zu erwerben“. Vorurteilen könne nur mit „differenzierter Wahrnehmung, reflektierter Klärung und selbstkritischer Beurteilung begegnet“ werden. In den Lehrplänen werden Eckwerte der Interkulturalität, wie Umgang mit Fremdheitserfahrung und Perspektivwechsel, als zentrale Themen der interkulturellen Bildung (Beispiel Sachsen) durch die zuständigen Länderministerien festgelegt. Bei allen schulischen Akteuren soll es zu einer kritischen Überprüfung und Veränderung von Deutungs-, Argumentations- und Handlungsmustern sowie von Einstellung und Haltung kommen. Die festgelegten Ziele gelten in der Regel schulart- und schulstufenübergreifend. Die zu behandelnden Unterrichtsthemen werden vom jeweiligen Lernbereich oder Fach festgelegt und sind an die Richtlinien bzw. Lehrpläne gebunden. Unmittelbare Anknüpfungspunkte bieten sich hier für die Fächer Sozialkunde, Ethik, Religion, Deutsch, Kunst, Musik und Fremdsprachen – in der Grundschule der Sachunterricht.

Die in vielen Schulklassen bestehende Mehrsprachigkeit und Vielfalt der kulturellen Zugehörigkeit kann bei der Behandlung entsprechender Themen ein Gewinn sein, die Schulbuchverlage stellen teilweise bilinguale Lehrbücher zur Verfügung.

Eine Fundgrube für fachdidaktische Zugänge mit Darlegungen zu Zielen, Methoden und Lernorten interkulturellen Lernens sowie Anregungen für Unterrichtsthemen bietet das Handbuch „Fachdidaktik interkulturell“ (Reich/Holzbrecher/Roth 2000), hier finden sich Anregungen nicht nur für den Unterricht in den oben genannten Fächern, sondern auch für Sport, Physik, Biologie, Geographie, Technik und Mathematik. Während man sich leicht vorstellen kann, dass z.B. im Fach Geschichte sich mit Unterrichtseinheiten zu Themen wie „Die Entstehung von Nationen und Traditionen“ oder „Die Menschenrechte in verschiedenen Gesellschaftsformen“ gute Möglichkeiten für das interkulturelle Lernen bieten (ebd., S. 80 ff), ist der Nicht-Fachvertreter doch einigermaßen überrascht, dass beispielsweise im Fach Mathematik eine für Schüler spannende „Migrationsgeschichte mathematischer Ideen“ (z.B. der Weg der „indischen“ Ziffern und Zahlen über Bagdad, Tunis und Venedig nach Deutschland) Unterrichtsgegenstand sein kann (ebd., S. 457), dass sich mit Fragen dieser Art eine sog. „Ethnomathematik“ beschäftigt. Tatsächlich gibt es kein Schulfach, in dem sich nicht Bezüge zum interkulturellen Lernen herstellen ließen. Vermehrt nutzen sollten Lehrkräfte die Möglichkeiten interdisziplinären Arbeitens durch fächerverbindenden und fächerübergreifenden Unterricht sowie des Projektlernens. Ein wesentlicher Vorteil dabei ist, dass die Kompetenzen und das Fachwissen mehrerer Fachkollegen gebündelt und aufeinander bezogen werden und damit zu einer Horizonterweiterung – nicht nur bei der Schülerschaft – beitragen können.

2. Projektlernen und Projektbeispiele

Projekte sollten nicht nur im Rahmen der jährlichen Projektwoche realisiert werden. Bei ihrer Planung und Durchführung bedarf es der Abstimmung im Kollegenkreis und der professionellen Anwendung der Regeln des Projektmanagements – durch das zentrale Kriterium der Schülerorientierung sind diese von Beginn an einzubeziehen. In den letzten Jahren wurde in Theorie und Praxis eine Vielzahl von Projektideen bzw. Unterrichtsprojekten gegen Fremdenfeindlichkeit und für interkulturelle Verständigung entwickelt. Internationale Austauschprogramme runden das Bild ab und zeigen, dass die Schulen in diesem Feld auf einem hohen Niveau arbeiten.

Die Methode des Projektunterrichts ist – wenn sie richtig angewandt wird – eine besonders geeignete Unterrichtsform für interkulturelle Bildung, da das jeweilige Vorhaben nicht in einer „künstlichen" Unterrichtssituation stattfindet, sondern in die Wirklichkeit eingebettet ist. Das Interesse der Schüler/innen ist konstitutives Merkmal und treibende Kraft, sie erfahren in Projekten nicht nur viel Neues, sie werden auch handelnd tätig, können ihre Kompetenzen erweitern und ihr eigenes Verhalten, z.B. gegenüber Fremden, reflektieren und im Idealfall verändern, wenn die Erfahrungen nicht episodisch bleiben. Projektunterricht hat durch die erhöhte Mitsprache und Mitbestimmung der Schülerschaft den Sekundäreffekt, das Sozialklima zu verbessern und Unterricht bzw. Schule zu demokratisieren – dies kann als ein Beitrag zur interkulturellen Bildung im Sinne der Verhältnisprävention gar nicht hoch genug bewertet werden.

Hierzu einige Beispiele:

- Schule ohne Rassismus/Schule mit Courage
- Unser Dorf/unsere Schule/unsere Stadt 1933-1945 in der NS-Zeit
- Flüchtlinge in unserer Stadt/Reportage über ein Flüchtlingswohnheim
- Vergessene Synagogen/Arbeit auf einem jüdischen Friedhof
- Internationaler Schüleraustausch: Erkundung der Lebenswelt der
- Austauschschüler, gemeinsame Theater- oder Musikprojekte
- Multikulturelle Feiertage

Anregungen und Hinweise zu weiteren Vorhaben finden sich im Handbuch „Fachdidaktik interkulturell", z.B. das Projekt Weltethos im Religionsunterricht oder die Behandlung der Frage der Menschenrechte im Politikunterricht (siehe Literaturhinweise). In allen Fällen sollten die Lebenswirklichkeit und die Fragen der Schüler Ausgangspunkt sein, ansonsten sind die Chancen, die Einstellungen und Verhaltensweisen beeinflussen zu wollen , gering zu veranschlagen. Bei allen Projekten und Veranstaltungen bieten sich Kooperationen mit Experten und Institutionen an, die ebenfalls auf diesen Gebieten arbeiten (siehe 5.6 Netzwerkarbeit).

3. Einsatz spezifischer Programme interkultureller Bildung

Als bewährte Programme interkultureller Bildung werden im Folgenden vorgestellt: *„Fit for differences"* sowie drei Programme der Bertelsmann-Stiftung, die im Programmverbund „Erziehung zu Demokratie und Toleranz" durch das „Centrum für angewandte Politikforschung" der Universität München betreut werden: *„Eine Welt der Vielfalt"*, *„Betzavta"* und *„Achtung (+) Toleranz"*. Diese Programme richten sich an Schülerinnen und Schüler in Sekundarschulen, was insofern Sinn macht, da sich politische Einstellungen beim Übergang von der Kindheits- in die Jugendphase verfestigen. Allerdings entwickeln sich soziale Empathie und negative Einstellungen gegenüber fremden Gruppen bereits im früheren Lebensalter. Insofern soll an dieser Stelle auf ein im Aufbau befindliches Grundschulprogramm der Universität Jena (Prof. Andreas Beelmann) zur „Förderung von Akzeptanz, Respekt, Toleranz & sozialer Kompetenz" (PARTS) zumindest hingewiesen werden[1].

Bei diesem Training für Kinder der dritten Jahrgangsklassen soll die kognitive und sozial-kognitive Kompetenz erweitert werden, indem die Kinder ihre Kommunikationsfähigkeit verbessern und Empathie, Perspektivübernahme, differenzierte Wahrnehmung von sich selbst und anderen sowie Hintergründe von kulturellen Ähnlichkeiten und Unterschieden erlernen. In den Zielen, wie Akzeptanz von Andersartigkeit, Respekt und Toleranz gegenüber Fremden oder der Vermittlung sozialer Kompetenzen in der Begegnung der Kulturen unterscheidet sich das Grundschulprogramm nicht von den im Folgenden dargestellten Programmen für Sekundarschüler.

a. Fit for differences

Das Programm wurde von Gert Jugert, Sevim Kabak und Peter Notz in Anlehnung an das Programm „Fit for life", das für „auffällige Jugendliche" entwickelt wurde, konzipiert (siehe Kapitel 5.4). Die theoretische Grundlage des Programms ist die sozial-kognitive Lerntheorie von Bandura (1986) einschließlich deren Erweiterung um das Konzept der Selbstwirksamkeit und der sozial-kognitiven Informationsverarbeitung von Crick und Dodge (1993). Die Grundlagen, Methoden, Bausteine und Materialien für die Ausführung des Trainings sind in einem Ordner zusammengefasst. Das Programm beinhaltet neben dem sozialen auch ein interkulturelles Training und eignet sich am besten für 13- bis 18-Jährige. Die interkulturelle Arbeit wird dabei in kognitive Verhaltenstrainings integriert. Die Autoren gehen davon aus, dass intolerantes und diskriminierendes Verhalten durch Beobachtung und Nachahmung von Modellpersonen mit intolerantem und diskriminierendem Verhalten entsteht. Die Familie stellt somit einen wesentlichen Einflussfaktor dar. Aber auch mangelhafte Schulbildung, ein vereinfachte Denkweise, eine extrem starke Identifikation mit lokalen und nationalen Wir-Gruppen, mangelnde Offenheit

1 http://www2.uni-jena.de/svw/intervention_evaluation/start-Dateien/FlyerPARTS.pdf

gegenüber Fremden sowie eine Stärkung des eigenen Selbst-Konzeptes durch diskriminierende Handlungen können Ursache für intolerantes Verhalten sein. Das Programm setzt daher an der Verstärkung toleranten Verhaltens an.
Hauptziel des Trainings ist die Förderung der sozialen Kompetenz und der interkulturellen Kompetenz. Unter sozialer Kompetenz werden soziale Fertigkeiten sowie notwendig kognitive und emotionale Fähigkeiten verstanden, aber auch die soziale Einstellung, der raumzeitliche Kontext der Situation und die Informationsverarbeitungsprozesse gehören dazu. Die interkulturelle Kompetenz beinhaltet analytisch-strategische Fertigkeiten, um interkulturelle Situationen zu interpretieren und in ihnen handeln zu können. Erweitert werden die Kompetenzen um Fähigkeiten, Deutungs- und Wahrnehmungsmuster sowie Einstellungen auf kognitiver, affektiver und Verhaltens-Ebene.
Um die soziale und interkulturelle Kompetenz zu stärken und zu entwickeln, werden folgende Teilziele im Training erarbeitet:

- Stärkung der Offenheit und Toleranz im Umgang mit Angehörigen von Minderheiten
- Verbesserung der Offenheit und Toleranz gegenüber Jugendlichen mit Migrationshintergrund und im Umgang mit Angehörigen der Mehrheit und der Minderheiten
- Reduzierung vorhandener Ethnophobie und Bereitschaft zu Diskriminierung und Gewalt gegenüber Fremden
- Erhöhung der Bereitschaft zu Kontakten und Zusammenarbeit zwischen Jugendlichen unterschiedlicher Herkunft

Auf der Ebene der Einstellungen, Normen und Werte sollen folgende Ziele erreicht werden:

- Respektieren jeder Person
- Würde des Menschen achten
- Überzeugung von der gegenseitigen Abhängigkeit aller Menschen
- Bereitschaft, sich fremden Perspektiven anzunähern
- Überzeugung von der Kulturgebundenheit von Wahrnehmung, Denken, Erleben und Handeln
- Überzeugung, selbst Vorurteilen zu unterliegen
- Offenheit gegenüber Fremden und Fremdem

Um eine kognitive Verhaltensmodifikation zu erreichen, wurden verbindliche Elemente für den Ablauf des Trainings festgelegt: Trainingsrituale, Verhaltensregeln, Entspannung, strukturierte Rollenspiele und Verhaltensübungen sowie Auswertung und Transfer.

Rituale sind fester Bestandteil der Trainingsstunde, so zum Beispiel die Stimmungsrunde. In dieser können alle ihre derzeitige Stimmung und Befindlichkeit äußern, auch die Trainer äußern ihre eigene Stimmung und Erwartung an die Stunde. Mit Hilfe von Signalkarten oder Smilies wird die Stimmungsabfrage visualisiert: „rot" = mir geht es nicht gut; „gelb" = mir geht es mittelmäßig; „grün" = mir geht es gut. Zu den Ritualen gehört auch die Abschlussrunde in jeder Stunde in Form des Blitzlichts. Alle können Feedback geben, was ihnen gefallen hat bzw. was nicht und was sie von der nächsten Stunde erwarten. Um interkulturelle und soziale Kompetenz bei Jugendlichen zu entwickeln, müssen tolerante, offene und prosoziale Verhaltensweisen aufgebaut und verstärkt werden. Dabei spielt das Aufstellen von Verhaltensregeln eine wichtige Rolle. Diese können, je nach Entwicklungsstand der Gruppe, selbst formuliert oder vorgegeben werden. Es muss auch klar sein, welche Konsequenzen bei Nichteinhaltung folgen. Hier können wieder die Signalkarten verwendet werden, um das eigene Regelverhalten einzuschätzen. Auf diese Weise können auch die Selbstkontrolle und die Selbststeuerung gefördert werden. Die Programmautoren unterscheiden beim sozialen und interkulturellen Training zwischen Gruppenregeln und persönlichen Regeln. Während Gruppenregeln das Verhalten der Gruppe bestimmen, beziehen sich persönliche Regeln auf das, was eine Person verändern sollte. Durch einen Beobachtungsbogen haben die Jugendlichen die Möglichkeit, ihr Verhalten im Alltag zu überprüfen.

Aufmerksamkeit und motorische Ruhe können durch Entspannung vor und während der Arbeitsphase erhöht werden. Bei der Methode handelt es sich um die progressive Muskelrelaxation nach Jakobsen (PMR), da diese dem Bewegungsdrang der Jugendlichen entgegenkommt und nach dem Prinzip der An- und Entspannung erfolgt. Ebenso können von den Trainern autogenes Training, Yoga, Phantasiereisen oder meditative Selbstwahrnehmungsübungen zur Entspannung durchgeführt werden.

Um bei den Jugendlichen Empathieverhalten zu entwickeln, gehören das Rollenspiel bzw. die Verhaltensübungen zu den wichtigsten Methoden des Trainings. Da es häufig Vorbehalte gegenüber dem Rollenspiel gibt, müssen die Jugendlichen von den Trainern durch ein „Warm-up" sehr sorgfältig an die Aufgabe herangeführt werden. Beim strukturierten Rollenspiel können interkulturelle und soziale Probleme artikuliert und durchdacht sowie interkulturelles Verhalten eingeübt, modifiziert und gefestigt werden. Dabei werden die interkulturellen und sozialen Handlungskompetenzen der Jugendlichen und deren Verhaltensrepertoire erweitert. Im Rollenspiel lernen sie neue soziale Regeln und alternative Verhaltensweisen kennen, vor allem Einfühlungsvermögen, Perspektivübernahme und Selbstkontrolle können so geübt werden. Bei den Verhaltensübungen werden interkulturelle und soziale Fertigkeiten „vorgestellt, geklärt und eingeübt". Mit Hilfe von Arbeitsblättern lernen die Jugendlichen das Anwenden von Ich-Sätzen, das Vermeiden von Du-Sätzen sowie das aktive Zuhören. Im Anschluss an dieses Modul (Rollenspiel und Verhaltensübungen) erfolgt eine Auswertungsphase auf drei Ebenen. Es sollen die emotionale Ebene (Gefühle), die kognitive oder inhaltliche Ebene (Verstehen) sowie die Ebene des Transfers in andere Lebensbereiche wie Schule, Ausbildung, Betrieb und Familie reflektiert werden. Der Transfer spielt eine zentrale Rolle, denn das Training ist nur erfolgreich, wenn die Jugendlichen die neu erlernten Verhaltensweisen auf den Alltag übertragen.

Das Verhalten der Trainer ist modellhaft, deswegen wird von den Autoren vorgeschlagen, dass das Training von einem bikulturellen Trainerteam durchgeführt wird, dessen interkulturell kompetentes Verhalten vorbildlich auf die Jugendlichen wirkt. Beim Training soll keine Bewertung erfolgen, sondern die lebendige Begegnung, Kommunikation, Auseinandersetzung, die Arbeit und das Feiern der Jugendlichen aus verschiedenen Kulturen, Nationen, Religionen soll ermöglicht und gefördert werden. Dafür wäre eine gemischte Gruppe von deutschen und Jugendlichen mit Migrationshintergrund von Vorteil, diese Situation ist aber an Schulen oft nicht gegeben. Von den Autoren wird eine Fortbildung der Trainer/innen dringend empfohlen: Die Teilnehmer werden in der selbstständigen Durchführung sowie der Anpassung der pädagogischen Maßnahmen an die jeweilige Gruppe geschult und erlernen die wissenschaftlichen Grundlagen, Methoden, Bausteine und Module des Trainings sowie das Basisverhalten als Trainer. In dieser Rolle sollen sie später eine kontinuierliche Evaluation des Trainings durchführen – ein Evaluationsbogen dafür ist Bestandteil des Trainingsmaterials.

„Fit for differences" ist insgesamt gut in den Schulkontext zu implementieren und ermöglicht den Schulen, die bereits mit „Fit for life" gearbeitet haben, ein erweitertes Training der interkulturellen Kompetenz. Allerdings wird die Umsetzung dadurch erschwert, dass die Trainer bestimmte Bedingungen erfüllen müssen. Vor allem die Anforderung, dass sie aus zwei Kulturen stammen sollten, ist wegen der Zusammensetzung der Kollegien mit überwiegend deutschen Lehrkräften nur selten zu erfüllen. Das Training wird somit wahrscheinlich häufig von externen Trainern durchgeführt werden müssen, was für die Schulen zum einen eine zusätzliche finanzielle Belastung und zum anderen einen erhöhten organisatorischen Aufwand bedeutet. Eine Lösungsmöglichkeit wäre, die Ausbildung von Multiplikatoren im Rahmen der Lehrerfortbildung zu betreiben oder Lehrkräften darüber zu informieren, wie sie im Unterrichtsalltag oder in Projekten zumindest Teile des Programms umsetzen können.

MEDIEN
FAMILIE
UMGANG
KSEL'95

b. Programmverbund „Erziehung zu Demokratie und Toleranz"

Das „Centrum für angewandte Politikforschung" (CAP) an der Universität München betreut in Kooperation mit der Bertelsmann-Stiftung das Gesamtvorhaben interkultureller Bildung. Beide Institutionen wollen Demokratie und Toleranz erlebbar machen und haben daraufhin die folgenden drei Programme entwickelt: „Eine Welt der Vielfalt", „Betzavta" und „Achtung (+) Toleranz".

• *Programm „Eine Welt der Vielfalt"*

Das Präventionsprogramm „Eine Welt der Vielfalt" stammt ursprünglich aus dem Amerikanischen und ist dort unter dem Namen „A world of difference" bekannt. Die Menschenrechtsorganisation „Anti-Defamation League" hat es im Jahre 1985 entwickelt, für den deutschsprachigen Raum wurde es im Jahre 1994 adaptiert. Mittlerweile gibt es in den meisten deutschen Bundesländern (Berlin, Brandenburg, Bremen, Hamburg, Hessen, Mecklenburg-Vorpommern, Niedersachsen, Nordrhein-Westfalen, Sachsen, Schleswig-Holstein, Thüringen) Fortbildungskooperationen mit den landesweiten Lehrerfortbildungsinstitutionen, so dass eine große Zahl von Multiplikatoren für die notwendigen Qualifizierungsmaßnahmen erreicht wird.

Das Ziel des Trainingsprogramms ist es, die bestehende kulturelle und gesellschaftliche Heterogenität reflektiert wahrzunehmen und dadurch der Entstehung von Vorurteilen, Diskriminierung und Rassismus entgegenzuwirken. Ebenso geht es dem Programm um die Bewusstmachung und die kritische Auseinandersetzung von gesellschaftlich verfestigten Bildern und Sichtweisen. Ein charakteristisches Merkmal des Programms ist sein Handlungs- und Erfahrungsbezug. Die meisten Übungen beziehen die Erfahrungen und Erlebnisse der Schüler mit ein. Die Schüler lernen dabei, dass Vergangenheitsbewältigung auch durch Verantwortungsübernahme im „Jetzt" betrieben werden kann. Durch die Vielfalt an Sichtweisen, die in die Übungen eingebracht werden, können die Schüler erkennen, dass Unterschiedlichkeit etwas Normales ist und eine Gesellschaft bereichern kann. Die Schüler werden dadurch angesprochen, dass sie die Möglichkeit haben, selbst aktiv zu werden, z.B. Bilder zu malen, Collagen anzufertigen, Gedichte zu schreiben oder Rollenspiele zu erarbeiten und durchzuführen.

Das Anspruchsniveau des Trainings ist auf Schüler der Primarstufe und der Sekundarstufe I ausgerichtet. Dafür wurden Übungen in fünf Lektionen entwickelt und in einem Praxishandbuch für Lehrer zusammengestellt. Dieses Buch kann als Grundlage für die Programmdurchführung genutzt werden, allerdings ist es für Lehrer hilfreich und sinnvoll, sich vorher umfassend (z.B. in Seminaren) auf dieses Programm und seinen Einsatz in der Schule vorzubereiten. Die Einbindung in den Unterricht kann auf verschiedene Weise erfolgen. Durch die voneinander unabhängigen Einzelübungen ist es durchaus möglich, das Programm über einen längeren Zeitraum unterrichtsbegleitend oder auch kompakt innerhalb von Projektwochen

durchzuführen. Empfohlen wird jedoch, eine klare Trennung zwischen regulärem Unterricht und dem Programm herzustellen. Durch die Anwendung alternativer Lernformen soll ein positives Lernklima geschaffen werden, in dem Konkurrenz und Leistungsbewertung keine Rolle spielen.
Zur Wirksamkeit dieses Programms liegen Evaluationsergebnisse aus dem Jahr 2002 vor. Darin wird deutlich, dass das Programm und dessen Ziele eine hohe Wertschätzung bei den Schülern und Lehrern besitzen. Ferner wurde festgestellt, dass durch das Programm Veränderungen im Umgang miteinander und eine Sensibilisierung für Themen der Toleranzerziehung erreicht wurden. Für eine nachhaltige Weiterentwicklung des Projektes wird empfohlen, die Arbeit in den einzelnen Schulen so zu vernetzen, dass gute Beispiele Schule machen und Unterstützung finden.

• *Programm „Betzavta"*
Betzavta (Hebräisch: Miteinander) ist ein relativ neues Trainingsprogramm, das grundlegende Prinzipien einer pluralen und demokratischen Gesellschaft bewusst und erlebbar machen will. Ziel ist es, einen Perspektivenwechsel zu ermöglichen und die „Sicht des Anderen" nachvollziehbar zu machen. Das Programm eignet sich sowohl für Schüler (ab ca. acht Jahren) als auch für Lehrer, insbesondere für Schulklassen bzw. Jugendgruppen (optimale Gruppengröße 12-15). Entwickelt wurde der Ansatz von dem Jerusalemer „Adam-Institut for Democracy and Peace" vor dem Hintergrund des Konfliktes zwischen jungen Arabern und Israelis. Adaptiert wurde das Programm im Jahre 1995 vom Centrum für angewandte Politikforschung (CAP) an der Universität München mit Unterstützung der Bertelsmann-Stiftung. Es versteht sich als ein Programm zur Demokratieerziehung, das den ganzen Menschen ansprechen soll.
Das Training basiert auf spielerischen Übungen (z.B. zur Frage der Notwendigkeit von Regeln für eine Gruppe oder eine Gesellschaft), in denen die Vor- und Nachteile eines demokratischen Systems von den Teilnehmern nachempfunden werden. Die zentrale Botschaft dabei lautet: „Alle Menschen haben das gleiche Recht auf Freiheit." Und: „Konflikte können gewaltfrei gelöst werden." Neben der „Freiheit" gehören „Wahlrecht", „Mehrheit und Minderheit" sowie „Grundrecht und Gleichheit vor dem Gesetz" zu den thematischen Bausteinen. Der spielerische Charakter der Übungen geht über das Rollenspiel hinaus: Es wird ein Abbild der Realität entworfen und zugleich eine faktische Realität in der konkreten Seminarsituation geschaffen. Wichtig bei diesen Übungen ist das Sich-Einlassen auch auf unbekannte Situationen, ohne vorher die sonst übliche Transparenz vermittelt zu bekommen. Deshalb verdeutlicht die Seminarleitung (in der Regel ein Leitungsteam) von Anfang an, dass es kein „richtig" oder „falsch" gibt. Die Teilnehmer lernen im Laufe der Sitzungen viele stillschweigende Annahmen kennen, durch die Missverständnisse entstehen und die eine demokratische Entscheidung oftmals verhindern können. Es wird auf gewonnene „AHA-Erlebnisse" hingewiesen, wozu u.a. die sich anschlie-

ßenden Auswertungen dienen. Mit Hilfe gezielter Fragen, die sich auf die Erlebnisse während der Übungen beziehen, können die Teilnehmer ihr eigenes demokratisches Verhalten hinterfragen und gesamtgesellschaftliche Prozesse besser verstehen lernen. Sie können ihre Einstellungen zu demokratischen Fragen, wie auch ihre spontanen Reaktionen, überprüfen und erkennen, dass in vielen Fällen dabei eine erhebliche Diskrepanz zwischen Anspruch und Wirklichkeit besteht. Durch die vielen alltagsnahen Übungen soll bei den Teilnehmern ein „qualitatives Demokratieverständnis" entwickelt werden. Um die Konturen von Konflikten schärfer zutage treten zu lassen und unterschiedliche Bewertungen zu einer Situation sichtbar zu machen, wird die Methode der Polarisierung („Konflikt-Dilemma-Konflikt-Methode") angewandt. Darauf aufbauend wird versucht, diesen Konflikt in ein internes Dilemma eines jeden Teilnehmers umzuwandeln, um auf dieser Stufe die Anerkennung des gleichen Rechts auf freie Entfaltung aller zu erreichen.

Der erzieherische Prozess vollzieht sich dabei in drei Schritten:

1. In eigener Konfliktsituation halten die Vertreterinnen und Vertreter verschiedener Entscheidungsalternativen ihre eigene Alternative für die bessere und lehnen die Alternativen der anderen ab. Mit der Umwandlung des Konflikts in ein Dilemma erfahren die Beteiligten im Verlaufe der Übung ihre Ambivalenz gegenüber der Thematik. Sie nehmen die verschiedenen Alternativen als gleichberechtigt wahr. Das Dilemma, das sie dann empfinden, ist die Begegnung mit den sich widersprechenden eigenen Bedürfnissen. Diese Situation soll dazu führen, dass die Teilnehmer den Wunsch verspüren, die Suche nach einer kreativen Lösung voranzutreiben, um aus dem Dilemma herauszufinden.
2. Die Teilnehmer erkennen die Nachteile, die mit der Vermeidung einer Entscheidung verbunden sind, und die Vorteile von Entscheidungen, die auf Grundlage demokratischer Prinzipien zustande kommen.
3. Schließlich können die Teilnehmer mit dem Übungsbereich „Der Weg der demokratischen Entscheidungsfindung" eine konkrete Handlungsalternative erlernen, die es ihnen ermöglicht, in ihrem persönlichen und gesellschaftlichen Umfeld demokratischer zu agieren.

Analog verläuft die Bewusstseinsbildung in drei Phasen, wobei neben der Methode der Polarisierung auch der konfrontative methodische Ansatz zur Anwendung kommt:

1. Konfrontation mit der eigenen Ablehnung von Gleichberechtigung. Die Ablehnung gründet häufig auf der Annahme, dass die Anerkennung der Rechte der anderen zwangsläufig zur Einschränkung der eigenen Rechte führen muss.

2. Konfrontation mit der Feststellung, dass Gleichberechtigung nur dann als nützlich anerkannt wird, wenn es dem persönlichen Weiterkommen dient. Nicht erkannt wird, dass der Schutz der Rechte der anderen gleichzeitig dazu dient, die eigenen Rechte zu schützen.
3. Anerkennung der Gleichberechtigung als generelles Prinzip – unabhängig von der Tatsache, ob es sich dabei um das eigene Recht oder das Recht des anderen handelt.

Das Programm wurde in den letzten Jahren in zahlreichen Seminaren getestet und mit Erfolg evaluiert. Dabei zeigte sich, dass durch eine regelmäßige Weiterbildung und Beratung der Seminarleiter die Qualität des Programms weiter verbessert werden kann. Der regelmäßige Erfahrungsaustausch für die Seminarleitung ist auch deshalb von Bedeutung, da diese im Laufe des Seminars vielfältige Anforderungen zu bewältigen haben, z.B. auch den Umgang mit Widerständen u.ä. – aus diesem Grunde wird empfohlen, das Programm durch Leitungsteams umsetzen zu lassen.

• *Programm „Achtung (+) Toleranz“*
Das Programm „Achtung (+) Toleranz“ wurde auf die Frage hin entwickelt, welche Kompetenzen für ein friedliches Miteinander notwendig sind. Die Ziele des Programms liegen in der aktiven Auseinandersetzung mit dem Begriff Toleranz und in der Vermittlung von kommunikationspsychologischen Grundlagen und Techniken für eine partnerschaftliche Kommunikation in Konfliktsituationen. In den Übungen, die Wissensvermittlung mit handlungs- und erfahrungsorientierten Methoden verbindet, sollen jene Erfahrungen gesammelt und reflektiert werden, die die Teilnehmenden mit den eigenen tradierten Wahrnehmungsmustern konfrontieren. Eingefahrene Muster werden hinterfragt und neue alternative Wege des Miteinanders werden entdeckt, welche zu veränderten Handlungen führen sollen. Durch Rollenspiele soll Empathiebildung ermöglicht und neue Techniken einer kooperativen Kommunikation ausprobiert werden. Die Übungen basieren auf konstruktivistischen Theorien und sollen die Teilnehmenden dazu anhalten, mehrere Wahrheiten „ertragen“ zu können. Die kommunikative Kompetenz wird dadurch geschult, dass man nicht seine eigene Meinung durchsetzt, sondern sich mit den anderen einigt. Grundlage bildet die Kommunikationspsychologie mit Methoden der Selbsthilfebewegung sowie das Modell der themenzentrierten Interaktion von Ruth C. Cohn.

Der Ablauf der Seminare orientiert sich am Ordner, dieser hat folgende Gliederung:

1. Seminarbeginn: Kennenlernen, erste Einblicke in die Inhalte des Seminars
2. Achtung und Toleranz: Begriffsanalyse
3. Stillschweigende Annahmen und Vorurteile: Entstehung von Vorurteilen und welche Wirkung diese haben können
4. Partnerschaftliche Kommunikation: Theoretisches Grundwissen wird mit der praktischen Handlungsanleitung im Umgang mit Vorurteilen und Rassismus verknüpft
5. Demokratie und Toleranz: Planspiel zum Thema Rechtsextremismus oder religiöse Intoleranz
6. Seminarabschluss: Vorschläge zur Reflexion
7. Zusatzübungen: Sind vor allem aktivierend und erlebnisorientiert, sollen dabei unterstützen sich an die Thematik anzunähern.

Am Ende jeder Übung gibt es eine Reflexionsphase, in welcher das Interesse am anderen und an seiner Sichtweise hervorgehoben wird. Die Reflexion soll außerdem die neuen Wege der Konfliktregelung und Erkenntnis langfristig sichern. Zum Ordner gibt es außerdem eine CD-ROM auf der sämtliche Materialien enthalten sind. In Kooperation mit regionalen Bildungsstätten werden in Kommunen und Ländern „Teammates" für „Achtung (+) Toleranz ausgebildet. Die Seminare der Demokratie und Toleranzerziehung sollten am besten von einem zweiköpfigen Leitungsteam durchgeführt werden, um den Lernprozess sowohl auf der inhaltlichen Ebene als auch auf Gruppenprozessebene besser und beobachten zu können. Das Programm wurde in einer vierjährigen Testphase mit unterschiedlichen Zielgruppen erprobt. Nach Aussage der Programmautoren wurden darin die Wirksamkeit und die Nachhaltigkeit der Methoden belegt – wie bei anderen Programmen sind auch hier weitere Evaluationsstudien von unabhängigen Forschungsteams notwendig.

Literaturhinweise

- Auernheimer, Georg: Einführung in die interkulturelle Erziehung. Wissenschaftliche Buchgesellschaft. Darmstadt, 2. Auflage 2001
- Beelmann, Andreas/Heinemann, Kim Sarah/Saur, Michael: Intervention zur Prävention von Vorurteilen und Diskriminierung. In: Beelmann, Andreas/Jonas, Kai J. (Hrsg.): Diskriminierung und Toleranz. Psychologische Grundlagen und Anwendungsperspektiven. VS-Verlag für Sozialwissenschaften. Wiesbaden 2009
- Beelmann, Andreas/Saur, Michael/Ziegler, Petra: Thüringer Studie zur Vorurteilsprävention und Toleranzentwicklung. Projektbericht: Zeitraum 2005-2009. Jena 2010
- Bertelsmann Forschungsgruppe Politik (Hrsg.): Toleranz – Grundlage für ein demokratisches Miteinander. Verlag Bertelsmann Stiftung. Gütersloh, 4. Aufl. 2002

- Bertelsmann Forschungsgruppe Politik (Hrsg.): Eine Welt der Vielfalt. Verlag Bertelsmann Stiftung. Gütersloh, 4. Auflage, 2008
- Gogolin, Ingrid/Krüger-Potratz, Marianne: Einführung in die interkulturelle Pädagogik. Barbara Budrich UTB. Opladen 2006
- Hölscher, Petra (Hrsg.): Interkulturelles Lernen. Projekte und Materialien für die Sekundarstufe I. Cornelsen/Scriptor. Frankfurt a.M. 1994
- Holzbrecher, Alfred: Wahrnehmung des Anderen. Zur Didaktik interkulturellen Lernens. Leske und Budrich. Opladen 1997
- Jugert, Gert/Kabak, Sevim/Notz, Peter: Fit for differences. Juventa. Weinheim München 2010
- Nieke, Wolfgang: Interkulturelle Erziehung und Bildung. Wertorientierungen im Alltag. VS-Verlag für Sozialwissenschaften. Wiesbaden, 3. Auflage 2008
- Prengel, Annedore: Pädagogik der Vielfalt. Verschiedenheit und Gleichberechtigung in Interkultureller, Feministischer und Integrativer Pädagogik. VS Verlag. Wiesbaden, 3. Auflage 2006
- Reich, Hans H./Holzbrecher, A./Roth, Hans Joachim (Hrsg.): Fachdidaktik interkulturell. Leske und Budrich. Opladen 2000
- Schubarth, Wilfried/Stöss, Richard (Hrsg.): Rechtsextremismus in der Bundesrepublik Deutschland. Eine Bilanz. Leske und Budrich. Opladen 2001
- Ullrich, Susanne: Achtung (+) Toleranz. Wege demokratischer Konfliktlösung. Gütersloh 2005
- Ulrich, Susanne/Henschel, Thomas/Oswald, Eva: Miteinander – Erfahrungen mit Betzavta. Ein Praxishandbuch. Verlag Bertelsmann Stiftung. Gütersloh, 4. Aufl. 2008

5.2 Programme für jüngere Schüler

Programm „Faustlos“

„Faustlos“ ist die deutsche Version des US-amerikanischen Programms „Second Step“, das vom Committee for Children in Seattle entwickelt wurde und in den USA schon seit einigen Jahren mit Erfolg angewandt wird. Es ist ein für die Arbeit im Kindergarten und in der Grundschule entwickeltes Curriculum, das impulsives und aggressives Verhalten von Kindern vermindern und ihre sozialen Kompetenzen verbessern soll. Das Faustlos-Curriculum wurde auf der Grundlage des Modells des sozialen Informationsaustausches von Crick und Dodge mit der Erweiterung von Lemerise und Arsenio konzipiert (vgl. Cierpka 2005). Das Modell beschreibt, wie Kinder soziale Situationen begreifen lernen und sich in bestimmten Interaktionssituationen zurechtfinden. Dabei spielen auch immer emotionale Prozesse als motivationale, kommunikative und regulatorische Funktionen eine wesentliche Rolle.

Da gewalttätiges Verhalten eng mit einem Mangel an Einfühlungsvermögen, Impulskontrolle, Problemlösungs- und Selbstbehauptungsfähigkeiten sowie mit mangelnden Fähigkeiten beim Umgang mit Ärger und Wut zusammenhängt, ist es das Ziel des Programms, die sozialen Kompetenzen in den drei Bereichen „Empathiefähigkeit“ (1), „Impulskontrolle“ (2) und „Umgang mit Ärger und Wut“ (3) zu fördern (Cierpka 2005):

1. Empathietraining

Durch die Lektionen der Einheit „Empathieförderung“ sollen die Kinder lernen, Gefühle anderer zu erkennen, die Perspektiven anderer zu übernehmen und empathisch auf andere zu reagieren. Empathie ist eine Fähigkeit, die sich bereits im Alter von drei bis vier Jahren herausbildet und die durch gezieltes Üben erlernt werden kann. Im Empathietraining lernen der Kinder insbesondere,

- Gefühle zu identifizieren und dass Menschen unterschiedliche Gefühle in Bezug auf die gleiche Sache haben können,
- dass sich Gefühle ändern können und warum das so ist,
- Zusammenhänge zu erkennen, um Gefühle vorhersagen zu können,
- zu verstehen, dass Menschen unterschiedliche Vorlieben und Abneigungen haben,
- gezielte von ungezielten Handlungen zu unterscheiden,
- Gefühle durch die Verwendung von „Ich“-Botschaften mitzuteilen und über aktives Zuhören zu erfassen,
- Sorge und Mitgefühl für andere auszudrücken.

2. Impulskontrolle

Die Impulskontrolle ist eine wichtige Fähigkeit zur Reduktion impulsiven und aggressiven Verhaltens. Mit der Vermittlung eines kognitiven Problemlöseverfahrens und dem Training sozialer Verhaltensfertigkeiten verbindet „Faustlos“ dabei zwei Strategien. Das Problemlöseverfahren erfolgt in fünf Schritten:

1. Was ist das Problem?
2. Welche Lösungen gibt es?
3. Fragen zu jeder Lösung: Ist sie ungefährlich? Ist sie fair? Wie fühlen sich die Beteiligten? Wird sie funktionieren?
4. Entscheide dich für eine Lösung und probiere sie aus.
5. Funktioniert die Lösung? Wenn nicht, was kannst du jetzt tun?

Das Training sozialer Verhaltensfertigkeiten soll Kindern ermöglichen, sich in sozialen Situationen angemessen und erfolgreich zu verhalten. Die entsprechenden Lektionen enthalten Problemsituationen, zu deren Lösung das erlernte Problemlöseverfahren angewendet werden soll. So soll z.B. das Problem gelöst werden, das ein Kind hat, wenn es mit einem Spielzeug spielen möchte, mit dem gerade ein anderes Kind spielt. Dazu werden zunächst die Problemlösefragen angewandt. Anschließend wird das Gelernte im Rollenspiel umgesetzt. Die angestrebten Verhaltensfertigkeiten sind dabei z.B.: bei etwas mitmachen, jemanden höflich unterbrechen, jemanden freundlich um Hilfe bitten, ein Spiel spielen, um Erlaubnis fragen, sich entschuldigen und mit dem Druck von Gleichaltrigen umgehen.

3. Umgang mit Ärger und Wut

In dieser Einheit werden Techniken zur Stressverminderung vermittelt. Dabei werden Strategien der Selbstinstruktion und des Problemlösens mit Beruhigungstechniken verbunden. Folgende Verfahren werden erlernt:

1. Wie fühlt sich mein Körper?
2. Beruhige dich: Hole dreimal Luft. Zähle langsam rückwärts. Denke an etwas Schönes. Sage: „Beruhige dich“ zu dir selbst.
3. Denke laut über die Lösung des Problems nach.
4. Denke später noch einmal darüber nach.

Die angestrebten Verhaltensfertigkeiten sind u.a.: sich aus dem Kampf heraushalten, Umgang mit Hänseleien, Kritik, Enttäuschungen, sich beschweren und Konsequenzen akzeptieren.

Da das Erlernen von (sozialen) Kompetenzen sich immer auf das „Selbst“ des Einzelnen bezieht, spricht man in der Gewaltforschung auch von personenzentrierter Prävention.

Das Curriculum für den Kindergarten vermittelt die Einheiten in 28, das für die Grundschule in 51 Lektionen. Im Idealfall wird „Faustlos“ bereits im Kindergarten und darauf aufbauend in der Grundschule eingesetzt.

Abfolge von Einheiten und Lektionen in der Grundschule			
Einheiten	**Lektionen**		
	1. Klasse	**2. Klasse**	**3. Klasse**
Einheit I *Empathieförderung*	1 – 7	8 – 12	13 – 17
Einheit II *Impulskontrolle*	1 – 8	9 – 14	15 – 19
Einheit III *Umgang mit Ärger und Wut*	1 – 7	8 – 11	12 – 15
Insgesamt	22	15	14

(Quelle: Cierpka 2005)

Zu jeder Lektion gibt es eine große Fotokarte, auf der eine Situation zum Thema abgebildet ist. Außerdem werden Hinweise zur Vorbereitung und Durchführung der Lektion für Erzieher und Lehrer gegeben. Die Lektionen sind in einer didaktischen Abfolge von vier Schritten aufgebaut:

1. kognitive/verbale Auseinandersetzung mit dem Stundenthema mittels der Bildmaterialien
2. Modellernen (die Lehr- bzw. Erziehungskraft demonstriert ein Verhalten)
3. Rollenspiele der Kinder („Generalprobe")
4. Übertragung auf den Alltag und Anwendung der neu erlernten Kompetenzen in konkreten (Konflikt-)Situationen

Alle Lektionen werden somit nach gleichem Muster unterrichtet: Zu jeder Fotokarte wird eine Geschichte erzählt, Fragen gestellt und Meinungen diskutiert. Anschließend werden Rollenspiele und Übungen zur Übertagung des Gelernten durchgeführt.

„Faustlos" sollte im Kindergarten durch die Erzieher/innen, in den Schulklassen möglichst durch die Klassenlehrer/innen – unterstützt durch Beratungslehrer und Sozialarbeiter – eingeführt werden. Als besonders wirkungsvoll hat es sich erwiesen, wenn das Curriculum an der ganzen Einrichtung umgesetzt wird. Vor der Einführung sollten die Akteure trainieren, wie sie den Kindern die Inhalte des Programms wirkungsvoll vermitteln können. Dabei sollte vor allem die praktische Erprobung des Curriculums im Vordergrund stehen.

Das Faustlos-Curriculum wurde mittlerweile für die Sekundarstufe erweitert und orientiert sich ebenfalls an den Zielen der Förderung von Empathie, der Impulskontrolle (Problemlösekompetenz) und des konstruktiven Umgangs mit Ärger und Wut. Das Faustlos-Curriculum für die Sekundarstufe besteht aus 31 Lektionen. Es unterscheidet sich von der Kindergarten- und Grundschulversion vorrangig bei den Materialien und den praktischen Umsetzungen. So setzt man in der Sekundarstufe auf Gruppendiskussionen, die Rollenspiele werden durch Videosequenzen, die Jugendliche in verschiedenen sozialen Situationen zeigen, ersetzt.

Die erste Studie zur Effektivität des Faustlos-Curriculums für Kindergärten bestätigt die positiven Ergebnisse, welche bereits aus der Evaluation von Second Step bekannt sind: Kinder, die an Second Step teilnahmen, waren empathischer und hatten bessere Problemlösefähigkeiten. (vgl. Cierpka/Schick 2008). Zugleich konnte ein Rückgang von aggressivem Verhalten und anderen Verhaltensauffälligkeiten nachgewiesen werden. Die Faustlos-Kinder können Emotionen besser identifizieren, haben mehr Lösungsideen für soziale Probleme, antizipierten mehr negative Konsequenzen aggressiven Verhaltens und reagierten häufiger sozial kompetent auf vorgegebene Situationen. In der ersten Studie zum Faustlos-Curriculum der Grundschule zeigte sich, dass Faustlos vor allem auf der emotionalen Ebene zu Veränderungen führen kann. Die Lehrkräfte bewerteten die Unterrichtsmaterialien und Rollenspiele als sehr gut bis gut. Insgesamt gefiel das Curriculum den Schülern und Lehrkräften gut bis sehr gut. Faustlos bewirkt, nach dieser Untersuchung, eine Verbesserung der sozial-kognitiven Gewaltpräventionskompetenzen der Kinder. Erzieherinnen beobachteten häufigeres Verhandeln der Kinder untereinander. Positive Entwicklungen zeigten sich auch in den qualitativen Rückmeldungen von Lehrkräften, Erzieherinnen und Erziehern. So kam es neben einer Verbesserung des Klassen- und Lernklimas zu einem Zugewinn bei den verbalen Kompetenzen. Insgesamt erwies sich das Programm besonders effektiv in der Vermittlung empathischer und emotionaler Basiskompetenzen, weiterhin konnte eine Reduktion verbaler Aggressionen nachgewiesen werden. Die Kinder konnten ihre Ängste besser bewältigen, weil sie ihre Gefühle adäquat zum Ausdruck bringen und Probleme eher lösen bzw. die erlernten Beruhigungstechniken besser anwenden konnten. Entsprechende Verhaltensänderungen bei den Heranwachsenden wurden von Lehrer- und Elternseite allerdings eher als moderat eingeschätzt. Über drei Viertel des Lehrpersonals hat mit dem Programm so gute Erfahrungen gemacht, dass sie das Curriculum in ihren nächsten Klassen wieder einsetzen wollen – auch weil es das Klassen- und Lernklima positiv beeinflusst. Eine unabhängige Forschergruppe (Bowi/Ott/Tress 2008) bestätigte ebenfalls, dass Fauslos die Aggressivität der Kinder reduziert und deren Empathiefähigkeit verbessert.

Mit der Gründung des Heidelberger Präventionszentrums im Jahr 2001 wurde der Versuch unternommen, einen ganzheitlichen Präventionsansatz zu institutionalisieren (www.h-p-z.de). In diesem Rahmen wird das Programm Faustlos fortgeführt und weiterentwickelt, aber es entstanden auch weitere Programme und Fortbildungskonzepte und -maßnahmen zur Gewaltprävention, Gesundheitsförderung und Organisationsentwicklung:

- HPZ – Elternschule (hier werden Eltern zu Experten der faustlosen Kompetenzen gemacht);

- Kieselschule (Ein innovatives Programm zur musikalischen Förderung von Kompetenzen zur Gewaltprävention);
- PriMa (Primärprävention Magersucht);
- TOPP (Teenager ohne pfundige Probleme);
- Seminare für Lehr- und Erziehungskräfte;
- Seminare zur Organisations- und Personalentwicklung.

Faustlos ist eines der verbreitetsten Primärpräventionsprogramme für jüngere Schüler, das Material wird von den Pädagogen in den Kitas und Grundschulen sehr geschätzt. Allerdings ist die Umsetzung des Programms mit einem erheblichen zeitlichen und finanziellen Aufwand verbunden (die Anschaffung des Faustlos-Koffers, Fortbildung zur Einführung des Programms). Kritisch anzumerken sind zudem die starke kognitive und sprachliche Ausrichtung des Programms in Verbindung mit Anpassungs- und Konditionierungstendenzen; sowie die Ausblendung sozialökologischer Kontextbedingungen für das individuelle Sozialverhalten der Heranwachsenden. Die in der Evaluation gemessenen Effekte des Programms sind, wie in den meisten Fällen, nicht sehr hoch; überzeugender wäre die Wirksamkeitsüberprüfung dann, wenn Programmverantwortlichkeit (einschließlich Entwicklung und Vertrieb) und Evaluation nicht (so weitgehend) in einer Hand lägen. Die Akzeptanz bei den pädagogischen Akteuren und die Bewährung in der Praxis sprechen eindeutig für die Eignung des Programms, prosoziales Verhalten von frühesten Kindesbeinen an zu trainieren.

Literaturhinweise

- Bowi, Ulrike/Ott, Gudrun/Tress, Wolfgang: Faustlos – Gewaltprävention in der Grundschule. In Praxis Kinderpsychologie Kinderpsychiatrie 57 (2008), S. 509-520
- Cierpka, Manfred: FAUSTLOS – Wie Kinder Konflikte gewaltfrei lösen lernen. Herder. Freiburg im Breisgau 2005
- Schick, Andreas/Cierpka, Manfred: „Faustlos" – Ein Gewaltpräventions-Curriculum für Grundschulen und Kindergärten. In: Melzer, Wolfgang/Schwind, Hans Dieter (Hrsg.): Gewaltprävention in der Schule. Nomos. Baden-Baden 2004, S. 54-56
- Schick, Andreas/Cierpka, Manfred: Förderung sozial-emotionaler Kompetenzen in Kindergärten, Grundschulen und in der Sekundarstufe: Konzeption und Evaluation der Faustlos-Curricula. In: Malti, T./Perren, S.: Soziale Kompetenz bei Kindern und Jugendlichen. Entwicklungsprozesse und Fördermöglichkeiten. Kohlhammer. Stuttgart 2008
- Schick, Andreas/Cierpka, Manfred: Förderung sozial-emotionaler Kompetenzen mit Faustlos: Konzeption und Evaluation der Faustlos-Curricula. In: Bildung und Erziehung, 63 (3) 2010, S. 277-292.

Programm „Eigenständig werden"

Das Programm „Eigenständig werden" basiert auf dem von der Weltgesundheitsorganisation (WHO) empfohlenen Ansatz der Förderung der Lebenskompetenzen von Kindern und Jugendlichen. Lebenskompetenzen sind die Fähigkeiten, die einen angemessenen Umgang mit anderen wie auch mit Problemen und Stresssituationen im Alltag ermöglichen. Der in den 80er Jahren entstandene Ansatz zur Förderung genereller Lebenskompetenzen ist theoretisch in Banduras sozialer Lerntheorie (1979, 1986) und der Theorie des Problemverhaltens (Jessor/Jessor 1977) begründet. Jugendliches Risikoverhalten wird dort als sozial erlerntes und funktionales Verhalten verstanden, welches aus sozialen und personalen Faktoren resultiert.
Die Programme zur Förderung von Lebenskompetenzen verbinden Elemente zur Förderung sozialer Fertigkeiten und Bewältigungsstrategien mit Methoden der Verhaltensmodifikation, wie z.B. Rollenspiel, Entspannungsverfahren, Kontrakt-Management oder Selbstinstruktionen.
„Eigenständig werden" ist ein spezielles Programm der Gesundheitsförderung sowie der Sucht- und Gewaltprävention. Die Adressaten sind Schüler der 1. bis zur 4. Schulklasse. Im Jahre 2003 wurde das Programm für die Klassen 5 und 6 erweitert. Die fünf wichtigsten Ziele sind: Stressregulation, Suchtvorbeugung, Persönlichkeitsentwicklung, Gesundheitsförderung und Gewaltprävention. Dabei sollen dem Kind schrittweise die nötigen Lebenskompetenzen vermittelt werden, um sich in der Welt zurechtzufinden. Auch die gezielte Förderung gesundheitsrelevanter Ressourcen ist wesentlich für die Kinder, um sie gegen die Entwicklung von Risikoverhalten, Substanzkonsum und Gewalt zu stärken. Die Beziehungen der Kinder zu Schule, Familie und sozialem Umfeld soll mit Hilfe des Programms aufgebaut und gefördert werden.

Inhaltlich gliedert sich das Programm in vier wesentliche Schwerpunkte:

- Unterstützung der Selbstwahrnehmung und des Einfühlungsvermögens
- Aneignung von Kommunikations- und Problemlösekompetenzen
- Umgang mit belastenden Situationen und Gefühlen
- Problemlösen, kreatives und kritisches Denken.

Zur Umsetzung der vier Schwerpunktthemen hat das Institut für Therapie- und Gesundheitsforschung gemeinsam mit der Mentor-Stiftung ein Unterrichtsprogramm für die Grundschule entwickelt, welches in drei Bereiche unterteilt ist. Insgesamt besteht das Programm aus 42 Unterrichtseinheiten für die Klassen 1 bis 4 und 23 Unterrichtseinheiten für die Klassen 5 und 6. Es wird empfohlen, in jedem Schuljahr 10 Unterrichtseinheiten durchzuführen.

Für die Klassenstufe 1 bis 4 erfolgt die Durchführung in drei Bereichen:
Der erste Unterrichtsbereich befasst sich mit dem „Ich“. Dem Kind soll hier die Möglichkeit gegeben werden, sich selbst kennen zu lernen, Selbstvertrauen zu entwickeln und Eigenverantwortung zu übernehmen. Kinder, die es gelernt haben sich selbst zu achten, können ein gesundes Selbstvertrauen aufbauen und demzufolge auch unvoreingenommener auf andere Menschen zugehen.
Im zweiten Unterrichtsbereich wird die Perspektive auf das „Ich und die anderen“ erweitert. Dabei stehen die Beziehungen in der Gruppe im Mittelpunkt, der Zusammenhalt in der Klasse und die Beziehungen der Kinder untereinander sollen mit Hilfe der konzipierten Unterrichtseinheiten gestärkt werden. Die Kinder lernen mit dem Problem der Ausgrenzung umzugehen ebenso mit Konflikten, die in einer Gruppe entstehen können.
Das Thema des dritten Unterrichtsbereiches lautet: „Ich und meine Umwelt“. Hier geht es schwerpunktmäßig um die Übernahme von Verantwortung für die Umwelt und die eigene Gesundheit.

In den Klassenstufen 5 bis 6 verteilen sich die 23 Unterrichtseinheiten auf folgende drei Bereiche:
Der erste Unterrichtsbereich beschäftigt sich mit der „Gruppenentwicklung“. Hierbei sollen Gemeinschaftsfähigkeit, Selbstwahrnehmung, Empathie, Kommunikation und Problemlösefähigkeit gefördert werden. Auch die Gewaltprävention wird hier eingeordnet. Der zweite Bereich umfasst die „allgemeine Persönlichkeitsförderung“. Die Förderung des kritischen und kreativen Denkens, des Problemlösens und des Umgangs mit Stress und negativen Emotionen stehen dabei im Vordergrund. Im dritten Bereich geht es um die „spezifische Suchtprävention“. Die Schüler sollen sich nun relevantes Wissen zu den Substanzen Nikotin und Alkohol aneignen.
Die Inhalte und Themenbereiche werden von den Schülern in Kleingruppen mit Hilfe der Lehrkräfte eigenständig erarbeitet. Dies erfolgt einerseits in den jeweiligen Unterrichtseinheiten, ist aber andererseits auch fester Bestandteil des Schulalltags. In Form einer Unterrichtskarte wird jede Unterrichtseinheit in Bezug auf den Hintergrund der jeweiligen Einheit, der Zielsetzung, des benötigten Materials und der notwendigen Vorbereitung beschrieben.
Zur Umsetzung dieses Konzepts an der eigenen Schule bedarf es einer zweitägigen Ausbildung. Dabei werden Lehrer mit dem theoretischen Hintergrund sowie der praktischen Umsetzung im Unterricht vertraut gemacht, so dass sie die zur Verfügung gestellten Unterrichtsmaterialien zielgerichtet im Unterricht einsetzen können. Das Programm ist so gestaltet, dass eine Teilnahme in den Klassenstufen 1 bis 4 keine zwingende Voraussetzung für eine Umsetzung ab der Klassenstufe 5 ist.
Im Jahr 2004 wurde das Programm „Eigenständig werden“ mit dem Deutschen Präventionspreis des Bundesministeriums für Gesundheit, der Bundeszentrale für gesundheitliche Aufklärung sowie der Bertelsmann Stiftung ausgezeichnet. Auch in

der Evaluation hat sich das Programm bewährt. Bühringer u.a. (1993) stellen fest, dass der Lebenskompetenzansatz, wie er hier angewendet wird, im Vergleich zu anderen Präventionsansätzen (Informationsvermittlung, affektive Erziehung, Standfestigkeitstraining) sowohl in der Wissensvermittlung als auch in der Veränderung von Verhalten und Einstellung positive Effekte aufweist.
Bei einer weiteren Wirksamkeitskontrolle wurde in Sachsen eine Kontrollgruppen-Studie (2001-2005) durchgeführt, welche bestätigt, dass die Teilnahme am Programm zu einer Abnahme von Verhaltensauffälligkeiten und Gewaltbereitschaft und zu einer Zunahme sozialer Kompetenzen führen kann (Koesling u.a. 2007). Die Unterrichtseinheiten wurden von den Lehrkräften insgesamt als positiv, altersangemessen und praktikabel beurteilt. Bei den Schülerinnen und Schülern, die an dem Programm teilnahmen, konnte festgestellt werden, dass sie am Ende ein stärker sozial sensibles und empathisches Verhalten zeigten als die Probanden in den Kontrollgruppen. Außerdem besaßen die Programmteilnehmer bessere kommunikative Fertigkeiten und ein konstruktives Problem- und Konfliktlöseverhalten.
Die Wirksamkeit des Programms ist auch in weiteren Studien im Rahmen der erwartbaren Effekte belegt (s. Literaturhinweise).

Kritische Anmerkungen beziehen sich auf den eingeschränkten bundesweiten Verbreitungsgrad und die Erreichbarkeit des Programms für Schulen an der Peripherie sowie die notwendigen finanziellen Aufwendungen für die verpflichtende Qualifizierung der Lehrkräfte und den damit verbundenen zeitlichen Vorlauf. Hilfreich wäre zudem, wenn Brücken zur Familiensituation durch Einbeziehung der Eltern und zum Schulkontext durch Hinweise zur Unterstützung und Organisation im gesamten Setting Schule geschlagen würden.

Literaturhinweise

- Atherton, Carmen u.a.: Eigenständig werden. Unterrichtsprogramm für die Klassenstufen 1 - 6. IFT Nord. Kiel 2002
- Asshauer, Martin/Hanewinkel, Reiner: Lebenskompetenzförderung und Suchtprophylaxe in der Grundschule: Entwicklung, Implementation und Evaluation primärpräventiver Unterrichtseinheiten. In: Zeitschrift für Gesundheitspsychologie, 7, 1999, S. 158-171
- Bühringer, Gerhard/Janik-Konecny; Theresa/Künzel-Böhmer, Jutta: Expertise zur Primärprävention des Substanzmissbrauchs. Nomos. Baden Baden. 1993
- Koesling, Stephan/ Schnepel, Kerstin/ Wiborg, Gudrun/ Hanewinkel, Reiner: Das Programm „Eigenständig werden". Umsetzung im Freistaat Sachsen. Prävention 2007, 30, S. 24-25
- Wiborg, Gudrun/Hanewinkel, Reiner: „Eigenständig werden": Sucht- und Gewaltprävention in der Schule durch Persönlichkeitsförderung – Evaluationsergebnisse der ersten Klassenstufe. In: Melzer, Wolfgang/Schwind, Hans-Dieter (Hrsg.): Gewaltprävention in der Schule. Nomos. Baden-Baden 2004, S. 88-100

- Wiborg, Gudrun: „Eigenständig werden“: Persönlichkeitsentwicklung, Gesundheitsförderung, Lebenskompetenz, Sucht- und Gewaltprävention in der Schule. In: Informationsdienst zur Suchtprävention 15, 2004, S. 41-47
- Wiborg, Gudrun, Hanewinkel, Reiner (2001): „Eigenständig werden“: Ein Unterrichtsprogramm zur Gesundheitsförderung und Suchtprävention in der Schule. Prävention 2001, 24, S. 56–59
- Maruska K., Morgenstern M., Isensee B., Hanewinkel R.: Influencing antecedents of adolescent risk-taking behaviour in elementary school: results of a 4-year quasi-experimental controlled trial. Health Education Research 2010, 25, S. 1021-1030.
- www.eigenstaendig-werden.de oder direkt beim IFT-Nord, Harmsstr. 2, 24114 Kiel, ew@ift-nord.de

Programm „Prävention im Team“

Das Programm „Prävention im Team“ (PIT) wurde in Schleswig-Holstein vom Landesrat für Kriminalprävention gemeinsam mit Pädagogen, Schulpsychologen und Polizeibeamten entwickelt und Mitte der 1990er Jahre erprobt. Mittlerweile wurde das Programm auch von anderen Bundesländern übernommen – allerdings mit unterschiedlichen Schwerpunkten. „Prävention im Team“ ist ein Präventionsprogramm zu solchen Themen wie Gewalt, Sucht, Delinquenz, bei dem die *Trainer als Team* auftreten. Die Besonderheit ist, dass im Team *unterschiedliche Professionen* vertreten sind. Unter Teambildung wird verstanden, dass in Schulen, die sich für die Einführung von PIT entscheiden, Teams gebildet werden, die aus verschiedenen Professionen bestehen, in der Regel aus Polizeibeamten, Lehrkräften und Vertretern der Jugendhilfe. Das Team kooperiert über einen längeren Zeitraum eng und systematisch miteinander. Ziel des Programms ist die Stärkung der Persönlichkeitsentwicklung der Schüler, insbesondere die Stärkung des Normenbewusstseins, des Selbstbewusstseins und der Eigenverantwortung, außerdem die Sensibilisierung für Gefahren und Konsequenzen von Jugendkriminalität, die Förderung der Fähigkeiten zur gewaltfreien Konfliktlösung und die Schärfung des Verantwortungsbewusstseins (vgl. Institut für Qualitätsentwicklung an Schulen in Schleswig-Holstein 2001, 2002).

Das Programm gliedert sich in drei bzw. vier Phasen. In der ersten Phase informiert der Lehrer über ein spezielles Thema, z.B. Gewalt. Danach gestaltet in einer zweiten Phase ein Polizeibeamter seine Unterrichtseinheit zum gleichen Thema und bringt dabei seine konkreten Erfahrungen ein. Anhand konkreter Beispiele wird den Schülern verdeutlicht, was es bedeutet, Täter oder Opfer einer Gewalttat zu sein. In der anschließenden dritten Phase werden persönlichkeitsbildende Übungen durchgeführt. Dazu wurde ein spezielles Übungsmaterial im Programm-Manual zusammengestellt, das das Selbstbewusstsein, die Konfliktfähigkeit und andere personale

Kompetenzen fördert. In der schleswig-holsteinischen Programmvariante gibt es noch eine vierte Phase, bei der Aspekte des sozialen Klimas im Mittelpunkt stehen, z.B. Kommunikations- und Interaktionsaspekte. Als Methoden werden neben dem Vortrag und der Diskussion auch solche didaktischen Ansätze angewandt wie Gruppengespräche, Paarübungen, Rollenspiele, Interaktionsübungen und Videoaufzeichnungen. Die empfohlenen zwölf Unterrichtsstunden können unterrichtsbegleitend, aber auch an Projekttagen durchgeführt werden. Da es wünschenswert ist, dass das Projekt möglichst von der ganzen Schule mitgetragen wird, ist vorab die Zustimmung der Schulkonferenz einzuholen. Die Eltern der beteiligten Klassen sollten informiert und die Themen möglichst auf Elternabenden begleitend behandelt werden. Als Arbeitsgrundlage des Programms dienen die Handbücher des „Instituts für Qualitätsentwicklung an Schulen in Schleswig-Holstein" (IQSH), die auch vom WEISSEN RING vertrieben werden. Um auch Grundschulkinder in das Projekt einbeziehen zu können, wurde ein spezielles PIT- Programm für Grundschulen (PIT II) entwickelt.
Das PIT-Programm wurde in Schleswig-Holstein sowie in Rheinland-Pfalz evaluiert. Dabei ließ sich eine gesteigerte Sensibilisierung der Schüler für Gewalt nachweisen. Auch der Zusammenhalt der Klasse wurde positiver eingeschätzt. Nach Einschätzung der Lehrkräfte wurde die Klassengemeinschaft gestärkt, eine höhere Integration der Außenseiter sowie eine Verbesserung der Beziehungen zwischen Lehrern und Schülern erreicht. Rund die Hälfte der Schüler empfand den Unterricht als spannend. Die überwiegende Mehrheit der Lehrkräfte und Polizisten hat den Unterricht gerne durchgeführt und die Teamarbeit als positiv erlebt. Von den Lehrern wird das Programm als methodisch ansprechende Abwechslung zum sonstigen Unterricht empfunden. Aufgrund der Offenheit und Themenbreite ist das PIT-Programm eher ein allgemeines Präventionsprogramm denn ein spezielles Anti-Gewaltprogramm. Ein Bezug zur Schulentwicklung ist durch die Teambildung zwar gegeben, die konkrete Verknüpfung mit Schulentwicklungsprozessen ist für Schulen jedoch eine große Herausforderung.

Literaturhinweise

- Institut für Qualitätsentwicklung an Schule in Schleswig-Holstein u.a. (Hrsg.): PIT I: Prävention im Team. Überarb. Neuauflage Kiel 2002
- Institut für Qualitätsentwicklung an Schule in Schleswig-Holstein u.a. / PIT II: Prävention im Team (Grundschule). Neuauflage Kiel 2001
- Baer, Rolf-Dieter/Kaletsch, Christina: Prävention im Team – ein hessisches Projekt zur Gewaltprävention von Schule, Polizei und Jugendhilfe. In: Schröder, Achim/Rademacher, Helmolt/Merkle, Angela: Handbuch Konflikt- und Gewaltpädagogik. Wochenschau Verlag Schwalbach 2008, S. 173-183
- Landesinstitut für Schule und Medien Berlin-Brandenburg (LISUM): PIT Brandenburg. Schulische Prävention im Team. Ludwigsfelde 2007

„Papilio"-Programm

Das entwicklungsorientierte präventive Kindergartenprogramm „Papilio" (lat. Bezeichnung für Schmetterling) wurde 2002/2003 in Anlehnung an das Rotary Projekt „Aktion Leben ohne Sucht und Gewalt für Kinder" nach aktuellen pädagogischen und entwicklungspsychologischen Erkenntnissen neu entwickelt. Das „Beta Institut Augsburg" konzipierte zusammen mit den Professoren Petermann (Universität Bremen), Herwartz-Emden (Universität Augsburg) und Scheithauer (Freie Universität Berlin) Programmmaterialien, die im Jahre 2004 erstmals im Raum Augsburg implementiert wurden, um die Wirksamkeit des Programms zu überprüfen. Ziel der pädagogischen Maßnahmen ist es, Verhaltensprobleme der Kinder zu vermindern und ihre grundlegenden sozial-emotionalen Kompetenzen zu fördern.

Die drei Hauptziele des Programms sind:

- Reduktion der Risiken für delinquentes, aggressives oder dissoziales Verhalten
- Förderung von Schutzfaktoren im familiären und sozialen Umfeld (positive Freundschafts- und Gleichaltrigenbeziehung) und von personalen Resilienzfaktoren (positives Selbstwertgefühl, positive Selbstwirksamkeit oder positives Sozialverhalten)
- die Förderung der altersgemäßen Entwicklung durch Unterstützung in der Bewältigung von Entwicklungsaufgaben (z.B.: Gefühle bei sich und anderen erkennen, sich in andere einfühlen, eigenes Verhalten und Gefühle regulieren, soziale Interaktion einleiten können, etc.).

1. Die Ebene des Kindes
Auf dieser Ebene soll vor allem die Integration der Kinder in die Gleichaltrigengruppe gefördert werden. Dies geschieht über drei PAPILIO-Maßnahmen.
Bei der ersten Maßnahme („Spielzeug-macht-Ferien-Tag") werden die Kinder dazu angehalten, sich ohne das übliche Spielmaterial zu überlegen, wie sie miteinander im Kindergarten spielen können. Dabei müssen sie lernen, ihre Bedürfnisse mit denen der anderen Kinder abzustimmen, neue Beziehungen und Interaktionen zu anderen Kindern einzuleiten und kreative Spielideen zu entwickeln und in der Gruppe umzusetzen. Diese Maßnahme sollte durch die regelmäßige Durchführung zu einem festen Ritual in der Kindergartengruppe werden.
Die zweite Maßnahme basiert auf dem „Good Behavoir Game" von Barrish, Saunders und Wolf (1969) und heißt „Meins-deinsdeins-unser-Spiel". Die Kinder werden in Kleingruppen eingeteilt und können durch das Einhalten von vereinbarten Regeln Punkte gewinnen. Diese Punkte können gegen eine Belohnung eingetauscht

werden. Die lerntheoretischen Prinzipien sollen den Erwerb gruppenförderlichen Verhaltens unterstützen und sozial unerwünschtes Verhalten reduzieren. Im Rahmen des Spiels werden die Kinder dazu aufgefordert, eigene Regeln für die Gruppe zu formulieren und zu begründen, das eigene Verhalten zu kontrollieren und die vereinbarten Gruppenregeln einzuhalten, Mitverantwortung für das Gruppengeschehen zu übernehmen und sich auf die Aufgaben zu konzentrieren und diese zu beenden.

Mit der dritten Maßnahme („Paula und Kistenkobolde") sollen vor allem die sozial-emotionalen Kompetenzen gefördert werden. Mit Hilfe einer interaktiven Geschichte setzen sich die Kinder mit der Selbst- und Fremdwahrnehmung der Emotionen Traurigkeit, Angst, Ärger und Freude auseinander. Die Hauptfiguren der Geschichte sind das Kindergartenkind Paula und die vier Kobolde, die jeweils für ein Gefühl stehen. „Heulibold" steht für Traurigkeit, „Zornibold" für Ärger, „Bibberbold" für Angst und „Freudibold" für Freude. Außerdem sollen die Kinder einen eigenen Gruppenkobold basteln, der eine von der Gruppe zugeordnete Funktion hat. Ein wesentliches Element bei dieser Maßnahme ist die Kiste, in der die Kobolde leben. In der Kiste finden die Kinder Dinge, die die Kobolde für sie hinterlassen haben, sie können aber auch Dinge und Botschaften für die Kobolde hinterlassen. Die Kiste ist das Verbindungselement zwischen Phantasie und Realität. Diese Maßnahme zielt darauf ab, dass die Kinder eigene Emotionen wahrnehmen, sie verbal und nonverbal ausdrücken und sie angemessen regulieren. Außerdem sollen sie die Emotionen anderer erkennen, benennen und mit ihnen adäquat umgehen. Die Maßnahme unterstützt die Kinder auch darin, ein besseres Emotionsverständnis zu entwickeln, Empathie und prosoziales Verhalten zu zeigen sowie Handlungsmöglichkeiten zu finden.

2. Die Ebene der Erzieherinnen und Erzieher

Die Maßnahmen, die auf dieser Ebene durchgeführt werden, konzentrieren sich auf die Programmschulung. Den Erzieherinnen werden relevante Informationen zur kindlichen Entwicklung, zu Verhaltensproblemen, zur Prävention, zur sozialen Interaktion und zur zwischenmenschlichen Kommunikation vermittelt. Außerdem werden sie mit den Methoden des Programms vertraut gemacht. Diese Verstärkung der fachlichen Kompetenzen kann zu einer effektiveren Wirkung des eigenen Handelns auf das Verhalten der Kinder führen und somit die eigene Selbstwirksamkeitserwartung erhöhen. Im Rahmen eines Basis- und eines Vertiefungsseminars werden den Erzieherinnen und Erziehern die relevanten Themenbereiche, der Einsatz des entwicklungsfördernden Erziehungsverhaltens (z.B. Lob als positiver Verstärker, adäquater Umgang mit unerwünschtem Verhalten, Einsetzen von Regeln) und die verschiedenen Maßnahmen vermittelt. Ziel ist es, die Interaktion und Kommunikation zwischen Erzieherin und Kind zu verbessern und über das Verhalten der Erzieherinnen dem Kind gegenüber, das kindliche Verhalten zu steuern.

3. Die Ebene der Eltern und Erziehungsberechtigten
Die Elternebene befindet sich zurzeit noch in der Entwicklung. Es bestehen bereits Angebote, wie Elternabende und Elternclub, welche die Eltern in das Projekt integrieren und ihre erzieherischen Kompetenzen unterstützen. Es soll den Transfer der neu erlernten Fähigkeiten und Kompetenzen auf den familiären Bereich ermöglichen. Außerdem haben die Eltern durch dieses Netzwerk die Möglichkeit, sich mit anderen Eltern auszutauschen.
Die Wirksamkeit des Papilio-Programms wurde im Rahmen der „Augsburger Längsschnittstudie zur Evaluation des Präventionsprogramms (ALEPP) untersucht. Diese hatte ein quasiexperimentelles Design mit Interventions- und Kontrollgruppen zu drei Messzeitpunkten. Die Daten wurden mit Hilfe von Eltern- und Erzieherfragebögen sowie einer Kinderbefragung erhoben. Die Erzieherpersonen gaben an, dass es nach der Durchführung der Maßnahmen zu einer Abnahme der am Anfang beobachteten Verhaltensauffälligkeiten kam. Im Vergleich mit der Kontrollgruppe zeigten diese Kinder eine deutliche Zunahme des prosozialen Verhaltens. Außerdem ergab sich eine signifikante Überlegenheit der Interventionsgruppe in Bezug auf die aktive Teilnahme am Gruppengeschehen, das kooperative Verhalten anderen Kindern gegenüber, die Fähigkeit, Gefühle spontan und angemessen auszudrücken sowie die Bereitschaft, auf Vorschläge anderer Kinder einzugehen. Nach Einschätzung der Eltern konnten die durch die Maßnahmen erzielten Effekte allerdings nicht auf den familiären Kontext übertragen werden. Grundsätzlich konnte jedoch eine höhere Zufriedenheit der Erzieherinnen und Erzieher der Interventionsgruppen mit der Situation in ihren Kindergärten festgestellt werden, die berufliche Situation wurde als weniger belastend empfunden. Zudem hätten die Maßnahmen dazu beigetragen, das Verhalten der Kinder positiv zu beeinflussen.
Umfangreiche Informations- und pädagogische Materialien, darunter auch ein Einführungsvideo mit der bundesweit bekannten „Augsburger Puppenkiste", finden sich auf der Website des gemeinnützigen Vereins Papilio e.V., bei dem die Gesamtverantwortung für das Programm liegt (www.papilio.de). Zu bestellen sind auf diesem Wege auch eine Veröffentlichung zu Theorie und Grundlagen des Programms. Eine Praxisbox mit Vorleseheft, diversen CDs, Liedern und Noten sowie Kopiervorlagen ist nur in Zusammenhang mit einer Fortbildung erhältlich. Eltern sollen über Elternabende und einen „ElternClub" erreicht werden, es werden aber auch Elterntrainings angeboten. Die Teilnahme an Seminaren und die Bereitstellung der Materialien ist mit nicht unerheblichen Kosten verbunden, erscheint aber für die Qualitätssicherung unverzichtbar zu sein. Von einem Programm mit zunächst regionalem Zuschnitt erfolgte in den letzten Jahren eine Professionalisierung und bundesweite Ausdehnung. Außer der Geschäftsführung gibt es mittlerweile ein Netzwerk, bestehend aus Multiplikatoren und Angeboten von Seminaren, in vielen Bundesländern. Die wissenschaftliche Begleitung sollte auf weitere Forschungsgruppen, die weniger eng mit dem Programm verbunden sind, ausgeweitet werden.

Insgesamt handelt es sich um ein Programm mit Zukunft, dessen Effekte in erwartbarem Rahmen bestätigt sind und dem wegen seines Ansatzes im frühkindlich-institutionellen Bereich besondere Bedeutung zukommt.

Literaturhinweise

- Barquero, Beatriz/Mayer, Heidrun/Heim, Petra/Scheithauer, Herbert/Meir-Brenner, Sabine/Koglin, Ute/Petermann, Franz/Erhardt, Horst: PAPILIO: Ein Programm zur Primärprävention von Verhaltensproblemen, Förderung sozial-emotionaler Kompetenzen im Kindergarten und langfristigen Prävention von Sucht und Gewalt. In: Röhrle, Bernd (Hrsg.), Prävention und Gesundheitsförderung. Bd. III. Kinder und Jugendliche. dgvt-Verlag. Tübingen 2007
- Scheithauer, Herbert /Mayer, Heidrun. Primärpräventive Förderung der sozialen, sozio-emotionalen und kognitiven Kompetenz im Kindergarten: Das Papilio-Programm. In: Kißgen, Rüdiger/Heinen, Norbert (Hrsg.). Frühe Risiken und Frühe Hilfen. Grundlagen, Diagnostik, Prävention. Klett-Cotta. Stuttgart 2010, S. 232-245.
- Mayer, Heidrun: PAPILIO – ein Programm zur Förderung sozial-emotionaler Kompetenzen. Bürgerschaftliches Engagement als Garant für Nachhaltigkeit. In: KOMPAKT Spezial 3/2010, S. 31-33
- www.papilio.de

Fit und Stark fürs Leben

Das Programm „Fit und Stark fürs Leben“ besteht aus mehreren Manualen, die in einem Schulbuchverlag publiziert sind (s. u.) und insgesamt als ein Spiralcurriculum entwickelt wurden. Mit dieser Einordnung verbindet sich der Anspruch, dass die zu vermittelnden Inhalte nicht allein einer innerfachlichen Logik folgen, sondern auch entwicklungs- und lernpsychologische Gesichtspunkte berücksichtigen. Diese ergeben sich aus dem Lebenskompetenzansatz (Life Skills) der WHO, dem sich auch eine Reihe anderer Programme (z.B. „Erwachsen werden“, „Eigenständig werden“) verpflichtet fühlen, allerdings erfolgt hier ein stärkerer Zuschnitt auf die Unterrichtssituation.

Die Persönlichkeit der Schüler, ihre Life Skills sollen gestärkt und gefördert werden, um auf diese Weise präventiv vor Stress, Sucht und Aggression zu schützen. Das Projekt entstand im Rahmen des dritten Aktionsplans „Europa gegen den Krebs“, welcher von der Europäischen Union gefördert wurde. Mit Unterstützung des Bildungsministeriums der Länder Schleswig-Holstein und Mecklenburg-Vorpommern sollten Möglichkeiten entwickelt und erprobt werden, um Maßnahmen zur Persönlichkeitsentwicklung der Schülerinnen und Schüler als festen Bestandteil des Schulalltags zu implementieren. Durch den „life-skills“-Ansatz sollte die verbreitete Annahme ersetzt werden, dass rationale Entscheidungen das Verhalten beeinflussen (also: das Wissen über Rauchen verhindert Rauchen). Die Vertreter des Lebens-

kompetenzansatzes sehen im Konsum von Tabak etc. dagegen eher den Ausdruck einer mangelnden Persönlichkeitsentwicklung. Dementsprechend gilt es, die Schüler zu befähigen bzw. sie zu stärken, den äußeren negativen Beeinflussungen zu widerstehen, indem sie Selbstwertgefühl, Lebensmut, Motivation zur aktiven und kreativen Lebensgestaltung und Konfliktfähigkeit für die Bewältigung schwieriger Lebensphasen entwickeln. Das Programm „Fit und Stark fürs Leben" zielt somit auf die Stärkung der psychosozialen Kompetenz.
In aufeinander aufbauenden Manualen (für die Klasse 1/2; Klasse 3/4; Klasse 5/6 und Klasse 7/8) werden sechs Lebenskompetenzbereiche (der WHO) umgesetzt (Hanewinkel/Aßhauer 2003):

1. Selbstwahrnehmung und Einfühlungsvermögen
2. Das Selbstwertgefühl und das Selbstvertrauen sollen gestärkt werden, um dem Gruppendruck besser widerstehen zu können und die Empathiefähigkeit zu fördern.
3. Umgang mit Stress und negativen Emotionen:
4. Vermittlung von Bewältigungstechniken, um mit belastenden Situationen effektiver umzugehen.
5. Kommunikation:
6. Das Repertoire an verbalen und nonverbalen Ausdrucksmöglichkeiten wird vergrößert und sozial kompetentes Kommunikationsverhalten in Rollenspielen eingeübt.
7. Kritisches Denken/Standfestigkeit:
8. Negative Beeinflussungen durch die „peer group" oder durch Medien sollen durch Selbstwahrnehmungs- und Kommunikationsfertigkeiten verhindert werden.
9. Problemlösen:
10. Grundlegende Schritte des Problemlösens werden vermittelt wie das Erkennen einfacher Probleme, das Benennen verschiedener Handlungsmöglichkeiten, das Abwägen verschiedener Lösungsmöglichkeiten und die Bewertung von Handlungskonsequenzen.
11. Information/gesundheitsrelevantes Wissen:
    Der eigene Körper soll besser kennengelernt werden, um so langfristig die Verantwortlichkeit für die eigene Gesundheit zu fördern.

Diese Vorgehenswiese soll zu einer verbesserten Problemlösefähigkeit und zu einem effektiveren Stressmanagement beitragen. Des Weiteren kann so eine individuelle Bezugsnorm aufgebaut werden und eine differenziertere Selbstwahrnehmung ermöglichen.

In den Klassen 1/2 wird noch primärpräventiv und substanzunspezifisch gearbeitet, es besteht kein direkter Bezug auf das Rauchen, sondern hier geht es um die Vermittlung grundlegender sozialer Fertigkeiten und Bewältigungsformen, die spielerisch erprobt und eingeübt werden. In Klasse 3/4 werden die Life Skills der fortgeschrittenen psychosozialen Entwicklung der Kinder angepasst und weiter gefördert. In den Klassen 5/6 sowie 7/8 kann man sich konkreter mit dem Tabakkonsum beschäftigen, da viele Schüler bereits (eigene) Erfahrungen mit dem Rauchen gemacht haben. Ziel ist es, zu erreichen, dass aus dem gelegentlichen Probieren kein gewohnheitsmäßiges Verhalten entwickelt wird. Dieses Spiralcurriculum ist deshalb sinnvoll, da es sich über viele Jahre erstreckt und so die gesamte Schulzeit begleitet und nicht nur kurzzeitig von Bedeutung ist.
Die Manuale beinhalten 20 Unterrichtseinheiten, die in einer wiederkehrenden Abfolge von Elementen und einem ritualisierten Schema, wie es insbesondere für jüngere Schülerinnen und Schüler sinnvoll ist, verlaufen.

1. Eröffnung:
   Lied, Gesprächsrunde oder Bewegungsspiele stimmen die Kinder ein
2. Besprechung der Hausaufgaben
   Selbstbeobachtungsaufgaben und Fremdbeobachtung (durch Detektivspiel)
3. Entspannungsteil:
   meist Fantasiereisen, die auf die einzelnen Stunden thematisch abgestimmt sind
4. Hauptthema:
   gezielte Arbeit an den Lernkompetenzen mit altersgemäßen Methoden; Möglichkeiten zum handlungsorientierten Einüben der Inhalte
5. gemeinsamer Abschluss
   kleine Spiele, in denen das Thema nochmals rekapituliert wird

Das Programm überzeugt vor allem durch sein großes und kindgemäßes Materialien- und Methodenrepertoire (Brainstorming, Lieder, Basteln, Fantasiereisen, Entspannungsübungen, Rollenspiele, Partnergespräche etc.). Die Unterrichtseinheiten sind klar strukturiert und die Unterrichtsaktivitäten leicht umsetzbar. Leider wird keine Fortbildung oder Praxis begleitende Unterstützung angeboten, so dass die Lehrer sich die Inhalte und Umsetzungen selbst erarbeiten müssen. Um die Unterrichtsvorbereitung für die Lehrkräfte ökonomisch zu gestalten, werden Übungen, Lieder und Spiele in den Manualen detailliert beschrieben; benötigte Unterrichtsmaterialien sind als Kopiervorlage beigefügt.
Die Programmevaluation, die anhand von Lehrer- und Schülerfragebögen erfolgte, zeigte, dass der Projektunterricht den Schülern Spaß gemacht hat und Gewinn bringend für sie war. Die Lehrer gaben auch an, dass viele Eltern sich positiv über den Nutzen des Curriculums äußerten. Positive Effekte waren vor allem im psycho-

sozialen Verhalten der Kinder festzustellen. Nach Einschätzung der Lehrer zeigten die am Programm teilnehmenden Schüler weniger aggressive Verhaltensweisen. Die Lehrer gaben auch Verbesserungen bei ängstlich-depressiven Verhaltensweisen, bei sozialen Problemen und delinquentem Verhalten an.
Die Schüler haben nach Durchlaufen des Programms eine geringere Erwartung, dass sie selbst künftig rauchen werden, äußern eine vergleichsweise ablehnendere Einstellung dem Rauchen gegenüber. Sie sind sich der negativen Konsequenzen durch das Rauchen bewusster und entwickeln generell ein verbessertes Körperbewusstsein. Ein positiver Effekt konnte auch in Bezug auf den Klassenzusammenhalt festgestellt werden.
Der langfristige Lebenskompetenzansatz ermöglicht es dem Programm, bei einer qualitätsgerechten Umsetzung positive Wirkung auf verschiedenen Ebenen zu erzielen. Hervorzuheben ist die Qualität der Manuale, der systematische Aufbau der Unterrichtsinhalte und die vielfältigen Materialien und Methoden. Die Ergebnisse der „weichen" Evaluation sind überzeugend. Von der Schule muss der langfristige Einsatz zugesichert werden, es erfolgt jedoch kein systematisches Angebot an Fortbildungen, so dass eine adäquate Umsetzung des Programms an den Schulen und seine Nachhaltigkeit nicht garantiert werden können. Auch wäre eine explizite Einbeziehung der Eltern mit ihren Rückwirkungen auf den familialen Erziehungskontext wünschenswert.

Literaturhinweise

- Ahrens-Eipper, Sabine/Aßhauer, Martin/Burow, Fritz/Weiglhofer Hubert: Fit und stark fürs Leben. 5. und 6. Schuljahr. Prävention des Rauchens durch Persönlichkeitsförderung. Klett. Leipzig 2002
- Aßhauer, Martin/Burow, Fritz/Hanewinkel, Reiner: Fit und stark fürs Leben. 3. und 4. Schuljahr. Persönlichkeitsförderung zur Prävention von Aggression, Stress und Sucht. Klett. Leipzig 1999
- Burow, Fritz/Aßhauer, Martin/Hanewinkel, Reiner: Fit und stark fürs Leben. 1. und 2. Schuljahr. Persönlichkeitsförderung zur Prävention von Aggression, Rauchen und Sucht. Klett. Leipzig 1998
- Aßhauer, Martin/Hanewinkel, Reiner: Fit und stark fürs Leben. Universelle Prävention des Rauchens durch Vermittlung psychosozialer Kompetenzen. Suchttherapie 4 (2003), S. 197-199
- Aßhauer, Martin/Hanewinkel, Reiner: Prozessevaluation eines Lebenskompetenztrainings in der Grundschule. In: Empirische Pädagogik 12 (4), 1998, S. 327-345

Mentorenprogramm „Balu und Du"

Balu und Du ist ein Mentorenprogramm, das benachteiligte Grundschulkinder im außerschulischen Bereich fördert. Ziel des Projekts ist es, Präventionsarbeit zu leisten, indem frühzeitig einer Entwicklung von Kindern entgegengewirkt wird, die sich im Jugendalter als Devianz in ihren vielfältigen Formen, z.B. als Intoleranz, Gewaltbereitschaft oder ethnische Desintegration, zeigen könnte.
Namenspate für das Projekt ist *Das Dschungelbuch* von *R. Kipling*, in dem der erfahrene Bär *Balu* das Menschenkind *Mogli* auf einem Stück des Lebenswegs begleitet, unterstützt und wenn nötig auch beschützt. Aber während sich *Balu* und *Mogli* im Dschungel durch glücklichen Zufall begegnen, werden die Kinder für das Projekt von Lehrer/innen kooperierender Grundschulen gezielt und sorgfältig ausgewählt. Zunächst stellen die Projekt-Koordinator/innen das Programm an den Grundschulen vor. Den Lehrer/innen wird das Angebot gemacht, dass sie „Kinder um die Sie sich Sorgen machen" und von denen sie glauben, dass sie von einer außerfamiliären und außerschulischen Bezugsperson profitieren würden, in das Projekt anmelden können. Die Möglichkeit einer im Alltag angesiedelten Förderung wird seitens der Lehrer/innen in der Regel sehr begrüßt, da hier „eine Lücke gefüllt wird", die zu füllen den LehrerInnen selbst meist nicht möglich ist.
Bei den ehrenamtlich tätigen Mentor/innen handelt es sich meist um Studierende, Fach- oder Sek. II-Schüler/innen, deren Teilnahme ins Curriculum ihrer Bildungseinrichtung integriert ist oder aber es melden sich *Balus* über Freiwilligenagenturen o.ä. Mentor/innen sind junge Menschen zwischen 18 und 30 Jahren. Sie erklären sich bereit, für mindestens ein Jahr die Begleitung eines Kindes zu übernehmen, sich wöchentlich mit ihm zu treffen, die Treffen schriftlich in einem Online-Tagebuch zu dokumentieren und zudem an regelmäßigen (meist wöchentlichen) Begleitgruppen teilzunehmen. Vor Beginn ihrer Tätigkeit legen die Mentor/innen ein polizeiliches Führungszeugnis vor, bzw. willigen in eine polizeiliche Überprüfung ein.
Die Gründe, warum sich die Lehrer/innen um die für das Projekt ausgewählten Kinder sorgen, sind sehr unterschiedlich: Einige Kinder wachsen in schwierigen Familienverhältnissen auf, sind viel sich selbst überlassen und ihre Beschäftigung ist auf Fernsehen und Videospiele beschränkt. Manche haben Lernprobleme, andere benötigen mehr Selbstvertrauen und wieder andere fallen durch aggressives Verhalten auf. Etwa die Hälfte der vorgeschlagenen Kinder kommt aus Familien mit Migrationshintergrund; hier gilt es oftmals unzureichende Deutschkenntnisse auszugleichen, die eine erfolgreiche Teilnahme der Kinder am schulischen Unterricht und ihre Integration in die Gesellschaft be- oder sogar verhindern.
Das Einverständnis der Eltern vorausgesetzt, können die Kinder dann am Projekt teilnehmen und erhalten für ein Jahr die verlässliche Betreuung eines „großen Freundes". Mit dieser Unterstützung soll erreicht werden, dass sich die Kinder – trotz oft widriger Umstände – gemäß ihrer positiven Anlagen entwickeln können und die Weichen im Leben der Kinder in eine positive Richtung umgestellt werden.

Die Gespanne aus *Balu* und *Mogli* treffen sich wöchentlich für einige Stunden, die entsprechend den Interessen, Bedürfnissen oder der individuellen Lage des Kindes gestaltet werden: Einmal steht die Vermittlung von Alltagskompetenzen im Vordergrund, einmal die Anbahnung von Kontakten über den oftmals engen Familienbezug hinaus (z.B. zu Jugendzentren, Sportvereinen), in anderen Fällen geht es um die Entwicklung der Fähigkeit und/oder Bereitschaft kleine Dialoge zu führen; in denen dann nicht selten die Vermittlung von (angemessenen) Werten und Normen anlassgemäß thematisiert wird.

1. Balu und Du schafft Gelegenheit zum Informellen Lernen

Die Mentorenbeziehungen werden dabei wesentlich geprägt durch das Konzept des *Informellen Lernens.* Damit ist das Lernen „en passant" im Alltag gemeint: Es geht um beiläufige Erkenntnisse und um Einsichten, die unmittelbar aus der Situation erwachsen. Informelles Lernen ist u.a. darauf angewiesen, dass Personen mit Lernvorsprung die Lernchancen im Alltag erkennen und erklärend aufgreifen (im Idealfall die Eltern, die ihre Kinder an ihren Erfahrungen teilhaben lassen und geduldig Fragen beantworten). Ebenso wird die Lernlandschaft des Informellen Lernens gebildet durch die täglichen Herausforderungen, etwas zu bewältigen was man (noch) nicht kann, das Lernen an Modellen, sowie die Erfahrungsräume in Stadt und Natur.

Der Zugang zu informellen Lerngelegenheiten ist allerdings nicht für alle Kinder gleichermaßen gegeben und auch die Inhalte sind höchst unterschiedlich – und damit sind daran geknüpfte Chancen ungleich verteilt. Für Kinder aus schwierigen Milieus ist eine Mentorenbeziehung nachweislich besonders hilfreich, um jene fehlenden Basiskompetenzen zu entwickeln, die auch für das Lernen in Bildungseinrichtungen grundlegend sind: z.B. Leistungsoptimismus, Fragehaltungen, Initiative, Zeiteinteilung, realistische Selbsteinschätzung, angemessene soziale Interaktionen. Hier gleichen die Balus existierende Unterschiede und Vorerfahrungen aus, „puffern" sie ab und leisten ein Stück weit auch eine „Nacherziehung" der betreuten Kinder. Vor allem aber lassen die Balus die Kinder an ihren Erfahrungen teilhaben – und umgekehrt. Von diesem Austausch profitieren alle Beteiligten, u.a. durch einen Zuwachs an Erfahrungen, sozialen und interkulturellen Kompetenzen.[2]

2. Qualitätsstandards im Projekt

Balu und Du gibt es bereits seit 2002; Ausgangspunkt waren die Universität Osnabrück und der Diözesan-Caritasverband für das Erzbistum Köln e.V. Seitdem

2 Eine Studie der Universität Osnabrück belegt, dass diejenigen Studierenden, die das Projekt *Balu und Du* oder ein anderes Praxisprojekt in ihr Studium integriert hatten, einen deutlich höheren Zuwachs an *Schlüsselkompetenzen* („*soft skills*") in den Bereichen *Arbeitshaltung und Selbstdisziplin* und *Kommunikation in schwierigen Situationen* hatten, als diejenigen Studierenden die eher „traditionell" studieren. Vgl. SQ-Forum, 1/2009, S. 111-124

sind Umfang und Erfahrung gleichermaßen gewachsen: Mittlerweile gibt es mehr als 50 Projektstandorte bundesweit, an denen bis Anfang 2011 bereits mehr als 2100 Beziehungen gestiftet wurden; von denen viele dauerhaften Bestand haben. Denn wenn nach einem Jahr das „Projekt" endet, bedeutet das keinen Abbruch des Kontakts zwischen *Balu* und *Mogli*. Hat sich eine freundschaftliche Beziehung entwickelt, wird diese meist auch über das Projektende hinaus gepflegt. Als Ansprechpartner in Krisensituationen soll der *Balu* für das Kind in jedem Fall erhalten bleiben.

Die Verantwortung dem Kind gegenüber ist ebenso Thema in den Begleitgruppen für die MentorInnen, wie die Sensibilisierung für informelle Lernprozesse. Vor allem aber finden die *Balus* in den Gruppen Unterstützung im Umgang mit „ihren" Kindern durch eine pädagogische Fachkraft, Anregungen durch den Austausch mit den anderen Mentor/innen und erhalten über sog. *Memos* [3] weiterführende Informationen zu relevanten Themen. Den Verlauf der Treffen dokumentieren die *Balus* in einem Online-Tagebuch, das zeitnah vom Koordinator vor Ort gelesen und kommentiert wird. Die Tagebücher und die Begleitgruppen ermöglichen eine sehr dichte Begleitung der MentorInnen, auf die im Sinne einer hohen Qualität der Beziehungen und auch der Verantwortung den betreuten Kindern gegenüber größter Wert gelegt wird; diese *Qualitätsstandards* sind für alle Projektstandorte verbindlich und werden in einem Kooperationsvertrag schriftlich fixiert. Die *Tagebücher* der *Balus* ermöglichen zudem, neben anderen Verfahren, eine Evaluation des Projekts.

3. Ergebnisse der Evaluation

Eine Evaluation des Programms *Balu und Du* wurde an der Universität Osnabrück realisiert, die Begleitforschungen werden dort koordiniert und geleitet. Neben laufenden Forschungen zur Förderung der Gesundheit, zur Stressentwicklung und anderen Bereichen wurden bislang u.a. Studien zur Aggressionsentwicklung der am Projekt teilnehmenden Kinder, sowie ihrer Entwicklung aus Sicht der LehrerInnen abgeschlossen.

Die deutlichsten Effekte sind interessanterweise genau in solchen Bereichen zu finden, die als Vorläufermerkmale für späteres abweichendes Verhalten identifiziert worden sind: die Fähigkeit Konflikte kompetent zu bewältigen, unterstützende Kontakte außerhalb der Familie, Kommunikationsfreude und Beteiligung an nicht-institutionalisierten Gleichaltrigenaktivitäten, wie der Integration in das Pausenspiel.

Darüber hinaus profitieren die Kinder sehr individuell von ihrer Teilnahme am Projekt, entsprechend ihrer unterschiedlichen Ausgangslage: Die Integration in

3 *Memos* sind projekteigene Arbeitsunterlagen, die pädagogische Themen behandeln, „best practice" darstellen und Hinweise zum Umgang mit problematischen Situationen geben (z.B. *Umgang mit Lügen / Mangelnde Körperhygiene / Internetnutzung / Aktivitäten mit Kindern im Wald / Informelles Lernen* /uva.)

die Klassengemeinschaft verbessert sich, soziale und Alltagskompetenzen werden erlernt, sprachliche Defizite werden ausgeglichen, oder ein besseres Selbstgespür aufgebaut. Auch die Konzentrationsfähigkeit entwickelt sich bei vielen Kindern positiv, was mitunter ein Grund dafür sein könnte, dass sich die Teilnahme am Projekt auch günstig hinsichtlich der schulischen Leistungen der Kinder auswirkt.

In den im Folgenden zusammenfassend vorgestellten Studien wurde versucht, möglichst mit klassischen Forschungsdesigns zu arbeiten: Zur Einschätzung der Aggressionsentwicklung der Kinder füllten diese zu Beginn des Projekts und nach einjähriger Teilnahme einen normierten Test aus. Die Ergebnisse sind in Abbildung 1 dargestellt:

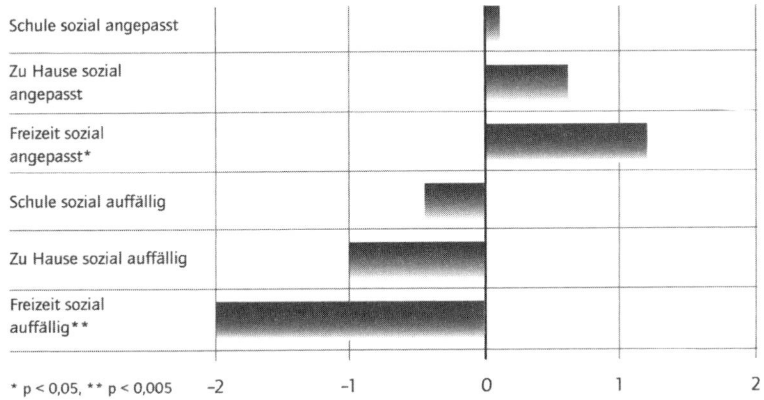

Abb. 1: Balu und Du – ein ehrenamtliches Mentoren Programm 2010, S. 44

Die Veränderungen der Aggression bei den Kindern ist allein deshalb bemerkenswert, weil hier eine positive Entwicklung eher unwahrscheinlich gewesen ist, da Aggression als ein sehr stabiles und schwer zu beeinflussendes Merkmal gilt, mit der Tendenz zur Verschlimmerung. Trotzdem zeigen die Ergebnisse, dass sich die Kinder nach der Teilnahme am Programm insbesondere in der Freizeit deutlich kompetenter in Situationen verhalten, in denen sie vor dem Programm zu sozial unerwünschten, eskalierend-aggressiven Reaktionen tendierten. Dies ist der Bereich in dem die MentorInnen hauptsächlich arbeiten. Zusätzlich gelingt es, nicht aggressive Verhaltensweisen in die Bereiche Schule und Zuhause zu übertragen.

Eine genauere Analyse der Daten zeigt zudem, dass diejenigen Kinder, die zu Projektbeginn besonders aggressiv waren, noch stärker profitieren und deutlichere Verbesserungen im Laufe des Projektjahres erreichen (Abbildung 2):

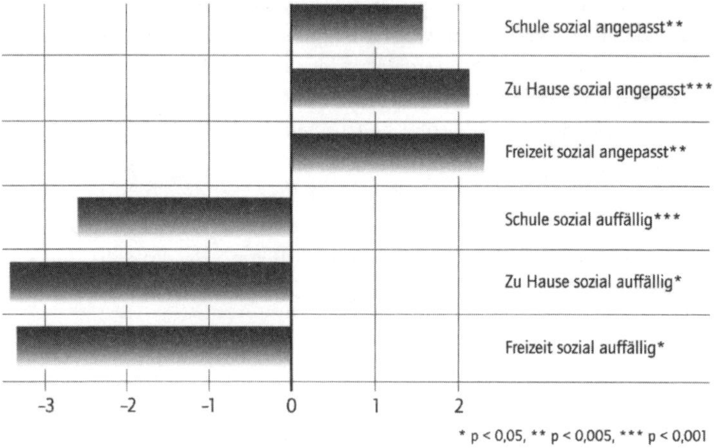

Abb. 2: ebd., S.45

Die Wahrnehmung der Veränderungen der am Projekt teilnehmenden Kinder durch die LehrerInnen wurde zusätzlich mit projektspezifischen Skalen erfasst. Von besonderem Interesse für die Evaluation des Programms waren die Teile, in welchen sich starke Effekte beobachten lassen. Als starke Effekte werden gewöhnlich Effektstärken über d = 0,8 bezeichnet. Dieser Wert wird in vier Dimensionen sogar überschritten. Der stärkste Effekt mit 0,96 zeigt sich beim Zuwachs von „Kontakten außerhalb der Familien". Darauf folgt die Steigerung der Kompetenz „Konflikte zwischen SchülerInnen kompetent bewältigen" zu können. Ebenfalls starke positive Effekte hat das Programm auf die „Integration in der Pause" und die „verbale Kommunikationsfreude". Aus den Ergebnissen wird deutlich, dass das Programm hauptsächlich der Integration der Kinder und der Entwicklung ihrer sozialen Kompetenzen zugute kommt.

Literaturhinweise

- Balu und Du – ein ehrenamtliches Mentorenprogramm für Grundschulkinder. Köln, Osnabrück 2010 (Imagebroschüre)
- Szczesny, Michael/ Goloborodko, Galina/ Müller-Kohlenberg, Hildegard: Bürgerschaftliches Engagement als „additives Modell" zum Erwerb von Schlüsselkompetenzen: Welche Kompetenzen können im Mentorenprojekt „Balu und Du erworben werden? In: SQ-Forum 1/2009, S. 111-124
- Schlüter Maren, Müller-Kohlenberg, Hildegard.: Feststellung der Wirksamkeit von Präventionsmaßnahmen am Beispiel des Mentorenprogramms „Balu und Du": Effektstärken, Netto-Effektstärken und die Funktion von Kontrollgruppen. In: forum kriminalprävention 3/2010, S. 34-36

- Esch, Dominik/Müller-Kohlenberg, Hildegard/Siebolds, Martina/Szczesny, Michael: „Balu und Du". Ein Mentorenprojekt für benachteiligte Kinder im Grundschulalter. In Heinzel, Friederike/Garlichs, Ariane/Pietsch, Susanne: Lernbegleitung und Patenschaften. Reflexive Fallarbeit in der universitären Lehrerausbildung. Beltz. Bad Heilbrunn 2007, S. 132-144
- www.balu-und-du.de

5.3 Programme für ältere Schüler

Lions-Quest-Programm „Erwachsen werden"

Das Programm wurde in den 1970er Jahren von der unabhängigen amerikanischen Stiftung „Quest International" (Quest, engl. = Suche, Streben) unter dem Namen „Skills for Adolescence" entwickelt und wird seit 1984 unter der Schirmherrschaft der Lions Clubs in ca. 50 Ländern weltweit eingesetzt. In Deutschland firmiert das Programm, das erstmals im Jahre 1994 für den schulischen Gebrauch adaptiert und mehrfach überarbeitet und ergänzt wurde, unter den Titel „Erwachsen werden". Seit 2007 liegt die dritte, vollständig überarbeitete Ausgabe der Materialsammlung mit Planungshilfen und Kopiervorlagen für den Unterricht vor. Im Jahre 1997 wurde der gemeinnützige Verein „Lions-Quest Deutschland e.V." gegründet, welcher es sich zur Aufgabe gemacht hat, über das Programm zu informieren und bei der Organisation der Einführungsseminare für Pädagogen zu unterstützen. Außerdem wird die Erstellung der Materialien und die Ausbildung der Lions-Quest Trainer vom Verein übernommen. Unterstützt wird der Verein von den Lions-Clubs, deren Mitglieder sich ehrenamtlich für Menschen engagieren, die Hilfe benötigen. Die „Lions" unterstützen auch die Programme „Kindergarten plus" und „Klasse 2000", die eine Ergänzung und Vorstufe für das Lions-Quest Programm darstellen, um bereits im Kindesalter (Kita und Grundschule) Lebenskompetenzen zu stärken.
Hauptziel des Programms „Erwachsen werden" ist es, die psychosoziale Kompetenz junger Menschen zu entwickeln, insbesondere ihre Fähigkeiten zu fördern, eigenverantwortliche Entscheidungen zu treffen und Konflikt- und Risikosituationen erfolgreich zu begegnen sowie konstruktive Lösungen zu finden. Das Programm unterstützt Schüler dabei, ihr Selbstvertrauen und ihre kommunikative Kompetenz zu stärken, Kontakte und Beziehungen aufzubauen sowie kritisches Denken fördern und es hilft ihnen, ein eigenes Wertesystem aufzubauen. Die Schüler werden befähigt, die Auswirkungen ihres Handelns für andere und für sich selbst zu überdenken; Gefühle, Ideen und Überzeugungen anderer zu respektieren; offen, zuverlässig und hilfsbereit zu sein und sich dann auch für andere zu engagieren. Damit ordnet es sich in den „Life-Skill-Ansatz" ein.

Eine aktive Einbindung der Eltern ist wesentlicher Bestandteil des Programms. Bei ihrer Elternarbeit können sich Lehrer auf gut ausgearbeitete Elternmaterialien (Elternheft und sieben Elternbriefe) stützen, die zur Verbesserung und Optimierung von Abläufen und Leistungen im Schulalltag, zur Förderung des Schul- und Klassenklimas und zur Verbesserung der Kooperation von Lehrern und Eltern beitragen sollen. Diese Materialien liegen auch in russischer und türkischer Sprache vor.

Das Programm für die Schülerinnen und Schüler ist geeignet für die Sekundarstufe I und besteht aus sieben Teilen, wobei jeder Teil einem speziellen Thema gewidmet ist (Wilms 2004, S. 104f):

1. Ich und meine (neue) Gruppe
2. Stärkung des Selbstvertrauens
3. Mit Gefühlen umgehen
4. Die Beziehungen zu meinen Freunden
5. Mein Zuhause
6. Es gibt Versuchungen: Entscheide dich
7. Ich weiß, was ich will.

Die Durchführung des Trainingsprogramms erfolgt in bereitgestellten Unterrichtsstunden oder auch im Fachunterricht Gemeinschaftskunde/Sozialkunde, Ethik/Religion, Deutsch u.a. Das Material ist handlungsorientiert angelegt, so dass die Kleingruppenarbeit und die selbstständige Schülerarbeit gefördert werden.

Als Arbeitsmaterialen stehen zur Verfügung:

- *Lehrerhandbuch:* Informiert über Hintergründe und Entstehungsprozess des Programms – Life-Skills-Ansatz zur Förderung der Persönlichkeit, der sozialen Kompetenz und der Gesundheit – vor allem enthält es aber umfassende und differenzierte Hilfen zur Planung und Durchführung des Unterrichts. Zu jeder Stunde gibt es eine Übersicht über Ziele, Materialien, Ablauf sowie verschiedene Alternativvorschläge. Außerdem werden den Lehrpersonen pädagogische Hinweise zur veränderten Rolle des Lehrers bei der Umsetzung des Programms, zur Heterogenität, Differenzierung und Gruppenbildung sowie Umgang mit Fehlverhalten und Störungen gegeben.
- *Schülerheft „Teenager sein – eine Herausforderung“:* Das Heft entsteht im Verlaufe des Unterrichts aus Kopiervorlagen, die im Lehrerhandbuch enthalten sind. Die Kopien werden durch Schülerbeiträge ergänzt.

- *Elternheft „Die Jahre der Überraschungen"*: Enthält zahlreiche Informationen und praktische Hinweise zum Umgang mit Jugendlichen in dieser Altersgruppe. Es begleitet die Elternarbeit und sichert das Verständnis der Eltern für den Unterricht ihrer Kinder.
- *Elternbriefe:* Ziele sind die Unterstützung der schulischen Programmarbeit und die Verbesserung der Zusammenarbeit von Schule und Elternhaus, um die Nachhaltigkeit zu sichern.
- *CD „Zufallskarten für Paar- und Gruppenbildung"*: Die CD enthält weiteres Material, das die Lehrer bei der Vorbereitung entlasten soll.
- *Energizer „Soziales Lernen mit Kopf, Herz und Hand"*: Ergänzen die Auswahl von Übungen aus dem Lehrerhandbuch und bieten ein Angebot an pädagogischen Methoden, um die Schülerinnen und Schüler zu aktivieren und sie dazu anzuhalten, in vielfältigen Situationen kreativ zu lernen und durch gezielte Reflexion diese Erfahrungen zu integrieren.
- *DVD „Erwachsen werden"*: In kurzen Filmen wird ein Überblick zur Geschichte des Programms in Deutschland sowie eine Einführung in das Programm gegeben. Außerdem enthält sie Kommentare von Lehrern und Ergebnisse zur Evaluation des Programms.

Zur Vorbereitung auf das Programm erhalten interessierte Lehrpersonen ein dreitägiges Einführungsseminar, bei dem sie neuere Unterrichtsformen, wie Interaktionsspiele, Körper- und Wahrnehmungsübungen, Visualisierung, Rollenspiele u. ä., kennen lernen sowie in der Gruppe erproben und reflektieren. Darüber hinaus gibt es zur Unterstützung des Programms Gesprächskreise und Aufbauseminare, die Nachhaltigkeit wird auch durch Praxisbegleitung gesichert. Mehr als 60.000 Lehrerinnen und Lehrer, teilweise sind auch Lehramtsstudierende einbezogen, haben bereits an den Lions-Quest Seminaren teilgenommen. Die Rahmenbedingungen der Seminare hinsichtlich Planung, Durchführung und Finanzierung sind sehr unterschiedlich. Häufig übernehmen zum Beispiel die Lions-Clubs die Kosten für die Fortbildung von Lehrern aus ihrem Einzugsbereich.
Lions-Quest ist eines der am besten evaluierten Programme, national wie international wurden die positiven Wirkungen des Programms in vielen Studien bestätigt. In Deutschland laufen größere Evaluationsstudien mit unterschiedlichen wissenschaftlichen Fragestellungen zu dem Programm. Die Ergebnisse zeigen, dass die Jugendlichen infolge der Programmarbeit verantwortungsvoller und solidarischer miteinander umgehen und sich das Klassenklima positiver gestaltet. Gewaltpräventive und gesundheitsfördernde Wirkungen konnten insbesondere für Mädchen und Gymnasialschüler nachgewiesen werden. Im Rahmen einer Implementierungs-

studie fand man heraus, dass Lions-Quest das bundesweit verbreitetste Schulprogramm zur Förderung allgemeiner Lebenskompetenzen ist (Bittlingmayer/Sirch 2006). Außerdem wurde die Wirksamkeit der Elternmaterialien untersucht. Bildungsnahe Eltern schätzen den Wert des *Elternhefts* höher ein, während die *Elternbriefe* die schulbildungsfernen und Hauptschuleltern besonders ansprechen. Eltern wünschen sich vor allem praktische Tipps, daher wird von den Forschern eine Erweiterung der stark kognitiv ausgerichteten Elternmaterialien um kommunikative Elemente empfohlen (Hartung/Blanz/Ogawa-Müller 2009).
Eine weitere Empfehlung aus dem Evaluationskontext bezieht sich auf die Fortführung der Kompetenzförderung in höheren Altersstufen und eine Anwendung in der Sekundarstufe II, entsprechende Weichenstellungen mit Unterstützung der Peter-Ustinov-Stiftung (siehe Website: www.lions-quest.de) wurden bereits vorgenommen.

Das Programm besitzt eine lange Tradition und hat sich in der pädagogischen Praxis und der Evaluation sehr gut bewährt. Bemerkenswert sind die hohe Qualität der pädagogischen Materialien, die mehrfach verbessert worden sind, und die exzellente Infrastruktur der Unterstützung. Dennoch geben die Evaluationsstudien Hinweise darauf, dass die „Programmtreue“, trotz insgesamt positiver Bewertung, ein Problem darstellt. Ein Nachlassen der Motivation der Lehrer und Schulen, nachdem das Programm über Jahre eingesetzt worden ist, dürfte nicht nur ein Problem von Lions-Quest, sondern auch für alle lange Zeit auf dem Markt befindlicher Life-Skill-Programme sein. Eine weitere Herausforderung für dieses und alle Programme ist die Erreichbarkeit von Kindern aller Sozialschichten.

Literaturhinweise

- Bauer, Ulrich: Evaluationsergebnisse zu Lions-Quest „Erwachsen werden“. In: Melzer, Wolfgang/Schwind, Hans-Dieter (Hrsg.): Gewaltprävention in der Schule. Nomos. Baden-Baden 2004
- Bittlingmayer, Uwe, H./Sahrai, Diana/Sirch, Ulrike: Die Lions-Quest-Praxisbegleitung. Zwischen Notwendigkeit, Unsicherheit und Professionalisierung. Bericht der Bielefelder Begleitforschung. Bielefeld 2006a
- Bittlingmayer, Uwe H./Sirch, Ulrike: „Erwachsen werden“ an deutschen Schulen. Eine Implementierungsstudie in den ausgewählten Bundesländern Hamburg, Rheinland-Pfalz und Baden-Württemberg. Bielefeld 2006b
- Hartung, Susanne/Blanz, Elisabeth/Ogawa-Müller, Yulika: Elternedukation und Elternarbeit im Setting Schule aus der Perspektive sozialer Ungleichheit. Evaluation des Elternbildungsprogramms „Erwachsen werden“, Elternarbeit im Setting Schule und der Sozialkapitalansatz. Bielefeld 2009
- Hurrelmann, Klaus/Kähnert, Heike: Evaluation des Lions-Quest-Programms „Erwachsen werden“. Abschlussbericht. Universität Bielefeld 2002

- Wilms, Ellen: Das Lions-Quest-Programm „Erwachsen werden“ als Beitrag zum sozialen Lernen. In: Melzer, Wolfgang/Schwind, Hans-Dieter (Hrsg.): Gewaltprävention in der Schule. Nomos. Baden-Baden 2004
- Website Lions-Quest in Deutschland: www.lions-quest.de

Programm „Soziales Lernen“

Bereits in den 1980er Jahren entwickelte Hedwig Lerchenmüller das Unterrichtsprogramm „Soziales Lernen“ für Schüler der Sekundarstufe I. Damit war das Ziel verbunden, auf die wachsenden Probleme von und mit Kindern und Jugendlichen, z.B. auffälliges und aggressives Verhalten, prophylaktisch zu reagieren (vgl. Lerchenmüller 1987). Im Zentrum des Unterrichtsprogramms stehen das soziale Lernen, insbesondere die Förderung von Handlungsfähigkeit bei den Schülern, sowie die Verbesserung des Lernklimas in der Klasse. Die Schüler sollen in Konflikt- und Problemsituationen sozial positive, aber auch für sich befriedigende Lösungsstrategien entwickeln lernen. Wesentliche Merkmale sozialen Lernens sind neben der Handlungsorientierung der Bezug zur Erfahrungswelt der Schüler und die Berücksichtigung einer affektiven Auseinandersetzung mit den Lerninhalten. Folgende Fähigkeiten sollen im Einzelnen geschult werden: Urteilsfähigkeit, Beziehungs- und Empathiefähigkeit, kommunikative Kompetenz, Rollendistanz und Ambiguitätstoleranz. Das Programm versteht sich als *kontextbezogener Ansatz*, d.h. das gesamte soziale Gefüge der Schule, der gesamte Klassenverband soll einbezogen werden. Neben dem Lernklima soll auch die Qualität der Lehrer-Schüler-Beziehung verbessert werden. Das Programm hat insgesamt eine delinquenzprophylaktische Absicht, d.h. durch die erworbene soziale Handlungs- und Problemlösungskompetenz soll delinquentem Verhalten vorgebeugt werden.
Das Unterrichtsprogramm soll das soziale Lernen in der Schule in Form eines offenen Curriculums ermöglichen. Es setzt sich aus flexiblen Bausteinen zusammen, die didaktisch variabel einsetzbar sind. Insgesamt wurden 26 Unterrichtsbausteine entwickelt, die sich einzelnen Themenbereichen zuordnen lassen: Vorurteile und Diskriminierung von Minderheiten, Beziehung zur Erwachsenenwelt, Konflikte mit Autoritätspersonen, Konflikte in der Gleichaltrigengruppe, jugendliches Entscheidungsverhalten, Hintergründe und Folgen einer Straftat. Ein Unterrichtsbaustein umfasst meist die Dauer einer Doppelstunde. Den Schülern werden Themen als offene Problemsituationen in Form von Videos, Bildgeschichten oder Kurzgeschichten vorgegeben. Die Schüler sollen dann durch Gespräche, Kleingruppenarbeit oder Rollenspiele adäquate Konfliktlösungen erarbeiten. Dabei werden auch häufig Bildgeschichten einbezogen. So sollen z.B. die Schüler ermutigt werden, sich auch gegen den Druck der Gleichaltrigengruppe zu entscheiden. Sie sollen lernen, ihre Entscheidungen vor der Gruppe zu vertreten und die Folgen von unbedachten

delinquenten Gruppenaktivitäten für sich und andere zu begreifen. Neben solchen thematischen Unterrichtsbausteinen sind im Lernprogramm auch „Meckerstunden“ vorgesehen, welche die Schüler selbst gestalten. In diesen „Meckerstunden“ werden Klassenprobleme, persönliche Schwierigkeiten usw. aufgegriffen. Neben dem Schülertraining sind eine begleitende Beratung des Klassenlehrers durch einen geschulten Beratungslehrer sowie Gruppensitzungen zum Erfahrungsaustausch vorgesehen.
Das soziale Lernprogramm wurde in 8. Klassen von Haupt- und Realschulen erprobt. Im Ergebnis zeigten sich vielfältige soziale Lerneffekte: Das Klassenklima verbesserte sich, viele Schüler schätzten ihre Empathiefähigkeit, ihre kommunikative Kompetenz und ihre Konfliktlösungsfähigkeit nach dem Schülertraining höher ein. Allerdings zeigte sich auch: Wirkungsvoll ist soziales Lernen nur dann, wenn es gezielt und dauerhaft in der Schule gefördert wird. So waren die Lerneffekte nach einem halben Jahr wieder weitgehend nivelliert, was vor allem darauf zurückgeführt wird, dass die Lehrkräfte den geforderten sozialintegrativen Unterrichtsstil nur teilweise verwirklichen konnten. Um soziales Lernen besser in den Unterricht integrieren zu können, bedarf es offenbar entsprechender pädagogischer, einschließlich persönlicher und sozialer Kompetenzen der Lehrpersonen. Umgekehrt heißt das: Das Programm ist vor allem dann erfolgreich, wenn es in den Schulalltag integriert und mit Personal- bzw. Schulentwicklung verbunden wird.

Literaturhinweise

- Lerchenmüller, Hedwig.: Soziales Lernen in der Schule. Zur Prävention sozialauffälligen Verhaltens. Ein Unterrichtsprogramm für die Sekundarstufe I. Bochum 1987.
- Dann, Hanns-Dietrich: Aggressionsprävention im sozialen Kontext der Schule. In: Holtappels, Heinz Günter u.a. (Hrsg.): Forschung über Gewalt an Schulen. Juventa. Weinheim, München 1999/2009, S. 351-366

„Buddy“-Programm

Dem Buddy-Programm (Buddy, dt. Kumpel, Freund) liegt die Idee zugrunde, dass Jugendliche zu Gleichaltrigen am meisten Vertrauen haben, sich unterstützen und in gefährlichen Situationen einander helfen – ob bei Gewalt, Mobbing oder bei Schulproblemen. Ziel ist es, über die Stärkung der sozialen Kompetenzen Gewalt und Sucht vorzubeugen. Das Programm wendet sich an Lehrer, Schulsozialarbeiter, Kinder und Jugendliche aller Schulformen. Im Jahre 1999 von der Vodafon Stiftung ins Leben gerufen und öffentlichkeitswirksam unterstützt, fand das Programm schnell bundesweite Resonanz. Perspektivisch sollen regionale Netzwerke mit anderen Projekten zum sozialen Lernen entstehen, in denen Schule, Jugendhilfe und andere Institutionen miteinander kooperieren.

Das pädagogische Konzept basiert auf drei Säulen: der Peer group-Education, dem „systemischen Ansatz“ und der Lebensweltorientierung, die miteinander verknüpft werden sollen. Peer group-Education wird genutzt, indem die Peers sich gegenseitig bei Problemen helfen und Verantwortung für sich und andere übernehmen. Aus dem „systemischen Ansatz“, der besagt, dass Veränderungen innerhalb eines Systems auch immer das System als Ganzes verändern, folgt die Konsequenz, dass ein Buddy-Projekt nicht als Einzelprojekt gesehen werden darf, sondern immer in den Kontext von Schule, Schulentwicklung, Gruppe und der beteiligten Personen zu stellen ist. Lebensweltorientierung meint, dass die Buddy-Projekte nach dem tatsächlichen Bedarf der Schüler aufgebaut werden. Das bedeutet, dass die Schüler aktiv beteiligt werden, an konkreten Alltagssituationen lernen und dabei Schlüsselkompetenzen für ihr eigenes Leben erwerben. In Kooperation mit den jeweiligen Länderministerien wird von der Stiftung die Durchführung von Trainings in bestimmten Regionen und Kommunen angeboten. Idealerweise soll die Implementierung des Programms drei Phasen umfassen: 1. Ausbildung von Multiplikatoren auf Landesebene, 2. Trainings für Pädagogen zur Förderung sozialer Handlungskompetenz in Regionaltrainings, 3. Jährliche Vertiefungs- und Praxistage für die am Projekt beteiligten Schulen

Buddy-Projekte werden in der Regel von zwei Lehrern, die eine mehrtätige Fortbildung erhalten haben, betreut. Jede Schule soll – entsprechend ihres Bedarfes – die konkreten Praxisprojekte selbst entwickeln. Die Bandbreite ist sehr groß und reicht von Buddys, die andere Kinder mit Schulangst zu Hause abholen, über Patenmodelle für jüngere Schüler, Friedensbuddys, Hausaufgaben-Buddys, Buddy-Klassenräte bis zu Rollstuhl-Buddys. Die Buddys sind durch ihr Outfit leicht erkennbar, z.B. Mützen, T-Shirts, Schlüsselanhänger usw. Folgende inhaltliche Anwendungsebenen für Buddys sind z.B. möglich: Schüler helfen Schülern (Peer-Helping), Schüler lernen miteinander (Peer-Learning), Schüler helfen lernen (Peer-Teaching), Schüler betreuen Schüler (Peer-Coaching), Schüler beraten Schüler (Peer-Councelling), Schüler vermitteln in Konflikten (Peer-Mediation) oder Buddy-Projekte im sozialen Umfeld (Service Learning). Das Buddy-Programm ist weniger ein einheitliches geschlossenes Konzept, sondern eher ein offenes System möglicher Maßnahmen. Jede Schule erstellt ihr eigenes Profil und führt ausgewählte Maßnahmen durch. Das setzt eine konkrete Bedarfsanalyse und eine konkrete Schulentwicklungsarbeit voraus.

Idee und Konzept des Buddy-Programms sind gerade mit Blick auf der Schulentwicklung sinnvoll und überzeugend, wenngleich das Programm verschiedene Ansätze aus anderen Konzepten übernommen hat. Insofern ist das Buddy-Programm weniger ein eigenes Präventionsprogramm im engeren Sinne, sondern eher ein allgemeiner Handlungsansatz, unter dessen Dach sich verschiedene Präventionsprogramme und -ansätze versammeln. Die Vorzüge liegen dennoch auf der Hand: Der systemische Ansatz und die regionale Netzwerkorientierung lassen das Programm als ein perspektivreiches Konzept erscheinen, das Gewaltprävention mit Schulentwicklung zu verbinden vermag. Erfahrungsberichte können die Vorzüge des Ansatzes bestätigen, Evaluationsstudien fehlen jedoch bislang.

Literaturhinweise

- Faller, Kurt/Kneip, Winfried: Das Buddy-Prinzip – Soziales Lernen mit System. Buddy e.V. Düsseldorf 2007
- Lindner, Daniela/Buhl, Monika: Das Buddy-Projekt. Soziales Lernen im Rahmen schulischer Projektarbeit. In: Diskurs Kindheits- und Jugendforschung. H. 2/2009, S. 303-309
- Niebank, Kay/Scheithauer, Herbert: Entwicklung evidenzbasierter Grundlagen und Indikatoren für die Evaluation des Modellprojekts „Buddy in der Grundschule". Forschungsbericht FU Berlin. Berlin 2010
- Buddy e.V.: http://www.buddy-ev.de/Buddy-Projekt/
- Buddy-news des Buddy-e.V., Benzenbergstr. 2, 40219 Düsseldorf

Programm ProACT + E

„ProACT + E" ist ein primärpräventives Mehr-Ebenen-Programm für weiterführende Schulen und wurde von einer Arbeitsgruppe der Universität Tübingen und der Christoph-Dornier-Stiftung für Klinische Psychologie Tübingen entwickelt. Bei der Entwicklung wurde darauf geachtet, ein universelles Mehr-Ebenen-Programm zu gestalten, welches allen Schülern dieser Altersgruppe mit unterschiedlichen psychosozialen Belastungen gerecht wird und sowohl Präventions- als auch Interventionsstrategien enthält. Vor allem die Gruppe der Täter-Opfer soll dadurch erreicht werden.
Es lehnt an bereits bestehende Anti-Bullying-/ Präventionsprogramme (z.B. von Olweus) an, ist aber speziell für das deutsche Schulsystem erstellt worden. ProACT + E bedeutet „to take prompt Action" (sofort handeln), das „E" steht für die Zusammenarbeit mit den Eltern, denn es gibt zwei unterschiedliche Modelle – zum einen „ProACT", welches nur ein Klassentraining beinhaltet und „ProACT + E", welches Wert auf die Einbeziehung der Eltern legt. Dass Eltern wichtige Partner sind, um gegen Aggression und Gewalt in der Schule vorzugehen, wird in verschiedenen Studien belegt. Daher ist eine Zusammenarbeit von Schule und Elternhaus bei diesem Programm wesentlich und auch angezeigt.
Das Programm basiert auf der sozial-kognitiven Lerntheorie (vgl. u.a. Bandura 1986), die davon ausgeht, dass das Verhalten von Jugendlichen aus einem fortlaufenden Prozess mit der Umwelt resultiert und sich erwünschte Reaktion aus den erfahrenen Konsequenzen einer Handlung ergeben. Aggressives Verhalten soll mit Hilfe des Programms reduziert und ein positives Sozialverhalten der Schüler gefördert werden. Ziel ist, dass sie unterstützend bei Viktimisierung handeln, ihre soziale

Konfliktlösefertigkeit verbessern und ein positives Sozialverhalten entwickeln. Um den größtmöglichen Effekt zu erhalten, ist es essentiell, dass Mitschüler, Eltern und Lehrkräfte systematisch mit einbezogen werden.
„ProAct + E" ist für die 5. Klasse konzipiert worden, da der Wechsel auf eine weiterführende Schule häufig mit einer Zunahme von Verhaltenauffälligkeiten einhergeht. Die Autoren verwenden im Zusammenhang mit Gewalt und Ausgrenzungsprozessen in der Schule die international sowie in der psychologischen und kriminologischen Forschung gebräuchlichen Begriffe „Bullying" und „Viktimisierung".
Bullying wird fast gleichbedeutend mit Mobbing i.S. der Definition von Olweus (s. Kap. 2.1 und 5.6) verwendet und bedeutet, dass ein Schüler oder eine Gruppe von Schülern systematisch, wiederholt und über einen längeren Zeitraum hinweg den negativen Handlungen eines anderen Schülers oder einer Gruppe von Schülern ausgesetzt ist. Diese Handlungen können direkt oder indirekt, körperlich oder verbal ausgeführt werden. Da ein Kräfteungleichgewicht (körperlich oder psychisch) besteht, fällt es dem/n betroffenen Schüler/n schwer, sich zu wehren (vgl. Spröber, Schlottke & Hauzinger, 2008, S. 6). Der Begriff Viktimisierung wird vor allem in der Kriminologie und der Psychologie, aber auch in den Sozialwissenschaften verwendet und bedeutet wörtlich übersetzt *"zum Opfer machen"* oder *"zum Opfer werden"* (lateinisch: "victima" = ursprüngliche Bedeutung: Opfertier, aber auch Opfer; englisch: "victim"). Viktimisierung beschreibt zum einen die unmittelbaren Ursachen, Wirkungen und Folgen einer Straftat für das Opfer (*primäre* Viktimisierung), zum anderen aber auch die mittelbaren Folgen im Zusammenhang mit der Beziehung zwischen dem Opfer und seinem sozialen Umfeld (*sekundäre* Viktimisierung) oder den Instanzen der sozialen Kontrolle (*tertiäre* Viktimisierung).
Den Phänomenen von Bullying und Viktimisierung könne man – dies ist auch der Forschungsstand – am effektivsten in der Grundschule und in der Sekundarstufe I begegnen, jedoch mit geringerem Erfolg bei älteren Schülern.
Die Durchführung von ProAct + E erfolgt mit Hilfe eines Arbeitsbuches für Lehrkräfte, Eltern und Schüler, darin enthalten sind auch sämtliche bereitgestellte Materialien. Für die Elterntrainings ist zusätzlich eine DVD mit typischen Erziehungssituationen erhältlich. Den jeweiligen Akteursgruppen entsprechend, wurden spezifische Ziele und Inhalte erarbeitet.

Für die *Lehrerberatung* und die *Elterntrainings* wurden folgende Inhalte formuliert:
- Lernpsychologische Grundlagen kindlichen Verhaltens
- Strategien zur positiven Beziehungsgestaltung
- Strategien zur Förderung positiven Sozialverhaltens
- Strategien zum Umgang mit Problemverhalten
- Wissen über Bullying/Viktimisierung
- Merkmale von Schülern, die andere schikanieren bzw. viktimisiert werden, zur

verbesserten Wahrnehmung auftretender Konflikte
- Handlungsmöglichkeiten bei Bullying
- Ideen zur Etablierung eines regelmäßigen Informationsaustausches zwischen Eltern und Lehrkräften

(Quelle: Spröber/Schlottke/Hautzinger 2008, S. 29)

Beim *Klassentraining* sollen vor allem folgende Inhalte vermittelt werden:
- Verbesserte Wahrnehmung sozialer Situationen
- Ursachen für Konflikte, Veränderung der Gewaltbereitschaft
- Vereinbaren von Regeln zum Umgang mit Konflikten und Entwickeln von Lösungsideen
- Üben von Fertigkeiten (eigene Gefühle und die Gefühle anderer besser wahrnehmen, sich behaupten, prosoziales Verhalten zeigen), die notwendig sind, um Konflikte konstruktiv zu lösen
- Vermittlung eines komplexen Problemlösemodells.

(Quelle: ebd.)

Die Verwirklichung von „ProACT + E" an Schulen kann von Schulpsychologen, Pädagogen, Vertrauens- und Beratungslehrern, Sozialarbeitern bzw. Sozialpädagogen oder auch Erziehern angeregt werden. In jedem Fall soll es sich um pädagogisch oder psychologisch ausgebildetes Fachpersonal handeln, das von außen an die Klasse herantritt und im Verlauf des Trainings im Zweierteam als Berater und Trainer beteiligt ist. Die Grundlage für die Durchführung ist ein Klassencurriculum, welches von Klassenlehrer und Trainer erarbeitet wurde.

Der Ablauf des Trainings sollte sich folgendermaßen strukturieren:

1. Vorbereitungsphase

Die Vorbereitungsphase beginnt idealerweise im 5. Jahrgang und mit einer Ist-Stand-Erhebung. Schulleiter, Klassenlehrer und psychologische Berater planen gemeinsam den zeitlichen Ablauf. Bei einem Elternabend werden die Eltern über das Projekt informiert. Die Schüler werden von den externen Beratern und ihren Klassenlehrern informiert. Schüler, Lehrer und Eltern erhalten gleichzeitig den Fragebogen zum Thema Bullying. Vor Beginn des Klassentrainings bekommen Eltern, Schüler, Lehrer und Schulleitung eine Rückmeldung über die Ergebnisse der Erhebung.

2. Intervention

Um Klassen- und Eltertraining besser aufeinander abstimmen zu können, sollten diese möglichst parallel stattfinden.

Das Klassentraining umfasst drei Termine zu je vier Schulstunden. In der ersten Sitzung werden zu Beginn Verhaltensregeln festgelegt und Konsequenzen für das

Einhalten der Regeln bzw. regelwidriges Verhalten bestimmt. Außerdem werden Konflikte analysiert, in dem die Ursachen von Konflikten, die eigenen Erfahrungen und die Regeln zur Konfliktlösung erarbeitet werden. In der zweiten Sitzung wird selbstsicheres Verhalten eingeübt. In der dritten Sitzung werden dann ein Konfliktlösemodell erstellt sowie präventive Maßnahmen vereinbart.
Die Lehrerberatung erfolgt an fünf Terminen, wobei die ersten beiden Termine bereits in der Vorbereitungsphase stattfinden. Dabei wurden die Grundlagen und das Wissen zum Thema Bullying erarbeitet. In den sich anschließenden drei Sitzungen erfahren Lehrer, wie sie die positive Entwicklung ihrer Schüler fördern können, wie sie mit Problemen umgehen können und wie in der Weiterführung das Klassenmanagement und die Beratung gestaltet werden können.
Das Elterntraining findet an drei Terminen zu je 2,5 Stunden statt. In der ersten Sitzung wird das Elterntraining eingeführt und Faktoren benannt, die das Verhalten der Kinder beeinflussen. Wie Eltern die positive Entwicklung ihrer Kinder fördern können, wird in der zweiten Sitzung besprochen. Thema der dritten Sitzung ist der Umgang mit Konflikten.

3. Weiterführung
Im Rahmen der Weiterführung wird der Fragebogen noch einmal ausgefüllt und die Ergebnisse werden mit denen vor Beginn des Trainings verglichen. Zu einem festen Termin werden im Rahmen des Klassenrates Entwicklungen und Konflikte reflektiert. Der Informationsaustausch von Eltern und Lehrern soll sich verfestigen. Die vereinbarten präventiven Maßnahmen werden gefestigt und Strategien vertieft.
Die Evaluationsergebnisse (Spröber/Schlottker/Hautzinger 2007) belegen, dass durch „ProACT + E“ die Häufigkeit von direktem und indirektem Bullying verringert werden kann. Die Strategien, die Lehrer und Schüler sich erarbeiten, unterstützen beim Eingreifen in Konflikte und beim Schutz des Opfers. Die Gewaltbereitschaft wird durch das Training gesenkt und kann zu einer positiven Entwicklung führen. Dass Schüler und Lehrer nach den Interventionsmaßnahmen jedoch eher eingreifen, konnte bisher nicht belegt. Die Mitarbeit der Eltern erscheint notwendig, um soziale Kompetenzen nachhaltig zu verbessern.
Insgesamt ist „ProACT + E“ ein sehr kompaktes Modell, das sich durch wissenschaftliche Fundierung, Ist-Stand-Analyse und ein darauf abgestimmtes Präventions- und Interventionskonzept, das Schule und Elternhaus einbezieht, auszeichnet. Erste Evaluationsergebnisse zeigen positive Wirkungen, deren Persistenz aber noch in Frage steht. Wie bei anderen Programmen müssen Vorbehalte angemeldet werden, wenn Programmentwicklung und Evaluation in einer Hand liegen – weitere Bewährungskontrollen sind erforderlich. Interessierte Schulen können sich mit einem im Buchhandel zu erwerbenden Manual auf den Weg machen, allerdings steht im Gegensatz zu anderen Programmen keine zusätzliche Unterstützungsinfrastruktur (Stiftung/Trägerverein, Schulungen, Weiterbildungsmaßnahmen) zur Ver-

fügung. Die für die Durchführung notwendige Beteiligung von Schulpsychologen kann in der Schulrealität in der Regel nicht vorausgesetzt werden.

Literaturhinweise

- Spröber, Nina/Schlottke, Peter F./Hautzinger, Martin: Bullying in der Schule. Das Präventions und Interventionsprogramm ProACT + E. Beltz. Weinheim, Basel 2008
- Spröber, Nina/Schlottke, Peter F./Hautzinger, Martin: ProACT + E: Ein Programm zur Prävention von „Bullying“ an Schulen und zur Förderung der positiven Entwicklung von Schülern. In: Röhrle, Bernd (Hrsg.): Prävention und Gesundheitsförderung. Für Kinder und Jugendliche Bd. III. DgvT-Verlag. Tübingen 2007, S. 347-368
- Spröber, Nina: ProACT + E – Entwicklung und Evaluation eines Mehr-Ebenen-Programms zur Prävention von „Bullying“ an weiterführenden Schulen und zur Förderung der positiven Entwicklung von Schülern. Tübingen 2006

5.4 Programme für auffällige Schüler

Programm „Fit for life“

Mit diesem Programm, das als Materialordner in einem einschlägigen pädagogischen Verlag erhältlich ist (Jugert u.a. 2008), wird das Ziel verfolgt, die soziale Kompetenz, die Motivation und das Arbeitsverhalten sozial benachteiligter Jugendlicher im Alter von 13 bis 21 Jahren zu fördern und dadurch der sozialen Desintegration vorzubeugen. Im Unterschied zum „Sozialtraining in der Schule“ ist dieses Programm ein sekundärpräventives Programm, d.h. es konzentriert sich vor allem auf sozial auffälliges Verhalten und will sowohl korrektiv als auch präventiv wirken. Hauptadressaten sind sozial benachteiligte Jugendliche mit Lernbehinderungen, emotionalen Störungen oder Verhaltensstörungen. Das Programm basiert auf der Theorie der sozial-kognitiven Informationsverarbeitung von Dodge und Crick (1993) und der sozial-kognitiven Lerntheorie von Bandura einschließlich des Konzepts der Selbstwirksamkeit (Bandura 1986, 1994). Das allgemeine Ziel ist der Aufbau von sozialen Kompetenzen und beruflichen Schlüsselqualifikationen, den Jugendlichen soll insbesondere eine berufliche und gesellschaftliche Integration ermöglicht werden. Die Adressaten finden sich, soweit Schulen angesprochen werden, überwiegend in Berufsschulen, Förderschulen bestimmten Typs und Brennpunktschulen.

Folgende inhaltliche Ziele werden mit dem Programm angestrebt:
- Konzentration und Ausdauer erhöhen
- Lern- und Leistungsmotivation verbessern
- Selbst- und Fremdwahrnehmung schärfen
- Selbstbild sowie Selbststeuerung und Selbstkontrolle verbessern
- Umgang mit eigenem Körper und Gefühlen schulen
- Einfühlungsvermögen und Kommunikations- und Kooperationsfähigkeit verbessern
- gewaltfreie Konfliktlösung einüben
- den Umgang mit Lob, Kritik und Misserfolg lernen
- Entscheidungen treffen und Planungen machen

Die Inhalte des Trainings sind in folgende thematisch abgegrenzte Module gegliedert (Jugert/Rehder/Notz/Petermann 2009):
- Motivation („Mein Motivationsmuster")
- Feedback („Feedbackregeln")
- Selbstsicherheit („Schritte zur Selbstsicherheit")
- Selbstmanagement („Stress ade – scheiden tut nicht weh")
- Kommunikation („Gutes Zuhören")
- Körpersprache („Körpersprache verstehen")
- Kooperation und Teamfähigkeit („Kreativität und Team")
- Freizeit („Freizeitwegweiser")
- Lebensplanung („Mein Leben – meine Zukunft")
- Beruf und Zukunft („Job-Interview")
- Gefühle („TOP oder FLOP – Wut oder Freude")
- Fit für Konflikte I („Konflikt – ja oder nein?")
- Fit für Konflikte II („win win: Die coole Art, Konflikte zu lösen")
  1. Einfühlungsvermögen („Perspektivenwechsel")
  2. Lob und Kritik („Umgehen mit Kritik im Beruf")

Für jedes Modul sind Feinziele formuliert. Daneben werden Vorschläge für die Einführung in das Thema sowie Trainingsvorschläge für die Aneignung der jeweiligen Kompetenz oder Fähigkeit unterbreitet. Gearbeitet wird In Kleingruppen und mit verschiedenen Trainingsmethoden, z.B. Brainstorming, Metaplan, Verhaltensübungen, strukturiertes und gelenktes Rollenspiel, Demonstration von Modellverhalten, kognitives Umstrukturieren, Transfer. Darüber hinaus finden Verhaltensregeln, Video- und anderes Feedback sowie Selbstbeobachtungs- und Selbstkontrolltechniken Verwendung.
Die Module verlaufen mit Hilfe des Manuals (Jugert u.a. 2008) nach einem festgelegten Schema: Titelblatt mit Cartoon, Begriffsklärung, Feinziele, drei Trainingsvorschläge mit Ziel, Angabe des benötigten Materials, Übungsanweisung, Auswertungsanleitung sowie Arbeitsblättern mit Cartoons.

Das Programm wurde zwischen 1999 und 2008 in mehreren Studien evaluiert. Die Mitarbeiter, die das Vorhaben durchführten, mussten zuvor eine 40-stündige Fortbildung durchlaufen haben. Das soziale Kompetenztraining lief über einen sechsmonatigen Zeitraum (wöchentlich 90 Minuten) und fand in kleinen Gruppen von fünf bis sieben Jugendlichen statt. Das Training wurde durch regelmäßige Supervision von einem Projektteam begleitet.
Die Evaluationsergebnisse zeigen, dass in allen Verhaltensbereichen bei den Jugendlichen eine Verbesserung zu beobachten war. In den Bereichen „Sozial kompetentes Verhalten" und „Soziale Problemlösekompetenz" waren diese Veränderungen statistisch hoch signifikant. In manchen zu trainierenden sozialen Fertigkeiten waren weibliche Jugendliche den männlichen deutlich überlegen, so dass ein vorübergehend geschlechterhomogenes Kompetenztraining empfohlen wird. Besonders gute Effekte sind dann zu erwarten, wenn ein Lehrerkollegium dieses Programm (ähnlich wie bei anderen sozialen Trainingsprogrammen) mehrheitlich unterstützt, wenn einige Kollegen die Trainerqualifikation per Fortbildung erwerben, wenn bei der Realisierung Supervision in Anspruch genommen und das Training evaluiert wird.
Jedoch sollte erwähnt werden, dass in Bezug auf die Selbsteinschätzung des eigenen aggressiven Verhaltens nur beim Vergleich mit der Kontrollgruppe von einer Verbesserung gesprochen werden kann. Es wird auch darauf hingewiesen, dass der Einsatz des Programms vorrangig in „einfachen" Gruppen erfolgen sollte, da es beim Training mit schwierigen Jugendlichen zu erheblichen Störungen kommen kann.
Für die Schulen kann der Einsatz des Programms mit einem erheblichen organisatorischen Aufwand verbunden sein, da die Fortbildung zum Training sozialer Kompetenz sehr umfangreich und zeitintensiv ist und auch weil eine Begleitung und Supervision erforderlich ist. Des Weiteren muss bedacht werden, dass die Übungen sich auf „gestellten" Situationen beziehen und Aussagen zur Anwendung des neu Erlernten im Alltag der Jugendlichen daher schwierig sind. Insgesamt hat sich das Programm in der Praxis sehr bewährt und wird von den Pädagogen, die die Materialien anwenden, sehr geschätzt – davon zeugt der wachsende Verbreitungsgrad und das Erscheinen des Manuals in hoher Auflage.

Literaturhinweise

- Jugert, Gert/Rehder, Anke/Notz, Peter/Petermann, Franz: Fit for life. Module und Arbeitsblätter zum Training sozialer Kompetenz für Jugendliche. Juventa, 7. Aufl. Weinheim und München 2009
- Jugert, Gert: Sozialtraining in der Schule. Konzeption und Erfahrungen. In: Lernchancen. 3. Jg., 20/2001, S. 34-37
- Jugert, Gert: Soziale Kompetenz für Jugendliche. Grundlagen und Training. Juventa. 6. Aufl. Weinheim, München 2009
- Petermann, Franz/Jugert, Gert/Verbeek, Dorothe/Tänzer, Uwe: Verhaltenstraining mit Kindern. In: Heitmeier, Wilhelm/Holtappels, Heinz Günter/Melzer,

Wolfgang/Tillmann, Klaus-Jürgen (Hrsg.): Forschung über Gewalt an Schulen. Erscheinungsformen und Ursachen, Konzepte und Prävention. Juventa. 5. Aufl. Weinheim und München 2009, S. 315-329

Coolness-Training

Das Coolness-Training (CT) basiert auf der „Konfrontativen Pädagogik (vgl. Gall 1997, 2006). Unter *„Konfrontativer Pädagogik"* wird ein pädagogischer Handlungsstil, eine Methodik zur Förderung der Selbstverantwortung des Klienten verstanden (vgl. Kilb 2007). Konfrontative Pädagogik ist „geführte Gruppen-Interaktion" in Form der *Peer-Group-Education*, d.h. der eigentliche Erziehungsfaktor wir in der Gleichaltrigengruppe gesehen. Das Coolness-Training wurde aus dem Anti-Aggressivitäts-Training (AAT) heraus entwickelt, um konfrontative Elemente auch für die Schule nutzbar zu machen. Im Coolness-Training wird ein Gruppenprozess initiiert, der eine Verhaltensänderung herbeiführen soll. Das Coolness Training ist konfrontativ-prophylaktisch angelegt und richtet sich an gewaltauffällige Kinder und Jugendliche, deren Opfer und an die unbeteiligten Beobachter. Im Handlungsviereck von Täter, Opfer, Gruppe und Schule die insgesamt für die Bedingungen der Gewalt mitverantwortlich sind, werden im Coolness-Training entsprechende Verhaltensalternativen erarbeitet. Oberstes Ziel ist die Opfervermeidung, daneben sollen das prosoziale Verhalten der Kinder und Jugendlichen sowie das soziale Klima verbessert werden. Im Ergebnis sollen die Täter sensibilisiert, die Opfer gestärkt und die soziale Kompetenz der Gruppe für schwierige Situationen entwickelt werden.
Das Coolness-Training basiert auf folgenden drei Grundannahmen, wodurch es sich von anderen Ansätzen unterscheidet (vgl. Gall 1997):
1) Gewalt und Aggressionen werden als natürlicher Persönlichkeitsanteil akzeptiert, der durch Regeln und Tabus zu kultivieren ist.
2) Die (wohlwollende) Konfrontation der Teilnehmer mit den eigenen unangenehmen Aspekten ist zentral für das Training.
3) Kinder und Jugendliche können selbst Verantwortung für ein friedfertiges Miteinander übernehmen. Um das Coolness-Training durchführen zu können, müssen bestimmte *Bedingungen und Voraussetzungen* erfüllt sein:

- Das Coolness-Training ist ein Angebot an Lehrer, sich neue Zugänge zu ihrer Klasse zu erschließen. Die aktive Mitarbeit der Pädagogen und die Bereitschaft zur dauerhaften Begleitung der neuen Prozesse ist Voraussetzung für das Training.
- Zwischen Schülern und Lehrkräften muss ein einigermaßen belastbares Verhältnis bestehen. Das Training könnte z.B. scheitern, wenn der Eindruck eines neuen pädagogischen Tricks entsteht.

- Schüler sollten eine Mindestmotivation für das Training haben. Ihnen muss zudem klar sein, worum es bei dem Training geht.
- Die Teilnahme am Training ist freiwillig; deswegen muss vorher die Bereitschaft der Schüler und Eltern eingeholt werden. Es besteht für jeden Schüler die Möglichkeit auszusteigen.

Ein Training umfasst zehn bis zwölf Termine im Umfang von zwei bis drei Schulstunden pro Woche, die größtenteils in der Schule stattfinden. Das *Curriculum* beinhaltet 13 Bausteine mit den jeweiligen Zielen, Inhalten und Methoden (vgl. Gall 1997, S. 169ff):

Curriculum des Coolness-Trainings

Lernziele	**Lerninhalte**	**Methoden/Medien**
1. Wahrnehmung der aggressiven Gefühle	Aggression als natürlicher Persönlichkeitsanteil	Körperbetonte, sportliche Spiele, kämpfen nach Regeln, Stunts
2. Sinnliche Wahrnehmung von Anstrengung/ Körperlichkeit	Faszination von Gewalt, Gewalt ist „geil“	Kämpfen als „pädagogische Disziplin“
3.Erkennen eigener Befindlichkeiten im Konflikt	Selbstexploration als Täter und Opfer	Fragebogen, Rollenspiele, Interaktionsübungen
4. Erkennen eigener Stärken und Schwächen	Eigene positive und negative Persönlichkeitsanteile	Partnerinterviews, Konfrontation im „Heißen Stuhl“, Rollenspiel
5. Akzeptanz eigener begrenzter Kommunikation	Ich-Du-Botschaften,Beziehungs-Inhalts-, Gefühlsaspekt	Rollenspiele, Kommunikations-, Interaktionsübungen
6. Gemeinsame Ziele und Interessen, Akzeptanz	Kooperation in Schulklassen, Peer-group-Education	Arbeit in Kleingruppen, Kooperationsspiel, V
7. Aushalten leichter Konfrontation	Visualisierung von Befindlichkeiten in Gruppen	Rollenspiel, Interaktionsübungen
8. Erkennen von Rollenverhalten und -erwartungen	Rolle als Mann, Frau, Kind, Jugendlicher usw.	Rollentausch, Rollenspiel, Befragungen
9. Aushalten von Provokation, kreative Reaktion auf Anmache	Empfindlichkeiten bei Beleidigung, Provokation	Übungen gegen Anmache, Konfrontationsübungen
10. Reduzierung der Feindlichkeitswahrnehmung	Interaktionen: Rituale, Territorien, Nähe und Distanz	Körpersprache, Konfrontations-, Interaktions-, Rollenspiele
11. Sinnvolles Verhalten in Bedrohungssituationen	Gewaltvermeidung durch aktive Kommunikation	Rollenspiele, Deeskalationsstrategien

12. Entspannungsverfahren, Ruhe-, Stilleerfahrung	Verbesserung der Körperwahrnehmung	Atemübungen, Traum-, Phantasiereisen, Meditation
13. Erkennen widersprüchlicher Anforderungen	Jugend und Gesellschaft, Veränderung der Jugendphase	Befragung, Karikaturen, Comics, Referat

(Quelle: Gall 1997)

Das Coolness-Training (CT) hat in Deutschland eine relativ hohe Verbreitung erreicht. Es wird sowohl für Schulklassen als auch für spezielle Gruppen gewaltauffälliger Jugendlicher einer oder mehrerer Schulen angewandt. Oftmals werden auch einzelne Elemente in andere Konzepte und Handlungsansätze übernommen. Erste Evaluationsstudien belegen, dass es zur Grenzziehung und Normverdeutlichung geeignet ist. Die Schüler berichten von einer höheren Selbstsicherheit und Selbstachtung. Ihre kommunikativen und sozialen Fähigkeiten haben sich erhöht. Die Lehrer berichten von zunehmender Gruppenkohäsion und einer entspannteren Klassenatmosphäre. Der Erfolg des Programms hängt wesentlich davon ab, wie professionell das Training durchgeführt wird und wie tragfähig die Rahmenbedingungen sind (z.B. Klassen- und Schulklima). Seine Wirksamkeit ist umso größer, je mehr Lehrpersonen das Programm aktiv unterstützen. Allerdings ist das Programm nicht unumstritten: Während Befürworter eine Weiterentwicklung der Pädagogik sehen, kritisieren andere den tribunalhaften Charakter des „Heißen Stuhls" sowie den Ansatz als defizitorientiert, autoritär, repressiv. Ungeachtet der Kritiken stellt es eine wichtige Ergänzung der Präventions- und Interventionskonzepte dar, insbesondere im Umgang mit gewaltauffälligen Schülern.

Literaturhinweise

- Gall, Rainer: „Verstehen, aber nicht einverstanden sein". Coolness-Training für Schulen. In: Weidner, Jens /Kilb, Rainer/Kreft, Dieter (Hrsg.): Gewalt im Griff. Neue Formen des Anti-Aggressivitäts-Trainings. Beltz Verlag. Weinheim, Basel 1997, S. 150-171
- Gall, Rainer: Ziele und Methoden des Coolness-Trainings (CT) für Schulen. In: Kilb, Rainer/Weidner, Jens/Gall, Rainer: Konfrontative Pädagogik in der Schule. Juventa. Weinheim, München 2006, S. 93-121
- Kilb, Rainer: Konfrontative Verfahren in der Pädagogik. In: Schröder, Achim/ Rademacher, Helmolt/Merkle, Angela: Handbuch Konflikt- und Gewaltpädagogik. Wochenschau Verlag Schwalbach 2008, S. 199-211

Trainingsprogramm für aggressive Kinder

Das „Training mit aggressiven Kindern“, das sich an auffällige Kinder im Alter von 7 bis 13 Jahren richtet, ist ein bereits seit den 1970er Jahren erprobtes *verhaltenstherapeutisches* Training (vgl. Petermann/Petermann 2008, Petermann u.a. 2009). Es will eine kindbezogene Verhaltensförderung mit Elternberatung verknüpfen. Der verhaltenstherapeutische Ansatz zielt vor allem auf den Aufbau neuer, differenzierter sozialer Fertigkeiten. Im Einzelnen stehen folgende Ziele im Mittelpunkt: Abbau von Anspannung und motorischer Unruhe, Förderung einer differenzierten Wahrnehmung, Einübung angemessener Selbstbehauptung, Erlernen kooperativer und unterstützender Verhaltensweisen, Verbesserung der Selbstkontrolle und Aufbau positiven Einfühlungsvermögens.
Den theoretischen Rahmen des Trainings bildet die Theorie des sozialen Lernens nach Bandura, z.B. Beobachtungslernen, Lernen durch Hervorheben und Abschwächen von Verhaltenshemmung sowie Diskriminierungslernen, d.h. Erkennen von gezielten Hinweisreizen. Als Orientierung dient ein Prozessmodell (siehe Abbildung): Grundlegende Voraussetzung ist die Einübung von motorischer Ruhe und Entspannung. Um die motorische Unruhe der Kinder zu reduzieren, werden Entspannungsgeschichten eingesetzt. Darauf aufbauend geht es um eine differenzierte Wahrnehmung der Situation (Stufe 1). Da aggressives Verhalten meist auf einer undifferenzierten Fremd- und Selbstwahrnehmung in Konfliktsituationen beruht, sollen die Kinder zu einer genauen Beobachtung und realitätsgerechten Wahrnehmung in Handlungen befähigt werden. Dazu werden Videofilme sowie Wahrnehmungsspiele eingesetzt. Es schließen sich eine angemessene Selbstbehauptung als positive Formen von Aggression an (Stufe 2). Die Kinder sollen dabei lernen, eigene Meinungen, aber auch Gefühle, Ärger usw. in Konfliktsituationen angemessen zu äußern. Diese nicht-aggressive Selbstbehauptung wird in Rollenspielen eingeübt. Auf der nächsten Stufe sollen kooperative und unterstützende Verhaltensweisen, z. B. durch Rollenspiele, erlernt und die Selbstkontrolle verbessert werden (Stufe 3). Mittels Beobachtungsbogen (z.B. „Detektivbogen“) und Selbstinstruktionskarten erlernen die Kinder Möglichkeiten, eigenes Verhalten zu lenken und zu kontrollieren. Auf der abschließenden Stufe geht es um die Entwicklung des Einfühlungsvermögens im Sinne einer Neubewertung der Folgen des eigenen Handelns aus der Sicht des Gegenübers (Stufe 4). Damit werden die Fähigkeit zur Rollenübernahme und der Aufbau von Empathie gefördert.

Prozessmodell aggressiver Handlungen

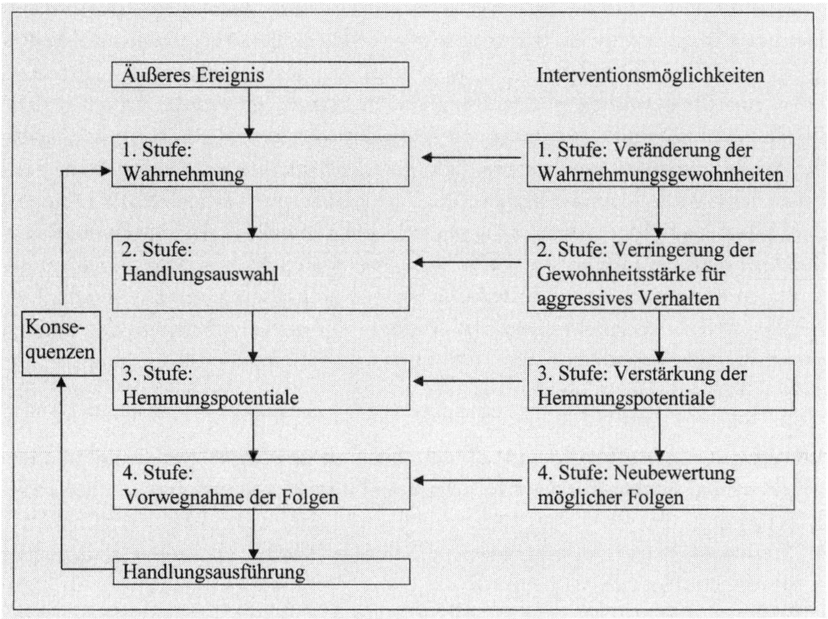

(Quelle: Petermann/Petermann 2000a)

Das Training gliedert sich in Einzel- und Gruppentrainings mit vier oder fünf Kindern. Das Einzeltraining besteht aus dem Erstkontakt und mindestens fünf Sitzungen, das Gruppentraining aus sechs bis acht Sitzungen. Die trainingsbegleitende Elternberatung erfolgt im Abstand von zwei bis drei Wochen als zweistündiger Hausbesuch. Im *Einzeltraining* stehen die Selbst- und Fremdwahrnehmung sowie Selbstkontrolle und Ausdauer im Vordergrund. Da dafür ein hohes Maß an Selbstreflexion vorausgesetzt wird und dies bei vielen Kindern häufig nicht vorhanden ist, werden bildgetragene Materialien wie Cartoons, Spiele und Fotos eingesetzt, um den Teilnehmern den Zugang zu erleichtern. Im *Gruppentraining* steht das Einüben neuer Verhaltensweisen mit Rollenspielen im Vordergrund. Die Schwerpunkte in den Gruppenstunden sind im Einzelnen: Argumentieren lernen, mit Gefühlen und Körperhaltungen umgehen, Vorstellungsgespräche einüben, Einfühlungsvermögen entwickeln, Selbstsicherheit im Umgang mit anderen erwerben, Lob und Anerkennung äußern und annehmen, Außenseiter akzeptieren, Umgang mit Misserfolgen und Kritik, Rückmeldung zum Training. Die *Eltern-/Familienberatung* ist wichtiger Bestandteil des Trainings, um eine Neustrukturierung des familiären Alltags zu ermöglichen. Durch die Vergabe von Hausaufgaben (z.B. Beobachtungsaufgaben, Absprachen für Erziehungs- und Freizeitaufgaben) sammeln Eltern neue Erfahrungen beim Umgang mit ihren Kindern und lernen ihre Hilflosigkeit zu überwinden. Der langfristige Erfolg des Trainings hängt vor allem davon ab, ob sich die Bedingungen auf den Alltag übertragen lassen. Dafür ist für das Training „Wirklichkeitsnähe“ und für den Alltag eine „erhöhte Strukturierung“ notwendig. Durch gezielte Erfolgserlebnisse und den Einsatz von Selbstkontrolle kann die Belastungsfähigkeit der Kinder allmählich gesteigert werden, wobei Selbstkontrolle schon im Einzeltraining erlernt werden kann. Sozialpädagogische Maßnahmen können dazu beitragen, den Alltag des Kindes zu strukturieren, z.B. durch gezielte Freizeitangebote. Bisher durchgeführte empirische Überprüfungen lassen den Schluss zu, dass vor allem das Gruppentraining eine große Bedeutung für Verhaltensänderungen hat und das Einzeltraining dazu geeignet ist, auf die Gruppentrainings vorzubereiten. Die Studien verweisen weiterhin darauf, dass auch die familienbezogene Intervention für die Behandlungserfolge verantwortlich ist.

Literaturhinweise

- Petermann, Franz/Petermann, Ulrike: Training mir aggressiven Kindern. Einzeltraining, Kindergruppe, Elterntraining. Hogrefe. Göttingen u.a. 12. Auflage 2008
- Petermann, Franz/Döpfner, Manfred/Schmidt, Martin, H.: Aggressivdissoziale Störungen. Hogrefe. Göttingen 2007
- Petermann, Franz u.a.: Verhaltenstraining mit Kindern. In: Holtappels Heinz Günter u.a. (Hrsg.): Forschung über Gewalt an Schulen. Juventa Verlag. Weinheim und München 1997, 5. Auflage 2009, S. 315-329

Arizona Projekt – Trainingsraum-Methode

Die Trainingsraum-Methode firmiert unter verschiedenen Bezeichnungen: Arizona-Programm, EvD-Eigenverantwortliches Denken, Ford-Programm, Trainingsinsel. All diese Konzepte sind von der Trainingsraumidee des amerikanischen Sozialarbeiters Edward E. Ford abgeleitet. Dieser entwickelte 1994 in Phoenix/Arizona auf Basis der Wahrnehmungskontrolltheorie von William T. Powers das Trainingsraumprogramm (TRP). Im Jahre 1996 wurde das Programm von Stefan Balke im Bielefelder Raum eingeführt, Heidrun Bründel und Erika Simon adaptierten das Programm und glichen es an deutsche Verhältnisse an.
Da Störungen des Unterrichts alltägliche Erscheinungen an den Schulen sind, sahen sich Pädagogen gefordert, geeignete Gegenmaßnahmen zu ergreifen, um für die lernbereiten Schüler eine förderliche Lernatmosphäre zu schaffen und die Qualität des Unterrichts zu sichern. Zugleich sollten die Maßnahmen den Pädagogen selbst zugutekommen, da Unterrichtsstörungen ihren Berufsalltag erheblich erschweren und als belastend empfunden werden. Diesem doppelten Zweck soll die Trainings-

raum-Methode dienen. Das wesentliche Ziel des Programms ist es, die lernbereiten Schüler zu schützen und einen entspannten, ungestörten und qualitativ guten Unterricht zu ermöglichen. Ein weiteres Ziel liegt darin, den störenden Schülern nicht nur mit Vorwürfen und Strafen zu begegnen, sondern ihnen dabei zu helfen, ihr Sozialverhalten zu verbessern und die notwendigen sozialen Kompetenzen zu erwerben. Schüler sollen mehr Eigenverantwortung für ihr eigenes Handeln und Verhalten übernehmen. Aber auch für die Lehrer gilt, dass sie sich an der Maxime des gegenseitigen Respekts orientieren. Durch den respektvollen Umgang mit den Schülern sollen sie sachlicher und ruhiger auf Störungen reagieren, um effektiver und stressfreier unterrichten zu können. Zum Unterricht gehört eben nicht nur die Vermittlung kognitiver Kompetenzen, sondern auch sozialer und emotionaler Kompetenzen. In idealer Weise implementiert, kann mit der Trainingsraummethode der Erziehungsauftrag von Schule umgesetzt und die Werteerziehung verwirklicht werden.

Zentraler Bestandteil des Programms ist das Setzen von Regeln und, bei Verstoß, die Handlungskonsequenzen angemessen, aber konsequent zu verstehen zu geben. Dabei besitzen die Begriffe " Regeln", „Disziplin" und „Verantwortung" keine negative Konnotation, sondern bezeichnen vielmehr wünschenswertes Verhalten, durch das den Schülerinnen und Schülern Orientierung und Sicherheit gegeben werden soll. Welche Regeln, wann Anwendung finden, sollte im Kollegium und mit den Schülern der Klasse besprochen werden. Von Balke (2000) wurden aber *drei Grundregeln* festgelegt, die für das Programm wesentlich sind und somit nicht diskutiert oder abgeändert werden können. Diese Regeln werden der Klasse bei Einführung des Programms vorgestellt:

1. Jede Schülerin und jeder Schüler hat das Recht ungestört zu lernen.
2. Jede Lehrerin und jeder Lehrer hat das Recht ungestört zu unterrichten.
3. Jede/r muss stets die Rechte der Anderen respektieren.

Sollten diese Regeln im Unterricht missachtet werden, hat der Lehrer die Möglichkeit, den störenden Schüler in den „Trainingsraum" zu schicken. Vorher hinterfragt der Lehrer aber noch einmal das Verhalten des Schülers, so dass dieser die Möglichkeit hat, sich zu korrigieren (Bründel/Simon 2007, S. 51):

1. „Was machst du?"
2. „Wie lautet die Regel?"
3. „Was geschieht, wenn du gegen die Regel verstößt?"
4. „Wofür entscheidest du dich?"
5. „Wenn du wieder störst, was passiert dann?"

Durch diesen Frageprozess hat der Schüler die Möglichkeit, sein Handeln zu überdenken und sich ohne weitere Störungen am Unterricht zu beteiligen, oder er entscheidet sich, aufgrund des aktuellen Gemütszustands, den Trainingsraum aufzusuchen. Auf jeden Fall wird er in den Trainingsraum verwiesen, wenn er sich weiterhin störend verhält.

Im *Trainingsraum* findet mit Hilfe von ausgebildeten Trainingsraumlehrern der eigentliche Lernprozess statt. Der Trainingsraum ist innerhalb der Schule ein eigens dafür vorgesehener Raum, der auch den ganzen Schultag über besetzt sein sollte (wann eine Störung auftritt, ist schließlich nie vorherzusagen). Auch in diesem Raum ist sicherzustellen, dass die Regel des gegenseitigen Respekts eingehalten wird. Denn nur so ist gewährleistet, dass ein Lernprozess stattfinden kann. Sollte dies nicht möglich sein, wird der Schüler nach Hause geschickt und darf nur in Begleitung der Eltern wieder in die Schule zurückkehren. Im Trainingsraum soll sich die Situation beruhigen. Selbstaufmerksamkeit und Selbstbeobachtung sind relevante Ausgangspunkte für die Reflexion und selbstregulatorisches Handeln. Nach- und Durchdenken des eigenen Störverhaltens ist Ziel des Trainingsraums.

Von Bründel und Simon (2007) wurde ein Leitfaden zum Ablauf des Geschehens im Trainingsraum konzipiert.

1. Anklopfen und Eintreten
2. Begrüßung
3. Übergabe des „Laufzettels“
4. Schüler setzt sich auf einen freien Platz
5. Schüler signalisiert Gesprächsbereitschaft
6. Schüler schildert seine Störung (erste Störung, zweite Störung)
7. Absichten/Hintergründe erforschen
8. Absicht vom Verhalten trennen
9. Regelverstoß benennen
10. Ideen für das zukünftige Verhalten sammeln lassen.
11. Plan schreiben lassen
12. Absprache treffen über das Einholen der Hausaufgabe und Nacharbeiten des Versäumten
13. Plan kopieren
14. Verabschiedung

(Quelle: Bründel/Simon 2007, S. 61)

Im Trainingsraum geht es darum herauszubekommen, warum gestört wurde. Die Schüler sollten sich trotz der mit Sanktionen verbundenen Situation wohlfühlen und nicht mit Vorwürfen belegt werden. Der Trainingsraum dient als Kooperationsmittel im Problemlöseprozess, denn man kann Schülern nur dabei unterstützen ihr Verhalten zu ändern, ändern müssen sie es selbst. Ihnen muss ihre eigene Verantwortung über ihre Entscheidungen und die Handlungsfolgen bewusst sein. Der Trainingsraumlehrer muss die Kompetenz besitzen, den Schüler zu verstehen, das Gespräch zu leiten und zu strukturieren, um dann wirklich Unterstützung bei der der Verhaltensänderung geben zu können und nicht durch Fremdbestimmung etwas „aufzudoktrinieren". Jedes Gespräch wird mit einem *Rückkehrplan* beendet, welcher die Veränderungsvorschläge festhält. In diesem beschreiben die Schüler, wie sie die Störung das nächste Mal vermeiden wollen. Sie machen sich Gedanken darüber, was sie selbst möchten, was andere in der Klasse möchten und wie sie ihren Beitrag in der Gemeinschaft leisten können. Die im Plan festgehaltenen Verhaltensweisen sollten kleinschrittig, beobachtbar, messbar und kontrollierbar sein. Der Schüler wird in Zukunft daran gemessen, ob sein Verhalten in der Klasse dem Plan entspricht oder nicht. Um die Verhaltensregeln zu verinnerlichen, ist es – nach Auffassung der Vertreter dieses Konzepts – notwendig, dass dieser Prozess immer wieder in seiner Abfolge (Störung – Ermahnung – erneute Störung – Konsequenz: Ausschluss aus Klassengemeinschaft und Unterricht) eingehalten wird. Störenden Schülern fällt es häufig schwer, sich an diese Regeln zu halten und sie brauchen mehrere Anläufe, bevor eine persönliche Einstellungs- und Verhaltensmodifikation erreicht wird. Sollten Schüler jedoch wiederholt ihren Plan (bzw. Pläne) nicht umsetzen, dann werden die Eltern mit zum Gespräch geholt. Es wird dann analysiert und auf Grundlage der bisherigen Pläne gemeinsam überlegt, wie der Schüler es schaffen kann, sich an seine Pläne zu halten. In den Elterngesprächen geht es nicht um Schuldzuweisungen, sondern um eine Zusammenarbeit, mit der dem Schüler geholfen werden kann, Eigenverantwortung für einen störungsfreien Unterricht zu übernehmen. Es geht um eine „Erziehungspartnerschaft", an der Lehrer, Eltern und Schüler beteiligt sind. Die Durchführung des Programms kann nur unter freiwilliger Teilnahme aller Beteiligten erfolgen. Vor allem aber müssen die Lehrer vom Sinn überzeugt sein, nur so ist es möglich, dass sie sich in der Einführungsphase auf ein gemeinsames Ziel einigen, wie die Arbeit im Trainingsraum aussehen soll. Das Programm verlangt eine hohe Zustimmung innerhalb des Kollegiums und neue Verhaltensweisen der Lehrkräfte. Um die Unterstützung der Eltern zu erhalten, sollten diese im Vorfeld gründlich informiert werden.

Im Rahmen der „Evaluation des Trainingsraumprogramms an Nordrhein-westfälischen Schulen (Sek. 1)" (Balz 2006) konnte gezeigt werden, dass das Programm dabei hilft, die Unterrichtsstörungen zu verringern und die Lehrer insgesamt im Unterricht zu entlasten. Zudem ergab die Befragung, dass eine Trainingsraumschulung den Effekt des Programms erhöht. Die Kooperation mit der Schulsozialarbeit wurde als wichtig für eine intensive und kontinuierliche Arbeit eingeschätzt. In einer Evaluationsstudie von Bründel (2008) bestätigten 89% der 234 befragten Lehrer die Zufriedenheit mit dem Programm. 82% der Befragten gaben an, dass sich die Unterrichtsqualität verbessert habe und 72%, dass sich Unterrichtsstörungen verringert hätten. Von 73% wurde das Unterrichtsklima als angenehmer beschrieben. 85% der befragten Schüler konnten im Trainingsraum über ihr Verhalten nachdenken und 67% konnten sich an ihre Pläne halten.

Der Ansatz, wie er von Bründel/Simon vertreten wird (www.trainingsraum-methode.de), wurde vom Expertenrat „Prävention von Gewalt, Rechtsextremismus und interkultureller Konflikte“ der Sektion Politische Psychologie (BdP) im Jahre 2010 mit der Qualitätsstufe I als „nach wissenschaftlichen und didaktischen Gesichtspunkten erfolgversprechendes Präventionsprogramm“ zertifiziert.
Um die Methode wirksam einzusetzen, muss es der Schule möglich sein, einen Raum als Trainingsraum bereit zu stellen und pädagogisch zu betreuen. Dieser kann dann auch als Mediationsraum genutzt werden, um den Konflikt zwischen zwei Schülern zu schlichten. Als Problem stellte sich die Finanzierung der zusätzlichen Lehrerstunden heraus. In vielen Schulen konnten vorübergehende Lösungen gefunden werden, auf langfristige Sicht sind Schulbehörde, Schulministerium und Schulpolitik gefragt, entsprechende Unterstützung bereitzustellen.
Die Trainingsraum-Methode ist ein praktikables, gut strukturiertes und schnell einsetzbares Interventionsprogramm, welches jedoch nicht dazu führen darf, sich unliebsamer Schüler zu entledigen. Bei den Heranwachsenden darf in keinem Fall das Gefühl entstehen, sie seien den Lehrpersonen ausgeliefert. An diesem Punkt setzen Befürchtungen und z.T. erhebliche Kritik an, die dem Programm entgegengebracht wird: Mit dem konfrontativen Ansatz würde lediglich Anpassung und Disziplinierung, nicht aber Internalisierung neuer Werte erreicht. Tatsächlich ist die Möglichkeit, einen offenen Erziehungsstil (mit einem Gleichgewicht von Fordern und Unterstützen) zu praktizieren, von der Ausgangssituation in der Klasse abhängig, insbesondere davon, welches durchschnittliche bzw. extreme Sozialverhalten in welcher Häufigkeit dort von Lehrpersonen vorgefunden wird. Eine „Brennpunktsituation“ erfordert u.U. einen strikteren pädagogischen Zugriff. Das soll nicht bedeuten, dass sich das Programm nur für diesen Bereich eignet, da wir mit Unterrichtsstörungen in allen Schulformen und Altersstufen zu tun haben. Vielleicht lässt es sich umgekehrt besser formulieren: Je nach Rahmung durch ein restriktives bzw. partizipatives Schulklima wird die Trainingsraummethode entsprechende Wirkungen entfalten. U.E. muss die Individualität des Schülers und die grundsätzliche Akzeptanz seiner Person im Klassen- und Trainingsraum im Mittelpunkt stehen – dies muss bei der Umsetzung in der Praxis oberste Maxime sein. Dementsprechend ist auf den klärenden und auf das Verstehen der Situation und des Verhaltens gerichteten Frageprozess im Unterricht im Anschluss an das zu kritisierende Verhalten des Schülers sowie die anschließende Gesprächsführung im Trainingsraum besonderer Wert zu legen, damit das Konzept höheren pädagogischen Anforderungen und auch dem Erwartungshorizont einer individualisierten und offenen Gesellschaft entspricht.

- Balke, Stefan/Hogenkamp, André: Drei Regeln reichen aus. Soziales Verhalten kann trainiert werden. Friedrich Jahresheft 2000, S. 82-85
- Balz, Hans-Jürgen: Evaluation des Trainingsraumprogramms an Nordrheinwestfälischen Schulen. In: Die Deutsche Schule Nr.97, 2005, S. 368-369

- Bründel, Heidrun/Simon, Erika: Die Trainingsraum-Methode. Unterrichtsstörungen – klare Regeln, klare Konsequenzen. Beltz. Weinheim und Basel. Zweite Auflage 2007
- Bründel, Heidrun: Die Trainigsraum-Methode: Stärkung des Verantwortungsbewusstseins von Schulerinnen und Schülern – stressfreier Unterricht für Lehrerinnen und Lehrer. In: Melzer, Wolfgang/Schwind, Hans-Dieter (Hrsg.): Gewaltprävention in der Schule. Nomos. Baden-Baden 2004, S. 139-152
- Bröcher Joachim: Trainingsraum Kritik. Bedenken zu einem fragwürdigen Modell schulischer Disziplinierung. Books on Demand. 2010
- www.trainingsraum-methode.de (Bründel/Simon)
- www.trainingsraum.de (Balke)

Literaturhinweise

Interventionsprogramm an Hauptschulen

Aufbauend auf vorhandenen Präventionsansätzen hat Hubert Kleber ein eigenes Interventionsprogramm zur gewaltfreien Konfliktlösung für die Hauptschule erprobt und evaluiert (vgl. Kleber 2002, 2003). Das Programm ist lebensweltorientiert und soll die Gewalterfahrungen der Schüler aus dem realen und medialen Bereich berücksichtigen. Es soll bereits in den 5. und 6. Klassen ansetzen, klassenumfassend sowie adressatengerecht ausgerichtet sein.

Das Konzept der unterrichtlichen Bearbeitung von realen und medialen Konfliktlösungen hat folgende *Zielsetzungen*:
- Befähigung zur konsensualen und gerechten Konfliktlösung und damit Förderung ihrer sozial-moralischen Entwicklung
- Erwerb kognitiver Kompetenzen, die eine Distanzierung von gewalthaltigen und moralisch bedenklichen Konfliktlösungsmustern ermöglichen
- „Integrative Medienerziehung“ durch die Verbindung von Fachlernzielen und medienerzieherischen Zielen, die methodische kreativ, handlungsorientiert und mit hohem Erfahrungswert für die Schüler umgesetzt werden (z.B. Arbeit mit Filmkamera, Interviews, Filmanalyse, Rollenspiel, Comics)

Das Interventionsprogramm ist als Bausteinkomplex konzipiert und besteht aus vier Bausteinen:

A. Gewalterfahrung und Gewaltbegriff

Lerneinheit 1: Reale und mediale Alltagserfahrungen mit Gewalt

Lerneinheit 2: Was ist Gewalt?

B. Mediale und reale Gewalt

Lerneinheit 1: Gewalt und Konfliktlösung in den Medien am Beispiel einer Fernsehactionserie

Lerneinheit 2: Gewalt und Konfliktlösung im öffentlichen und persönlichen Bereich

C. Konflikte friedlich lösen

Lerneinheit 1: Konfliktbegriff und Ursachen des Konflikts

Lerneinheit 2: Lernbereich zur Konfliktlösung

Lerneinheit 3: Konfliktüberleitung

Lerneinheit 4: Du-Botschaften und Ich-Botschaften

Lerneinheit 5: Aktives Zuhören

Lerneinheit 6: Methoden der Konfliktlösung

D. Produktion von Videospots zum Thema Gewalt und Konfliktlösung

Es wird empfohlen, das gesamte Interventionsprogramm in einem zweiwöchigen Projektunterricht durchzuführen. Alle Lerneinheiten sind nach den Grundsätzen der Handlungs-, Kommunikations-, Bedürfnis-, Situations-, Erfahrungs- und Projektorientierung konzipiert und vom Anforderungsprofil auf den Entwicklungsstand von Hauptschülern der 5. und 6. Jahrgangsstufe bezogen. Für jeden Baustein gibt es differenzierte inhaltliche und didaktische Beschreibungen.

Das theoretisch begründete Interventionsprogramm wurde auf seine Effektivität hin empirisch geprüft. Dabei zeigten sich folgende Effekte: Die Kompetenz zur Konfliktlösungsfähigkeit der Schüler wurde gefördert, ihre Konflikttoleranz aufgebaut, ihre kritische Einstellung zu gewalthaltigen Konfliktlösungen verstärkt sowie ihre moralische Entwicklung in positiver Weise beeinflusst. Auch eine Förderung der Schüler in ihrer Fähigkeit der Perspektivenübernahme und in den Verbesserungen ihres Kommunikationsstils sowie eine Verbesserung der Klassenatmosphäre wird angenommen. Allerdings wird auch befürchtet, dass die erreichten Erfolge der Kurzintervention wahrscheinlich nur von kurzer Dauer sein werden und längerfristige Erziehungsmaßnahmen nötig wären.

- Kleber, Hubert: Reale Gewalt – Mediale Gewalt. Förderung der Konfliktlösungsfähigkeit von Schülern im Rahmen der moralischen Erziehung. Entwicklung, Erprobung und Evaluation eines Interventionsprogramms zur gewaltfreien Konfliktlösung. Centaurus. Herbolzheim 2003
- Kleber, Hubert: Konflikte gewaltfrei lösen. Medien und Alltagsgewalt: Ein Trainingsprogramm für die Sekundarstufe I (mit CD ROM). Cornelsen/Scriptor. Berlin 2003

5.5 Lehrer- und Elternprogramme

Konstanzer Trainingsmodell

Das Konstanzer Trainingsmodell (KTM) (vgl. Tennstädt u.a. 1994), das an der Universität Konstanz Ende der 1980er Jahre erarbeitet wurde, ist darauf gerichtet, die *Selbst- und Sozialkompetenz von Lehrpersonen* im Umgang mit Aggression und Störung zu erhöhen (vgl. Dann/Humpert 2008, Dann 2009). Das Programm begründet den Lehrerbezug damit, dass Prävention ohne die nötige Professionalisierung der Lehrpersonen zu scheitern droht. Personalentwicklung sollte deshalb Bestandteil jeder Schulentwicklung, auch in dem Bereich der Gewaltprävention, sein. Das KTM ist sowohl ein Selbsthilfeprogramm für Lehrer, die Probleme mit aggressiven und störenden Schülern haben, als auch eine umfangreiche Sammlung von Trainingselementen. Im Einzelnen verfolgt das Programm vor allem folgende *Zie*le: die Erhöhung der pädagogischen Kompetenz durch den Aufbau eines reflektierten Handlungsrepertoires, den Abbau von Störungen und Aggressionen in der Klasse zugunsten von kooperativen Umgangsformen und die Steigerung des schulischen Wohlbefindens von Schülern und Lehrern. Das KTM versucht durch die Einbeziehung der Schülersichtweise, ausschließlich auf den Lehrer abgestimmte Problemlösungen zu vermeiden.

Im Mittelpunkt des Programms stehen die subjektiven Alltagstheorien der Lehrer über die Aggressions- und Störungsproblematik. Das Training wird in der Regel im Dialog mit einem Trainingspartner durchgeführt: Zwei oder mehr Kollegen bilden ein *„Trainingstandem“*, auch die Schüler können mit einbezogen werden. Die Partner trainieren wechselweise, unterstützen sich dabei gegenseitig, besuchen den Unterricht des Trainingspartners und protokollieren Entstehung und die Lösungsversuche einer Konfliktsituation. Im Gespräch wird diese Situation rekonstruiert, die Reaktion des Lehrers wird analysiert. Alternativen werden durchgespielt. Der nächste Schritt ist dann die Umsetzung des Gesprächsergebnisses, die Überprüfung der Alternativen im Unterricht – wiederum unter der Beobachtung durch den Trainingspartner. Die Anwesenheit des Kollegen oder der Kollegin führt schließlich

zur Schärfung der eigenen Beobachtungsgabe. Im Kern geht es darum, das bereits vorhandene Wissen und die bestehenden Routinen und Erfahrungen im Umgang mit Unterrichtsstörungen gezielt zu aktivieren und mit konkreten Anregungen positiv weiterzuentwickeln. Mittlerweile liegt auch eine gekürzte und an die neuen Anforderungen der Praxis angepasste Kurzversion „KTM kompakt" vor, die sich als Basistraining zur Störungsreduktion und Gewaltprävention versteht. Die bewährte Methodik (Tandem-Prinzip, Anknüpfen an berufliche Alltagstheorien, wechselseitige Beobachtung) wurde dabei beibehalten.
Der *Inhalt des KTM* soll im Folgenden an einem Beispiel erläutert werden: Lehrer A betritt das Klassenzimmer und sieht, wie sich zwei Schüler prügeln. Er geht auf die beiden zu, trennt sie und bleibt zwischen ihnen stehen. Die anderen Schüler sehen zu.

Phase I: Situationsauffassung

Auf Grund seiner kurzen Beobachtung (Prügeln, gegenseitige Beschimpfungen) erkennt Herr A die Störung als Gewalttätigkeit der beiden Schüler. Er kennt die beiden, weiß, dass sie schon öfter miteinander gestritten haben, enthält sich jedoch einer Erklärung oder gar Ursachen- oder Schuldzuschreibung. Er hat folgende Ziele: allmähliche Entspannung und Beruhigung der aggressiven Situation, Klärung des Vorfalls aus Sicht der beiden Jungen. Dem Lehrer ist wichtig, einen Zusammenhang zwischen seinen Zielen herzustellen, um deren Angemessenheit zu gewährleisten.

Phase II: Handlungsauffassung

Herr A fragt sich nun, über welches Handlungsrepertoire er für die Lösung des Falles verfügt. Er erinnert sich an bisher erfolgreiche Interventionen. Er steht nicht unter dem Druck, sofort zu handeln (mit Ausnahme des Trennens der beiden „Kämpfenden"), befreit sich also vom Reaktionsdruck, durch den die „Fehlerquote" steigen würde. Aus dieser Gelassenheit heraus, ist Lehrer A nun in der Lage, Vor- und Nachteile seiner Handlungsmöglichkeiten abzuwägen und angemessene Entscheidungen zu treffen. Er hat gelernt, dass es keinen Sinn hat, unter Druck und in Hektik Entscheidungen zu treffen. Aus seiner Trainingszeit mit dem KTM steht Lehrer A folgendes Repertoire zur Verfügung:

- Gesprächsverhalten (wie führe ich am besten ein klärendes Gespräch, ohne eine Seite zu benachteiligen und ohne weitere Aggressionen heraufzubeschwören)

- Handlungsstrategien: unerwünschtes Verhalten hemmen (Entzug von Bekräftigungen, Vermeiden von Erfolgserlebnissen für den/die auffälligen Schüler); negative Anregungen vermindern (Auslöser oder Hinweisreize vermeiden); positive Anregungen anbieten; persönliche Bewertungen verändern; erwünschtes Verhalten fördern (Bekräftigung disziplinierten und kooperativen Verhaltens, insbesondere durch systematische Einübung).

Phase III: Handlungsausführung

Herr A hat bereits eine Handlungsstrategie „unerwünschtes Verhalten hemmen" hinter sich, indem er zwischen die Kämpfenden getreten ist, und handelt nun auf Grund seiner Ziele folgendermaßen: Er steht ruhig und gelassen zwischen den beiden Jungen. Dadurch ermöglicht er bei den Beteiligten Entkrampfung und Entspannung. Aus der angespannten wird insofern eine (relativ) entspannte Situation, so dass die beiden Jungen nun ihre eigenen Sichtweisen mitteilen können. Der Lehrer versteht sich als Vermittler und sorgt dafür, dass Anklagen und Schuldzuweisungen unterbleiben. Andere aus der Klasse können ggf. ihre „Sicht der Dinge" mitteilen, so dass ein gemeinsames Meinungsbild des Vorfalls und der Hintergründe entsteht.

Phase IV: Handlungsergebnisauffassung

Bereits während seiner Intervention reflektiert Lehrer A immer wieder seine Handlungen nach Erfolg und Misserfolg, nach Angemessenheit und Wirkung und ebenso nach der Unterrichtsstunde bzw. im Verlauf der mittel- und langfristigen Aktion. Dabei spricht er auch mit den Schülern und mit Kollegen, die in dieser Klasse unterrichten. Wichtig ist auch die gemeinsame Reflexion mit dem Tandempartner.

Das Konstanzer Trainingsmodell hat sich seit längerem bewährt. Folgende Wirkungen des KTM wurden festgestellt (vgl. Dann/Humpert 2008): Die Lehrer fühlen sich kompetenter im Umgang mit Aggression und Gewalt; sie haben mehr Selbstvertrauen. Sie schauen deshalb bei Konfliktsituationen auch weniger weg, greifen mehr ein. Zugleich werden weniger rigide und strafende Maßnahmen getroffen. Die Schüler verringern ihr störendes und aggressives Verhalten, sie sind mehr an Schule interessiert, ihre Leistungsbereitschaft wird erhöht. Das Klassenklima verbessert sich, ebenso das Klima innerhalb des Kollegiums. Als eine Art Selbsthilfeprogramm kann es allen Lehrkräften und Kollegien empfohlen werden. Das es Gewaltprävention mit Fortbildung und/bzw. Personalentwicklung verknüpft, leistet es zugleich einen wirksamen Beitrag für die Schulentwicklung.

Literaturhinweise

- Tennstädt, Karl-Christian u.a.: Das Konstanzer Trainingsmodell (KTM). Neue Wege im Schulalltag: Ein Selbsthilfeprogramm für zeitgemäßes Unterrichten und Erziehen. Huber. Bern 1994
- Humpert, Wilfried/Dann, Hanns-Dietrich: KTM kompakt. Basistraining zur Störungsreduktion und Gewaltprävention für pädagogische und helfende Berufe auf der Grundlage des „Konstanzer Trainingsmodells". Huber. Bern 2001
- Dann, Hanns-Dietrich/Humpert, Winfried: Das Konstanzer Trainingsmodell – ein Verfahren zur Qualifizierung pädagogischen Personals. In: Schröder, Achim/ Rademacher, Helmolt/Merkle, Angela: Handbuch Konflikt- und Gewaltpädagogik. Wochenschau Verlag. Schwalbach 2008, S. 315-328
- Dann, Hanns-Dietrich: Aggressionsprävention im sozialen Kontext der Schule. In: Holtappels, Heinz Günter u.a. (Hrsg.): Forschung über Gewalt an Schulen. Juventa. Weinheim und München 1999/ 5. Auflage 2009, S. 351-366

Schulinterne Lehrerfortbildung

Von Schulinterner Lehrerfortbildung (SchiLF) (vgl. Blasczyk/Priebe 1995) wird dann gesprochen, wenn sich ein Kollegium einer Schule gemeinsam mit einem Thema (z.B. Gewalt) mit dem Ziel auseinandersetzt, über die gemeinsamen Lernerfahrungen den Auftrag von Schule besser erfüllen zu können. SchiLF ist ein systematisch didaktisch strukturierter Arbeitsprozess, bei dem sowohl Konzepte und Methoden der Organisationsentwicklung als auch der Bildungs- und Erziehungstheorie zum Tragen kommen. Durch SchiLF werden Lehrer und Schüler, aber auch Eltern angesprochen, aktiv die Schule mitzugestalten und eine demokratische Schulentwicklung voranzutreiben. Das SchiLF-Konzept lässt sich auf viele Probleme im Schulalltag anwenden. Zentrales Anliegen ist es, dass Probleme, die die gesamte Schule betreffen, auch von allen angegangen werden.

Entschließt sich ein Lehrerkollegium, eine Schulinterne Lehrerfortbildung zur Gewaltprävention zu machen, wird zunächst eine innerschulische Arbeitsgruppe gebildet, die durch das Mandat der Lehrerkonferenz legitimiert ist. Diese Arbeitsgruppe sollte sich mit einem externen Moderationsteam (Lehrerfortbildner, Wissenschaftler) in Verbindung setzen. Die gemeinsame Arbeitsgruppe erarbeitet einen Lösungsvorschlag. Dabei bringen die Lehrer ihre pädagogischen und unterrichtsbezogenen Kompetenzen und Erfahrungen mit ein. Das Moderationsteam liefert das nötige theoretische Hintergrundwissen und begleitet den Arbeitsprozess. Wenn Lehrer ein Programm zur Gewaltprävention und -intervention für ihre Schule entwickeln und umsetzen wollen, sollten zunächst Fragen nach der Wahrnehmung von Gewalt an der Schule, nach Deutungs- und Erklärungsversuchen und nach Wegen für gemeinsames Handeln geklärt werden. Dabei sollte vorerst eine Laufzeit von einem halben

MOTZ! MECKER! SÜLZ!
HA! HA!
HOHO
HAHAHA!
ICH WEIß ECHT NICHT, WOHER DIESE GEWALT KOMMT: VOM SCHLECHTEN ELTERNHAUS ODER VOM FERNSEHEN?
LATEIN BAND 3

Jahr festgelegt werden. Dieser Vorschlag wird nun der Lehrer- und Schulkonferenz zur Beratung und Abstimmung unterbreitet. Hat man sich auf Vorstellungen geeinigt, geht es im nächsten Schritt darum, die oben angesprochenen Fragen „Wahrnehmen – Deuten – Handeln" (pädagogischer Dreischritt) – zu klären. Dies kann z.B. mit einer Fragebogenaktion bei Lehrern, Schülern und Eltern geschehen. Der Fragebogen sollte folgende Fragen beinhalten:

- Wie erlebst Du/erleben Sie Gewalt an unserer Schule?
- Was sollte an unserer Schule anders sein?
- Welche Wege können wir dazu gemeinsam gehen?

Die Auswertung der Befragung kann im Rahmen eines Projekttages geschehen. Die Ergebnisse der Umfrage sollten dann von Lehrern, Schülern und Eltern diskutiert werden, so dass am Ende dieses Schrittes mehrere verschiedene Lösungsansätze erstellt sind. Das Moderationsteam bringt auch hier wieder verschiedene Theorien, Untersuchungen, Konzepte ein. Im Weiteren finden sich zu den einzelnen Ansätzen bzw. Aspekten gemischte Kleingruppen (Lehrer, Schüler, Eltern) zusammen, die jetzt Ziele abstecken, konkrete Handlungsvorschläge erarbeiten und einen Zeitrahmen für deren Umsetzung entwerfen. Es sollte genau darauf geachtet werden, wer zur Gruppe gehört und welche Verantwortlichkeiten für die Termine und die Organisation getroffen werden. Während der Umsetzung der Vorschläge stellt das Moderationsteam Querverbindungen her, koordiniert die Arbeit und hilft bei inhaltlichen, motivationalen, technischen und gruppendynamischen Schwierigkeiten.

Im Abstand von zwei bis drei Monaten sollte Zwischenbilanz gezogen werden. Kommt es zu einer positiven Bewertung, kann das Projekt abgeschlossen werden; das Anliegen „Gewaltprävention" sollte jedoch weiterverfolgt werden. Es können aber auch andere Fragen zum Thema eines SchiLF-Projektes gemacht werden (z.B. Vergleichsarbeiten, Schülerfeedback usw.). Die Anwendung des SchiLF-Konzepts hat den Vorteil, dass Entwicklungsstrategien aus den Bereichen von Wirtschaft, Management oder Therapie nicht einfach übernommen werden. Stattdessen ist es ein Konzept mit pädagogischem Eigensinn, das dem spezifischen Bildungs- und Erziehungsauftrag der Schule entspricht. Zudem zeigt es den Weg zu einer demokratischen und partizipativen Schulentwicklung. Das SchiLF-Konzept kann aufgrund seiner engen Verflechtung von Gewaltprävention und Schulentwicklung als ein tragfähiges allgemeines Präventionskonzept angesehen werden (vgl. auch Kapitel 6).

- Blasczyk, Ulrich/Priebe, Botho: Gewalt: Herausforderung für die ganze Schule. Gewaltprävention als Schulentwicklung. In: Melzer, Wolfgang u.a. (Hrsg.): GewaltLösungen. Friedrich Verlag. Seelze 1995, S. 114-118
- Burow, Olaf-Axel/Plümpe, Christoph/Bornemann, Stefan: Schulentwicklung. In: Coelen, Thomas/Otto, Hans-Uwe (Hrsg.): Grundbegriffe Ganztagsbildung. VS Verlag Wiesbaden 2008, S. 602-610
- Eikenbusch, Gerhard: Praxishandbuch Schulentwicklung. Scriptor. Berlin 1998
- Kempfert, Guy/Rolff, Hans-Günter: Pädagogische Qualitätsentwicklung. Ein Arbeitsbuch für Schule und Unterricht. Beltz. Weinheim und Basel 2002

„Starke Eltern – Starke Kinder"

Der Elternkurs „Starke Eltern – Starke Kinder" ist ein Angebot des Deutschen Kinderschutzbundes (Honaken-Schoberth, 2005). Vorbild des Kurses ist die Arbeit des finnischen Kinderschutzbundes. Den Rechten der Kinder innerhalb der Familie soll mit Hilfe des Kurses mehr Geltung verschafft werden (im Sinne der UN-Kinderrechtskonventionen).
Im Rahmen der Kampagne „Mehr Respekt vor Kindern" erhielten die Elternkurse „Starke Eltern – Starke Kinder" Fördermittel als bundesweit präventives Angebot für alle Eltern. Die Elternkurse orientieren sich an verschiedenen psychologischen und pädagogischen Theorien, wie der Systemtheorie, der Kommunikationstheorie (Paul Watzlawick), der Individualpsychologie Alfred Adlers, der Verhaltens- und Gesprächstherapie sowie der humanistischen Psychologie, welche vor allem von den Gordon-Elterntrainings abgeleitet wird.
Ziel ist es, die Erziehungsfähigkeit der Eltern zu stärken, in dem sie ihre Wertevorstellungen reflektieren und so ihr Erziehungsverhalten letztlich verändern. Diese Modifizierung des Verhaltens soll dann zu einer Veränderung auf der Einstellungsebene führen. Mit Hilfe des Modells der „anleitenden Erziehung" lernen Eltern Verantwortung gemeinsam zu übernehmen und positive elterliche Autorität auszuüben. In den Kursen wird vor allem das Setzen, Verhandeln und Begründen von Grenzen geübt. Zwar wird auch an die Ressourcen der Eltern und Kinder angeknüpft, jedoch soll die Vergangenheit nicht im Vordergrund stehen, sondern die Entwicklung von Strategien für Gegenwart und Zukunft, so dass physische und psychische Gewalt als Bestrafung reduziert bzw. ganz unterlassen wird.
Die Vermittlung erfolgt aufbauend an 12 Kursabenden zu je zwei bis drei Stunden und hat folgende inhaltliche Schwerpunkte (Honkanen-Schoberth 2005, Schick 2010):

1. *Klare Werte* (Welche Werte- und Erziehungsvorstellungen gibt es in der Familie, was ist wichtig in der Erziehung)
2. *Klare Identität* (Festigung der Identität als Erziehende)
3. *Stärkung des Selbstvertrauens* (Wie kann ich mein Kind unterstützen?)
4. *Klarheit in der Kommunikation* (Bestimmung von Kommunikationsregeln – Wie drückt man Bedürfnisse aus?)
5. *Fähigkeit zur Problemlösung und Verhandlungskompetenz* (Wie werden Konflikte in der Familie gelöst?)

Die Kurse haben immer einen theoretischen Teil und einen Teil, in dem Eltern ihre Erfahrungen benennen und austauschen können. Jeder Kursabend verläuft unter einem „Motto", mit dessen Hilfe kurze Inputs von den Kursleitern gegeben werden, um dann die Inhalte z.B. in Kleingruppen mit den eigenen Erfahrungen zu erarbeiten. In jeder Kursstunde gibt es einen Wiederholungsabschnitt sowie Übungen und eine Wochenaufgabe, die dabei helfen sollen, das neu Erlernte im Alltag umzusetzen. Die Elternkurse werden von geschulten Kursleitern durchgeführt, der Erfolg hängt aber vor allem davon ab, wie gut sich diese auf die spezifischen Probleme und Bedürfnisse der teilnehmenden Eltern einlassen können.

Der Elternkurs basiert auf freiwilliger Teilnahme und kann nicht vom Gericht angeordnet werden. Angeboten werden die Kurse in verschiedenen Einrichtungen des Kinderschutzbundes, in Volkhochschulen, Beratungsstellen, Schulen und Kindergärten, Frauenhäusern und Sozialstationen. Es wird zwar eine Gebühr erhoben, die jedoch unterschiedlich hoch bis kostenfrei sein kann. Betont wird auch, dass die Kurse keine Therapiegruppe, sondern ein präventives Angebot sind.

Die Evaluation der Maßnahme ergab, dass die Kurse zur Entlastung und zur Steigerung des Vertrauens in die eigenen Fähigkeiten und die der Kinder beitragen (vgl. Tschöpe-Scheffler/Niermann 2002). Von den Eltern gab es vorrangig positive Rückmeldung, so würden sie auf restriktives Erziehungsverhalten (Ohrenfeigen, Beschimpfung, Demütigung) verzichten und über alternative Erziehungsmethoden verfügen. Auch kam es zu einer Verbesserung des Familienklimas. Es muss jedoch erwähnt werden, dass die Studie erhebliche methodische Probleme aufweist (Schick 2010).

Eine neuere Evaluationsstudie (Rauer 2009) hat ergeben, dass Eltern mit Lernfreude an den Kursen mitarbeiten und daraus sehr viel für ihr Erziehungsverhalten mitnehmen, Unsicherheiten ablegen, Selbstwirksamkeit steigern und negative Verhaltensmuster reduzieren können. Insbesondere lernen sie, die positiven Seiten und Stärken ihrer Kinder wahrzunehmen. Auch Auswirkungen auf die Verhaltensweisen der Kinder der an den Kursen beteiligten Eltern konnten festgestellt werden, vor allem nehmen die Kinder bei ihren Eltern mehr entwicklungsfördernde Verhaltensweisen, wie Wärme, Trost und Unterstützung, wahr. Die Kinder geben an, weniger häufig Probleme mit Gleichaltrigen zu haben, während die Eltern das Sozialverhalten ihres Kindes nach dem Kurs positiver beurteilen. Eltern mit Kurserfahrung

zeigten im Vergleich mit der Kontrollgruppe mehr Empathie, aber auch mehr Verbindlichkeit und Grenzsetzungen im Erziehungsverhalten.
Eine offene Frage und zugleich eine Herausforderung für die Elternbildung ist die Erreichbarkeit aller Sozialschichten sowie und die Problematik der Persistenz der neu erworbenen Sichtweisen und Einstellungen. Auch wäre eine stärkere Anbindung an das Setting Schule wünschenswert. In jedem Falle scheinen die Kurse Veränderungsprozesse im Erziehungsverhalten und im Familienklima in Gang zu setzen. Durch die Trägerschaft des Kinderschutzbundes hat das Programm einen hohen Verbreitungsgrad. Die Anmeldung kann über verschiedene Einrichtungen des Kinderschutzbundes, in Volkhochschulen, Beratungsstellen, Schulen und Kindergärten, Frauenhäusern und Sozialstationen erfolgen, eine Website verweist auf Angeboten in allen Regionen Deutschlands.

Literaturhinweise

- Honkanen-Schoberth, Paula: „Starke Eltern – starke Kinder®“ Elternkurse des Deutschen Kinderschutzbundes – mehr Freude, weniger Stress mit den Kindern. In: Tschöpe-Scheffler, Sigrid (Hrsg.): Konzepte der Elternbildung – eine kritische Übersicht. Barbara Budrich. Opladen 2005
- Rauer, Wulf: Elternkurs Starke Eltern – Starke Kinder: Wirkungsanalysen bei Eltern und ihren Kindern in Verknüpfung mit Prozessanalysen in den Kursen – eine bundesweite Studie. Ergon-Verlag. Würzburg 2009
- Schick, Andreas: Effektive Gewaltprävention. Evaluierte und praxiserprobte Konzepte für Schulen. Vandenhoeck und Ruprecht. Göttingen 2010
- Tschöpe-Scheffler, Sigrid/Niermann, Jochen: Evaluation des Elternkonzepts „Starke Eltern – starke Kinder“ des Deutschen Kinderschutzbundes – Ein Forschungsbericht. Fachhochschule Köln 2002 (http://tschöpescheffler.de/fachhochschule/ Forschungsbericht.pdf)
- Tschöpe-Scheffler, Sigrid (2005): Unterstützungsangebote zur Stärkung der elterlichen Erziehungsverantwortung oder: Starke Eltern haben starke Kinder. In: Zeitschrift für Soziologie der Erziehung und Sozialisation, 25, Nr. 3, 248-262
- http://www.sesk.de

„Triple P“ – Positive Parenting Program

„Triple P“ bedeutet „Positiv Parenting Program“(positives Erziehungsprogramm) und wurde von dem australischen Wissenschaftler Matthew Sanders am „Parenting and Family Support Center“ der Universität Queensland als präventives Elternprogramm entwickelt. Seit 1999 wird es auch in Deutschland, Österreich und der Schweiz angeboten.
Das Programm basiert auf der Grundlage einer liebevollen Zuwendung und angemessenen Kommunikation in der Familie. Es soll den Eltern helfen, mit einem demokratischen, gewaltfreien und nicht verletzenden Erziehungsstil eine für die

Kinder förderliche Beziehung aufzubauen. „Triple P" richtet sich an Eltern, die ihre Erziehungskompetenzen verbessern wollen oder mehr Sicherheit in der Erziehung erreichen möchten. Ungünstiges Erziehungsverhalten soll durch positives ersetzt und die Erziehungskompetenz erweitert werden, um eine gute Eltern-Kind Beziehung zu fördern und Missbrauch und Gewalt gegenüber Kindern vorzubeugen. Erziehungsbedingter Stress soll reduziert und familiäre Zufriedenheit gesteigert werden.

Theoretische Grundlagen:
- Modell zur Eltern-Kind-Interaktion
- Verhaltensanalytische Modelle (Einsatz von Anweisungen)
- Operante Lernprinzipien (Belohnung oder geplantes Ignorieren)
- Erwerb sozialer Kompetenzen (Problemlöse- und verbale Fertigkeiten)
- Sozial-kognitive Lerntheorie als Grundlage für Interventionen
- Entwicklungspsychologische Befunde zu Risiko- und Schutzfaktoren

Durch den kognitiv-behavioralen Ansatz sollen Eltern Fertigkeiten vermittelt werden, so dass sie ihre Probleme unabhängig und selbstständig lösen können. Die Eltern wählen die Bereiche, die sie verändern möchten, dabei müssen sie ihr bisheriges Verhalten reflektieren und sich mit ihren Motiven, Zielen und Werten auseinandersetzen. Daraufhin sollen sie sich neue Ziele setzen und Erziehungs- und Problemlösefertigkeiten auswählen, um sie anschließend an den eigenen Maßstäben zu bewerten. Eltern werden dadurch angeregt, Ursachen und Erklärungsmodelle für ihr eigenes Verhalten und das des Kindes zu finden.

Triple P ist ein präventives Mehr-Ebenen Modell mit steigender Intensität.

Ebene 1 (Universelles Triple P)
Eltern erhalten Informationen über Erziehung (durch Artikel in Zeitschriften oder Broschüren) für ca. 60 verschiedene Problembereiche, die im alltäglichen Familienleben auftreten können. Für manche Eltern sind diese Anregungen bereits hilfreich.
Ebene 2 und 3 (Kurzberatungen)
Diese Ebenen enthalten vier kurze Einzelberatungen für Eltern mit spezifischen Erziehungsfragen. Diese können von Erziehern, Lehrern, Hebammen oder Kinderärzten durchgeführt werden.
Ebene 4 (Triple P-Elterntrainings)
Auf dieser Ebene werden die Erziehungsfertigkeiten trainiert. Dies kann in Form eines Gruppentrainings, als Einzeltraining oder zu Hause mit Hilfe des Elternarbeitsbuches stattfinden. Die Elternkurse bestehen aus vier Treffen zu je zwei Stunden und vier sich anschließenden individuellen Telefonkontakten.
Ebene 5 (erweitertes Triple P)
Diese Ebene umfasst weitere verhaltenstherapeutische Familieninterventionen und ist ein Angebot für Eltern, die nach den vorhergehenden Ebenen weiterhin

Schwierigkeiten haben und vertiefende Anleitungen brauchen, um Partnerschaftskonflikte oder Stressbelastungen besser bewältigen zu können.

„Triple P" wird nur von ausgebildeten Fachleuten durchgeführt, die eine Fortbildung mit einer sich anschließenden Prüfung erfolgreich absolviert haben. Die Kosten für die Beratungen und Kurse sind unterschiedlich hoch, es gibt allerdings immer mehr Träger, die die Kosten dafür übernehmen. Das Triple P-Elterntraining gestaltet sich inhaltlich, wie im Folgenden zusammenfassend dargestellt wird (Dirscherl/Obermannn/Hahlweg 2005).

Ablauf des Triple P-Elterntrainings

Sitzung 1:
- Grundlagen positiver Erziehung
- Faktoren, die das kindliche Verhalten beeinflussen
- Ziele für Veränderungen
- Methoden der Verhaltensbeobachtungen

Sitzung 2:
- Erziehungsstrategien zur Förderung der kindlichen Entwicklung

Sitzung 3:
- Erziehungsstrategien zum Umgang mit problematischem Verhalten

Sitzung 4:
- Vorbereitung auf Risikosituationen
- Erstellen von Aktivitätsplänen
- Planung Telefonkontakte

Sitzungen 5-8 (Telefonkontakte):
- Fortschritte besprechen
- Fragen/Schwierigkeiten mit dem Triple P-Trainer diskutieren

Die wissenschaftliche Begleitung übernahm die Universität Braunschweig unter der Leitung von Kurt Hahlweg. Eine Studie, die über 5 Jahre lief, zeigte eine hohe Zufriedenheit mit dem Programm (vgl. Hahlweg/Heinrichs 2007). Eine weitere Evaluation des Programms (Heinrichs et al. 2006) ergab bei den Eltern eine Verbesserung der Erziehungskompetenzen. Die größte Veränderung war im Erziehungsverhalten festzustellen. Die Kinder zeigten weniger Verhaltensauffälligkeiten und das Training half die Beziehung zu ihnen zu verbessern. Jedoch erreicht auch dieses Programm vorrangig gering bzw. mittel belastete Familien. Grundsätzlich ist es aber durch den Mehr-Ebenen Ansatz flexibel und kann als Prävention weiträumig angesetzt werden. Auch können dadurch die verschiedenen Institutionen besser integriert werden. Die Studie zeigte außerdem, dass die Eltern, die sich zur Teilnahme entschließen, kontinuierlich in den Kursen mitarbeiten.

Das Programm hat einen hohen Verbreitungsgrad, es besteht ein deutschlandweit gut ausgebautes Netzwerk aus Beratern und Gruppentrainern, das über die Website (www.triplep.de) erreicht werden kann. Wie bei anderen Elternbildungsprogrammen stellt sich auch hier die Frage der Erreichbarkeit bildungsferner Sozialschichten und die der Nachhaltigkeit der neu erworbenen Erziehungseinstellungen bei den Kursteilnehmern. Beides könnte durch eine stärkere Anbindung an das Setting Schule erreicht werden.

Literaturhinweise

- Dirscher, Thomas/Obermann, Dorothee/Hahlweg, Kurt: Liebend gern erziehen – Prävention mit Triple P. In: Tschöpe-Scheffler (Hrsg.): Konzepte der Elternbildung – eine kritische Übersicht. Barbara Budrich. Opladen 2005
- Hahlweg, Kurt/Heinrichs, Nina: Prävention von kindlichen Verhaltensstörungen mit dem Triple P-Elterntraining. In: Sucholdoletz, Waldemar von (Hrsg.): Prävention von Entwicklungsstörungen. Hogrefe. Göttingen u.a. 2007
- Heinrichs, Nina et al.: Die langfristige Wirksamkeit eines Elterntrainings zur universellen Prävention kindlicher Verhaltensstörungen. Ergebnisse aus Sicht der Mütter und Väter. Zeitschrift für Klinische und Psychologie und Psychotherapie, 35 (2) 2006, S. 82-96
- www.triplep.de

STEP – Trainingsprogramm für Eltern und pädagogisches Fachpersonal

Das Elterntrainingsprogramm STEP (Systematic Training for Effective Parenting) wurde 1976 in den USA von den Familientherapeuten Dinkmeyer Sr., McKay und Dinkmeyer Jr. entwickelt. Trudi Kühn, Roxana Petcov und Linda Pliska haben es dann im Jahr 2000 ins Deutsche übersetzt. Seit 2005 wird das Programm von der Universität Bielefeld wissenschaftlich begleitet.
STEP Elterntraining baut auf der Individualpsychologie von Alfred Adler und Rudolf Dreikurs auf, dessen 34 Erziehungsprinzipien sich in den Themen und Inhalten des STEP-Kurses wiederfinden. Ziel des Programms ist es, die Eltern in ihren Kompetenzen zu stärken; dazu gehört eine respektvolle Kommunikation, die Ermutigung des Kindes und die Selbstermutigung als Mutter bzw. Vater. Die Eltern lernen ihre Kommunikationsfähigkeit zu verbessern und den Kindern Selbstdisziplin zu vermitteln. Eltern sollen Sicherheit darin bekommen, wann und wie sie Grenzen setzen. Der von STEP vertretene Erziehungsstil basiert auf demokratischen Prinzipien, nach denen die Kinder innerhalb festgelegter Grenzen selbst Entscheidungen treffen können. Außerdem wird eine Form von Disziplin angestrebt, die auf natürlichen und logischen Konsequenzen des Handelns beruht. Mütter und Väter werden in ihren erzieherischen Fähigkeiten gestärkt, so dass sie angemessen auf das Fehlverhalten ihrer Kinder reagieren können.

Die Erziehungsziele bei STEP sind auf die Vermittlung von Erziehungskompetenzen gerichtet, die geeignet sind, verantwortungsvolle, selbstbewusste, konfliktfähige und glückliche Kinder zu erziehen. Das Programm soll die Eltern sowohl kognitiv, als auch emotional ansprechen. Daher werden im Rahmen des Elterkurses Alltagssituationen besprochen und Rollenspiele durchgeführt, bei denen sich die Eltern u.a. in die Situation des Kindes versetzen müssen. Den Eltern wird so Schritt für Schritt der respektvolle Umgang mit dem Kind, aber auch in der Familie untereinander, vermittelt.

Das Eltertraining dauert zehn Wochen mit je einer wöchentlichen Sitzung von zwei bis zweieinhalb Stunden. Die Lernabschnitte bauen systematisch aufeinander auf, in jedem Abschnitt erfolgen Selbstreflexionen sowie die Entwicklung und Erprobung von Kommunikations- und Problemlösestrategien. Bei den Elternabenden wird ein gleichbleibendes Muster verfolgt, das aber zeitlich variiert werden kann:

1. Aufwärmphase/Einstieg
2. Besprechung der Hausaufgaben/Austausch
3. Klärung der neuen Konzepte (Rollenspiel, Diskussion)
4. Videopräsentationen/persönliche Anwendung/Übung
5. Übung erlernter Fähigkeiten (Fallbeispiel, Übung)
6. Zusammenfassung, „Hausaufgabe“ für das nächste Treffen

(Quelle: Marzinzik/Kluwe 2007, S. 4f)

Die Bielefelder STEP-Evaluation ergab, dass die Trainings eine gute Vermittelbarkeit und eine schnelle Umsetzbarkeit der neu erlernten Erziehungsregeln für die Eltern gewährleisten. Die Eltern konnten ihre erzieherischen Kompetenzen stärken und dies führte zu einer Abnahme von Überreaktionen auf der Verhaltensebene.

Neben den Kursbesuchen besteht die Möglichkeit einer autodidaktischen Erarbeitung der Inhalte des Programms. Die Elternbücher, die auch in den Kursen verwendet werden, können unabhängig vom Kurs erworben werden. Mit Hilfe des Elternvideos können beispielhafte Situationen und Verhaltensweisen gezeigt werden. Themen, Inhalte und Methoden sind mit denen des Kurses identisch. Der Besuch des Kurses wird empfohlen, da der Austausch zwischen den Eltern eine zentrale Bedeutung hat, aber nicht zwingend notwendig ist.

Folgende drei Bände der STEP-Elternbücher + Elternvideo sind erhältlich: (1) Die ersten 6 Jahre, (2) Kinder ab 6 Jahre, (3) Leben mit Teenagern. Die Elternbücher sind nach folgender Systematik aufgebaut:

1. Wir lernen uns und unsere Kinder besser verstehen
2. Unsere persönliche Wertvorstellung, Überzeugungen und Gefühle
3. Wir ermutigen unsere Kinder und uns selbst
4. Wir hören unseren Kindern zu und reden mit ihnen

5. Wir helfen unseren Kindern zu kooperieren
6. Sinnvolle Disziplin
7. Was machen wir, wenn…?

(Quelle: ebd., S. 5)

Da sich das STEP-Programm aber nicht nur an Eltern richtet, sondern an alle, die im pädagogischen Bereich arbeiten, gibt es mittlerweile auch „STEP – Das Buch für Erzieher/innen" und „STEP – Das Buch für Lehrer/innen". Die Kosten für die Elternkurse sind nicht unerheblich. Um einen positiven Effekt des STEP-Trainings zu erhalten, sollte man zu dem Kurs die Elternbücher erwerben. Hier deutet sich ein Problem an, welches von der Universität Bielefeld in der Evaluation des STEP-Programms bestätigt wurde (Kluwe/Mazinzik 2007). Die typischen Nutzer von Elternkursen sind bildungsgewohnte sozioökonomisch gut gestellte Eltern. Diese besitzen zum einen die finanziellen Mittel, um sich Elternbücher und die Elternkurse leisten zu können und zum anderen verfügen sie über die Kompetenzen, mit den Elternbüchern selbstständig arbeiten zu können.

Die Kurse wurden vorwiegend von Eltern aus der oberen Mittelschicht genutzt. Viele Elterngruppen, vor allem solche aus benachteiligten und bildungsfernen Bevölkerungsschichten sind kaum erreicht worden. Diese könnten, sollten und müssten jedoch viel stärker von der Teilnahme an einem Elternkurs profitieren als die ressourcenstarken Eltern. Diese belasteten und benachteiligten Familien, Eltern oder Kinder können häufig weniger auf soziale Unterstützungs- und Bildungsressourcen zurückgreifen, deshalb würde bei ihnen im Rahmen eines universell-präventiven Elternprogramms eine deutlichere Veränderung zu verzeichnen sein als bei den „unvorbelasteten" Eltern – dies erwarten die Evaluatoren (Kluwe/Trompetter 2010).

Bei STEP sind aus diesen Gründen Elternbildungsangebote entstanden, die sich an spezielle Zielgruppen richten oder auf bestimmte Settings zugeschnitten sind. So erfolgt zum Beispiel eine Zusammenarbeit mit der Jugend- und Familienhilfe, da diese analoge Ziele verfolgt wie das STEP-Programm: Sicherung des Kindeswohls, Unterstützung und Entlastung der Familien sowie Stärkung der psychosozialen Ressourcen der Familienmitglieder. Durch die Einbindung der Elternprogramme in Settings konnte eine sehr viel heterogenere Elternschaft erreicht werden. Die Kurse wurden gezielt in Settings eingebracht, in denen benachteiligte Elterngruppen präsent sind. Diese konnten an den Elternkursen teilweise kostenfrei oder sehr günstig teilnehmen. Leider bestehen Möglichkeiten wie diese in zu geringer Zahl, zwar sind auch sie nicht in der Lage, das „Präventionsdilemma" gänzlich aufzulösen, es handelt sich aber um einen wichtigen Schritt in die richtige Richtung.
Neben der steuernden Evaluation, durch die Verbesserungen der Programmqualität angestoßen werden, gehören der hohe Verbreitungsgrad und das vorhandene

Unterstützungsnetzwerk zu den Stärken des Gesamtunternehmens. STEP wird von vielen Beratungsstellen, Familienbildungsstätten, Gesundheitsstationen, Vereinen und privaten Trainern angeboten. Über zentrale Websites werden das Unterstützungsnetzwerk mit Elternkursen sowie qualifizierten Pädagogen, Psychologen und Medizinern sichtbar. Über das Trainernetzwerk können Kurse in fast allen Regionen Deutschlands organisiert werden.

Literaturhinweise

- Dinkmeyer Sr., Don /McKay, Gary D./Dinkmeyer, James S./Dinkmeyer Jr., Don / McKay, Joyce L.: Step – Das Elternbuch. Beltz. Weinheim Basel 2010 (5. Auflage)
- Hartung, Susanne/Sahrai, Diana: Elternbildungsprogramme. In: Sandfuchs, Uwe/Melzer, Wolfgang/Dühlmeier, Bernd/Rausch, Adley (Hrsg.): Handbuch Erziehung. Klinkhardt UTB. Bad Heilbrunn 2011
- Kluwe, Sabine/Trompetter, Eva: Evaluation settingbasierter STEP Elternkurse. In: Hartung, Susanne/Kluwe, Sabine/Sahrai, Diana: Elternbildung und Elternpartizipation in Settings. Abschlussbericht der Bielefelder Evaluation von Elternedukationsprogrammen. Bielefeld 2010
- Marzinzik, Kordula/Kluwe, Sabine: Evaluation des STEP-Elterntrainings. Abschlussbericht der wissenschaftlichen Begleitforschung. Bielfeld 2007
- www.uni-bielefeld.de/gesundhw/neueseiten/ag4/downloads/abschlussbericht_step.pdf
- Kühn, Trudi/Petcov, Roxana: STEP – Das Eltertraining: Erziehungskompetenz stärken – Verantwortungsbereitschaft fördern. In: Tschöpe-Scheffler, Siegrid: Elternkurse auf dem Prüfstand. Wie Erziehung wieder Freude macht. Barbara Budrich. Opladen 2005
- Websites: www.step.de; www.instep-online.ch

EFFEKT-Projekt zur Entwicklungsförderung in Familien

Das vom Bundesfamilienministerium geförderte Projekt „EFFEKT" (Entwicklung und Entwicklungsförderung in Familien) wurde von Prof. Friedrich Lösel und seiner Projektgruppe an der Universität Erlangen im Rahmen der „Erlangen-Nürnberger Entwicklungs- und Präventionsstudie" konzipiert. Dabei wurden zum einen die Entstehung und Verfestigung von Verhaltensproblemen untersucht, die sich bereits im Kindergartenalter entwickeln (Entwicklungsstudie). Zum anderen hatte das Projekt zum Ziel, ein kind- und elternzentriertes Präventionsprogramm zu entwickeln und zu evaluieren (Präventionsstudie).
Das kind- und elternzentrierte Trainingsprogramm basiert auf amerikanischen Modellen. Der universelle Präventionsansatz ermöglicht es, ein breites Spektrum der Elternschaft anzusprechen. Um Eltern aus unteren Sozialschichten zu erreichen und

in das Projekt zu integrieren, wurden diese durch gezielte Ansprache in Brennpunktkindergärten für das Vorhaben gewonnen.
Das Training erfolgte im Rahmen von Kinder- und Erwachsenenkursen, Kindertraining zur Förderung der sozialen Kompetenz, Elterntraining zur Förderung der Erziehungskompetenz, Kombiniertes Eltern-Kind-Training.

1. Kindertraining
Beim sozial-kognitiven Kindertraining steht die Vermittlung grundlegender sozialer Fertigkeiten mit Hilfe von aufeinander aufbauenden kindgemäßen Spielen im Mittelpunkt. Angesetzt sind 15 Sitzungen mit insgesamt 39 Einheiten. Die Kurse werden von zwei ausgebildeten Trainern durchgeführt. Das Training gliedert sich in zwei Phasen: Vorbereitende Problemlösespiele (Sitzungen 1-6, Einheit 1-17) und Problemlösespiele (Sitzungen 7-15, Einheit 18-39).
In der ersten Phase (vorbereitende Problemlösespiele) werden den Kindern sprachliche und kognitive Grundlagen vermittelt, damit sie ihre Probleme ohne Aggression lösen können. Zu Beginn werden Wortkonzepte trainiert, die für die soziale Problemlösung relevant sind. Auf diese Weise soll den Kindern geholfen werden, Probleme zu reflektieren und zu lösen. In einem weiteren Schritt werden sie darin geschult, ihre eigenen Gefühle und die der anderen zu erkennen und zu benennen, um im letzten Schritt (Kausalitätsprinzip) in verschiedenen Übungen zu lernen, welches die Ursachen für bestimmte Gefühle und Verhaltensweisen sein können. Dadurch sollen sie in die Lage versetzt werden, Situationen angemessen wahrzunehmen und die Konsequenzen des eigenen Handelns abzuschätzen und zu berücksichtigen. Sie lernen selbstständig zu entscheiden, welche Lösung die angemessenste für die jeweilige Situation ist.
In der zweiten Phase (Problemlösespiele) werden die Kinder darauf trainiert, die gelernten Denkmuster anzuwenden; ihnen wird verdeutlicht, dass es immer alternative Problemlösekonzepte für Konflikte gibt. Mit Hilfe verschiedener Übungen (z.B.: „Wenn-Dann-Spiel") wird den Kindern gezeigt, dass ein bestimmtes Ereignis oder eine bestimmte Handlung immer bestimmte Konsequenzen zur Folge hat. Anschließend üben die Kinder die Bewertung von Handlungskonsequenzen. Dabei sollen die von ihnen gefundenen Lösungen für ein Problem beurteilt und begründet werden, um eine adäquate Handlungsmöglichkeit auszuwählen. Während des Trainings werden den Kindern Denkstrategien vermittelt, mit denen sie soziale Konflikte selbstständig lösen können. Soziales Denken soll über folgende Schritte habitualisiert werden (Lösel/Jaursch/Beelmann/Stemmler 2007).

1. Problemdefinition (Was ist passiert? Was ist das Problem?)
2. Identifikation von Gefühlen oder Gründen für das Verhalten anderer (Wie fühlen sich die Beteiligten? Welche Gründe gibt es für das Verhalten?)
3. Generierung von Handlungsalternativen (Was kann ich tun?)

4. Abschätzen der Folgen einer Handlung (Was passiert dann?)
5. Bewertung der Handlung (Ist das eine gute Idee?)

Um ein Training durchzuführen, bedarf es bereitgestellter Materialien (Trainingsmanual und Literatur), die sich in einem Trainingskoffer befinden, der käuflich erworben werden muss. Eine weitere Gelingensbedingung sind qualifizierte Trainer, dazu steht ein Fortbildungsangebot (viertägiges Seminar) für Mitarbeiter aus sozialen Berufen zur Verfügung. Darin werden den Teilnehmern Inhalt, Umsetzung und Ziele des Programms durch theoretische Vorträge, Videosequenzen und Praxisübungen vermittelt. Die Teilnehmer verpflichten sich dazu, mindestens einen der von ihnen durchgeführten Kinder- oder Elternkurse zu evaluieren. Die Auswertung erfolgt durch das Institut für Psychologie der Universität Nürnberg-Erlangen.

2. Elterntraining
Ziel des Elterntrainings ist es, die Erziehungskompetenz der Eltern zu erweitern. Dabei wird angemessenes Erziehungsverhalten gefördert und der Umgang mit schwierigen Erziehungssituationen geübt. Das Training richtet sich an Eltern mit Kindern im Alter von drei bis zehn Jahren. In insgesamt fünf Sitzungen zu je eineinhalb bis zwei Stunden werden mit den Eltern folgende Inhalte erarbeitet:
- Grundregeln positiver Erziehung
- Bitten und Aufforderungen
- Grenzen setzen
- schwierige Erziehungssituationen
- Überforderung in der Erziehung (Stress, Verhaltensprobleme)
- Soziale Beziehungen in der Familie.

Der Ablauf der Stunden folgt einem einzuhaltenden Schema (ebd., S. 223):
1. Begrüßung
2. Besprechung der Hausaufgaben
3. Einführung in die Themen der Stunde
4. Intensive Aufarbeitung des jeweiligen Themas durch Gruppenarbeit, Rollenspiel und Diskussionen
5. Übungen für zu Hause
6. Beantwortung der Fragen zur jeweiligen Sitzung

In der ersten Sitzung werden die Grundregeln positiver Erziehung vermittelt. Eltern lernen zu verstehen, dass ihr eigenes Erziehungsverhalten die Entwicklung des Kindes erheblich beeinflusst. Durch eine Übung wird der Blick der Eltern vor allem auf die positiven Erlebnisse mit ihrem Kind gelenkt. Die zweite Sitzung hat die Spielregeln in der Familie im Fokus. Den Eltern wird erklärt und es wird mit ihnen geübt, wie sie Aufforderungen an ihr Kind effektiv stellen können, und gezeigt, wie sich die Kooperationsbereitschaft des Kindes verbessern lässt. Dabei lernen die Eltern beispielsweise, dem Kind ein Vorbild zu sein und ihm Verantwortung zu übertragen. In der dritten Sitzung steht das Thema „In der Erziehung Grenzen setzen" im Mittelpunkt. Vor allem wird dabei auf den Umgang mit schwierigen Erziehungssituationen und die aus dem Fehlverhalten der Kinder zu ziehendenden angemessenen Konsequenzen Bezug genommen. Ziel ist es, einen konsequenten Erziehungsstil im Alltag umzusetzen. Den Eltern werden Regeln für den Umgang mit schwierigen Erziehungssituationen an die Hand gegeben („Versuchen Sie, möglichst ruhig zu bleiben"; „Kündigen Sie realistische und angemessene Konsequenzen an"; „Führen Sie diese konsequent durch"). Die vierte Sitzung beschäftigt sich mit der Überforderung in der Erziehung. Thematisiert wird der Umgang mit Stress sowie mit Verhaltensproblemen des Kindes. Der angemessene Umgang mit Verhaltensproblemen wird an Beispielen erarbeitet. In der fünften Sitzung wird den Eltern gezeigt, wie sie die soziale Beziehung ihrer Kinder zu anderen Personen stärken und wie sie ihr Familienleben fördern können.

Zum Abschluss werden ihnen die Möglichkeiten erläutert, die der sog. „Familienrat" bietet, ein Forum, in dem man das Zusammenleben in der Familie regeln und mögliche Konflikte lösen kann.

Im Rahmen der „Erlangen-Nürnberger Entwicklungs- und Präventionsstudie" wurden die Kurse auf ihre Wirkungen hinsichtlich des Sozialverhaltens der Kinder untersucht. Dabei konnte festgestellt werden, dass in der Kontrollgruppe, in der keine Trainings stattfanden, mit der Zeit die Verhaltensprobleme leicht zunahmen, während sich bei den Eltern, die am Programm teilgenommen hatten, ein Rückgang zeigte. Vor allem profitieren die Kinder, die vorher stärkere Verhaltensauffälligkeiten aufwiesen, von der Maßnahme; sie haben Konfliktsituationen differenzierter wahrgenommen, mehr Handlungsalternativen erwogen und eher angemessene und weniger aggressive Problemlösungen genannt. Allerdings waren die gemessenen Effektstärken – wie bei anderen Programmen – relativ niedrig, so dass für langfristige Wirkung weitere Komponenten hinzukommen müssen. Trotz guter Akzeptanz bei den Teilnehmern zeigte sich, dass die Hochrisiko-Gruppen schwer zu erreichen sind, sich etikettiert fühlen und das Training häufiger abbrechen.

Kontakte zu dem Programm und zu Multiplikatoren lassen sich über die Homepage (www.effekt-training.de) herstellen, hier können sich Interessenten auch für die Trainer-Fortbildung anmelden. Da das Programm mittlerweile sehr verbreitet ist, findet man dort auch Kontaktmöglichkeiten zu Einrichtungen, die bereits mit dem Programm arbeiten, so dass die Trainer eventuell über eine Einrichtung in der Nähe bezogen werden können und somit nicht jede Einrichtung ihre Mitarbeiter ausbilden lassen muss.

Die Anschaffung des Programms ist für die pädagogischen Einrichtungen, die es verwenden wollen, mit nicht geringen Kosten für die Ausbildung der Trainer und für die Materialien (Koffer, Manual, Materialien für Eltern und Kinder) verbun-

den. Die Kursmaterialien können nur in Verbindung mit einer Fortbildung erworben werden. Grundsätzlich übernimmt die Einrichtung die Vorfinanzierung, die Umlage auf die Eltern ist unterschiedlich geregelt. In dieser Hinsicht besteht Handlungsbedarf, um mehr Eltern aus belasteten und zugleich finanzschwachen Familien zu erreichen.
Das Programm wird ständig optimiert und erweitert. Mittlerweile ist eine Version für Migranten erhältlich. Außerdem soll mit „TIP" (Training im Problemlösen) die Intervention im Grundschulalter aufgefrischt werden. Damit wird der Versuch unternommen, langfristige Effekte im kindlichen Sozialverhalten zu erzielen.

Literaturhinweise

- Lösel, Friedrich/Jaursch, Stefanie/Beelmann, Andreas/Stemmler, Mark: Prävention von Störungen des Sozialverhaltens – Entwicklungsförderung in Familien: das Eltern- und Kindertraining EFFEKT. In: Suchodoletz, Waldemar von (Hrsg.): Prävention von Entwicklungsstörungen. Hogrefe. Göttingen 2007, S. 215-234.
- Lösel, Friedrich/Beelmann, Andreas/Stemmler, Mark/Jaursch, Stefanie: Prävention von Problemen des Sozialverhaltens im Vorschulalter. Evaluation des Eltern- und Kindertrainings EFFEKT. In: Zeitschrift für Klinische Psychologie und Psychotherapie, 35 (2006), S. 127-139.
- Lösel, Friedrich/Beelmann, Andreas/Jaursch, Stefanie/Koglin, Ute/Stemmler, Mark: Entwicklung und Prävention früher Probleme des Sozialverhaltens: Die Erlangen-Nürnberger Studie. In: Cierpka, Manfred (Hrsg.): Möglichkeiten der Gewaltprävention. Vandenhoeck & Ruprecht. Göttingen 2008, S. 206-234
- www.effekt-training.de

5.6 Programme im Schulsetting

Olweus-Programm

Der norwegische Psychologe Dan Olweus entwickelte in den 1980er Jahren mit dem Anti-Bullying-Programm ein schulumfassendes Interventionsprogramm (vgl. Olweus 1995, 2009). „Bullying" meint ein dauerhaftes Drangsalieren und Quälen und geht über Mobbing hinaus, weil es sehr unterschiedliche Gewaltformen umfasst. Kennzeichnend sind der dauerhafte Charakter dieser Handlungen und das asymmetrische Kräfteverhältnis zwischen Tätern und Opfern. Das Programm wird in vielen Ländern angewandt; seit Mitte der 1990er Jahre auch in Deutschland. Ziele des Programms sind eine Verminderung mittelbarer und unmittelbarer Gewalt und die Verbesserung der Beziehungen unter den Schülern. Es sollen Bedingungen geschaffen werden, die sowohl Opfern als auch Tätern ein besseres Auskommen miteinander innerhalb und außerhalb der Schule möglich machen. Dabei wird

eine Steigerung ihrer sozialen Kompetenz angestrebt. Weiterhin soll eine allgemeine Verbesserung des Schulklimas erreicht werden. Adressaten sind sowohl Lehrer und Schüler als auch Eltern. In Norwegen beinhaltet das Programm eine Multiplikatorenausbildung (9 Trainingstage, 3 Tage Supervision, Beratung via Telefon und Email im Lauf von 18 Monaten).
Das Modell von Olweus, das auf lerntheoretischen Ansätzen basiert, geht von Mobbing als einem Teufelkreis von Angst und Gewalt aus. Sein Interventionsprogramm will diesen Kreis durchbrechen und setzt dabei an mehreren Ebenen an: Schulebene, Klassenebene und persönliche Ebene. Bevor mit dem Programm begonnen werden kann, sollten zwei Rahmenbedingungen erfüllt sein: Zum einen muss ein entsprechendes Problembewusstsein entwickelt sein, d.h. der momentane Zustand des Gewaltproblems an der Schule muss von Lehrern und Eltern erkannt worden sein. Zum anderen bedarf es eines „Betroffenseins", d.h. eine Änderung des Zustandes muss von Lehrern und Eltern selbst angestrebt werden.

Der Start des Programms erfolgt in drei Schritten:

1. Zunächst sollte eine *Fragebogenerhebung* stattfinden, in der alle Schüler der jeweiligen Schule den Ist-Zustand des Gewaltproblems einschätzen. Die Ergebnisse der Befragung bilden die Grundlage für alle weiteren Maßnahmen.
2. Dann sollte ein *„Pädagogischer Tag"* durchgeführt werden. Er dient dazu, die Fragebogenergebnisse auszuwerten und Maßnahmen vorzubereiten. Ein langfristiger Handlungsplan sollte aufgestellt werden.
3. Daran schließt sich die *Schulkonferenz* an, auf der das Interventionsprogramm verabschiedet werden soll.

Den Kern des Programms bilden die Maßnahmen auf der Schul-, der Klassen- und der persönlichen Ebene. Der Schwerpunkt liegt dabei auf der Klassenebene. Hier geht es vor allem um die Einführung von Klassenregeln, an deren Erarbeitung die Schüler beteiligt sein sollen. Olweus schlägt drei Regeln vor, die den Mittelpunkt bilden sollten:

- Wir werden andere Schüler nicht mobben.
- Wir werden versuchen, Schülern, die gemobbt werden, zu helfen.
- Wir werden uns Mühe geben, Schüler einzubeziehen, die ausgegrenzt werden.

Parallel zur Erarbeitung dieser Klassenregeln sollte die Erarbeitung von Konsequenzregeln stattfinden. Konkrete Strafen für das Nicht-Einhalten der Klassenregeln sollen festgelegt werden. In wöchentlichen Klassengesprächen wird die Einhaltung der Klassenregeln ausgewertet. Im Folgenden sollen die wichtigsten Maßnahmen vorgestellt werden.

1. Schulebene:
Zu den Maßnahmen auf Schulebene gehören die Fragebogenerhebung, der Pädagogische Tag und die Schulkonferenz. Hinzu kommt die *verbesserte Aufsicht* auf dem Schulhof und während des Mittagessens. Ein schnelles und entschlossenes Eingreifen in gewalthaltigen Situationen signalisiert den Tätern, dass Gewalt nicht geduldet wird. Als weitere Maßnahme wird die Einrichtung eines *Kontakttelefons* vorgeschlagen, an dem eine Vertrauensperson der Schule Ansprechpartner für Fragen im Umgang mit Gewalt sein sollte. Das Telefon soll allen Beteiligten – Schülern, Eltern und auch Lehrern – zur Verfügung stehen. Ein weiterer Punkt des Programms ist die *Zusammenarbeit von Lehrkräften und Eltern.* Die Eltern müssen von den geplanten Veränderungen an der Schule unterrichtet werden. Außerdem sollen sie aufgefordert werden, aktiv an den Bestrebungen der Schule mitzuarbeiten und ständig Kontakt zu halten, besonders im Falle von auftretenden Schwierigkeiten. Auch die Einrichtung von *Lehrergruppen zur Verbesserung des Sozialklimas* an der Schule wird als wichtige Maßnahme genannt. Aufgabe dieser Gruppen ist auch die gegenseitige Unterstützung und die konkrete Hilfe derjenigen Lehrkräfte, die in ihren Klassen oft Gewaltprobleme zu lösen haben. Als letzte Maßnahme auf Schulebene sind die *Arbeitsgruppen der Elternbeiräte* zu nennen. In diesen Gruppen sollen sich Eltern aus den Klassen- und Schulelternbeiräten zusammenfinden, um abzusichern, dass die Haltung gegenüber Gewalt nicht nur unter den Lehrern, sondern auch unter Eltern einheitlich ist.

2. Klassenebene:
Zu den Maßnahmen auf Klassenebene gehören die *Klassenregeln*, die den eigentlichen Kern des Programms bilden. Als weiteres Mittel gegen Gewalt in den Klassen führt Olweus *Lob und Strafen* an. Dabei ist es wichtig, dass der Lehrer sein Augenmerk auf die potentiellen Täter richtet. So kann er feststellen, dass es durchaus Gelegenheiten gibt, auch diese zu belobigen. Lob ist z.B. auch angebracht, wenn ein Schüler versucht, einen Streit zu schlichten oder andere, ausgegrenzte Mitschüler in Aktivitäten einzubeziehen. Die in den Klassengesprächen erarbeiteten *Konsequenzregeln* sollen zur Anwendung kommen, wenn es darum geht, einen Schüler für aggressives Verhalten zu bestrafen. Die jeweilige Strafe sollte dem Alter, dem Geschlecht und der Persönlichkeit des Schülers angepasst sein. Unter Umständen ist es auch notwendig, die Eltern über das Verhalten ihres Kindes in Kenntnis zu setzen. Auf die Bedeutung der *wöchentlichen Klassengespräche* wurde schon verwiesen.

3. Persönliche Ebene:
Zu den wichtigsten Maßnahmen auf der persönlichen Ebene zählen die Einzelgespräche mit den Betroffenen: Gespräche mit den Tätern haben das Ziel, die Botschaft zu übermitteln: „Gewalt wird bei uns an der Schule nicht akzeptiert und es soll dafür gesorgt werden, dass sie aufhört“. Strafen müssen auferlegt, aber auch

begründet werden. Gespräche mit den Opfern haben das Ziel, das Vertrauen des Schülers zu gewinnen und ihm zu versichern, dass ihm geholfen wird. Gespräche mit den Eltern sind ratsam, wenn es zu ernsthaften Auseinandersetzungen unter Schülern gekommen ist. Der Plan zur Entspannung der Situation muss von den Eltern gemeinsam mit dem Lehrer erarbeitet werden. Der Einfluss, den Eltern nach einem solchen Gespräch auf ihr Kind ausüben, kann hilfreich sein, sein schulisches Verhalten zu verbessern. Als letzte Möglichkeit wird ein Klassen- oder Schulwechsel vorgeschlagen, wobei nach Möglichkeit der Täter versetzt werden sollte.
Die Wirkungen des Olweus-Programms werden als sehr positiv beschrieben. Olweus berichtet von einem Rückgang des Gewaltproblems um etwa 50%. Dieser Rückgang betrifft sowohl die mittelbare und die unmittelbare Gewalt als auch antisoziales Verhalten (z.B. Schulschwänzen). Eine „Verlagerung“ des Gewaltproblems konnte ausgeschlossen werden, da keine Zunahme der Gewalt außerhalb der Schule registriert wurde. Zugleich verbesserten sich das soziale Klima und die Lernhaltung der Schüler, ebenso ihre Zufriedenheit mit dem Schulleben. Die Evaluationsergebnisse in Schleswig-Holstein fallen ebenfalls positiv aus, wenngleich deutlich weniger positiv als bei Olweus (vgl. Buhbe 2008). Insgesamt liegt mit dem Olweus-Programm ein schulumfassendes Interventions- wie Präventionsprogramm vor, das in engagierten Kollegien im Zusammenwirken mit der Elternschaft nachhaltige Erfolge sowohl im Hinblick auf Gewalt und Mobbing als auch hinsichtlich eines verbesserten Schulklimas und erzielen kann. Bei diesem Programm ist eine sehr enge Verknüpfung von Gewaltprävention und Schulentwicklung gegeben.

Literaturhinweise

- Olweus, Dan: Bullying at school: what we know and what we can do. Oxford 1993
- Olweus, Dan: Gewalt in der Schule. Was Lehrer und Eltern wissen sollten – und tun können. Huber. Bern 1995
- Olweus, Dan: Täter-Opfer-Probleme in der Schule: Erkenntnisse und Interventionsprogramm. In: Holtappels Heinz Günter u.a. (Hrsg.): Forschung über Gewalt an Schulen. Juventa. Weinheim, München 1999/ 5. Auflage 2009, S. 281-298
- Buhbe, Anna: Das Anti-Bullying-Konzept nach Olweus und seine Umsetzung in Schleswig-Holstein. In: Schröder, Achim/Rademacher, Helmolt/Merkle, Angela: Handbuch Konflikt- und Gewaltpädagogik. Wochenschau Verlag. Schwalbach 2008, S. 149-160

Initiative „Fairplayer“

Die Initiative „Fairplayer“ ist ein umfassendes Programm zur Prävention von Bullying und Schulgewalt sowie zur Förderung von sozialen Kompetenzen und Zivilcourage (vgl. Scheithauer/Bull 2008). „Fairplayer“ hat das Ziel, zivilcouragiertes

Handeln und soziale Kompetenzen bei Jugendlichen zu fördern und Bullying sowie Schulgewalt zu verhindern. Diese Grobziele lassen sich in folgende Feinziele umsetzen: Wahrnehmung dissozialen Verhaltens fördern, Wissen um prosoziales Verhalten vermitteln, Verständnis für persönliche Verantwortung fördern, Bewusstsein für Notlagen/Gewaltsituationen schärfen, Empathie, kognitive Perspektivenübernahme fördern, sozial-emotionale Kompetenzen fördern, moralische(s) Sensibilität/Urteilen fördern, Handlungsalternativen/-strategien fördern.
Hauptzielgruppe des Programms sind junge Menschen im Alter von 11 bis 21 Jahre (Schwerpunkt: 11-15 Jahre) in Schulklassen oder in Jugendgruppen. Zur Umsetzung des Programms gibt es das Begleitbuch „fairplayer.manual", das neben der Theorie einen praxisorientierten Leitfaden zur Umsetzung im Unterricht enthält. Als Methoden werden angewandt: strukturierte Rollenspiele, soziale Verstärkung und Verhaltensrückmeldung, Bearbeitung der sozialen Rollen und moralische Dilemma-Diskussion. Das Manual ist in elf Schritte mit 15 bis 17 Sitzungen gegliedert: Die folgende Übersicht zeigt die einzelnen Schritte.

Schritte		Ziel	Zeit
1	Einführung	- Einführung in Arbeitsschritte - Sensibilisierung in der Wahrnehmung von Medien	45 Min.
2	Einführung in Methoden	- Aufstellung verbindlicher Klassen- bzw. Gruppenregeln - Unterzeichnung eines Kontrakts	45 Min.
3	Was ist Gewalt?	- Sensibilisierung der Wahrnehmung von Gewaltformen - Förderung der Interaktionen zwischen den Jugendlichen	90 Min.
4	Zivilcourage... was ist das?	- erste Auseinandersetzung mit dem Thema - Förderung von Diskussion und Interaktion	90 Min.
5	Gefühle und Körpersprache	- Wahrnehmung von Körpersignalen und Gefühlen Empathie entwickeln und eigene Gefühle reflektieren	90 Min.
6	Soziale Rollen beim Bullying	- Teilnehmerrollen erkennen und reflektieren - Sensibilisierung für Gruppenprozesse	2 x 90 Min.
		Film drehen	90 Min.

7	Unsere Klasse	- Verbesserung der Arbeitsfähigkeit und -motivation - Verbesserung der Kommunikationsfertigkeiten - Förderung von Kooperation und Identifikation	90. Min.
8	Situation erkennen und eingreifen	- Perspektivenübernahme verbessern - Wahrnehmung von Körpersignalen und Gefühlen - Empathie entwickeln und eigene Gefühle reflektieren	2 x 45 Min.
9	Moralische Dilemmata	- Perspektivenübernahme verbessern - Moralische Sensibilität und moralisches Urteilen - Soziale Regeln und Normen	2 x 135 + 2 x 90 Min
		Film drehen	90 Min.
10	Geschlechterunterschiede	- Verschiedene Perspektiven und Argumente kennen lernen, andere Meinungen respektieren lernen - Anderen Wertschätzung entgegenbringen können	90 Min.
11	Abschlussrunde	- Rückmeldung der Jugendlichen, Feedback - Integration von Bausteinen in den Alltag	90 Min.

(Quelle: Scheithauer/Bull 2008, S. 66f)

Die Umsetzung des fairplayer.manuals erfolgt durch die Lehrkräfte im Unterricht. Die Lehrpersonen sollen jedoch an mindestens zwei Terminen von zwei Fairplayer-Teamern begleitet werden. Die Qualifikation für das Manual erhalten die Lehrkräfte im Rahmen einer zwei bis dreitägigen Fortbildung. Der Fairplayer e.V. bietet auch Fortbildungen an.

Das Programm „Fairplayer" stellt ein wissenschaftlich fundiertes, entwicklungsorientiertes Präventionsprogramm dar, das soziales und zivilcouragiertes Handeln in Schulklassen und Jugendgruppen fördert. Aufgrund der gut dokumentierten und aufbereiteten Bausteine zu recht unterschiedlichen Themenbereichen können auch einzelne Elemente in den Schulalltag integriert werden. Insofern ist – zumindest teilweise – eine Verknüpfung von Gewaltprävention und Schulentwicklung möglich. Auch wenn das Programm noch relativ neu und wenig evaluiert ist, so hat es doch viel Potenzial für eine wirksame Gewaltprävention.

- Scheithauer, Herbert/Bull, Heike Dele: fairplayer.manual. Förderung von sozialen Kompetenzen und Zivilcourage – Prävention von Bullying und Schulgewalt. Göttingen 2008

Schulsozialarbeit

Schulsozialarbeit, d.h. die Tätigkeit von Sozialarbeitern bzw. Sozialpädagogen am Ort Schule, hat den sozialpolitischen Auftrag, an der Schnittstelle zwischen Jugendhilfe und Schule die Folgen der Selektionsfunktion von Schule sowie die Probleme der schulischen Qualifikations- und Integrationsfunktion abzumildern. Die Gewaltprävention steht zwar nicht im Mittelpunkt der sozialpädagogischen Arbeit, wird aber bei den verschiedenen Angeboten der Schulsozialarbeit tangiert, z.B. Sensibilisierung der Lehrkräfte für die Schülerwahrnehmungen, Einzelfallarbeit mit auffälligen Schülern, Projekte zum sozialen Lernen, Peer-Mediation oder Kooperation mit außerschulischen Einrichtungen. Durch den starken Ausbau von Ganztagsschulen in den 2000er Jahren hat die Schulsozialarbeit einen spürbaren Aufschwung erfahren und an Akzeptanz gewonnen (vgl. Speck 2009).
Schulsozialarbeit ist die intensivste Forme der Zusammenarbeit von Schule und Jugendhilfe. Die Förderung der Zusammenarbeit von Schule und Jugendhilfe ist im Kinder- und Jugendhilfegesetz (§§ 11, 13 und 81 KJHG) festgeschrieben. Schulsozialarbeit ist ein eigenständiges Angebot der Jugendhilfe, das zwar innerhalb der Organisationsformen der Schule ansetzt, dessen Schwerpunkte jedoch außerhalb des Bildungsauftrages der Schule liegen. Da die Ursachen für auffälliges Verhalten häufig außerhalb der Schule liegen, ist es wichtig, außerschulische Bereiche einzubeziehen und die Vernetzung mit anderen Bereichen der Jugendhilfe und angrenzenden Institutionen (z.B. Familie) zu fördern. Der Schulsozialarbeit kommt dabei die Aufgabe zu, möglichst frühzeitig jugendhilfespezifische Problemkonstellationen (z.B. Verhaltensauffälligkeiten und -störungen) und sich anbahnende Konflikte zu erkennen, diese zu beurteilen und Lösungsmöglichkeiten zu entwickeln. Hierbei geht es um die enge Kooperation mit unterschiedlichen Institutionen (Schule, Jugendhilfe, schulpsychologischer Dienst, Erziehungsberatung, Gesundheitsdienste, kinder- und jugendpsychiatrische Dienste sowie behinderungsspezifische Förderangebote). Dadurch soll auch die Kooperation zwischen den einzelnen Einrichtungen verbessert, ein gegenseitiger Informationsaustausch ermöglicht und ein breites Verständnis für die Lebensbedürfnisse von Kindern und Jugendlichen geweckt werden. Darüber hinaus hat Schulsozialarbeit die Aufgabe, die Schule zu einer kritischen Auseinandersetzung mit sich selbst anzuhalten und die Öffnung der Schule anzuregen. Allerdings muss Schulsozialarbeit den Auftrag der Schule, systematisch Kenntnisse und Fertigkeiten zu vermitteln, respektieren.

Die *Angebote der Schulsozialarbeit* können sehr vielfältig sein: Förderkurse, Hausaufgabenbetreuung, freiwillige Arbeitsgemeinschaften, Angebote zur Schulentwicklung und zur Öffnung der Schule, präventive Maßnahmen, die auf eine soziale Integration Einzelner und von Gruppen ausgerichtet sind, sozialpädagogische Angebote in der außerunterrichterlichen Zeit, Beratung beim Übergang von der Schule in den Beruf, Elternarbeit, Unterstützung und Begleitung bei Klassenfahrten, Beratung bei der Unterrichts- und Schulorganisation, Kooperation mit den Lehrkräften, Einzelfallhilfe und soziale Gruppenarbeit, Gemeinwesenarbeit, Kooperation mit Behörden, sozialen Einrichtungen, Konferenzteilnahme, Hilfen bei der Vorbereitung und Organisation von Veranstaltungen (Feste, Projektwochen, Schulveranstaltungen) usw.

Anliegen und Nutzen von Schulsozialarbeit sind weitgehend anerkannt – in der Praxis ergeben sich jedoch häufig eine Reihe von Unklarheiten, Problemen und Vorurteilen. So darf Schulsozialarbeit die Schule nicht aus ihrer erzieherischen Verantwortung entlassen und nicht auf ein kurzfristiges Krisenmanagement ausgerichtet sein. Schulsozialarbeit sollte vielmehr auf Kontinuität angelegt sein, was häufig jedoch schwer zu realisieren ist. Schulsozialarbeit trägt vor allem *präventiven Charakter*, ist somit kein kurzfristiges (Allheil-)Mittel gegen Gewalt. Sie ist immer dann erfolgreich, wenn sich Lehrer und Sozialpädagogen ihre jeweils unterschiedlichen Zugänge bewusst machen, diese respektieren, konkrete Vereinbarungen treffen und im Interesse des Kindeswohles gemeinsam nach Lösungen suchen. Wissenschaftliche Untersuchungen haben die Wirksamkeit der Schulsozialarbeit nachgewiesen, aber auch auf Probleme (z.B. mangelnde Rahmenbedingungen, fehlende Kooperationsabsprachen) aufmerksam gemacht (vgl. Speck 2009).

Literatur

- Braun, Karl-Heinz/Wetzel, Konstanze: Soziale Arbeit in der Schule. Reinhardt. München 2006
- Drilling, Matthias: Schulsozialarbeit. Haupt Verlag. Bern 2008
- Speck, Karsten: Schulsozialarbeit. Reinhardt. München 2009

Service Learning

Service Learning ist ein Lehr /Lern-Arrangement, das gesellschaftliche Engagement von Schülern (oder Studierenden) mit fachbezogenem Lernen kombiniert. Im deutschsprachigen Raum werden auch die Bezeichnungen „ Lernen durch Verantwortung“ bzw. Bildung durch Engagement“ verwendet.

Service Learning verfolgt die Idee, das gesellschaftliche Engagement von Jugendlichen fest im Schulalltag zu verankern und mit dem Unterricht zu verbinden. Dabei unterscheidet es sich zum Einen vom Konzept des Community Service (als ehrenamtliche Tätigkeit im sozialen Bereich, die aber keine besondere Anbindung

an Lerninhalte hat) als auch von einem berufsspezifischen Praktikum, bei dem der Aspekt der Unterstützungsfunktion für das Gemeinwesen keine konstitutive Rolle spielt (vgl. Reinmuth/Saß/Lauble, S. 19).
Die Bereiche, in denen das Engagement stattfinden kann, sind prinzipiell sehr vielfältig, sie reichen von sozialen über ökologische und politische bis zu kulturellen Handlungsfeldern. Ebenso wird eine prinzipielle Anwendbarkeit auf alle Schulformen und Altersstufen herausgestellt.

Nach Sliwka (2004, S. 32f) sind folgende Merkmale für Service Learning konstitutiv:
- Es wird auf einen tatsächlichen Bedarf, real vorhandene Probleme oder Herausforderungen in der Gemeinde reagiert.
- Das Projekt wir in enger Zusammenarbeit zwischen Schule und den Partnern in der Gemeinde koordiniert und durchgeführt.
- Es ist Teil des Unterrichts und/oder mit Unterrichtsinhalten verknüpft, bzw. in das Schulcurriculum integriert.
- Es finden regelmäßige und geplante Reflexionen der Erfahrungen der Schüler statt.
- Es werden von Schülern in der Schule erlerntes Wissen und erworbene Kompetenzen in authentischen Problemkontexten angewendet.

Das Service Learning oder das Lernen durch Engagement hat seit den späten 90er Jahren in der Bundesrepublik im Bereich der Schulen und Hochschulen zunehmende Resonanz und Verbreitung erfahren. Ursprünglich stammt dieser Ansatz aus Nordamerika und wurde dort Anknüpfend an Ideen u.a. von John Dewey und William Kilpatrick seit Beginn des letzten Jahrhunderts immer weiter entwickelt. In den Vereinigten Staaten gibt es mittlerweile in allen Bundesstaaten Programme zum Service Learning und bereits im Jahr 1999 haben schon 46 Prozent aller Schulen Service Learning zu einem festen Bestandteil ihres Curriculums und Schulprogramms gemacht (vgl. Sliwka 2004, S. 36).
Gegenwärtig gibt es in Deutschland das Netzwerk „Lernen durch Engagement", welches mit Unterstützung der Freudenberg-Stiftung gegründet wurde. Ziel des Netzwerkes ist es, Ansätze des Service Learning auch in Deutschland zu verbreiten und dafür eine inhaltliche und organisatorische Unterstützung zu leisten. Das Netzwerk setzt sich nach eigener Aussage für die Verbreitung und Qualitätsentwicklung von Lernen durch Engagement an Schulen ein – als einen innovativen Ansatz zur Schulentwicklung, als einen wichtigen Beitrag zur Bildungsreform und als einen Weg zur Stärkung des zivilgesellschaftlichen Engagements und der demokratischen Verantwortungsübernahme von Jugendlichen. Aktuell sind in dem Netzwerk mehr als 100 Schulen aus elf Bundesländern vertreten (http://www.lernen-durch-engagement.de [29.12.2010]).

Einige Beispiele für konkrete Projekte zum Service Learning an deutschen Schulen sind nachfolgend aufgeführt:

- Achtklässler beschäftigen sich in Biologie mit Ökosystemen *und* legen einen Naturlehrpfad mit Infotafeln zum lokalen Ökosystem an – denn ein brach liegendes Wiesenstück drohte zur Müllkippe zu verkommen.
- Grundschulkinder üben in der Klasse das betonte Vorlesen *und* veranstalten Märchen-Vorlesetage in der öffentlichen Bücherei – denn Veranstaltungen für Kleinkinder sind in der Stadt weitgehend dem Rotstift zum Opfer gefallen.
- Eine 6. Klasse lernt in Physik- und Chemie, wie eine Batterie funktioniert *und* organisiert eine Kampagne „Batterien gehören nicht in den Hausmüll" – denn beim Wandertag hatten die Schüler achtlos weggeworfene Batterien am Straßenrand entdeckt.
- Ein Leistungskurs Musik beschäftigt sich mit „Musiktherapie" *und* musiziert regelmäßig mit den behinderten Menschen eines Wohnheims – denn die wenigstens Behinderten haben Kontakt zu Nichtbehinderten außerhalb des Wohnheims (vgl. Seifert/ Zentner 2010; weitere Beispiele unter http://www.lernen-durch-engagement.de).

Zwei zentrale Sichtweisen liegen der Vorgehensweise des Service Learning zu Grunde. Einmal wird aus lerntheoretischer Sicht der Zusammenhang von praktischem Tun, theoretischem Wissenserwerb und geleiteter Reflexion als zentrale Momente des Erkenntnisprozesses betont. Nach Dewey gelingt der Erwerb von neuem Wissen und Kompetenzen vor allem dann besonders gut, wenn Menschen reale Erfahrungen in Situationen machen, die Fragen und Herausforderungen beinhalten, die die Personen mit ihren bisherigen Wissens- und Handlungsmöglichkeiten nicht befriedigend bewältigen können. Solche Situationen fordern die Menschen heraus, sich die dafür notwendigen Wissensinhalte und Kompetenzen anzueignen und einzusetzen. Reale Situationen, die Herausforderungen beinhalten, motivieren zum Lernen und schaffen eine erweiterte Handlungsfähigkeit, die wiederum die Grundlage für weitere Lernprozesse bildet (vgl. Dewey 2000).
Auch der zweite Gedanke findet sich bereits bei Dewey, nämlich einer Vorstellung der Erziehung zu Demokratie und bürgerschaftlichem Engagement. Dem liegt die Idee der community zugrunde, der Gemeinschaft derjenigen, die ihren Lebensraum miteinander teilen und über das Medium Sprache ihre Angelegenheiten regeln und gestalten. „ Die community ist also eine Gemeinschaft derjenigen, die miteinander sprechen. Nicht gemeinsame ethnische oder kulturelle Herkunft, auch nicht eine gemeinsame Geschichte oder ein Dialekt erzeugen nach dieser Auffassung Gemeinschaft, sondern vielmehr das planende Miteinander-Sprechen über die gemeinsame Lebenswelt" (Sliwka 2004, S. 34f). Dies bedeutet für Schüler, dass sie Wissen, Kompetenzen, Werte und Einstellungen erwerben sollen, die es ihnen ermöglichen, eine solche demokratische Zivilgesellschaft aktiv mitzugestalten. Partizipation und

gegenseitige Verantwortungsübernahme sind dabei grundlegende Prinzipien, die das Zusammenleben der Menschen prägen sollen und die auch für die Erziehung maßgeblich sind. Schüler sollen befähigt werden, am gemeinschaftlichen Leben teilzunehmen, es im Austausch mit anderen auszugestalten und immer weiter zu verbessern (vgl. Dewey 2000).
Im Kern meint Service Learning die systematische Verknüpfung von gesellschaftlichem Engagement und schulischem Lernen. Wesentliche Ebenen, die dabei eine Rolle spielen lassen sich wie folgt zusammenfassen:

1. *Lernen durch reflektierte Erfahrung:*
   Einbindung der Schüler in praktische Aktivitäten, die in Zusammenhang mit den Lernzielen stehen. Angeleitete Reflexion der Erfahrungen in Schule und Unterricht unter Berücksichtigung kognitiver, affektiver und emotionaler Komponenten.

2. *Projektorientierter Unterricht:*
   Hohes Maß von Selbstorganisation der Lerngruppe. Schüler und Lehrer sind gemeinsam an der Planung, Durchführung und Auswertung des Projektes beteiligt.

3. *Zusammenarbeit zwischen Schule und Gemeinde:*
   Schüler zeigen gesellschaftliches Engagement, welches einen realen Nutzen für die Gemeinde hat. Angestrebt sind Projekte, die einen echten und nützliche Beitrag leisten und auf einen realen Bedarf antworten.

Damit wird deutlich, dass sich Service Learning auf Veränderungen bei Schülern, Lehrern und der Schule insgesamt richtet. Schülern werden neue Möglichkeiten des Zugangs zu Lerngegenständen geboten, die stärker auf Selbstwirksamkeitserfahrungen und Förderung der Selbstorganisationsfähigkeiten zielen als klassischer lehrerzentrierter Unterricht. Gelegenheiten zur Kommunikation und Kooperation mit anderen werden systematisch gefördert. Die Reflexion realer Erfahrungen wird zu einem wesentlichen Zugang zum eigenen Lernen.
Lehrer sind gefordert, komplexe Projekte mit Schülern und anderen Lehrern gemeinsam zu planen und zu gestalten. Notwendig wird eine stärker kollaborative Arbeitshaltung, in der professioneller Erfahrungsaustausch, gemeinsame strategische Zielsetzung und Planung, sowie Transparenz und Vertrauen eine wesentliche Rolle spielen. Die Schule insgesamt muss die Freiräume und organisatorischen Voraussetzung schaffen, um Service Learning als Element des zentralen Unterrichtsgeschehens zu etablieren und institutionell zu verankern. Zudem müssen die Kooperationen und Kontakte zu externen Partnern in der Gemeinde gestiftet, gepflegt und abgesichert werden.

Zu den Wirkungen des Service Learning insbesondere auf Schüler gibt es hauptsächlich aus den Vereinigten Staaten eine Vielzahl wissenschaftlicher Untersuchungen, die eine ganze Reihe von Wirkungsdimensionen berücksichtigen.
Die Wirkungen auf den Bereich der schulischen Leistungen scheinen statistisch am wenigsten aussagefähig zu sein. Zwar gibt es positive Wirkungen auf Lernmotivation, Problemlösefähigkeit und Leistungen bei standardisierten Tests (vgl. u.a. Billig 2004, Civic Literacy Projekt 2000), insgesamt sind die Befunde jedoch uneinheitlich. Begründet wird dies z. T. mit der unterschiedlichen Qualität der Umsetzung in den Schulen, insbesondere der Verknüpfung der Lernziele mit den praktischen Projektanteilen und der Gestaltung der Reflexion (Billig 2009).
Eindeutiger fallen die Ergebnisse für den Bereich der demokratischen Einstellungen und des bürgerschaftlichen Engagements von Schülern aus. Hier zeigen sich Veränderungen in Richtung eines stärkeren zivilgesellschaftlichen Verantwortungsbewusstseins insbesondere hinsichtlich der stärkeren Sensibilisierung für die Probleme ihrer Gemeinde, eines ausgeprägteren sozialen Verantwortungsgefühls, einer größeren Bereitschaft, an Veränderungen mitzuwirken und einer stärkeren Identifikation mit demokratischen Werten und Einstellungen (vgl. u.a. Melchior/Bailis 2002).

Die stärksten und beständigsten Wirkungen wurden aber bei den sozialen Kompetenzen nachgewiesen. In einer Zusammenfassung verschiedener Studien beschreibt Furco (2004, S. 21f) die folgenden Effekte, die bei Schülern beobachtet werden konnten:
- gesteigertes Verantwortungsbewusstsein
- höheres Selbstwertgefühl
- höhere Selbstwirksamkeitsüberzeugung
- besserer Umgang mit Disziplinproblemen in der Schule
- bessere Kommunikationsfähigkeit mit Lehrern und anderen Erwachsenen
- ungezwungenerer Umgang mit Menschen anderer Herkunft.

Forschungsergebnisse zeigen auch, dass Service Learning inbesondere für sog. „'Risikogruppen' ein besonderes Potenzial hat: Disziplin, Motivation und Identifikation mit der Schule steigen, Schulverweigerung sowie Vandalismus an der Schule nehmen ab. Eine Umfrage unter 1500 SchulleiterInnen in den USA hat ergeben, dass gerade Schulen in städtischen Armutsbezirken der USA Service-Learning in hoher Qualität umsetzen. Die LeiterInnen dieser Schulen beurteilten die Wirkungen von Service-Learning auf das Verhalten und die Lernerfolge ihrer SchülerInnen unter allen befragten SchulleiterInnen mit Abstand am Positivsten" (Seifert/Zentner 2010, S. 35).

- Reinmuth, Sandra/Saß, Christina/Lauble, Silvia: Die Idee des Service Learning. In: Baltes, Anna Maria/Hofer, Manfred/Sliwka, Anne (Hrsg.): Studierende übernehmen Verantwortung. Weinheim und Basel 2007, S. 13-28.
- Billig, Shelley H.: Heads, hearts and hands: The research on k-12 service-learning. In: National Youth Leadership Council (Hrsg.): Growing to greatness. Saint Paul 2004, S. 12-25.
- Billig, Shelley H.: Does quality really matter: Testing the new K-12 service-learning standards for quality practice. In: Moely, Barbara E./Billig, Shelley H./ Holland, Barbara A. (Hrsg.): Creating our identities in service-learning and community engagement. Charlotte 2009, S. 131-157.
- Civic Literacy Projekt: Standardized test scores improve with service-learning. Bloomington 2000.
- Dewey, John: Demokratie und Erziehung- Eine Einleitung in die philosophische Pädagogik. Weinheim und Basel 2000.
- Furco, Andrew: „Zufriedener, sozialer, sensibler und motivierter“: Hoffnungsvolle Ergebnisse in den USA. In: Sliwka, Anne/Petry, Christian/Kalb, Peter E. (Hrsg.): Durch Verantwortung lernen – Service Learning: Etwas für andere tun. Weinheim und Basel 2004, S. 12-31.
- Melchior, Alan/Bailis Lawrence N.: Impact of service learning on civc attitudes and behaviors of middle and high school youth. In: Furco, Andrew/Billig, Shelley H. (Hrsg.): Service Learning. The Essence of the Pedagogy. Greenwich 2002, S. 201-222.
- Seifert, Anne/Zentner, Sandra: Service-Learning – Lernen durch Engagement: Methode, Qualität, Beispiele und ausgewählte Schwerpunkte. Eine Publikation des Netzwerks Lernen durch Engagement. Weinheim: Freudenberg Stiftung 2010.
- Seifert, Anne: Resilienzförderung an der Schule. Eine Studie zu Service-Learning mit Schülern aus Risikolagen. Wiesbaden 2011.
- Sliwka, Anne/Petry, Christian/Kalb, Peter E. (Hrsg.): Durch Verantwortung lernen – Service Learning: Etwas für andere tun. Weinheim und Basel 2004.

Netzwerkarbeit in der Gewaltprävention

Netzwerke werden als kostituierendes Merkmal moderner Gegenwartsgesellschaften begriffen. Manuel Castells (2001) sieht eine historische Tendenz dahin gehend, dass zentrale gesellschaftliche Funktionen und Prozesse zunehmend in Netzwerken organisiert sind und stellt fest: „Netzwerke bilden die neue soziale Morphologie unserer Gesellschaften, und die Verbreitung der Vernetzungslogik verändert die Funktionsweise und die Ergebnisse von Prozessen der Produktion, Erfahrung, Macht und Kultur wesentlich“ (Castells 2001, S. 527). Zugleich ist konstatierbar, dass

Netzwerkkonzepte im wissenschaftlichen Diskurs, in der Präventionsforschung und mehr noch in der Präventionspraxis inflationär verwendet werden. An dem Grundgedanken für die Gewaltprävention ist allerdings festzuhalten, dass es sinnvoll und Erfolg versprechend ist, auf eine vielfältige Verursachungsstruktur, die Faktoren der Umwelt und Persönlichkeit einschließt, mit einer multimodalen Prävention zu reagieren. Die entsprechende Gesamtstrategie zielt auf die Verursachungsbereiche und die betroffenen Personen (z.B. Sozialisationsinstanzen, Zielgruppen) und verbindet zugleich die Präventionsakteure in einem aufeinander abgestimmten Handlungszusammenhang und einer Gesamtstrategie.

Für die schulbezogene Netzwerkarbeit in der Gewaltprävention kann folgende pragmatische Definition hilfreich sein:
„Netzwerkarbeit ist eine Methode, mittels derer die Zusammenarbeit und Ressourcenauslastung verschiedener Akteure gesteuert wird. (...) Sie
- wird fallunabhängig, an den Bedarfen und Ressourcen des Sozialraumes orientiert geplant;
- ist eine langfristige gemeinsame Vorbereitung und Planung mit einer gemeinsamen Zielsetzung unterschiedlicher lokaler Akteure;

ist die stärker institutionalisierte und strategisch angeleitete Zusammenarbeit verschiedener Partner/innen" (AWO Bundesverband 2004).

Der Präventionsansatz der Weltgesundheitsorganisation WHO, alle Maßnahmen der Prävention im Zusammenhang sog. „Settings" zu planen und zu organisieren, ist ähnlichen Maximen verpflichtet und kann als Netzwerkkonzept verstanden werden. Die WHO betrachtet das Sozialverhalten und damit auch das abweichende Verhalten im Kontext einer umfassenden Gesundheitsdefinition, nach der physisches, psychisches und soziales Wohlbefinden im Zusammenhang zu betrachten und insgesamt anzustreben sind. Neben der Familie und dem sozialen Wohnumfeld, dem Arbeitsplatz und beruflichen Umfeld oder der Gesundheitsfürsorge bzw. Krankenversorgung, gehören der Kindergartenbereich und die Schule zu den klassischen Settings der Gesundheitsförderung, wie sie im Anschluss an die Ottawa Charta (1986) verwirklicht wurden. Die Schwerpunktbildung in der Schule erscheint vielen Akteuren deswegen erfolgreich zu sein, da in diesem Setting die Erreichbarkeit einer möglichst breiten Bevölkerungsgruppe gegeben ist. Zudem befinden sich die Adressaten in einem sehr entwicklungsfähigen Alter, auch Eltern lassen sich auf diesem Wege gut erreichen, da sie grundsätzlich am Wohl ihrer Kinder und deren schulischem Erfolg interessiert sind, mit dem Lehrpersonal stehen professionelle Akteure zur Verfügung, weitere Experten können einbezogen werden. Das Setting wird als soziales System gedacht, d.h. es umfasst die Lebensbedingungen und die vernetzten Lebenszusammenhänge der Menschen, zielt darauf, Verhalten zu ändern und Lebensbewältigungskompetenzen zu stärken, in gleichem Maße aber auch die

Verhältnisse, die zu problematischen Situationen und abweichendem Verhalten geführt haben, zu verändern. Dass dies nur in Zusammenarbeit mit den zuständigen Personen und Institutionen – auch außerhalb der Schule – erfolgreich unternommen werden kann, müsste einleuchtend sein.
Im Folgenden sollen zwei Ansätze bewährter Netzwerkarbeit dargestellt werden, zum einen die „Community Education“ als gemeinwesenorientiertes Unternehmen und zum anderen das Netzwerk „Verantwortungsübernahme und Gewaltprävention“.

1. Community Education
Unter Community Education wird eine Erziehung zum gemeinsamen Miteinander verstanden. Es handelt sich um einen gemeinwesenorientierten Ansatz der Vernetzung und Zusammenarbeit innerhalb eines überschaubaren Rahmens, z.B. innerhalb eines Stadtteils, einer Gemeinde oder benachbarter Ortschaften. Mit Community Education den Problemen von Aggression und Gewalt zu begegnen, führt zu einer „Öffnung“ von Schulen, Freizeitzentren, Jugendämtern, Vereinen, Verbänden, Allgemeinen Sozialen Diensten, Kirchen, Ortsämtern, Polizei und anderen ortsansässigen öffentlichen Einrichtungen (vgl. Krüger/Buhren 1992). Ziel ist es, gemeinsam die anfallenden Probleme zu bearbeiten und dabei vorhandene Kompetenzen zu nutzen. Die Praxis zeigt jedoch, dass sich besonders die Schulen schwer tun, sich nach außen hin zu „öffnen“ (z.B. aus Angst vor Imageverlust oder wegen starrer struktureller und inhaltlicher Vorgaben). Dennoch gibt es mittlerweile eine Vielzahl von Beispielen, wie Schulen erfolgreich mit ihrem Umfeld kooperieren. So haben sich in vielen Regionen Deutschlands Stadtteilkonferenzen und kommunale Konferenzen etablieren können, in denen die Schulen, das Schulamt, die Elternvertretungen, der schulpsychologische Dienst, das Jugendfreizeitheim, der Sozial- und Jugenddienst, der Mädchen- und Frauentreff, die Kindertagesstätte, die Polizei, die Ortsverbände der Parteien, Sportvereine usw. beteiligt sind und hinsichtlich der Vorbeugung von Aggression und Gewalt zusammenarbeiten.
Community Education geht davon aus, dass sich Schule nicht nur als ein Ort der Wissensvermittlung verstehen darf, sondern sich als ein sozialer Lebensraum begreifen muss, als ein Ort, der geprägt ist von den Menschen, die in ihm leben, die wiederum von ihrem Umfeld beeinflusst werden. Die Schule kann und darf sich nicht isolieren, sie muss ihr Umfeld und das Lebensumfeld ihrer Mitglieder mit einbeziehen und ihr spezifisches Profil entwickeln. Der Stadtteil bzw. das Wohnumfeld wird dabei als ein Raum zum Leben und Erleben aufgefasst, in dem man sich wohlfühlen kann, wo es Menschen gibt, die einen unterstützen, in dem Orte der Begegnung und Kommunikation vorhanden sind, an denen sich das Gefühl der Zugehörigkeit und des sinnvollen gestalterischen Handelns entwickeln kann. Schulen, Jugendclubs, Freizeitzentren und die Gemeinde sind Knotenpunkte der Kommunikation – ihnen kommt daher auch eine besondere Bedeutung bei der

Stadtteilarbeit zu. Gemeinsame Ziele der Arbeit können im Rahmen von Stadtteilkonferenzen erarbeitet und ausgewertet werden. Voraussetzung dafür ist, dass Schule sich „öffnet" und zwar in inhaltlicher, methodischer, institutioneller und personeller Sicht:

- *inhaltlich:*
  Stadtteil- und lebensweltbezogene Themen werden in den Unterricht einbezogen und die Schüler auf diese Weise in die Gestaltung des Stadtteils integriert. Wichtig könnte dabei eine generationenübergreifende Arbeit sein, um das Gemeinschaftsgefühl zu stärken sowie Separierung und Unverständnis im Verhältnis der Generationen aufzubrechen.
- *methodisch:*
  Der Unterricht sollte methodisch vielfältiger gestaltet werden. Bei der Planung wären außerschulische Angebote einzubeziehen, z.B. vorhandene Beratungsstellen, Theater, öffentliche oder freie Träger, Vereine und Verbände, die in ihrer Arbeit mit dem jeweiligen Unterrichtsthema zu tun haben. Dadurch bietet sich die Chance, den Unterricht lebendiger und lebensnaher zu gestalten und die Life Skills der Schülerinnen und Schüler zu stärken.
- *institutionell:*
  Die Schule muss sich als Institution öffnen, Zuständigkeiten erweitern, z.B. in Bezug auf den Ganztagsbereich oder hinsichtlich Organisation und Durchführung von Freizeit- und Feriengestaltung. Aber Schule sollte sich auch räumlich öffnen – als Treff- und Versammlungspunkt, als Begegnungszentrum für alle im Stadtteil, als Kulturzentrum oder auch als ein Ort sportlicher Aktivitäten für alle Stadtteilbewohner.
- *personell:*
  Dazu gehört vor allem die Erweiterung der Lehrertätigkeit über die Wissensvermittlung hinaus. Die Kompetenzen des Lehrpersonals sollten auch für die Arbeit im Stadtteil genutzt werden. Die Mitarbeit des Lehrers bei außerschulischen Geschehnissen verstärkt die Transparenz von Schule, vermittelt das Gefühl eines gemeinsamen Lebensortes und trägt damit zu einer Verbesserung der Lehrer-Schüler-Beziehung bei. Auch Experten von außen können in die Schule einbezogen werden, z.B. Wissenschaftler und andere Experten oder Fachkräfte für die Präventionsarbeit, wie mobile Beratungs- und Präventionsteams.

Die Öffnung der Schule bietet gute Möglichkeiten zur Unterstützung der Kinder und zur Reduktion von Aggressivität. Gerade in Zeiten zunehmender Individualisierung und Vereinzelung kann Gemeinwesenarbeit eine notwendige und wirksame Gegenbewegung sein (vgl. Herz 1995, Hopf 1992). Die besondere Qualität dieses Ansatzes liegt darin, dass er als Anti-Gewalt-Projekt beginnen und in eine umfassende Strategie der Schulentwicklung mit Schulprogrammarbeit einmünden kann.

2. Netzwerk Verantwortungsübernahme und Gewaltprävention
Ein Präventionskonzept, das durch Netzwerkarbeit in der Gewaltprävention charakterisiert ist, entstand Anfang bis Mitte der 90er Jahre und wurde maßgeblich durch Balser und Schrewe geprägt. Mittlerweile ist aus dieser Initiative ein Netzwerk „Verantwortungsübernahme und Gewaltprävention" entstanden, bei dem die Länder Berlin, Brandenburg, Nordrhein-Westfalen, Hessen, Sachsen, Baden-Württemberg und Bayern mitarbeiten. Das Netzwerk wird vom Verein „Verantwortung statt Gewalt" getragen. Eine Koordinierungsstelle hilft bei der Etablierung der Präventionsmaßnahmen und der Verbesserung des Projektmanagements an den Schulen. Der Verein ist zudem für die Akquirierung von engagierten Personen und finanziellen Mitteln zuständig.

Der Ansatz dieses gewaltpräventiven Konzeptes beruht auf der Stärkung des Selbstwertgefühls sowie der Kooperation und regionalen Vernetzung. Dabei wird ein enger Zusammenhang zwischen dem Selbstwertgefühl und dem Verhalten der Personen angenommen. Im Fall eines gering ausgeprägten Selbstkonzeptes gilt es als wahrscheinlich, dass die Person aus ihrem Umfeld (Schule, Familie, Peers) keine oder wenig Akzeptanz, Anerkennung oder Lob erfährt. Die Folge dieser fehlenden Anerkennung und der damit verbundenen Ausgrenzung kann eine Abkehr von den gesellschaftlich akzeptierten Normen und Werten sein. So entstehen Subgruppen (z.B. Skins) als Arenen der Kompensation des mangelnden Selbstwertgefühls, dadurch schaffen sich Jugendliche ein neues Bezugs- und Wertesystem, durch das sie sich psychisch stabilisieren.

Zur Vermeidung derartiger Ausgrenzungsprozesse setzt dieses Präventionskonzept an der Entwicklung und Förderung des Selbstwertgefühls an.

Die vier Wege zur Stärkung des Selbstwertes sind:
- Förderung von personalen Kompetenzen (z.B. Konfliktlösung erlernen, Selbstkontrolle aufbauen);
- Stärkung der Bezugssysteme Familie, Schule, Freizeit (z.B. Verbesserung des Schul- und Klassenklimas, Schaffung von Freizeitangeboten);
- Regionale Vernetzung (z.B. Kooperation zwischen Schulen, Schulamt, Kommune, Polizei);
- Bestätigung aus irregulären Bereichen abbauen (z.B. Abbau von Gewaltvorbildern).

Das oberste Mittel zur Realisierung dieser Ziele ist die Übernahme von Verantwortung im sozialen und ökologischen Bereich durch konkrete Projekte. Deren Gestaltung sollte vonstattengehen, dass Lehrer, Eltern und Schüler gemeinsam aktiv sind und eine möglichst hohe Anzahl von Schülerinnen und Schülern sich beteiligt.

Je mehr Schüler in die Projektgestaltung bzw. in die Gestaltung des schulischen Lebens einbezogen werden, umso größer ist die präventive Wirkung innerhalb der Schule. Dasselbe gilt für das Engagement der Pädagogen: ein noch so großes Engagement Einzelner kann die breite Unterstützung im Kollegium nicht aufwiegen. Weitere Kriterien des Gelingens und der Nachhaltigkeit von schulischen Präventionsprojekten sind:
- im Mittelpunkt stehen die Schüler
- ganzheitlicher Umgang mit Problemen
- Schaffung einer positiven Lern-, Schul- und Verantwortungskultur
- verbindliche Absprachen
- außerschulische Helfer.

Neben diesen genannten Kriterien spielt auch die Vernetzung von Projektbeteiligten sowie von Projekten eine entscheidende Rolle. Es wird dafür plädiert, sowohl innerhalb der Schule (im Kollegium, zwischen den Fachbereichen), als auch mit Institutionen außerhalb der Schule eine Vielzahl von stabilen Netzwerken aufzubauen. Bei der Planung sollen sechs Ebenen bedacht werden (vgl. Balser/Hildebrand/Schulz/Schrewe 2003, S.165):

1. *Persönliche Ebene*
   - Coaching für Schüler
   - Psychologische Beratung in der Schule
2. *Auf die Klasse oder den Unterricht bezogene Maßnahmen*
   - Motopädagogik
   - Schülerübungen nach dem Lions-Quest-Programm
   - Streit-Schlichtung
   - Innovativer Unterricht
3. *Projekte auf Schulebene*
   - Schule gegen Rassismus
   - Produktionsschule
4. *Auf den Stadtteil bezogene Maßnahmen*
   - Arbeitskreis Gewaltprävention
   - Regionales Fortbildungskonzept zur Konfliktlösung
   - Pausenbetreuung in der Schule
5. *Regionale Maßnahmen*
   - Schule – Polizei
   - Universität
6. *Überregionale Zusammenarbeit*
   - Internetpräsentation: www.verantwortung.de
   - Verein „Verantwortung statt Gewalt“

In der Pilotregion im hessischen Wetzlar ist die Netzwerkarbeit mittlerweile so weit fortgeschritten, dass Schule und Polizei die „Arbeitsgruppe Gewalttäter an Schulen“ (AGGAS) gegründet haben. Über die gebührenfreie „Trouble-Line“ können alle Akteure der Schule die AGGAS erreichen, um Hilfe und Unterstützung bei schwierigen oder problematischen Situationen bekommen.

Dieser Präventionsansatz wurde in Modellschulen erprobt und evaluiert, die gesammelten Erfahrungen sind in mehreren Publikationen dokumentiert (s. u.). Probleme, die bei der Netzwerkarbeit entstehen können, lassen sich vor allem auf die mangelnde Verschriftlichung von Vereinbarungen zurückführen, wodurch es zu Unzuverlässigkeit und fehlender Verbindlichkeit kam. Die Komplexität der Ziele wurde häufig unterschätzt und es fehlten Zeitpläne, so dass Teilprojekte partiell nicht beendet wurden. Eine weitere Schwierigkeit stellte das unterschiedliche Interesse der beteiligten Institutionen dar. Für vergleichbare Vorhaben sollte die Erfahrung mitgenommen werden, dass die zusätzliche Belastung der Lehrkräfte durch die Projekte in einem vernünftigen Verhältnis zum Nutzen stehen muss – ansonsten kann es dazu kommen, dass das Engagement sehr schnell nachlässt. Für die Schulen kann insgesamt die Empfehlung gegeben werden, sich im Rahmen der Schulprogrammarbeit intensiv mit der Netzwerkarbeit auseinanderzusetzen. Denn diese birgt letztendlich Ressourcen, die zu einer Entlastung der Schulen und Lehrkräfte beitragen. Denn die Netzwerkarbeit unterstützt Schulen darin, Problemen nicht mehr alleine begegnen zu müssen, sondern sie mobilisiert und integriert die Pädagoginnen und Pädagogen in ein System mit weiteren Experten und ebenfalls betroffenen Institutionen. Die Beteiligten sind im Idealfall in einer kooperativen Arbeit zum Nutzen aller verbunden – auf der Schulseite profitieren davon neben den Lehrkräften und der Schulleitung perspektivisch die Schülerinnen und Schüler hinsichtlich der positiven Auswirkungen auf ihre Kompetenzentwicklung.

Literaturhinweise

- AWO Bundesverband (Hrsg.): Qualitätsentwicklung für lokale Netzwerkarbeit. Eine Arbeitshilfe für die Praxis. Bonn 2004
- Balser, Hartmut/Schrewe, Hartmut/Schaaf, Nicole: Schulprogramm Gewaltprävention. Luchterhand. Neuwied 2001
- Balser, Hartmut/Schrewe, Hartmut/Wegricht, Roland: Regionale Gewaltprävention. Luchterhand. Neuwied 1997
- Balser, Hartmut: Systemische Problembewältigung. GWAB Verlags-Druckerei. Wetzlar 1997
- Balser, Hartmut/Hildebrand, Jens/Schulz, Karl-Peter/Schrewe Hartmut: Netzwerkarbeit in der Gewaltprävention. In: Klees, K./Marz, F./Moning-Konter, E. (Hrsg.): Gewaltprävention. Praxismodelle aus Jugendhilfe und Schule. Juventa. Weinheim München 2003

- Herz, Otto: Öffnen muss sich auch die Schule. Mit Community Education gegen Gewalt. In: GewaltLösungen Schülerheft `95. Friedrich. Seelze 1995, S. 54-56
- Hopf, Arnulf: Schulen öffnen sich. Beispiele und Wege. Peter Lang. Frankfurt a.M. 1992
- Krüger, Angelika/Buhren, Claus: Community Education in Germany. Essen 1992
- http://www.uni-giessen.de/~g61024/home.htm

Resümee

Unsere Übersicht macht deutlich: Es gibt eine Vielfalt von Präventionskonzepten und -programmen, die neben ihren Spezifika auch viele gemeinsame Ziele verfolgen. Immer geht es um die Entwicklung von sozialen Kompetenzen bei Heranwachsenden, vor allem um Kompetenzen der Wahrnehmung, der Kommunikation, der Reflexion, des Urteilens oder um Fähigkeiten zum Umgang mit eigenen Emotionen und oder zur Herstellung von Empathie. Bei der Auswahl eines Präventionsprogrammes kommt es *erstens* grundsätzlich darauf an, das für eine bestimmte Situation an einer einzelnen Schule bzw. in einer einzelnen Klasse bestmögliche Angebot zu nutzen, zu adaptieren und weiterzuentwickeln bzw. ein eigenes Konzept mit spezifischem Zuschnitt zu realisieren. Dabei ist es *zweitens* in jedem Fall erforderlich, ein Unterstützungssystem aufzubauen und mit anderen kompetenten Personen und Institutionen zusammenzuarbeiten. Zu einer erfolgreichen Gewaltprävention gehören *drittens* eine permanente Reflexion der verabredeten Schritte und Maßnahmen sowie die Aufarbeitung der Erfahrungen des Gelingens und Misslingens.
Die schulischen Gewalt-Präventionskonzepte haben mit vielen anderen Konzepten, die sich mit sozialen Problemen an Schulen befassen und z.B. die Drogenprävention, die Bekämpfung des Rechtsextremismus oder die Gesundheitsförderung zum Ziel haben, gemeinsame oder ähnliche Strukturtypiken und Vorgehensweisen. Das ist nicht verwunderlich, da die Maßnahmen und Methoden im Kern auf die Entwicklung der sozialen Sensibilität und der Lebensbewältigungskompetenzen der Schülerschaft abzielen.
Ein einzuforderndes *Gütekriterium für Präventionsprogramme* ist der Nachweis der Wirksamkeit durch Evaluationsstudien. Bei unserer Darstellung haben wir immer auch auf „weichere" Evaluationsergebnisse Prozess begleitender Evaluation, wie Bewährung in der Einschätzung der Programmakteure oder durch das Feedback der Schülerinnen und Schüler, oder Erfahrungsberichte von Wissenschaftlern, die mit der jeweiligen Initiative eng verbunden sind, zurückgegriffen. Hätte man „harte" Maßstäbe summativer Evaluation angelegt, bei der das Sozialverhalten der Heranwachsenden – empirisch nachweisbar – vor und nach einer Maßnahme verglichen oder gar die Dauerhaftigkeit der im Rahmen des Programms neu erworbenen Einstellungen bzw. Verhaltensweisen überprüft werden, hätte sich die umfangreiche Liste der Programmangebote stark reduziert.

Zur Wirksamkeit präventiver Maßnahmen liegen mittlerweile internationale und nationale Studien sowie einige Meta-Analysen vor, in denen die generelle Wirksamkeit präventiver Maßnahmen untersucht wird (vgl. Schmidt/Melzer 2011). So kann nach Beelmann (2006) von einer durchschnittlichen Effektstärke von d= .30 bis .50 ausgegangen werden, was einer Besserungsrate von 15 – 25 % entspricht. Durlak und Wells (1997) finden Effekte zwischen d=. 24 bis .93. Zudem gibt es Belege dafür, dass universelle Präventionsmaßnahmen im Durchschnitt weniger effektiv sind als spezifische (Beelmann 2006; Durlak & Wells 1998). Generell lassen sich nur schwer Aussagen über Langzeiteffekte treffen. Insgesamt gibt es Hinweise darauf, dass multimodale und kognitiv-verhaltensorientierte Ansätze für die Prävention besonders geeignet sind (Beelmann 2006).

Generell halten wir Wirksamkeitsstudien deswegen für sehr wichtig, weil sie den Programmanbietern Hinweise für die Verbesserung oder Ergänzung des Konzeptes oder des Materials geben können. So haben sich Programmautoren auf Grund der Bewährungskontrollen und weniger zufriedenstellender Ergebnisse häufiger entschlossen, die Schülerprogramme durch Elterntrainings zu ergänzen, um die Wirksamkeit zu erhöhen. Darüber hinaus enthalten die Evaluationsstudien Hinweise, unter welchen schulischen Bedingungen und unter Beachtung welcher Umsetzungskriterien in die Praxis die Adressaten am besten von der Maßnahme profitieren können. Allerdings wirft der Evaluationsanspruch auch Methodenfragen auf, die von der Wissenschaft bis heute nicht überzeugend beantwortet worden sind. Mit den Instrumentarien (z.B. Fragebögen) kann immer nur ein Teil der relevanten Einflussfaktoren untersucht werden, nicht erklärbare Effekte („Residuen") sind häufig größer als die erklärbaren Effekte. Das bedeutet, dass Faktoren, die im Untersuchungsdesign empirisch nicht erfasst wurden, sehr wohl für die Verhaltensänderung der Probanden relevant sein können. Bei Metaanalysen vergröbert sich das Raster vergleichbarer Variablen, die über alle Untersuchungen gegeben sein müssen, weiter, so dass diese vor allem eine Bedeutung für die wissenschaftliche Grundlagenforschung haben. Für die vorliegenden Einzelstudien gilt weiter einschränkend, dass in ihren Designs die Implementierungsqualität und die didaktische Umsetzung der Programme im Schulalltag selten oder nicht hinreichend überprüft werden. Aus dieser Argumentation ergibt sich, dass die Ergebnisse der Evaluation nur *ein* Kriterium für die Auswahl eines bestimmten Programms ist, aber nicht das ausschließliche. Neben der externen Evaluation sollen die Möglichkeiten der Selbstevaluation im Schulalltag nicht unterschätzt werden. Hier sind wiederum die Programmautoren gefordert, interne Evaluationen durch die Projektakteure zu ermöglichen und entsprechende Instrumentarien (z.B. Frage- und Beobachtungsbögen) mit den Manualen bereitzustellen.

Wie bereits erwähnt, hat uns die Wirksamkeitsforschung viele Hinweise gegeben, die bei der praktischen Präventionsarbeit in pädagogischen Feldern zu berücksichtigen sind und die Programmqualität erhöhen können.

Heinrichs u.a. (2002) haben auf dieser Grundlage versucht, *Kriterien fundierter Programme* zusammenzustellen. Generell wird danach der Anspruch erhoben, dass die Wahrscheinlichkeit des Auftretens des problematischen Verhaltens reduziert wird und Einstellungen sowie Verhalten auch persistent sind. Die Akzeptanz des Programmes bei den Akteuren und Adressaten ist ein weiteres Qualitätskriterium. Die Programme sollten leicht zugänglich und nicht zu kostenintensiv sein. Darüber hinaus müssen sie auf einer theoretischen Basis beruhen, die für das Anwendungsfeld geeignet ist, und dementsprechend gut strukturiert sein. Diesen Kriterien schließt sich Langfeldt (2003) an und ergänzt sie um praxisorientierte Fragen, beispielsweise ob die Materialien adressatengerecht sind und welche Voraussetzungen die Trainer der Präventionsmaßnahme erfüllen müssen.

Eine Arbeitsgruppe des „Deutschen Forums Kriminalprävention" hat im Jahre 2008 eine systematische Auswertung der national und international durchgeführten und veröffentlichten Studien sowie Metaanalysen zur Wirksamkeit von Präventionsprogrammen durchgeführt und aus diesem reichhaltigen empirischen Reservoire folgende „Gelingensbedingungen für die Prävention von interpersonaler Gewalt im Kindes- und Jugendalter" – so der Titel der Expertise – herausdestilliert (Scheithauer/Rosenbach/Niebank 2008). Als wirksam in der Prävention von Gewalt erweisen sich vor allem die Programme, die folgende Kriterien erfüllen (ebd., S. 81ff):

- Gewährleistung einer systematischen Herangehensweise durch wissenschaftliche Fundierung und empirische Begründung der Maßnahme
- Berücksichtigung der Entwicklungsaufgaben und Entwicklungsübergänge
- Reflexion der Risiko erhöhenden Bedingungen und protektiven Faktoren
- Berücksichtigung des Alters und der psychosozialen Entwicklung der Adressaten
- Multimodaler Zuschnitt der Maßnahme (Individuum, Familie, Schule, soziales Umfeld)
- Multimethodale Qualität: kognitive, affektive und Verhaltensaspekte
- Durchführung über einen längeren Zeitraum.

In der Expertise wird zudem darauf aufmerksam gemacht, dass bei der Prävention im Kindesalter (bis ca. 12 Jahre) der Einsatz von Elternprogrammen eine hohe Wirksamkeit zeigt, während Jugendliche effektiver durch kognitiv-verhaltensmodifizierende Verfahren direkt angesprochen werden sollten (ebd., S. 79). Nach Forschungslage sind bei den jüngeren Schülern geschlechtsspezifische Ausrichtungen des Programms nicht erforderlich, erst im Jugendalter zeigen Maßnahmen, die das Geschlecht berücksichtigen, eine größere Wirksamkeit (ebd., S. 80).
Aus unseren eigenen Forschungen (siehe Kapitel 3.4) scheint uns noch zusätzlich erwähnenswert, dass eine bereichsspezifische Förderung der Kompetenzen angezeigt ist. Da die Programme in der Regel auf Gruppen ausgerichtet und letztere sehr heterogen sind, erscheint es pädagogisch zwingend erforderlich zu sein, biographi-

sche Aspekte zu berücksichtigen und in Binnendifferenzierungsmaßnahmen oder durch Wahlangebote im Ganztags- oder Freizeitbereich die jeweilige Gruppe mit ihrem speziellen Defizitbereich (Fachleistungsstatus, Sozial- und Selbstkompetenz) zu fördern (vgl. hierzu und zum Folgenden: Kapitel 3.4). Dem liegt die Annahme zugrunde, dass z.B. in den Fällen, in denen das erforderlich ist, eine Förderung des Selbstkonzeptes positive Auswirkungen auf den Leistungsstatus hat und sich in anderen Fällen eine Verbesserung der Schulleistung auch positiv auf das Selbstvertrauen und das Sozialverhalten auswirken kann. Allerdings ist zu berücksichtigen, dass mit „selektiver" oder „indizierter Prävention" (z.B. Programme für auffällige Schüler) Stigmatisierungseffekte verbunden sein können, die zu einer Verfestigung der Rollen beitragen können.

Die schulbezogene Gewaltforschung wird interdisziplinär betrieben, der Psychologie, den Sozialwissenschaften oder der Kriminologie verdanken wir viele Erkenntnisse, die für das Verstehen der Gewaltproblematik und die Prävention auf diesem Gebiete von Bedeutung sind. Darüber sollte man nicht vergessen, dass die Gewaltprävention eine „pädagogische Aufgabe sui generis" ist (Dollase 2010, S. 82) und in Bezug auf den Ort Schule insbesondere die Expertise der Schulpädagogik als wissenschaftliche Bezugsdisziplin gefragt ist. Diese hat sich der Aufgabe in den letzten Dekaden gestellt und kommt zu ebenfalls wichtigen Ergebnissen hinsichtlich des Einflusses von Schul- und Unterrichtskultur auf das Gewaltverhalten der Schülerinnen und Schüler. Daraus wird die Konsequenz abgeleitet, die Schule nicht nur als einen Ort von Prävention zu begreifen, sondern durch Veränderung der Schulkultur ein Stück weit „Verhältnisprävention" zu betreiben (Forschungsgruppe Schulevaluation 1998, Tillmann u.a. 1999), wobei die Verhaltensmodifikation der Schüler/innen mit entsprechenden Programmen dabei keinesfalls ausgeklammert wird. Die Verbesserung der Schul- und Lernkultur und des schulischen Kommunikationsklimas gehören ebenso zu den Empfehlungen der pädagogischen Schulforscher, wie die an das Lehrerverhalten gerichteten Hinweise, einerseits ein Regelsystem für korrektes und erwünschtes Verhalten zu etablieren und auf die Einhaltung der Regeln zu achten sowie andererseits vorurteilsfrei auf alle Schüler/innen zuzugehen und möglichst Etikettierungen und Stigmatisierungen zu vermeiden. Die Sozialökologie der Schule betont darüber hinaus als weiteren wichtigen Punkt die Kooperation mit außerschulischen Partnern und Netzwerkbildung in der Gewaltprävention. (siehe Kapitel 4.1).

Vor dem Hintergrund der Ergebnisse von Präventionsforschung und der Auswertung von Erfahrungen, die in Präventionsprojekten zur Gewalt in der Schule gesammelt wurden, können zusammenfassend folgende *Kriterien für die erfolgreiche Durchführung von Präventionsmaßnahmen in der Schule* genannt werden:

- Je biographisch früher Prävention einsetzt, umso wahrscheinlicher ist die Kompensation von Verhaltensdefiziten (Beginn möglichst schon in der Kita oder Grundschule).

- Der Adressatenbezug muss gegeben sein, individuelle Merkmale (z.B. Alter, Geschlecht) und Gruppenspezifika (z.B. Klassenzusammenhalt) müssen berücksichtigt werden; die Adressaten müssen als Handelnde und nicht als Objekte der Maßnahme auftreten.
- Prävention ist dann besonders wirkungsvoll, wenn sie in den Lebensweltzusammenhang der Schüler eingebettet ist und den Interessen der Heranwachsenden entspricht. Für Schule begründet dies die Notwendigkeit eines Setting-Ansatzes, d.h. die Einbeziehung weiterer Sozialisationsagenturen neben der Schule, sowie ganzheitlicher Lern- und Aneignungsformen (offener Unterricht, Projektlernen, Integration in den Ganztags- oder Freizeitbereich, Community Education).
- Die eingesetzten Programme und Maßnahmen müssen auf den spezifischen Bedarf der jeweiligen Einzelschule bzw. Schulklasse zugeschnitten sein. Das mechanische Umsetzen vorhandener Programme ist wenig erfolgreich. Zu empfehlen ist eine Bedingungsanalyse mit Hilfe empirischer Methoden, die Diskussion der Ergebnisse auf einem „Pädagogischen Tag“ und das gemeinsame Festlegen von Zielen, Arbeitsfeldern und Projekten.
- Gewalt und abweichendes Verhalten von Schülern haben eine multiple Ursachenstruktur; es muss genau geklärt werden, welche der in Frage kommenden Ursachen bei der jeweiligen Schule dominieren und prioritär bearbeitet werden müssen – genau darauf ist die Gesamtstrategie auszurichten und das spezifische Präventionsprogramm auszuwählen.
- Präventionsprogramme müssen gut strukturiert sein und reflektiert werden. Es bedarf des Aufbaus einer Infrastruktur und der Abstimmung der Akteure (z.B. Steuergruppen, Projekttreffen, Prozessbegleitung, Qualifizierungsmaßnahmen). Den Regeln des Projektmanagements entsprechend, müssen die Maßnahmen auf einer Klärung der Ausgangsbedingungen basieren, Ziele und Teilziele (Fixpunkte) müssen formuliert und ihr Erreichen evaluiert sowie eine Kalkulation der Kosten vorgenommen werden.
- Wenn Prävention in der Schule kontinuierlich durchgeführt wird, der Großteil des Kollegiums und die Schulleitung sich mit dem Vorgehen identifizieren, die Maßnahmen strukturell verankert sind und bei der Umsetzung Expertise aus dem Umfeld einbezogen wird, sind die Effekte nachhaltiger. Nachdrücklich ist die Verankerung im Schulprogramm bzw. der Abschluss eines verbindlichen Aktionsprogramms mit anderen beteiligten Institutionen zu empfehlen.

Günstig wäre es, nicht nur eine Dimension schulischer Kompetenzentwicklung in den Blick zu nehmen, sondern das Zusammenwirken von Sozialverhalten, Selbstkompetenz und Leistungsstatus der Schüler zu berücksichtigen und nicht nur auf Verhaltensmodifikation abzustellen, sondern im Sinne der Verhältnisprävention auch die zumindest schulischen Bedingungen des Aufwachsens (Schul- und Unterrichtskultur, Schulklima) präventiv zu gestalten. Im Idealfall wird die Gewaltprävention im Rahmen einer umfassenden Schulentwicklungsstrategie organisiert.

Falls Sie diesen Band als Lehrbuch lesen, beantworten Sie bitte die folgenden Fragen:

- Welche Gemeinsamkeiten und Besonderheiten weisen die vorgestellten Programme und Konzepte auf, welche Ziele verfolgen sie, für welche Adressaten eignen sie sich?
- Stellen Sie sich eine pädagogische Situation in einer Schule oder Schulklasse vor, in der Gewaltprävention betrieben werden soll – wählen Sie darauf hin ein Ihnen geeignetes Präventionsprogramm aus und beschäftigen Sie sich näher mit ihm. Welches sind die Auswahlkriterien, von denen Sie sich haben leiten lassen? Entspricht das Programm nach näherer Beschäftigung Ihren Erwartungen?

Falls Sie im pädagogischen Bereich tätig sind oder im Studium ein Praktikum absolvieren:

- Welches der genannten Programme halten Sie für Ihre Schule bzw. pädagogische Einrichtung, an der Sie tätig sind, für besonders geeignet? Welches sind die Kriterien Ihrer Entscheidung?
- Entspricht das Programm nach näherer Beschäftigung Ihren Erwartungen? Falls dies der Fall ist, beschreiben Sie Ihr geplantes Vorgehen bei der Umsetzung dieses Programms.
- Haben Sie bei der Programm-Implementation die vorgeschlagenen (und ggf. weitere) Aspekte beachtet? Stellen sie diese in Ihrem Planungskonzept dar, vergessen Sie dabei bitte nicht, Maßnahmen und Methoden der Evaluation auszuweisen.

6| Gewaltprävention durch Schulentwicklung

Das Kapitel beschäftigt sich mit der Implementation von Gewaltpräventionsarbeit an Schulen. Ausgehend von den Schwierigkeiten bei der Verankerung und Einbindung von Projekten zur Gewaltprävention wird eine Möglichkeit der nachhaltigen und wirkungsvollen Umsetzung präventiver Arbeit in der Einzelschule beschrieben. Das zentrale Anliegen ist es zu zeigen, dass Gewaltprävention und Schulentwicklung fruchtbar verknüpft werden können. Schulentwicklung der Einzelschule, mit den wesentlichen Elementen der Problemdiagnose, Zielklärung, Prozesssteuerung und Evaluation, erhöht die Qualität und langfristige Verankerung der Projekte im schulischen Alltagshandeln. Nach einer Einführung in wesentliche Aspekte der Schulentwicklung werden die einzelnen Phasen eines auf Gewaltprävention gerichteten Schulentwicklungsprozesses ausführlicher beschrieben und an einem Fallbeispiel illustriert.

Dass in dem vielschichtigen multikausalen Verursachungszusammenhang für Gewalt auch die schulischen Einflussfaktoren von erheblicher Bedeutung sind, belegen die vorangegangenen Kapitel deutlich. Die Reduzierung innerschulischer Risikofaktoren und Senkung der Gewaltbelastungen wird durch eine bewusste Gestaltung des schulischen Binnenraums ermöglicht. Eine hohe Schulqualität, das heißt vor allem die Entwicklung der Schulkultur, führt – wie in Kapitel 3.3 beschrieben – zu einer Minderung von Gewalt und bietet damit eine erfolgversprechende Perspektive für die Gestaltung gewaltpräventiver Arbeit. Die Breite der in diesem Band vorgestellten Konzepte und Formen der praktischen Arbeit in Schulen mit unterschiedlichen Handlungsebenen und Zielgruppen zeigt aber auch, dass es keinen „Königsweg" der gewaltpräventiven Arbeit gibt. Für die einzelne Schule mit ihrer spezifischen Situation und Problemlage stellt sich also immer das Problem der Auswahl und Weiterentwicklung gewaltpräventiver Arbeitsansätze.
Im Anschluss an die beiden hier genannten Aspekte, die in den vorangegangenen Kapiteln ausführlich bearbeitet wurden, wird im Folgenden auf einen Bereich der schulischen Gewaltpräventionsarbeit eingegangen, der bislang wenig Beachtung in den theoretischen Debatten gefunden hat: Die Implementierung von Gewaltpräventionsarbeit durch Schulentwicklung. Als These ließe sich formulieren: Die systematische Verschränkung von Gewaltprävention und Schulentwicklung führt zu dauerhaft, substanziell und langfristig wirksamen Veränderungen – zu nachhaltiger Prävention.

Die Idee der Verknüpfung von Gewaltprävention und Schulentwicklung beruht auf Erfahrungen in der praktischen Arbeit mit solchen Projekten an Schulen. Vielfach werden Ansätze zur Gewaltprävention von außen an die Schulen herangetragen. Träger der Jugendhilfe, Hochschulgruppen, Stiftungen und andere mehr engagieren sich in diesem Feld und nutzen den Ort der Schule zur Durchführung ihrer Arbeit. Mit hohem Aufwand werden neue Projekte initiiert und in die Schule hineingetragen, wobei es häufig nicht gelingt, die Ansätze und Ideen dauerhaft im schulischen Alltagshandeln zu verankern. Nach dem Ende der Finanzierung ziehen sich die außerschulischen Partner zurück und sind oft enttäuscht, dass die begonnenen Entwicklungen abbrechen und sich keine dauerhafte Veränderung einstellt.
Eine erste und wichtige Erkenntnis, die daraus gezogen werden kann, ist, dass es nicht nur auf die Qualität der einzelnen Projekte zur Gewaltprävention ankommt, sondern ganz wesentlich auch auf deren Verankerung und Einbindung an der Schule. Die stärkere Integration gewaltpräventiver Projekte in die Schulstrukturen ist damit als wichtige Anforderung an erfolgreiches Arbeiten gekennzeichnet.
Die Vorstellung, man könne diese Arbeit externen Spezialisten überlassen, die solche Probleme mit geeigneten Methoden bearbeiten würden, führt in eine falsche Richtung. Es wird damit verhindert, dass die Schule sich selbst in den Prozess der Suche nach Ursachen und Lösungsmöglichkeiten begibt und die Thematik als ihr eigenes Handlungsfeld begreift. Die Suche nach Schuldigen außerhalb des eigenen Handlungs- und Einflussbereiches ist eine häufig zu beobachtende Strategie, auch von Lehrerinnen und Lehrern, zur Delegation von Verantwortung. Die Komplexität des Phänomens und seine Ursachenvielfalt (siehe Kapitel 3) erlauben es den jeweiligen Akteursgruppen, die anderen Einflussfaktoren besonders stark zu betonen und die eigenen Anteile in ihrer Bedeutung zu relativieren. Dieses „Schwarze-Peter-Spiel" behindert die Entfaltung angemessener Strategien im eigenen Handlungsfeld und erschwert eine sinnvolle Kooperation mit anderen Partnern. Erst wenn die eigene Mitverantwortung und damit auch ein eigener Gestaltungsspielraum anerkannt werden, ist eine motivierte Suche nach Lösungsmöglichkeiten erwartbar. Die Schulen sind aufgefordert, die Möglichkeiten und Grenzen eigener Anstrengungen in Bezug auf die Reduzierung von Gewalt kritisch in den Blick zu nehmen.
Wenn eine Schule sich von Gewalt belastet fühlt, handelt es sich meist um eine breite Palette problematischer Situationen mit unterschiedlichen Akteuren und differenzierten Anlass- und Verlaufsstrukturen. Wie bereits in den Kapiteln 4 und 5 deutlich wurde, gibt es eine Vielzahl unterschiedlicher Konzepte und Herangehensweisen, die sich auf verschiedene Handlungsebenen beziehen, spezifische Adressaten haben und für differenzierte Problemarrangements konzipiert sind. Dabei ist davon auszugehen, dass für die meisten Schulen ein einzelner Präventionsansatz zu verkürzt und einseitig wäre und sich meist eine Kombination verschiedener Elemente anbietet. Um Maßnahmen sinnvoll auswählen und wirkungsvoll einsetzen zu können, muss die besondere Situation der einzelnen Schule mit ihren spezifischen Schwierigkeiten

und Problemfeldern gründlich diagnostiziert und analysiert werden. Eine sorgfältige Problemanalyse ist Aufgabe der schulischen Akteure und sie ist die Grundlage für Gewaltpräventionsarbeit, die sich an der individuellen Ausgangslage der jeweiligen Schule orientiert und auf die besonderen Erfordernisse, Bedürfnisse und Ressourcen optimal ausgerichtet ist. Veränderungen sind auf mehreren Ebenen nötig, um das Gesamtphänomen merkbar zu beeinflussen. Auch empirische Untersuchungen zeigen, dass Ansätze, die verschiedene Ebenen der Schule in den Blick nehmen und bearbeiten, langfristig wirkungsvoller und damit erfolgreicher sind (vgl. z.B. Olweus 1995). Nur mit einer solchen Mehrdimensionalität und Spezifik lassen sich Veränderungen erreichen, die auch die Schulkultur bzw. das Schulklima der einzelnen Schule nachweisbar beeinflussen. Einzelne Lehrkräfte sind hier mit ihren Handlungsmöglichkeiten überfordert. Gewaltprävention ist eine Aufgabe, die von vielen getragen werden muss. Eine Möglichkeit, die Realisierung gewaltpräventiver Arbeit unter diesen Gesichtspunkten zu verbessern, besteht in der Nutzung von Methoden der Schulentwicklung.

Aspekte der Schulentwicklung

Schulentwicklung und Gewaltprävention weisen Gemeinsamkeiten auf, die auf mögliche Synergieeffekte hinweisen: In beiden Fällen stehen Kommunikations- und Interaktionsprozesse im Mittelpunkt des Interesses. Wenn Gewalt als Störung der Kommunikation und Interaktion gesehen wird, dann ist klar, dass gewaltpräventive Maßnahmen in diesem Bereich ansetzen müssen. Auch bei Schulentwicklungsprozessen kommt es ganz wesentlich auf diese Dimensionen an. Alle wichtigen Schritte sind mit Diskussionen, Kooperationen und Formen von Entscheidungsfindung verknüpft und verlangen deshalb eine neue Kultur des Umgangs miteinander. Auseinandersetzungen und Konflikte müssen konstruktiv bearbeitet werden, da sonst keine dauerhaft wirksame Entwicklung möglich ist. Schulentwicklung betrifft also immer auch die Gestaltung der Schulkultur, der Interaktions- und Kommunikationsprozesse der schulischen Akteure. Man kann daher sagen, dass gelingende Schulentwicklung immer schon ein Stück Gewaltprävention mitbearbeitet. Wird die Thematik von Gewalt, Aggression und Konfliktverhalten in der Schule selbst zum Gegenstand von Schulentwicklungsprozessen, dann lassen sich vielfältige, gegenseitig verstärkende Effekte erwarten, die eine solche Kombination sinnvoll und ertragreich machen. Auch aus diesem Grund erscheint die intensive Verbindung von Schulentwicklung und Gewaltprävention als eine sehr produktive Möglichkeit für die Zukunft (vgl. auch Büeler 1996, Ministerium für Bildung, Wissenschaft und Weiterbildung Rheinland-Pfalz 2000).
Der Begriff der Schulentwicklung hat im letzten Jahrzehnt einen regelrechten Boom erlebt. Es entsteht dabei die Gefahr, dass ein Modebegriff inhaltlich so ausgeweitet wird, dass fast alles, was an Schule passiert, als Schulentwicklung bezeichnet wer-

den kann. In den 70er und 80er Jahren wurde in der Bundesrepublik unter dem Begriff der Schulentwicklung im Wesentlichen die Entwicklung des Schulsystems verstanden, d.h. der administrativen, curricularen und strukturellen Veränderung der schulischen Rahmenbedingungen (vgl. Rolff 1998). Erst danach bildete sich ein anderes Verständnis von Schulentwicklung mit folgenden Merkmalen heraus: Das zentrale Kennzeichen ist der Perspektivwechsel vom Schulsystem zur Einzelschule. Die konkrete einzelne Schule wird als aktive und wirkungsmächtige Organisation verstanden, die nicht nur als ausführendes Organ des Schulsystems und der Bildungspolitik fungiert und funktioniert, sondern eigene Entwicklungen und Veränderungen in Gang setzen und betreiben kann. In diesem Sinne wird die „Einzelschule als Gestaltungseinheit“ (Fend 1986) gesehen, die über Kräfte und Möglichkeiten verfügt, interne Gestaltungsprozesse zu organisieren. Diese Überlegungen knüpfen an den Erkenntnissen an, dass Schulen trotz sehr ähnlicher Rahmenbedingungen ganz unterschiedliche Entwicklungsrichtungen genommen und differente Formen von Schulkultur ausgebildet haben (vgl. Fend 1998). Auf der Schulebene existiert also ein Handlungs- und Gestaltungsspielraum, der genutzt werden kann, um die Einzelschule zum „Motor der Schulentwicklung“ (Dalin/Rolff 1990) zu machen. Die Bedeutung der schulischen Rahmenbedingungen wird damit weder ignoriert noch geleugnet, vielmehr wird der Blick nun auf die Möglichkeiten der Veränderung durch die schulischen Akteure gelenkt.

Die Erfahrungen der Reformbemühungen im Bildungswesen der Bundesrepublik seit den 70er Jahren haben eine deutliche Ernüchterung hinsichtlich der Möglichkeiten zentraler Umsteuerungen im Bereich der Schule gebracht. Die Vorstellung, durch zentrale Vorgaben die Bedingungen vor Ort in die gewünschte Richtung verändern zu können, ist bei vielen Beteiligten enttäuscht worden. Auf der Ebene der einzelnen Schule werden solche Reformvorhaben immer in je spezifischer Weise verarbeitet und formen sich ganz unterschiedlich aus. Die Vorhersagbarkeit zentraler Steuerungsmaßnahmen ist daher in Frage gestellt. So suchte man nach angemesseneren Modellen für die Planung und Durchführung von Veränderungsprozessen im Schulbereich. Schulentwicklung, die auf die Einzelschule als Gestaltungsbasis setzt, ist ein Konzept, das solche Überlegungen aufnimmt (vgl. Rolff 1998).

Dabei sind Überlegungen zur Dezentralisierung des Schulsystems bzw. Stärkung der Autonomie der Einzelschule durchaus widersprüchlich motiviert und begründet. Einerseits werden Erwartungen an Effizienz- und Effektivitätssteigerungen des sog. Outputs der schulischen Bildungseinrichtungen bei gleichem oder geringerem finanziellen Einsatz formuliert, andererseits richten sich die Hoffnungen auf eine Ausweitung individueller und kollektiver Gestaltungsspielräume und erhöhte Partizipationschancen auf verschiedenen Ebenen des Schulsystems (vgl. z.B. Radtke u.a. 2000).

Nach der Konzentration auf Aspekte der zentralen Planung und Steuerung, einem ausgeprägten „Steuerungsoptimismus“ (Kussau/Brüsemeister, S. 21), folgte eine Phase, in der die Autonomie der Einzelschule als zentrale Perspektive zur weiteren Entwicklung des Schulsystems insgesamt begriffen wurde. Die Hoffnungen ruhten zentral auf den Veränderungsmöglichkeiten im eher überschaubaren Kontext der einzelnen Schule, während übergreifende Ebenen eher unter dem Aspekt der Erweitung von Autonomie und Handlungsmöglichkeiten für die individuellen Schulen betrachtet wurden.
Beide Perspektiven beschränken ihre analytischen Anstrengungen jeweils vorrangig auf eine Ebene der Entwicklung und Steuerung und stehen in der Gefahr, die Zusammenhänge und Interdependenzen im Bildungssystem nicht ausreichend zu berücksichtigen. Vor allem markiert durch die vehementen Diskussionen um die PISA-Ergebnisse bzw. die international angelegten Vergleichsuntersuchungen zu den Schülerleistungen und die damit einhergehende Beschäftigung mit Bildungsstandards im nationalen und internationalen Kontext, kam es im Bereich der Schulentwicklungsforschung dann auch zu einer zumindest partiellen Neuausrichtung der Erkenntnisinteressen.
Die breite gesellschaftliche Forderung nach Verbesserungen der Leistungsfähigkeit des deutschen Schulsystems implizierte auch die Frage nach den Möglichkeiten zur Steuerung im Gesamtsystem, d.h. auf welche Weise rasche und tiefgreifende Verbesserungen erreicht werden könnten. In diesem Kontext wird verstärkt nach Ansätzen gesucht, die es erlauben, die verschiedenen Ebenen des Schulsystems zu betrachten, ohne einem Element von vornherein die entscheidende Wirkungsmächtigkeit zuzuschreiben.
Unter den Stichworten „Neue Steuerung“ (Altrichter/Maag Merki 2010) und „Educational Governance“ (Altrichter/Brüsemeister/Wissinger 2007, Langer 2008, Heinrich 2007) werden solche aktuellen theoretischen Überlegungen angestellt. „Gegenüber früheren 'steuerungs'-theoretischen Zugriffsweisen erlaubt das Governance-Konzept eine umfassendere Beschreibung und Analyse von Steuerungs- und Umstrukturierungsfragen im Bildungswesen, die sie als Problem der Handlungskoordination zwischen Akteurskonstellationen in einem Mehrebenensystem analysiert“ (Altrichter/Brüsemeister/Wissinger 2007, S. 10).

Der Begriff „Governance“ stammt aus den Politik- und Sozialwissenschaften und wurde dort eingeführt, um in zunehmend komplexen gesellschaftlichen Verhältnissen mit vielfältigen Einflüssen von Staat, Zivilgesellschaft und Markt, die Regelung von öffentlichen Angelegenheiten als Koordination und Steuerung differenziert betrachten zu können (vgl. Benz 2004). Bezogen auf das Schulsystem gehen Vertreter dieses Ansatzes davon aus, dass eine Vielzahl beteiligter Akteure an Prozessen der Systemgestaltung mitwirken, wenn auch mit unterschiedlichen Beteiligungs- und Einflusschancen (vgl. Altrichter/Salzgeber 1996). Damit ist eine Abkehr von

der Betrachtung nur weniger machtvoller Steuerungsakteure intendiert und eine Erweiterung der Perspektive auf weitere beteiligte Gruppen angestrebt. Darüber hinaus interessiert man sich für die Interdependenzen der verschiedenen Ebenen eines Systems und möchte besser verstehen, in welcher Art und Weise die Ebenen miteinander in Beziehung stehen, welche Koordinationsformen dort stattfinden.
Der Untersuchungsgegenstand des Governance-Ansatzes ist

- „das Zustandekommen, die Aufrechterhaltung und die Transformation sozialer Ordnung und Leistungen im Bildungsbereich
- unter der Perspektive der Handlungskoordination
- zwischen verschiedenen Akteuren
- in komplexen Mehrebenensystemen" (Altrichter/Maag Merki 2010, S.22).

Die Ziele, die sich damit verbinden, werden dabei wie folgt beschrieben: „ Durch den veränderten analytischen Zugriff kommen (i) mehr Aspekte des Steuerungsgeschehens in den Blick, werden (ii) aktuelle Entwicklungen der Systemsteuerung (z.B. Netzwerke, Delegierung der Verantwortung) der Analyse besser zugänglich und wird es (iii) leichter, Beiträge unterschiedlicher Disziplinen in Beziehung zu setzen" (Altrichter/Brüsemeister/Wissinger 2007, S. 11).
Die Attraktivität dieses Ansatzes besteht zu einem guten Teil darin, die aktuellen Diskurse bildungspolitischer Gesamtsteuerung (z.B. mittels der Einführung verbindlicher Standards) einerseits und die Etablierung und Erweiterung von Autonomiespielräumen auf lokaler und Schulebene andererseits gleichzeitig betrachten zu können, und sich für ihre geplanten und ungeplanten Wechselwirkungen zu interessieren. Damit können vielfältige Schwerpunkte für die Analyse von Schulentwicklungsprozessen gewählt werden (vgl. z.B. Altrichter/ Brüsemeister/Wissinger 2007, Altrichter/Maag-Merki 2010, Langer 2008). Besonders interessant ist dabei u.a. der Aspekt der evaluationsbasierten Steuerung auf die Handlungspraxis in der Schule (vgl. z.B. Bohl/Kieper 2009, Schönig 2007, Heinrich 2007, Maag-Merki 2010, Altricher 2010).

Diese wichtige Erweiterung der Perspektive auf die unterschiedlichen Ebenen und ihre Wechselwirkungen im Kontext der Steuerung des Schulsystems wird in den folgenden Abschnitten aus pragmatischen Gründen stärker auf den Kontext der Einzelschule fokusiert. Da das Thema der Gewaltprävention (außer in von außen verordneter Schulprogrammarbeit) zumeist eine von den schulischen Akteuren selbstgewählte Entwicklungsperspektive darstellt, sind die vordergründigen Interdependenzen mit den von der Bildungsadministration gesetzten Zielen und (Evaluations-)Instrumenten relativ gering. Im Bereich der Entwicklung der Schulqualität und Schulkultur gibt es meist größere schulbezogene Handlungsräume als auf dem Gebiet der Unterrichtsqualität und der Verbesserung der kognitiven Leistungsfähigkeit der Schülerinnen und Schüler. Aus diesen Gründen geben wir in diesem

Abschnitt Hinweise zur Organisation und Gestaltung eines Veränderungsprozesses auf der Ebene der Einzelschule ohne damit die Bedeutung anderer Systemebenen für die reale Umsetzung zu negieren. In der Analyse konkreter Schulentwicklungsprozesse wäre dann in verstärktem Maße auf die Erweiterung der Perspektive zu achten.

Wenn Schulentwicklung die Ebene der einzelnen Schule besonders in den Blick nimmt, dann gelten für die Gestaltung von Veränderungen einige Grundsätze: So sollen keine Maßnahmen ohne *Diagnose* ergriffen werden, d.h. vor neuen Aktivitäten steht immer eine Situations- und Problemklärung. Diese Forderung zielt auf eine genaue Erfassung der Ausgangslage, um künftige Projekte realitätsangemessen und zielorientiert einrichten zu können. Dabei gibt es eine Vielfalt von Möglichkeiten, wie solche Diagnosen durchgeführt werden können. Die Auswahl sollte nach den Erfordernissen und Bedürfnissen vor Ort erfolgen und eine Aufwand-Nutzen-Abwägung beinhalten. Nun sind Schulen im Allgemeinen wenig erfahren und geübt in der Durchführung von Verfahren zur Problemanalyse; sie benötigen Informationen, Unterstützung und Beratung. Es ist von zentraler Bedeutung, dass die Verfahren und Methoden zur Diagnose auch wirklich Aussagen zum gewählten Gegenstandsbereich ermöglichen. Zugleich sollen sie mit einem überschaubaren Aufwand durchzuführen und aufzubereiten sein. Eingangserhebungen sind so zu gestalten, dass zu einem späteren Zeitpunkt eine erneute Evaluation die Möglichkeit bietet, Veränderungen durch die geleistete Arbeit zu erkennen. Die Entwicklung solcher Instrumente kann nicht allein die Aufgabe der einzelnen Schule sein. Diese sollten vielmehr auf erprobte und bewährte Verfahren zurückgreifen und sie nach ihren Bedürfnissen weiterentwickeln. Für diesen Zweck existieren bereits eine Vielzahl an Vorschlägen, die von Schulen genutzt werden können (z.B. IFS 1999, Buhren 1999, Buhren u.a. 1999, Ministerium für Bildung, Wissenschaft und Weiterbildung Rheinland-Pfalz 2000).

Neben der Durchführung von Diagnoseverfahren gilt auch der Aufbau einer Struktur der *Binnensteuerung* in der Schule als unverzichtbarer Teil eines Schulentwicklungsprozesses. Gemeint ist damit die Schaffung neuer Kommunikations- und Interaktionsformen, die die Durchführung neuer Projekte begleiten und absichern. Es müssen Arbeitsformen hergestellt werden, die intensive Diskussions- und Entscheidungsprozesse möglich machen, ohne den Alltagsbetrieb übermäßig zu belasten. Zumeist wird die Einrichtung von sogenannten Steuergruppen, Qualitätszirkeln etc. empfohlen, in die Vertreterinnen und Vertreter aller wichtigen Akteursgruppen in der Schule eingebunden sind. Man schafft dadurch handlungsförderliche Strukturen ohne die Schulleitung zu überlasten und stärker zu isolieren und ohne durch Detaildiskussionen und organisatorische Fragen die Gesamtkonferenzen unendlich auszuweiten; für weitreichende Entscheidungen bleibt diese selbstverständlich die entscheidende Instanz, doch für die arbeitsintensiven Schritte dazwischen ist eine effektive Struktur unabdingbar. Wesentlich ist, dass die neuen Interaktionsformen, wie beispielsweise eine Steuergruppe, anerkannt und mitgetragen werden und deren Aufgaben und Kompetenzen klar festgelegt sind. Binnensteuerung bedeutet also: effektive, innovative und demokratische Strukturen in der Schule zu etablieren, um Wandlungsprozesse handhabbar zu machen. Schulentwicklung ist dann nicht mehr Sache einer kleinen Gruppe, sondern eines ganzen Kollegiums und fördert Partizipation und Mitbestimmung in der Organisation (vgl. dazu z.B. Berkemeyer/Holtappels 2007, Rahm/Schröck 2008, Huber 2009).

Der dritte Grundsatz der Schulentwicklung betrifft die Durchführung von *Evaluation*. Nach einer gewissen Zeit müssen eingeführte Maßnahmen und Projekte überprüft und beurteilt werden. Es ist zu fragen: Wie ist es gelaufen? Welche Effekte können wir erkennen? Haben wir die Zielvorstellungen erreicht? Durch Formen datengestützter Reflexion (siehe auch S.28ff) kann diesen Fragen systematisch nachgegangen werden, um abgelaufene Prozesse besser verstehen und einordnen zu können und um gezielte Veränderungen vorzunehmen. Auch für solche Evaluationsmaßnahmen existieren vielfältige Methoden und Techniken, aus denen inhaltlich passende und angemessene Formen ausgewählt werden können (vgl. dazu z.B. Burkhard 1995, Dalin u.a. 1995, Eickenbusch 1998, Landesinstitut für Schule und Weiterbildung NRW 1996, Rolff u.a. 1999, Schönig 2007, Bohl/Kiper 2009).

Durch eine fortlaufende Verknüpfung von Diagnose, Binnensteuerung und Evaluation entsteht eine entwicklungsfähige und entwicklungsbereite Organisation, deren Grundstruktur sich auf die dauerhafte Bearbeitung immer neuer Herausforderungen ausrichtet. In diesem Sinne wird die Schule zur lernenden Organisation, die produktive Formen von Problembearbeitung in den Mittelpunkt stellt. Peter Senge (1996) hat die lernende Organisation als ein Dreieck aus Leitgedanken, Innovationen der Infrastruktur und neuen Methoden und Werkzeugen beschrieben:

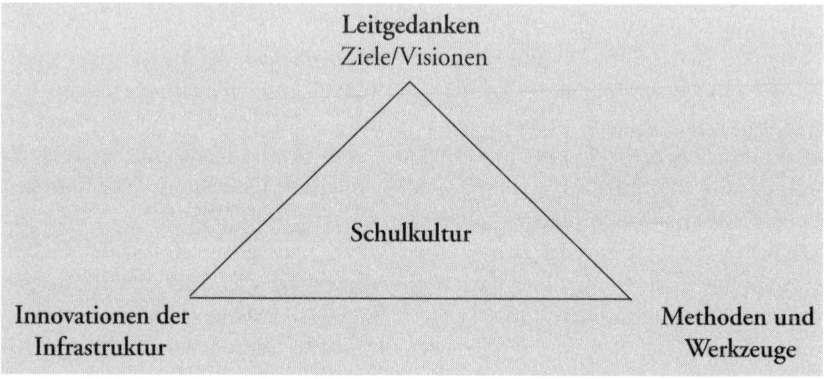

Abb. 6.1: Das Dreieck der lernenden Organisation

An dieser Graphik wird deutlich, dass gemeinsame Zielvorstellungen notwendig sind, mit denen festgelegt wird, in welche Richtung die Schule sich entwickeln soll. Eine Organisation braucht Ideen und Visionen, die von der Mehrheit ihrer Mitglieder geteilt wird, um Veränderungen motiviert ausführen und reflexiv überprüfen zu können. Längerfristige Prozesse sind nur denkbar, wenn solche gemeinsamen Leitgedanken den Ziel- und Bewertungsrahmen abstecken und damit eine Grundlage für Aktivitäten und Diskussionen darstellen. Dass solche Gemeinsamkeiten immer fragil sind und nur partiell hergestellt werden können, ist unbestritten und kann durchaus positiv bewertet werden. In einem dauerhaften Veränderungsprozess müssen auch die Ziele und Visionen immer wieder kritisch reflektiert und auf der Basis der gemachten Erfahrungen korrigiert werden. Trotzdem bilden sie bei vielen Entwicklungsschritten einen wichtigen gemeinsamen Bezugsrahmen, der für lernende Organisationen bzw. sich verändernde und entwickelnde Schulen unabdingbar ist.
Auf die Innovationen der Infrastrukturen wurde bereits bei den Grundsätzen der Schulentwicklung als Notwendigkeit des Aufbaus einer Struktur der Binnensteuerung hingewiesen. Die Veränderungen von Kommunikations- und Interaktionsmustern bzw. -regeln ist auch ein notwendiger Schritt in Richtung einer lernenden Organisation.
Als drittes Element von Schulentwicklung werden Methoden und Werkzeuge genannt. Diese Ebene ist sicher die Naheliegendste von allen, denn dass neue Arbeitsformen und Arbeitstechniken eingeführt werden, um Ideen und Projekte zu realisieren, ist einleuchtend. Vielfach wird in Schulen auch nur auf diesen Bereich besonderen Wert gelegt. Der Einsatz neuer Methoden ist oft der zentrale Fokus schulischer Entwicklungsbemühungen und wird unter relativer Vernachlässigung der anderen Aspekte betrieben. Demgegenüber fordert der Gedanke der Schulentwicklung eine Kombination der Elemente, die wechselseitig aufeinander bezogen sein sollen. Leitgedanken und Visionen lassen sich in einer Organisation nur sinnvoll erarbeiten, wenn dafür angemessene methodische Vorgehensweisen genutzt werden, und es muss eine Binnenstruktur existieren, die Bezugnahme und Reflexion auf organisatorische Zielvorstellungen immer wieder herstellt. Methoden und Werkzeuge können also nur dann sinnvoll ausgewählt werden, wenn klar ist, mit welcher Zielrichtung gearbeitet werden soll, und sie können nur effektiv eingesetzt werden, wenn eine Organisationsinfrastruktur dies trägt. Die Innovationen der Infrastruktur schließlich sollen neue methodische Arbeitsweisen ermöglichen und richten sich in Form und Inhalt an den angestrebten Leitgedanken der Organisation aus. Aber erst in der Verknüpfung der genannten Aspekte entsteht das Bild einer lernenden Organisation, die bzw. deren Mitglieder in der Lage sind, sich dauerhaft in reflektierten Veränderungsprozessen zu bewegen.
Wie ist nun das Verhältnis von Schulentwicklung und Gewaltprävention zu begreifen? Ganz allgemein lässt sich sagen, dass das Thema Gewaltprävention den Inhalt eines schulischen Entwicklungsprozesses darstellen kann. Der Leitgedanke

einer gewaltfreien bzw. gewaltfreieren Schule, die Einführung neuer Methoden auf verschiedenen Ebenen und die Etablierung passender Steuerungs- und Überprüfungsstrukturen bilden die Eckpunkte einer Schule, die Gewaltprävention im Rahmen der Schulentwicklung betreibt. Die Schritte, die in einem solchen Prozess notwendig sind, lassen sich folgendermaßen skizzieren:

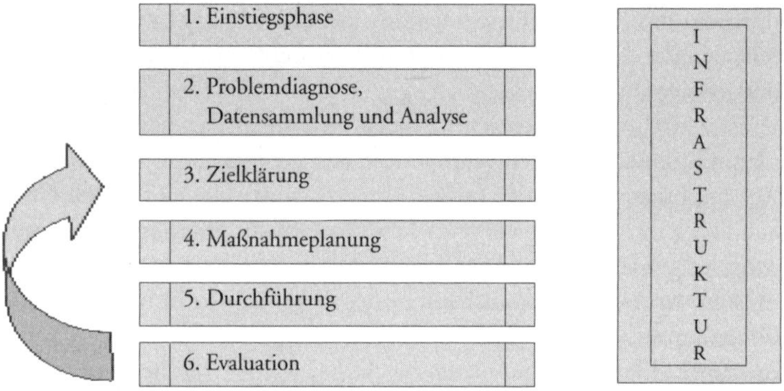

Abb. 6.2: Schritte eines Schulentwicklungsprozesses

Fallbeispiel – *zu den kursiv gedruckten Begriffen finden sie weitere Erläuterungen in den nachfolgenden Abschnitten.*

Eine Schule der Sekundarstufe I mit 550 Schülern und 40 Lehrerinnen und Lehrern in einer mittelgroßen Stadt. Im Jahr 2000 kommt es in der Schule bzw. im Umfeld der Schule zu zwei Vorfällen, die auch von der lokalen Öffentlichkeit wahrgenommen werden. Es handelt sich um einen Fall von Gruppengewalt gegen einen Einzelnen und ein Vorkommnis mit Körperverletzung zwischen zwei Beteiligten.
Innerhalb des Kollegiums entstehen verschiedene Interpretationen über die Ereignisse und unterschiedliche Meinungen über mögliche Strategien der Schule, wobei die erst seit kurzem amtierende Schulleitung für einen offenen Diskussionsprozess wirbt. Die lokalen Medien haben das Thema aufgegriffen und einige Eltern fordern nachdrücklich eine Auseinandersetzung der Schule mit den Gewaltphänomenen.
Schulleitung, Elternvertreter und der seit einiger Zeit existierende Schulförderverein organisieren eine Podiumsdiskussion zum Thema „Gewalt in der Schule" mit Experten aus verschiedenen Bereichen, die auf großes Interesse stößt. Im

Nachgang der Veranstaltung entwickelt eine kleine Gruppe von Lehrerinnen und Lehrern die Idee, sich längerfristig mit dem Thema zu befassen. Es entsteht ein Papier, in dem Überlegungen zu einem schulischen Projekt gegen Gewalt festgehalten werden, dieses wird im Kollegium verteilt und in Kleingruppen informell diskutiert.

Der in diesem Schuljahr vorgesehene *Pädagogische Tag* (siehe auch S. 266) wird unter das Thema „Gewalt und Schule" gestellt und findet drei Monate nach der Podiumsdiskussion statt. Es geht schwerpunktmäßig um Fragen schulischer Einfluss- und Handlungsmöglichkeiten beim Auftreten von Gewalt und um die Diskussion des Papiers der Lehrerkleingruppe und der darin enthaltenen Vorschläge. Eine Mehrheit des Kollegiums befürwortet am Ende des Tages eine umfassendere Bearbeitung der Thematik in einem längeren Zeithorizont, konkrete Entscheidungen sollen aber auf einer Gesamtkonferenz in drei Monaten getroffen werden.

Die Schulleiterin organisiert in den nächsten Wochen zwei aufeinander folgende *Diskussionsrunden mit Eltern- und Schülervertretern* (siehe auch S. 267), um zu informieren und um Unterstützung für die Ideen zu werben. In diesem Kreis wird durchaus Zustimmung signalisiert und es werden weitere Überlegungen zu Handlungsmöglichkeiten angestellt. Derweil bildet sich aus der kleinen Lehreraktionsgruppe, unter Beteiligung der Schulleitung, eine Vorbereitungsgruppe für die Gesamtkonferenz. Sie erstellt einen Vorschlag für die Gesamtkonferenz über den zeitlichen und formalen Ablauf eines Gewaltpräventionsprojektes und lässt ihn allen Kollegen sowie den Eltern- und Schülervertretern zukommen, mit der Möglichkeit der Rückmeldung.

Auf der *Gesamtkonferenz* (siehe auch S. 266) wird mehr als zwei Stunden über den Vorschlag diskutiert, wobei auch grundsätzliche Vorbehalte zum Sinn und Erfolg eines solchen Projektes geäußert werden können. Mehrere Änderungen werden im Verlauf der Diskussion aufgenommen und eingearbeitet. Bei der Abstimmung wird das Programm mit nur wenigen Gegenstimmen angenommen. Es benennt Arbeitschritte und Rahmenbedingungen für das Projekt „Schule gegen Gewalt" für den Zeitraum von zwei Jahren, ohne schon genaue inhaltliche Details aufzuführen. Beschlossen wird ein Projektablauf, wo zunächst eine Situationsanalyse vorgenommen werden soll, um erst danach über konkrete Maßnahmen und Ziele zu befinden. Später sollen Aktivitäten auf verschiedenen Ebenen durchgeführt und anschließend überprüft werden. Zugleich wird eine *Steuergruppe* (siehe auch S. 294) gewählt, der neben drei Kollegen aus der Vorbereitungsgruppe und der Schulleiterin auch zwei weitere Lehrer angehören, die das Vertrauen wichtiger Untergruppen des Kollegiums genießen. Für ein Jahr gewählt, soll sie im wesentlichen die Aufgabe der Gesamtkoordinierung des Projektes übernehmen.

Die Steuergruppe erhält von der Gesamtkonferenz zusätzlich den Auftrag, eine *Datensammlung* (siehe auch S. 268) zur Situation schulischer Gewalt vorzubereiten und durchzuführen. Die Ergebnisse sollen in vier Monaten gemeinsam diskutiert werden. Zunächst wird Kontakt zu einer anderen Schule gesucht, die bereits Erfahrungen mit solchen Erhebungen gesammelt hat und es werden Experten des Landesinstituts für Lehrerfortbildung und der nahegelegenen Universität angesprochen. Nachdem ein erster Überblick über mögliche Erhebungsverfahren gewonnen wurde, entschließt sich die Steuergruppe für eine anonyme *Fragebogenbefragung* (siehe auch S. 269) von Lehrern und Schülern zu den Themen „Gewaltvorkommen in der Schule“ und „Soziales Beziehungsklima zwischen Schulleitung, Lehrern und Schülern“.
Der Fragebogen wird aus bereits veröffentlichten und bewährten Fragen zusammengestellt und an alle Lehrer und Schüler der Schule verteilt. Zugleich werden die Eltern über die Befragung informiert und zur thematischen Mitarbeit eingeladen. Die Finanzierung der Fragebögen wird durch den Förderverein der Schule realisiert.
Die *Aufbereitung der Daten* (siehe auch S. 273) wird mit Hilfe eines Informatiklehrers und seiner Schülergruppe des 9. Jahrgangs im Statistikprogramm SPSS vorgenommen. Nach knapp drei Monaten liegen die Daten in einer ersten Auswertung vor und werden dem Kollegium zugänglich gemacht. Da in der Steuergruppe unterschiedliche Meinungen darüber bestehen, ob die Interpretation der Daten gemeinsam mit Schüler- und Eltern (vertretern) erfolgen sollte oder nicht, entscheidet man sich zunächst für eine Diskussion nur im Kollegium.
Auf einer Lehrerkonferenz werden drei Stunden aufgewendet, um die Ergebnisse der Befragung zu besprechen und erste Konsequenzen daraus abzuleiten. Hierbei zeigen sich deutliche Differenzen in der Interpretation und *Bewertung der Ergebnisse* (siehe auch S. 276), sowie unterschiedliche Vorstellungen über Handlungsmöglichkeiten für die Schule. Man beschließt, zum Ende des Schuljahres einen ganzen Tag für die Erarbeitung von gemeinsamen Zielen und Handlungsansätzen zu nutzen, um genügend Zeit für Auseinandersetzungen und Entscheidungsfindung zu lassen.
Parallel dazu sollen in Veranstaltungen mit Schülern und Eltern deren Perspektiven und Wünsche zum Ausdruck kommen. Eine Lehrerin aus der Steuergruppe organisiert mit zwei Elternvertretern zwei Diskussionsveranstaltungen für Eltern, auf denen die Fragebogenergebnisse vorgestellt und besprochen werden. Darüber hinaus werden Vorschläge und Ideen von Eltern für ein Schulprogramm gegen Gewalt gesammelt und festgehalten.
Für Schüler werden für jede Klassenstufe freiwillige Workshops angeboten, in denen die Vorstellungen der Schüler zur Umgestaltung ihrer Schule in gewaltpräventiver Richtung im Mittelpunkt stehen. Dieses Angebot wird in Kooperation mit Studenten der Erziehungswissenschaften realisiert, die an einem Seminar

zu Zukunftswerkstätten teilnehmen und gemeinsam mit Klassenlehrern die Veranstaltungen vorbereiten und durchführen.
Für den *Pädagogischen Tag* (siehe auch S. 276) am Ende des Schuljahres, ein Jahr nach der Auftaktveranstaltung, wird ein externer Moderator eingeladen, der den strukturierten Ablauf der Veranstaltung sicherstellen soll. Zunächst werden die Diskussionsstände der Lehrer, Schüler und Eltern vorgestellt und besprochen. Anschließend steht die *Klärung von Zielen* (siehe auch S. 277) für das Gesamtprojekt „Schule gegen Gewalt" im Mittelpunkt und es werden konkrete Vorschläge und Ideen für Maßnahmen gesammelt. Die Veranstaltung endet mit einer Entscheidung für einige *Maßnahmen* (siehe auch S. 284), die in der nächsten Zukunft umgesetzt werden sollen, und der Festlegung von *Verantwortlichkeiten* (siehe auch S. 285) für die Durchführung. Etwa die Hälfte des Kollegiums beteiligt sich aktiv an der Realisierung mindestens eines Teilprojektes.

Entschieden wird,
- die Projektwoche des nächsten Schuljahres unter das Thema „Gewalt" zu stellen.
- einen einheitlichen Umgang des Kollegiums mit gewaltförmigem Verhalten auf Fluren und dem Pausenhof unter Beachtung klarer Regeln zu fördern.
- in den fünften Klassen mit der Erarbeitung von Klassenregeln zum sozialen Miteinander zu beginnen.
- einen regelmäßigen Kontakt mit dem Präventionsbeauftragten der Polizei und Einrichtungen der Jugendhilfe aufzubauen und gemeinsame Veranstaltungen in der Schule durchzuführen.
- einige Lehrer im Bereich der Elternarbeit fortzubilden und neue Angebote für Eltern in schwierigen (Erziehungs)Situationen zu entwickeln.
- den Beratungslehrer deutlicher als Ansprechpartner für Schüler und Eltern bei Gewaltvorfällen bekannt zu machen.
- eine Streitschlichtergruppe mit interessierten Schülern aufzubauen.
- zum Ende des kommenden Schuljahres ein großes Fest unter dem Motto „Schule gegen Gewalt" auszurichten.

Zudem existieren weitere Ideen, die eventuell zu einem späteren Zeitpunkt aktiv umgesetzt werden können.
Für die beschlossenen Maßnahmen werden *Zeitrahmen* (siehe auch S. 285) festgelegt und regelmäßige Rückmeldungen (siehe auch S. 288f) vereinbart. Die Steuergruppe fertigt dann Zusammenfassungen an, die bei Lehrer- und Schulkonferenzen vorgestellt werden. Die einzelnen Teilprojekte werden durch die verantwortlichen Lehrkräfte detaillierter ausgearbeitet und umgesetzt. Bei Bedarf steht die Steuergruppe mit Rat und Unterstützung bereit, um schwierige Situationen schneller zu bewältigen.

Nach dem Schulhalbjahr wird an einem halben Tag eine Zwischenbilanz (siehe auch S. 29) gezogen. Lehrer, Schüler- und Elternvertreter informieren über den Stand der Projekte und diskutieren notwendige oder mögliche *Veränderungen und Weiterentwicklungen* (siehe auch S. 292). Zusätzlich zu den bisherigen Aktivitäten soll die Außendarstellung und Öffentlichkeitsarbeit verstärkt werden. Der stellvertretende Schulleiter übernimmt hierfür die Verantwortung.
Das Schuljahr endet mit einem großen Fest unter dem Titel „Schule gegen Gewalt“, das bei Schülern, Eltern und Vertretern der Öffentlichkeit und der lokalen Medien positive Resonanz findet.
Seit der ersten Podiumsdiskussion sind zwei Jahre vergangen und die Schule entscheidet sich für eine Fortsetzung der Arbeit am Projekt. Zwei neue Teilprojekte sollen entstehen und zwar eine längerfristige Fortbildung für Lehrer zum Thema „Umgang mit sog. schwierigen Schülern“ in Kooperation mit dem schulpsychologischen Dienst und zum Zweiten eine Stärkung der Projektarbeit im Unterricht durch Zusammenarbeit mit einem Projektseminar der universitären Lehramtsausbildung und des Lehrerfortbildungsinstitutes. Für das nächste Schuljahr besteht außerdem die Möglichkeit, eine Schulsozialarbeitsstelle eines freien Jugendhilfeträgers an die Schule zu binden und es realisiert sich eine finanzielle Förderung der Schülerstreitschlichtung durch eine Stiftung. Die Schule beschließt zudem, im nächsten Schuljahr eine Zwischenbilanz zu ziehen und über die weitere Entwicklung des Projektes „Schule gegen Gewalt“ zu entscheiden.
Im Frühjahr 2003 wird die Fragebogenbefragung vom Beginn wiederholt und zusätzlich werden die einzelnen Maßnahmen ausführlich in ihrer Entwicklung vorgestellt. Nachdem sich zeigt, dass das soziale Klima in der Schule von Schülern und Lehrern deutlich besser eingeschätzt wird, eine Gruppe von „problembelasteten“ Schülern aber bislang nicht wirkungsvoll erreicht werden konnte, entscheidet sich die Schule für eine Doppelstrategie: Einerseits wird die einzelfallbezogene Arbeit intensiviert und eine bessere Kooperation von Beratungslehrer, Schulsozialarbeiterin, Jugend(gerichts)hilfe und Polizei im Hinblick auf die betroffenen Schüler und deren Eltern angestrebt. Darüber hinaus wird das schulische Projektmotto in „Schule für Respekt und Toleranz“ umgewandelt und eine stärkere Förderung der sozialen Kompetenzen, der Kommunikations- und Interaktionsmöglichkeiten für alle Schüler in der Schule in den Mittelpunkt gerückt. Die Schule entwickelt dazu auf Grundlage der bisherigen Projekte und Erfahrungen ihr Programm für das nächste Jahr weiter.

Einstiegsphase

Ganz allgemein geht es bei Veränderungen organisationaler Strukturen immer auch um den Verlust bestehender Strukturen und Gewissheiten. Das kann bei manchen Betroffenen zu Ängsten und Widerstand führen, da eine solche Destabilisierung als Verunsicherung erlebt wird, die Ängste auslösen kann. Positive Aspekte von Veränderungen treten dann in den Hintergrund. Gerade am Anfang der Veränderungsbemühungen stößt man oft auf Vorbehalte und Einwände gegen Neuerungen. Dem Beginn eines geplanten Schulentwicklungsprozesses kommt daher immer eine besonders große Bedeutung zu. Ein gut vorbereiteter Einstieg kann helfen, bestehende Widerstände zu verringern und mehr Zustimmung für eine Umgestaltung zu erhalten. Ein misslungener Auftakt kann dagegen für lange Zeit die Arbeit behindern oder gar zum Scheitern des Gesamtprojektes führen.
Zur allgemeinen Skepsis gegenüber Schulentwicklungsideen kommen weitere Vorbehalte hinzu, wenn es sich um das emotional hoch besetzte Thema Gewalt handelt. Der gesellschaftliche und mediale Diskurs über Gewalt arbeitet zumeist mit Skandalisierungen und Verallgemeinerungen von Einzelphänomenen. Eine differenzierte und sachlich nüchterne Betrachtungsweise ist nur sehr selten anzutreffen. Auch die Akteure in der Schule schwanken bei der Behandlung des Themas häufig zwischen Dramatisierung und Bagatellisierung. Letzteres erklärt sich häufig durch das Bemühen von Schulleitungen und Lehrern das Bild ihrer Schule nicht durch Überbetonung negativer Vorkommnisse zu beschädigen. Eine Schule, die mit dem Image einer überdurchschnittlichen Gewaltbelastung zu kämpfen hat, sieht sich vielen negativen Folgewirkungen ausgesetzt. Das Ansehen einer Schule in der Öffentlichkeit ist immer ein wichtiger Faktor sowohl für die Gestaltung befriedigender Arbeitsverhältnisse im Innern, als auch für die Positionierung gegenüber Schulaufsicht, Kommune und zukünftigen Schülern bzw. deren Eltern. Daher ist es nicht ganz einfach, das Thema „Gewalt in der Schule“ in den Mittelpunkt einer intensiven Diskussion zu stellen.
Für die Einstiegsphase eines Schulentwicklungsprozesses zum Thema „Gewalt“ stellt die Herbeiführung einer Entscheidung in der *Gesamtkonferenz* den zentralen Inhalt dar. Eine solche Diskussion und Entscheidung des umfassendsten schulischen Gremiums bedarf intensiver Vorbereitung und Planung. Allen Beteiligten sollte zum Zeitpunkt der Abstimmung klar sein, welche inhaltlichen und formalen Konsequenzen sich aus der Realisierung eines solchen Prozesses ergeben, soweit dies zu einem solch frühen Zeitpunkt abzuschätzen ist. Dabei kommt es ganz entscheidend auf die Gestaltung der „Informationspolitik“ innerhalb der Schule an. Weitreichende Information Aller und größtmögliche Transparenz gelten als wichtige Voraussetzungen für einen gelungenen Einstieg in institutionelle Veränderungsprojekte.

Der Anstoß für den Beginn eines Gewaltpräventionsprojektes kommt meist von einer kleineren Gruppe schulischer Akteure, der fast immer Lehrerinnen und Lehrer und oft auch die Schulleitung angehören. Die Schulleitung muss diesen Vorstellungen zumindest aufgeschlossen gegenüberstehen, ansonsten hat ein umfassender Entwicklungsansatz kaum ein Chance (vgl. z.B. Dalin 1999). Diese Gruppe versucht dann ihre Inhalte und Vorstellungen im Kollegium bekannt zu machen und eine Diskussion anzuregen. Bewährte Vorgehensweisen zur Vorbereitung einer Entscheidung sind die Durchführung von *Pädagogischen Tagen* bzw. SchiLF-Veranstaltungen (SchiLF = Schulinterne Lehrerfortbildung). Hier können inhaltliche Aspekte der Gewaltthematik mit Fragen zur Bewertung der Situation in der eigenen Schule kombiniert und Diskussionen über das Für und Wider schulischer Gewaltpräventionsarbeit geführt werden. Der große Vorteil besteht darin, dass sich das gesamte Kollegium gemeinsam und relativ ausführlich mit inhaltlichen Fragen beschäftigen kann, etwas, dass im Rahmen von Konferenzen und Dienstberatungen sonst kaum möglich ist. Dabei gilt es auch, die Einwände und Vorbehalte gegen einen Schulentwicklungsprozess wahrzunehmen und aufzugreifen. Kritiker sollten nicht vorschnell als „Bremser" und „Störenfriede" eingestuft werden, sondern als wichtige Hinweisgeber für mögliche Problemfelder und zukünftige Fallstricke Beachtung finden. Ohne einer oberflächlichen Harmonisierung das Wort zu reden, kommt es darauf an, den kritischen Anfragen nicht auszuweichen und eine offene und abwägende Beurteilung der Vor- und Nachteile einer Schulentwicklung vorzunehmen. Dazu gehört auch die Klärung von zusätzlichen Aufgaben und möglichen Belastungen, die damit einhergehen, sowie der Zeitperspektiven, in denen bestimmte Entwicklungsschritte vollzogen werden sollen bzw. können. Die Art und Weise wie eine solche Debatte in der Schule geführt wird, zeigt auf der einen Seite viel über die herrschende Team-, Gesprächs- und Konfliktkultur im Kollegium und ist andererseits eine erste Möglichkeit, veränderte Umgangsformen zu entwickeln und zu testen. Die Diskussionskultur ist somit bereits Teil des Entwicklungsprozesses.

Nach einer internen Diskussion und Meinungsbildung im Kollegium ist innerhalb der Einstiegsphase auch die Einbeziehung weiterer Gruppen zu planen und einzuleiten. *Schüler und Eltern* sind wichtige Adressaten, die möglichst frühzeitig informiert und involviert werden müssen. Dabei ist es wichtig, sich nicht nur auf die formalen Informationsrechte der gewählten Gruppenvertreter zu beschränken, sondern möglichst umfassend den Sachstand mitzuteilen und Diskussionsangebote zu offerieren. Schüler und Eltern sind aufgefordert, eigenständige Meinungsbildungsprozesse voranzutreiben, wobei Schulleitung und Kollegium Verfahrensvorschläge einbringen und gemeinsame Diskussionsmöglichkeiten vorschlagen können. Die Beteiligung der Schüler und ihrer Eltern ist kein Selbstläufer, sie bedarf meistens beständiger Impulse und Unterstützung durch die Schule und sollte von Anfang an als wichtiges Element von Schulentwicklungsprozessen wahrgenommen werden.

Neben den genannten Akteuren ist auch die Schulaufsicht bereits in der Einstiegsphase zu berücksichtigen. Die Schule kann hier für Unterstützung werben und überprüfen, welche Spielräume, Ressourcen und Möglichkeiten bei der Etablierung neuer Arbeitsinhalte und -strukturen bestehen.
Insgesamt lässt sich für die Einstiegsphase festhalten: Der Umgang mit Informationen ist ein sehr sensibler Bereich mit großen Auswirkungen auf den Verlauf schulischer Entwicklungsprozesse. Eine möglichst frühzeitige und umfassende Information der Beteiligten mit entsprechenden Diskussionsangeboten kann helfen, Missverständnisse und Fehleinschätzungen zu verhindern und auftretende Widerstände in bearbeitbare Formen zu lenken Die intensive Vorbereitung einer Entscheidung für ein Schulentwicklungsprojekt zum Thema Gewalt in der Gesamtkonferenz zahlt sich langfristig mit großer Sicherheit aus.

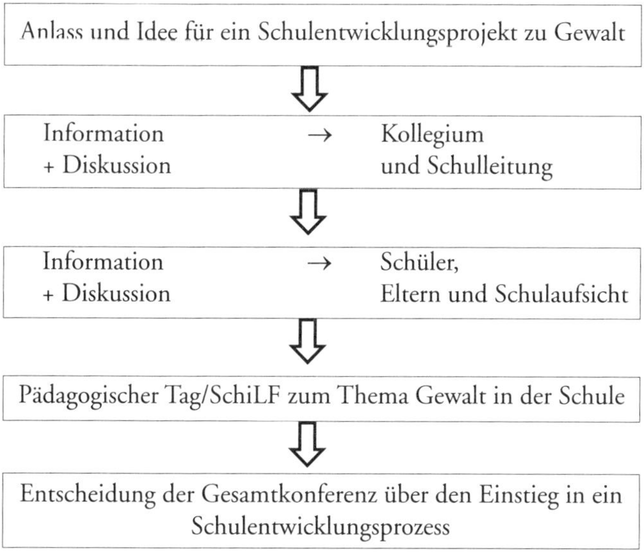

Abb. 6.3: Möglicher Ablauf für die Einstiegsphase in einen Entwicklungsprozess

Datensammlung, Analyse und Problemdiagnose

Nach der Entscheidung einer Schule für den Einstieg in einen Schulentwicklungsprozess, beginnt die konkrete Arbeit mit einer systematischen Bestandsaufnahme vor Ort. Dieser Schritt stellt den Versuch dar, in ausgewählten Bereichen Informationen zu erlangen, die über eine rein subjektive Einschätzung hinausreichen. Ziel soll es sein, auf Grund der gewonnenen Daten ein realistischeres Bild der schulischen Situation zu erhalten und Ansatzpunkte für Veränderungsaktivitäten zu finden. Ist

die Entscheidung für die Arbeit im Problemfeld „Gewalt in der Schule" gefallen, muss überlegt werden, mit welchen Methoden und Instrumenten Erkenntnisse über Formen, Verteilung und Ausmaß von Gewalt gewonnen werden können.
In der Literatur finden sich viele Vorschläge für unterschiedliche Verfahren der *Datensammlung* in Schulen (z.B. Schratz 1996, Philipp/Rolff 1998, Eikenbusch 1998a und 1998b, Philipp 1998). Formal lassen sich einige Grundformen unterscheiden, wie Informationen gewonnen und aufbereitet werden können. Eiken-busch (1998b) differenziert schriftliche Befragung, strukturierte Gespräche, Beobachtungen und Dokumentenanalyse.

Schriftliche Befragung:	Fragebogen, Kartenabfrage, Selbstuntersuchungen
Strukturierte Gespräche:	Interviews, Bilanzkonferenzen, Planungs- und Entwicklungsgespräche
Beobachtungen:	Pausenbeobachtung, Unterrichtshospitation
Dokumentenanalyse:	Auswertung vorhandener Daten wie z.B. Abschlüsse, Klassenarbeiten, Unterrichtsverteilung, Stundenplan, Klassenbücher, Konferenzprotokolle

Zu jeder dieser Grundformen gehören wiederum vielfältige Einzelmethoden, die sich hinsichtlich der Durchführung und der Auswertung unterscheiden. Es gibt nicht das Diagnosekonzept für alle Schulen, sondern eine reiche Auswahl methodischer Möglichkeiten, die von jeder Schule individuell, nach Fragestellungen, vorhandenen Kenntnissen und Ressourcen zusammengestellt und angepasst werden sollten. Der Diagnoseprozess verläuft in jeder Schule etwas anders, die verwendeten Verfahren tauchen aber immer wieder in ähnlicher Weise auf.
Als eine Möglichkeit zur Erfassung der Situation an der Schule haben sich *Fragebögen* für Schüler und Lehrer bewährt. Mittels Fragebögen ist es möglich, von allen bzw. einer großen Zahl von Lehrern und Schülern die subjektiven Einschätzungen und Erfahrungen zum Auftreten von Gewalt zu erhalten. So lässt sich ein Bild der Gewaltbelastung einer Schule aus der Sicht der Lehrer und der Schüler gewinnen, welches einen wichtigen Beitrag zur realistischen Planung von Handlungsstrategien leisten kann. Die Schulen können hierbei auf bereits vorhandene Fragebögen zurückgreifen, um den Aufwand zu begrenzen und schwerwiegende methodische Fehler zu vermeiden. Einige Autoren raten zur Entwicklung eigener Fragebögen in den Schulen (vgl. Philipp/Rolff 1998, S. 46), doch besteht dabei die Gefahr, erst im Nachhinein festzustellen, wo die Fragebogenkonstruktion den eigenen Fragestellungen nicht gerecht wurde. Es bietet sich daher meist an, aus bestehenden Instrumenten eine inhaltliche Auswahl nach den jeweiligen schulspezifischen Interessenlagen vorzunehmen.
Als Beispiele sind im Folgenden Teile eines Fragebogens abgedruckt, der von Tillmann u.a. sowie der Forschungsgruppe Schulevaluation entwickelt und verwendet

worden ist (Tillmann u.a. 1999, Forschungsgruppe Schulevaluation 1998). Ein weiterer gut strukturierter Fragebogen zum Thema Gewalt findet sich z.B. auch in einer Veröffentlichung des Ministeriums für Bildung, Wissenschaft und Weiterbildung Rheinland-Pfalz (2000).
In der ersten Abbildung stehen Aussagen über beobachtete und selbst verübte bzw. erlittene Formen von Gewalt im Zentrum des Interesses. Es geht dabei um die Klärung, in welchem Maße die Schule durch Gewalt belastet ist. Es gilt verschiedene Formen von Gewalt zu unterscheiden und die Größe von Täter- und Opfergruppen zu bestimmen (siehe Kap. 3.2).

Wie oft hast Du selbst an Deiner Schule oder auf dem Schulweg in den letzten 12 Monaten folgendes gemacht?

	1 nie	2 selten	3 alle paar Monate	4 mehrmals im Monat	5 mehrmals wöchentl.	6 fast täglich
Sachen von anderen absichtlich kaputtgemacht.	77,0	16,9	2,8	1,5	1,0	0,9
Anderen auf dem Schulweg aufgelauert, sie belästigt, bedroht oder verprügelt.	82,5	11,5	2,6	1,4	0,8	1,1
Sachen absichtlich zerstört, die der Schule gehören (zum Beispiel Stühle, Bücher).	79,6	13,3	2,7	2,1	0,9	1,4
Anderen etwas gewaltsam weggenommen.	69,6	19,4	4,3	3,0	1,6	2,1
Mit anderen einen Jungen/ein Mädchen verprügelt.	78,2	14,8	2,3	1,7	1,3	1,7
Im Schulgebäude etwas absichtlich beschädigt.	74,4	16,4	3,4	2,4	1,9	1,5
Mich mit einem (einer) anderen geprügelt.	64,1	22,8	5,7	3,0	2,1	2,3
Waffen (Schreckschusspistole, Reizgas) mit in die Schule gebracht.	90,0	5,3	1,5	0,9	0,6	1,8

Abb. 6.4: Selbstreport über eigene gewaltförmige Handlungen im Bereich der härteren Aggressionen (Angaben in Prozent)

Die hier beispielhaft abgedruckten Fragen und Ergebnisse resultieren aus einer Schülerbefragung der Forschungsgruppe Schulevaluation an Schulen in Sachsen 1996. Für die Datensammlung in Schulentwicklungsprozessen sollten möglichst Schüler und Lehrer in die Erhebung einbezogen werden. Die Wahrnehmungen und Perspektiven der Lehrerschaft sind eine wichtige Ergänzung der Schülersicht und gehören zu jeder umfassenden Ist-Analyse von Schulen.

Die Abbildung 6.4 gibt Auskunft darüber, welche gewaltförmigen Handlungen die Schülerinnen und Schüler, nach ihren eigenen Aussagen, begangen haben. Dabei handelt es sich um Formen härterer Aggression, die sich durch ihr vergleichsweise hohes Gewaltniveau von „weicheren Aggressionsformen" unterscheiden. Die Einteilung der Skalen mit relativ klar nachvollziehbaren Aussagen zur Häufigkeit des Auftretens (mehrmals im Monat, fast täglich) ist deutlich genauer und leichter zu interpretieren als Einteilungen, die nur mit abstrakten Größen formuliert sind (z.B. sehr oft, oft, selten, nie). Diese Tabelle lässt sich auch als Teil eines Täterselbstreports bezeichnen.

Wie oft bist Du selbst an Deiner Schule oder auf dem Schulweg in den letzten 12 Monaten ...

	1 nie	2 selten	3 alle paar Monate	4 mehrmals im Monat	5 mehrmals wöchentl.	6 fast täglich
von anderen angeschrien, beschimpft, beleidigt worden.	56,3	30,9	5,6	2,8	1,9	2,6
von anderen gehänselt oder geärgert worden.	50,9	35,9	5,1	3,1	2,3	2,7
von anderen geschlagen worden.	78,9	15,7	2,2	1,3	0,6	1,3
auf dem Schulweg belästigt, bedroht worden.	84,6	11,8	1,4	1,2	0,5	0,6
von anderen unter Druck gesetzt, erpresst worden.	90,1	7,1	1,0	0,6	0,4	0,7

Abb. 6.5: Selbstreport über eigene Opfersituation: Erfahrungen als Gewaltopfer bei personenbezogenen Angriffen (Angaben in Prozent)

Mittels solcher Frageformulierungen gewinnt man Erkenntnisse über Opfer von gewaltförmigen Handlungen an der Schule. Durch Selbstaussagen lassen sich relativ genau Größe und Struktur der „Opfergruppe" identifizieren und damit hilfreiche Informationen für anschließende Diskussionen gewinnen.

Das dritte Beispiel zeigt die Möglichkeit, nach der Beobachtung der Schüler zu fragen. Bei der Interpretation der Zahlen gilt es natürlich zu beachten, dass möglicherweise eine Gewalthandlung von mehreren Schülern gleichzeitig beobachtet wurde. Die Häufigkeit der Nennungen ist deshalb anders zu bewerten als in den ersten beiden Tabellen.

Im folgenden zählen wir Handlungen auf, die bei Schülerinnen und Schülern manchmal vorkommen. *Wie oft hast Du selber in den letzten 12 Monaten beobachtet, daß andere Schüler/innen an Deiner Schule folgendes getan haben?* Bitte kreuze jeweils eine der Antwortvorgaben an:

	1 nie	2 selten	3 alle paar Monate	4 mehrmals im Monat	5 mehrmals wöchtentl.	6 fast täglich
Unterrichtsmaterial wurde absichtlich beschädigt.	29,2	44,4	11,7	7,4	4,1	3,3
Sachen, die anderen Schülern gehören, wurden absichtlich beschädigt.	20,3	46,8	14,6	7,7	5,8	4,9
Einrichtungsgegenstände wurden absichtlich beschädigt.	22,7	49,3	11,9	7,7	4,8	3,6
Toiletteneinrichtungen wurden absichtlich beschädigt.	37,1	36,6	11,4	5,2	4,5	5,2
Wände wurden absichtlich beschmiert oder besprüht.	43,5	33,5	10,3	5,9	3,2	3,6

Abb. 6.6: Wahrnehmung gewaltförmiger Handlungen bei Mitschülern: Vandalismus (Angaben in Prozent)

Durch die Auswertung der Befragung von Schülern und Lehrern lässt sich nun das „Gewaltbelastungsprofil" der eigenen Schule erstellen. Die Verteilung der verschiedenen Formen von Gewalt, die Stärke der Opfer- und Tätergruppe, die Wahrnehmung von Schülern und Lehrern wird auf diese Weise sichtbar und ergibt eine neue Grundlage für die Interpretation und Diskussion der gewonnenen Ergebnisse.

Neben den Fragen, die das Vorkommen von Gewalt direkt betreffen, gibt es viele weitere Aspekte, die mit Gewalt in Verbindung stehen und für die Auswahl von Maßnahmen von Bedeutung sind. In Kapitel 3.3 wurde ausführlich auf die vielfältigen Zusammenhänge schulischer und außerschulischer Faktoren mit dem Auftreten von Gewalt eingegangen. Für die Diagnosephase sind in erster Linie die Elemente von Bedeutung, die von den schulischen Akteuren selbst gestaltet und verändert werden können. Solche schulischen Einflussgrößen lassen sich z. T. ebenfalls durch Erweiterung des Fragebogens erheben.

Die Gestaltung des Fragebogens richtet sich nach den jeweiligen Voraussetzungen und Möglichkeiten der einzelnen Schule. Der Aufwand für Bearbeitung, Auswertung und Interpretation erhöht sich, je mehr Items der Fragebogen enthält. Es lohnt sich daher im Vorfeld genau zu überlegen, welche inhaltlichen Bereiche von besonderer Bedeutung sind und daher auf jeden Fall abgefragt werden sollen. Hierbei wäre eine Beratung hinsichtlich methodischer Fragen sehr sinnvoll, um eine Auswahl begründet vornehmen zu können und im Nachhinein keine Schwierigkeiten bei der Auswertung der Ergebnisse zu bekommen. Sollte eine solche externe Beratung nicht realisierbar sein, ist es ratsam, sich eher an bewährte und veröffentlichte Fragebogenkonstruktionen zu halten. Für die *Aufbereitung der Daten* durch zeitaufwändige Eingabe und Auszählung der Fragebögen muss meist auf schuleigene Ressourcen zurückgegriffen werden. Hierbei kann die Verwendung anwenderfreundlicher Computer-Statistikprogramme (insb. SPSS) hilfreich sein. Meist lassen sich hier gute Lösungen finden. So ist es z. T. auch möglich, bestimmte Arbeitsschritte als Unterrichtprojekte im Bereich Informatik oder Mathematik mit Schülerinnen und Schülern gemeinsam zu realisieren. Bei einem sehr einfachen Fragebogenaufbau ist auch eine Auszählung per Hand möglich.
Neben der Aufbereitung der Daten kommt der Interpretation der Ergebnisse eine ganz zentrale Bedeutung zu. Es geht darum, die Auswertungen der Fragebogenbefragung hinsichtlich ihres inhaltlichen Gehaltes einzuschätzen und Ansatzpunkte für Veränderungen auszumachen. Dieser Arbeitsschritt birgt für Schulen gewisse Schwierigkeiten in sich, da hierfür sowohl Grundkenntnisse in empirischer Sozialforschung als auch Überblickswissen auf dem Gebiet der Theorien über Schule und Gewalt hilfreich sind. Eine Möglichkeit, die Interpretation der Erhebung an der eigenen Schule zu erleichtern, besteht in der Herstellung eines Vergleichs mit anderen Schulen. Die Daten der eigenen Schule können besser eingeschätzt und bewertet werden, wenn z.B. ein Vergleich mit repräsentativen Ergebnissen des Bundeslandes möglich ist. Ein Beispiel für ein solches vergleichendes Vorgehen stellt der für Sachsen entwickelte Qualitätsindex der Forschungsgruppe Schulevaluation dar. Im Rahmen einer umfangreichen Schülerbefragung wurden Daten zu Aspekten der Gewaltbelastung von Schulen aber auch zu vielen anderen Bereichen von Schulkultur gewonnen. Der Teil des Schulqualitätsindexes, der auf den Schülerbefragungen basiert, umfasst neben direkten Aussagen zum Thema Gewalt auch solche Aspekte, wie Wahrnehmung der Lehrerprofessionalität, Einschätzungen der Schulumwelt und Äußerungen zu Schülerbefindlichkeiten. Als Beispiel findet sich in Abbildung 6.7 die Darstellung der selbstberichteten Gewalterfahrungen von Schülerinnen und Schülern des Gymnasiums A.

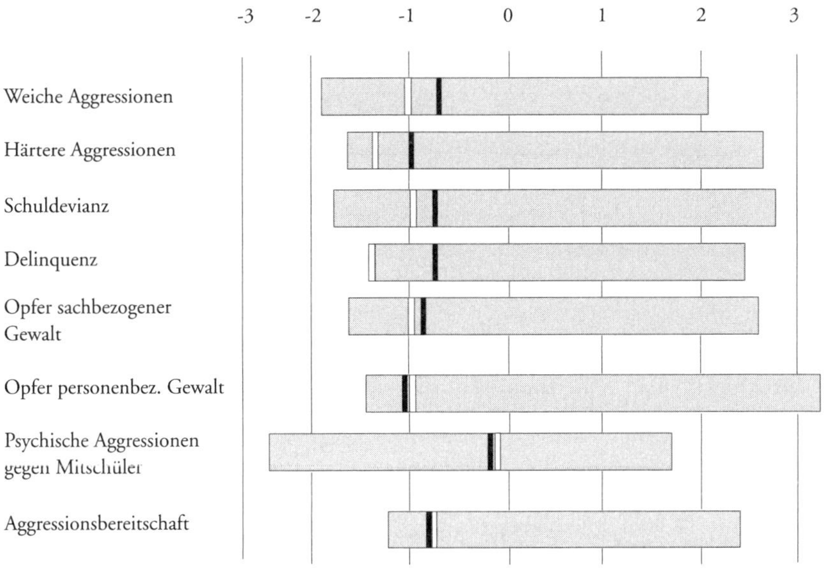

Abb. 6.7: Schulqualitätsindex – selbstberichtete Gewalterfahrungen (auf Schulebene aggregierte Daten)

Zur Erläuterung: Der weiße Strich repräsentiert den jeweiligen Mittelwert des Gymnasiums A. Ein Vergleichskriterium auf Schulebene stellt der schwarze Strich dar. Er repräsentiert den Durchschnittswert aller Gymnasien. Die jeweilige Positionierung zeigt die Bedeutung dieses Kriteriums im Vergleich mit anderen Schulen. Die Spanne des grauen Balkens markiert die Bandbreite des jeweiligen Merkmals und damit auch die Differenz zwischen den extremsten Schulen (auf beiden Seiten). Die Abweichung des Wertes der Einzelschule vom Mittelwert aller Schulen (Nulllinie) ermöglicht eine Einschätzung des Qualitätskriteriums als unter- oder überdurchschnittlich.

In einer ergänzenden Darstellung der gleichen Daten (Abb. 6.8) werden die Werte numerisch angegeben und die jeweiligen Faktoren werden durch ein Stellvertreter-Item illustriert und dadurch leichter verständlich.

Zur Erläuterung: Für einige Items wurden hier aus Platzgründen verkürzte Formulierungen gewählt. Der Mittelwert lässt sich in folgende Antwortkategorien einordnen: 1= stimmt gar nicht, 2 = stimmt überwiegend nicht, 3 = teils/teils, 4 = stimmt überwiegend, 5 = stimmt ganz genau. Die Pfeile (↓ = negative Abweichung, ↑ = positive Abweichung) geben die Richtung der Abweichung der Mittelwerte des Gymnasiums A gegenüber dem Mittelwert aller Gymnasien an.

Faktor	Stellvertreter-Item	Gymnasium A	Alle Gymnasien	Abweichung
Weichere Aggressionen	Andere mit Sachen (z.B. Lineal, Mäppchen) beworfen	1,49	1,69	↑
Härtere Aggressionen	Sachen von anderen absichtlich kaputt gemacht	1,11	1,18	↑
Schuldevianz	Selber den Unterricht absichtlich gestört	1,63	1,78	↑
Delinquenz	Fremdes (auch öffentliches) Eigentum mit Absicht zerstört	1,12	1,22	↑
Opfer sachbezog. Gewalt	Von anderen gewaltsam etwas weggenommen	1,20	1,32	↑
Opfer personenbezog. Gewalt	Von anderen angeschrien, beschimpft, beleidigt worden	1,50	1,53	↑
Psych. Aggression gegen Mitschüler	Beschimpfen, gemeine Ausdrücke	3,88	3,92	↑
Aggressionsbereitschaft	Ich gerate schnell in Wut	2,27	2,31	↑

Abb. 6.8: Schulqualitätsindex – Mittelwertvergleich der Items mit den höchsten Ladungen im Faktor

Die Rückmeldeverfahren wurden in den letzten Jahren weiterentwickelt, insbesondere um eine *faire Rückmeldung* an die einzelne Schule und eine angemessene Einordung der Befunde zu gewährleisten. Dazu haben Melzer, Bilz und Ritter im Rahmen der Thüringer HBSC-Studie (vgl. Bilz/Melzer 2010) eine Interpretationsfolie mit Hilfe eines Erwartungswertes entwickelt. Dabei geht es um ein Datenrückmeldeverfahren, das die spezifischen Gegebenheiten der Einzelschule berücksichtigt. Der Erwartungswert ist das Ergebnis eines statistischen Modells, in das z.B. neben der Schulform, der Alters- und Geschlechtsstruktur auch die soziale Herkunft der Schülerschaft (familiärer Wohlstandsindex) eingeht. Der jeweilige Erwartungswert zeigt an, welches Ergebnis die Schule – gemessen an der Repräsentativstichprobe und an den hinsichtlich der o.g. Kriterien in der Einzelschule gegebenen Bedingungen – erreichen könnte. Bei der Interpretation der Ergebnisse rückt demnach die Abweichung des gemessenen Wertes vom Erwartungswert in den Mittelpunkt. Für jeden Indikator kann deshalb angegeben werden, ob er sich im Erwartungsbereich befindet, ob er positiver oder negativer als der Erwartungswert ausfällt.

Im Folgenden soll dies am Beispiel der Häufigkeiten des Vorkommens von Schlägereien von Mobbing-Tätererfahrung und Mobbing-Opfererfahrung für eine Einzelschule gezeigt werden.

Schulprofil Schule XY
Indikatoren aus dem Bereich Gewalt und Mobbing

Abgebildet ist der prozentuale Anteil der Schüler und Schülerinnen, die angeben in den letzten 12 Monaten in mindestens eine Schlägerei verwickelt gewesen zu sein. Informationen zu den landesweiten Thüringer Ergebnissen für diesen Gesundheitsindikator finden Sie in der HBSC-Broschüre (Melzer/Bilz 2010) ab S. 38.

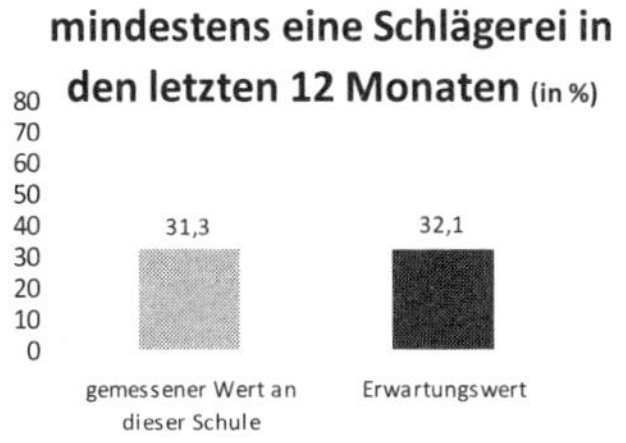

Abgebildet ist der Mittelwert für die Angaben der Schüler und Schülerinnen zu Mobbing-Opfererfahrungen (insgesamt 9 detaillierte Fragen, z.B. „Ich wurde wegen meiner Religion hässlich beschimpft.").

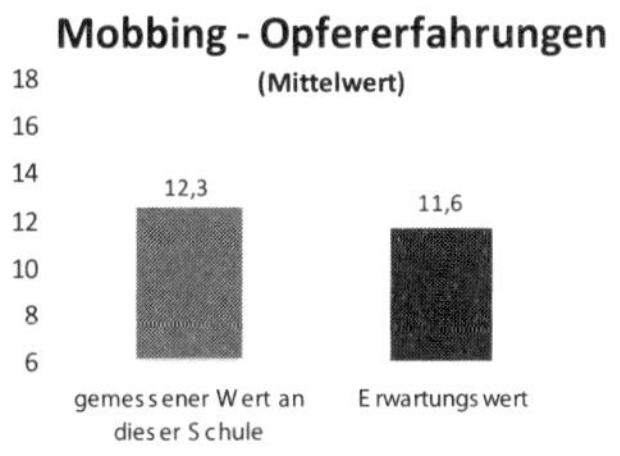

Abgebildet ist der Mittelwert für die Angaben der Schüler und Schülerinnen zu Mobbing-Tätererfahrungen (insgesamt 9 detaillierte Fragen, z.B. „Ich habe ihn/sie geschlagen, gestoßen, getreten, herumgeschubst oder eingeschlossen.").

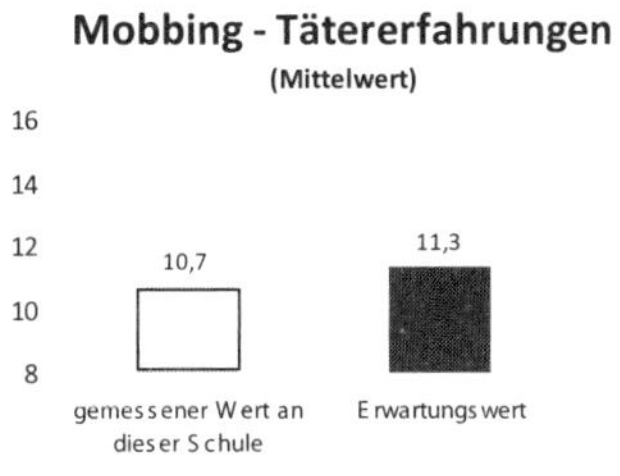

positiver als erwartet | im Erwartungsbereich | negativer als erwartet

Abb. 6.9: Schulprofil einer Einzelschule mit Erwartungswerten (Auszug)

Das Beispiel für diese Einzelschule zeigt, dass sich der Prozentsatz der Schlägereien unter Schülern im Erwartungsbereich befindet. Die Schule schneidet beim Ausmaß der Mobbing-Opfererfahrungen negativer ab als erwartet, d.h. es werden von den Schülerinnen und Schülern mehr Opfererfahrungen berichtet als unter den an der Schule gegebenen Voraussetzungen zu erwarten war. Bei den Tätererfahrungen verhält es sich umgekehrt: Der an dieser Schule ermittelte Wert liegt unter dem Erwartungswert. Diese Befunde geben Anlass zur gemeinsamen Reflexion. Während im Bereich der härteren körperlichen Auseinandersetzungen kein außergewöhnlicher Handlungsbedarf angezeigt ist, erscheint es erforderlich, im Bereich des Täter-Opfer-Mobbings Präventionsmaßnahmen vorzusehen, wobei der Opferschutz – nach Datenlage – Priorität besitzen sollte, weil die Schule nicht die Werte erreicht, die sie unter den gegeben Bedingungen erreichen könnte. Der Befund, dass die Schüler für die letzten Monate häufigere Opfererfahrungen berichten als erwartet, gleichzeitig die Tätererfahrungen jedoch günstiger ausfallen als der Erwartungswert, könnte Hinweise auf eine geeignete Handlungsstrategien geben. Eine Interpretation könnte sein, dass man durch ein strenges Regelsystem und rechtzeitige Lehrerinterventionen geeignete Maßnahmen gefunden hat, um die Anzahl der Täter zu reduzieren. Der verbleibende „harte Kern“ streut aber seine Gewalthandlungen, so dass eine höhere Zahl von Opfern in Mitleidenschaft gezogen wird. Möglich wäre auch, dass die aggressiven Aktionen von einer oder mehreren Tätergruppen ausgehen, die sich breiter gestreut Opfer suchen.

Eine angemessene und im Detail zutreffende Interpretation der Befunde können nur Verantwortlichen an der betreffenden Schule mit ihrem Insiderwissen geben. Dabei wird es in der Regel unterschiedliche Auslegungen und Standpunkte geben. Hierbei empfiehlt es sich, die parallel gelieferten Informationen zur Schulkultur und zu den Lernbedingungen an der Schule mit zur Interpretation der Befunde heranzuziehen. Mit den vorhandenen Ergebnissen bewegt man sich aber nicht mehr im spekulativen Raum, sondern muss sich im Diskurs immer mit den Fakten, dem Erreichbaren (Erwartungswert) und dem Erreichten bzw. Nicht-Erreichten auseinander setzen.

Wie können Instrumente, wie der Schulqualitätsindex oder Schulprofile mit bzw. ohne Erwartungswert eingesetzt werden?

Die Rückmeldeergebnisse werden der Schulleitung und dem Kollegium der betreffenden Schule vorgelegt und dienen als Grundlage für Diskussionen und die Entwicklung von Strategien der Schulentwicklung und Gewaltprävention.
Stärken und Schwächen der eigenen Schule werden sichtbar und es ergeben sich Hinweise sowohl auf die positiven Ressourcen der Schule als auch auf die verbesserungswürdigen Aspekte. Durch die Vergleichsmöglichkeiten mit den Durch-

schnitts- oder Extremwerten der Repräsentativbefragung erhält der Qualitätsindex zusätzlich die Funktion eines pädagogischen ‚Benchmarking' und verbindet Prozesse interner und externer Evaluation.
Neben fragebogengestützter Verfahren und den Orientierungen an Vergleichsgrößen gibt es eine Vielzahl weiterer Methoden, die für eine Analyse der schulischen Situation in Frage kommen. In zahlreichen Veröffentlichungen und Handreichungen sind solche Vorgehensweisen, die meist als Methoden interner Evaluation bzw. Selbstevaluation bezeichnet werden, ausführlich beschrieben und erklärt (siehe z.B. Schratz/Steiner-Löffler 1998, Keller 1997, Stern u.a. 1999, Hessisches Kultusministerium 1997).
Die Auswahl der Verfahren, die zum Einsatz kommen sollen, orientiert sich an den Fragestellungen der Einzelschule und den bisherigen Erkenntnissen über die Verursachungszusammenhänge schulischer Gewalthandlungen. Es sollten Dimensionen in den Blick genommen werden, für die sich empirische bzw. theoretische Hinweise auf einen Zusammenhang ergeben haben (siehe Kap. 3.3).
Eine besondere Bedeutung kommt in jedem Fall der *Bewertung der gesammelten Daten* zu. Werden z.B. Fragebögen eingesetzt, so ergeben die Auszählungen noch kein „wirkliches“ Bild der Schule. Erst die Deutung und Wertung der Ergebnisse vervollständigt die Diagnosephase. Dieser Arbeitsschritt sollte von möglichst vielen Betroffenen gemeinsam realisiert werden. Die Vorbereitung, Durchführung und erste Auswertung einer Befragung kann sinnvollerweise von einer kleineren Arbeitsgruppe übernommen werden, die abschließende Einordnung und Bewertung ist Aufgabe des gesamten Kollegiums. Ob Schüler- oder Elternvertreter hinzugezogen werden, hängt stark von den bisherigen Erfahrungen der Zusammenarbeit ab. Manchmal kann es günstig sein, zunächst untereinander, in einem geschützten Rahmen, die Daten zu diskutieren. Dann sollten die Schüler- und Elternschaft aber auf jeden Fall in einem zweiten Schritt einbezogen werden.
Für die umfassende Beteiligung sind einige Gründe zu nennen: Nur wer an der Diagnose beteiligt ist, kann sie nachvollziehen. Wer an einer Diagnose beteiligt ist, kann sich eher mit den Ergebnissen identifizieren. Je mehr Sichtweisen in eine Diagnose eingehen, desto gesicherter ist das Ergebnis. Auch Kritiker des Schulentwicklungsvorgehens sollten einbezogen werden, weil sie oft wahrnehmen, was sonst übersehen würde (Philipp/Rolff 1998, S. 53).
Für die Umsetzung bietet sich der Rahmen eines *Pädagogischen Tages* an. Es ist wichtig, genügend Zeit einzuplanen, um aus den vorher gesammelten Informationen die Stärken und Schwächen der eigenen Schule herauszuarbeiten und sich über besondere Problembereiche zu verständigen. Als Voraussetzung für einen effektiven und motivierenden Umgang mit den Daten werden einige „Regeln“ benannt, die für die Rückmeldeprozesse in der Schule gelten sollten:

- Rückmeldungen müssen für die Betroffenen verständlich und relevant sein
- Formulierungen eher beschreibend als bewertend halten
- Klare und spezifische Hinweise – sie sollten sich auf konkretes Verhalten und praktische Situationen beziehen und allgemeine Probleme illustrieren
- Hinweise sollten einen Vergleich mit anderen (Schul-)Standorten ermöglichen
- Rückmeldungen sollten möglichst bald nach der Befragung erfolgen
- Daten müssen glaubwürdig sein (Transparenz bzgl. Datenerfassung und Auswertung)
- Sensibilität gegenüber den Gefühlen und der Motivation der Betroffenen zeigen (keine Rückmeldungen, die Ärger, Verteidigungshaltung oder Gefühle der Hilflosigkeit auslösen)
- Feedback eingrenzen, damit die ‚Daten' nicht überwältigend wirken
- Form wählen, die eine Umsetzung möglich macht (etwa Hinweis auf jene Aspekte, die beeinflussbar sind)
- Auswertung nicht in abgeschlossener Form präsentieren, damit noch Platz für eigene Interpretationen und Entscheidungen zur Aktion bleibt

(Quelle: Schratz 1996, S. 35)

Diese Hinweise sind nicht nur für die Diagnosephase von Bedeutung, sondern gelten auch für spätere Rückmeldungen der Evaluation. Der Gesamtablauf der Analyse- und Diagnosephase ist in der folgenden Graphik dargestellt.

1. Bildung einer Arbeitsgruppe zur Realisierung der Ist-Analyse		
	⇩	
2. Erstellung/Auswahl der Instrumente (z.B. Fragebogen)		*durch die Steuergruppe*
	⇩	
3. Durchführung der Befragung		*durch die Steuergruppe unter Einbeziehung des Kollegiums*
	⇩	
4. Erste Auswertung der Daten		*durch die Steuergruppe*
	⇩	
5. Datenfeedback/ Pädagogische Konferenz		*vorbereitet von der Steuergruppe, durchgeführt im Kollegium*

(Quelle: Schratz 1996, S. 30; Philipp 1998, S. 241)

Abb. 6.10: Möglicher Ablauf der Diagnosephase

Zielklärung

Zu den wichtigsten Phasen innerhalb eines Schulentwicklungsprozesses gehört die *Klärung von Zielen*, die eine Schule erreichen möchte. Dieser Arbeitschritt gibt der Entwicklung eine Richtung und macht eine koordinierte Planung verschiedener Einzelschritte erst sinnvoll und verständlich.
Ziele stellen gedankliche Vorwegnahmen zukünftiger Endzustände dar, die durch das Handeln von Einzelnen, Teams oder der ganzen Schule erreicht werden sollen (vgl. BMFSFJ 1999, S.11). Damit bilden sie den Hintergrund für die Entscheidung, welche konkreten Arbeitsschritte und Einzelmaßnahmen ergriffen werden sollen, die helfen, die angestrebten Ziele zu erreichen. Klare Zielbestimmungen sind notwendige Voraussetzungen für die begründete Auswahl einzelner Maßnahmen aus der annähernd unendlichen Fülle der Möglichkeiten. Die Arbeit an Zielen soll für die Beteiligten zu mehr Klarheit darüber führen, wohin die „Entwicklungsreise" gehen soll, ob der eingeschlagene Weg in die richtige Richtung (d.h. in Richtung des angestrebten Ziels) führt und ob die geleistete Arbeit erfolgreich (im Sinne der Zielerreichung) war.
Ziele können dabei auf sehr unterschiedlichen Ebenen verortet sein. Es gibt ganz allgemeine Ziele, die eher einem pädagogischen Grundverständnis oder generalisierten Bildungs- und Erziehungszielen zuzuordnen sind, und es gibt Ziele, die sich mehr auf die konkrete Situation an der einzelnen Schule beziehen und bestimmte Handlungsbereiche betreffen. Die allgemeinen Wünsche und Vorstellungen über eine anzustrebende Ausgestaltung der Schule werden auch häufig als Visionen oder Leitziele bezeichnet. Darin sollen grundlegende Überzeugungen und Vorstellungen einer Schule zum Ausdruck kommen, soll eine Philosophie der Schule sichtbar werden, die sie erkennbar macht hinsichtlich zentraler pädagogischer Grundüberzeugungen. Diese Zielformulierungen sollen Grundhaltungen der Organisation ausdrücken, die eine Orientierung nach innen und außen ermöglicht. Daneben gibt es Ziele, die auf Veränderungen und Verbesserungen in einzelnen Bereichen ausgerichtet sind, die entweder am Ausbau und der Weiterentwicklung von Stärken ansetzen oder sich auf als besonders problematisch eingeschätzte Situationen beziehen.
Eine Möglichkeit zur Differenzierung unterschiedlicher Zielebenen wurde für die Qualitätssicherung im Jugendhilfebereich entwickelt (vgl. BMFSFJ 1999) und ist ohne Probleme auch auf den schulischen Bereich übertragbar. Hier wird von einer Dreiteilung ausgegangen, die zwischen Leitzielen, Mittlerzielen und Handlungszielen unterschiedet. Leitziele stehen für die Grundausrichtung einer Schule und stellen so etwas wie das „pädagogische Ethos" dar. Handlungsziele sind dagegen sehr konkrete Beschreibungen angestrebter Zustände innerhalb festgelegter Zeiträume. Sie sind unmittelbar wirksam für die Praxis, für konkretes Handeln vor Ort. Mittlerziele nehmen die Scharnierfunktion zwischen den beiden erstgenannten Zielebenen ein und stehen damit in einer Vermittlungsposition. Sie stellen sicher, dass

die Kluft zwischen allgemeinen und weitgreifenden Leitzielen und den spezifischen und kurzfristigen Handlungszielen nicht zu groß wird.

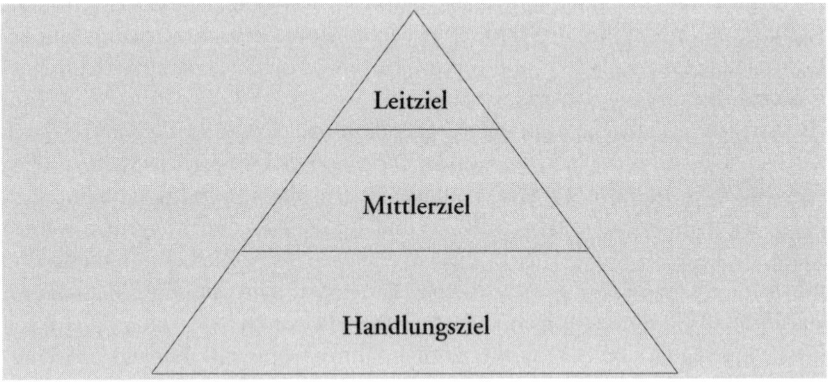

(Quelle: BMFSFJ 1999, S. 42)

Abb. 6.11: Drei Zielebenen

Für Formulierungen von Leitzielen im Kontext der Schulentwicklung stehen Aussagen zur pädagogischen Grundausrichtung der Einzelschule im Zentrum. Zentrale Bildungs- und Erziehungsauffassungen müssen hier diskutiert und geklärt werden. Die Beteiligten ringen dabei um ein gemeinsames Verständnis von „guter Schule" und zentralen Orientierungen schulischen Handelns. Zur methodischen Gestaltung solcher Aushandlungs- und Entwicklungsprozesse finden sich zahlreiche Vorschläge in der Schulentwicklungsliteratur (vgl. z.B. Philipp/Rolff 1998, Rolff u.a. 1999). Mittlerziele sollten einerseits so formuliert sein, dass sie eine Richtung aufzeigen und Ideen darüber wecken, wie Handlungsziele aussehen könnten, und andererseits genügend Offenheit besitzen, um unterschiedliche Handlungsziele zu integrieren.

Für die Handlungsziele gelten einige Anforderungen, die Maja Heiner (1996) mit der Bezeichnung s.m.a.r.t. versehen hat:

S = spezifisch: ein konkretes Teilziel ist angegeben
M = messbar: der Grad der Zielerreichung ist beobachtbar oder messbar
A = akzeptabel: ein Minimalkonsens darüber, dass ein Ziel verfolgt werden soll, ist erreicht
R = realistisch: ein Ziel ist unter den gegebenen Rahmenbedingungen erreichbar
T = terminiert: der Zeitpunkt für die voraussichtliche Zielerreichung ist angegeben

Die Auseinandersetzung mit Zielen auf unterschiedlichen Konkretisierungsniveaus fördert eine stärkere Verbindung von lang- und kurzfristigen Handlungsperspektiven und hat eine koordinierende Wirkung für die Einzelaktivitäten an der Schule. Die Kommunikation über Vorhaben und Veränderungsprozesse wird nach innen und nach außen erleichtert und der aktuelle Stand eines Entwicklungsvorhabens lässt sich relativ leicht überblicken und bewerten.
Die Klärung von Zielen ist ein eigener wichtiger Arbeitsprozess, denn es ist keineswegs so, dass von vornherein Einigkeit über Ziele innerhalb des Kollegiums oder gar unter Schülern, Eltern, Lehrern und Schulleitung bestehen würde. Es geht darum, einen Diskussions-, Klärungs- und Aushandlungsprozess in Gang zu setzen, an dessen Ende Zielformulierungen stehen sollten, die von möglichst vielen Akteuren geteilt werden. Dadurch entsteht innerhalb der Schule ein Handlungs- und Gestaltungsrahmen, der auch über momentane konkrete Projekte hinaus Kontinuität sichert und verlässliche Orientierung bietet (vgl. Hameyer/ Schratz 1998).

Drei Dimensionen der Zielklärung sollen im Folgenden ausführlicher Beachtung finden.

a) Zielklärung als Kommunikations- und Konflikttraining
b) Zielklärung als Möglichkeit zur Beteiligung von Lehrern, Eltern und Schülern
c) Zielklärung als Voraussetzung für Evaluation

a) Zielklärung als Kommunikations- und Konflikttraining

Eine Auseinandersetzung innerhalb der Schule über Ziele auf verschiedenen Ebenen bedarf intensiver Klärungs- und Aushandlungsprozesse. Die beteiligten Personen müssen sich häufig erst klarmachen, welche eigenen Wünsche, Interessen und Erwartungen für sie wichtig sind und welche ihnen als Orientierungspunkte innerhalb von Entwicklungsprozessen dienen könnten. Diese eigene Positionierung muss zugleich eingebettet sein in eine gemeinsame Zielfindung für die ganze Schule. Dabei stoßen unterschiedliche Wertvorstellungen, Haltungen und Sichtweisen aufeinander, die zu einer tragfähigen gemeinsamen Zielorientierung verschmolzen werden sollen. Die Darstellung der eigenen Positionen, die Wahrnehmung der Standpunkte anderer und die Herstellung eines konstruktiven Diskussionsprozesses gehören deshalb zu den zentralen Inhalten bei der Zielklärung. Diese Aufgaben erfordern es, Kommunikations- und Aushandlungsprozesse innerhalb der Schule in einer neuen Qualität zu praktizieren. Auch das Auftreten von Meinungsunterschieden und unterschiedlichen Sichtweisen eröffnet eine soziale Situation, die als Anlass für neue Formen des Umgangs mit Konflikten dienen kann. Wenn sich die schulischen Akteure darüber im Klaren sind, dass die Zielfindung in vielen Fällen inhaltliche Differenzen zwischen Gruppen und Personen zunächst deutlicher sichtbar werden lässt und Gemeinsamkeiten erst in einem längeren Klärungs- und Aushandlungsverfahren hergestellt werden können, dann ergeben sich Ansatzpunk-

te für die Ausgestaltung einer positiven Kommunikationskultur, die Handlungsfähigkeit auf der einen Seite und die Berücksichtigung von Unterschieden auf der anderen Seite in einer Balance hält.
Die Arbeit an den Zielen einer Schule und der Versuch, möglichst viele zu beteiligen und zugleich zu tragfähigen Ergebnissen zu kommen, kann selbst zu einem Schritt in Richtung der Verbesserung der Schulkultur werden. Es gilt also die inhaltliche Ausgestaltung der Arbeitsschritte genauso bedeutsam zu behandeln, wie die Erreichung von Ergebnissen. Die Qualität des Prozesses verdient ebenso viel Aufmerksamkeit wie die Ergebnisqualität. Wenn ein solches Verständnis innerhalb der Schule geweckt werden kann, steigt die Bereitschaft, sich intensiv an dieser Arbeit zu beteiligen und auch schwierige und konflikthafte Phasen engagiert zu bewältigen. Zielklärungen stellen hervorragende Momente für soziales und organisationales Lernen dar und sollten deshalb auch als Erprobungsfeld einer positiven, auf Anerkennung und Partizipation basierenden Schulkulturgestaltung gesehen werden und nicht nur als notwendiger, instrumenteller Arbeitsschritt in Richtung einer Handlungsplanung. Es ergeben sich inhaltliche Überschneidungen zwischen gewaltpräventiver Arbeit und Schulentwicklungsaktivitäten, die zu einer gegenseitigen Verstärkung führen können und positive Rückwirkungen auf beide Handlungsfelder bewirken.

b) Zielklärung als Möglichkeit zur Beteiligung von Lehrern, Eltern und Schülern
Zielklärung als sozialer Prozess innerhalb der Schule sollte auf der Grundlage der Einbeziehung möglichst vieler Personen und Gruppen realisiert werden. Zunächst sind natürlich Kollegium und Schulleitung als in der Organisation tätige Professionelle angesprochen. Die Zielklärung ist dabei nicht als die Aufgabe einer kleinen Gruppe engagierter und motivierter Lehrerinnen und Lehrer oder einer „veränderungsfreudigen" Schulleitung zu sehen. Zielklärung bedarf der Mitarbeit aller relevanten Gruppen innerhalb des Kollegiums, um das gesamte Meinungsspektrum einzubeziehen. Auch skeptische bzw. kritische Positionen müssen in den Debatten vertreten werden können. Die längerfristige Wirkung von Zielbestimmungen hängt ganz wesentlich von der Verankerung im Kollegium ab, und es ist daher wichtig, einen möglichst umfassenden Beteiligungsprozess zu organisieren. Werden wichtige Gruppen des Kollegiums, die eher als Kritiker, Bremser oder Unengagierte gesehen werden, von den Informations- und Entscheidungsprozessen wesentlich ausgeschlossen, so ergeben sich häufig Widerstände, Feindseligkeiten und Spaltungstendenzen. Sind Leitziele nur von wenigen erarbeitet und getragen, so kann kaum erwartet werden, dass sich in den konkreten Umsetzungsphasen plötzlich viele Lehrerinnen und Lehrer beteiligen. Die Idee des Eindringens neuer Haltungen und Handlungsweisen in die schulische Alltagskultur lebt ganz wesentlich von der Einbeziehung vieler in Auseinandersetzungsprozesse um zentrale Zieldimensionen. Dabei muss auch in Kauf genommen werden, dass die Ausarbeitung der Ziele

deutlich mehr Zeit in Anspruch nimmt, wenn möglichst alle relevanten Positionen innerhalb der Schule vertreten sein sollen.
Ist die Beteiligung des Gesamtkollegiums als formaler Akt noch relativ unstrittig, so ist die Wahrnehmung der Schüler als Mitgestalter von Schule wenig verbreitet. Meist sehen Lehrerinnen und Lehrer die Gestaltung der Schule *für* Schüler als ihre Aufgabe an und vergessen dabei die Perspektive der Gestaltung *mit* den Schülerinnen und Schülern. Die Berücksichtigung der Schülerperspektiven im Schulentwicklungsprozess ist nicht nur deshalb bedeutsam, weil sich Wahrnehmungen und Urteile von Lehrern und Schülern über Schule recht deutlich unterscheiden (vgl. Randoll 1995) und Schüler wichtige neue Dimensionen einbringen, sondern stellt auch ein Moment partizipativer Ausgestaltung schulischer Umgangsformen dar. Wie in Kapitel 3.3 gezeigt wurde, ist eine auf Teilhabe und Mitgestaltung orientierte Schulkultur ein präventiver Faktor für schulische Gewalt. Schwierig erscheint häufig die konkrete Umsetzung einer intensiven Schülerbeteiligung am Zielfindungsprozess. Eine heterogene Schülerschaft mit begrenzter Verweildauer an der Schule und unterschiedlichsten Einstellungen zu Schulfragen soll für eine konstruktive Mitarbeit gewonnen werden. Die Einbeziehung der gewählten Schülervertreter in den Arbeitsprozess ist wichtig und richtig, reicht aber oft nicht aus, um ein differenziertes Bild der Schülersichten zu gewinnen. Hier sind Kreativität und Realismus gefragt, um Angebote zu machen, die von Schülern auch aktiv genutzt werden (vgl. z.B. Müller 1996).

Zur Verdeutlichung der Möglichkeiten, Schülerinnen und Schüler zu beteiligen, zwei kleine Beispiele:

1. Eine Schule der Sekundarstufe I führt mit mehreren Gruppen von Schülern unterschiedlichen Alters eine Zukunftswerkstatt durch. Mit Hilfe von Studenten der Universität erarbeiten Schüler ihre Entwürfe einer zukünftigen Schule und präsentieren ihre Ergebnisse der Schulöffentlichkeit.

2. Im Rahmen einer Projektwoche der Schule beschäftigen sich mehrere Gruppen mit Zukunftsvisionen von Schule. Mittels unterschiedlicher Medien und Ausdrucksformen (Malerei, Fotografie, Kurzgeschichten, Gedichte, Rollenspiele etc.) werden bestimmte Aspekte des Schullebens (schulräumliche Gestaltung, soziale Umgangsformen unter Schülern, Lehrer-Schüler-Verhältnis, außerunterrichtliche Angebote, etc.) bearbeitet und in einer größeren Projektschau vorgestellt.

Werden solche Formen der Beteiligung praktiziert, ist es von entscheidender Bedeutung, dass die Schülersicht auch merkbar Eingang in die schulische Zielgestaltung findet. Andernfalls erscheinen die Beteiligungsversuche fassadenhaft und scheinheilig und erzeugen in der Schülerschaft eher Resignation oder Widerstand.
Auch die Eltern können für die Zielklärung wichtige Aspekte beisteuern. Hier hängt es meist von den bisherigen Elternmitwirkungsaktivitäten ab, in welcher Form die

Beteiligung realisiert werden kann. Bestehen aktive Gruppen von Elternvertretern oder existieren Schulfördervereine mit starker Elternbeteiligung, so sollten diese vorhandenen Potenziale auch für die Diskussion schulischer Ziele genutzt werden. Daneben kann auch auf der Klassenebene angesetzt werden und auf thematischen Elternabenden in gut vorbereiteten und moderierten Gesprächen über wichtige Zielvorstellungen debattiert und entschieden werden. Die Einbeziehung von Eltern gelingt realistischerweise nur partiell und die Ergebnisse scheinen oft sehr heterogen und schwer integrierbar. Trotzdem lohnt sich der Versuch, diese Gruppe intensiv zu beteiligen, da sich daraus Ansätze für zukünftige Kooperationen von Lehrern und Eltern ergeben können, die für die Weiterentwicklung der Schule sinnvoll sind.

c) Zielklärung als Voraussetzung für Evaluation
Eine intensive Beschäftigung mit den Zielen des zukünftigen Handelns bildet eine zentrale Voraussetzung für eine spätere Evaluation der geleisteten Arbeit. Die Überprüfung und Bewertung dessen, was getan wurde, basiert ganz wesentlich auf der vorherigen Festlegung von Zielen, die erreicht werden sollen. Sind diese von Anfang an klar formuliert und hinreichend präzise ausgearbeitet, dann erleichtert das eine Evaluation ganz erheblich. Die in den Handlungszielen bereits beschriebenen beobachtbaren und/oder messbaren Zielgrößen können später als Indikatoren für die Zielerreichung verwendet werden (ausführlicher zur Evaluation siehe auch Abschnitt 6.6). In der Evaluation soll geklärt werden, in welchem Maße die angestrebten Ziele durch gerichtete eigene Aktivitäten erreicht werden konnten. Nun kommt es durchaus häufiger vor, dass Projekte und Maßnahmen mit unklaren Zielen oder mit unterschiedlichen Zielen bei verschiedenen Beteiligten durchgeführt werden. Eine Evaluation steht dann vor der Schwierigkeit, im Nachhinein Ziele definieren zu müssen, die erreicht werden sollten (oder das, was erreicht wurde, als Ziel auszugeben), oder bei unterschiedlichen, vielleicht widersprüchlichen Zielen, eine Auswahl vorzunehmen und damit die Ziele bestimmter Gruppen von Beteiligten nicht zu beachten und somit zu entwerten.
Gemeinsame Zielklärung und eine möglichst genaue Beschreibung dessen, was erreicht werden soll, vereinfachen eine Evaluation und erhöhen deren Wirkung. Nur wenn deutlich wurde, wohin man steuerte, kann man feststellen, wo man steht. Nur wenn alle Beteiligten die gleichen Ziele verfolgen, können sie Evaluationsergebnisse für sich annehmen und für die weitere Gestaltung der Arbeit nutzen. Ohne Ziele bleibt auch eine Evaluation nutzlos und rechtfertigt in keiner Weise den dafür notwendigen Aufwand.

Maßnahmeplanung

Nach dem die Ausgangssituation analysiert und Ziele mit konkreten Untersetzungen gefunden wurden, beginnt die Phase der *Maßnahmeplanung*. Häufig beginnen

Schulen mit diesem Teil und verzichten auf Ist-Analyse und Diagnose. Der Nachteil einer solchen Vorgehensweise ist, dass die Auswahl von Maßnahmen meist ohne verbindliche Kriterien erfolgt und unklar bleibt, ob die gewählte Vorgehensweise auf die tatsächliche Problemsituation der Schulen antwortet und wohin die Umsetzung konkret führen soll. Viele dieser Aspekte klären sich erst im Nachhinein und eine Menge Engagement und Ressourcen werden möglicherweise vergeudet.
Aus unserer Sicht ist es sinnvoll, einzelne Projekte und Maßnahmen erst nach einer vorherigen Situationsklärung und Zielbestimmung zu realisieren. Die Entscheidung für Maßnahmen orientiert sich daran, ob damit ein bedeutsames Problem der Schule bearbeitet werden kann und ob gemeinsam entschiedene Zielsetzungen verfolgt bzw. erreicht werden können. Entscheidungen für konkrete Maßnahmen hängen davon ab, welche Ausgangssituation besteht und welche Ziele gesetzt werden.
Einen Überblick über den Zusammenhang der einzelnen Elemente gibt die folgende Grafik. Mit Hilfe dieser Übersicht kann eine Schule klarer auswählen, welche Konzepte zur Gewaltprävention sie wie umsetzen möchte.

	1.	2.	3.
Problem – Ist – Situation			
Ziel – Soll – Situation			
Woran könne wir messen, dass wir das Ziel erreicht haben? Welchen Nutzen/welche Veränderung wollen wir erreichen?			
Welche Lösungen/ Maßnahmen sind möglich?			

(Quelle: Ministerium für Bildung, Wissenschaft und Weiterbildung Rheinland-Pfalz 2000, S. 48)

Abb. 6.12: Systematisierung der Zielsetzung

Aus der Vielfalt der Möglichkeiten gewaltpräventiver Arbeit (siehe Kapitel 4. und 5.) können mit Hilfe solcher methodischen Arbeitshilfen Entscheidungen für bestimmte Vorgehensweisen getroffen werden. Situationsdiagnose und Zielklärung bilden die entscheidenden Kriterien für die Konzeption gewaltpräventiver Arbeit an der Schule und sichern eine enge Verzahnung der Maßnahmen mit der schulischen Situation und Interessenlage.
Hat man Projekte/ Maßnahmen gefunden, die den eigenen Zielen dienlich sein können und die auf die gefundenen Probleme ausgerichtet sind, dann muss geklärt, werden welche Ressourcen für die Umsetzung nötig wären. Dieser „Ressourcencheck“ kann hilfreich sein, sich zwischen verschiedenen Maßnahmen, die möglich

wären, zu entscheiden bzw. den Gesamtaufwand für mehrere Maßnahmen, die kombiniert werden sollen, zu überblicken.

Ziel	Geplante Maßnahmen	Wichtigkeit	Zeitbedarf	Personalbedarf	Finanzmittel-bedarf	Erforderliche Ressourcen
1.						
2.						
3.						

(Quelle: Ministerium für Bildung, Wissenschaft und Weiterbildung Rheinland-Pfalz 2000, S.49)

Abb. 6.13: Ressourcencheck

In einem Entscheidungsprozess ist es wichtig, eine Aufwand-Nutzen-Analyse der zur Auswahl stehenden Maßnahmen vorzunehmen. Welcher Aufwand muss für die Umsetzung geleistet werden und mit welchem Ergebnis ist bei einem positiven Verlauf zu rechnen? Auch diese Fragen sind an die zur Diskussion stehenden Maßnahmen zu stellen und können zu einer Entscheidungsfindung beitragen. Eine solche Abklärung kann Frustrationen vorbeugen und helfen, unrealistische Projekte zu vermeiden, die die Schule hoffnungslos überfordern würden.

Gilt es dann, ein komplexes Projekt umzusetzen, so kann es hilfreich sein, eine genaue Planung der notwendigen Arbeitsabläufe vorzunehmen. Es muss dann geklärt werden, wie die Arbeitsprozesse strukturiert und aufgeteilt werden sollen und wie *Verantwortlichkeiten* in festgelegten *Zeitrahmen* vereinbart werden können. Die klassische Bearbeitungsfrage lautet dann: Was macht wer mit wem bis wann?

Solche Arbeitsabläufe zu strukturieren, macht Sinn, wenn mehrere Personen beteiligt sind und die Maßnahme eine längere zeitliche Ausdehnung hat. Da Gewaltprävention eine längerfristige Aufgabe ist und günstiger Weise auf verschiedenen Ebenen der Schule ansetzen sollte, bietet sich eine schriftliche Planung an, um die notwendige Verbindlichkeit herzustellen und die spätere Überprüfung der Abläufe zu erleichtern.

Arbeitspaket/Aufgabe	Verantwortlich	Beteiligt	Termin von	Termin bis
1.				
2.				
3.				

(Quelle: Ministerium für Bildung, Wissenschaft und Weiterbildung Rheinland-Pfalz 2000, S. 51)

Abb. 6.14: Projektterminplan

In einer Maßnahmeplanung kann einerseits darauf geachtet werden, dass möglichst viele Personen an der Umsetzung beteiligt werden und somit die Gefahr der Überbelastung einiger Weniger (meist besonders Motivierter) verringert wird und andererseits die Vernetzung der einzelnen Aktivitäten sichergestellt wird. Hinsichtlich der Entscheidung für bestimmte Arbeitsschwerpunkte haben Philipp und Rolff (1998) verschiedene Kriterien aufgestellt, die beachtet werden sollten.

1. Energie und Verantwortung
Für jede Maßnahme und die damit verbundenen Aufgaben müssen sich Verantwortliche finden, die realistischer Weise auch in der Lage sind, die anfallenden Aufgaben umzusetzen. Es hat wenig Zweck, großartige Pläne zu beschließen, die niemand wirklich umsetzen kann oder will. Erst wenn die Verantwortlichkeit für alle essenziellen Aspekte sichergestellt ist, kann eine Maßnahme angegangen werden.

2. Druck und Zug
Die Motivation für geplante Aktivitäten sollte geprüft werden. Zwei Aspekte der Motivation können unterschieden werden. Der eine Anteil der Motivation geht auf die Problembearbeitung zurück – ein negativer Zustand soll behoben werden. Gerade in der Gewaltpräventionsarbeit ist das ein wichtiger Motor: man will keine Gewalt, will also Gewalt verhindern oder vermindern, sucht nach Anti-Gewalt-Projekten. Neben dieser Motivation, die von einem Problemdruck gespeist wird, gibt es den anderen Motivationspol, der auf einen positiven Zustand ausgerichtet ist, der auf Ziele hin orientiert ist. Es gilt also auch zu fragen, was mit der konkreten Gewaltpräventionsarbeit hergestellt, ausgelöst und befördert werden soll und sich nicht nur darauf zu konzentrieren, was verhindert werden soll. Schiebende (vom Problem her) und ziehende Motivationsanteile sollten beide vorhanden sein, um eine erfolgreiche Umsetzung zu unterstützen.

3. Die vier „S“ des Erfolgsmanagements
Maßnahmen, die den nachfolgenden Kriterien entsprechen, helfen die Motivation langfristig aufrechtzuerhalten und verhindern einen baldigen Abbruch der Bemühungen. Maßnahmen sollen:
a) schnellere Erfolge ermöglichen (nicht erst in einigen Jahren wirken)
b) sichere Erfolge ermöglichen (mit Dingen beginnen, die sehr wahrscheinlich funktionieren)
c) sichtbare Erfolge ermöglichen (Maßnahmen, deren Ergebnis in der Schule auch wahrgenommen werden kann)
d) Stärken statt Schwächen berücksichtigen (eher Maßnahmen wählen, die an vorhandenen Kompetenzen, Fähigkeiten, Ressourcen der Schule/der Lehrerinnen und Lehrer anknüpfen und diese ausbauen).

4. „Sinn“ oder „Geist der Richtlinien“
Wenn konkrete Veränderungen geplant werden, ist zu prüfen, ob diese mit den Leitzielen übereinstimmen oder ob deutliche Diskrepanzen sichtbar werden. Wenn sich zum Beispiel eine Schule auf die Leitziele „Vermittlung sozialer Kompetenz“, „Stärkung der Schülerpersönlichkeit“ und „Förderung des Klassenklimas“ geeinigt hat und in der Umsetzungsphase nur Maßnahmen zur verstärkten Kontrolle der Schülerinnen und Schüler (z.B. auf dem Pausenhof), der konsequenten Verfolgung von Regelverstößen und der frühzeitigen schriftlichen Information der Eltern bei Disziplinarproblemen plant, dann liegt hier ein deutliches Ungleichgewicht vor und die Schule muss überlegen, mit welchen Maßnahmen sie stärker in Richtung ihrer allgemeinen Zielsetzung wirken kann (vgl. ebenda S. 73 ff).

Anhand solcher Überlegungen können die zur Diskussion stehenden Maßnahmen Stück für Stück durchgegangen und beurteilt werden. Die Entscheidung über die Durchführung einzelner Maßnahmen muss dann durch das Kollegium (eventuell unter Einbeziehung von Schülern und Eltern) getroffen werden, weil für eine gelingende Umsetzung eine Mehrheit in der Schule gewonnen werden muss und damit auch in die Verantwortung genommen werden kann.

Durchführung

Die Durchführung der vereinbarten Aktivitäten bedarf beständiger *Rückmeldungen* des realen Verlaufs, weil auch sorgfältige Planung nicht alle Möglichkeiten berücksichtigen kann. Ist das Tempo der Entwicklung gemäß unseren Erwartungen? Treten unvorhergesehene Hindernisse auf? Finde ich die Unterstützung, die ich brauche? Frühzeitig auf Schwierigkeiten aufmerksam zu machen, schafft Spielräume für Unterstützung oder Umsteuerung, statt sich darauf zu verlassen, dass die Dinge „sich schon von selbst regeln werden“ oder „es hoffentlich niemand bemerkt“, dass die Umsetzung nicht wie geplant funktioniert.
Neben dem Feedback über den Verlauf stellt die Pflege der Motivation der Beteiligten eine wichtige Größe dar. Nach einem Projektbeginn, der oft mit viel Elan, Enthusiasmus und Energie geleistet wird, gerät man nach einer gewissen Zeit der Aktivität z. T. in eine Krise. Die ‚Mühen der Ebene' erweisen sich als anstrengend und wenig befriedigend. Aufwand und Ergebnis scheinen nicht im richtigen Verhältnis zueinander zu stehen. In solchen schwierigen Phasen nicht die Motivation zu verlieren, bedarf der Aufmerksamkeit und Sensibilität bei allen Beteiligten. Es ist von großem Nutzen, immer wieder Erfolge, das bisher Erreichte, zu beachten und zu würdigen. Sich Erfolg bewusst zu machen und in den Mittelpunkt der Aufmerksamkeit zu stellen, ist sehr viel effektiver als die Konzentration auf alles, was noch nicht erreicht wurde. Die Motivation sollte mit der Fokussierung auf

positive Aspekte gestärkt werden, da eine reine Defizitorientierung langfristig keine gute Kraftquelle darstellt. Die kleinen Erfolge, die Zwischenschritte, gilt es zu erkennen, zu feiern und festzuhalten, statt immer nur auf den Teil zu schauen, der zum ganz großen Ziel noch fehlt. So kann jeder Beteiligte für sich selbst die Motivation zur Weiterarbeit pflegen und die Arbeitsfähigkeit über einen längeren Zeitraum sichern. Ebenso wichtig ist der Umgang untereinander, insbesondere die Gewährung gegenseitiger Anerkennung für bisher Geleistetes und Ermutigung für anstehende Herausforderungen. In einem organisierten Veränderungsprozess ist ein Klima des gegenseitigen Respekts, der Würdigung und Unterstützung eine nicht zu unterschätzende Ressource für langfristigen Erfolg.

Durch eine solche Vorgehensweise werden die eingangs beschriebenen Probleme und Schwierigkeiten schulischer Gewaltprävention vermindert und die dauerhafte Wirksamkeit der getroffenen Maßnahmen deutlich gesteigert. Gewaltprävention wird zur Aufgabe der ganzen Schule und zu einem kontinuierlichen Arbeitsprozess, der auf viele Schultern verteilt ist und in Einzelprojekten zielgruppenorientiert realisiert werden kann. Die Kooperation mit außerschulischen Partnern ist in diesem Kontext durchaus möglich und wünschenswert, doch geschieht sie auf der Basis schulischer Diagnose und Zielklärungen und wird sehr bewusst in den Rahmen der schulischen Gesamtstrategie eingeordnet. Damit wird die Schule zu einem selbstbewussteren Kooperationspartner, der klarer als bisher die Bedingungen und Möglichkeiten einer Zusammenarbeit reflektieren kann und so von seiner Seite bessere Voraussetzungen für erfolgreiche Netzwerkbildung in einen solchen Prozess einbringt.

Evaluation

Bereits in den vorangegangenen Abschnitten sind Aspekte von Evaluation angesprochen worden, denn Evaluation in Schulentwicklungsprozessen ist eine zentrale Dimension von Veränderungsprojekten. Schon die Diagnosephase ist eine Form der Evaluation, die wir auch Eingangsevaluation nennen können. In dieser frühen Phase geht es um die Beurteilung der Schulsituation unter ausgewählten Perspektiven und mit Hilfe gesammelter Daten. Eine im Zusammenhang mit Schulentwicklung häufig verwendete Definition versteht Evaluation als einen „Prozess des systematischen Sammelns und Analysierens von Daten/Informationen, um Bewertungsurteile zu ermöglichen, die auf begründeter Evidenz beruhen“ (Philipp/Rolff 1998, S. 106). Damit betonen die Autoren besonders den Prozesscharakter von Evaluation als dauerhafte Aktivität und nicht als ein einmaliges Ereignis, den Rückgriff auf quantitative und/oder qualitative Daten und deren Bewertung. Diese Bewertung wird als ein Ergebnis kommunikativer Akte zwischen den beteiligten Akteuren verstanden, als kommunikative Validierung, die die Evidenz von Bewertungsurteilen ermöglicht. „Kommunikative Validierung bedeutet Gültigkeitsfeststellung durch Gesprä-

che, die nach einer gemeinsamen Interpretation suchen“ (ebd. S. 107). Schulische Evaluation muss dabei nicht unbedingt strengen wissenschaftlichen Gütekriterien genügen, sondern kann nach den Konzepten schulischer Praxisforschung umgesetzt werden (vgl. z.B. Altrichter/Posch 1998).
An dieser Stelle soll der Begriff der Evaluation für die *Rückmeldungen* zu einem angelaufenen Veränderungsprozess mit spezifischen Inhalten, etwa im Sinne von *Zwischenbilanzen,* Verwendung finden und im Zentrum unserer Betrachtung stehen. Nach Altrichter (1998) liegt einer Evaluation der Wunsch nach Rückmeldung zugrunde, die Idee, gemachte Anstrengungen daraufhin zu betrachten, ob die getroffenen „Maßnahmen
– überhaupt in der gewünschten Weise umgesetzt werden können,
– zu den erhofften Resultaten führen und
– eventuell unerwünschte Nebenwirkungen mit sich bringen.
Man tut dies
– um kurzfristig etwas vom Weg abweichende Entwicklungen abzustimmen und zu modifizieren bzw. vollkommen in die Irre gehende Entwicklungen rechtzeitig abbrechen zu können, sowie um
– langfristig aus den eigenen Erfahrungen für spätere Initiativen zu lernen“
(Altrichter 1998, S. 264).

Bei der Evaluation wird häufig differenziert zwischen interner und externer bzw. zwischen Selbst- und Fremdevaluation. Die Verwendung der Begriffe ist nicht immer einheitlich, teilweise werden interne Evaluation und Selbstevaluation bzw. externe und Fremdevaluation synonym gebraucht. Altrichter unterscheidet verschiedene Phasen des Evaluationsprozesses und verweist auf die Möglichkeit der Kombination interner und externer Elemente im Gesamtablauf.

Es geht bei der internen Evaluation um die Untersuchung von Tätigkeiten durch die handelnden Personen/Gruppen/Organisationen. Die Betroffenen erforschen ihre eigene Praxis und ziehen selbst die Konsequenzen aus den Ergebnissen. Bei der externen Evaluation werden Untersuchungsdimensionen, die methodischen Vorgehensweisen und die Interpretation der Daten von Außenstehenden vorgenommen und kontrolliert. In konkreten Evaluationsdesigns sind vielfältige Kombinationsmöglichkeiten beider Arten vorstellbar. So kann es sein, dass die Evaluation bestimmter schulischer Aspekte von außen vorgeschrieben wird, die methodische Umsetzung und Interpretation aber den Einzelschulen überlassen wird und lediglich eine Information der Schulaufsicht erfolgen muss. In einem anderen Fall legt die Schule ihre Ziele selber fest, überlässt die Durchführung der Untersuchung aber einem externen Partner und beschäftigt sich dann wieder selbst mit den Konsequenzen der gesammelten Informationen. Häufiger werden in Schulentwicklungsprojekten auch Berater von außen hinzugezogen. Die Schulen behalten die Entscheidungsgewalt über alle wichtigen Aspekte der Evaluation, lassen sich durch

Wer entscheidet über ...	Anfang	Ziele	Durchführung	Ergebnisbeurteilung und Konsequenzen
	Woher kommt der Impuls oder Auftrag?	Wer definiert Evaluationsbereiche und Kriterien?	Wer ist für die Auswahl/Entwicklung von Instrumenten und die Sammlung von Informationen zuständig?	Von wem werden die Daten interpretiert und Handlungskonsequenzen entwickelt?
intern	z.B. ein Kollegium entscheidet sich bei einer Konferenz zu einer Bestandsaufnahme seiner pädagogischen Arbeit	z.B. Evaluationsbereiche werden entsprechend des spezifischen Schulprofils selbst gewählt	z.B. Auswahl der Evaluationsmethoden und Durchführung der Datensammlung erfolgt schulintern	z.B. die Steuergruppe der Schule wertet Daten aus und schreibt einen Rohbericht, der in einer Konferenz diskutiert und ergänzt wird
extern	z.B. es besteht ein gesetzlicher Auftrag zur Evaluation	z.B. ein gesetzlicher Auftrag gibt einzelne Evaluationsbereiche als verpflichtend vor	z.B. die Konferenz beauftragt eine universitäre Forschergruppe mit der Untersuchung von Schülerakzeptanz und Auswirkungen von erweiterten Lernformen	z.B. der Bericht der Schule wird von der Schulaufsicht gelesen und mit einem Kommentar versehen, der in einer Konferenz erläutert und diskutiert wird

(Quelle: Altrichter 1998, S. 277)

Abb. 6.15: Unterscheidung von interner und externer Evaluation

Außenstehende aber Vorschläge und Anregungen für die Gestaltung von Entscheidungsphasen und die methodische Umsetzung von Untersuchungen geben. In dem uns interessierenden Zusammenhang der Evaluation eines schulischen Projekts oder Programms zur Gewaltprävention geht es zentral um Selbstevaluation, die eventuell durch Hinzuziehen externer Experten zur Unterstützung ergänzt wird. Auf Probleme und Schwierigkeiten einer Evaluation von außen, die den Schulen aufgezwungen wird, soll deshalb an dieser Stelle nicht weiter eingegangen werden.
Bei der Evaluation von Projekten wird auch häufig zwischen summativer und formativer Evaluation unterschieden. Summativ heißt, nach dem Abschluss der Intervention wird geprüft, ob die vorher gesetzten Ziele erreicht wurden. Klassischerwei-

se wird eine Prä-Post-Untersuchung durchgeführt, wo vor Beginn einer Maßnahme die Ausgangssituation erhoben wird und nach deren Ende mit dem gleichen Instrumentarium die Veränderungen festgestellt werden. Summative Evaluation soll also Aussagen über die Gesamtwirkung eines Projektes nach dessen Beendigung erbringen. Dagegen will die formative Evaluation während eines Veränderungsprozesses Informationen gewinnen, um auf den weiteren Verlauf des Projektes gezielt Einfluss nehmen zu können. Schwachstellen und Probleme sollen identifiziert werden, um eine bessere Nachsteuerung des Gesamtvorhabens zu ermöglichen. Im Rahmen der Schulentwicklung wird eine formative Evaluation favorisiert, um eine „reflexive Selbststeuerung" der Schule zu unterstützen. Längerfristige Projekte zur Gewaltprävention sollten auch auf jeden Fall formativ evaluiert werden. Eine summative Evaluation kann hier bei entsprechenden Ressourcen zusätzlich eingesetzt werden.
Wie in Abschnitt 6.3 zur Zielbestimmung bereits angedeutet wurde, erleichtert eine intensive Beschäftigung mit den angestrebten Zielen den nachfolgenden Evaluationsprozess. Sind konkrete Handlungsziele formuliert, die eventuell schon mit Ideen zur Beobachtbarkeit/Messbarkeit der Zielerreichung untersetzt wurden, so hat man bereits einen bedeutenden Teil der Evaluation quasi vorab erledigt. Wenn man detailliert und kleinschrittig beschrieben hat, was durch bestimmte Maßnahmen erreicht werden soll, dann kann man sich recht schnell auf die Suche nach geeigneten Evaluationsmethoden machen, die Auskunft darüber geben können, ob und in welchem Maße diese Ziele erreicht wurden. Sind dagegen die Zielbestimmungen sehr allgemein und abstrakt gehalten, so muss man zu Beginn der Evaluation eine Präzisierung der Ziele vornehmen und Indikatoren finden, d.h. feststellbare Anzeiger für die Erreichung der Ziele. Nach einer Klärung der Evaluationsfrage folgt die Datensammlung, die Analyse und Interpretation. Die so gewonnenen Erkenntnisse über den bisherigen Verlauf des Projektes fließen dann (falls nötig) in *Veränderungen und Weiterentwicklungen* der Maßnahmeplanung ein und münden in eine verbesserte Handlungsrealisierung.

Die in den vorherigen Abschnitten beschriebenen Arbeitsschritte werden in der Evaluation also zu Teilen erneut durchlaufen bzw. reflektiert und weiterentwickelt und führen entweder zu einer Überprüfung und Veränderung der gesetzten Ziele oder zu einer Umgestaltung der Maßnahmen.

Die einsetzbaren Methoden für eine Selbstevaluation der Schule sind – ebenso wie für die Ist-Analyse – vielfältig und richten sich nach den konkreten Erkenntnisinteressen und zeitlichen bzw. organisatorischen Ressourcen, die zur Verfügung stehen. Beispiele, Beschreibungen und Übersichten finden sich in vielen Büchern und Handreichungen der verschiedenen Bundesländer. Einen Überblick über mögliche Vorgehensweisen gibt es zum Beispiel bei Eickebusch (1998b).

Wie bei allen Erhebungen von Daten kommt es darauf an, diese dem System Schule nutzbar zu machen. Es nützt nichts, im großen Stil Informationen zu sammeln und zu präsentieren, wenn die Handelnden in der Schule diese Erkenntnisse nicht für die Reflexion und weitere Gestaltung der Praxis verwenden können. Rolff beschreibt in einem Aufsatz zur Rückmeldung und Nutzung der Ergebnisse großflächiger Leistungsuntersuchungen (wie z.B. PISA) die Diskrepanz zwischen der Datenrückmeldung und Nutzung. Es handelt sich um ein Juxtapositionsverhältnis, d.h. ein Nebeneinanderstehen methodisch erzeugter Erkenntnisprodukte und direkt handlungsleitender Vorstellungen der einzelnen Akteure. „Wissenschaftliches Wissen muss in einem komplizierten Prozess erst in Handlungswissen für die Praxis (‚Wissen in Aktion') übersetzt werden" (Rolff 2002, S. 85). Eine wesentliche Bedingung für das Gelingen solcher Übersetzungsprozesse ist die Kollegiumskultur, d.h. die Art und Weise, wie die Lehrerin nen und Lehrer mehrheitlich ihre päd

(Quelle: Eikenbusch 1998b, S. 240)

Abb. 6.16: Verschiedene Methoden für die Evaluation

agogische Arbeit betrachten, bewerten und weiterentwickeln. „Die Hypothese lautet, dass eine lernfördernde Atmosphäre Voraussetzung für eine produktive innerschulische Nutzung von Rückmeldedaten ist – und dies viel mehr Voraussetzung ist, als die Qualität der Daten selbst" (ebd., S. 93). Gelingt es in einem Kollegium, die immer wieder auftretenden Widerstände und Abwehrmechanismen gegen Erkenntnisse, die das bisherige eigene Handeln in Frage stellen, gering zu halten, dann können neue Informationen auch für die Umgestaltung der Praxis genutzt werden. In diese Richtung weisen Begriffe wie ‚Fehlerfreundlichkeit', d.h. Fehler sind Entwicklungsvoraussetzung, sie werden eher als willkommene Anlässe für Weiterlernen gesehen, denn als Stolpersteine oder Hindernisse. Wichtig ist eine ‚Feedback-Kultur' als Beschreibung einer beständigen Nutzung von Rückmeldeverfahren durch die Professionellen zur Verbesserung/Erweiterung ihrer Handlungsmöglichkeiten. Eine solche Atmosphäre in der Schule zu schaffen, stellt ein zentrales Anliegen eines hier beschriebenen Schulentwicklungsprozesses dar. Damit wird auch deutlich, dass Schulentwicklung kein technischer Prozess, kein bloßes Ausführen vorgegebener Arbeitsschritte sein kann, sondern immer auch den je individuellen Lernprozess der Beteiligten und den Umgang mit Lernen auf der Ebene der Organisation berührt.

Infrastruktur als Querschnitt

Schulen, die sich umfangreichere Veränderungen vorgenommen haben, stehen vor der Frage, wie eine solche Transformation organisatorisch umgesetzt werden kann. Die bestehenden Strukturen, meist mit Schulleitung und Fachkonferenzen, sind auf die Steuerung des alltäglichen Unterrichtsgeschehens ausgerichtet und mit der Umsetzung eines komplexen Innovationsvorhabens, das quer zur Fächerstruktur liegt, teilweise überfordert.

Ein in vielen Ländern erfolgreiches Modell im Rahmen der Schulentwicklung besteht in der Einrichtung sogenannter ‚*Steuergruppen*' (andere Bezeichnungen sind: Planungs-, Entwicklungs-, Initiativ-, Konzept- oder Projektgruppen), deren Aufgabe darin gesehen wird, den Gesamtentwicklungsprozess zu steuern und zu managen. Vernetzung und Koordinierung der Teilprojekte gehören zu den wesentlichen Aspekten dieser Arbeit. Steuergruppen sind für längere Zeiträume etablierte Gremien, die den Ablauf eines Innovationsvorhabens begleiten und regeln.

Wozu braucht es nun eine Gruppe zur Prozesssteuerung für Schulentwicklungsprozesse? Handelt es sich dabei nicht um einen überflüssigen „Wasserkopf" an Organisation, der Energie von der eigentlichen, d.h. konkreten Arbeit abzieht? Viele Lehrerinnen und Lehrer haben eine große Skepsis gegenüber Arbeitsgruppen, die nicht der direkten Umsetzung kurzfristiger Projekte dienen und befürchten eine ineffektive Verschwendung von Zeit und Ressourcen. Diese Vorbehalte sind durchaus verständlich und aus den besonderen Arbeitsbedingungen und Strukturen in unseren Schulen erklärbar.

Die Tätigkeit der Lehrerinnen und Lehrer ist durch ein hohes Maß an Autonomie gekennzeichnet, nur wenig von außen steuer- und kontrollierbar und wesentlich von Eigenmotivation und Selbstkontrolle abhängig (vgl. Krainz-Dürr 1999, S. 426f) Die Hierarchie der Schule ist flach, Kooperation und Zusammenarbeit sind keine wesentlichen Anforderungen an die Mitarbeiter. Die Identifikation ist weniger auf die Schule als Organisation gerichtet, sondern bezieht sich stärker auf fachlich-inhaltliche Dimensionen. „Die Organisation ist meist nur Hintergrund zur Erfüllung der eigentlichen Aufgaben, ja oft stehen die ‚ExpertInnen' der Organisation sogar skeptisch gegenüber, von der sie weniger Unterstützung als vielmehr bürokratische Einschränkungen befürchten" (ebd., S. 427). Solche Grundmuster

organisatorischer Verfasstheit, die auch als „professional bureaucracy“ (Mintzberg 1991) bezeichnet werden, führen zu einer distanzierten Haltung der Akteure zur Tätigkeit des Organisierens und damit auch zur Skepsis gegenüber neuen Arbeitsstrukturen, die solche Aspekte als Schwerpunkt haben. Die Idee der Steuergruppe in einem schulischen Entwicklungsprozess trifft nicht immer auf vorbehaltlose Zustimmung, sondern erweist sich als erklärungsbedürftig.
Einen komplexen Entwicklungsprozess über einen längeren Zeitraum selbst zu steuern, ist für viele Schulen noch eine ungewohnte Herausforderung. Arbeitsfähige Strukturen, die hier Unterstützung bieten könnten, sind kaum entwickelt und vielfach wird an das individuelle Engagement der einzelnen Lehrperson appelliert, ohne eine organisatorische Verankerung zur Verfügung zu stellen. Steuergruppen stellen ein schon vielfach bewährtes Mittel zur langfristigen Begleitung und Absicherung von Entwicklungsvorhaben dar und verbessern die Chancen auf nachhaltige Intervention.

Wesentliche Aufgaben, die durch eine Steuergruppe übernommen werden können, sind:

- Koordination und Erfahrungsaustausch innerhalb einzelner und zwischen einzelnen Arbeits- und Projektgruppen der Schule.
- Einleitung und Durchführung einer gemeinsamen Diagnose einschließlich der Auswahl bzw. Entwicklung der Diagnoseinstrumente.
- Vorbereitung und Durchführung von Diagnose- bzw. Feedbackkonferenzen mit dem ganzen Kollegium.
- Koordinierung des durch Schulentwicklung entstehenden Qualifizierungsbedarfs.
- Hilfe bei der Festlegung von Prioritäten für die Maßnahmenplanung.
- Information des Kollegiums und aller übrigen am Schulentwicklungsprozess Beteiligten (vor allem Eltern, Schüler und eventuell vorhandene außerschulische Kooperationspartner).
- Einleitung und Vorbereitung einer schulinternen Evaluation in Zusammenarbeit mit der Schulleitung.
- Begleitung der schulinternen Evaluation.
- Kontaktanbahnung mit Schulen in ähnlichen Entwicklungskontexten – Netzwerkaufbau.
- Dokumentation des Schulentwicklungsprozesses.

(Quelle: Rolff 1997, S. 3)

Die Vielfalt der angeführten Funktionen für eine Steuergruppe macht es erforderlich, dass im jeweiligen Einzelfall entschieden wird, welche Aufgaben die Steuergruppe übernehmen soll. Dafür bedarf es eines Mandats des Kollegiums mit klar umrissenen Arbeitsaufträgen. Das Kollegium bestimmt, was durch die Gruppe realisiert werden soll, welche Kompetenzen ihr zugestanden werden. Die Steuergruppe soll die Arbeitsfähigkeit der Schule im Entwicklungsprozess steigern und gewinnt eine herausgehobene Stellung mit besonderen Verantwortlichkeiten. Sie muss aber darauf achten, sich stets an das Kollegium rückzukoppeln, um nicht die Gesamtverantwortung dem Kollegium zu entziehen. Dafür ist es wichtig, beständig für Transparenz und Informationsfluss zu sorgen. Lieber zu viel als zu wenig Information könnte hier das Motto lauten, um Spaltungstendenzen vorzubeugen. Neben dem Gebot zur Transparenz werden auch die Freiwilligkeit der Mitarbeit und die Repräsentanz der wichtigsten Gruppierungen des Kollegiums in der Steuergruppe als bedeutsame Voraussetzungen angeführt (vgl. ebd., S. 4f). Die Freiwilligkeit begründet sich zum Einen aus der Arbeitsbelastung, die die Steuergruppe mit sich bringt und die zumeist nicht durch Entlastung oder Entlohnung kompensiert wird. Dieser Aufwand kann nicht verordnet oder erzwungen werden und verlangt eine freiwillige Entscheidung der zukünftigen Mitglieder. Zum Anderen sollte die Steuergruppe einen konstruktiven und kreativen Beitrag zur Entwicklung der Schule leisten und deshalb nicht mit Personen besetzt sein, deren erzwungene Teilnahme von vornherein zu Widerstand und Ablehnung führt. Trotzdem gilt es als hilfreich, wenn nicht nur die begeisterten Befürworter des Entwicklungsvorhabens in der Gruppe vertreten sind, sondern auch die eher skeptisch eingestellten Lehrerinnen und Lehrer dort repräsentiert sind, um keine Spaltung zwischen Steuergruppe und Kollegium aufkommen zu lassen.

Die Teilnahme der Schulleitung in der Steuergruppe ist ein häufiger Diskussionspunkt. Erfahrene Schulentwickler vertreten hier aber eine klare Position für die Mitarbeit des Schulleiters bzw. der Schulleiterin (vgl. Philipp/Rolff 1998, S. 33f). Die Schulleitung hat entscheidenden Einfluss auf die Realisierung von Schulentwicklungsprozessen (eine Zusammenfassung der empirischen Untersuchungen findet sich z.B. bei Dalin 1999, S. 202ff) und muss hierzu eine positiv unterstützende Haltung einnehmen. Gegen den Widerstand der Leitung ist keine Schulentwicklung erfolgreich umsetzbar. Diese Schlüsselposition begründet auch die Mitarbeit in der Steuergruppe, da so ein koordiniertes Zusammenspiel von Schulleitung und Steuergruppe wesentlich erleichtert wird und Reibungsverluste und unklare Kompetenzverteilungen minimiert werden. Die Schulleiterin/ der Schulleiter sollte allerdings nicht die Steuergruppe leiten, sondern sich auf die einfache Mitgliedschaft beschränken.

Die Steuergruppe neben der formalen Leitungs- und Konferenzstruktur besteht auf Zeit, ist mit einem Auftrag des Kollegiums ausgestattet und kümmert sich um alles, was mit Planung und Moderation von Schulentwicklungsvorhaben zu tun hat.

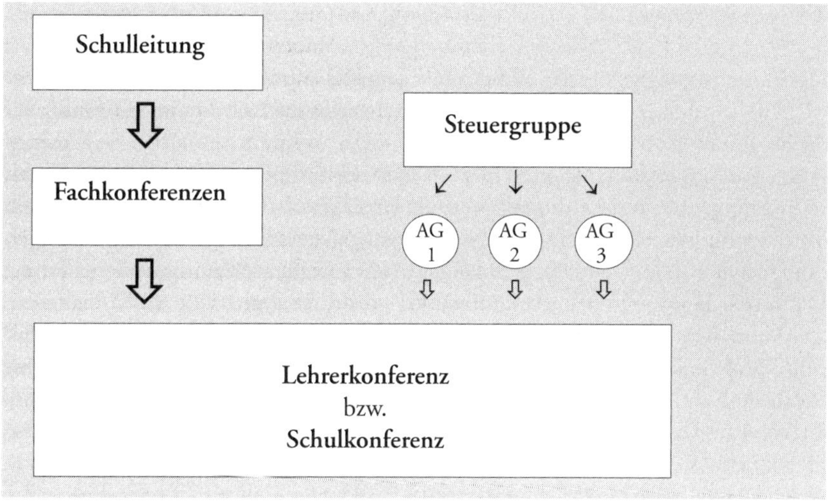

(Quelle: Philipp/Rolff 1998, S. 36)

Abb. 6.17: Formale Struktur bei der Arbeit mit Steuergruppen

Eine sich bildende Steuergruppe bedarf zur Erfüllung ihrer anspruchsvollen Aufgaben einiger Kompetenzen und Fähigkeiten. Zunächst gilt es, die interne Kommunikation so zu gestalten, dass effektives Arbeiten und ein kooperativer Arbeitsstil gewährleistet sind. Gruppenregeln, Moderationstechniken und strukturiertes Vorgehen bei Beratungen und Konferenzen sind wichtiges Know-how für die Arbeit der Steuergruppe. Solche Kompetenzen müssen sich die Mitglieder oft noch aneignen (z.B. durch Fortbildungen oder Einladung externer Berater) oder, falls schon vorhanden, sich gegenseitig vorstellen und vermitteln.
Steuergruppen sind kein Selbstzweck, sie haben die Aufgabe, bei der Umsetzung eines komplexen Entwicklungsvorhabens nützlich zu sein. Ebenso wie die anderen Projektteile muss auch die Arbeit der Steuergruppe immer wieder reflektiert werden. Wurden die gesetzten Ziele erreicht? Was war besonders hinderlich bzw. förderlich für die Arbeit? Wo lassen sich Verbesserungen umsetzen? Im Laufe der Zeit erwirbt eine Schule vermehrt Kompetenzen für die Gestaltung von Innovationsprozessen. Sie weiß, welche Strukturen für sie hilfreich sind, um Veränderungen selbst zu gestalten, und ist in der Lage, diese aufzubauen und effektiv einzusetzen. Damit verfügt sie über Fähigkeiten, zukünftigen Herausforderungen schneller und erfolgreicher zu begegnen und besitzt eine Infrastruktur, die stärker auf die Gestaltung von Wandel ausgerichtet ist.

Schlussbetrachtungen

Das in den vorangegangenen Abschnitten vorgeschlagene Ablaufschema eines Entwicklungsprozesses erscheint vielleicht manchem zu umfassend und aufwändig für die Realisierung von Gewaltpräventionsprojekten an Schulen. Viele Einzelmaßnahmen werden schließlich eher ad hoc eingeführt und umgesetzt und sind trotzdem recht erfolgreich. Kleine Projekte zum Thema Gewalt, z.B. eine Ausstellung, ein Vortrag oder ein Medienprojekt, die kurzfristig angelegt sind und eine kleine Zielgruppe haben, bedürfen sicherlich keiner so ausgeweiteten Planung und Steuerung. Die vorgeschlagene Implementierungsstrategie ist daher nicht für alle Vorhaben als gleichermaßen hilfreich und geeignet einzuschätzen. Die systematische Verknüpfung von Schulentwicklung und Gewaltpräventionsarbeit bietet sich in erster Linie für solche Schulen an, die an einer nachhaltigen Entwicklung ihrer Schulkultur interessiert sind und gewaltförmiger Kommunikation und Interaktion ernsthaft etwas entgegensetzen wollen. Nur wenn eine Veränderung der Situation als wirklich wichtig angesehen wird, machen umfassende Entwicklungsanstrengungen Sinn. Nur dann ist auch die Bereitschaft und Energie vorhanden, Zeit und Kraft in Vorhaben zu investieren, die längerfristig geplant sind und auf mehreren Ebenen gleichzeitig wirksam werden sollen.
Gemeinsam ist allen gewaltpräventiven Ansätzen, egal welcher Reichweite, aber zu empfehlen, sich mit der Zielsetzung der geplanten Maßnahmen eingehend zu befassen und die Effekte der Arbeit zu überprüfen. Die dafür investierte Zeit ist in aller Regel sinnvoll eingesetzt und verbessert die Ergebnisse.
Komplexe Entwicklungsanstrengungen von Schulen gehen immer mit der Frage einher, was ein angemessener Zeitaufwand ist und wie es um das Verhältnis zwischen den organisierenden Tätigkeiten und der ‚eigentlichen' Umsetzung bestellt ist. „Wer wenig Zeit hat, nehme sich am Anfang viel davon" könnte ein Leitspruch heißen, den Schulen in Veränderungsprozessen beachten sollten. Das Erreichen langfristiger Ziele ist nicht nur etwas für Personen und Organisationen, die über üppige Zeitressourcen verfügen. Gerade bei knappen Zeitbudgets zahlt es sich von Anfang an aus, den Veränderungsprozess sorgfältig zu planen und die erforderlichen Infrastrukturen aufzubauen. Tragfähige Strukturen helfen dabei, langfristig und erfolgreich zu arbeiten.
Den meisten Schulen sind Arbeitsformen, wie sie für Schulentwicklung vorgeschlagen werden, noch weitgehend fremd und der Umgang ist noch ungeübt. Bei der Einsetzung einer Steuergruppe entstehen zum Beispiel oft Unklarheiten und Unsicherheiten, die mit einem erhöhten Diskussionsbedarf einhergehen. Im Laufe der Zeit werden die Erfahrungen im Umgang mit den Methoden und Vorgehensweisen aber wachsen. Kompetenzen innerhalb der Organisation erweitern sich und können in Zukunft auch für andere Entwicklungsaufgaben genutzt werden. Es entsteht ein „Organisationswissen" über die Einführung von Neuerungen im Schulalltag,

welches als wichtige neue Ressource gewonnen wurde und auch jenseits der ersten konkreten Projekte erhalten bleibt. Gerade in einer Zeit, in der zu erwarten ist, dass der Einzelschule eine stärkere Verantwortung für ihre Gestaltung übertragen wird, ist der Aufbau und Ausbau solcher Fähigkeiten von zentraler Bedeutung.
In den vorgeschlagenen Arbeitsschritten des auf Gewaltprävention gerichteten Schulentwicklungsprozesses geht es ganz wesentlich um Kommunikation und Interaktion der am Schulleben Beteiligten. Schulentwicklung sollte daher nicht in erster Linie als eine Technologie verstanden werden, sondern als ein sozialer Prozess, in dem Vorstellungen geklärt, Ziele formuliert und Entscheidungen getroffen werden müssen. Konflikte bleiben bei diesen Aufgaben nicht außen vor. Sie resultieren aus dem Aufeinandertreffen unterschiedlicher Werte, Haltungen und Handlungsprämissen und müssen im Verlauf des Entwicklungsprozesses angesprochen und ausgehandelt werden. Konflikte sind aber auch die Ausgangspunkte für Gewaltpräventionsprojekte. Dabei handelt es sich im Wesentlichen um gestörte und schwierige Kommunikations- und Interaktionsmodi zwischen Schülern und um eingeschränkte Fähigkeiten der Konfliktbearbeitung. Gerade Interventionen in diesem Bereich verlangen eine selbstreflexive Haltung der pädagogischen Fachkräfte. Allgemeine schulische Rahmenbedingungen, die Spezifik der Einzelschule und der jeweiligen Lehrerpersönlichkeit sind als Reflexionsfolie für die Analyse des Schülerhandelns einzubeziehen. Lehrerinnen und Lehrer, die sich die eigenen Bedingungen ihres Handelns in der Schule bewusst machen, haben bessere Möglichkeiten, ihre Interventionen zu steuern und zu überprüfen. Der Schulentwicklungsprozess kann helfen, bestimmte Aspekte der Konfliktbearbeitung im Kollegium zugänglicher zu machen und neue bzw. veränderte Umgangsweisen zu stützen und zu befördern.
Konfliktbearbeitung ist ein konstitutiver Bestandteil einer auf Partizipation und Gewaltprävention ausgerichteten Einzelschulentwicklung. Das macht sie auf der einen Seite anstrengend und teilweise unangenehm. Auf der anderen Seite ist die Etablierung konfliktbearbeitender Kommunikation zugleich ein erster Schritt und Bestandteil einer positiven Schulkultur. Die Austragung von Konflikten mit der Zielrichtung einer produktiven Entwicklung neuer Handlungsformen im Raum der Schule ist auch ein wichtiger Bestandteil einer primär gewaltpräventiv wirkenden Kultur des schulischen Miteinanders.

Literatur

Ackermann, Ch./Darge, K./Ehninger, F.: Gewalt in der Schule: Ausmaß und Ursachen – Möglichkeiten der Prävention und Intervention im schulischen Kontext. In: Hanckel, C./Jötten, B./Seifried, K. (Hrsg.): Schule zwischen Realität und Vision. Bonn 2001, S. 419-436

Adorno, Th. W./Frenkel-Brunswik, E./Levinson, D. J./Sanford, R. N.: The authoritarian personality. New York 1950

Altrichter, H./ Salzgeber, S.: Zur Mikropolitik schulischer Innovation, in: Altrichter, Herbert/ Posch, Peter (Hrsg.): Mikropolitik der Schulentwicklung. Innsbruck 1996, S. 96-169

Altrichter, H.: Reflexion und Evaluation in Schulentwicklungsprozessen. In: Altrichter, H./ Schley, W./ Schratz, M.: Handbuch zur Schulentwicklung. Innsbruck 1998, S. 263-335

Altrichter, H./Posch, P.: Lehrer erforschen ihren Unterricht. Eine Einführung in die Methoden der Aktionsforschung. Bad Heilbrunn 1998, 4. Auflage 2006

Altrichter, H./ Brüsemeister, T./ Wissinger, J. (Hrsg.): Educational Governance – Handlungskoordination und Steuerung im Bildungssystem. Wiesbaden 2007

Altrichter, Herbert: Schul- und Unterrichtsentwicklung durch Datenrückmeldung, in: Altrichter, H./ Maag Merki, K. (Hrsg.): Handbuch neue Steuerung im Schulsystem. Wiesbaden 2010, S. 219-254

Altrichter, H./ Maag Merki, K. (Hrsg.): Handbuch neue Steuerung im Schulsystem. Wiesbaden 2010

Amelang, M./Krüger, C.: Misshandlung von Kindern. Darmstadt 1995

Apel, H. J./Knoll, M.: Aus Projekten lernen. München 2001

Arold, H./Schaarschmidt, U.: Belastungserleben im Lehrerberuf. In: Forum E H. 6/2002, S. 6-10

Baacke, D.: Die 13- bis 18-jährigen: Einführung in Probleme des Jugendalters. Weinheim, Basel 1983, 8. Auflage 2009

Baacke, D.: „Medienkompetenz“: theoretisch erschließend und praktisch folgenreich. In: Medien + Erziehung H. 1/1999, S. 7-12

Bach, H. u.a.: Verhaltensauffälligkeiten in der Schule. Statistik, Hintergründe, Folgerungen. Berlin 1986

Baker, L.: Das Anlage-Umwelt-Problem im Zusammenhang von Gewalt. In: Heitmeyer, W./Hagan, J. (Hrsg.): Internationales Handbuch der Gewaltforschung. Wiesbaden 2002, S. 735-760

Balser, H./Schrewe, H./Schaaf, N. (Hrsg.): Schulprogramm Gewaltprävention. Ergebnisse aktueller Modellversuche. Neuwied 1997

Balser, H./Schrewe, H./Wegricht, R. (Hrsg.): Regionale Gewaltprävention. Strategien und Erfahrungen. Neuwied 1997

Balser, H.: Wenn viele Verantwortung übernehmen: Das systematische Grundmodell/Praxis der Projektentwicklung. In: Balser/Schrewe/Wegricht 1997, S. 23-27

Bandura, A.: Lernen am Modell. Ansätze zu einer sozial-kognitiven Lerntheorie. Stuttgart 1976

Bandura, A.: Sozial-kognitive Lerntheorie. Stuttgart 1979

Bannenberg, B./Rössner, D.: Erfolgreich gegen Gewalt in Kindergärten und Schulen. München 2006

Bartl, A.: Spiele gegen Wut und Aggression. München 1998

Baumert, J./Stanat, P./Watermann, R. (Hrsg.): Herkunftsbedingte Disparitäten im Bildungswesen. Wiesbaden 2006

Bundesverband der Unfallkassen: Gewalt an Schulen. Ein empirischer Beitrag zum gewalt-verursachten Verletzungsgeschehen in Deutschland 1993-2003. München 2005

Beckmann, D./Brähler, E./Richter, H.-E.: Der Gießen-Test (GT). Stuttgart 1990

Beck, U.: Risikogesellschaft. Auf dem Weg in eine andere Moderne. Frankfurt a. M. 1986, Neuauflage 2010

Becker, G. E./Dietrich, B./Kaier, E.: Konfliktbewältigung im Unterricht. Situationsbeschreibungen und Trainingsunterlagen. Bad Heilbrunn 1978, 3. Auflage 1988

Beelmann, A.: Wirksamkeit von Präventionsmaßnahmen bei Kindern und Jugendlichen: Ergebnisse und Implikationen der integrativen Forschung. In: Zeitschrift für Klinische Psychologie und Psychotherapie, 35, H. 2, 2006, S. 151-162

Benz, A.: Einleitung: Governance – Modebegriff oder nützliches sozialwissenschaftliches Konzept? In: Ders. (Hrsg.): Governance – Regieren in komplexen Regelsystemen. Wiesbaden 2004, S. 11-28

Berkemeyer, N./ Holtappels, H. G. (Hrsg.): Schulische Steuerungsgruppen und Change Management – Theoretische Ansätze und empirische Befunde zur schulinternen Schulentwicklung. Weinheim, München 2007

Bilz, L./Hähne, C./Melzer, W.: Die Lebenswelt Schule und ihre Auswirkungen auf die Gesundheit von Jugendlichen. In: Hurrelmann, K./Klocke, A./ Melzer, W./Ravens-Sieberer, U. (Hrsg.): Jugendgesundheitssurvey. Internationale Vergleichsstudie im Auftrag der Weltgesundheitsorganisation WHO. Weinheim, München 2003, S. 243-299

Bohl, T./ Kiper, H. (Hrsg.): Lernen aus Evaluationsergebnissen – Verbesserungen planen und implementieren. Bad Heilbrunn 2009

Bohmann, M.: Predisposition to criminality: Swedish adoption studies in retrospect. In: Bock, G. R./ Goode, J. A. (Hrsg.): Genetic of criminal and antisocial behavior. Chichester 1996, S. 99-114

Böhnisch, L./Winter, R.: Männliche Sozialisation. Bewältigungsprobleme männlicher Geschlechtsidentität im Lebenslauf. Weinheim, München 1993

Böhnisch, L.: Abweichendes Verhalten. Eine pädagogisch-soziologische Einführung. Weinheim, München 1998, 4. Auflage 2009

Böhnisch, L.: Ist Gewalt männlich? In: Thiersch/Wertheimer/Grunwald 1994, S. 103-113

Böllert, K.: Prävention und Intervention. In: Otto, H.-U./Thiersch, H. (Hrsg.): Handbuch Sozialarbeit Sozialpädagogik. Neuwied 2001, S. 1394-1398

Bortz, J./Döring, N.: Forschungsmethoden und Evaluation. Heidelberg, Berlin 1995, 4. Auflage 2006

Bos, W./Lankes, E. M./Prenzel, M./Schwippert, K./Walther, G./Valtin, R. (Hrsg.): Erste Ergebnisse aus IGLU. Schülerleistungen am Ende der vierten Jahrgangsstufe im internationalen Vergleich. Münster, New York, München, Berlin 2003

Braun, G./Hünicke, W.: Schülerinnen und Schüler als „Streitschlichter". In: Praxis Schule 5-10 H. 5/1995, S. 24-27

Bronfenbrenner, U.: Die Ökologie der menschlichen Entwicklung. Frankfurt a. M. 1989

Bronfenbrenner, U.: Ökologische Sozialisationsforschung. Stuttgart 1976

Bründel, H.: Tatort Schule. Gewaltprävention und Krisenmanagement an Schulen. Köln 2009

Bründel, H./Hurrelmann, K.: Einführung in die Kindheitsforschung. Weinheim, Basel 1996, 2. Auflage 2003

Bründel, H./Hurrelmann, K.: Gewalt macht Schule. Wie gehen wir mit aggressiven Kindern um? München 1994

Brusten, M./Hurrelmann, K.: Abweichendes Verhalten in der Schule. München 1973, 3. Auflage 1989

Buchen, H./Horster, L./Rolff, H.-G. (Hrsg.): Schulleitung und Schulentwicklung. Erfahrungen – Konzepte – Strategien. Berlin, Bonn, Budapest, Heidelberg, Stuttgart 1994

Buhren, C.: Community Education. München 1997

Bundesverband der Unfallkassen: Gewalt an Schulen. Ein empirischer Beitrag zum gewaltverursachten Verletzungsgeschehen in Deutschland 1993-2003. München 2005

Büeler, X.: Die Verwirklichung guter Schulen. Trendbericht zur Schulqualitäts- und Schulentwicklungsforschung im deutschsprachigen Raum. In: Schweizerische Koordinationsstelle für Bildungsforschung (SKBF): Schulqualität und Schulentwicklung. Bern, Aarau 1996, S. 79-162

Buhren, C. G.: Qualitätsindikatoren für Schule und Unterricht. Ein Arbeitsbuch für Kollegien und Schulleitungen. Dortmund 1999, 2. Auflage 2000

Buhren, C. G./Killus, D./Müller, S.: Wege und Methoden der Selbstevaluation. Ein praktischer Leitfaden für Selbstevaluation. Dortmund 1999

Bundesministerium für Familie, Senioren, Frauen und Jugend (Hrsg.): Materialien zur Qualitätssicherung in der Kinder- und Jugendhilfe. Zielfindung und Zielklärung – ein Leitfaden (QS 21). Bonn 1999

Burkard, C.: Selbstevaluation – Ein Beitrag zur Qualitätsentwicklung von Einzelschulen? Soest 1995

Busch, L./Todt, E.: Aggressionen in der Schule. Möglichkeiten ihrer Bewältigung. In: Holtap-pels/Heitmeyer/Melzer/Tillmann 1999, S. 331-350

Busch, L.: Aggression in der Schule. Präventionsorientierte und differenzielle Analyse von Bedingungsfaktoren aggressiven Schülerverhaltens. Wettenberg 1998

Caplan, G.: Principles of preventive psychiatry (16). Behavioral Publications. London, New York 1964

Castells, M.: Der Aufstieg der Netzwerkgesellschaft. Opladen 2001

Combe, A./Helsper, W.: Was passiert im Klassenzimmer? Perspektiven einer hermeneutischen Schul- und Unterrichtsforschung. Weinheim 1994

Dalin, P.: Theorie und Praxis der Schulentwicklung. Neuwied 1999

Dalin, P./Rolff, H.-G.: Institutionelles Schulentwicklungsprogramm. Eine neue Perspektive für Schulleiter, Kollegium und Schulaufsicht. Soest 1990

Dalin, P./Rolff, H.-G./Buchen, H: Institutioneller Schulentwicklungsprozeß. Ein Handbuch. Bönen 1995

Dambach, K. E.: Mobbing in der Schulklasse. München, Basel 2002, 3. Auflage 2009

Dann, H.-D.: Aggressionsprävention im sozialen Kontext der Schule. In: Holtappels/Heitmeyer/Melzer/Tillmann, S. 351-366

Darge, K.: Gewaltprävention im Kontext von Schulentwicklungsprozessen – eine Pilotstudie. In: Forschungsgruppe Schulevaluation, 1998, S. 237-272

DeMause, L.: Hört ihr die Kinder weinen. Eine psychogenetische Geschichte der Kindheit. Frankfurt a. M. 1980

Dettenborn, H./Lautsch, E.: Aggression in der Schule aus der Schülerperspektive. In: Zeitschrift für Pädagogik H. 5/1993, S. 745-774

Deutsches PISA-Konsortium (Hrsg.): PISA 2000 – Basiskompetenzen von Schülerinnen und Schülern im internationalen Vergleich. Opladen 2001

Deutsches PISA-Konsortium (Hrsg.): PISA 2000. Ein differenzierter Blick auf die Länder der Bundesrepublik Deutschland. Opladen 2003

Dodge, K. A.: Social-cognitive mechanisms in the develeopment of conduct disorder and de-pression. Annual Review of Psychology, 44, 1993, S. 559-584

Dollase, R.: Selbstsozialisation und problematische Folgen. In: Fromme, J./Kommer, S./Mansel, J./Treumann, K.-P. (Hrsg.): Selbstsozialisation, Kinderkultur und Mediennutzung. Opladen 1999, S. 23-42

Dollase, R.: Kinder zwischen Familie und Peers. Ergebnisse soziometrischer Zeitwandelstudien in Kindergärten, Grund- und Hauptschulen zwischen 1972 und 1996. In: Herlth, A./Engelbert, A./Mansel, J./Palentien, C. (Hrsg.): Spannungsfeld Familienkindheit. Opladen 2000, S. 176-191

Dollase, R.: Gewalt in der Schule. Stuttgart 2010

Durlak, J. A. & Wells, A. M.: Primary Prevention Mental Health Programs for Children and Adolescents: A Meta-Analytic Review. In: American Journal of Community Psychology, 25, Nr.2/ 1997, S. 115-151

Dümmler, K./Melzer, W.: Gewalt in der Schule – Untersuchungen zu Schikane und Mobbing mit den Daten der aktuellen HBSC-Studie. In: Helsper, W./Hillbrandt, C./Schwarz, T. (Hrsg.): Schule und Bildung im Wandel. Wiesbaden 2009, S. 171-185

Edelstein, W./Frank, S./Sliwka, A. (Hrsg.): Praxisbuch Demokratiepädagogik. Weinheim, Basel 2009

Edelstein, W. (Hrsg.): Entwicklungskrisen kompetent meistern: Der Beitrag der Selbstwirksamkeitstheorie von Albert Bandura zum pädagogischen Handeln. Heidelberg 1995

Eikenbusch, G.: Praxishandbuch Schulentwicklung. Berlin 1998a

Eikenbusch, G.: Der kleine Methoden-Koffer. Evaluation kann man nicht einfach nachmachen – man muß sie aber auch nicht jedes Mal neu erfinden. In: Bastian, J. (Hrsg.): Pädagogische Schulentwicklung. Schulprogramm und Evaluation. Hamburg 1998b, S. 239-254

Eisenberg, G.: Damit mich kein Mensch mehr vergisst! Warum Amok und Gewalt kein Zufall sind. München 2010
Eisenstadt, S. N.: Von Generation zu Generation. Altersgruppen und Sozialstruktur. München 1966
Elliot, D. S./Hamburg, B. H./Wiliams, K. R. (Hrsg.): Violence in American Schools. Cambridge 1998
Engfer, A.: Gewalt gegen Kinder in der Familie. In: Egle, U. T./Hoffmann, S. O./Joraschky, P. (Hrsg.): Sexueller Missbrauch, Misshandlung, Vernachlässigung. Stuttgart 1997, S. 21-34
Esser, J.: Unterricht über Gewalt. München 1978
Esser, J.: Zum Gewaltpotential moderner Gesellschaften. In: Informationsdienst Wissenschaft und Frieden. H. 4/1992, S. 4-8
Etzioni, A.: Die Verantwortungsgesellschaft. Individualismus und Moral in der heutigen Demokratie. Frankfurt a. M., New York 1997
Etzioni, A.: Jeder nur sich selbst der Nächste? In der Erziehung Werte vermitteln. Freiburg, Basel, Wien 2001
Faulstich-Wieland, H./Horstkemper, M.: „Trennt uns bitte bitte nicht!“ Koedukation aus Mädchen- und Jungensicht. Opladen 1995
Feldmann-Bange, G./Krüger, K.-J. (Hrsg.): Gewalt und Erziehung. Bonn 1986
Fend, H.: Theorie der Schule. München 1980
Fend, H.: „Gute Schulen – schlechte Schulen“. Die einzelne Schule als pädagogische Handlungseinheit. In: Die Deutsche Schule H. 3/1986, S. 275-293
Fend, H.: Qualität im Bildungswesen. Schulforschung zu Systembedingungen, Schulprofilen und Lehrerleistungen. Weinheim, München 1998
Fend, H.: Entwicklungspsychologie des Jugendalters. Opladen 2000
Ferstl, R./Niebel, G./Hanewinkel, R.: Gutachterliche Stellungnahme zur Verbreitung von Gewalt und Aggression an Schulen in Schleswig-Holstein. Hrsg. v. Ministerium für Bildung, Wissenschaft, Kultur und Sport des Landes Schleswig-Holstein, Eutin 1993
Finkelhor, D./Gelles, R. J./Hotaling, G. T./Straus, M. A. (Hrsg.): The dark side of families. Beverly Hills 1983
Foljanty-Jost, G.: Gewalt unter Jugendlichen in Japan: Bestandsaufnahme, Forschungsstand, Fragestellungen. In: Foljanty-Jost, G./Rössner, D. (Hrsg.): Gewalt unter Jugendlichen in Deutschland und Japan. Baden-Baden 1997, S. 13-26.
Foljanty-Jost, G./Rössner, D. (Hrsg.): Gewalt unter Jugendlichen in Deutschland und Japan. Baden-Baden 1997
Forschungsgruppe Schulevaluation: Gewalt als soziales Problem in Schulen. Die Dresdner Studie: Untersuchungsergebnisse und Präventionsstrategien. Opladen 1998
Freie und Hansestadt Hamburg. Behörde für Schule, Jugend und Berufsbildung: Gewalt von Kindern und Jugendlichen in Hamburg. Hamburg 1992
Frey, K.: Die Projektmethode. Weinheim, Basel 1998, 9. Auflage 2002
Frey, K.: Die Projektmethode. In: Wiechmann, J. (Hrsg.): Zwölf Unterrichtsmethoden. Weinheim, Basel 1999, 4. Auflage 2008, S. 155-162
Friebel, H.: Berufliche Qualifikation und Persönlichkeitsentwicklung. Alltagserfahrungen Jugendlicher und sozialwissenschaftliche Deutung. Opladen 1985
Fuchs, M./Lamnek, S./Luedtke, J.: Schule und Gewalt. Realität und Wahrnehmung eines sozialen Problems. Opladen 1996
Funk, W. (Hrsg.): Nürnberger Schüler Studie 1994: Gewalt an Schulen. Regensburg 1995
Funk, W. /Passenberger, J.: Determinanten der Gewalt an Schulen. Mehrebenenanalytische Ergebnisse aus der Nürnberger Schüler-Studie 1994. In: Holtappels, H. G./Heitmeyer, W./Melzer, W./Tillmann, K.-J. (Hrsg.): Forschung über Gewalt an Schulen. Erscheinungsformen und Ursachen, Konzepte und Prävention. Weinheim, München 1997, S. 243-260
Galtung, H.: Strukturelle Gewalt. Beiträge zur Friedens- und Konfliktforschung. Reinbek 1975
Gelles, R. J./Cornell, C. P.: Intimate Violence in Families. Newbury Park 1990, 3. Auflage 1997

Geulen, D./Hurrelmann, K.: Zur Programmatik einer umfassenden Sozialisationstheorie. In: Hurrelmann, K./Ulich, D. (Hrsg.): Handbuch der Sozialisationsforschung. Weinheim, Basel 1980, S. 51-67

Gollon, M. A.: Gedanken zur präventiven Funktion handlungsorientierter Unterrichtsmethoden. In: Klees, K./Marz, F./Moning-Konter, E. (Hrsg.): Gewaltprävention. Praxismodelle aus Jugendhilfe und Schule. Weinheim 2003, S. 219-237

Gordon, T.: Lehrer-Schüler-Konferenz. Wie man Konflikte in der Schule löst. Hamburg 1977, München 1990

Gottschalch, W.: Männlichkeit und Gewalt. Eine psychoanalytisch und historisch soziologische Reise in die Abgründe der Männlichkeit. Weinheim, München 1997

Grauer, G./Zinnecker, J.: Schülergewalt. Über unterschlagene und dramatisierte Seiten des Schülerlebens. In: Reinert, G.-B./Zinnecker, J. (Hrsg.): Schüler im Schulbetrieb. Reinbek 1978, S. 282-348

Greber, U./Maybaum, J./Priebe, B./Wenzel, W. (Hrsg.): Auf dem Weg zur „Guten Schule": Schulinterne Lehrerfortbildung. Bestandsaufnahme, Konzepte, Perspektiven. Weinheim, Basel 1993, 2. Auflage 1999

Groebel, J.: Fernsehgewalt: Angebot-Bedürfnisse-Wirkungen. In: Hurrelmann/Pallentien /Wilken 1995, S. 62-78

Gronemeyer, M.: Übermut tut selten gut? Gewalt in der Schule. In: Reinert, G.-B./Zinnecker, J. (Hrsg.): Schüler im Schulbetrieb. Reinbek 1978, S. 262-279

Gugel, Günther: Handbuch Gewaltprävention II. Institut für Friedenspädagogik. Tübingen 2010

Hameyer, U./ Schratz, M.: Schulprogramme: Wegweiser von der Vision zur Gestaltung von Schule. In: Altrichter, H./ Schley, W./Schratz, M. (Hrsg.): Handbuch zur Schulentwicklung. Innsbruck 1998, S. 86-110

Hanewinkel, R./Niebel, G./Ferstl, R.: Zur Verbreitung von Aggression und Gewalt an den Schulen – ein empirischer Überblick. In: Valtin, R./Portmann, R. (Hrsg.): Gewalt und Aggression. Herausforderungen für die Grundschule. Beiträge zur Reform der Grundschule. Bd. 95 Frankfurt a. M. 1995, S. 26-38

Hanewinkel, R./Knaak, R.: Prävention von Aggression und Gewalt an Schulen. Ergebnisse einer Interventionsstudie. In: Holtappels/Heitmeyer/Melzer/Tillmann 1999, S. 299-313

Hänsel, D.: Das Projektbuch Grundschule. Weinheim, Basel 1995, 3. Auflage 2010

Harris, J.R.: Ist Erziehung sinnlos? Ohnmacht der Eltern. Reinbek 2000

Heinemann, E.: Aggression. Verstehen und Bewältigen. Berlin, Heidelberg, New York 1996

Heiner, M. (Hrsg.): Qualitätsentwicklung durch Evaluation. Freiburg 1996

Heinrich, Martin: Governance in der Schulentwicklung – Von der Autonomie zur evaluationsbasierten Steuerung. Wiesbaden 2007

Heinrichs, N., Saßmann, H., Hahlweg, K. & Perrez, M.: Prävention kindlicher Verhaltensstörungen. In: Psychologische Rundschau, 53, H. 4/ 2002, S. 170-183.

Heitmeyer, W. u.a.: Gewalt. Schattenseiten der Individualisierung bei Jugendlichen aus unterschiedlichen Milieus. Weinheim, München 1995, 3. Auflage 1998

Heitmeyer, W./Möller, K./Sünker, H. (Hrsg.): Jugend-Staat-Gewalt. Politische Sozialisation von Jugendlichen, Jugendpolitik und politische Gewalt. Weinheim, München 1989

Heitmeyer, W./Ulbrich-Herrmann, M.: Verschärfung sozialer Ungleichheit, soziale Milieus und Gewalt. In: Holtappels, H. G./Heitmeyer, W./Melzer, W./Tillmann, K.-J. (Hrsg.): Forschung über Gewalt an Schulen. Erscheinungsformen und Ursachen, Konzepte und Prävention. Weinheim, München 1997, S. 45-62

Heitmeyer, W./Hagan, J. (Hrsg.): Internationales Handbuch der Gewaltforschung. Wiesbaden 2002

Hensel, R. u.a.: „Jugend mit Zukunft". Sonderprogramm gegen Gewalt. Teilprogramm: „Lebenswelt Schule". In: Senatsverwaltung für Schule, Berufsbildung und Sport (Hrsg.). Berlin 1995

Hensel, R. u.a.: Schule und Gewalt. In: Senatsverwaltung für Inneres (Hrsg.): Endbericht der Unabhängigen Kommission zur Verhinderung und Bekämpfung von Gewalt in Berlin. Berlin 1994

Hensel, R.: Lebenswelt Schule. In: Praxis Schule 5-10 H. 5/1995, S. 20-23
Hentig, H. v.: Die Schule neu denken. München 1993, 5. Auflage 2003
Hentig, H. v.: Ach, die Werte! Über eine Erziehung für das 21. Jahrhundert. Weinheim und Basel 2001
Herrmann, U. (Hrsg.): Neurodidaktik. Weinheim, Basel 2. Auflage 2009
Hessisches Kultusministerium, Hessisches Landesinstitut für Pädagogik (Hrsg.): Schulprogramme und Evaluation in Hessen. Bd.3: Evaluation in der Schule und für die Schule. Wiesbaden 1997
Hoffmann, J./Wondrak, I. (Hrsg.): Amok und zielgerichtete Gewalt an Schulen. Frankfurt a.M. 2007
Holtappels, H. G.: Schulprobleme und abweichendes Verhalten aus Schülerperspektive. Empirische Studien zu Sozialisationseffekten im situationellen und interaktionellen Handlungskontext der Schule. Bochum 1987
Holtappels, H. G.: Aggression und Gewalt als Schulproblem – Schulorganisation und abweichendes Verhalten. In: Schubarth, W./Melzer, W. (Hrsg.): Schule, Gewalt und Rechtsextremismus. Opladen 1993, 2. Auflage 1995, S. 116-146
Holtappels, H. G.: Sozialwissenschaftliche Theorien und Konzepte schulischer Gewaltforschung. In: Holtappels, H. G./Heitmeyer, W./Melzer, W./Tillmann, K.-J.: Forschung über Gewalt an Schulen. Weinheim, München 1997, S. 27-43
Holtappels, H. G./Heitmeyer, W./Melzer, W./Tillmann, K.-J. (Hrsg.): Forschung über Gewalt an Schulen. Erscheinungsformen und Ursachen, Konzepte und Prävention. Weinheim, München 1997, 5. Auflage 2009
Holtappels, H. G./Meier, U.: Gewalt an Schulen. Erscheinungsformen von Schülergewalt und Einflüsse des Schulklimas. In: Die Deutsche Schule H. 1/1997, S. 50-63
Holtappels, H. G./Tillmann, K.-J.: „Hausgemachte" Gewaltrisiken – und was in der Schule dagegen getan werden kann. Empirische Forschungsergebnisse präventiv gewendet. In: Pädagogik 51. Jg., H. 1/1999, S. 8-13
Honig, M.-S.: Verhäuslichte Gewalt. Sozialer Konflikt, wissenschaftliche Konstrukte, Alltagswissen, Handlungssituationen. Eine Explorativstudie über Gewalthandeln von Familien. Frankfurt a. M. 1992
Honneth, A.: Die gespaltene Gesellschaft. In: Pongs, A.: In welcher Gesellschaft leben wir eigentlich? Bd. 2 München 2000, S. 79-101
Hornberg, S./Lindau-Bank, D./Zimmermann, P.: Gewalt in der Schule - empirische Befunde und Deutungen. In: Rolff, H.-G. u.a. (Hrsg.): Jahrbuch der Schulentwicklung. Bd. 8. Weinheim, München 1994, S. 355-393
Hopf, Ch./Hopf, W.: Familie, Persönlichkeit, Politik. Weinheim, München 1997
Horn, H./Knopf, H./Gallschütz, C./Grützemann, W.: Schulstreß-Aggression-Entspannung. Grundsätze und Anregungen für die Schulpraxis. In: Kultusministerium des Landes Sachsen-Anhalt, Magdeburg 1996
Horstmann, K./Müller, M.: Gewaltbereitschaft und Aggressivität: Psychologische Sichtweisen. In: Valtin, R./Portmann, R. (Hrsg.): Gewalt und Aggression. Herausforderungen für die Grundschule. Beiträge zur Reform der Grundschule. Bd. 95 Frankfurt a. M. 1995, S. 60-65
Huber, S. G. (Hrsg.): Handbuch für Steuergruppen – Grundlagen für die Arbeit in zentralen Handlungsfeldern des Schulmanagements. Neuwied 2009
Hugger, K.-U./Vollbrecht, R.: Neue Medien – neue Lehrerausbildung? In: Bentlage, U./Hamm, I. (Hrsg.): Lehrerausbildung und neue Medien. Erfahrungen und Ergebnisse eines Hochschulnetzwerkes. Gütersloh 2001, S. 29-44
Hummel, P.: Neue Forschungsergebnisse zur Kontroverse von Anlage und Umwelt auf die Entwicklung von Menschen und ihre Bedeutung für die Forensische Kinder- und Jugendpsychiatrie. In: Sächsische Landesärztekammer (Hrsg.): Europäische Perspektiven Forensischer Kinder- und Jugendpsychiatrie. Dresden 2000, S. 24-32
Hurrelmann, K./Palentien, C./Wilken, W. (Hrsg.): Antigewaltreport. Handeln gegen Aggressionen in Familie, Schule und Freizeit. Weinheim und Basel 1995

Hurrelmann, K./Rixius, N./Schirp, H. u.a.: Gegen Gewalt in der Schule. Ein Handbuch für Elternhaus und Schule. Weinheim 1996

Hurrelmann, K./Settertobulte, W.: Prävention und Gesundheitsförderung. In: Petermann, F. (Hrsg.): Lehrbuch der Klinischen Kinderpsychologie. Erklärungsansätze und Interventionsverfahren. Göttingen 1998, S. 96-124

Hurrelmann, K./Ulich, D. (Hrsg.): Neues Handbuch der Sozialisationsforschung. Weinheim und Basel 1991, 7. Auflage 2008

Hurrelmann, K.: Gewalt in der Schule. In: Schwind, H.-D. u.a. (Hrsg.): Ursachen, Prävention und Kontrolle von Gewalt. Bd. 3. Berlin 1990, S. 363-380

Hurrelmann, K.: Einführung in die Sozialisationstheorie. Weinheim, Basel 2003, 9. Auflage 2006

Hurrelmann, K./Klocke, A./Melzer, W./Ravens-Sieberer, U. (Hrsg.): Jugendgesundheitssurvey. Internationale Vergleichsstudie im Auftrag der Weltgesundheitsorganisation WHO. Weinheim, München 2003

Hüther , G.: Bedienungsanleitung für das menschliche Gehirn. Göttingen 2001, 9. Auflage 2009

Hüther , G.: Erfahrung als Grundlage kindlicher Entwicklung. In: Opp, G./Theunissen, G. (Hrsg.): Handbuch schulischer Sonderpädagogik. Bad Heilbrunn 2009, S. 66-73

IFS-Umfrage. Die Schule im Spiegel der öffentlichen Meinung – Ergebnisse der Zwölften IFS-Repräsentativbefragung der bundesdeutschen Bevölkerung. In: Rolff, H.-G./Holtappels, H. G./Klemm, K./ Pfeiffer, H./Schulz-Zander, R.: Jahrbuch der Schulentwicklung Bd. 12. Daten, Beispiele und Perspektiven. Weinheim, München 2002, S. 13-50

IM-Studie: Jugend 2001 in Sachsen. Eine vergleichende Untersuchung zu Orientierungsproblemen junger Menschen. Sächsisches Staatsministerium für Soziales. Dresden 2001

Imbusch, P.: Der Gewaltbegriff. In: Heitmeyer, W./Hagan, J. (Hrsg.): Internationales Handbuch der Gewaltforschung. Wiesbaden 2002, S. 26-57

Innerhofer, P.: Das Münchner Trainingsmodell. Beobachtung, Interaktionsanalyse, Verhaltensänderung. Berlin 1977

Institut für Schulentwicklungsforschung: IFS-Schulbarometer. Ein mehrperspektivisches Instrument zur Erfassung von Schulwirklichkeit. Dortmund 1999

Jackson, Ph. W.: Der heimliche Lehrplan – Einübung in eine bürokratische Gesellschaft (Original 1968). In: Baumgart, F./Lange, U. (Hrsg.): Theorien der Schule. Bad Heilbrunn 1999, S. 131-140

Jaschke, H.-G.: Dominanz polizeilicher und strafrechtlicher Sichtweisen. In: Backes, U./Jesse, E. (Hrsg.): Jahrbuch Extremismus und Demokratie. Bonn 1991

Jessor, R./Jessor, S. L.: Problem behavior and psychosocial development: A longitudinal study of youth. San Diego, CA 1977

Jefferys-Duden, K.: Das Streitschlichterprogramm. Mediatorenausbildung für Schülerinnen und Schüler der Klassen 3 bis 6. Weinheim und Basel 1999

Jopt, U.: Aggression und Erziehung. In: Heitmeyer, W. (Hrsg.): Curriculum „Schule und aggressives Konflikthandeln". Konzept – Materialien – Praxisberichte – Einstellungsuntersuchungen. Opladen 1976, S. 34-48

Jugend 2000. 13. Shell Jugendstudie. 2 Bde. Opladen 2000

Jugend 2002. 14. Shell Jugendstudie. Frankfurt a. M. 2002

Jugendministerkonferenz: Die PISA-Studie – eine Herausforderung für die Weiterentwicklung der Jugendhilfe. Beschlüsse der Jugendministerkonferenz vom 6. und 7. Juni 2002 in Osnabrück. Zit. n. GEW, PISA-Info 21/2002. Frankfurt a. M. 2002

Keller, G.: Wir entwickeln Schulen weiter. Ein Praxisleitfaden für die innere Schulentwicklung. Donauwörth 1997

Kerscher, I.: Sozialwissenschaftliche Kriminalitätstheorien. Weinheim, Basel 1985

Kersten, J.: Sozialwissenschaftliche und politische Anmerkungen zum Thema „Jungen und Gewalt". In: Behn, S./Heitmann, H./Voß, S. (Hrsg.): Jungen, Mädchen und Gewalt - ein Thema für die geschlechtsspezifische Jugendarbeit?! Berlin o. J., S. 21-38

Klewin, G./Tillmann, K.-J./Weingart, G.: Gewalt in der Schule. In: Heitmeyer, W./Hagan, J. (Hrsg.): Internationales Handbuch der Gewaltforschung. Wiesbaden 2002, S. 1078-1105
Klockhaus, R./Habermann-Morbey, B.: Psychologie des Schulvandalismus. Göttingen, Toronto, Zürich 1986
Kolbe, F.-U.: Schulformspezifische Belastung durch abweichendes Verhalten in bundeslandeigener Problemkonstellation. Ergebnisse einer vergleichenden Schulleiterbefragung. In: Schubarth, W./Kolbe, F.-U./Willems, H. (Hrsg.): Gewalt an Schulen. Ausmaß, Bedingungen und Prävention. Opladen 1996, S. 48-70
Korte, J.: Nicht reden, sondern handeln. In: Praxis Schule, 5-10 H. 5/1995, S. 28-33
Krainz-Dürr, M.: Wie kommt Lernen in die Schule? Kritische Erfolgsfaktoren von Schulentwicklung aus der Sicht der Schulentwicklungsforschung. In: Beucke-Galm, M./Fatzer, G./Rutrecht, R. (Hrsg.): Schulentwicklung als Organisationsentwicklung. Köln 1999, S. 423-444
Krämer; L. H.: Die Gewaltproblematik im französischen und deutschen Schulsystem. In: Lamnek, S. (Hrsg.): Jugend und Gewalt. Devianz und Kriminalität in Ost und West. Opladen 1995, S. 171-188
Krappmann, L.: Sozialisation in der Gruppe der Gleichaltrigen. In: Hurrelmann, K./Ulich, D.(Hrsg.): Neues Handbuch der Sozialisationsforschung. Weinheim, Basel 1991, S. 355-375
Krappmann, L.: Rauhe Spiele, Grobheit, Prügelei. Beobachtungen unter Viertklässlern. In: Valtin, R./ Portmann, R. (Hrsg.): Gewalt und Aggression. Herausforderungen für die Grundschule. Beiträge zur Reform der Grundschule. Bd. 95 Frankfurt a. M. 1995, S. 46-53
Krüger, H.-H./Reinhardt, S. u.a.: Jugend und Demokratie in Sachsen-Anhalt – Endbericht. Halle 2002
Krumm, V.: Methodenkritische Analyse schulischer Gewaltforschung. In: Holtappels, H. G./Heitmeyer, W./Melzer, W./Tillmann, K.-J. (Hrsg.): Forschung über Gewalt an Schulen. Weinheim, München 1997, S. 63-79
Krumm, V./Weiß, S.: Ungerechte Lehrer. In: psychosozial 23. Jg. Nr. 79, H. 1/2000, S. 57-73
Kultusministerkonferenz: Pressemitteilung zur 298. Plenarsitzung der Kultusministerkonferenz am 23. und 24. Mai 2002 in Eisenach. Bonn 2002
Kussau, J./Brüsemeister, T.: Educational Governance - Zur Analyse der Handlungskoordination im Mehrebenensystem der Schule, in: Altrichter/Brüsemeister/Wissinger:, 2007, S. 15-54
Lamnek, S.: Theorien abweichenden Verhaltens. München 1983, 8. Auflage 2007
Lamnek, S.: Neue Theorien abweichenden Verhaltens. München 1994, 2. Auflage 1997
Lamnek, S. (Hrsg.): Jugend und Gewalt. Devianz und Kriminalität in Ost und West. Opladen 1995
Landesinstitut für Schule und Weiterbildung NRW (Hrsg.): Evaluation und Schulentwicklung. Ansätze, Beispiele und Perspektiven aus der Fortbildungsmaßnahme Schulentwicklung und Schulaufsicht. Bönen 1996
Landeszentrale für politische Bildung Baden-Württemberg (Hrsg.): Aggression und Gewalt. Stuttgart, Berlin, Köln 1993
Langer, Roman (Hrsg.): ‚Warum tun die das?' – Governanceanalysen zum Steuerungshandeln in der Schulentwicklung. Wiesbaden 2008
Langman, P.: Amok im Kopf. Warum Schüler töten. Weinheim, Basel 2009
Leiß, M./Kaeding, P.: Peermediation an Schulen - ein Trainingsprogramm für Schülerinnen und Schüler. Universität Hamburg 1997
Lerchenmüller, H.: Evaluation eines sozialen Lernprogramms in der Schule mit delinquenz-präventiver Zielsetzung. In: Kriminologisches Forschungsinstitut Niedersachsen e. V. (Hrsg.): Interdisziplinäre Beiträge zur kriminologischen Forschung. Bd. 17. Köln 1986
Lerchenmüller, H.: Soziales Lernen in der Schule. Zur Prävention sozial-auffälligen Verhaltens. Ein Unterrichtsprogramm für die Sekundarstufe I. Bochum 1987
Lösel, F.: Entwicklung und Ursachen der Gewalt in unserer Gesellschaft. In: Gruppendynamik H. 1/1995, S. 5-22

Lösel, F./Averbeck, M./Bliesner, T.: Erlebens- und Verhaltensprobleme von Tätern und Opfern. In: Holtappels, H. G./Heitmeyer, W./ Melzer, W./Tillmann, K.-J. (Hrsg.): Forschung über Gewalt an Schulen. Weinheim und München 1997, S. 137-153

Lösel, F./Bliesener, T./Averbeck, M.: Hat die Delinquenz von Schülern zugenommen? Ein Vergleich im Dunkelfeld nach 22 Jahren. In: Schäfer/Frey 1999, S. 65-89

Lösel, F./Bliesener, T.: Aggression und Delinquenz unter Jugendlichen. Untersuchungen von kognitiven und sozialen Bedingungen (BKA-Studie). München, Neuwied 2003

Lukesch, H.: Gewalt und Medien. In: Heitmeyer, W./Hagan, J. (Hrsg.): Internationales Handbuch der Gewaltforschung. Wiesbaden 2002, S. 639-675

Maag Merki; Katharina: Theoretische und empirische Analysen der Effektivität von Bildungsstandards, standardbezogenen Lernstandserhebungen und zentralen Abschlussprüfungen. In: Altrichter/ Maag Merki, 2010, S. 145-170

Malti, T./Perren, S.: Soziale Kompetenz bei Kindern und Jugendlichen. Entwicklungsprozesse und Fördermöglichkeiten. Kohlhammer. Stuttgart 2008

Mansel, J./Hurrelmann, K.: Alltagsstreß bei Jugendlichen. Eine Untersuchung über Lebenschancen, Lebensrisiken und psychosoziale Befindlichkeiten im Statusübergang. Weinheim 1991

Mansel, J./Hurrelmann, K.: Aggressives und delinquentes Verhalten Jugendlicher im Zeitvergleich. In: Kölner Zeitschrift für Soziologie und Sozialpsychologie 50, H. 1/1998, S. 78-109

Mantell, D. M.: Familie und Aggression. Frankfurt a. M. 1972

Matzner, M./Tischner, W. (Hrsg.): Handbuch Jungen-Pädagogik. Weinheim, Basel 2008

Meier, U./Melzer, W./Schubarth, W./Tillmann, K.-J.: Schule, Jugend und Gewalt. Ergebnisse einer Schulleiterbefragung in Ost- und Westdeutschland. In: Zeitschrift für Sozialisationsforschung und Erziehungssoziologie H. 2/1995, S. 168-182

Meister, D./Sander, U.: Kindheit und Jugend in der Mediengesellschaft. In: Sozialwissenschaftliche Literaturrundschau H. 36/1998, S. 5-16

Melzer, W.: Jugend und Politik in Deutschland. Gesellschaftliche Einstellungen, Zukunftsorientierungen und Rechtsextremismus-Potential Jugendlicher in Ost- und Westdeutschland. Opladen 1992

Melzer, W.: Der Beitrag der Schulforschung zur Qualitätssicherung und Entwicklung von Schule. In: Erziehungswissenschaft H. 5/1997, S. 16-23

Melzer, W.: Gewalt als gesellschaftliches Phänomen und soziales Problem in Schulen – Eine Einführung. In: Forschungsgruppe Schulevaluation: Gewalt als soziales Problem in Schulen. Opladen 1998, S. 11-49

Melzer, W.: Erfolg oder Misserfolg in der Schule. Reflexionen und empirische Untersuchungsergebnisse. In: Päd. Forum H. 1/1999, S. 23-25

Melzer, W.: Gewaltemergenz – Reflexionen und Untersuchungsergebnisse zur Gewalt in der Schule. In: psychosozial 23. Jg. Nr. 79, H. 1/2000, S.7-16

Melzer, W./Al-Diban, S.: Bildungserfolg: Vermittlung von Fachleistungs-, Sozial- und Selbstkompetenzen als zentrale Bildungsaufgabe von Schule. In: Melzer, W./Sandfuchs, U. (Hrsg.): Was Schule leistet. Funktionen und Aufgaben von Schule. Weinheim, München 2001, S. 37-64

Melzer, W./Darge, K.: Gewalt in der Schule – Analyse und Prävention. In: Praxis der Kinder-psychologie und Kinderpsychiatrie H. 1/2000, S. 17-36

Melzer, W./Bilz, L./Dümmler, K.: Mobbing und Gewalt in der Schule im Kontext sozialer Ungleichheit. In: Richter/Hurrelmann/Klocke/Ravens-Sieberer, 2008, S. 116-140

Melzer, W./Lenz, K./Ackermann, Ch.: Gewalt in Familie und Schule. In: Krüger, H.-H./Grunert, C. (Hrsg.): Handbuch Kindheits- und Jugendforschung. Opladen 2002, S. 837-863

Melzer, W./Lenz, K./Bilz, L.: Gewalt in Familie und Schule. In: Krüger, H.-H./Grunert, C. (Hrsg.): Handbuch Kindheits- und Jugendforschung. 2. Auflage 2010, S. 957-1017

Melzer, W./Oelze, H./Priebe, B./Tillmann K.-J./Werning, R. (Hrsg.): GewaltLösungen. Jahresheft Schüler. Seelze 1995

Melzer, W./Rostampour, P.: Schulische Gewaltformen und Täter-Opfer-Problematik. In: Schubarth, W./Kolbe, F.-U./Willems, H. (Hrsg.): Gewalt an Schulen. Ausmaß, Bedingungen und Prävention. Opladen 1996, S. 131-148

Melzer, W./Sandfuchs, U. (Hrsg.): Was Schule leistet. Funktionen und Aufgaben von Schule. Weinheim, München 2001

Melzer, W./Stenke, D.: Schulentwicklung und Schulforschung in den ostdeutschen Bundesländern. In: Rolff, H.-G./Bauer, K.-O./Klemm, K./Pfeiffer, H. (Hrsg.): Jahrbuch der Schulentwicklung. Bd. 9. Daten, Beispiele und Perspektiven. Weinheim 1996, S. 307-337

Mercy, J. A./Rosenberg, M. L.: Prevention firearm violence in and around schools. In: Elliot, D. S./Hamburg, B. H./Wiliams, K. R. (Hrsg.): Violence in American Schools. Cambridge 1998, S. 159-187

Merkens, H./Steiner, I./ Wenzke, G.: Lebensstile Berliner Jugendlicher 1997. Forschungsbericht FU Berlin. Berlin 1998

Merton, R. K.: Sozialstruktur und Anomie. In: Sack, F./König, R.: Kriminalsoziologie. Frankfurt a. M. 1968, S. 282-313

Metzen, H.: Schlankheitskur für den Staat: Lean Management in der öffentlichen Verwaltung. Frankfurt a. M. 1994

Meyer, M.A./Schmidt, R. (Hrsg.): Schülermitbeteiligung im Fachunterricht. Opladen 2000

Miller, R. (Hrsg.): Schule selbst gestalten. Bd. 1: Beziehung und Interaktion. Kopiervorlagen mit Informationen, Kommentaren und Aufgaben/Anleitungen. Weinheim, Basel 1996

Miller, R.: Schulinterne Lehrerfortbildung. Der SCHILF-Wegweiser. Weinheim, Basel 1995

Ministerium für Bildung, Wissenschaft und Weiterbildung Rheinland-Pfalz (Hrsg.): Entwicklung schulischer Anerkennungsverhältnisse. Eine Reflexionshilfe zum Thema Schule und Gewalt. Mainz 2000

Mintzberg, H.: Mintzberg über Management. Führung und Organisation, Mythos und Realität. Wiesbaden 1991

Mitterauer, M: Sozialgeschichte der Jugend. Frankfurt a. M. 1986

Molcho, M./Craig, W./Due, P./Pickett, W./Harel-Fisch, Y. Overpeck, M.: Coross-national time trends in bullying behabiour 1994-2006: findings from Europe and North America. In: International Journal of Public Health H. 54/2009 Suppl. 2, S. 225- 234

Möller, K. (Hrsg.): Nur Macher und Macho? Geschlechtsreflektierende Jungen- und Männerarbeit. Weinheim, München 1997

Möller, K.: Gewalt, Männlichkeit und Pädagogik. In: Pädagogik H. 10/1995, S. 50-52

Mutzeck, W./Faasch, Ch. (Hrsg.): Stadtteil und Schule Lübeck-Moisling. Abschlußbericht eines Modellprojektes zur Gewaltprävention. Lübeck 1998

Müller, S.: Schulentwicklung und Schülerpartizipation. Neuwied 1996

Neidhardt, F.: Gewalt. Soziale Bedingungen und sozialwissenschaftliche Bedingungen des Begriffs. In: BKA (Hrsg.): Was ist Gewalt. Bd. 1. Wiesbaden 1986, S. 109-147

Nolte, C.: Die Würde der Kinder. In: Sächsische Zeitung. 25.09.1997

Nolting, H.-P.: Lernfall Aggression. Wie sie entsteht – wie sie zu vermindern ist. Reinbek 1987, 4. Auflage 2005

Nolting, H.-P.: Kein „Erklärungseintopf". Ein Überblick aus psychologischer Sicht. In: Landeszentrale für politische Bildung Baden-Württemberg (Hrsg.): Aggression und Gewalt. Stuttgart, Berlin, Köln 1993, S. 9-23

Oerter, R.: Jugendalter. In: Oerter, R./Montade, L. (Hrsg.): Entwicklungspsychologie. Weinheim, München 1987, 6. Auflage 2008, S. 265-338

Oesterreich, D.: Politische Bildung von 14jährigen in Deutschland. Studien aus dem Projekt Civic Education. Opladen 2002

Oevermann, U.: Zur Behinderung pädagogischer Arbeitsbündnisse durch die gesetzliche Schulpflicht. In: Rihm, Th. (Hrsg.): Schulentwicklung durch Lerngruppen. Opladen 2003, S. 69-93

Olweus, D.: Gewalt in der Schule. Was Lehrer und Eltern wissen sollten – und tun können. Bern 1995, 4. Auflage 2006

Olweus, D.: Täter-Opfer-Probleme in der Schule: Erkenntnisstand und Interventionsprogramm. In: Holtappels, H. G./Heitmeyer, W./ Melzer, W./Tillmann, K.-J. (Hrsg.): Forschung über Gewalt an Schulen. Weinheim und München 1997, S. 281-297

Oser, F.: Ethos – die Vermenschlichung des Erfolgs. Zur Psychologie der Berufsmoral von Lehrpersonen. Opladen 1998

Oser, F./Althof, W.: Moralische Selbstbestimmung. Modelle der Entwicklung und Erziehung im Wertebereich. Stuttgart 1992, 4. Auflage 2001

Osgood, C. E./Suci, G. J./Tannenbaum, P. H.: The measurement of meaning. Urbana 1967

Paschen, H.: Schulautonomie und Erziehungswissenschaft. In: Melzer, W./Sandfuchs, U. (Hrsg.): Schulreform in der Mitte der 90er Jahre. Opladen 1996, S. 197-207

Petermann, F./Jugert, G./Tänzer, U./Verbeek, D.: Sozialtraining in der Schule. Materialien für die psychosoziale Praxis. Weinheim 1997, 2. Auflage 1999

Petermann, F./Jugert, G./Verbeek, D./Tänzer, U.: Verhaltenstraining mit Kindern. In: Holtap-pels/Heitmeyer/Melzer/Tillmann: Weinheim, München 1997, S. 315-329

Petermann, F./Petermann, U.: Training mit aggressiven Kindern. Einzeltraining, Kindergruppe, Elternberatung. Weinheim 1978, 12. Auflage 2008

Petermann, F./Petermann, U.: Training mit sozial unsicheren Kinder. Einzeltraining, Kindergruppen, Elternberatung. Weinheim 1982, 10. Auflage 2010

Petillon, H.: Soziometrischer Test für 3.-7. Klassen. ST 3-7. In: Ingenkamp, K. (Hrsg.): Reihe „Deutsche Schultests". Weinheim 1980

Pfeiffer, Ch./Wetzels, P.: Kinder als Täter und Opfer. Eine Analyse auf der Basis der PKS und einer repräsentativen Opferbefragung. In: DVJJ-Journal H. 4/1997, S. 346-366

Pfeiffer, Ch./Wetzels, P.: Zur Struktur und Entwicklung der Jugendgewalt in Deutschland. In: Bundesministerium des Innern (Hrsg.): Bestandsaufnahme, Präventionsstrategien und Modellprojekt gegen rechtsextremistische Jugendgewalt. Berlin 2000, S. 6–31

Phillip, E.: Organisationsdiagnose: Methoden und Konzepte. In: Altrichter, H./ Schley, W./Schratz, M. (Hrsg.): Handbuch zur Schulentwicklung. Innsbruck, Wien 1998, S. 239-262.

Phillip, E./Rolff, H.-G.: Schulprogramme und Leitbilder entwickeln. Ein Arbeitsbuch. Weinheim, Basel 1998

Polizeiliche Kriminalstatistik für das Jahr 1998 (PKS): Bonn 1999 (zitiert als PKS 1998)

Popp, U.: Geschlechtersozialisation und Gewalt an Schulen. In: Holtappels, H. G./Heitmeyer, W./Melzer, W./Tillmann, K.-J. (Hrsg.): Forschung über Gewalt an Schulen. Weinheim und München 1997, 5.Auflage 2009, S. 207-223

Popp, U.: Geschlechtersozialisation und schulische Gewalt. Geschlechtstypische Ausdrucksformen und konflikthafte Interaktionen von Schülerinnen und Schülern. Weinheim, München 2002

Popp, U.: Gewalt an Schulen - ein „Jungenphänomen". In: Die Deutsche Schule H. 1/1997, S. 77-87

Priebe, B.: Eine Herausforderung für alle. Gewaltprävention durch schulinterne Lehrerfortbildung. In: Praxis Schule 5-10 H. 5/1995, S. 10-16

Radtke, F.-O./ Weiß, M.: Schulautonomie, Wohlfahrtsstaat und Chancengleichheit. Opladen 2000

Rahm, Sybille/ Schröck, Nikolaus: Wer steuert die Schule? – Zur Rekonstruktion dilemmatischer Ausgangslagen für Schulleitungshandeln in lernenden Schulen. Bad Heilbrunn 2008

Randoll, D.: Schulwirklichkeiten: Vergleichende Betrachtung der Ergebnisse einer Befragung von Abiturienten und ihren Lehrern zur Wahrnehmung der Schule. Baden-Baden 1997

Raschert, J.: Zivilgesellschaft – was ist das, und was kann Schule dazu beitragen? In: Kalb, P. E. u.a. (Hrsg.): Rechtsextremistische Jugendliche – was tun? Weinheim, Basel 1999, S. 175-189

Reinert, B./Zinnecker, J. (Hrsg.): Schüler im Schulbetrieb. Reinbek 1978

Reuband, K.-H.: Aushandeln statt Gehorsam? Erziehungsziele und Erziehungspraktiken in den alten und neuen Bundesländern. In: Böhnisch, L./Lenz, K.: Familien. Eine interdisziplinäre Einführung. Weinheim, München 1997, 2. Auflage 1999, S. 129-153

Richter, E./Sünker, H.: Die Jugendfrage und die Konstitution des Sozialen – Von der Gewalt zur Vernunft – und retour? In: Böversen, F. (Hrsg.): Den Umgang mit Fremden neu lernen. Ansätze zur Überwindung der Gewalt. Bielefeld 1997, S. 93-123

Richter, M./Hurrelmann, K./Klocke, A./Ravens-Sieberer, U. (Hrsg.): Gesundheit, Ungleichheit und jugendliche Lebenswelten. Weinheim und München 2008

Röhrle, Bernd (Hrsg.), Prävention und Gesundheitsförderung. Bd. III. Kinder und Jugendliche. Tübingen 2007

Rolff, H.-G.: Arbeit mit Steuergruppen. Einrichtung von Steuergruppen als Ansatz zur Schulentwicklung. In: Buchen, H./Horster, L./Rolff, H.-G. (Hrsg.): Schulleitung und Schulentwicklung. Erfahrungen – Konzepte – Strategien. Berlin, Bonn, Budapest, Heidelberg, Stuttgart 1997, Losebl.-Ausg. B 1.1

Rolff, H.-G.: Entwicklung von Einzelschulen: Viel Praxis, wenig Theorie und kaum Forschung – Ein Versuch, Schulentwicklung zu systematisieren. In: Rolff, H.-G./Bauer, K. O./Klemm, K./Pfeiffer, H.: Jahrbuch der Schulentwicklung Bd. 10. Daten, Beispiele und Perspektiven. Weinheim, München 1998, S. 295-326

Rolff, H.-G.: Autonomie von Schule - Dezentrale Schulentwicklung und zentrale Steuerung. In: Melzer, W./Sandfuchs, U. (Hrsg.): Schulreform in der Mitte der 90er Jahre. Opladen 1996, S. 209-227

Rolff, H.-G.: Rückmeldung und Nutzen der Ergebnisse von großflächigen Leistungsuntersuchungen. Grenzen und Chancen. In: Rolff, H.-G./Holtappels, H. G./Klemm, K./Pfeiffer, H./Schulz-Zander, R.: Jahrbuch der Schulentwicklung Bd. 12. Daten, Beispiele und Perspektiven. Weinheim, München 2002, S. 75-98

Rolff, H.-G./Bauer, K. O./Klemm, K./Pfeiffer, H. (Hrsg.): Jahrbuch der Schulentwicklung Bd. 10. Daten, Beispiele und Perspektiven. Weinheim, München 1998

Rolff, H.-G./Buhren, C. G./Lindau-Bank, D./Müller, S.: Manual Schulentwicklung. Handlungskonzept zur pädagogischen Schulentwicklungsberatung (SchuB). Weinheim, Basel 1998, 4. Auflage 2011

Rolff, H.-G./Holtappels, H. G./Klemm, K./Pfeiffer, H./Schulz-Zander, R. (Hrsg.): Jahrbuch der Schulentwicklung Bd. 12. Daten, Beispiele und Perspektiven. Weinheim, München 2002

Rostampour, P.: Schüler als Täter, Opfer und Unbeteiligte. Veränderung der Rollen im sozialen und biographischen Kontext. In: psychosozial H. 1/2000, S. 17-27

Rostampour, P./Melzer, W.: Täter-Opfer-Typologien im schulischen Gewaltkontext. In: Holtappels/Heitmeyer/Melzer/Tillmann, 1997, S. 169-189

Roth, G.: Fühlen, Denken, Handeln. Wie das Gehirn unser Verhalten steuert. Frankfurt a. M. 2001, 2. Auflage 2003

Rothland, M. (Hrsg.) Belastung und Beanspruchung im Lehrerberuf. Wiesbaden 2007

Sächsisches Staatsministerium für Kultus: Schulgesetz für den Freistaat Sachsen (SächsSchulG). Dresden 1991

Sack, F./König, R. (Hrsg.): Kriminalsoziologie. Frankfurt a. M. 1968, 3.Auflage 1979

Schaarschmidt, U./Fischer, W.: Bewältigungsmuster im Beruf. Persönlichkeitsunterschiede in Auseinandersetzung mit der Arbeitsbelastung. Göttingen 2001

Schäfer, M./Frey, D. (Hrsg.): Aggression und Gewalt unter Kindern und Jugendlichen. Göttingen 1999

Scheithauer, H./Bondü, R.: Amoklauf. Freiburg i. B. 2008

Scheithauer, H./Rosenbach, C../Niebank, K.: Gelingensbedingungen für die Prävention von interpersonaler Gewalt im Kindes- und Jugendalter. Expertise zur Vorlage bei der Stiftung Deutsches Forum Kriminalprävention (DFK). Berlin 2008

Scherr, A.: Jungenarbeit, Männlichkeit und Gewalt. In: deutsche Jugend 45(5)1997, S. 212-219

Schick, Andreas: Effektive Gewaltprävention. Evaluierte und praxiserprobte Konzepte für Schulen. Göttingen 2010

Schirp, H.: Gewaltverhältnisse in der Schule? In: Heitmeyer/Möller/Sünker, 1989, S. 125-136

Schirp, H.: Wie "lernt" unser Gehirn Werte und Orientierungen. In: Herrmann, U. (Hrsg.) Neurodidaktik. Weinheim und Basel 2006, 2. Auflage 2009, S. 246-260

Schmidt, M./Melzer, W.: Prävention und Intervention. In: Sandfuchs, U./Melzer, W. Dühlmeier, B./Rausch, A.(Hrsg.): Handbuch Erziehung. Bad Heilbrunn 2011

Schmidtchen, G.: Wie weit ist der Weg nach Deutschland? Sozialpsychologie der Jugend in der postsozialistischen Welt. Opladen 1997, 2.Auflage 1997

Schneider, S.: Gewalt. Nicht an unserer Schule! Würzburg 2001

Schönig, Wolfgang (Hrsg.): Spuren der Schulevaluation – Zur Bedeutung und Wirksamkeit von Evaluationskonzepten im Schulalltag. Bad Heilbrunn 2007

Schorb, B./Mohn, E./Theunert, H.: Sozialisation durch (Massen-)Medien. In: Hurrelmann, K./Ulich, D. (Hrsg.): Neues Handbuch der Sozialisationsforschung. Weinheim, Basel 1980, 7. Auflage 2008, S. 493-508

Schratz, M.: Gemeinsam Schule lebendig gestalten. Anregungen zu Schulentwicklung und didaktischer Erneuerung. Weinheim, Basel 1996

Schratz, M./Steiner-Löffler, U.: Die lernende Schule. Arbeitsbuch pädagogische Schulentwicklung. Weinheim, Basel 1998

Schröder, A.: Geschlechtsspezifische Aspekte von Gewalt und pädagogischer Gewaltprävention. In: Schröder, A./Rademacher, H./Merkle, A. (Hrsg.): Handbuch Konflikt- und Gewaltpädagogik. Schwalbach 2008, S. 365-380

Schubarth, W.: Schule und Gewalt: ein wieder aktuelles Thema. In: Schubarth, W./Melzer, W. (Hrsg.): Schule, Gewalt und Rechtsextremismus. Opladen 1993, 2. Auflage 1995, S. 16-43

Schubarth, W.: Gewalt an Schulen als Medienereignis. In: Schubarth, W./Melzer, W. (Hrsg.): Schule, Gewalt und Rechtsextremismus. Opladen 1993, 2. Auflage 1995, S. 104-111

Schubarth, W./Ackermann, Ch.: 45 Fragen und Projekte zur Gewaltprävention. Eine Handreichung für Lehrer, Sozialpädagogen und Eltern. Landeszentrale für politische Bildung. Dresden 1998

Schubarth, W./Kolbe, F.-U./Willems, H. (Hrsg.): Gewalt an Schulen. Ausmaß, Bedingungen und Prävention. Opladen 1996

Schubarth, W./Melzer, W. (Hrsg.): Schule, Gewalt und Rechtsextremismus. Opladen 1993, 2. Auflage 1995

Schubarth, W.: Je liberaler, desto mehr Gewalt an Schule? Ergebnisse eines Ost-West-Vergleichs. In: Schubarth, W./Kolbe, F.-U./Willems, H. (Hrsg.): Gewalt an Schulen. Opladen 1996, S. 29-47

Schubarth, W.: Analyse und Prävention von Gewalt. Der Beitrag interdisziplinärer Forschung zur Gewaltprävention in Schule und Jugendhilfe. Habilitationsschrift. Technische Universität Dresden 1998

Schubarth, W.: Gewalt und Gewaltprävention in der Schule. In: Pädagogik H. 1/1999, S. 28-32

Schubarth, W.: Gewaltprävention in Schule und Jugendhilfe. Theoretische Grundlagen, empirische Ergebnisse, Praxismodelle. Neuwied und Kriftel 2000

Schubarth, W. u.a.: Konfliktvermittlung an Schulen in Mecklenburg-Vorpommern: Konzepte – Erfahrungen – Wirkungen. Eine Evaluationsstudie zur Schulmediation. Universität Greifswald 2002

Schubarth, W.: Gewalt und Mobbing an Schulen. Möglichkeiten der Prävention und Intervention. Stuttgart 2010

Schubarth, W./Speck, K./Lynen von Berg, H. (Hrsg.): Wertebildung in Jugendarbeit, Schule und Kommune. Bilanz und Perspektiven. Wiesbaden 2010

Schütze, F.: Emergenz. In: Fuchs- Heinritz, W. u.a. (Hrsg.): Lexikon der Soziologie. Opladen 1973, 5. Auflage 2010, S. 185

Schwarzer, C.: Beratung in der Schule. In: Weinert, F. E. (Hrsg.): Enzyklopädie der Psychologie. Psychologie des Unterrichts und der Schule. Göttingen, Bern, Toronto und Seattle 1997, S. 771-804

Schwind, H.-D. (Hrsg.) (Unabhängige Regierungskommission zur Verhinderung und Bekämpfung von Gewalt): Ursachen, Prävention und Kontrolle von Gewalt. Bd. I bis IV. Berlin 1990

Schwind, H.-D./Roitsch, K./Ahlborn, W./Gielen, B. (Hrsg.): Gewalt in der Schule – Am Beispiel von Bochum. Mainzer Schriften zur Situation von Kriminalitätsopfern Bd. 10. Mainz 1995

Schwind, H.-D./ Roitsch, K./Gielen, B.: Gewalt in der Schule aus der Perspektive unterschiedlicher Gruppen. In: Holtappels, H. G./Heitmeyer, W./ Melzer, W./Tillmann, K.-J. (Hrsg.): Forschung über Gewalt an Schulen. Weinheim und München 1997, 5. Auflage 2009, S. 81-100

Schwind, H.-D. u.a.: Alle gaffen ... keiner hilft. Unterlassene Hilfeleistung bei Unfällen und Straftaten. Heidelberg 1998

Senatsverwaltung für Schule, Jugend und Sport Berlin: Mädchen sind besser – Jungen auch. Konfliktbewältigung für Mädchen und Jungen. Berlin 1998

Senge, P.: Die fünfte Disziplin. Stuttgart 1996, 11. Auflage 2011

Silberg, J./Meyer, J./Pickles, A./Simonoff, E./Eaves, L./Hewitt, J./Maes, H./ Rutter, M.: Heterogenity among juvenile antisocial behaviours: Finding from the Virginia Twin Study of adolescent behavioural development. In: Bock, G. R./Goode, J.A. (Hrsg.): Genetics of criminal and antisocial behaviour. Chichester 1996, S. 76-86

Simsa, Ch./Schubarth, W. (Hrsg.): Konfliktmanagement an Schulen. Frankfurt a. M. 2001

Singer, T., & Lamm, C.: The social neuroscience of empathy. The Year in Cognitive Neuroscience 2009: Annals of the New York Academy of Sciences, 1156, 81–96

Staatliches Schulamt der Stadt Frankfurt am Main: Die Gewaltdiskussion in der Öffentlichkeit und die Situation an Frankfurter Schulen – Bestandsaufnahme und Handlungsperspektiven. Frankfurt a. M. 1991

Stadt Nürnberg, Schul- und Kulturreferat: Auswertung der Umfrage zur Gewalt an Nürnbergs Schulen. Nürnberg 1992

Stark, W.: Prävention. In: Asanger, R./Wenninger, G.: Handwörterbuch der Psychologie. Weinheim, Basel 1980, 6.Auflage 1999, S. 563-567

Staupe, J.: Schulrecht von A – Z. München 1985, 6. Auflage 2007

Stecher, L.: Entwicklung der Lern- und Schulfreude im Übergang von der Kindheit zur Jugend – Welche Rolle spielt die Familienstruktur und die Qualität der Eltern-Kind-Beziehungen? In: Zeitschrift für Soziologie der Erziehung und Sozialisation H. 1/2000, S. 70-88

Stein, M.: Wie können wir Kindern Werte vermitteln? München, Basel 2008

Stern, C./Döbrich, P. (Hrsg.): Wie gut ist unsere Schule? Selbstevaluation mit Hilfe von Qualitätsindikatoren. Gütersloh 1999

Stenke, D./Bergelt S./Börner, F.: Jungengewalt/Mädchengewalt - Ein Exkurs. In: Forschungsgruppe Schulevaluation (Hrsg.) 1998, S. 85 - 114

Suchodoletz, W. v. (Hrsg.): Prävention von Entwicklungsstörungen. Göttingen 2007

Sullivan, E. V.: Can Values be taught? In: Windmiller, M./Lambert, N./Turiel, E. (Hrsg.): Moral Development and Socialization. Boston, London, Sydney und Toronto 1980, S. 219-243

Theunert, H.: Gewalt in den Medien – Gewalt in der Realität. Gesellschaftliche Zusammenhänge und pädagogisches Handeln. Opladen 1987, 3. Auflage 2000

Thiersch, H./Wertheimer, J./Grunwald, K. (Hrsg.): „...überall in den Köpfen und Fäusten“. Auf der Suche nach Ursachen und Konsequenzen von Gewalt. Darmstadt 1994

Tillmann, K.-J.: Gewalt an Schulen: Öffentliche Diskussion und erziehungswissenschaftliche Forschung. In: Holtappels/Heitmeyer/ Melzer/Tillmann, 1997, S. 11-25

Tillmann, K.-J./Holler-Nowitzki, B./Holtappels, H. G./Meier, U./Popp, U.: Schülergewalt als Schulproblem. Verursachende Bedingungen, Erscheinungsformen und pädagogische Handlungsperspektiven. Weinheim und München 1999, 3.Auflage 2007

Tillmann, K.-J.: Gewalt in der Schule - Entstehungsbedingungen und Handlungsperspektiven. In: Schubarth/Melzer Opladen 1993, 2. Auflage 1995, S. 179-189

Trotta, T. v.: Zur Soziologie der Gewalt. In: Trotta, T. v. (Hrsg.): Soziologie der Gewalt. KZfSS-Sonderheft 37. Opladen 1997, S. 9-49

Tschöpe-Scheffler, Siegrid: Elternkurse auf dem Prüfstand. Wie Erziehung wieder Freude macht. Opladen 2003

Valtin, R./Portmann, R. (Hrsg.): Gewalt und Aggression. Herausforderungen für die Grundschule. Beiträge zur Reform der Grundschule. Bd. 95 Frankfurt a. M. 1995

Vollbrecht, R.: Einführung in die Medienpädagogik. Weinheim und Basel 2001

Voß, S./Ziegenspeck, J. W.: Das Projekt. Eine hochschuldidaktische Herausforderung. Lüneburg 1999

Walker, J.: Gewaltfreier Umgang mit Konflikten in der Grundschule. Grundlagen und didaktisches Konzept. Spiele und Übungen für die Klassen 1-4. Frankfurt a. M. 1995a, 5. Auflage 2004

Walker, J. Gewaltfreier Umgang mit Konflikten in der Sekundarstufe I. Spiele und Übungen. Frankfurt a. M. 1995b

Wambach, M. M.: Prävention. In: Grubitzsch, S./Rexilius, G. (Hrsg.): Psychologische Grundbegriffe. Mensch und Gesellschaft in der Psychologie. Ein Handbuch. Reinbeck 1990, S. 778-782

Weinert, F. E.: Qualifikation und Unterricht zwischen gesellschaftlicher Notwendigkeit, pädagogischen Visionen und psychologischen Möglichkeiten. In: Melzer, W./Sandfuchs, U. (Hrsg.): Was Schule leistet. Funktionen und Aufgaben von Schule. Weinheim, München 2001, S. 65-85

Wetzels, P.: Gewalterfahrungen in der Kindheit. Sexueller Missbrauch, körperliche Misshandlung und deren langfristige Konsequenzen. Baden-Baden 1997

Wulf, Ch.: Einführung in die Anthropologie der Erziehung. Weinheim und Basel 2001

Zinnecker, J. (Hrsg.): Der heimliche Lehrplan. Untersuchungen zum Schulunterricht. Weinheim, Basel 1975

Zinnecker, J.: Die Schule als Hinterbühne oder Nachrichten aus dem Unterleben der Schüler. In: Reinert/Zinnecker 1978, S. 29-121

Zureck, A.: Strukturelle Gewalt im Schulalltag - Was tun Schüler, Lehrer, Berater? In: Feldmann-Bange/Krüger 1986

www.utb.de
Fit fürs Studium
Vom Basiswissen bis zum Prüfungstraining:
UTB bietet kompakte, aktuelle Lehrbücher und ein vielseitiges Programm.
Seit 40 Jahren.
UTB